제왕치국의 어록

제왕 치국의 어록

帝王治國圖音錄

국가 경영의 지혜와 리더십, 황제에게 듣는다

허원중 지음 :: 심규호 옮김

일빛

제왕 치국의 어록

2011년 5월 30일 초판 인쇄
2011년 6월 7일 초판 발행

지은이 | 허원중
옮긴이 | 심규호

펴낸이 | 이성우
편   집 | 손일수 · 김정현
본문디자인 | 이수경
마케팅 | 황혜영

펴낸곳 | 도서출판 일빛
등록번호 | 제10-1424호(1990년 4월 6일)
주소 | 121-837 서울시 마포구 서교동 339-4 가나빌딩 2층
전화 | 02) 3142-1703~5
팩스 | 02) 3142-1706
E-mail ilbit@naver.com

값 28,000원
ISBN 978-89-5645-154-1 (03900)

※ 잘못된 책은 바꾸어 드립니다.

'제(帝)'는 『설문해자(說文解字)』의 풀이에 따르면 '왕천하지호야(王天下之號也)'라, 즉 하늘 아래의 진정한 지배자인 왕의 명칭이다. 또한 종교나 신화 속에서 만물을 주재하는 신(神)을 지칭하는 말이기도 하다. 이렇듯 옛사람들의 관념에 '제'는 우주 만물의 주재자이다. '왕(王)'은 『설문해자』에 따르면 '천하소귀왕야(天下所歸往也)'라, 즉 천하가 본디 있던 곳으로 돌아가는 바이다. 그리고 한나라 시대의 뛰어난 유학자 동중서(董仲舒)는 왕에 대해 다음과 같이 해석하였다.

"옛날 문자를 만든 사람이 가로로 세 획을 긋고, 그 중앙에 세로로 한 획을 꿰뚫어 '왕'이라 했다. 세 획은 천(天 : 하늘)·지(地 : 땅)·인(人 : 사람)을 의미하고, 그 중앙을 꿰뚫은 자가 바로 왕이다."

제와 왕을 붙인 '제왕(帝王)'이란 단어는 하늘과 땅 사이의 권력과 주재(主宰)의 상징이다. 진시황은 천하를 통일한 후 곧바로 고대의 천황(天皇), 지황(地皇), 태황(泰皇) 등의 이름에서 '천'·'지'·'태' 자를 빼서 '황'자만 남기고 상고 시대의 '제'라는 호칭을 받아들여 스스로를 '황제(皇帝)'라고 일컬었다. 이는 천지에 웅거하는 제왕의 칭호를 자기 자신에게 부여한 것이다.

황제는 천지에 웅거한다는 제왕의 칭호만 지닌 것이 아니라 더할 수 없이 높고, 그 위에 더할 수 없는 지고무상(至高無上)의 권력을 지닌다. 법가(法家)의 사상에서 가장 핵심적인 부분은 군주집권제, 즉 모든 권력을 군주에게 집중하는 통치 체제이다. 비록 법가의 군주집권제를 채택한 진(秦)나라가 얼마 지나지 않아 곧바로 멸망하고 말았지만, 그 뒤 역대의 제왕들은 모두 이러한 제도를 계승한다. 그래서 중국 고대의 역사는 제왕들의 전제(專制)의 역사와 다르지 않다. 중국의 중앙집권적 사회 체제는 제왕에게 최고의 권력을 부여함으로써 그가 나라를 다스리는 데 결정적인 작용을 할 수 있도록 하였다.

한 왕조의 흥기는 제왕으로 말미암고, 그 왕조의 쇠퇴 역시 제왕으로 말미암는다. 통계에 따르면 진나라 시황제(始皇帝)부터 청나라 왕조에 이르기까지 중국의 제왕은 모두 4백여 명에 이른다. 만약 진시황 이전의 하(夏)·상(商)·주(周) 삼대와 춘추전국 시대의 왕과 공(公)과 후(侯)까지 포함한다면 중국의 역대 제왕은 8백여 명에 이른다. 거의 1천 명에 달하는 제왕들이 수천 년의 역사를 장악하고, 무수한 왕조의 교체를 겪으면서 고대에서 근현대까지 국가를 이끌어 왔다는 뜻이다.

역사는 반복되지 않는다. 마찬가지로 역대 제왕들이 국가를 다스리는 데에도 시종여일한 방략(方略)은 존재하지 않는다. 그들은 다종다양하고도 복잡하게 얽히고 설킨 국정에 임하면서 필연적으로 각각의 사안에 적합한 여러 가지 조치를 취한다. 그들의 말은 곧 그들이 추구했던 치국(治國) 사상의 구체적인 표현이었던 것이다. 그래서 제왕의 어록은 거울을 보며 자신을 경계하는 것처럼 제왕의 치국의 성패와 득실을 반영하는 일종의 본보기다.

개국(開國) 군주는 패기가 넘쳐 그의 발언은 힘차게 울려 퍼지고, 아랫사람들을 분발하게 만든다. 또한 성현처럼 명철한 군주는 예지와 총명으로 무장하여, 하는 말마다 철리(哲理)가 담기고 심오하여 아랫사람들을 깨우치게 만든다. 그러나 교만하고 횡포가 심한 군주의 말은 오만불손하고 과대망상적인 내용이 끼어들며, 전쟁과 유혈을 불러오는 경우가 적지 않았다. 또한 망국의 군주는 세태에 대한 감개와 통한의 후회로 점철되어 보는 이로 하여금 비참한 감정이 복받쳐 나오게 만든다.

제왕의 어록을 보면서 우리는 비록 어리석고 황음(荒淫)한 군주라고 할지라도 극소수의 무지막지한 이들을 제외하고는 거의 모든 이들이 힘써 나라를 잘 다스릴 방법을 강구하고, 어질고 현명한 인재를 선발하여 관리로 임명하였으며, 백성을 아끼고 사랑하여 농사일에 힘쓸 것을 장려하는 등 기본적인 국책에 대해 보편적으로 인정했다는 것을 확인할 수가 있었다. 이는 가천하(家天下)*, 즉 왕위 세습에 대한 막중한 책임감의 소치일 것이다. 『시경(詩經)』「소아(小雅)」'북산(北山)'에 보면 이런 구절이 나온다.

"두루 넓은 하늘 아래 왕의 땅이 아닌 곳이 없고, 모든 땅의 끝까지 왕의 신하가 아닌 이가 없다."

아마도 이 말이 제왕들의 심사를 진실하게 반영하고 있는 것일 터이다. 그들의 눈에 '국(國 : 나라)'은 곧 '가(家 : 집안)'이니, 천하의 모든 것이 바로 그들 자신의 사업이자 재산인 셈이었다. 그래서 제왕은 언제나 나라를 순조롭게 다스리고, 나날이 번창하도록 만들고자 했다. 설사 향락을 추구하고 조종(祖宗)이 남겨주신 강산을 마뜩치 않게 여기는 혼군(昏君)이라 할지라도 묘당(廟堂)에 앉아 있을 때는 감히 공개적으로 터무니없이 허튼 이야기를 할 수 없었다. 왜냐하면 무엇보다 '가천하'야말로 그들에게 가장 큰 동력이고, 그들이 가장 두려워하는 것이 바로 조상들을 뵐 면목이 없는 것이기 때문이다. 그래서 우리는 제왕의 어록 속에서 그들이 지닌 국가 경영의 지혜와 심사를 엿볼 수가 있다. 물론 무지하거나 우매한 군주의 발언 속에서도 나름의 교훈을 얻어 참고의 본보기로 삼을 수도 있을 것이다.

이 책은 『상서(尙書)』, 『예기(禮記)』, 『당태종집(唐太宗集)』, 『24사(二十四史)』, 『청사고(淸史稿)』 등 여러 역사서와 전적에서 하(夏)나라 왕조의 개국 제왕인 우(禹)에서부터 청나라 황제 광서제(光緒帝)에 이르기까지 1백여 명의 중요 제왕이 남긴 1천여 어록을 인용하였다. 이는 당시 황제들의 사상과 이론, 정치적인 조치들과 방략을 반영하고 있으며, 특히 그들이 구체적인 사안을 결정할 때 어떤 생각을 했고, 신하들에게 어떤 가르침과 교훈을 남기고자 했는지를 구체적으로 보여주고 있다. 이 책은 '원문(原文)'과 '해설(解說)' 두 부분으로 이루어져 있다. 이를 통해 독자 여러분은 고대 제왕들이 보여 준 치국의 지혜를 살필 수 있는 새로운 경험을 하게 될 것이다.

---

* 제왕이 국가를 일가의 재산으로 간주하여 대대로 황제를 물려주는 제도를 말함.

백성이 원하는 바가 있으면 반드시 따른다 : 치국治國

백성을 잘 보살피는 것이 바로 하늘을 섬기는 일이다 : 목민牧民

직언을 수용하고, 성실하고 정직한 이를 등용하겠노라 : 군신君臣

제멋대로 관가의 재물을 편취해서는 안 된다 : 제후諸侯

국가의 기강을 세우는 데 있어 무엇보다도 중요한 것은 청렴한 관리이다 : 이치吏治

위로는 하늘의 도를 살피고, 아래로는 백성의 규칙을 따른다 : 예의禮儀

날마다 새롭게 하고, 또 새롭게 하라 : 수덕修德

마땅히 고상한 대의를 흠모하라 : 입지立志

도적을 잡는다는 이유로 백성을 괴롭히지 말라 : 책략策略

현량하고 반듯한 사람을 천거하고, 재덕을 겸비한 사람을 임용하라 : 인재人才

생존할 때 멸망을 잊지 말라 : 군사軍事

백성이 원하는 바가 있으면 반드시 따른다

◉ 치국治國 ◉

    제왕은 나라의 최고 통치권을 가진 사람이다. 나라의 대권을 자신의 한 몸에 집중하고 있는 제왕에게 가장 중요한 임무는 바로 치국治國, 즉 나라를 다스리는 일이다. 역대의 제왕은 후계자를 선택할 때도 나라를 다스릴 수 있는 능력이 있는지 여부를 우선적으로 고려하였다. 봉건 사회의 국가, 즉 국國은 곧 가家로서 천하가 하나의 집안과 같았다. 나름의 성과를 내고자 했던 제왕은 누구든지 간에 치국을 위한 좋은 책략을 고심하지 않을 수 없었으며, 치국의 방략을 찾기 위해 애써야만 했다.

    역사는 실로 다양하게 전개되었고, 각 왕조마다 사회의 모습이 각기 달랐다. 복잡하고 어지러운 현실을 대면하면서 중국 역대의 제왕들은 치국의 기본 원리를 견지하는 한편, 실정에 부합하는 치국의 방략을 채용하여 민족의 역사 발전을 추진하였다.

1. 백성이 원하는 바가 있으면 반드시 따른다

民之所欲, 天必從之

주周나라 무왕武王 희발姬發

[원문1]

하늘은 백성을 어여삐 여겨 백성이 원하는 바가 있으면 반드시 따른다. 너희들은 나를 보좌하여 천하의 죄악을 영원히 없애야 한다. 결코 시기를 놓치지 말라!(『상서尙書』「태서泰誓 상上」)

天矜於民, 民之所欲, 天必從之. 爾尙弼予一人, 永淸四海. 時哉弗可失.
천긍우민, 민지소욕, 천필종지. 이상필여일인, 영청사해. 시재불가실

[해설]

주나라 무왕이 맹진(孟津 : 지금의 하남성河南省 맹현孟縣 서남쪽)에서 한 맹세(盟誓)의 말이다. 사람들은 누구나 천의(天意), 즉 하늘의 뜻에 순종한다. 주나라 무왕은 사람들의 이러한 심리에서 출발하여 하늘이 백성을 사랑하니 순민(順民), 즉 백성을 따르는 것이 곧 하늘을 따르는 것이라고 하였다. 상(商)나라 주왕(紂王)*을 멸하는 것은 순천(順天), 즉 하늘을 따르는 것이다. 무왕은 이렇게 하늘의 뜻을 빌어 백성의 마음을 구슬렸다.

인용문에 나오는 '필(弼)'은 보좌의 뜻이고, '여일인(予一人)'은 고대 중국의 천자(天子)를 자칭하는 말이다.

[원문2]

그대에게 말하겠소. 하늘이 은(殷 : 상商나라의 다른 이름)의 제사를 받지 않으시고

---

* 주왕(?~BC 1046)은 중국 상나라의 마지막 왕으로서 '달기(妲己)'라는 여인에게 빠져 정사를 어지럽히고, 주지육림에 빠져 나라를 망하게 하였다. 하(夏)나라의 마지막 왕 걸(桀)과 함께 폭군의 전형이 되었다.

은나라를 버리셨으며, 이 사람 발(發 : 주나라 무왕 희발)이 아직 태어나기 전부터 지금까지 60년간 미록(麋鹿 : 고라니와 사슴을 아울러 이르는 말)이 들판에 있고, 비홍(蜚鴻 : 날벌레)이 대지에 가득하였소. 하늘이 은나라의 제사를 받지 않으시고 재앙을 내리시어, 마침내 오늘날과 같은 성공이 있게 되었소. 하늘의 명을 받아 은나라가 세워졌을 때 이름을 올린 현인이 360명이었는데, 크게 두드러지지도 않고 없어지지도 않은 채 오늘에 이르렀소이다. 나는 하늘이 주나라를 보우(保佑)하시려는지 확신할 수 없는데, 어찌 한가롭게 잠을 청하겠소! 반드시 하늘의 보우를 얻고 천실(天室 : 하늘의 뜻)에 의지하여 악인을 모두 찾아내어 은왕(殷王)처럼 벌할 것이오. 밤낮으로 노력하여 나의 주토(周土)를 안정시키고, 사안을 공정하게 처리하여 그 덕을 사방에 비출 것이오. 낙수(洛水) 물굽이부터 이수(伊水)의 물굽이까지 지세가 평탄하고 험한 지형이 없어 하(夏)나라 사람들이 거주하던 곳이오. 내가 남쪽으로 삼도산(三塗山)을 바라보고, 북으로 태행산(太行山)과 항산(恒山) 인근의 마을을 바라보며 고개를 돌려 황하를 바라보고, 다시 낙수와 이수를 바라보니 천실을 멀리할 수 없는 곳으로 모두 도읍지로 삼을 만하오(『사기史記』 「주 본기周本紀」).

告女, 維天不饗殷, 自發未生於今六十年, 麋鹿在牧, 蜚鴻滿野. 天不享殷, 乃今有成. 維天建殷, 其登
고녀, 유천불향은, 자발미생어금륙십년, 미록재목, 비홍만야. 천불향은, 내금유성. 유천건은, 기등

名民三百六十夫, 不顯亦不賓滅, 以至今. 我未定天保, 何暇寐. 定天保, 依天室, 悉求夫惡, 貶從殷
명민삼백륙십부, 불현역불빈멸, 이지금. 아미정천보, 하가매. 정천보, 의천실, 실구부악, 폄종은

王受. 日夜勞來定我西土, 我維顯服, 及德方明. 自洛汭延于伊汭, 居易毋固, 其有夏之居. 我南望三涂,
왕수. 일야로래정아서토, 아유현복, 급덕방명. 자락예연우이예, 거역무고, 기유하지거. 아남망삼도,

北望岳鄙, 顧詹有河, 粤詹雒, 伊, 毋遠天室.
북망악비, 고첨유하, 월첨락, 이, 무원천실

[해설]

주나라 무왕이 주왕(紂王)을 멸한 후에 구주(九州)의 우두머리를 소집하고 빈(豳 : 나라 이름. 지금의 산시성 빈彬현과 순읍旬邑 일대)의 언덕에 올라 상읍(商邑 : 상나라 도읍)을 바라보았다. 무왕은 주나라로 돌아왔지만 밤늦도록 잠을 이루지 못했다. 주공(周公) 단(旦 : 무왕의 아우)이 그에게 어찌하여 잠을 이루지 못하시냐고 묻자, 그

가 위와 같이 대답하였다.

'비홍'은 날아다니는 해충이니, 메뚜기를 말한다. '미록'과 '비홍'이 들판에 가득하다는 것은 불길한 징조이다. '천실(天室)'은 하늘의 별이 자리한 위치를 말한다. 고대에 도읍지를 정할 때는 이에 근거하였다. 앞에 나오는 '천실'은 하늘의 뜻으로 풀이한다. '악비(嶽鄙)'는 산악 인근의 마을, 성읍(城邑)을 말한다. 여기서 '악'은 태행산과 항산이 잇닿은 곳이다.

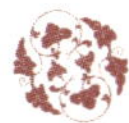

2. 나라에 동란이 벌어지기 전에 정고政教를 제정하였고, 위험한 일이 생기기 전에 나라를 안정시키는 조치를 취하였다

制治於未亂, 保邦於未危

주나라 성왕成王 희송姬誦

[원문1]

불행하게도 하늘이 재앙을 내리심에 끊임이 없구나. 나는 젊은 몸으로 위대하고 장구한 왕업을 계승하였다. 하지만 나는 밝은 지혜를 지닌 이를 얻어 백성을 편안하게 이끌지 못하였나니, 하물며 천명을 바르게 아는 이가 있었겠는가? 아, 나는 아직 어리기만 하여 깊은 연못을 건너야 한다면, 오로지 건널 수 있는 방법만을 찾고자 할 따름이다. 큰 거북을 펼쳐 놓고 선왕께서 천명을 받으셨으니, 지금도 개국의 큰 공업을 잊을 수 없도다. 하늘이 위엄을 내리실 때 나는 감히 그것을 막을 수 없나니, 영왕(寧王)*께서 나에게 남기신 큰 보배인 거북으로 하늘의 밝은 명을 점을 쳐서 묻고자 하노라(『상서』「대고大誥」).

弗吊, 天降割於我家, 不少延. 洪惟我幼沖人, 嗣無疆大歷服. 弗造哲, 迪民康, 矧日其有能格知天命!
불조, 천강할어아가, 불소연. 홍유아유충인, 사무강대력복. 불조철, 적민강, 신왈기유능격지천명!

---

* 천명을 받아 나라를 세운 임금이라는 말로, 여기서는 은나라 주왕을 내쫓고 주나라를 세운 무왕을 가리킨다.

已! 予惟小子, 若涉淵水, 予惟往求朕攸濟. 敷賁, 敷前人受命, 茲不忘大功. 予不敢閉於天降威,
이! 유소자, 약섭연수, 여유왕구짐유제. 부비, 부전인수명, 자불망대공. 여불감어폐어천강위,

用寧王遺我大寶龜, 紹天明.
용녕왕유아대보구, 소천명.

[해설]

주나라 성왕(成王 : 주나라 2대 왕)이 주공(周公)*에게 무경(武庚), 관숙(管叔), 채숙(蔡叔)** 등을 토벌할 것을 고유(告諭 : 일반에게 널리 알림)하는 글이다. 그는 젊은 나이에 왕위를 계승한 후 점복(占蔔)을 통해 반란을 해결할 방법을 묻겠다고 하였다. 이는 점복을 통해 왕의 위신을 세우고자 함이었다.

'불조(弗吊)'는 위로하지 않음이니, 무정함 또는 불행함의 뜻이다. '할(割)'은 해(害)와 같다. '유충인(幼沖人)'은 나이가 젊은 사람을 뜻하는데, 여기서는 성왕 자신을 말한다. '대력복(大歷服)'은 위대하고 장구한 사업, 즉 왕업(王業)을 말한다. '조철(造哲)'은 밝은 지혜를 만들다, '적민강(迪民康)'은 백성을 인도하여 편안하게 하다, '부비(敷賁)'는 아름다움을 펼친다는 뜻이지만 여기서는 점을 치는 거북이를 펼쳐 놓는다는 뜻이다. '유제(攸濟)'는 건너는 방법을 말한다. '영왕(寧王)'은 나라를 평안하게 한 왕이라는 뜻으로서 무왕을 말한다. 문왕은 '문고(文考)', 무왕은 '영고(寧考)'라고 하였다. '천명(天明)'은 천명(天命)이다.

[원문2]

내가 생각하기에, 치국은 밭을 살피는 것과 같아서 부지런히 일구었으면 밭에 파종을 하고, 또한 토지를 정리하여 다스리고자 한다면 밭두둑을 만들고 물도랑을 만들어야 할 것이다. (치국은) 집을 짓는 것과 같아서 힘들게 담장을 만들었으면 좋은 진흙을 칠하고, 지붕을 이어야 할 것이다. (치국은) 가래나무로 목재를 만드는 것과 같아서 부지런히 통나무를 깎아 형태를 만들었다면 좋은 칠을

---

* 성왕은 아버지 무왕이 죽었을 때 어렸으므로 무왕의 아우 주공 단(旦)이 섭정을 하였다. 그러자 무왕의 아우 관(管)·채(蔡) 형제가 반란을 일으키게 된다.
* 주나라 무왕의 아우로, 채나라를 세우고 상(商)의 유민을 이끌던 무경과 합세하여 반란을 일으켰다.

해야만 한다(『상서』「자재梓材」).

惟曰, 若稽田, 旣勤敷菑, 惟其陳修, 爲厥疆畎. 若作室家, 旣勤垣墉, 惟其塗墍茨. 若作梓材, 旣勤
유왈, 약계전, 기근부치, 유기진수, 위궐강견. 약작실가, 기근원용, 유기도기자. 약작자재, 기근

樸斲, 惟其塗丹雘.
박작, 유기도단확.

[해설]

주나라 성왕이 강숙(康叔 : 무왕의 아우)에게 한 말이다. 선왕이 끝내지 못한 사업을 완성하겠다는 뜻이다.

'계(稽)'는 살피다. '부치(敷菑)'는 개간한 밭에 파종을 하는 것이다. '강견(疆畎)'은 밭두둑과 밭도랑, '원용(垣墉)'은 담이다. '자재(梓材)'는 가래나무 재목을 말하고, '단확(丹雘)'은 붉은 색을 칠함이나 여기서는 채색 장식을 의미한다.

[원문3]

옛날에 국가의 정사를 행하는 대법에 따르자면, 나라에 동란이 벌어지기 전에 정교(政敎)를 제정하였고, 위험한 일이 생기기 전에 나라를 안정시키는 조치를 취하였다(『상서』「주관周官」).

若昔大猷, 制治於未亂, 保邦於未危.
약석대유, 제치어미란, 보방어미위.

[해설]

주나라 성왕이 즉위 한 다음에 선포한 관제(官制)에 대한 포고령이다. 나라에 동란이 생기기 전에 때에 맞춰 정치적 조치와 규정을 제정해야만 나라가 안정될 수 있다는 뜻이다. 그의 탁월한 정치적 식견을 엿볼 수 있는 대목이다.

'약(若)'은 순종의 뜻이다. '대유(大猷)'는 관원을 만들어 정사를 행하는 대법(大法)을 말한다.

3. 나를 도와 사방을 다스릴 수 있도록 하라

克左右亂四方

주나라 목왕穆王 희만姬滿

[원문]

젊은 내가 문왕(주나라 무왕의 아버지)과 무왕, 성왕, 강왕(주나라의 3대 왕)이 남겨 놓으신 전통을 계승하였으니, 선왕의 대신들에게 바라건대 나를 도와 사방을 다스릴 수 있도록 하라. 내 마음은 항시 걱정하고 두려워하여 마치 범의 꼬리를 밟는 듯하고, 봄날의 얼음을 건너는 듯하도다(『상서』「군아君牙」).

惟予小子, 嗣守文, 武, 成, 康遺緒, 亦惟先正之臣, 克左右亂四方. 心之憂危, 若蹈虎尾, 涉於春冰.
유여소자, 사수문, 무, 성, 강유서, 역유선정지신, 극좌우난사방. 심지우위, 약도호미, 섭우춘빙.

[해설]

주나라 목왕(穆王 : 주나라 5대 왕으로, 소왕昭王의 아들)이 군아(君牙)를 대사도(大司徒)로 임명하면서 내린 훈시의 내용이다. 그는 자신이 아직 젊은 나이에 왕위를 계승하여 사방의 어렵고 힘든 상황에 처하여 항시 걱정하고 근심하고 있음을 말하고 있다.

'선정(先正)'의 '정(正)'은 왕(王)의 오자이니, '선왕(先王)'으로 쓰는 것이 옳다.

4. 위로 요와 순임금과 함께 하고, 아래로 삼왕과 필적할 수 있겠는가?

上參堯舜, 下配三王

한漢나라 무제武帝 유철劉徹

[원문]

짐이 종묘를 받들기 시작한 이래로 이른 아침부터 저녁 늦게까지 치국의 좋은 방책을 얻고자 노력하였다. 깊은 연못을 건너는 것과 같은데, 아직도 어찌 건너야할 지 모르겠다. 고대 성왕의 사업은 얼마나 위대한가! 내가 어찌 선제(先帝)의 위업과 미덕을 밝히고, 위로 요와 순임금과 함께하며, 아래로 삼왕(三王)과 필적할 수 있겠는가? 짐은 불민(不敏)하여 멀리 은덕을 펼치지 못하고 있으니, 이는 여러 대부들도 보고 들은 바이로다. 현량(賢良)한 선비들은 고금의 정사(政事)에 밝으니 나의 책문을 받아 모두 서간(書簡)으로 대답하고, 건의할 내용을 죽간(竹簡)에 적도록 하라. 짐이 친히 열람하겠노라(『한서漢書』「무제기武帝記」).

今朕獲奉宗廟, 夙興以求, 夜寐以思, 若涉淵水, 未知所濟. 猗與偉與! 何行而可以章先帝之洪業
금짐획봉종묘, 숙흥이구, 야매이사, 약섭연수, 미지소제. 의여위여! 하행이가이장선제지홍업

休德, 上參堯舜, 下配三王! 朕之不敏, 不能遠德, 此子大夫之所睹聞也. 賢良明於古今王事之體,
휴덕, 상참요순, 하배삼왕! 짐지불민, 불능원덕, 차자대부지소도문야. 현량명어고금왕사지체,

受策察問, 鹹以書對, 著之於篇, 朕親覽焉.
수책찰문, 함이서대, 저지어편, 짐친람언.

[해설]

원광(元光) 원년(기원전 134년) 한나라 무제가 조서를 내려 현량(賢良)들에게 대책을 물으면서 한 말이다. 그는 즉위 후 고대 선현의 가르침을 배우면서 성인, 명군에 필적하는 황제가 되고자 노력하였으며, 아울러 치국을 위한 좋은 대책을 얻기 위해 애썼다.

'획봉종묘(獲奉宗廟)'는 천자의 자리에 오르는 것을 말한다. 천자는 종묘에서 제를 지낼 때 주제자이니, 스스로 '봉종묘(奉宗廟)'라 칭하기도 했다. '현량(賢

良)'은 현량한 문학지사(文學之士)를 말한다. '수책찰문(受策察問)'은 책문을 접수하여 질문을 살펴본다는 뜻이다. 한나라 시대에는 정사(政事)나 경의(經義) 등의 문제를 질문할 때 간책(簡策)에 써서 대답하도록 하였는데, 이를 일러 '책문(策問)' 또는 '대책(對策)'이라고 한다.

5. 온유한 도道로써 행하라

以柔道行之

한나라 광무제光武帝 유수劉秀

[원문]

나는 천하를 다스리는 것 또한 온화한 방식을 채용하고자 한다(『후한서後漢書』「광무제기光武帝紀」.

吾理天下, 亦欲以柔道行之.
오리천하, 역욕이유도행지.

[해설]

한나라 광무제가 건무(建武) 17년에 고향으로 돌아왔을 때 친척의 환대를 받으며 함께 음식을 나누었다. 그때 나이 많은 아녀자들이 옛날을 생각하며 광무제가 어린 시절에 근신하고 믿을만했으며, 특히 온화한 성격이었다고 하면서 지금도 그럴 수 있겠느냐고 물었다. 위의 말은 이 물음에 대한 대답이다.

6. 밤낮으로 노심초사하면서 병폐를 개혁하기 위해 고민하라

夙夜憂危, 思改其弊

진晉나라 원제元帝 사마예司馬睿

[원문]

왕실에 여러 가지 변고가 일어나고, 간악하고 흉포한 무리들이 제멋대로 폭거를 일삼아 조정의 기강이 급격히 떨어지고 국가의 법이 무너지게 되었다. 나는 부덕한 몸으로 제업을 계승하여 밤낮으로 노심초사하면서 이러한 병폐를 혁파하고자 고민하였다. 2천 석(二千石) 이상의 봉록을 받는 관리들은 마땅히 옛 예법을 받들어 자신을 단정히 하고, 법도를 밝혀 호강(豪强 : 세력이 뛰어나게 셈)의 발호를 억제하여 다스리고, 힘들고 어려운 백성들을 위로하고 구제하며, 숨겨진 사람을 찾아내 호구(戶口)를 확충하고, 그들이 농업과 잠업에 종사할 수 있도록 계도하라. 각 주(州)의 행정 장관들은 마땅히 상호 감찰하여 사사로운 이익을 위해 나라에 손해를 끼치는 일이 없도록 하라. 장리(長吏 : 직위가 비교적 높은 관리)들이 봉공수법(奉公守法 : 공공의 이익을 위해 법을 지키는 것)할 뜻이 있으되, 아직 관리로 임용되지 않은 자가 있거나 탐욕스럽고 품행이 추악하며 금전이나 권세를 이용하여 자신의 지위를 유지하려는 자가 있는데도 이들을 보고하지 않는다면, 이는 악한 자들을 그대로 방임하고 선한 자를 은폐하는 죄를 범한 것이니 징벌을 받아야 할 것이다. 만약 이러한 이들이 있는데도 알지 못했다고 한다면, 이는 실상에 어두워 선한 이들을 은폐한 죄를 범한 것이니 이 또한 징벌을 받아야 할 것이다. 그러하니 모든 관리들은 사안을 명철하고 신중하게 처리토록 하라(『진서』「제기帝紀」'원제元帝').

王室多故, 奸凶肆暴, 皇綱馳墜, 顚覆大猷. 朕以不德, 統承洪緒, 夙夜憂危, 思改其弊. 二千石令
왕실다고, 간흉사폭, 황강치추, 전복대유. 짐이부덕, 통승홍서, 숙야우위, 사개기폐. 이천석령

長當祇奉舊憲, 正身明法, 抑齊豪强, 存恤孤獨, 隱實戶口, 勸課農桑. 州牧刺史當互相檢察, 不得顧
장당지봉구헌, 정신명법, 억제호강, 존휼고독, 은실호구, 권과농상. 주목자사당호상검찰, 부득고

私虧公. 長吏有志在奉公而不見進用者, 有貪惏穢濁而以財勢自安者, 若有不擧, 當受故縱蔽善之罪,
사휴공. 장리유지재봉공이불견진용자, 유탐림예탁이이재세자안자, 약유불거, 당수고종폐선지죄,

有而不知, 當受暗塞之責. 各明愼奉行.
유이불지, 당수암새지책. 각명신봉행.

[해설]

　진나라 원제(元帝) 대홍(大興) 원년(318년) 7월에 내린 조령이다. 원제는 당시 조정의 기강이 해이해지자 새롭게 법도를 밝히고, 관리들이 상호 감찰하도록 하는 등 조정을 정리하고 정치를 혁신하고자 결심하였다.

　'대유(大猷)'는 대도(大道), 즉 근본적인 규칙이다. '통승(統承)'은 계승의 뜻이고, '홍서(洪緖)'는 큰 공업으로 제업을 말한다. '탐림(貪惏)'은 탐람(貪婪)과 같다. 고대에 '림(惏)'과 '람(婪)'은 같은 뜻으로 쓰였다.

7. 사람의 지위가 낮거나 결점이 있다고 하여
그 사람의 말까지 들으려 않는 것은 군자가 경계해야 할 일이다

以人廢言, 君子斯戒

양梁나라 무제武帝 소연蕭衍

[원문1]

　상대(商代 : 상나라 시대)의 풍속이 바뀌었다고 하나, 그 유풍이 여전히 기세를 부려 아랫사람의 실정이 임금에게까지 상달되지 않으니, 유래가 이미 오래되었다. 사람들이 자신의 의견을 올리는 것이 마치 썩은 새끼줄로 말을 모는 것과 같아 그저 걱정스러운 마음만 늘어날 뿐이다. 공거부(公車府 : 궁궐을 관리하는 기관)의 방목(謗木)*과 폐석(肺石)** 옆에 각기 하나씩 나무함을 배치하도록 하라. 그래서 관원이 진언하지 않더라도 산이나 들에 사는 이들이 탓할 것이 있다면 간언할

내용을 써서 나무상자에 넣을 수 있도록 하라. 만약 장강(長江)이나 한수(漢水)에서 나를 따라 출정한 이들의 공로를 치하하고 독려할 수 있으나 무사들은 대가 없이 희생되고 비범한 인재들이 매몰되었으며, 나는 고묘(高妙)한 지경에 이를 수 있으나 저들은 오히려 버려지고 억눌려 통하지 않게 되었다. 하여 부열(傅說)이나 여상(呂尙)과 같이 뛰어난 계략을 품은 이들이 오히려 굴원(屈原)이나 가의(賈誼)처럼 비탄에 젖게 된다. 이러한 도리는 매우 분명하다. 그러나 예물을 헌상하지 않는다고 하여 괴롭힘을 당하거나 상급 관리가 하급 관리를 침범하고, 호족이 빈천한 백성을 능멸하며, 사농공상(士農工商)의 여러 백성들이 곤궁에 처하고 있으나 그들의 진언은 여전히 천자에게 전달될 방법이 없다. 만약 이러한 이들이 자신의 의견을 내놓고자 한다면, 폐석 옆에 있는 나무함에 의견을 써서 넣도록 하라(『양서梁書』「본기」'무제').

商俗甫移, 遺風尙熾, 下不上達, 由來遠矣. 升中馭索, 增其凜然. 可於公車府謗木肺石傍各置一函.
상속보이, 유풍상치, 하불상달, 유래원의. 승중어색, 증기늠연. 가어공거부방목폐석방각치일함.

若肉食莫言, 山阿欲有橫議, 投謗木函. 若從我江, 漢, 功在可策, 犀兕徒弊, 龍蛇方縣, 次身才高妙,
약육식막언, 산아욕유횡의, 투방목함. 약종아강, 한, 공재가책, 서시도폐, 용사방현, 차신재고묘,

擯壓莫通, 懷傅, 呂之術, 抱屈, 賈之歎, 其理有皦然, 受困包甌. 夫大政侵小, 豪門陵賤, 四民已窮, 九重莫達.
빈압막통, 회부, 여지술, 포굴, 가지탄, 기리유교연, 수곤포궤. 부대정침소, 호문릉천, 사민이궁, 구중막달.

若欲自申, 並可投肺石函.
약욕자신, 병가투폐석함.

[해설]

양나라 무제 소연(蕭衍 : 464~549)이 천감(天監) 원년(502년)에 내린 조령이다. 그는 공거부에 나무함을 세워 놓고 의견을 듣는 조치를 취했다. 이로써 백성들의 실정을 이해하여 적극적으로 정치에 반영하기 위함이었다.

'승중(升中)'은 원래 고대의 제왕이 하늘에 성공을 고하는 것을 말하는데, 여기서는 실정을 천자에게 보고한다는 뜻이다. '공거부(公車府)'는 공거령(公車令)의

---

* 예전에 정치의 잘못된 점을 경계하려고 조정에 세워 두고 백성들이 자유롭게 이를 적어 놓게 하던 나무이다.

** 조정의 섬돌 아래 설치한 붉은 돌로 주나라 때 백성들이 억울한 심정을 호소하려고 할 때 이 돌 옆에 서 있거나 이 돌을 치게 하였다.

아문(衙門)이다. 공거령은 사마문(司馬門 : 궁궐의 바깥 문)을 수비하고 야간에 궁중을 순찰하는 업무를 맡고 있으며, 아울러 신민의 상서나 조정의 징소(徵召 : 징병徵兵)를 관장한다. '방목'은 요(堯)임금 시절에 처음 세워졌다고 하는데, 백성들이 진언할 내용을 나무 위에 적었다고 한다. '폐석(肺石)'은 고대 조정의 문 밖에 세워 놓은 돌이다. 백성들이 억울한 일이 있거나 상소할 일이 있으면 그 돌을 칠 수 있었다. 색이 붉고 폐처럼 생겼다고 하여 '폐석'이라는 명칭이 붙었다. '포궤(包匭)'는 공물을 말한다.

[원문2]

지름이 한 치나 되는 보석도 때로는 모래나 진흙에 파묻혀 있는 경우가 있다. 사람의 지위가 낮거나 결점이 있다고 해서 그 사람의 말까지 들으려 하지 않는 것은 군자가 반드시 경계해야 할 일이다. 나는 밤늦도록 정사를 논의하며, 어떻게 시정(施政)할 방법을 천명할 것인가에 대해 고민하였다. 물론 문무백관을 비롯한 여러 경대부와 사인(士人)들의 생각은 내가 모두 들을 수 있지만, 멀리 변방에 있는 백성들의 마음에 쌓인 의견은 조정까지 이르지 못하고 있다. 혹자는 빈천하다는 이유로 굽히고, 혹자는 산천이 가로막혀 통하지 않으니 그저 다리를 괴고 앉아 고개만 길게 내밀고 있을 뿐 군왕에게 상주할 방법을 찾지 못하고 있다. 어떻게 하면 그들의 의견이 부침을 거듭하다 유실되지 않을 것이며, 또한 어떻게 하면 멀고 가까운 곳의 의견을 모두 들을 수 있겠는가? 사방의 사민(士民)들이 만약 형벌이나 정사에 관해 의견을 제시하여 나라와 백성에게 이로움을 줄 수 있는데, 빈천한 지위나 지리적으로 멀다는 이유로 가로막혀 자신의 의견을 조정까지 통하게 할 수 없다면 서면의 형식으로 자사(刺史)나 이천 석 이상의 봉록을 받는 관리에게 보내도록 하라. 무릇 접수된 의견은 크고 작음을 막론하고 모두 내가 알 수 있도록 하라(『양서』「본기」'무제').

徑寸之寶, 或隱沙泥. 以人廢言, 君子斯戒. 朕聽朝晏罷, 思闡政術, 雖百辟卿士, 有懷必聞, 而蓄響邊遐,
경촌지보, 혹은사니. 이인폐언, 군자사계. 짐청조안파, 사천정술, 수백벽경사, 유회필문, 이축향변하,

未臻魏闕. 或屈以貧陋, 或間以山川, 頓足延首, 無因奏達. 豈所以沈浮靡漏, 遠邇兼得者乎? 四方士民,
미진위궐. 혹굴이빈루, 혹간이산천, 돈족연수, 무인주달. 기소이침부미루, 원이겸득자호? 사방사민,

若有欲陳言刑政, 益國利民, 淪礙幽遠, 不能自通者, 可各詮條布懷於刺史二千石. 有可申采, 大小以聞.
약유욕진언형정, 익국이민, 륜애유원, 불능자통자, 가각전조포회우자사이천석. 유가신채, 대소이문.

[해설]

양나라 무제 천감 6년(507년)의 조서이다. 무제는 특별히 조서를 발표하여 경향(京鄕) 각지의 다양한 의견을 자신이 직접 살필 수 있도록 하라고 주문하였다. 이는 그 자신이 민의를 중시하는 시정 활동을 펼치겠다는 뜻을 천명한 것이다.

'이인폐언(以人廢言)'은 『논어』 「위령공(衛靈公)」에 나오는 "군자는 말로써 사람을 쓰지 않고, 사람의 품행으로 그 사람의 말을 무시하지 않는다(君子不以言擧人군자불이언거인, 不以人廢言불이인폐언)"라는 구절에서 유래한다. '청조안파(聽朝晏罷)'는 청조파안(聽朝罷晏)과 같은 뜻으로, 식사 시간을 거를 정도로 밤늦도록 정사에 힘쓴다는 뜻이다. 춘추시대 초(楚)나라 장왕(莊王)*과 관련된 이야기에 나온다. '위궐(魏闕)'은 조정이다. 원래 궁문에 높이 솟은 누각으로 법령을 선포하여 걸어놓는 곳이기도 한데, 이후로는 '조정(朝廷)'의 뜻으로 쓰였다.

8. 백성의 실정과 허상을 애써 들어 두루 알아야 한다

民間情僞, 鹹欲備聞

수隋나라 문제文帝 양견楊堅

[원문]

짐은 군왕으로서 천하를 통치함에 있어 국가를 다스리는 방법에 대해 깊이 고심하여 백성들이 교화를 따르도록 하고, 덕치로 법치를 대신하여 초야의 선한 이

---

* 장왕(?~BC 591)은 초나라의 23대 왕(재위 BC 613~BC 591)으로, 초나라 역대 군주 중 최고의 명군으로 여겨 춘추 오패의 한 사람으로 꼽는다.

들을 찾고, 민간의 고상한 행위를 표창하고자 한다. 민간의 실정과 허상을 두루 알아야 하리라. 하여 이미 조령을 내려 사자(使者)에게 빈궁한 백성들을 구휼토록 하고, 아울러 그들을 각지로 나누어 보내 사해(四海)를 두루 돌아다니며 나의 이목(耳目)이 될 수 있도록 하였다. 만약 문무의 재질을 지녔으되, 미처 사람들이 알지 못한 자가 있다면 반드시 규정에 따라 그들을 경성(京城)으로 올려 보내 내가 친히 그들을 선발하여 임용하고자 한다. 그러한 이들 가운데 뜻이 원대하고 품행이 고상하며, 능력이 탁월한 이가 있다면 사자에게 그들의 뛰어난 행위를 표창토록 하고, 아름답고 선량한 일을 한 모든 이들을 장려하여 사람들을 고무토록 하였다. 원근(遠近)의 관사(官司 : 관청)나 각지의 풍속에 대해 크든 작든 간에 상세하게 기록하여 경성으로 돌아온 후 나에게 아뢰도록 하라. 이렇게 하면 내가 조정 밖으로 나가지 않더라도 궁궐에 앉아 만 리 밖의 사정을 밝게 알 수 있을 것이다(『수서』 「제기帝紀」 '고조高祖').

朕君臨區宇, 深思治術, 欲使生人從化, 以德代刑, 求草萊之善, 旌閭裏之行. 民間情僞, 鹹欲備聞.
짐군림구우, 심사치술, 욕사생인종화, 이덕대형, 구초래지선, 정여리지행. 민간정위, 함욕비문.

已詔使人, 所在賑恤, 揚鑣分路, 將遍四海, 必令爲朕耳目. 如有文武才用, 未爲時知, 宜以禮發遣,
이조사인, 소재진휼, 양표분로, 장편사해, 필령위짐이목. 여유문무재용, 미위시지, 의이례발견,

朕將銓擢. 其有志節高妙, 越等超倫, 亦仰使人就加旌異, 令一行一善, 獎勸於人. 遠近官司, 遐邇風俗,
짐장전탁. 기유지절고묘, 월등초륜, 역앙사인취가정이, 영일행일선, 장권어인. 원근관사, 하이풍속,

巨細必紀, 還日奏聞. 庶使不出戶庭, 坐知萬裏.
거세필기, 환일주문. 서사불출호정, 좌지만리.

[해설]

수나라 문제는 각지의 정황을 살피기 위해 개황(開皇) 3년(583년) 사자를 전국 각지로 파견하여 풍속을 시찰토록 하였다. 이는 당시에 발표한 내용이다. 이는 수나라 문제가 각지의 민정을 수집하여 이를 통해 국가를 다스리는 정책으로 삼고자 하였음을 보여준다.

'초래(草萊)'는 전야(田野)나 초야의 뜻이니, 관리가 아닌 사람을 말한다. '여리(閭裏)'는 일반 평민들이 사는 곳으로 민간의 뜻이다. '전탁(銓擢)'은 저울질하여 선발한다는 뜻이다.

9. 치국의 요강은 그 근본을 온전하게 힘쓰는 데 있다

爲政之要, 務全其本

당唐나라 태종太宗 이세민李世民

[원문]

치국의 요강은 그 근본을 온전하게 힘쓰는 데에 있다. 만약 중원이 안정되지 않으면 먼 곳의 이적(夷狄 : 오랑캐)이 조공하기 위해 온다고 할지라도 무슨 이익이 있겠는가?(『당태종문집』「정본론政本論」)

爲政之要, 務全其本. 若中國不靜, 遠夷雖至, 亦何所益.
위정지요, 무전기본. 약중국부정, 원이수지, 역하소익.

당나라 시대의 채색 문관용(文官俑)

명나라 때의 병서(兵書)인 『투필부담(投筆膚談)』의 「군세(軍勢)」를 보면 이런 대목이 나온다.

"성인이 장수를 선발할 때는 반드시 그 재능을 택해 선발하였다. 일단 그 사람을 얻으면 그에게 전곤(專閫 : 경성 이외 지역의 군사를 전담할 수 있는 권한)을 주고 중간에서 간여하지 않으며, 밖에서 감시하지 않고, 권한을 나누지 않으며, 참소(讒訴)를 믿지 않아야 한다. 그런 다음에야 장수가 능히 자신의 재능을 다 발휘할 수 있다."

당나라 태종은 이를 정확하게 파악하고 실행에 옮긴 제왕이었다. "사람을 쓸 때는 의심하지 말 것이며, 의심이 드는 자는 쓰지 마라(用人不疑, 疑人不用 용인불의, 의인불용)." 그는 이를 실천에 옮겼기에 태평성세를 실현할 수 있었다. 그림은 당나라 시대 문관의 모습을 조각한 용(俑)이다.

당나라 태종이 치국의 방략을 논술하고 있는 「정본론(政本論)」에 나오는 말이다. 태종은 치국과 변방 소수민족의 관계에 대해 논하면서 중원이 제대로 다스려져야만 먼 곳의 이적들을 조공토록 하여 이로움이 있을 것이라고 하였다.

'이(夷)'는 선진시대에 화하 민족이 아닌 타민족에 대한 칭호이다. 제이(諸夷), 사이(四夷), 동이(東夷), 서이(西夷), 남이(南夷), 구이(九夷) 등으로 부르기도 하는데, 일반적으로 위로 발해 주변, 남쪽으로 강회(江淮) 등지에 거주하는 이민족을 부를 때 사용한다.

10. 신뢰를 강구하고 화목한 관계를 유지하라

講信修睦

원元나라 세조世祖 홀필열忽必烈

[원문]

대원(大元) 황제는 일본 국왕에게 서신을 보낸다. 생각건대, 자고이래로 작은 나라의 군주는 국토가 서로 이어져 있는 나라와 애써 신뢰와 화목을 도모하거늘, 하물며 우리 조종께서 상천의 명을 받들어 중국 전체를 점유하였으니 멀리 이역의 나라들이 나의 위세를 두려워하고, 은덕을 생각하는 나라가 헤아릴 수 없을 정도로 많다. 나는 즉위 초 고려의 무고한 백성이 오랜 전쟁으로 곤란에 처해 있음을 알고 즉시 명을 내려 전쟁을 그치고 그들의 강역(疆域 : 疆場이라고도 한다. 한 나라의 통치권이 미치는 지역)을 돌려주었으며, 늙거나 젊은 백성들을 돌려보냈다. 이에 고려의 군신들은 나에게 충심으로 감사하며 직접 찾아와 알현하였다. 우리는 비록 의리상 군신의 예를 취하고 있으나 아비와 자식처럼 서로 환대하였다. 짐작컨대 일본국의 군신들도 이러한 사실을 모두 알고 있을 것이다. 고려는 우리나라 동쪽의 번국이다. 일본은 고려 가까운 곳에 위치하여 건국 이래로 때때로 중국과 교통하였으나 내가 친정(親政)한 후로 한 번도 사신이 왕래한 적이 없었다. 나는 그대들이 우리를 잘 이해하지 못하고 있음을 근심하여 특별히 사신을 통해 서신을 보내 내 뜻을 전하노라. 지금 이후로 서로 교통하여 우호관계를 이루고, 서로 화친하여 돈독한 관계를 유지하기를 바라노라. 성인께서 말씀하시기를 사해(四海)가 한 가족이라고 하였거늘, 서로 잘 지내지 않는다면 어찌 한 가족으로서 도리를 다했다고 할 수 있겠는가? 만약 서로 무력을 사용하게 된다면 과연 누가 이를 좋아하겠는가? 바라건대, 일본 국왕은 이를 고려하기 바란다(『원사元史』「본기」'세조世祖').

皇帝奉書日本國王. 朕惟自古小國之君, 境土相接, 尙務講信修睦, 況我祖宗受天明命, 奄有區夏,
황제봉서일본국왕. 짐유자고소국지군, 경토상접, 상무강신수목, 황아조종수천명명, 엄유구하,

遐方異域畏威懷德者, 不可悉數. 朕卽位之初, 以高麗無辜之民, 久瘁鋒鏑, 卽令罷兵, 還其疆場, 反其旄倪.
하방이역외위회덕자, 불가실수. 짐즉위지초, 이고려무고지민, 구췌봉적, 즉령파병, 환기강역, 반기모예.

高麗君臣, 感戴來朝, 義雖君臣, 而歡若父子. 計王之君臣, 亦已知之. 高麗, 朕之東藩也. 日本密邇高麗,
고려군신, 감대래조, 의수군신, 이환약부자. 계왕지군신, 역이지지. 고려, 짐지동번야. 일본밀이고려,

開國以來, 時通中國, 至於朕躬, 而無一乘之使以通和好. 尙恐王國知之未審, 故特遣使持書佈告朕心,
개국이래, 시통중국, 지어짐궁, 이무일승지사이통화호. 상공왕국지지미심, 고특견사지서포고짐심,

冀自今以往, 通問結好, 以相親睦. 且聖人以四海爲家, 不相通好, 豈一家之理哉? 以至用兵, 夫孰所好,
기자금이왕, 통문결호, 이상친목. 차성인이사해위가, 불상통호, 기일가지리재? 이지용병, 부숙소호,

王其圖之.
왕기도지.

[해설]

홀필열(忽必烈 : 쿠빌라이)은 연이어 군대를 파견하여 일본을 원정하였다. 그러나 태풍으로 인해 끝내 실패하고 말았다. 지원(至元) 3년(1266년) 8월, 원나라 세조는 예부시랑 은홍(殷弘)을 일본에 사신으로 보내 일본 국왕에게 자신의 친서를 전달토록 하였다. 주된 내용은 일본과 서로 교통하면서 우호관계를 희망한다는 것이었다.

'강신수목(講信修睦)'은 신뢰를 강구하고 화목한 관계를 유지한다는 뜻이다. '엄유(奄有)'는 전체를 점유함이다. '구하(區夏)'는 제하(諸夏)의 땅, 즉 중국을 말

한다. '모예(旄倪)'는 노인네와 어린아이이니 노소(老少)의 뜻이다. 고려는 918년에 왕건이 왕조를 세웠고, 1392년에 멸망하였다. 1287년부터 고려왕이 정동행성(征東行省)의 다루하치(達魯花赤 : 관직 이름)를 겸하면서 원나라의 속국이 되었다. 1356년 공민왕 시절에 속국에서 벗어나 독립하였다.

11. 각국을 안무하고 인근 해외 나라들도 우호관계를 맺도록 하라

綏懷諸國, 薄海內外

원나라 성종成宗 철목이鐵穆耳

[원문1]

아국(我國)은 조종께서 창건하신 이래로 만국의 백성과 현인들이 위세를 두려워하고 은덕에 감사하지 않은 적이 없었다. 이전 선제께서 통치하던 시절 너희 나라에서 사신을 보내 알현함에 선제께서 조서를 내리시어 너희들의 요구를 윤허하시었다. 그러나 너희들은 오히려 자신의 말에 책임을 지지 않고 약속을 저버렸다. 그렇기 때문에 나의 군대 장수들이 너희들에게 군사 행동을 하기에 이르렀다. 최근에 네가 아들 신합팔(信合八)을 보내 내조(來朝 : 외국의 사신이 찾아와 알현함)토록 하니, 마땅히 넓은 아량으로 받아들여 특별히 은혜를 베푸노라. 지금 입보와나아적제아(立普哇拿阿迪提牙)를 면국(緬國)*의 국왕으로 책봉하여 그에게 은인(銀印)을 하사하고, 그의 아들 신합팔을 면국의 세자로 책봉하여 그에게 호부(虎符)**를 하사하노라. 거듭 경고하노니, 운남 등지의 변방 장수들은 제멋대로

---

* 1044년에 세워진 미얀마 최초의 통일 왕조를 당시 중국 원나라에서 부르던 이름.

** 원래는 중국에서 구리로 범의 모양을 본떠 만든 것으로 군대를 동원하는 표지를 뜻하지만, 여기서는 세자 책봉의 징표를 뜻한다.

군사를 일으키지 않도록 하라. 너희 나라의 관리와 백성들은 각자 맡은 바에 따라 편안하게 생업에 임하도록 하라(『원사』「본기」'성종').

我國家自祖宗肇造以來, 萬邦黎獻, 莫不畏威懷德. 向先朝臨禦之日, 爾國使人稟命入覲, 詔允其請.
아국가자조종조조이래, 만방여헌, 막불외위회덕. 향선조림어지일, 이국사인품명입근, 조윤기청.

爾乃遽食前言, 是以我帥闖之臣加兵於彼. 比者爾遣子信合八的奉表來朝, 宜示含弘, 特加恩渥,
이내거식전언, 시이아수곤지신가병어피. 비자이견자신합팔적봉표래조, 의시함홍, 특가은악,

今封的立普哇拿阿迪提牙爲緬國王, 賜之銀印, 子信合八的爲緬國世子, 錫以虎符. 仍戒飭雲南等處邊將,
금봉적립보와나아적제아위면국왕, 사지은인, 자신합팔적위면국세자, 석이호부. 잉계칙운남등처변장,

毋擅興兵甲. 爾國官民, 各宜安業.
무천흥병갑. 이국관민, 각의안업.

[해설]

대덕(大德) 원년(1297년) 2월, 원나라 성종(成宗 : 테무르)이 입보와나아적제아(立普哇拿阿迪提牙)를 면국(緬國)의 국왕으로 책봉한 때 했던 말이다. 그는 상대국이 전대의 약속을 저버렸음을 질책하면서 용병의 불가피성에 대해 언급하는 한편, 상호 화목하게 우호관계를 유지하기를 바란다는 의견을 표명하고 있다.

'여헌(黎獻)'은 여민(黎民 : 백성) 가운데 현자를 뜻한다. '입근(入覲)'은 제후들이 가을에 입조하여 천자를 알현하거나 지방 관원들이 입조하여 제왕을 알현하는 것을 말한다.

[원문2]

유관 관리가 아뢰기를, 이전에 세조 황제께옵서 보타(補陀)*의 선승 여지(如智)와 왕적옹(王積翁) 등에게 조서를 받들어 두 차례나 일본과 우호관계를 맺도록 하였으나 모두 중도에 막혀 되돌아오고 말았다. 이에 내가 제위에 오른 이후로 각국을 안무하고 인근 바다 내외 나라들에 대해 잊어본 적이 없다. 일본과의 우호도 다시 한 번 우호관계를 맺도록 해야 할 것이다. 지금 여지는 이미 연로하고 보타의 승려인 일산(一山)은 법력이 높으니 그를 보내 분명하게 알아듣도록 하

---

* 보타락가(補陀落迦)로 절강성 주산열도에 있는 불교의 영지(靈地) 보타산(補陀山)을 뜻함.

라. 상선(商船)을 따라가면 능히 도착할 수 있을 것이다. 내가 특별히 그의 요청에 동의한 것은 선제께서 남기신 뜻을 이루고자 함이다. 우호관계를 돈독하게 하고 백성을 평안하게 하는 일에 대해 왕이 자세하게 고려하기를 바라노라(『원사』「본기」 '성종').

有司奏陳, 向者世祖皇帝嘗遣補陀禪僧如智及王積翁等兩奉璽書通好日本, 鹹以中途有阻而還.
유사주진, 향자세조황제상견보타선승여지급왕적옹등량봉새서통호일본, 함이중도유조이환.

爰自朕臨禦以來, 綏懷諸國, 薄海內外, 靡有遐遺, 日本之好, 宜複通問. 今如智已老, 補陀僧一山道行素高,
원자짐림어이래, 수회제국, 박해내외, 미유하유, 일본지호, 의복통문. 금여지이로, 보타승일산도행소고,

可令往諭, 附商舶以行, 庶可必達. 朕特從其請, 蓋欲成先帝遺意耳. 至於惇好息民之事, 王其審圖之.
가령왕유, 부상박이행, 서가필달. 짐특종기청, 개욕성선제유의이. 지어돈호식민지사, 왕기심도지.

[해설]

대덕 3년(1299년) 3월, 원나라 성종은 묘자(妙慈) 홍제대사(弘濟大師)와 강절(江浙), 불교 총통인 보타의 승려 일산(一山)에게 성종의 조서를 받들어 일본에 사신으로 갈 것을 명하였다. 인용문은 당시 조서에서 발췌한 것이다. 내용은 성종이 세조의 유업을 이어받아 일본과 우호관계를 중시했음을 보여준다. 인용문에 나오는 "이전에 세조 황제께옵서 운운" 하는 내용은 지원(至元) 20년(1283년) 정월 절강 경원로(慶元路)의 보타산 방장인 여지가 홀필열에게 진언한 내용에 따른 것인데, 당시 그는 전쟁이 일어나면 무수한 생령(生靈)들이 다치게 되니 자신이 성지를 받들어 일본을 방문할 수 있도록 윤허하여 달라고 청했다. 홀필열은 자신이 주동적으로 우호관계를 주관하기로 마음먹고 즉시 여지를 국신사(國信使)로 삼아 일행을 인솔하고 동쪽으로 건너가 부상(扶桑)*으로 가도록 하였다. 당시 조정에서 준비한 예물은 비단옷과 옥배(玉杯), 말안장, 고삐 등인데, 제거(提擧 : 관명) 왕군지(王君智)를 보내 함께 일본으로 건너가도록 하였다. 그 해 8월 여지 일행은 배를 타고 바다를 건너게 되었는데, '태풍을 만나 끝내 도달하지 못하고 돌아오고 말았다.'

---

* 고대 신화에 동쪽 바다에 있는 신령스러운 나라로서 해가 뜨는 곳이다. 여기서는 일본을 말한다.

이듬해인 지원 21년(1284년), 여지는 참지정사(參知政事) 왕적옹(王積翁)을 데리고 재차 일본으로 향했다. 사절단을 실은 배는 모두 네 척이었는데, 7월에 일본 대마도 해역까지 진입하였다. 그러나 왕적옹이 세도를 부려 선원들에게 매질을 가하자 선주(船主) 임갑(任甲) 등 뱃사람들이 공모하여 적옹을 살해하는 사건이 벌어지고 말았다. 그리하여 여지 일행은 또 다시 중도에 막혀 되돌아오고 말았다.

12. 먼저 기강을 바르게 하라

先正紀綱

명明나라 태조太祖 주원장朱元璋

[원문]

건국 초기에는 무엇보다 기강을 바르게 해야 한다. 원나라 왕조는 황실이 혼매하고 쇠약하여 황실의 권위와 복락은 바꿀 수 없음에도 결국 신하들에게 순종하여 혼란을 야기하였으니, 이를 살펴 교훈으로 삼아야 할 것이다(『명사』「본기」 '태조').

立國之初, 當先正紀綱. 元氏暗弱, 威福不移, 馴至於亂, 今宜鑒之.
입국지초, 당선정기강. 원씨암약, 위복불이, 순지어란, 금의감지.

[해설]

지정(至正) 24년(1364년) 춘정월 병인삭(丙寅朔 : 일진이 병인인 초하루), 이선장(李善長) 등이 군신과 함께 주원장을 알현하여 정식으로 등극할 것을 청원하였으나 주원장은 윤허하지 않았다. 그러나 결국 그들의 청을 받아들여 오왕(吳王)에 등극하여 백관을 두었다. 이선장을 우상국(右相國), 서달(徐達)을 좌상국, 상우춘(常遇春)과 유통해(兪通海)를 평장정사(平章政事)로 삼고 이를 백성들에게 알렸다. 인용문은 주원장의 건국 사상을 표현한 것인데, 나라의 기강을 바로잡고 원나라 왕조를 반면교사로 삼아 새로운 국가를 잘 다스리겠다는 내용이다.

13. 정해진 기한을 초과한 자는 반드시 힐문하여 다스려라

違者詰治

명나라 효종孝宗 주우탱朱祐樘

[원문]

여러 변경에서 가장 수고해야 할 일은 순안어사가 현지를 감찰하는 것인데, 때로 보고문이 1년 넘게 방치되는 경우가 있다. 이는 권면(勸勉)의 의도를 드러내는 방법이 아니다. 하여 지금부터 상주해야 하는 공문은 거리의 멀고 가까움에 따라 기한을 정하라. 정해진 기한을 초과한 자는 반드시 힐문(詰問 : 따져 물음)하여 다스릴 것이다(『명사』「본기」'효종').

諸邊首功, 巡按禦史察勘, 動淹歲年, 非所以示勸. 自今奏報, 以遠近立限. 違者詰治.
제변수공, 순안어사찰감, 동엄세년, 비소이시권. 자금주보, 이원근립한. 위자힐치.

[해설]

홍치(弘治) 17년(1504년) 9월, 명나라 효종이 난각(暖閣 : 난방설치가 되어 있는 방)에서 유건(劉健), 이동양(李東陽), 사천(謝遷) 등에게 내린 명령이다. 공문의 처리 속도를 높이고 정무의 효율을 높이는 데 최선을 다하라는 내용을 담고 있다.

'순안(巡按)'은 순안어사의 간칭이다. 명나라 시대에 순안어사는 감찰어사로서 각지를 순시하였다. 그의 직권은 자못 높아 관리에 대한 심사나 큰 사건에 대한 심리를 주관할 수 있었다. 지부(地府) 이하의 관원은 모두 그의 명을 받들어야만 했다.

14. 백성을 귀찮게 하여 사리사욕을 챙긴다면,
이는 약탈과 다를 바 없다

擾民行私, 無異劫奪

청淸나라 세조世祖 애신각라愛新覺羅 복림福臨

[원문]

세관을 설치한 것은 국가가 이를 통해 통상을 하기 위함이지 상인들에게 수고를 끼치게 하기 위함이 아니다. 세관의 관리들은 백성을 귀찮게 하여 사리사욕을 챙긴다면, 이는 약탈과 다를 바 없을 것이다(『청사고淸史稿』「본기」'세조').

榷關之設, 國家藉以通商, 非苦之也. 稅關官吏, 擾民行私, 無異劫奪.
각관지설, 국가자이통상, 비고지야. 세관관리, 요민행사, 무이겁탈.

[해설]

순치(順治) 8년(1651년) 윤이월, 청나라 세조가 내린 교유(教諭)의 일부분이다. 청나라 조정에서는 다른 나라와 왕래하면서 새롭게 설치하게 된 세관을 중시함과 동시에 세관의 관리들에게 엄격한 근무 자세를 갖출 것을 요구하고 있다.

15. 군신들은 오직 근검절약을 숭상하라

君臣惟崇儉樸

청나라 고종高宗 애신각라 홍력弘歷

[원문]

균전제(均田制)의 법령을 시행하게 되면 필연적으로 가난한 자는 부유해지지 않으나 부자는 오히려 가난해지고 만다. 우리 군신들은 오직 근검절약을 숭상하고, 부끄러움과 두려움을 알아 사민(四民)들이 본받도록 하면 될 것이다(『청사고』「본기」'고종').

均田之法, 勢必致貧者未富, 富者先貧. 我君臣惟崇儉樸, 知愧知懼, 使四民則效而已.
균전지법, 세필치빈자미부, 부자선빈. 아군신유숭검박, 지괴지구, 사사민칙효이이.

[해설]

건륭(乾隆) 46년(1781년) 10월, 어사 유천성(劉天成)이 상주하여 균전법의 시행을 건의하였다. 인용문은 고종이 이에 대해 훈계한 내용의 일부분이다. 그는 균전법에 대해 반대하고 있음을 분명하게 밝혔다. '사민(四民)'은 사농공상을 말하는데, 관중(管仲)이 최초로 제시한 개념이다. 『관자(管子)』「소광(小匡)」에 따르면, "사농공상 사민이 나라의 석민(石民 : 주춧돌이나 기둥이 되는 백성)이다."

16. 시대의 변화에 따라 만사에 통달할 수 있는 인재가 되라

通達濟變之才

청나라 덕종德宗·애신각라 재첨載湉

[원문1]

마관강화조약*이 의정(議定)된 후 조정의 여러 신하들이 국토를 포기할 수 없으며, 군비를 배상금으로 사용할 수 없으니 마땅히 조약을 폐기하고 결전을 벌여야 한다고 상주하였다. 그들의 말은 실로 충정과 의분에서 나온 것이나 조정의 고충을 제대로 이해하지 못함이로다. 창졸지간에 전쟁이 발발하여 우리는 한 번도 승리를 거두지 못하였다. 근자에 들어와 상황이 더욱 심각하여 일본의 함대가 북쪽으로 요령과 심양을 핍박하고, 남쪽으로 경성 부근까지 침범하였다. 심양은 황실 선조들의 능침(陵寢 : 능陵을 말함)이 자리한 중요 지역이고, 경사(京師)는 종묘사직과 관련이 있는 곳이다. 더구나 모후(자희태후慈禧太后)께서 20년 넘게 양생하시어 천수를 누리시고 계신데, 혹여 이를 두려워하시게 된다면 허약한 몸으로 내가 어찌 송구스럽게 스스로 판단하고 결정하는 일을 감당할 수 있겠는가? 게다가 상천(上天 : 하늘, 하느님)이 경계(警戒)하시어 해일(海溢)로 재앙을 내리시니, 공수(攻守) 양쪽이 어찌할 바를 모르게 되었다. 싸움과 화해를 거듭하다 양자의 손해를 따져보고 반복하여 헤아린 후에 비로소 계책을 정할 수 있었다. 그 과정에서 여러 가지 어려운 일이 있었으나 상주문을 올린 대신들은 상세하게 알 수 없을 것이다. 현재 비준하여 의결된 강화조약은 특별히 전후 처리 과정의 연유와 유래에 대해 설명하고 있다. 나를 포함하여 군신들은 오로지 의지를 견지하여 한 마음으로 어려움을 감내하면서 절통한 마음으로 오랜 폐해를

---

* 마관조약(馬關條約)을 말하며, 청일전쟁 후 1895년에 청나라와 일본이 체결한 강화조약이다. 이 조약을 통해 청나라가 조선이 완전한 자주국임을 인정함으로써 일본은 한반도를 통해 대륙 진출의 기반을 다지게 되었다.

마관조약 체결

1895년 광서 21년 3월 20일, 일본 히로시마 마관(馬關 : 시모노세키. 1902년에 '하관下關'으로 지명이 바뀌어 '하관조약'으로 부르기도 한다) 춘범루(春帆樓)에서 청나라 정부 대표 이홍장(李鴻章)과 일본 수상 이토히로부미(伊藤博文)가 휴전협정 체결과 함께 강화 협상을 진행하여 4월 17일에 전문(全文) 11개 조항의 강화조약 및 3개 조항의 의정서(議政書) 및 별약(別約), 2개 조항의 추가 휴전협정 등을 조인하였다.

이것이 바로 치욕적인 '마관조약'이다. 그림은 조약 체결 당시의 장면이다.

없애도록 노력해야 할 것이다(『청사고』「본기」'덕종').

和約定議, 廷臣交章謂地不可棄, 費不可償, 當仍廢約決戰. 其言固出忠憤, 而未悉朝廷苦衷. 自倉
화약정의, 정신교장위지불가기, 비불가상, 당잉폐약결전. 기언고출충분, 이미실조정고충. 자창

卒開釁, 戰無一勝. 近者情事益迫, 北可逼遼瀋, 南可犯畿疆. 瀋陽爲陵寢重地, 京師則宗社攸關, 況慈闈
졸개흔, 전무일승. 근자정사익박, 북가핍료심, 남가범기강. 심양위릉침중지, 경사칙종사유관, 황자위

頤養二十餘年, 使徒禦有驚, 藐躬何堪自問! 加以天心示警, 海嘯成災, 戰守更難措手. 一戰一和,
이양이십여년, 사도어유경, 막궁하감자문! 가이천심시경, 해소성재, 전수경난조수. 일전일화,

兩害兼權而後幡然定計. 其萬難情事, 言者所未及詳, 而天下臣民皆當共諒者也. 兹將批准定約, 特宣
양해겸권이후번연정계. 기만난정사, 언자소미급상, 이천하신민개당공량자야. 자장비준정약, 특선

特宣示前後辦理緣由. 我君臣惟期甘苦一心, 痛除積弊.
시전후관리연유. 아군신유기감고일심, 통제적폐.

[해설]

광서(光緒) 21년(1895년) 3월, 이홍장(李鴻章)은 청나라 조정을 대표해 마관화약(馬關和約)을 체결하였다. 내용은 다음과 같다. 첫째, 조선이 완전한 자주독립국임을 인정한다. 둘째, 요동 반도의 독립과 남지(南地), 대만, 팽호도(澎湖島 : 대만 해협 중앙에 위치한 열도) 등을 일본에 할양한다. 셋째, 청국은 일본에 배상금 2억 냥을 지불한다. 청국의 사시(沙市), 중경(重慶), 소주(蘇州), 항주(杭州) 등의 개항과 일

본 선박의 양자강 및 부속 하천의 자유 통항을 용인한다. 그해 4월 도방(道芳), 오정방(伍廷芳) 등이 연대(煙臺)에서 일본과 강화조약서를 교환하였다. 이에 대해 조야(朝野)에서 반대의 물결이 거세지기 시작했다. 이에 청나라 덕종은 훈계를 담은 조령을 발표하여 굴욕적인 투항으로 국가의 안녕을 취할 수밖에 없었던 자신의 고충과 이유를 밝히고 있다.

인용문의 '화약(和約)'은 일본과 강화조약을 맺은 마관화약이다. '기강(畿疆)'은 경성 부근의 강계(疆界)로 지금의 북경 부근 천진 근해 지역을 말한다. '자위(慈闈)'는 청나라 덕종의 대모후(代母后)인 자희태후를 말한다. '막궁(藐躬)'은 허약한 신체를 말한다.

[원문2]

조정 내외의 여러 대소 신료들과 왕공 이하 사대부 평민들에 이르기까지 각자 발분하여 호걸(豪傑)이 되도록 하라. 성현들이 남기신 의리지학(義理之學 : 송나라 때 '성리학性理學'의 다른 이름)을 근본으로 삼고, 시세(時勢)에 부합하는 서구의 학문을 더불어 학습하여 전심전력으로 실력을 배양하여 시대의 변화에 따라 만사에 통달할 수 있는 인재가 될 수 있도록 하라. 경사대학당(베이징대학北京大學의 전신)은 모든 행성(行省)의 모범으로 마땅히 가장 먼저 개교해야 할 것이다. 군기대신과 왕공대신들은 조속한 시일 안에 상의하여 나에게 보고토록 하라(『청사고』「본기」'덕종').

中外大小諸臣, 自王公至於士庶, 各宜發憤爲雄. 以聖賢義理之學植其根本, 兼博采西學之切時勢者,
중외대소제신, 자왕공지어사서, 각의발분위웅. 이성현의리지학식기근본, 겸박채서학지절시세자,

實力講求, 以成通達濟變之才. 京師大學堂爲行省倡, 尤應首先擧辦. 軍機大臣, 王大臣妥速回議以聞.
실력강구, 이성통달제변지재. 경사대학당위행성창, 우응수선거판. 군기대신, 왕대신타속회의이문.

[해설]

1840년에 아편전쟁이 발발하면서 중국은 봉쇄되어 있던 문호를 열게 되었다. 반세기에 걸쳐 세계의 열강들과 교류하는 과정에서 청나라 덕종은 중국의 전통 유학에 근거하는 한편 서구의 사상과 문화를 수용하여 '중국의 학문을 본체로 삼고 서양의 학문을 실용으로 삼는(中學爲體중학위체, 西學爲用서학위용)' 이른바 '중

체서용(中體西用)'을 창도하면서 변법 실행을 본격화하였다. 이를 통해 곤경에 처한 현실에서 벗어나기 위함이었다. 광서 24년(1898년), 그는 무술변법*의 실행을 준비하면서 '정국시조(定國是詔)'**를 반포하여 서양의 학문을 함께 학습하라는 변법 사상을 밝힌 바 있다.

'사서(士庶)'는 사대부와 서민을 말한다. '성현의리지학(聖賢義理之學)'은 중국 유가의 경의(經義)와 명리(名理)의 학문을 말한다. '서학(西學)'은 '신학(新學)'으로 부르기도 하는데, '중학'과 상대적인 개념의 서구 학문으로서 주로 서구의 근대 자산계급문화를 말한다. '경사대학당(京師大學堂)'은 1898년 광서제의 조령에 따라 손가내(孫家鼐)가 주관하여 북경에 설립한 중국 최초의 종합대학이자 당시의 최고 교육행정기관이다. 설립 이후 1912년까지 경사대학당으로 부르다가 '북경대학'으로 개명하였다.

[원문3]

국가가 각종 정무를 진흥하고 서양의 방법을 겸용하고자 하는 것은 진실로 백성을 위해 정사를 베풀기 위함이니, 중국과 서양은 서로 같아 서구의 방법으로 우리들이 그들에게 미치지 못하는 바를 보충할 수 있을 것이다. 지금 사대부들은 외국의 학문에 대해 제대로 알지 못하여 외국의 학문에는 정치 교화의 내용이 없다고 생각한다. 이는 서양의 정치가 비록 다종다양하지만 대체적으로 백성을 위해 지혜를 개발하고, 특히 가장 뛰어난 부분은 사람들의 품성을 선량하게 변화시키고 수명을 연장시키는 것임을 알지 못하기 때문이다. 사람들의 이익을 도모하는 것이라면 이를 확대 추진하는 데 주저함이 있어서는 안 될 것이다(『청사고』「본기」'덕종').

國家振興庶政, 兼采西法, 誠以爲民立政, 中西所同, 而西法可補我所未及. 今士大夫昧於域外之觀,
국가진흥서정, 겸채서법, 성이위민립정, 중서소동, 이서법가보아소미급. 금사대부매어역외지관,

輒謂彼中全無條敎. 不知西政萬端, 大率主於爲民開智慧. 其精者乃能淑性延壽. 生人利益, 推廣無遺.
첩위피중전무조교. 부지서정만단, 대솔주어위민개지혜. 기정자내능숙성연수. 생인이익, 추광무유.

---

* 변법자강운동으로 청일전쟁 패배 후 강유위, 양계초 등이 정치, 교육, 법률 등 청나라 사회 전반의 제도를 근본적으로 개혁하고자 일으킨 운동을 말함.

** '국시를 정하는 조령'이라는 뜻. 1898년 6월 광서제가 반포한 조령을 말한다.

청나라 덕종이 신정(新政)을 실시하자 여러 수구(守舊) 인사들의 반대에 우심(憂心 : 걱정하는 마음)했다. 그래서 광서 24년(1898년) 7월 유서(諭書)를 내려 조정 내외의 관원들을 설득하였다. 그는 서구 법률의 우월성을 소개하여 사람들의 지지를 얻고자 했다.

'역외지관(域外之觀)'은 외국의 학문을 뜻하는데, 특히 서구와 일본의 학문을 지칭한다. '조교(條敎)'는 조문교령(條文敎令)으로서 정치 교화를 말한다. '숙성(淑性)'은 성격이 선량함이다.

[원문4]

재택(載澤)* 등이 상주하여 말하기를, 나라의 형세가 부진한 것은 군신 상하가 서로 소원하여 내외로 틈이 벌어져 관원은 어떻게 하면 백성을 돌볼 수 있는지를 알지 못하고, 백성은 어떻게 하면 나라를 보위할 수 있는지를 알지 못하기 때문이라고 하면서, 다른 여러 나라들이 부강하게 된 것은 헌법을 실행하고 공중(公衆)의 의견을 취해 국정을 결정하기 때문이라고 하였다. 지금 이 시점에 이르러 외국의 헌정(憲政)을 본떠 대권(大權 : 국가를 통치하는 권한)을 조정으로 통일하고, 여러 가지 정무를 여론에 공개하여 입헌의 토대를 만들고자 하니 조정의 내외 신료들은 적절하게 더욱 진작해야 할 것이다. 몇 년 후에 입헌의 조건이 구비되면 여러 나라의 법률을 참고하여 기한을 확정하여 실행하고자 한다(『청사고』「본기」'덕종').

載澤等回國陳奏, 皆以國勢不振, 實由於上下相睽, 內外隔閡, 官不知所以保民, 民不知所以衛國,
재택등회국진주, 개이국세불진, 실유어상하상규, 내외격애, 관불지소이보민, 민불지소이위국,

而各國所由富强, 在實行憲法, 取決公論. 時處今日, 惟有仿行憲政, 大權統於朝廷, 庶政公諸興論.
이각국소유부강, 재실행헌법, 취결공론. 시처금일, 유유방행헌정, 대권통어조정, 서정공제여론.

豫備立憲基礎, 內外臣工切實振興. 俟數年後規模粗具, 參用各國成法, 再定期限實行.
예비립헌기초, 내외신공절실진흥. 사수년후규모조구, 삼용각국성법, 재정기한실행.

---

* 만주 양백기인 출신으로서 1906년에 입헌군주제의 실시를 상주하였다.

육부(六部)

수나라 때부터 청나라 때까지 역대 중앙 행정기관으로 이(吏), 호(戶), 예(禮), 병(兵), 형(刑), 공(工) 여섯 부의 총칭이다. 진한(秦漢) 시기에는 구경(九卿)이 각 행정 업무를 분장하였으며, 위진(魏晉) 이후로 구경의 직무가 대부분 상서(尙書)로 귀속되었다. 상서는 관아를 나누어 일을 처리하였는데, 동한 시기에는 육조(六曹), 위진 시기에는 그 수가 더욱 많아져 36조(曹)로 나뉘었다. 동한 이후로 한 명의 상서가 조(曹) 하나를 관장하였으나, 위진 시대는 5~6인의 상서가 각기 몇 개의 조(曹)를 나누어 관할했다. 조의 업무를 관장하는 관리를 상서랑(尙書郞), 시랑(侍郞)이라고 칭한다. 조위(曹魏) 시기에는 이부(吏部), 좌민(左民), 객조(客曹), 오병(五兵), 탁지(度支) 등 오조(五曹)의 상서가 있었다. 오조의 '조'는 후세의 '부(部)'에 해당하고, 아래 25조(曹)의 '조'는 후세의 '사(司)'에 해당한다. 상서랑은 후세의 사관(司官)에 해당한다. 남조 양(梁), 진(陳)과 북조 제(齊) 시기에는 여섯 상서가 설치되었다. 수(隋)나라 조정은 북제(北齊)의 제도를 토대로 수정을 가하여 이부, 예부, 병부, 도관(都官), 탁지(度支), 공부 등 여섯 상서를 설치하였다. 개황(開皇) 3년(583년) 도관을 형부, 탁지를 민부로 개칭했다. 당나라 시대에 들어와 민부를 호부로 개칭한 후 더 이상 개칭하지 않았다. 육부는 본래 상서성에 속하나, 원나라 시대와 명나라 시대 초기에는 중서성에 속했다. 모두 재상이 직접 관할했다. 명나라 태조는 중서성을 폐지하고 재상을 없애 육부 상서를 황제 직속으로 두었다. 청나라 말기에 들어와 신부(新部)를 증설하면서 육부의 명칭이 폐지되었다.

조대	재상	이부	호부	예부	병부	형부	공부
삼대(三代)	상相	은: 태재太宰 주: 총재冢宰, 천관태재경天官太宰卿	하: 사도司徒 은: 사도 주: 지관대사도경地官大司徒卿	은: 태종太宗 주: 대종백경大宗伯卿, 상종上宗, 태종太宗, 종인宗人	하: 사마 은: 사마 주: 하관대사마경夏官大司馬卿	하: 사구司寇 은: 사구 주: 추관대사구경秋官大司寇卿	하: 사공司工, 공공共工 은: 사공 주: 대사공경大司工卿
진(秦)	승상丞相, 상국相國	상서 미구분	상서 미구분	상서 미구분	상서 미구분	상서 미구분	상서 미구분
한(漢)	상국, 승상	상시조상서常侍曹尙書, 이천석상서二千石曹尙書	계상대사농계相大司農, 민조상서民曹尙書	객조상서客曹尙書		삼공우상서三公右尙書	
후한(後漢)	태위太衛, 상서령	이조상서吏曹尙書, 선부상서選部尙書	대사농경大司農卿, 민조상서	남주객조상서南主客曹尙書, 북주객조상서		이천석상서二千石尙書	
삼국(三國)	촉: 승상 오: 승상 위: 상서령	위: 이부상서 오: 선조상서選曹尙書	위: 탁지상서度支尙書, 좌민상서左民尙書, 민조상서	위: 객조상서, 사부상서祠部尙書	위: 오병상서五兵尙書		
진(晉)	승상, 상국사도相國司徒, 중서령	이부상서吏部尙書	탁지상서, 좌민상서, 우민상서	사부상서	삼공상서三公尙書	오병상서, 가부상서駕部尙書	둔전상서屯田尙書
남조(南朝)	승상, 상서령, 중서감中書監, 영令	이부상서	탁지상서 좌민상서	사부상서祠部尙書	오병상서五兵尙書	도관상서都官尙書	기부상서起部尙書

조대	재상	이부	호부	예부	병부	형부	공부
북위(北魏)	승상, 성사령, 중서감, 영	이부상서	탁지상서 좌민상서 우민상서	의조상서 儀曹尙書 사부상서	칠병상서 七兵尙書 가부상서 駕部尙書	도관상서	
북제(北齊)	승상, 상서령, 중서감, 영	이부상서	탁지상서	전중상서 殿中尙書 사부상서	오부상서 五部尙書	도관상서	기부상서
후주(後周)	대승상大丞相, 대총재大冢宰	천관대총재天官大冢宰	대사도경 大司徒卿	춘관대종백경春官大宗伯卿	대사마	대사구경 大司寇卿	대사공경 大司空卿
수(隋)	내사內史, 납언 納言	이부상서	탁지상서 민부상서	예부상서	병부상서	도관상서 형부상서	공부상서
당(唐)	상서령, 내사령 內史令, 좌우복야左右僕射	이부상서, 사열태상백司列太常伯, 천관상서, 문부상서文部尙書	탁지상서, 사원태상백司元太常伯, 호부상서, 지관상서地官尙書	예부상서 사례태상백司禮太常伯, 춘관상서春官尙書	병부상서 사융태상백司戎太常伯, 무부상서武部尙書	형부상서, 사형태상백司刑太常伯, 선부상서, 추관상서秋官尙書	공부상서, 사평태상백司平太常伯, 동관상서冬官尙書
오대(五代)	동중서문同中書門, 하평장사下平章事	이부상서	호부상서	예부상서	병부상서	형부상서	공부상서
송(宋)	태재太宰, 소재少宰, 승상, 복야	이부상서	호부상서	예부상서	병부상서	형부상서	공부상서
요(遼)	남, 북부좌재상南,北府左宰相, 북부우재상北府右宰相, 중서령	남원추밀사南院樞密使, 이부상서	남원대왕 南院大王 북원대왕 北院大王	예부상서	병부상서	형부상서	공부상서
금(金)	상서령, 승상평장정사丞相平章政事	이부상서	호부상서	예부상서	병부상서	형부상서	공부상서
원(元)	중서령, 승상평장정사	이부상서	호부상서	예부상서	병부상서	형부상서	공부상서
명(明)	중서승상내각대학사 中書丞相內閣大學士	이부상서	호부상서	예부상서	병부상서	형부상서	공부상서
청(淸)	대학사, 군기대신軍機大臣, 총리대신總理大臣	이부상서	호부상서	예부상서	병부상서	형부상서	공부상서

[해설]

청나라 말기에 세계의 민주(民主) 조류가 중국을 강타하면서 변법을 주창하는 소리가 연일 고조되었다. 이에 덕종 역시 변법을 시행하여 청나라 조정의 통치를 강화하지 않을 수 없었다. 광서 32년(1906년), 청나라 덕종은 조령을 내려 헌정 추진을 준비토록 하였다.

'재택(載澤 : 1876~1929)'은 만주 양백기인(鑲白旗人)으로서 청나라 황실의 종실이며, 광서 3년(1877년)에 보국공(輔國公)이 되었다. 광서 32년에 여러 나라를 시찰하고 돌아와 입헌군주제 실시를 내용으로 하는 상주문을 올렸다. '서정(庶政)'은 각종 정무를 말한다.

　목민은 치민治民이다. 고대 중국의 제왕들은 백성을 다스리는 일을 방목放牧에 비유했다. 이치에 맞지 않은 표현일 수도 있으나 형상적인 비유임에는 틀림없다. 당나라 태종은 제왕과 백성의 관계를 배와 물의 관계로 비유하기도 했다. "물은 배를 띄우지만 배를 뒤집을 수도 있다(水能載舟수능재주, 也能覆舟야능복주)." 그는 양자의 관계를 누구보다 분명하게 인식하고 있던 제왕이었다. 역대 제왕들 역시 정신이 맑고 건전했을 때는 군민君民 관계의 중요성을 인식했고, 그들은 백성을 벗어나면 진정으로 '고가과인孤家寡人'이 된다는 것을 잘 알고 있었다. 따라서 제왕은 백성들에게 엄격하든 아니면 인심을 달래는 정책을 썼든 간에 감히 백성을 소홀히 대할 수 없었던 것이다.

1. 사람을 아는 것은 지혜로움이니 사람을 분명하게 알면 합당한 이를 관리로 쓸 수 있다

知人則智, 能官人

하夏나라 우禹

[원문1]

사람을 아는 것은 지혜로움이니 적당한 이를 관리로 임명할 수 있고, 백성을 편안하게 하는 것은 은혜로운 일이니 백성들이 그를 우러러보며 따르게 된다. 지혜롭고 은혜로울 수 있는데 어찌 환두(驩兜)*를 두려워할 것이며, 어찌 유묘(有苗)를 내쫓을 필요가 있겠으며, 어찌 교묘한 말과 거짓 얼굴로 아첨하는 무리를 두려워할 필요가 있겠는가?(『사기史記』 「하 본기夏本紀」)

知人則智, 能官人. 能安民則惠, 黎民懷之. 能知能惠, 何憂乎驩兜, 何遷乎有苗, 何畏乎巧言善色佞人.
지인즉지, 능관인. 능안민즉혜, 여민회지. 능지능혜, 하우호환두, 하천호유묘, 하외호교언선색녕인.

[해설]

우(禹 : 하夏나라를 세운 시조), 고요(皐陶), 백이(伯夷)가 순임금 앞에서 천하를 다스리는 문제에 대해 논의하였다. 위의 글은 당시 고요가 제기한 관점에 대해 우가 말한 내용이다. 그는 사람을 분명하게 알면 관리를 제대로 임용할 수 있고, 백성을 안정시키려면 어질고 백성을 사랑해야 한다고 하였다.

'환두(驩兜)'는 고대의 전설에 나오는 삼묘족(三苗族)의 수령으로 공공(共工), 곤(鯀)과 함께 난을 일으켰으나 순임금에 의해 숭산(崇山)으로 추방되었다. '유묘(有苗)'는 유묘씨로서 순임금 시절에 반란을 일으켰다가 결국 순임금의 덕과 권위

---

* 중국 요순시대의 세족으로서 요임금이 순을 미천한 서민 중에서 추천하자 이에 불복하는 등 공공(共工)과 함께 악인으로 꼽힌다.

에 굴복한 이를 말한다.

[원문2]

홍수가 하늘까지 닿을 정도로 흘러넘쳐 높은 산을 둘러싸고 언덕을 매몰시켜 백성들이 물속에서 살아가고 있었습니다. 저는 육지에서는 수레를 타고 물에서는 배를 탔으며, 진흙길에서는 썰매를 타고 다니고, 산에서는 바닥에 쇠를 박은 신을 신고 다녔으며, 산을 타넘으면서 나무를 베어 표시를 하였습니다. 저는 익(益)과 함께 백성들에게 벼, 새와 짐승의 날고기를 주었으며, 아홉 군데 내를 뚫어 바다로 흐르게 하고, 크고 작은 도랑을 준설하여 강으로 흐르게 하였습니다. 직(稷)*과 함께 백성들에게 부족한 식량을 주었으며, 식량이 모자란 곳은 식량이 풍족한 곳에서 가져와 이를 보충하거나 백성들이 그곳으로 옮겨 와 살도록 했습니다. 이에 백성들은 비로소 안정되고 천하는 잘 다스려졌습니다(『사기』「하 본기」).

鴻水滔天, 浩浩懷山襄陵, 下民皆服於水. 予陸行乘車, 水行乘舟, 泥行乘橇, 山行乘橋, 行山桥木.
홍수도천, 호호회산양릉, 하민개복어수. 여륙행승차, 수행승주, 니행승취, 산행승교, 행산계목.

與益予衆庶稻鮮食. 以決九川致四海, 浚畎澮致之川. 與稷予衆庶難得之食. 食少, 調有餘補不足,
여익여중서도선식. 이결구천치사해, 준견회치지천. 여직여중서난득지식. 식소, 조유여보불족,

徙居. 衆民乃定, 萬國爲治.
사거. 중민내정, 만국위치.

[해설]

이는 우(禹)가 순임금 앞에서 고요(皐陶) 등과 논의할 때 한 말이다. 당시 고요는 우에게 왜 매일 부지런히 일만 하느냐고 물었다. 이에 우는 구체적인 사례를 들어가며 자신이 부지런히 일한 내용에 대해 위와 같이 말하였다.

---

* 익과 직은 모두 순임금의 어진 신하였는데, 익은 고원과 습지를 관장하여 새와 짐승을 기르는 목축을 관할하였고, 직은 이름이 '기(棄)'로서 농업을 관장하였다.

2. 일을 행할 때 마치 그물에 벼리가 있듯이 조리가 있는 것과 같이 하라

若網在綱, 有條而不紊

상商나라 반경盤庚

[원문] .

불을 비추어 보는 것과 같이 지금의 상황을 잘 알고 있으니, 만약 나의 계획이 졸렬하다면 그것은 잘못된 것이다. 그물이 벼리에 붙어있어야 조리가 있는 것과 마찬가지이고, 농민이 밭에서 일을 하는데 힘써 경작해야 가을에 좋은 수확을 얻을 수 있는 것과 같다. 너희는 천도 문제에 사심을 가져서는 안 되며, 백성들에게 은덕을 베풀어 그것이 너희의 친척과 여러 벗들까지 미칠 수 있도록 해야 한다. 그래야만 너희들은 감히 너희들 자신에게 덕이 쌓여 있다고 큰 소리를 칠 수 있을 것이다. 너희들이 멀고 가까운 곳에 큰 해독이 퍼질 것을 두려워하지 않는다면, 이는 마치 게으른 농부가 안일만 도모하며 힘써 수고하지 않고, 밭이랑 가운데에서 일하지 않아 수확할 양식이 없게 되는 것과 같다(『상서』「반경盤庚 상上」).

予若觀火, 予亦拙謀, 作乃逸. 若網在綱, 有條而不紊, 若農服田力穡, 乃亦有秋. 汝克黜乃心, 施
여약관화, 여역졸모, 작내일. 약망재강, 유조이불문, 약농복전력색, 내역유추. 여극출내심, 시

實德於民, 至於婚友, 丕乃敢大言, 汝有積德, 乃不畏戎毒於遠邇, 惰農自安, 不昏作勞, 不服田畝, 越
실덕우민, 지우혼우, 비내감대언, 여유적덕, 내불외융독우원이, 타농자안, 불혼작로, 불복전무, 월

其罔有黍稷.
기망유서직.

[해설]

반경(상나라 20대 임금이며, 국호를 '은殷'으로 개칭함)이 천도할 당시 신하들에게 한 말이다. 그는 그물이나 농사일 등에 비유하면서 모든 사람은 백성의 이익에서 출발해야 하며, 개인의 향락만 추구해서는 안 된다고 하였다.

'일(逸)'은 잘못이라는 뜻이다. '강(綱)'은 그물의 위쪽에 있는 큰 밧줄이다. 그

물을 끌어올릴 때 잡고 끌어올린다. '혼우(婚友)'는 혼인관계를 맺은 이들, 즉 친척과 벗을 말한다. '혼(昏)'은 '민(暋)'과 통하여 힘쓴다는 뜻이다. '서직(黍稷)'은 메기장과 차기장이다. 당시는 기장이 주식이었으니 모든 곡식의 통칭이다.

3. 나는 백성들이 비방하는 말을 못하도록 막을 수 있다

吾能弭謗矣

주周나라 여왕厲王 회호姬胡

[원문]

내가 비방하는 말을 모두 없애버렸다. 아무도 감히 말하지 않게 되었다(『사기』 「주 본기周本紀」).

吾能弭謗矣, 乃不敢言.
오능미방의, 내불감언.

[해설]

주나라 여왕은 백성들이 원망의 말을 입에 담지 못하도록 금지하였다. 그래서 백성들이 길가에서 서로 만나도 그저 눈빛만 교환할 뿐 아무 말도 하지 않는 지경에 이르렀다. 이에 득의양양한 여왕이 한 말이다. 자신의 위력을 보여주는 것 같으나, 사실은 그의 우둔함을 드러낸 것에 불과하다.*

---

* 『십팔사략(十八史略)』에 소공(召公)이 주나라 여왕의 탄압 정책에 반대하며 이렇게 말했다. "백성의 입을 막는 것은 개천을 막는 것보다 어렵습니다." 그러나 여왕은 소공의 충언을 따르지 않았다. 백성들이 난을 일으켰고, 여왕은 평생 도망을 다니며 살게 되었다.

4. 고을의 부로父老들에게 약속하기를, 세 가지 법이면 족할 것이다

與父老約, 法三章耳

한나라 고조高祖 유방劉邦

[원문]

여러분은 오랫동안 진(秦)나라의 가혹한 법에 시달렸습니다. 진나라의 법을 비방한 사람은 온 집안 식구가 죽음을 당했고, 모여 이야기한 사람도 시신으로 버려졌습니다. 나는 제후들과 먼저 관중(關中 : 중국 섬서성 중부 위수渭水 유역의 평야)에 들어온 사람이 왕이 된다고 맹약하였으니, 내가 관중에 먼저 들어와 왕이 된 것입니다.* 나는 각 고을의 대표와 호걸들에게 약속하겠습니다. 법은 세 가지만 있을 따름입니다. 살인한 자는 사형에 처하고, 사람에게 상해를 입힌 자와 남의 물건을 훔친 자는 경중에 따라 벌하겠습니다(법삼장法三章 : 살인, 상해, 절도 등 세 가지 법). 그 밖의 진나라 법은 모두 폐기할 것입니다. 여러 관리와 백성들은 지금까지와 마찬가지로 생활하십시오. 내가 여기에 온 것은 여러분을 위해 해악을 제거하려는 것이지 괴롭히려는 것이 아닙니다. 두려워하지 마십시오. 내가 패상(覇上)으로 돌아가 주둔하는 것은 제후들이 오기를 기다려 규약을 정하기 위함입니다(『사기』「고조」'본기').

父老苦秦苛法久矣, 誹謗者族, 偶語者棄市. 吾與諸侯約, 先入關者王之, 吾當王關中. 與父老約,
부노고진가법구의, 비방자족, 우어자기시. 오여제후약, 선입관자왕지, 오당왕관중. 여부노약,

法三章耳. 殺人者死, 傷人及盜抵罪. 餘悉除去秦法. 諸吏人皆案堵如故. 凡吾所以來, 爲父老除害,
법삼장이. 살인자사, 상인급도저죄. 여실제거진법. 제리인개안도여고. 범오소이래, 위부노제해,

非有所侵暴, 無恐! 且吾所以還軍上, 待諸侯至而定約束耳.
비유소침포, 무공! 차오소이환군상, 대제후지이정약속이.

---

* 진나라 말기에 난이 일어나자 유방도 군사를 일으켜 항우(項羽)와 연합 세력을 구축하였다. 항우가 진나라 군대와 싸우며 동쪽으로 갈 때 유방은 남쪽으로 관중을 향해 진격하여 항우보다 먼저 수도 함양을 함락시켰다.

유방이 함양에 입성하고 나서 진(秦)나라 땅의 여러 부로(父老) 등과 약속한 내용이다. 유방은 악법에 시달렸던 백성들의 마음을 위로하면서 유화 정책을 펴 백성들의 지지를 얻고자 하였다.

'우어(偶語)'는 서로 모여 의논함이다. '기시(棄市)'는 진나라 시절의 형법 가운데 하나로 시장에서 사형을 집행하여 시신을 길가에 그대로 놓아 두어 사람들이 보게 하였다. '저죄(抵罪)'는 죄의 경중에 따라 형벌을 정하는 것을 말한다.

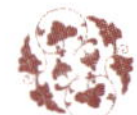

5. 하늘이 뭇 백성을 두어 임금으로 하여금 그들을 양육하고 다스리게 한다

天生蒸民, 置君以養治

한나라 문제文帝 유항劉恒

[원문1]

짐이 듣건대, 하늘이 뭇 백성을 내었는데 임금을 두어 그들을 양육하고 다스린다고 하였다. 또한 임금이 부덕하여 정사를 제대로 베풀지 못하면 하늘이 재앙의 징후를 보여 경계했다고 한다. 11월 그믐에 일식이 있었는데, 이는 하늘이 경계한다는 뜻을 드러낸 것이다. 재앙의 징후 중에서 이보다 더 큰 것이 어디에 있겠는가? 짐이 종묘를 보전하며 미천한 몸을 억조만민과 여러 군왕 위에 두었으니, 천하의 치란은 모두 짐 한 사람에게 책임이 있는 것이며, 여러 집정 대신들은 짐의 팔다리와 같다. 짐은 아래로 백성을 제대로 다스리지 못하고, 위로 해와 달, 별의 밝음에 누를 끼쳤으니 그 부덕함이 실로 크다. 각지에 이 조령이 이르면 짐의 과실과 지혜, 견식, 생각이 미치지 못했던 점들을 깊이 생각하여 짐에게 알려 줄 것이며, 현량하고 정직하여 능히 직언할 수 있는 자들을 추천하여 짐의 부족함을 바로잡아 주기 바란다. 아울러 이번 일로 각기 자신의 직책에 충실하고, 요역과 지출을 줄이는 데 힘써서 백성들을 편하게 해 주기 바란다. 짐은 부덕하여 은덕을 널리 미치게 하지 못하여 늘 이민족들이 침략의 야심을 품을까 걱정하고 있으니 변경의 방어를 게을리 해서는 안 될 것이다. 지금은 비록 변방의 주둔군을 폐지할 수 없으니, 어찌 병마를 정비하여 장안(長安)의 방어를 강화할 수 있겠는가? 그러니 위(衛)장군*의 부대를 해체토록 하라. 태복(太僕: 황실의 수레와 말을 관리하고, 천자의 행렬을 지휘하는 장관)이 관리하는 말 가운데 필요한 숫자만 남기고 나머지는 역참에 보내 사용토록 하라(『사기』「효문 본기孝文本紀」).

朕聞之, 天生蒸民, 爲之置君以養治之. 人主不德, 布政不均, 則天示之以菑, 以誡不治. 乃十一月晦,
짐문지, 천생증민, 위지치군이양치지. 인주부덕, 포정불균, 칙천시지이치, 이계불치. 내십일월회,

日有食之, 適見於天, 菑孰大焉! 朕獲保宗廟, 以微眇之身託於兆民君王之上, 天下治亂, 在朕一人,
일유식지, 적견어천, 치숙대언! 짐획보종묘, 이미묘지신탁어조민군왕지상, 천하치란, 재짐일인,

唯二三執政猶吾股肱也. 朕下不能理育群生, 上以累三光之明, 其不德大矣. 令至, 其悉思朕之過失,
유이삼집정유오고굉야. 짐하불능리육군생, 상이루삼광지명, 기부덕대의. 영지, 기실사짐지과실,

及知見思之所不及, 匄以告朕. 及擧賢良方正能直言極諫者, 以匡朕之不逮. 因各飭其任職, 務省繇
급지견사지소불급, 개이고짐. 급거현량방정능직언극간자, 이광짐지불체. 인각칙기임직, 무성요

費以便民. 朕旣不能遠德, 故憪然念外人之有非, 是以設備未息. 今縱不能罷邊屯戍, 而又飭兵厚衛,
비이편민. 짐기불능원덕, 고한연념외인지유비, 시이설비미식. 금종불능파변둔수, 이우칙병후위,

其罷衛將軍軍. 太僕見馬遺財足, 餘皆以給傳置.
태복견마유재족, 여개이급전치.

[해설]

한나라 문제 2년(기원전 178년) 11월 12일, 연속으로 두 번씩이나 일식이 발생했을 당시에 선포한 조령이다. 일식을 하늘이 경계의 뜻을 보여 준 것으로 인식하고 치국에 더욱 정진할 것을 다짐하고 있다.

'증민(蒸民)'의 '증'은 많다는 뜻이다. '현량방정(賢良方正)'은 덕과 재능이 있고 단정하며 정직한 이를 말한다. 한나라 문제가 조령을 발표한 후 비로소 '현량방

---

* 위(衛)는 고대 중국의 병제(兵制)이다. 중앙에 오군도독부를 두고 지방에 도지휘사사를 두었는데, 그 아래 위(衛), 천호소(千戶所), 백호소(百戶所)가 있었다. 즉 천호소(병사 천 명의 단위 부대) 다섯이 모여 위(衛)를 이루었고, 위를 다스리는 장군을 두었다.

정과(科)'가 생겨 인재를 선발하였다. 선발된 이는 조정에서 관직을 얻었다. '전치(傳置)'는 역참이다.

[원문2]

농사는 천하의 근본이니 적전(籍田 : 임금이 몸소 농사를 지어 거두어들인 곡식으로 제사를 지내던 제전의 한 가지)을 개간하여 짐이 친히 농사를 지어 종묘의 제사에 곡물을 바치겠다(『사기』 「효문 본기」).

農, 天下之本, 其開籍田, 朕親率耕, 以給宗廟粢盛.
농, 천하지본, 기개적전, 짐친솔경, 이급종묘자성.

[해설]

한나라 문제 3년(기원전 177년) 정월에 한 말이다. 황제 자신이 직접 적전을 개간하겠다는 뜻을 밝히고 있다. 농사를 중시하고 이를 통해 국가를 부강하게 만들겠다는 뜻이다.

'적전(籍田)'의 '적'은 빌린다는 뜻이다. '자성(粢盛)'의 '자'는 서직을 말한다. 기물에 놓는 것을 '성'이라고 한다.

[원문3]

짐이 희생(犧牲 : 천지종묘 제사 때 제물로 바치는 산 짐승)과 규폐(珪幣 : 제사 때 올리는 옥과 비단 같은 귀한 예물)를 받들어 상제와 종묘를 섬긴 지 14년이나 되었으니 그 세월이 자못 길다. 그러나 명민하지 못한데도 오랫동안 천하를 다스려 심히 부끄러울 뿐이다. 앞으로 제사 지내는 곳을 증설하고, 제사에는 규폐를 더 많이 올리도록 하라. 옛날에 선왕들은 덕을 널리 베풀면서도 그 보답을 구하지 않았고, 천지신명에게 두루 제사를 지내면서도 자신의 복을 빌지 않았으며, 어진 인재를 친척보다 높이고 백성들을 자기보다 우선하였으니 지극히 성명(聖明)하시었다. 그런데 지금 듣자니 사관(祠官)들이 하늘에 제사를 올리면서 복을 모두 짐에게 돌리고 백성들을 위하지 않는다고 하니, 짐은 심히 부끄럽다. 짐이 부덕함에

도 혼자 그 복락을 향유하고 백성들은 누리지 못하게 한다면 이는 짐의 부덕함을 가중시키는 일이다. 앞으로 사관들이 제사를 올릴 때는 공경을 다하되 짐에게만 복을 내리도록 간청하는 일이 없도록 하라(『사기』「효문 본기」).

朕獲執犧牲珪幣以事上帝宗廟, 十四年於今, 曆日長, 以不敏不明而久撫臨天下, 朕甚自愧. 其廣
짐획집희생규폐이사상제종묘, 십사년어금, 역일장, 이불민불명이구무림천하, 짐심자괴. 기광

增諸祀壇場珪幣. 昔先王遠施不求其報, 望祀不祈其福, 右賢左戚, 先民後己, 至明之極也. 今吾聞祠
증제사선장규폐. 석선왕원시불구기보, 망사불기기복, 우현좌척, 선민후기, 지명지극야. 금오문사

官祝釐, 皆歸福朕躬, 不爲百姓, 朕甚愧之. 夫以朕不德, 而躬享獨美其福, 百姓不與焉, 是重吾不德.
관축리, 개귀복짐궁, 불위백성, 짐심괴지. 부이짐부덕, 이궁향독미기복, 백성불여언, 시중오부덕.

其令祠官致敬, 毋有所祈.
기령사관치경, 무유소기.

[해설]

한나라 문제 14년(기원전 166년)에 문제는 제사를 올릴 때 축관이나 사관들에게 자신보다는 백성들을 위해 기도하도록 명했다. 백성들을 아끼고 위하는 그의 마음을 엿볼 수 있는 대목이다.

'규폐(珪幣)'는 제사에 사용하는 옥백(玉帛 : 옥과 비단)이다. '우현좌척(右賢左戚)'에서 '우'는 높은 쪽이고, '좌'는 낮은 쪽이다. '이(釐)'는 복(福)이다.

6. 농업은 천하의 근본이다

農, 天下之本

한나라 경제景帝 유계劉啓

[원문]

농업은 천하의 근본이다. 황금과 주옥이 귀하다고 하지만 배고플 때 먹을 수 없고, 추울 때 걸칠 수 없는데, 화폐로 사용되고 있으니 그것이 언제 시작되고

끝날지 모르겠다. 근년에 들어 때로 작황이 좋지 않아 말업(末業 : 상업, 즉 사농공상의 맨 끝의 업을 말함)에 종사하는 이는 많아지고 농민은 줄어들고 있다고 한다. 군국에 명하노니, 농잠(農蠶 : 농업과 잠업)에 더욱 힘쓰고 더욱 많은 나무를 심도록 독려하여 먹고 입을 것이 풍족할 수 있도록 하라. 관리들 가운데 백성을 징발하거나 고용하여 황금이나 보석을 채취하는 자가 있다면 이는 도적과 같은 죄로 다스릴 것이다. 이천석 이상의 관원이 이러한 일을 방임한다면 역시 같은 죄로 다스릴 것이다(『한서』「경제기景帝紀」).

農, 天下之本也. 黃金珠玉, 飢不可食, 寒不可衣, 以爲幣用, 不識其終始. 間歲或不登, 意爲末者衆,
농, 천하지본야. 황금주옥, 기불가식, 한불가의, 이위폐용, 불식기종시. 간세혹불등, 의위말자중,

農民寡也. 其令郡國務勸農桑, 益種樹, 可得衣食物. 吏發民若取庸采黃金珠玉者, 坐臧爲盜. 二千石
농민과야. 기령군국무권농상, 익종수, 가득의식물. 이발민약취용채황금주옥자, 좌장위도. 이천석

聽者, 與同罪.
청자, 여동죄.

[해설]

한나라 경제 후원(後元) 3년(기원전 141년)에 내린 조령이다. 백성들이 화폐 가치가 높은 금을 채굴하지 말고 농업과 잠업에 종사하여 의식(衣食)에 부족함이 없도록 하라는 뜻이다. 이는 그의 중농 사상을 그대로 대변하고 있다.

'이천석(二千石)'은 봉록으로 이천 석을 받는 관원을 말한다. 한나라 시대의 구경(九卿), 낭장(郎將)에서 군수위(郡守尉)까지의 관리를 일컫는 말이다. 후에는 태수(太守) 또는 지방 장관의 별칭으로 사용되었다.

7. 사자를 파견하여 빈곤한 이들을 진휼토록 하라

遣使者振貸困乏

한나라 선제宣帝 유순劉詢

[원문]

농업은 덕을 흥하게 하는 근본이라고 들었다. 금년에 오곡의 작황이 여의치 않아 이미 사자(使者)를 파견하여 빈곤한 이들을 진휼토록 하였다. 태재(太宰 : 재상, 옛 중국의 최고 벼슬)에게 명하여 황실의 음식을 절감하고, 가축의 도살을 줄이도록 하였으며, 악부(樂府)의 악사를 감축한 후 고향으로 돌려보내 농사를 짓도록 하였다. 승상 이하 도관령(都官令), 승(丞) 등 경사 여러 부서의 관리들은 헌납하는 양식의 수량을 적고 전량을 장안의 창고로 보내 정부의 빈민 구휼에 협조하라. 백성들이 수레나 배로 식량을 운반하여 함곡관(函穀關)*으로 들어올 경우 증빙 서류를 점검하지 말라(『한서』「선제기宣帝紀」).

蓋聞農者興德之本也, 今歲不登, 已遣使者振貸困乏. 其令太官損膳省宰, 樂府減樂人, 使歸就農業.
개문농자흥덕지본야, 금세불등, 이견사자진대곤핍. 기령태관손선성재, 악부감악인, 사귀취농업.

丞相以下至都官令, 丞上書入穀, 輸長安倉, 助貸貧民. 民以車船載穀入關者, 得毋用傳.
승상이하지도관령, 승상서입곡, 수장안창, 조대빈민. 민이차선재곡입관자, 득무용전.

[해설]

본시(本始) 4년(기원전 70년) 봄, 한나라 선제가 농업을 발전시키기 위해 내린 조서에서 한 말이다. 그는 흉년이 들면 사람을 보내 농민들을 구제하고 궁정의 악사 등을 고향으로 내려 보내 농사를 지을 수 있도록 하였다. 이는 모두 선제가 농업을 중시했음을 말해주는 예이다.

'악부(樂府)'는 한나라 무제 시절 설립한 기관으로, 주로 시가나 음악을 채집하

---

* 중국 하남성 북서에 있는 관문으로, 동쪽의 중원으로부터 서쪽의 관중으로 통하는 요지이다.

는 일을 하였다. '관'은 함곡관을 지칭하며, 중원에서 한중으로 진입하는 관문이었다. '전(傳)'은 중빙서를 말한다.

8. 공경과 겸양의 예를 숭상하면 백성을 흥하게 한다

崇敬讓而民興行

한나라 원제元帝 유석劉奭

[원문1]

백성을 편안하게 하는 방법의 근본은 음양을 조화롭게 하는 것에 있다고 들었다. 근래에 음양이 어긋나 일기가 조화롭지 않도다. 이는 나의 덕이 충분치 않아 그러한 것이니 여러 신료들이 나의 잘못을 지적해 주기를 진실로 바라마지 않았다. 그러나 그렇게 하지 않고 매사에 적당히 얼버무려 영합하면서 진심어린 발언을 하지 않으니 참으로 우려하지 않을 수 없다. 백성들이 기아와 추위를 견뎌 내고, 부모처자와 멀리 떠나 자신의 본업이 아닌 일을 하거나 자신이 거주하지도 않는 왕궁을 수위하느라 애쓰는 것을 생각하니, 이는 음양의 조화를 이루는 좋은 방법이 아닌 것 같다. 이제 (수도 장안의 별궁인) 감천궁과 건장궁의 호위를 모두 철수시켜 고향으로 돌아가 농업에 종사토록 하라. 백관들은 각 관서의 비용을 절감하고, 보고하는 내용에 숨기는 것이 있어서는 안 될 것이다. 유사(有司 : 주관 부서의 관리)는 맡은 바 직분에 충실하고 사계절에 맞춰 어긋나는 일이 없도록 하라. 승상과 어사(禦史 : 왕명으로 특별한 임무를 맡아 지방에 파견된 관리나 암행어사)들은 천하 각지에서 음양(陰陽)과 재이(災異)에 밝은 사람들을 각기 세 명씩 천거토록 하라(『한서』「원제기元帝紀」).

蓋聞安民之道, 本由陰陽. 間者陰陽錯謬, 風雨不時. 朕之不德, 庶幾群公有敢言朕之過者, 今則不然.
개문안민지도, 본유음양. 간자음양착류, 풍우불시. 짐지부덕, 서기군공유감언짐지과자, 금즉불연.

諭合苟從, 未肯極言, 朕甚閔焉. 永惟蒸庶之饑寒, 遠離父母妻子, 勞於非業之作, 衛於不居之宮, 恐
유합구종, 미긍극언, 짐심민언. 영유증서지기한, 원리부모처자, 노어비업지작, 위어불거지궁, 공

非所以佐陰陽之道也. 其罷甘泉, 建章宮衛, 令就農. 百官各省費, 條奏毋有所諱. 有司勉之, 毋犯四
비소이좌음양지도야. 기파감천, 건장궁위, 영취농. 백관각성비. 조주무유소휘. 유사면지, 무범사

時之禁. 丞相禦史擧天下明陰陽災異者各三人.
시지금. 승상어사거천하명음양재이자각삼인.

[해설]

　　한나라 원제 초원(初元) 3년(기원전 46년) 6월에 내린 조령에 있는 말이다. 원제는 당시 일기가 불순한 현상에 대해 스스로 책임을 통감하고 있다. 이는 국가를 다스리는 데 음양의 평형을 중시하여 백성과 관부 간의 조화를 강조했음을 반영한다.

　　'증서(蒸庶)'는 민중, 백성을 말한다. '감천(甘泉)'과 '건장궁(建章宮)'은 한나라 수도인 장안의 별궁 이름이다. 감천궁은 진나라 때 임광궁(林光宮)의 토대 위에 지은 궁궐이고, 건장궁은 장안 서쪽에 자리한 별궁으로 무제 때 지어졌다.

[원문2]

　　명군(明君)이 천하를 다스리는 데는 선악과 시비를 분명하게 밝혀 무엇을 추진하고 무엇을 버릴 것인가를 결정하고, 공경과 겸양의 예를 숭상하여 백성들을 진작시키면 법률이 있어도 백성들이 감히 저촉되는 일이 없고, 영(令)이 시행되는 대로 백성들이 따른다고 들었다. 지금 나는 종묘사직을 보호하느라 전전긍긍하면서 감히 나태하지 않으나 은덕이 두텁지 아니하고, 통찰력이 부족하며 교화가 미미하기만 하도다. 『논어』에서 일찍이 말씀하시지 않았느냐! "만약 백성들에게 잘못이 있다면 이는 모두 내 한 사람에게 잘못이 있는 것이다." 천하에 사면을 내려 사민(士民)에게 한 등급 작위를 하사하고, 작위를 받은 이의 처자들에게 백호(百戶)에 약간의 소와 술을 하사하고, 삼로(三老), 효제(孝悌), 역전(力田) 등에게 비단 등을 하사할 것이다. ……때마침 봄을 맞이하여 농사일에 가장 바쁜 시절이니 백성들이 모두 전력을 다해 애쓰는 때로다. 하여 이번 달에는 농민을 위로하여 그들이 농사에 힘써 때를 놓치지 않도록 권면하라. 일부 직분에

어울리지 않는 불량한 관리들이 작은 사안을 심리하면서 대질하여 검증하느라 백성들을 관서로 불러들이고, 시급하지 않은 일을 처리하느라 백성들의 생업을 방해하여 농사철을 놓쳐 한 해의 수확을 망치게 한다면, 공경(公卿)들이 확실하게 살펴 그런 일이 없도록 하라(『한서』「원제기」).

蓋聞明王之治國也, 明好惡而定去就, 崇敬讓而民興行, 故法設而民不犯, 令施而民從. 今朕獲保
개문명왕지치국야, 명호악이정거취, 숭경양이민흥행, 고법설이민불범, 영시이민종. 금짐획보

宗廟, 兢兢業業, 匪敢解怠, 德薄明晻, 敎化淺微. 傳不雲乎? 百姓有過, 在予一人. 其赦天下, 賜民爵
종묘, 긍긍업업, 비감해태, 덕박명엄, 교화천미. 전불운호? 백성유과, 재여일인. 기사천하, 사민작

一級, 女子百戶牛酒, 三老, 孝弟力田帛. ……方春農桑興, 百姓戮力自盡之時也, 故是月勞農勸民,
일급, 여자백호우주, 삼로, 효제력전백. ……방춘농상흥, 백성륙력자진지시야, 고시월로농권민,

無使後時. 今不良之吏, 覆案小罪, 徵召證案, 興不急之事, 以妨百姓, 使失一時之作, 亡終歲之功, 公
무사후시. 금불량지리, 복안소죄, 징소증안, 흥불급지사, 이방백성, 사실일시지작, 망종세지공, 공

卿其明察申敕之.
경기명찰신칙지.

한나라 원제 건소(建昭) 5년(기원전 34년) 춘삼월에 내린 조령이다. 고대의 명군을 따라 농업을 근본으로 삼아 농민들이 농사철을 놓치지 않도록 해야 한다는 내용을 담고 있다.

9. 전조는 삼십분에서 일분을 빼는 세제를 시행하라

田租三十稅一

한나라 광무제光武帝 유수劉秀

[원문]

과거에 전쟁이 끝나지 않은 상황에서 용도가 불분명한 까닭에 십분(十分)에서 일분(一分)을 빼는 세제(稅制)를 시행하였다. 지금은 군사들의 둔전(屯田 : 군사들의 군량

으로 쓰도록 지급된 토지)을 통해 비축된 식량도 어느 정도 축적되었다. 하여 지금 군국에 명하노니 전조(田租 : 토지에 부과한 조세)는 삼십분에서 일분을 빼는 세제를 시행토록 하라. 이는 경제 시절의 제도와 같은 것이다(『후한서』「광무제기光武帝紀 하下」).

頃者師旅未解, 用度不足, 故行什一之稅. 今軍士屯田, 糧儲差積. 其令郡國收見田租三十稅一,
경자사려미해, 용도부족, 고행십일지세. 금군사둔전, 양저차적. 기령군국수견전조삼십세일,

如舊制.
여구제.

[해설]

건무(建武) 6년(30년), 광무제는 농민의 부담을 경감시키고, 농업의 생산을 촉진하기 위한 조령을 반포하였다. 이는 한나라 초기의 광무제 역시 백성들을 편안케 하기 위해 조세의 부담을 경감하여 사회 발전을 도모했던 책략을 그대로 따르고 있음을 보여준다.

'경자(頃者)'는 과거의 뜻이다. '차(差)'는 약간의 뜻이다. '구제(舊制)'는 경제 시절의 세제를 말한다.

10. 노역을 균등하게 하여 가혹한 일이 없도록 하라

務在均平

한나라 명제明帝 유장劉莊

[원문]

바야흐로 춘경(春耕)의 계절이 되어 사람마다 농경과 양잠에 바쁜 시절이 되었다. 하여 유사들에게 명하노니 절기에 맞춰 농사 때를 놓치지 않도록 백성들을 괴롭히는 일이 없도록 하라. 천하에 참수형을 저지르고 도피한 죄수를 제외한 이들은 속죄할 수 있도록 하라. 죽을죄를 진 사람은 비단 24필, 오른쪽 발을 절

단하거나 체발(剃髮 : 머리털을 깎아야)하거나 칼을 써야 할 죄수나 징역을 살아야 할 죄수는 비단 10필, 형구를 차지 않고 노역을 하거나 변방으로 유배되어 수자리(변방의 국경을 지키는 일)를 살아야 할 죄수는 비단 3필, 범죄 후에 발각되지 않아 조서(詔書)가 오기 전에 자수한 자는 납부할 비단을 절반으로 줄이도록 하라. 요즘 선거(選擧 : 현명하고 능력이 있는 이들을 천거하는 제도)가 부실하고 간사한 자들이 전부 제거되지 않으며, 권문세가에 청탁의 기풍이 횡행하고 혹리(酷吏)들이 사리사욕을 채우기 위해 법을 어기는 일이 비일비재하여 백성들의 걱정과 원망이 쌓이는데도 마땅히 호소할 곳이 없다. 주관 부서는 죄명을 밝혀 상주하되 정확하게 고발토록 하라. 또한 군현의 관부(官府)에서 매번 백성들을 징발하는 기회를 틈타 제멋대로 모리(牟利 : 자신의 이익만을 노려 부정한 이익을 꾀하는 것)를 취하고, 연약한 백성들을 속이고 괴롭혀 빈한한 이들을 더욱 고통스럽게 만들고 있다. 항시 노역을 균등하게 하여 지나치게 가혹한 일이 없도록 하라(『후한서』「현종효명제기顯宗孝明帝紀」).

方春戒節, 人以耕桑. 其敕有司務順時氣, 使無煩擾. 天下亡命殊死以下, 聽得贖論. 死罪入縑二十匹,
방춘계절, 인이경상. 기칙유사무순시기, 사무번요. 천하망명수사이하, 청득속론. 사죄입겸이십필,

右趾至髡鉗城旦舂十匹, 完城旦舂至司寇作三匹. 其未發覺, 詔書到先自告者, 半入贖. 今選擧不實,
우지지곤겸성단용십필, 완성단용지사구작삼필. 기미발각, 조서도선자고자, 반입속. 금선거부실,

邪佞未去, 權門請託, 殘吏放手, 百姓愁怨, 情無告訴. 有司明奏罪名, 幷正擧者. 又郡縣每因徵發, 輕
사녕미거, 권문청탁, 잔리방수, 백성수원, 정무고소. 유사명주죄명, 병정거자. 우군현매인징발, 경

爲姦利, 詭責羸弱, 先急下貧. 其務在均平, 無令枉刻.
위간리, 궤책리약, 선급하빈. 기무재균평, 무령왕각.

[해설]

한나라 명제 영평 2년(59년) 12월에 내린 조령이다. 농업을 중시하여 농사철에 범죄자들에게 관대한 속죄의 기회를 부여하는 한편 관원들을 단속하여 백성들을 보호하려는 명제의 치국 사상이 잘 드러나고 있다.

'우지(右趾)'는 오른쪽 발(복사뼈 아랫부분)을 절단하는 형벌을, '곤(髡)'은 체발(剃髮) 즉 머리카락을 깎아버리는 형벌을, '겸(鉗)'은 죄인의 목에 형구를 씌우는 형벌을 말한다. '성단용(城旦舂)'은 진나라 시대에 시행되었던 노역형 가운데 하나

이다. 성단(城旦)은 이른 아침부터 성을 쌓는 일에 강제 노역을 하는 남자 죄수이며, 성단용은 마찬가지로 이른 아침부터 동원되어 절구질을 하는 여자 죄수를 말한다. 한나라 시대에도 이런 형벌이 유지되었다.

11. 행사는 반드시 절약하여 검소하게 치르도록 하라

動務省約

한나라 장제章帝 유달劉炟

[원문1]

출행하여 가을 농촌의 추수 상황을 시찰하고자 하니 여러 군계(郡界 : 군의 경계)를 지나게 될 것이다. 수행하는 필마(匹馬)를 줄여 행장을 가볍게 하고 치중(輜重 : 수레나 말에 실은 짐)을 과다하게 싣지 않도록 하라. 출행을 위해 함부로 도로나 다리를 고치지 않도록 하고, 성에서 멀리 떨어진 곳까지 관리를 보내 어가(禦駕)를 영접하는 일이 없도록 하라. 또한 내가 머물 곳을 살피고 밖을 나설 때 전후로 호위하느라 백성들의 생활을 어지럽히는 일이 없어야 할 것이다. 행사는 반드시 절약하여 검소하게 치를 것이니, 거친 매조미쌀에 표주박의 물조차 마실 수 없을지 걱정할 따름이로다. 지나치는 마을마다 빈곤하고 약한 이들에게 이로움이 있도록 해야 할 것이니, 조서의 내용에 어긋남이 없도록 하라(『후한서』「숙종효장제기肅宗孝章帝紀」).

車駕行秋稼, 觀收穫, 因涉郡界. 皆精騎輕行, 無它輜重. 不得輒修道橋, 遠離城郭, 遣吏逢迎, 刺
차가행추가, 관수확, 인섭군계. 개정기경행, 무타치중. 부득첩수도교, 원리성곽, 견리봉영, 자

探起居, 出入前後, 以爲煩擾. 動務省約, 但患不能脫粟瓢飮耳. 所過欲令貧弱有利, 無違詔書.
탐기거, 출입전후, 이위번요. 동무성약, 단환불능탈속표음이. 소과욕령빈약유리, 무위조서.

건초(建初) 7년(82년) 9월, 장제는 언사(偃師)에 도착하여 동쪽으로 권진(卷津 : 하남군의 현 이름)을 건너 하내(河內)까지 농촌의 작황을 시찰하였다. 그는 각지의 관원들이 황제를 영접하느라 백성들을 동원하여 수고스럽게 하지 않도록 이런 조서를 내린 것이다. 번잡한 허례허식을 마다하고 백성들의 부담을 줄이려는 그의 생각이 잘 드러나 있다.

'자탐(刺探)'은 살피다, 시중들다. '탈속표음(脫粟瓢飮)'의 '탈속'은 껍데기만 벗긴 곡식인 매조미쌀, '표음'은 표주박의 물을 마신다는 뜻이다. 안자(晏子)*와 안회(顔回)**의 고사에서 나온 말로 소박하고 검소한 식생활을 의미한다.

[원문2]

제왕이 천하를 다스리는 데는 여덟 가지 방침이 있으니, 그 첫 번째가 음식을 근본으로 삼는 것이다. 그런 까닭에 고대의 제왕들은 농경의 일을 최우선으로 삼아 쟁기나 보습 등 농기구를 만드는 일에 힘을 쏟고, 씀씀이를 절약하고 양식을 저축하여 흉년에 대비하였으니 이런 까닭에 한 해의 작황이 좋지 않더라도 백성들이 굶는 일이 없었던 것이다. 가축 전염병이 발생하여 곡물 수확이 매년 감소하고 있는 것은 실로 관리들이 백성을 제대로 교육하지 않기 때문인데, 자사(刺史)나 이천 석(二千石) 이상의 봉록을 받는 관리들은 그다지 부끄러워하지 않고 있다. 군국에 명을 내리니 밭이 없어 보다 풍요로운 지역으로 이사하려는 백성이 있으면 옮겨갈 수 있도록 하라. 그곳에 정착하면 공전(公田 : 사전私田과 달리 국가에 귀속된 토지)을 나누어 주고 그들을 고용하여 경작할 수 있도록 하라. 우선 양식과 농기구를 빌려 주고 5년간 조세를 받지 않도록 하고, 3년간 인정세(人丁稅 : 토지를 소유하지 않은 자에게 부과된 조세)를 면제토록 하라. 이후에 고향으로 돌아

---

* 중국 춘추시대 제(齊)나라의 재상을 지내면서 검소하게 생활하며 나라를 바르게 이끌어 관중(管仲)과 함께 훌륭한 재상의 표본으로 후대까지 존경을 받았다.

** 중국 춘추시대 노(魯)나라의 현인으로 공자가 가장 신임했던 제자였다. 그는 은군자적인 성격으로서 가난한 생활을 이겨내고 도(道)를 즐기며 공자의 가르침을 지켰다.

가겠다는 이들이 있다면 금지하지 말라(『후한서』「숙종효장제기」).

王者八政, 以食爲本, 故古者急耕稼之業, 致耒耜之勤, 節用儲蓄, 以備凶災, 是以歲雖不登而人無
왕자팔정, 이식위본, 고고자급경가지업, 치뢰사지근, 절용저축, 이비흉재, 시이세수불등이인무

飢色. 自牛疫已來, 穀食連少, 良由吏敎未至, 刺史, 二千石不以爲負. 其令郡國募人無田欲徙它界就
기색. 자우역이래, 곡식련소, 양유리교미지, 자사, 이천석불이위부. 기령군국모인무전욕사타계취

肥饒者, 恣聽之. 到在所, 賜給公田, 爲雇耕傭, 賃種餉, 賈與田器, 勿收租五歲, 除筭三年. 其後欲還
비요자, 자청지. 도재소, 사급공전, 위고경용, 임종향, 세여전기, 물수조오세, 제산삼년. 기후욕환

本鄕者, 勿禁.
본향자, 물금.

[해설]

장제 원화(元和) 원년(84년) 봄 2월에 반포한 조서이다. 장제는 춘경기에 이 조서를 반포하여 농지가 없는 이들이 다른 땅에 가서 농사를 지을 때 정부가 농지와 농기구를 보조하고 조세를 감면하도록 했다. 이는 농업과 민생을 중시한 장제의 뜻을 그대로 반영한 것이다.

'이식위본(以食爲本)'은 『상서』의 홍범팔정(洪範八政)에서 제일 먼저 '식(食)'의 문제가 제시된 것을 본떠 '식'을 정치의 근본으로 삼은 것이다. '뇌사(耒耜)'는 쟁기와 보습으로, 농기구를 말한다. '우역(牛疫)'은 가축인 소의 전염병이다. '부(負)'는 걱정, 우환의 뜻이다.

12. 백성들이 여유롭게 휴식을 취할 수 있게 하라

有以寬息

오吳나라 대제大帝 손권孫權

[원문1]

군사를 일으킨 지 오래되어 백성들이 농지를 떠나고, 아버지와 아들, 지아비와 지어미가 서로 도울 수 없게 되었다. 나는 심히 걱정이로다. 지금 북쪽의 적

은 물러나 움츠리고 숨어 있으니 중원 밖으로 전쟁이 없다. 각 주와 군에 명을 내리니 백성들이 여유롭게 휴식을 취할 수 있도록 하라(『삼국지三國志』「오서吳書」 '오주전吳主傳').

軍興日久, 民離農畔, 父子夫婦, 不能相卹, 孤甚愍之. 今北虜縮竄, 方外無事, 其下州郡, 有以寬息.
군흥일구, 민리농반, 부자부부, 불능상술, 고심민지. 금북로축찬, 방외무사, 기하주군, 유이관식.

[해설]

황무(黃武) 3년(224년) 여름, 위(魏)나라 문제(文帝)가 광릉(廣陵)까지 출병하여 장강(長江)을 바라보며 말했다. "저곳에 걸출한 이가 있으니 감히 도모할 수 없겠구나!" 그는 이렇게 말하고 돌아왔다. 이로써 오나라와 위나라의 전쟁은 일단 멈추었다. 이에 손권은 명을 내려 각지에서 백성들에 대한 정책을 완화토록 하여 그들이 안심하고 생업에 임할 수 있도록 하였다.

'북로(北虜)'는 조위(曹魏)의 군대를 말한다.

[원문2]

군주는 백성이 아니면 정권을 세울 수 없고, 백성은 곡식이 없으면 살아갈 수 없다. 근래에 백성들은 납세와 부역이 많았고, 금년에 또 다시 수재와 가뭄이 들어 곡물 수확량이 줄어들었는데, 관리 중에 옳지 않은 자가 백성의 농번기를 빼앗아 백성들을 기아의 고통으로 빠뜨리고 있다. 지금 이후로 독군(督軍 : 각 성省에 둔 지방관)과 군수는 불법적인 행위를 잘 살펴 농번기에 부역으로 백성을 괴롭히는 자를 찾아내어 보고토록 하라(『삼국지』「오지吳志」 '손권').

蓋君非民不立, 民非穀不生. 頃者以來, 民多征役, 歲又水旱, 年穀有損, 而吏或不良, 侵奪民時,
개군비민불립, 민비곡불생. 경자이래, 민다정역, 세우수한, 연곡유손, 이리혹불량, 침탈민시,

以致飢困. 自今以來, 督軍郡守, 其謹察非法, 當農桑時, 以役事擾民者, 擧正以聞.
이치기곤. 자금이래, 독군군수, 기근찰비법, 당농상시, 이역사요민자, 거정이문.

[해설]

적오(赤鳥) 3년(240년) 봄 정월에 손권이 내린 조서이다. 군왕과 백성의 관계

를 정확하게 인식하면서 농번기에 백성들을 함부로 징발하는 일이 없도록 명하였다.

13. 농사일이나 양잠에 각기 자신의 능력을 모두 발휘토록 하라

耕蠶樹藝, 各盡其力

송宋나라 문제文帝 유의륭劉義隆

[원문]

근래 농업과 잠업(蠶業)이 쇠퇴하고 유리걸식하는 이들이 많아지며, 전원(田園)을 개간하지 않아 황폐해지는데도 이를 관리 감독하는 이가 있다는 소리를 듣지 못했다. 만약 가뭄이나 홍수가 나면 식량이 부족해질 것이고, 근본인 농업을 중시하지 않으면 의식이 풍족해질 수 없을 것이다. 군수는 관할 구역의 행정 책임자이고, 현(縣)을 다스리는 현재(縣宰)는 애민(愛民)의 주체이니 마땅히 백성들을 권면하고 장려하여 좋은 규범으로 그들을 이끌어야 할 것이다. 사람들은 각기 노력을 다하고, 지력(地力)을 최대한 이용하여 농사일이나 양잠에 각기 자신의 능력을 모두 발휘토록 하라. 만약 농사에 힘을 다해 탁월한 성과를 얻는 이가 있으면 연말에 그들의 이름을 적어 보고토록 하라(『송서宋書』「본기」 '문제').

自頃農桑惰業, 遊食者衆, 荒萊不辟, 督課無聞. 一時水旱, 便有罄匱, 苟不深存務本, 豊給靡因.
자경농상타업, 유식자중, 황래불벽, 독과무문. 일시수한, 편유경궤, 구불심존무본, 풍급미인.

郡守賦政方畿, 縣宰親民之主, 宜思奬訓, 導以良規. 鹹使肆力, 地無遺利, 耕蠶樹藝, 各盡其力. 若有
군수부정방기, 현재친민지주, 의사장훈, 도이량규. 함사사력, 지무유리, 경잠수예, 각진기력. 약유

力田殊衆, 歲竟條名列上.
력전수중, 세경조명렬상.

송나라 문제 원가(元嘉) 8년(431년) 윤6월에 반포된 조서이다. 그는 위대한 제왕들과 마찬가지로 농사와 양잠을 중시하여 이를 치국의 근본으로 삼았으며, 백성들이 농사일에 전념할 수 있도록 격려하였다.

‘황래(荒萊)’는 황무지이다. ‘독과(督課)’는 관리 감독을 말한다. ‘경궤(罄匱)’는 다 써서 부족함을 말한다. ‘방기(方畿)’는 천자 직속의 사방 천 리가 되는 땅을 말하며, 나중에는 ‘경내(境內)’라고 하였다.

14. 부세의 징수를 중지하고, 여러 정황을 살펴 경비를 절감토록 하라

宮停稅入

제齊나라 고제高帝 소도성蕭道成

[원문]

정전제(井田制)*가 무너진 후 농사와 양잠에 종사하는 이들이 업종을 바꾸고, 염철업(鹽鐵業 : 소금과 철광업)이 흥성하여 민생에 해를 끼치며, 상업이 혼란해지는 것이 역대로 이어져 습속처럼 되었으니 그 폐해가 날로 엄중해지고 있다. 이러한 유폐를 바로잡고자 상업을 개혁하여 근본인 농업으로 돌아갈 수 있도록 관부(官府)는 이익을 독점하지 말고 백성들이 일자리를 잃지 않도록 하라. 이궁(二宮 : 상궁上宮과 동궁東宮)의 여러 왕들은 저택을 짓기 위해 논밭을 점거하거나 산림과 호수를 제한하지 않도록 하라. 태관(太官)이 관리하는 황가(皇家 : 황실황실)의 원림(園林)은 부세의 징수를 중지하고, 여러 정황을 살펴 경비를 절감토록 하라

---

* 토지의 한 구역을 ‘정(井)’ 자로 9등분하여 8호의 농가가 한 구역씩 경작하고, 가운데 한 구역을 8호가 공동으로 경작하여 그 수확물로 조세를 바치게 한 토지 제도를 말한다.

(『남제서南齊書』「본기」 '고제高帝').

　　自廬井毀制, 農桑易業, 鹽鐵妨民, 貨鬻傷治, 歷代成俗, 流蠹歲滋. 援拯遺弊, 革末反本, 使公不專利,
　　자려정훼제, 농상역업, 염철방민, 화죽상치, 역대성속, 유두세자. 원증유폐, 혁말반본, 사공불전리,

　民無失業. 二宮諸王, 悉不得營立屯邸, 封略山湖. 太官池嵒, 宮停稅入, 優量省置.
　맹무실업. 이궁제왕, 실불득영립둔저, 봉략산호. 태관지암, 궁정세입, 우량성치.

[해설]

　건원(建元) 원년(479년) 여름 4월, 제나라 고제가 등극하였다. 그는 자신의 제위 등극을 경하하는 예물을 헌상하지 못하도록 조치한 후 이러한 조서를 반포하였다. 즉위 후 상업을 정돈하고 귀족과 관부에서 이익을 도모하는 일을 제한하여 농업을 근본으로 삼고자 했다.

　'여정(廬井)'은 고대의 정전제를 말한다. 정전제에서는 여덟 가구가 하나의 우물을 공유하였기 때문에 그들의 집을 일러 '여정'이라고 하였다. '화죽(貨鬻)'은 물건을 사고파는 것이니 상업을 말한다. '유두(流蠹)'는 유폐, 폐해의 뜻이다. '이궁(二宮)'은 황자(皇子)가 사는 상궁(上宮)과 황손이 사는 동궁(東宮)을 말한다. '지암(池嵒)'은 황가의 원림이다.

15. 나이가 들어 스스로 생활할 수 없는 이들은 관부에서 봉양토록 하라

衰老官給廩食

양梁나라 무제武帝 소연蕭衍

[원문1]

　유송(劉宋)* 왕조 이래로 제멋대로 지나치게 사치하여 하늘로 솟구친 화려한

---

* 송나라를 세운 유유(劉裕)로서, 송나라 1대 황제(재위 420~422)가 되었다. 그는 호적 개정을 단행했으며, 무공과 통치 수단이 뛰어나 국력의 부강을 꾀했다.

누각을 지닌 부자들이 수천 호(戶)에 달하고 있다. 번성한 도시들만 보더라도 우환이 사해(四海)에 가득 찰 지경이니, 전혀 뜻밖에 억울한 일을 당한 이들이 도처에 산재하여 핍박의 형태는 서로 다르지만 강제로 끌려와 악기를 연주하는데 양가의 자제조차 면할 길이 없고, 억지로 끌려와 비단을 짜고 자수(刺繡)를 하느라 연금된 상태에서 일을 하기도 한다. 국가에 폐해를 끼치고 조화를 해치는 것으로 이보다 더 심각한 일이 없다. 하여 후궁의 모든 가기(歌妓 : 악부에 종사하는 모든 악공)와 서해(西解 : 직공들을 관장하는 관부의 명칭)에서 방직과 자수에 종사하는 모든 직공, 그리고 이와 유사한 일을 하는 이들을 모두 해산시키도록 하라. 만약 그들 가운데 나이가 들어 스스로 생활할 수 없는 이들이 있다면 관부에서 그들을 봉양토록 하라(『양서梁書』「본기」'무제').

宋氏以來, 竝恣淫侈, 傾宮之富, 遂盈數千. 推算五都, 愁窮四海, 竝嬰罹冤橫, 拘逼不一. 撫弦命管,
송씨이래, 병자음치, 경궁지부, 수영수천. 추산오도, 수궁사해, 병영리원횡, 구핍불일. 무현명관,

良家不被蠲, 織室繡房, 幽厄猶見役. 弊國傷和, 莫斯爲甚. 凡後宮樂府, 西解暴室, 諸如此例, 一皆放遣.
양가불피견, 직실수방, 유액유견역. 폐국상화, 막사위심. 범후궁악부, 서해폭실, 제여차례, 일개방견.

若衰老不能自存, 官給廩食.
약쇠노불능자존, 관급름식.

[해설]

양나라 무제 소연(蕭衍)이 즉위한 후 내린 조서의 내용이다. 궁궐의 예인(藝人)이나 공장(工匠)을 내보내 사회 모순을 완화하고, 새로운 정권을 더욱 공고하게 하기 위함이었다.

'송씨(宋氏)'는 유유(劉裕)가 세운 송나라를 말한다. '경궁(傾宮)'은 높은 전각이나 궁궐을 말한다. '오도(五都)'는 도읍지 사방의 번성한 도시를 말한다. '구핍(拘逼)'은 핍박을 받는다는 뜻이다. '견(蠲)'은 면제를 뜻한다. '서해(西解)'는 당시의 관부 명칭이고, '폭실(暴室)'은 궁정 내의 방직하는 곳을 말한다.

[원문2]

풀을 베거나 가축을 기르는 이는 군왕의 원포(園圃 : 논밭이나 동산)에 들어갈 수 있다는 것은 주나라 문왕이 남기신 법도인데, 제나라 선왕(宣王 : ?~BC 301년, 제나

라 4대 왕)은 (사방 사십 리나 되는 왕의 동산에서) 꿩이나 토끼를 잡으면 형벌에 처하는 금령을 내렸기 때문에 비난을 받았다. 초택이나 산림은 나무를 길러 내는 곳이니 도끼를 이용하여 나무를 베어 집집마다 생계를 유지할 수 있다. 그러나 쇠락한 시대의 풍조를 서로 답습이나 하듯이 초택(草澤 : 초원草原과 수택水澤)과 산림을 봉쇄하고 있으니, 이 어찌 백성과 이로움을 함께하고 백성에게 시혜를 베푸는 일이라 할 수 있겠는가? 무릇 모든 공가(公家 : 국가나 관서와 같은 공공기관)는 불을 놓지 못하도록 출입을 막고 있는 곳을 전부 개방토록 하라(『양서』「본기」'무제').

芻牧必往, 姬文垂則, 雉兔有刑, 薑宣致貶. 藪澤山林, 毓材是出, 斧斤之用, 比屋所資, 而頃世相承,
추목필왕, 희문수칙, 치토유형, 강선치폄. 수택산림, 육재시출, 부근지용, 비옥소자, 이경세상승,

竝加封固, 豈所謂與民同利, 惠玆黔首? 凡公家諸屯戍見封爐者, 可悉開常禁.
병가봉고, 기소위여민동리, 혜자검수? 범공가제둔수견봉희자, 가실개상금.

[해설]

양무제 천감(天監) 7년(508년) 9월에 반포한 조령이다. 무제는 산림의 출입 금지를 해제하여 백성들에게 은택이 돌아가도록 하였는데, 이는 그의 애민 사상을 드러낸 것이다.

'추목필왕, 희문수칙(芻牧必往, 姬文垂則)'은 『맹자』「양혜왕하(梁惠王下)」에 나오는 다음 구절을 인용한 것이다. "문왕의 동산은 사방 칠십 리가 될 정도로 컸지만 풀을 베고 나무를 하는 이들이 그곳에 들어갈 수 있고, 꿩과 토끼를 잡는 이들도 그곳으로 들어갈 수 있었으니, 백성들과 함께 썼던 것입니다(文王之囿方七十裏문왕지유방칠십리, 芻蕘者往焉추요자왕언, 雉兔者往焉치토자왕언, 與民同之여민동지)." '치토유형, 강선치폄(雉兔有刑, 薑宣致貶)' 역시 『맹자』「양혜왕하」에 나오는 다음 구절과 연관이 있다. "크고 작은 사슴을 죽이는 자는 사람을 죽인 자와 똑같은 죄를 받았다(殺其麋鹿者如殺人之罪살기미록자여살인지죄)." 원문의 '치토(雉兔)'는 '미록(麋鹿)'을 잘못 쓴 것으로 보인다. '비옥(比屋)'은 잇닿아 있는 집을 말한다. '경세(頃世)'는 쇠락해진 시절을 말한다. '봉희(封爐)'는 산에 불을 놓는 것을 금지하는 것이다.

16. 백성은 국가의 근본이다

民惟國本

수나라 양제煬帝 양광楊廣

[원문]

백성은 국가의 근본이다. 근본이 단단해야 나라가 평안하다. 백성이 풍족하다면 누가 부족하겠는가? 지금 진행하고 있는 건축 공사는 반드시 절검하여 또다시 화려한 담장에 높다란 건물을 짓지 않도록 하여 나지막한 궁실과 소박한 음식으로 절약해야 함을 후세에 전하고자 한다. 관련 부서 관리들은 명확하게 법령 조문을 제정하여 내 생각에 부합토록 하라(『수서隋書』「제기帝紀」 '양제').

民惟國本, 本固邦寧, 百姓足, 孰與不足! 今所營構, 務從節儉, 無令雕墻峻宇復起於當今, 欲使卑
민유국본, 본고방녕, 백성족, 숙여부족! 금소영구, 무종절검, 무령조장준우복기어당금, 욕사비

宮菲食將貽於後世. 有司明爲條格, 稱朕意焉.
궁비식장이어후세. 유사명위조격, 칭짐의언.

[해설]

인수(仁壽) 4년(604년) 7월, 수나라 문제가 즉위한 후 동경(東京)인 낙양에 궁궐을 지을 당시에 내린 조령이다. 조령에서 절검을 강조하고 있지만, 실제로는 지나치게 사치스럽고 낭비가 많았다. 거짓과 과장으로 자신의 본의를 숨기려는 수나라 양제(煬帝)*의 특징이 잘 드러나고 있다.

---

* 수나라 문제의 둘째아들로서 수나라의 2대 황제이다. 만리장성을 수축하고 대운하를 완성하였으나 민란이 일어나 수나라를 멸망에 이르게 하였다.

17. 근본이 공고해야 나라가 평안하다

本固邦寧

당나라 태종 이세민

[원문1]

백성은 국가의 근본이니, 근본이 공고해야 나라가 평안하다(『당태종집唐太宗集』「비북구조備北寇詔」).

民爲邦本, 本固邦寧.
민위방본, 본고방녕.

[해설]

당나라 태종이 무덕(無德) 9년(626년) 9월에 내린 조령이다. 태종은 무덕 9년 8월에 즉위하였는데, 9월에 갑자기 돌궐(突厥)의 수장이 3천 필의 말과 1만 두의 양을 보내왔다. 그러나 태종은 이를 받지 않고 돌궐족이 포로로 잡아간 중국 백성들을 돌려보내도록 요구했다. 원문은 그가 백성을 근본으로 삼아 국가를 안정시키겠다는 의도를 분명하게 드러내고 있다.

'북구(北寇)'는 돌궐을 지칭한다.

[원문2]

양식(糧食)은 백성들에게 하늘만큼 큰일이고, 농업은 국정의 근본이다. 만약 창고가 가득 차면 백성들이 예절을 알게 되고, 먹고 입는 것이 부족하면 염치를 잊게 된다. 그래서 천자가 친히 동쪽 교외에서 경작의 모범을 보이고, 때에 맞춰 백성들에게 기후와 절기를 알려 주는 것이다. 국가에 9년의 양식이 비축되어 있지 않다면 홍수나 가뭄의 재해를 방비할 수 없을 것이고, 가정에 1년간 입을 의복이 마련되어 있지 않다면 추위나 더위에 대비할 수 없을 것이다. 그러나 사람들은 너나할 것 없이 도검(刀劍 : 칼이나 검)을 차고 농업을 포기한 채 허황된 쪽으로 나아가면서 기예나 교묘한 일로 이익을 탐하고, 농사와 양잠의 토대를 방기하고 있다. 하여 겨우 한 사람이 경작하여 백 명을 먹여 살리는 형국이 되었으니, 그 폐해는 가을철 해충의 피해보다 심하다. 사치를 금지하고 경작과 방직을 권면하여 백성들이 근본으로 돌아감으로써 순박한 풍속을 되찾는 것이 좋다. 그래야만 모든 이들이 다투어 어질고 의로운 마음을 품음으로써 영원히 탐욕과 난폭한 길로 가는 것을 막을 수 있을 것이니, 이것이 바로 농업의 근본에 힘쓰는 일이다(『당태종집』「무농편務農篇」).

夫食爲人天, 農爲政本. 倉廩實則知禮節, 衣食乏則志廉恥. 故躬耕東郊, 敬授人時. 國無九歲之儲,
부식위인천, 농위정본. 창름실칙지예절, 의식핍칙지렴치. 고궁경동교, 경수인시. 국무구세지저,

不足備水旱, 家無一年之服, 不足禦寒暑. 然而莫不帶犢佩牛, 棄堅就僞. 求什一之利, 廢農桑之基.
부족비수한, 가무일년지복, 부족어한서. 연이막불대독패우, 기견취위. 구십일지리, 폐농상지기.

以一人耕而百人食, 其爲害也, 甚於秋螟. 莫若禁絶浮華, 勸課耕織, 使人還其本, 俗反其眞, 則競懷
이일인경이백인식, 기위해야, 심우추명. 막약금절부화, 권과경직, 사인환기본, 속반기진, 칙경회

仁義之心, 永絶貪殘之路, 此務農之本也.
인의지심, 영절탐잔지로, 차무농지본야.

[해설]

당나라 태종의 「무농편」은 중농억상(重農抑商)의 경제 사상을 논하고 있다. 그는 농업의 중요성을 거듭 강조하고 있는데, 농업은 국가의 안정과 백성의 생활 그리고 사회 기풍까지 중대한 영향을 미친다고 하였다.

'궁경(躬耕)'은 고대의 제왕이 친경(親耕 : 제왕이 농업을 장려하기 위하여 적전籍田에 나와 몸소 농사를 짓던 일)을 통해 농업 생산을 격려하는 전통을 말한다. '대독패우(帶犢佩牛)'는 다음과 같은 전고(典故)가 있다.

한나라 선제(宣帝 : 재위 BC 74~BC 49) 시절 공수(龔遂)*가 발해태수로 있을 당시 지역에 큰 기근이 들었다. 공수가 친히 나서 백성들에게 농사에 힘쓸 것을 권면

---

* 한나라 선제 때 관리들의 착취로 생활이 어려워진 발해군(渤海郡)의 백성들이 난을 일으키자, 공수는 농병황지(弄兵潢池), 즉 "아이들이 물이 고여 있는 못에서 병장기를 가지고 장난하는 듯합니다"라고 하여 무력보다는 회유책으로 진정시켰다는 고사도 유명하다.

하였는데, 마침 백성들이 너나할 것 없이 도검을 차고 있는 것을 보고는 검을 팔아 소를 사고, 칼을 팔아 송아지를 사도록 하면서 사람들에게 이렇게 말했다. "어찌하여 소를 차고 송아지를 달고 다니는가?(何爲帶牛佩犢佩하위대우패독패)"

18. 농사짓기의 어려움을 알라

令汝等知稼穡之難

당나라 현종玄宗 이융기李隆基

[원문]

이 밀은 종묘에 받들고자 한 것으로서 내가 친히 씨앗을 뿌리고 수확한 것이니, 너희들은 농사짓기의 어려움을 알아야 할 것이다. 근래 관리들에게 농사의 작황을 검사토록 하였는데, 회답이 진실하지 않은 경우가 많았다. 하여 내가 친히 곡식을 심어 수확량을 살피고자 하는 것이다. 『춘추』에도 맥화(麥禾)에 관한 글이 있는 것을 보면 고인(古人)들 또한 경작을 중시한 것이 아니겠느냐(『구당서舊唐書』 「본기」 '현종').

此將薦宗廟, 是以躬親, 亦欲令汝等知稼穡之難也. 比歲令人巡檢苗稼, 所對多不實, 故自種植以
차장천종묘, 시이궁친, 역욕령여등지가색지난야. 비세영인순검묘가, 소대다부실, 고자종식이

觀其成. 且春秋書麥禾, 豈非古人所重也.
관기성. 차춘추서맥화, 개비고인소중야.

[해설]

개원(開元) 22년(734년), 당나라 현종은 친히 금원(禁苑 : 궁궐 안에 있던 동산이나 후원)에서 씨앗을 뿌리고 황태자를 비롯한 여러 사람들과 함께 수확하였다. 첫 번째 구절은 황태자에게 한 것으로, 치국을 위해서는 무엇보다 농사일의 어려움을 알아야 함을 가르친 것이고, 두 번째 구절은 여러 신하들에게 밀을 나누어 주

면서 한 말인데, 자신이 친히 경작하는 이유가 바로 천하의 농민들과 농사일에 대한 관심에서 비롯되었음을 밝힌 것이다.

19. 청렴의 도를 실행하라

履清白之道

당나라 대종代宗 이예李豫

[원문]

황천(皇天 : 하늘의 높임말로서 '천제天帝'를 뜻함)은 나를 아들로 삼고, 백성은 나를 아비로 삼고 있으나 오히려 나는 덕이 부족하여 만물을 다 덮지 못하고, 정성이 부족하여 정성이 하늘을 감동시키지 못하고 있다. 나의 백성이 도탄에 빠진다면 나의 허물이 아니고 누구의 잘못이겠는가? 내가 치국의 어려움에 두려워하고 불안한 마음으로 하늘이 밝을 때까지 좌정하고 있는 까닭은 모든 죄를 내가 마음에 품고 백성을 안심시킬 대책을 생각하기 위함이다. 바라건대 여러 공경(公卿)과 백관(百官)들은 모두 나의 명을 받들어 협력하고 진력하여 청렴의 도를 실행하고, 순박한 기풍을 되돌리도록 하라. 백성들을 인도하여 어질고 장수할 수 있도록 하며, 군신(君臣)이 마음과 덕을 함께한다면 이보다 좋은 것이 어디에 있겠는가?(『구당서』「본기」'대종')

皇穹以朕爲子, 蒼生以朕爲父, 至德不能被物, 精誠不能動天. 俾我生靈, 淪於溝壑, 非朕之咎, 孰之
황궁이짐위자, 창생이짐위부, 지덕불능피물, 정성불능동천. 비아생령, 윤어구학, 비짐지구, 숙지

過歟? 朕所以馭朽懸旌, 坐而待曙, 勞懷罪己之念, 延想安人之策. 亦惟群公卿士, 百辟庶僚, 鹹聽朕命,
과여? 짐소이어후현정, 좌이대서, 노회죄기지념, 연상안인지책. 역유군공경사, 백벽서료, 함청짐명,

協宣乃力, 履清白之道, 還淳素之風. 率是黎元, 歸於仁壽, 君臣一德. 何以尙玆.
협선내력, 이청백지도, 환순소지풍. 솔시려원, 귀어인수, 군신일덕. 하이상자.

[해설]

당나라 대종 영태(永泰) 원년(765년) 정월 초하룻날에 내린 명령이다. 백성들의 삶을 걱정하고 근심하며, 모든 이들이 편안한 삶을 영위하기를 희망하는 그의 바람이 그대로 드러나 있다.

'황궁(皇穹)'은 황천, 천제를 말한다. '어후(馭朽)'는 『상서』 「오자지가(五子之歌)」에 나오는 "억조창생 위에 군림하며 항시 두려워하며 걱정하는 것이 마치 썩은 동아줄로 여섯 마리 말을 모는 것과 같다(予臨兆民여림조민, 懍乎若朽索之馭六馬늠호약후색지어륙마)"라는 구절에서 인용한 것으로 치국의 어려움을 비유하였다. '현정(懸旌)'은 공중에 매달려 바람에 나부끼는 정기(旌旗)로서 마음이 불안정함을 비유한다.

20. 천하의 전곡錢穀은 금부사에 위임하여 관장토록 하라

下錢穀委金部

당나라 덕종德宗 이괄李适

[원문1]

동도, 하남, 강회, 산남동도 등지의 전운(轉運 : 화물 운송), 조용(租庸 : 조세와 노역), 청묘(靑苗), 염철등사 및 상서좌복야로 재직하고 있는 유안(劉晏)은 근래 전화(戰禍)가 그치질 않아 잠시 관리의 명목을 설치하여 원로로서 오랫동안 고생하였는데, 조정에 수많은 사무를 처리함에 전심전력하여 거의 20여 년의 세월이 흘렀다. 나는 징세의 명목이 번다하여 향읍(鄕邑)의 재정이 고갈되기에 이르러 군신의 건의를 듣고 징세의 방법을 바꿀 생각이다. 향후 평화 시기의 조세 방법으로 변경하여 마땅히 관련 부서에서 징수하는 제도를 복원해야 할 것이다. 유안이 맡고 있는 직무는 마땅히 정지시키고, 천하의 전곡(錢穀)은 금부사와 창부사에 위임하여 관장토록 할 것이니 중서문하에서 각기 양사(兩司 : 금부사와 창부사)의 낭관(郎官 : 일종의 정오품 이하의 낭료郎僚들)을 선발하여 격식에 맞춰 조정하고 관리토록 하라(『구당서』「본기」'덕종').

東都河南江淮山南東道等轉運租庸靑苗鹽鐵等使, 尙書左僕射晏, 頃以兵車未息, 權立使名, 久勤
동도하남강회산남동도등전운조용청묘염철등사, 상서좌복야안, 경이병차미식, 권립사명, 구근

元老, 集我庶務, 悉心瘁力, 垂二十年, 朕以徵稅多門, 鄕邑凋耗, 聽於群議, 思有變更, 將置時和之理,
원로, 집아서무, 실심췌력, 수이십년, 짐이징세다문, 향읍조모, 청어군의, 사유변경, 장치시화지리,

宜復有司之制. 晏所領使宜停, 天下錢穀委金部, 倉部, 中書門下揀兩司郎官, 准格式調掌.
의복유사지제. 안소령사의정, 천하전곡위금부, 창부, 중서문하간량사랑관, 준격식조장.

[해설]

건중(建中) 원년(780년) 봄 정월에 당나라 덕종이 내린 조령이다. 이전까지 전쟁으로 인해 수세(收稅)의 명목이 번다하여 백성들에게 큰 부담을 준 것을 고려하여 정상적인 수세를 통해 백성들의 부담을 경감시키고자 결정하였다.

유안(劉晏 : 716~780)*의 자는 '사안(士安)'이며, 조주(曹州) 남화(南華 : 지금의 동명현 東明縣) 사람이다. 이부상서동평장사(吏部尙書同平章事), 절도지(節度支), 주전(鑄錢), 염철등사(鹽鐵等使)를 역임하였으며, 이재(理財)에 밝은 관리였다. '조용(租庸)'은 토지에서 생산되는 곡물에 대한 과세인 요와 사람을 대상으로 부역에 관한 세금인 용을 말한다. '청묘(靑苗)'는 당나라 중기 징세법의 일종인 청묘전(靑苗錢)**을 말한다. '권(權)'은 잠시, 당분간의 뜻이다.

[원문2]

옹주에서 상주한 금광에 관한 내용을 보니 실로 나라를 윤택하게 만들 수 있을 것이로다. 그러나 일반 백성들과 이익에 관해 이야기하는 것은 내가 평소에 지닌 생각이 아니다. 금광은 민간에서 채굴하되 관부는 금지하지 않도록 하라

---

* 안사의 난으로 궁핍해진 재정 회복에 진력하였으며, 당나라 시대 제일의 재정가로 평가받는다.
** 당나라 대종(代宗) 대, 국고 지출이 급할 경우 곡식이 익기도 전에 푸른 전답에 과세하던 제도, 또는 그 세금을 말한다.

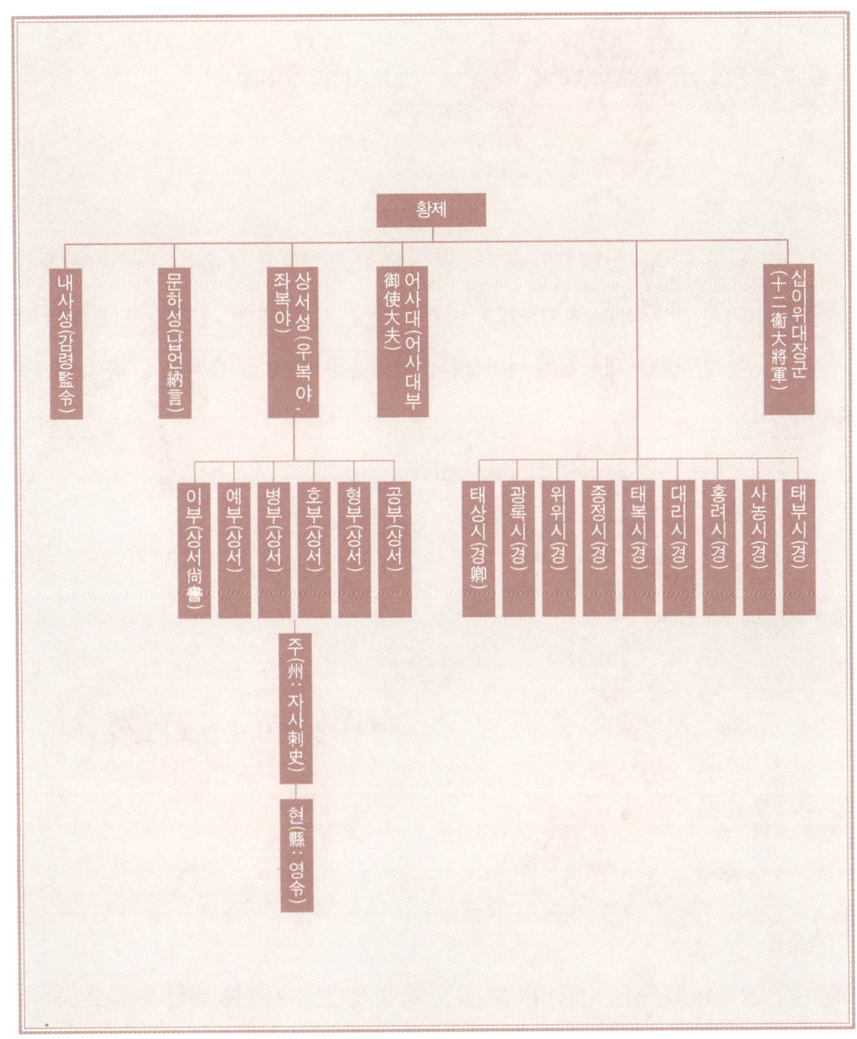

당나라 시대의 삼성육부(三省六部)

당나라 시대의 삼성은 상서성(尚書省), 문하성(門下省), 중서성(中書省 : 처음에는 내사성內史省)이다. 중서성은 정책 결정 기구로서 정령(政令)의 초안 작성과 황제의 조령 반포를 맡고 있으며, 장관은 중서령(中書令)이다. 문하성은 심의 기구로서 정령을 심사하여 결정하고, 잘못을 바로잡는 일을 담당했으며, 장관은 시중(侍中)이다. 상서성은 집행 기구로서 중요한 정령을 집행하는 책임을 맡았으며, 장관은 좌, 우복야(左, 右僕射)이다.

삼성은 중앙의 최고 통치 기구이며, 삼성의 장관은 재상과 동등하게 중추적인 정무를 책임졌다. 육부는 상서성 아래 이, 호, 예, 병, 형, 공 육부를 말한다. 관리의 심사, 임면(任免), 호구와 부세, 예의제도, 군정, 법률, 형옥, 공사 등 다양한 업무를 분장했다. 각 부의 장관은 상서이다.

삼성 분권은 재상의 권한을 약화시키고 황권을 강화하는 역할을 했다. 삼성육부의 직무는 명확하게 구분되어 행정의 효율을 제고시키는 동시에 중앙의 통치 역량을 강화하는 역할을 했다.

(『구당서』「본기」'덕종').

[해설]

당나라 덕종 대력(大歷) 14년(766년) 7월에 내린 조령으로서 옹주의 금광에 관한 상주문에 대한 비복(批復 : 회답)이다. 금광 채굴은 민간에 맡기고 관부에서 금지하지 않도록 한 것은 제왕으로서 백성과 이익을 다투지 않겠다는 그의 뜻을 반영한 것이다.

'옹주(邕州)'는 지금의 남녕시(南寧市)이다.

21. 나무를 심고 황무지를 개간하는 백성에게 부세를 더하지 말라

開墾者不加徵

송나라 태조太祖 조광윤趙匡胤

[원문1]

나무를 심고 황무지를 개간할 수 있는 백성에게는 부세를 더하지 말고, 현령과 좌사가 그들을 불러 상을 주도록 하라(『송사宋史』「본기」'태조').

民能樹藝, 開墾者不加徵, 令佐能勸來者受賞.
민능수예, 개간자불가징, 영좌능권래자수상.

[해설]

건덕(乾德) 4년(966년) 윤8월 을축(乙醜)에 황하가 범람하여 남화현(南華縣)까지 홍수가 났고, 기사(己巳)에는 형주(衡州)에서 큰 불이 났다. 이에 송나라 태조는 을해(乙亥)에 위의 조령을 반포하였다. 그는 백성들에게 황무지를 개척하여 나무를 심도록 권고하면서 관원들에게 그런 이들을 불러 격려토록 하였다. 이는 그의 농본 사상을 반영하는 것이다.

[원문2]

광남에서 남자와 여자를 사서 노예로 삼은 이들을 모두 방면토록 하라. 거짓 정권인 남한(南漢 : 대월국)이 백성들에게 폐해를 끼친 것에 대해 이미 들어 알고 있으니, 이러한 폐해를 모두 제거해야 할 것이다(『송사』「본기」'태조').

廣南有買人男女爲奴婢轉傭利者, 幷放免. 僞政有害於民者具以聞, 除之.
광남유매인남녀위노비전용리자, 병방면. 위정유해어민자구이문, 제지.

[해설]

송나라 태조가 개보(開寶) 4년(971년) 3월에 내린 조령이다. 그는 노예를 해방시켜 거짓 정권을 몰아내고자 하였다. 이는 백성의 질고(疾苦 : 괴로움)를 근심하는 그의 심사를 반영한 것이다.

'위정(僞政)'은 오대(五代) 십국(十國) 가운데 한 나라인 남한(南漢)*을 말한다. 일찍이 대월국(大越國)으로 칭했으며, 유은(劉隱)·유암(劉岩) 형제가 건국하여 광주 번우(番禺 : 지금의 광동성 광주)에 도읍지를 정하고 '흥왕부(興王府)'라 칭했다. 번성하던 시절에는 전체 60주를 두었는데, 지금의 광동, 광서성과 운남성 일부를 차지하였다. 역대로 5명의 군주가 67년간 통치하였다. 이후 송나라에 의해 멸망했다.

---

* 중국 5대 10국(五代十國) 시대 10국의 하나인 남한을 세워 한때 번성했지만, 지배층의 내분으로 971년 송나라에 병합되었다.

22. 한 마음으로 협력하여 명을 받들도록 하라

協心奉令

송나라 철종哲宗 조후趙煦

[원문]

선황제('신종神宗'을 말함)께서 19년간 재위하시며 정사를 건립하여 천하에 은택을 베푸셨도다. 그러나 관련 부서의 시행 조치가 마땅치 않아 혼란한 지경에 이르렀으며, 때로는 아무런 효력이 없는 문서로만 남아 실질적인 은택이 펼쳐질 수 없었다. 내가 거듭 조정의 내외 관원들에게 분명하게 알리노니, 한 마음으로 협력하여 명을 받들어 선제께서 백성에게 평안을 베푸신 가르침에 부합토록 하라(『송사』「본기」'철종').

先皇帝臨御十有九年, 建立政事以澤天下, 而有司奉行失當, 幾於煩擾, 或苟且文具, 不能布宣實惠.
선황제림어십유구년, 건립정사이택천하, 이유사봉행실당, 기어번요, 혹구차문구, 불능포선실혜.

其申諭中外, 協心奉令, 以稱先帝惠安元元之意.
기신유중외, 협심봉령, 이칭선제혜안원원지의.

[해설]

원풍(元豊) 8년(1085년) 4월, 신종(神宗)이 죽고 철종이 즉위하였다. 이는 철종이 즉위한 후 내린 조령의 일부분이다. 선제인 신종이 백성을 위해 마련한 여러 가지 조치를 구체적으로 실현하여 백성들에게 은택이 돌아가도록 하기를 원하고 있다.

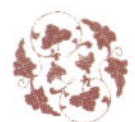

23. 현재 백성들의 삶이 피폐하여 무엇보다
필요한 것이 돈이 아니겠는가?

百姓所急者錢爾

원나라 헌종憲宗 몽가蒙哥

[원문]

현재 백성들의 삶이 피폐하여 무엇보다 필요한 것이 돈이니, 나 홀로 이런 물품을 받은들 무슨 소용이 있겠느냐?(『원사元史』「본기」'헌종')

方今百姓疲弊, 所急者錢爾, 朕獨有此何爲?
방금백성피폐, 소급자전이, 짐독유차하위?

[해설]

헌종(憲宗 : 蒙哥, 즉 몽케) 7년(1257년) 9월, 회골(回鶻)에서 수정분(水精盆 : 화분花盆)과 진주로 만든 우산 등을 헌상하였는데, 대략 3만여 정(錠 : 은화)의 값어치가 있는 물건이었다. 당시 헌종은 이렇게 말한 후 그들이 보낸 물품을 돌려보냈다. 백성들의 질곡에 관심을 갖고 사리사욕을 멀리했던 그의 심사가 그대로 반영된 내용이다.

24. 백성을 잘 보살피는 것이 바로 하늘을 섬기는 일이다

恤民事天之實

명나라 태조太祖 주원장朱元璋

[원문1]

나는 명군(明君)이 되려면 천하에 임용하지 않은 현자(賢者)가 남아 있으면 안 된다는 말은 들었지만, 천하에 남겨 놓은 이익이 없어야 한다는 말은 들은 적이 없다. 지금은 군사 기물도 부족하지 않고, 백성들도 생업에 전념하여 안정을 취하고 있으니 철을 제련하는 일은 나라에 도움이 되지 않을 뿐더러 백성들을 심각하게 어지럽히는 일이다(『명사明史』「본기」'태조').

朕聞王者使天下無遺賢, 不聞無遺利. 今軍器不乏, 而民業已定, 無益於國, 且重擾民.
짐문왕자사천하무유현, 불문무유리. 금군기불핍, 이민업이정, 무익어국, 차중요민.

[해설]

홍무(洪武) 15년(1382년) 여름 4월 병자(丙子), 광평부(廣平府)의 관리인 왕윤도(王允道)가 자주(磁州)에서 야철(冶鐵 : 제철)을 허가해 달라는 상소를 올렸다. 이에 태조는 위와 같이 회답하는 한편 그에게 죄를 물어 영남으로 유배시켰다. 이는 백성과 이익을 다투지 않겠다는 주원장의 뜻을 반영한 것인 동시에 국가는 백성을 소란스럽게 하지 말아야 한다는 그의 치국 사상을 드러낸 것이다.

[원문2]

이른바 하늘을 공경한다는 말은 엄숙하게 예를 갖추는 것일 뿐만 아니라 마땅히 실질적인 내용이 있어야 한다. 상천(上天 : 천제를 뜻함)이 국군(國君 : 나라의 임금)에게 백성을 다스릴 임무를 부여하였으니, 임금이 상천을 받들고자 한다면 먼저 백성을 자상하게 보살펴야 한다. 백성을 잘 보살피는 것이 바로 하늘을 섬기는 실질적인 내용이다. 이는 국가에서 군수나 수령을 임명하는데, 만약 그들이 백성에게 행복을 주지 못한다면 이는 임금이 위임한 사명을 방기하는 것과 같으니 이보다 불경한 일이 어디에 있겠는가?(『명사』「본기」'태조')

所謂敬天者, 不獨嚴而有禮, 當有其實. 天以子民之任付君, 爲君者欲求事天, 必先恤民, 恤民者,
소위경천자, 부독엄이유례, 당유기실. 천이자민지임부군, 위군자욕구사천, 필선휼민, 휼민자,

事天之實也. 卽如國家命人任守令之事, 若不能福民, 卽是棄君之命, 不敬孰大焉.
사천지실야. 즉여국가명인임수령지사, 약불능복민, 즉시기군지명, 불경숙대언.

[해설]

홍무 20년(1387년) 정월, 명나라 태조가 남쪽 교외에서 천지에 제사를 지냈다. 제사가 다 끝나도록 하늘이 청명하자 어느 신하가 이렇게 말했다. "이는 폐하께서 하늘을 공경하시기 때문입니다." 그러자 태조가 위와 같이 대답하였다. 백성을 위로하고 보살펴 행복을 줄 수 있도록 애썼던 그의 마음을 보여주고 있다.

25. 풍년이 들어 백성들이 즐겁도다

歲豊民樂

청나라 세조世祖 애신각라愛新覺羅 복림福臨

[원문]

풍년이 들어 백성들이 즐거워하면 그것이 곧 상서로운 징조이니 반드시 서맥(瑞麥)이 있어야 길한 것이 아니다. 마땅히 은혜를 베풀어 백성을 양육하고 더욱더 그들의 안위와 단결을 중시해야 할 것이다(『명사』「본기」'세조').

歲豊民樂, 卽是禎祥, 不在瑞麥. 當惠養元元, 益加撫輯.
세풍민락, 즉시정상, 부재서맥. 당혜양원원, 익가무집.

　순치(順治) 2년(1645년) 5월, 하도(河道) 총독 양방홍(楊方興)이 조정에 서맥을 헌상하였을 때 세조가 한 말이다. 백성을 서맥 등 허황된 일에 휩싸이지 않게 하고, 백성을 양육하고 평안토록 하는 데 애쓰고자 했던 그의 생각이 잘 반영되어 있다. '정상(禎祥)'은 길상의 징조이다. '서맥(瑞麥)'은 한 줄기에 이삭이 많이 달리거나 다른 줄기에 같은 이삭이 달린 보리를 말하며, 예로부터 상서로운 징조로 여겼다.

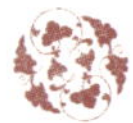

26. 도로를 건설하는 것은 백성을 위한 일이다

修路以爲民

청나라 성조聖祖 애신각라 현엽玄燁

[원문]

　도로를 건설하는 것은 백성을 위한 일이다. 만약 백성들의 통행을 불허한다면 도로를 건설한들 무슨 이로움이 있겠는가? 이후에 만약 도로가 훼손된다면 보병에게 명하여 때에 맞춰 보수토록 하라(『청사고淸史稿』「본기」'성조').

　　修路以爲民也. 若不許行, 修之何益. 後若毀壞, 今步兵隨時葺治.
　　수로이위민야. 약불허행, 수지하익. 후약훼괴, 금보병수시즙치.

[해설]

　강희(康熙) 33년(1694년) 5월 무인(戊寅), 보군통령(步軍統領) 개음포(凱音布)가 천단(天壇)*에 새로 도로를 건설하면서 일반 행인의 왕래를 하지 못하도록 할 것을 상

---

* 천단은 중국에서 황제가 풍년을 기원하는 등 하늘에 제사를 올리는 의식을 행하기 위하여 설치한 제단이다. 베이징 외성(外城)의 남동쪽에 위치하며, 약 6km의 성곽을 두르고 있다.

주하였다. 위의 글은 이에 대한 성조의 답변이다. 도로 통행을 허가하여 백성들이 보다 편리하도록 하였으니, 그의 민본 사상을 엿볼 수 있는 대목이다.

27. 민간에서 백성들이 생계를 유지하는 방법이
곧 국가가 유지되는 방법이다

民計卽國計

청나라 세종世宗 애신각라 윤정胤禛

[원문]

민간에서 백성들이 생계를 유지하는 방법이 곧 국가가 유지되는 방법이다. 나라에 필요한 지출이 충분하지 않으면 어쩔 수 없이 백성들의 힘을 빌리게 된다. 그러나 지금은 나라에 쓰임이 충분하고 풍요로우니 백성들에게 비용을 주어 돕도록 하라(『청사고』「본기」'세종').

民間之生計, 則國計也. 國用不敷之時, 不得不藉資民力. 方今國用充裕, 仍發帑銀給之.
민간지생계, 칙국계야. 국용불부지시, 부득불자자민력. 방금국용충유, 잉발탕은급지.

[해설]

옹정(雍正) 5년(1727년) 12월 신축(辛醜), 범시역(範時繹)이 태창주(太倉州)에 속한 칠포(七浦)의 사민(士民)들이 공공사업에 자신들이 비용을 지출하고자 한다고 상주하였다. 청나라 세종은 이를 윤허하지 않으면서 이렇게 말했다. 이는 민간의 공공시설은 국가의 재정으로 충당해야 한다는 그의 관점을 표명한 것이다.

선농단에 제를 올리는 그림

고대의 예의(禮儀)는 정치 체제, 조정의 법전, 천지귀신에 대한 제사, 수해나 한발 시기의 기양(祈禳 : 복은 오고 재앙은 물러가라고 빎), 학교나 과거(科擧), 군사 행동, 행정 구역의 구분, 능묘나 건축 조성 등 그 범위가 넓고 다양했다.

제례(祭禮)는 길례(吉禮)의 일종으로서 토지에 대한 숭배이다. 주로 농작물의 풍작과 국태민안을 기원을 목적으로 삼는다. 제례 가운데 정례(正禮)는 매년 하지에 국도(國都)의 북쪽 교외에 있는 넓고 바른 언덕에서 거행하였다. 그림은 청나라 옹정제 시절 하늘에 제를 올리는 장면을 그린 것이다.

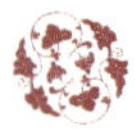

28. 성실하게 농사일에 전념하게 하라

服勤稼檣

청나라 고종高宗 애신각라 홍력弘曆

[원문1]

내지(內地 : 금나라의 발상지로서 '경사京師'라고도 함)의 백성들이 몽고 48부(部)로 가서 농작물을 경작하려는데, 법률을 제정하여 금지시키는 것은 백성들을 괴롭히는 일이다. 지금 우루무치* 여러 곳에서 둔전(屯田)이 시행되어 다른 지역의 백성

---

* 오랫동안 몽골, 투르크계 등 여러 유목민족의 쟁탈지였으나 청나라 고종, 즉 건륭제(乾隆帝)가 평정하였다. 현재는 중국 신장웨이우얼 자치구의 주도(主都)이다.

들이 그곳으로 가서 각기 마을을 이루어 살면서 물이 고인 습지와 잡풀이 우거진 고지대를 개간하여 식량을 생산할 수 있는 지역을 확대하고 있다. 이는 국가를 발전시키고 백성을 다스린다는 가장 기본적인 일에 크게 이로운 일이다. 식견이 없는 이들이 이를 두고 백성을 수고롭게 한다고 의심하여 특별히 알려 가르치고자 한다(『청사고』「본기」'고종').

　　內地民人往蒙古四十八部種植, 設禁之, 是厲民. 今烏魯木齊各處屯政方興, 客民前往, 各成聚落,
　　내지민인왕몽고사십팔부종식, 설금지, 시려민. 금오로목제각처둔정방흥, 객민전왕, 각성취락,

汗萊辟而就食多, 大神國家牧民本圖. 無識者又疑勞民. 特爲宣諭.
오래벽이취식다, 대비국가목민본도. 무식자우의로민. 특위선유.

[해설]

　건륭(乾隆) 25년(1760년) 5월, 청나라 고종이 내린 조령의 일부분이다. 서북 몽고 지역 개발을 위해 백성들이 이주하는 것을 적극 지지하고 있음을 알 수 있다.

　'설금(設禁)'은 금지 법령을 제정하는 것을 말한다. '오래(汗萊)'는 물이 고인 습지와 잡풀이 우거진 고지대를 말한다. '본도(本圖)'는 기본적인 의도의 뜻으로, 국가가 농업 생산을 촉진하여 백성들의 생계를 유지함을 말한다.

[원문2]

　생산되는 식량은 적고 식량을 먹어야 하는 사람은 많으니 필연적으로 더욱더 곤궁해질 수밖에 없다. 각 성(省)의 총독, 순무(巡撫 : 명·청 시대의 지방장관) 및 목민을 책임지는 관리들은 마땅히 백성들을 교화하고 인도하여 소박하고 절검하는 생활을 기풍으로 삼으면서 성실하게 농사일에 전념하고, 물력(物力)을 아끼고 지력(地力)을 최대한 이용하여 함께 태평스러운 복락을 향유토록 하라(『청사고』「본기」'고종').

　　生之者寡, 食之者衆, 勢必益形拮據. 各省督撫及有牧民之責者, 務當勸諭化導, 俾皆儉樸成風, 服
　　생지자과, 식지자중, 세필익형갈거. 각성독무급유목민지책자, 무당권유화도, 비개검박성풍, 복

勤稼穡, 惜物力而盡地利, 共用升平之福.
근가색, 석물력이진지리, 공용승평지복.

[해설]

　건륭 58년(1793년) 11월, 각 성에서 상주한 내용에 따르면 전국의 인구가 3억 7백 4십 6만여 명에 달했다. 이는 강희(康熙) 49년(1710년)에 비해 15배나 증가한 숫자이다. 그래서 위와 같은 고계령(告誡令)을 내린 것이다. 그는 이전 제왕들이 단순히 인구 증가만을 중시한 것과 달리 인구의 증가와 식량 증산의 간격이 점차 벌어지는 것에 대해 우려의 뜻을 표하고 있다. 이는 인구 문제에 대한 명석한 태도라고 할 수 있다.

　'생지자(生之者)'는 생산되는 양식을 말한다. '갈거(拮據)'는 경제 형편이 곤란함, 곤궁함의 뜻이다.

백성을 긍휼히 여기고, 내 자신을 탓하노라

● 제민濟民 ●

중국은 지역이 광활하고 지형이 복잡하여 거의 해마다 자연재해가 발생하였다. 특히 심각한 자연재해가 발생할 경우 백성들은 구사일생의 고난에 직면하는 수밖에 없었다. 목민의 중요성을 인식하고 있는 제왕은 무엇보다 제민濟民, 즉 백성을 구제하는 일에 모든 노력을 기울였다. 제왕들은 부세를 감면하는 방법으로 백성들의 부담을 줄임으로써 난관을 돌파하였으며, 특별한 경우에는 나라의 식량 창고를 개방하여 기아에 시달리는 백성들을 진휼하였다. 백성을 구제하는 일은 인정(仁政 : 어진 정치)의 상징이다. 우리는 제왕들의 어록 속에서 고난에 처한 백성들에 대한 그들의 어진 마음을 읽을 수 있다.

1. 인정을 베푸는 일은 지역이 멀다고 다를 바가 없다

仁不異遠

한나라 무제武帝 유철劉徹

[원문]

인정을 베푸는 일은 지역이 멀다고 하여 다를 바가 없고, 도의를 행하는 일은 힘들다고 하여 물리칠 수 없다. 지금 경성 부근은 풍년이라고 할 수는 없으나 산림과 수택(水澤)의 산물이 풍부하니 응당 백성들과 함께 나누어야 할 것이다. 지금 장마가 강남 지역으로 옮겨 갔는데, 곧 엄동설한이 닥치게 될 것이다. 짐은 남방의 백성들이 기근과 추위로 생활하기 어려움을 걱정하노라. 강남 지역은 화전(火田)과 김매기 농법으로 인해 생산량이 많지 않으니, 촉지(蜀地)의 양식을 강릉으로 내려 보내도록 하고, 지역을 나누어 박사(博士)들 가운데 수장들을 파견하여 곳곳마다 이 사실을 알려 해당 지역의 백성들이 곤란에 빠지지 않도록 하라. 관리와 백성들은 모두 기민(饑民)들이 곤궁에서 빠져나올 수 있도록 도울 것이며, 모든 일을 보고하여 내가 알 수 있도록 하라(『한서漢書』「무제기武帝紀」).

仁不異遠, 義不辭難, 今京師雖未爲豊年, 山林, 池澤之饒與民共之. 今水潦移於江南, 迫隆冬至,
인불이원, 의불사난, 금경사수미위풍년, 산림, 지택지요여민공지. 금수료이어강남, 박륭동지,

朕懼其饑寒不活. 江南之地, 火耕水耨, 方下巴, 蜀之粟致之江陵, 遣博士中等分循行, 諭告所抵, 無
짐구기기한불활. 강남지지, 화경수누, 방하파, 촉지속치지강릉, 견박사중등분순행, 유고소저, 무

令重困. 吏民有振救饑民免其厄者, 具擧以聞.
령중곤. 이민유진구기민면기액자, 구거이문.

[해설]

한나라 무제 원정(元鼎) 2년(기원전 115년), 한나라 왕조는 거듭된 자연재해로 인해 곤경에 빠졌다. 그 해 3월에는 폭우와 폭설이 내렸고, 여름에는 홍수가 났으며, 이로 인해 관동 지역에서 수천 명이 아사하는 일이 생겼다. 가을에는 남방에 장마가 났다. 이제 곧 엄동설한이 닥칠 상황에서 무제는 위의 조서를 내려 관원

과 백성들에게 이재민을 구휼하도록 명하고 있다.

'화경수누(火耕水耨)'는 농사를 짓는 방법의 일종인 화전과 김매기 농법을 말한다.

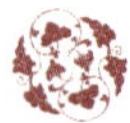

2. 천하의 근본은 농업과 잠업이다

天下以農, 桑爲本

한나라 소제昭帝 유불릉劉弗陵

[원문1]

매년 흉년이 들어 백성들이 먹을 식량이 부족하니 외지에 고용된 이들이 아직도 고향으로 돌아가지 못하고 있다. 지난해에 백성들에게 말(馬)을 공출토록 하였는데, 올해는 집행하지 않도록 하라. 아울러 경성 관부에 공급하는 세금도 절감토록 하라(『한서』「소제기昭帝紀」).

比歲不登, 民匱於食, 流庸未盡還, 往時令民共出馬, 其止勿出. 諸給中都官者, 且減之.
비세불등, 민궤어식, 유용미진환, 왕시령민공출마, 기지물출. 제급중도관자, 차감지.

[해설]

한나라 소제 시원(始元) 4년(기원전 83년) 7월에 내린 조서이다. 소제는 즉위한 후 백성들의 삶이 평안할 수 있는 정책을 지속적으로 펼쳤다. 흉년이 든 해에는 세금을 감면하여 백성들을 구휼하였다. 백성들을 걱정하는 소제의 마음이 그대로 표현되고 있다.

'유용(流庸)'은 외지에서 고용된 사람을 말한다.

천하의 근본은 농업과 잠업이다. 이전에 비용을 절감하고 당장 필요하지 않은 관리를 감원하며, 요역을 줄이니 농사와 양잠에 힘쓰는 이들이 많아졌다. 그러나 백성들은 여전히 생활하기가 어려우니 나는 심히 그들을 걱정하노라. 하여 명하노니 그들의 인구세를 감면토록 하라(『한서』「소제기昭帝紀」).

天下以農, 桑爲本. 日者省用, 罷不急官, 減外徭, 耕, 桑者益衆, 而百姓未能家給, 朕甚愍焉. 其減
천하이농, 상위본. 일자성용, 파불급관, 감외요, 경, 상자익중, 이백성미능가급, 짐심민언. 기감

□賦錢.
구부전.

[해설]

이는 한나라 소제가 원평(元平) 원년(기원전 74년) 봄 2월에 내린 조서이다. 봄철 기근으로 백성들의 양식이 부족하자 소제는 인구세를 감면하도록 지시하였다. 조령이 반포되어 관련 부서에서 10분의 3으로 감세할 것을 주청하자 이를 윤허하였다.

3. 불법 행위는 명백하게 규찰하라

宜明糾非法

한나라 장제章帝 유달劉炟

[원문]

근년에 음양이 조화롭지 못하여 기근이 끊임없이 발생하고 있다. 선제(先帝 : '명제明帝'를 말함)께서 백성을 걱정하신 근본을 깊이 생각하노라. 조서에서 말씀하시기를 "재물을 축내지 말고 백성을 해치지 말라"고 하시었다. 진실로 생각하건대, 백성들이 말업(末業)인 상업을 버리고 근본인 농업으로 돌아가도록 하신

것이로다. 그러나 지금 귀족들과 근친(近親)들의 사치와 방종이 도를 지나쳐 혼사와 장례가 지나치게 사치스럽다. 그럼에도 관련 부서는 법전을 팽개친 채로 아무도 규찰하고 단속하는 이들이 없다. 『춘추』의 「대언미의(大言微意)」에 따르면, 고귀함으로 비천함을 다스린다고 하였다. 이제 삼공(三公)*부터 시작하여 불법 행위를 명백하게 규찰하여 새롭게 국가의 위풍을 떨치도록 하라. 내가 이제 약관의 나이로 농경의 어려움을 아직 알지 못하고 견식이 좁으니 어찌 구석까지 밝게 알 수 있겠느냐! 규정과 제도를 마땅히 시행하여 관리들이 자신의 행위를 규범할 수 있도록 하는 것이니 먼저 경사(京師 : 서울)부터 시작하여 각 지방까지 모두 추진토록 하라(『후한서後漢書』「숙종효장제기肅宗孝章帝紀」).

比年陰陽不調, 饑饉屢臻. 深惟先帝憂人之本, 詔書曰, 不傷財, 不害人, 誠欲元元去末歸本. 而今
비년음양불조, 기근누진. 심유선제우인지본, 조서왈, 불상재, 불해인, 성욕원원거말귀본. 이금

貴戚近親, 奢縱無度, 嫁娶送終, 尤爲僭侈. 有司廢典, 莫肯擧察. 春秋之義, 以貴理賤. 今自三公, 并宜
귀척근친, 사종무도, 가취송종, 우위참치. 유사폐전, 막긍거찰. 춘추지의, 이귀리천. 금자삼공, 병의

明糾非法, 宣振威風. 朕在弱冠, 未知稼穡之艱難, 區區管窺, 豈能照一隅哉! 其科條制度所宜施行,
명규비법, 선진위풍. 짐재약관, 미지가색지간난, 구구관규, 기능조일우재! 기과조제도소의시행,

在事者備爲之禁, 先京師而後諸夏.
재사자비위지금, 선경사이후제하.

[해설]

한나라 장제 건초(建初) 2년(77년) 봄 3월에 반포된 조서이다. 장제는 백성들의 고통을 걱정하는 한편 귀족이나 근친들의 지나친 사치에 대해 관련 부서의 관리 감독을 통해 규제할 것을 주문하고 있다. 이는 귀족, 고관들의 생활을 단속함으로써 일반 백성의 부담을 절감시키겠다는 의도를 반영한 것이다.

'본(本)'은 근본, 즉 농업을 말한다. '관규(管窺)'는 대롱 속으로 사물을 본다는 말로 식견이 좁음을 뜻한다.

---

* 천자를 보좌하던 세 벼슬, 예컨대 행정을 담당하는 승상(丞相), 군사를 담당하는 태위(太尉), 감찰을 담당하는 어사대부(禦史大夫) 같은 최고위 대신을 말한다.

4. 깊이 생각하여 여러 가지 피폐함을 구제하라

深思以救其弊

진晉나라 원제元帝 사마예司馬睿

[원문]

나라가 쇠퇴한데다 재해까지 연이어 발생하니 백성들이 곤궁에 빠지고, 나라의 경비가 부족하여 오군(吳郡)에서 기아로 인해 수백 명이 죽었다. 상천(上天)이 백성을 낳아 기르시고, 그들을 위해 군왕을 세우셨으며, 명철한 대신들을 선발하여 보좌토록 하시었으니 마땅히 깊이 생각하여 여러 가지 피폐함을 구제해야 할 것이다. 예진에 오기(吳起)*는 초나라 도왕(悼王)을 위해 법령을 밝히고, 명령을 자세히 살펴 시급하지 않은 관원을 줄이고, 공족(公族 : 왕족이나 공公들) 가운데 소원(疏遠)한 자들을 폐하며, 장령(將領 : 장수)과 병사들을 더욱 이롭게 하여 부국강병을 이루었다. 지금 나라가 쇠하니 백성들이 또한 이처럼 피폐해졌도다! 당장 시급하게 중요한 일이 아니면 없애고, 군사에 필요한 지출이 아니라면 절감토록 하라(『진서晉書』「제기」 '원제').

天下凋弊, 加以災荒, 百姓困窮, 國用幷匱, 吳郡飢人死者百數. 天生蒸黎而樹之以君, 選建明哲以
천하조폐, 가이재황, 백성곤궁, 국용병궤, 오군기인사자백수. 천생증려이수지이군, 선건명철이

左右之, 當深思以救其弊. 昔吳起爲楚悼王明法審令, 捐不急之官, 除廢公族疏遠, 以附益將士, 而國
좌우지, 당심사이구기폐. 석오기위초도왕명법심령, 연불급지관, 제폐공족소원, 이부익장사, 이국

富兵强. 況今日之弊, 百姓凋困邪! 且當去非急之務, 非軍事所須者皆省之.
부병강. 황금일지폐, 백성조곤사! 차당거비급지무, 비군사소수자개성지.

[해설]

대흥(大興) 2년(319년) 5월, 황재(蝗災 : 메뚜기 떼에 의한 재해)로 인해 기근이 심각한

---

* 춘추전국시대의 병법가로서 『오자』라는 병법서를 남겼다. '오자(吳子)'라 불리기도 했으며, 초나라 도왕의 재상이 되어 법치적 개혁으로 초나라를 부강하게 만들었다.

수준에 이른데다 병란까지 겹치게 되자 진나라 백성들은 극심한 빈궁과 고난에 허덕이게 되었다. 이에 진나라 원제가 내린 조령이다. 군왕의 책무를 절감하면서 나라의 재정 지출을 억제하여 당면한 난관을 돌파함으로써 부국강병을 실현하고자 했던 원제의 갈망이 잘 표현되어 있다.

5. 백성을 긍휼히 여기고 내 자신을 탓하노라

矜物罪己

당나라 고종高宗 이치李治

[원문]

작년에 관보(關輔) 지구에 황명(蝗螟 : 메뚜기 떼를 비롯한 해충)의 피해가 자못 심각하였고, 여러 주(州)에 수재(水災)가 발생하여 백성들 중에 빈한하고 곤란에 처한 이들이 생겨났다. 이는 모두 짐이 부덕한 까닭이니 억만 백성들이 무슨 죄가 있겠는가? 백성을 긍휼히 여기고 내 자신을 탓하노니 심히 두렵기만 하다. 지금 새봄이 돌아와 춘경(春耕)을 시작해야 하는데, 곡식 창고가 비었으니 구휼해야만 할 것이다. 충해(蟲害)와 수재로 인해 빈곤해진 이들에게 정창(正倉)과 의창(義倉)*의 곡식을 풀어 구제토록 하라. 옹주(雍州)와 동주(同州)에 각기 한 사람씩 낭중(郞中)을 파견하여 백성을 위로하며 애도와 연민의 뜻을 다하여 내가 항시 염려하고 있음을 알리도록 하라(『구당서舊唐書』「본기」'고종').

去歲關輔之地, 頗弊蝗螟, 天下諸州, 或遭水旱, 百姓之間, 致有罄乏. 此由朕之不德, 兆庶何辜?
거세관보지지, 파폐황명, 천하제주, 혹조수한, 백성지간, 치유경핍. 차유짐지부덕, 조서하고?

矜物罪己, 載深懷惕. 今獻歲肇春, 東作方始, 糧廩或空, 事資賑給. 其遭蟲水處有貧乏者, 得以正, 義
긍물죄기, 재심우척. 금헌세조춘, 동작방시, 양름혹공, 사자진급. 기조충수처유빈핍자, 득이정, 의

---

* 빈민 구제를 위하여 설치한 창고로서 춘궁기에 농민에게 곡식을 대여하고 추수 후에 갚게 하였다.

倉賑貸. 雍,同二州, 各遣郎中一人充使存問, 務盡哀矜之旨, 副朕乃眷之心.
창진대. 옹, 동이주, 각견낭중일인충사존문, 무진애긍지지, 부짐내권지심.

[해설]

고종이 즉위하고 나서 얼마 지나지 않아 제주(齊州)와 정주(定州) 등 16주에 수재가 발생하였다. 원문은 영휘(永徽) 2년(651년) 정월에 내린 조령이다. 나라의 창고를 열어 환란에 처한 백성들을 구휼하는 등 민생을 중시하는 고종의 생각이 잘 반영되어 있다.

'관보(關輔)'는 관중(關中)과 삼보(三輔) 지역을 말한다. 『한서』에 따르면 "오른쪽에 부풍, 왼쪽에 풍상, 그리고 경조윤이 삼보이다." '경핍(罄乏)'은 재정이 고갈되어 부족함을 뜻한다. '우척(憂惕)'은 우려하고 경계함이다.

6. 모든 이들이 각기 노력하여 충효를 다하라

各勉忠孝

당나라 헌종憲宗 이순李純

[원문]

임금이 백성을 다스리는 데 자식과 같이 사랑하고, 상처를 입은 것처럼 돌보아야 한다. 만약 날씨가 불순하여 작황이 좋지 않으면 번잡한 일을 제거하여 간단하게 하고, 노동력을 아낌으로써 편리를 도모하여 백성의 생업을 촉진시켜야 한다. 게다가 경기(京畿) 인근에 여러 가지 노역이 집중된 곳에 여러 차례 조령을 반포하여 구휼의 뜻을 밝혔으나 여전히 부여되는 제도가 너무 많다. 게다가 여름에 가뭄이 들고, 가을로 접어들면서 장마가 들어 논밭에 파종했던 수고가 어그러지고 말았으니 오곡이 풍성해질 희망은 사라지고 말았다. 안으로는 식량이 부족하고, 밖으로는 여러 가지 요역에 얽매이니 어찌 운송(運送)을 걱정할 때이겠느냐. 백성이 아사(餓死)의 우환을 걱정하지 않을 수 없다. 이는 치리(治理)의 통로가 막히고, 조화로운 기운이 소통되지 않기 때문이니 이에 대해 말하게 되면 항시 탄식하지 않을 수 없도다.

경조부(京兆府)에서 매년 분배하여 염가로 판매하는 25만 석의 양식은 마땅히 면제해야 한다. 백성들 가운데 곡식으로 절납(折納 : 조세 제도의 하나로서 '대납代納'을 뜻함)을 원하는 자가 있다면 시가(市價)보다 우대하도록 하라. 금년 봄에 대출한 의창의 곡식은 흉년이 들었기 때문에 다음에 풍년이 들면 다시 납부토록 허가하라. 특히 5년 이전에 여러 가지 갚지 않은 조부(租賦 : 조세)는 일률적으로 면제토록 하라. 백관(百官)의 직전(職田 : 관리에게 분급하거나 직무 수행과 관련된 토지)은 수량이 많은데, 금년에 홍수가 발생하여 도처에서 도로가 불통하니 현지에 납부하여 쌓아놓고 도지사(度支使 : 재정 수지를 담당하는 관직)가 나누어 사용하고, 백관들은 액수에 따라 태창(太倉 : 관원의 녹봉을 맡아 보던 관아)에서 수령토록 하라. 수해와 가뭄이 든 지역은 손실을 집계하여 액수만큼 빼버리고 검사해서는 안 된다.

다스림의 근본은 백성을 안정시키는 것에 있다. 경성의 부현(府縣)을 맡고 있는 너희 신료들은 백성들과 가까이하고, 풍속을 두텁게 하는 일을 맡아 필히 백성의 질고(疾苦)를 묻고, 나의 조령(詔令)을 받들어 충심으로 민생을 걱정하고 직무에 나태함이 없어야 한다. 또한 사사로운 이익을 도모하기 위해 아래 백성들을 수탈하거나 약한 자들을 업신여기거나 강한 자들을 두려워하는 일이 없도록 하고, 향촌이나 작은 동네의 모든 이들이 평안하고, 고아나 과부들이 구제되도록 해야 할 것이다. 모든 이들이 각기 노력하여 충효를 다하여 짐의 심회(心懷)를 알도록 하라(『구당서』 「본기」 '헌종').

王者之牧黎元也, 愛之如子, 視之如傷. 苟或風雨不時, 稼穡不稔, 則必除煩就簡, 惜力重勞, 以圖便安,
왕자지목여원야, 애지여자, 시지여상. 구혹풍우불시, 가색불임, 칙필제번취간, 석력중로, 이도편안,

以阜生業. 況邦畿之內, 百役所業, 雖勤恤之令亟行, 而供億之制猶廣. 重以經夏炎暵, 自秋霖澍, 南畝
이부생업. 황방기지내, 백역소업, 수근휼지령극행, 이공억지제유광. 중이경하염한, 자추림주, 남무

虧播植之功, 西成失豊登之望. 內管口食, 外牽王徭, 豈惟轉輸之虞, 慮有餒莩之患. 斯蓋理道猶鬱,
우파식지공, 서성실풍등지망. 내관구식, 외견왕요, 개유전수지우, 여유뇌표지환. 사개리도유울,

和氣未通, 永言於玆, 良所咎嘆. 京兆府每年所配折糶粟二十五萬石宜放. 於百姓有粟情願折納者,
화기미통, 영언어자, 양소구탄. 경조부매년소배절조속이십오만석의방. 어백성유속정원절납자,

時估外特加優饒. 今春所貸義倉粟, 方屬歲飢, 容至豊熟歲送納. 元和五年已前諸色逋租幷放. 百官
시고외특가우요. 금춘소대의창속, 방속세기, 용지풍숙세송납. 원화오년이전제색조병방. 백관

職田, 其數甚廣, 今緣水潦, 諸處道路不通, 宜令所在貯納, 度支支用, 令百官據數於太倉請受. 遭水
직전, 기수심광, 금연수료, 제처도로불통, 의령소재저납, 도지지용, 영백관거수어태창청수. 조수

旱處, 通計所損, 便與除破, 不得檢覆. 爲理之本, 在乎安人. 咨爾尹京宰邑之臣, 實爲親人阜俗之寄,
한처, 통계소손, 편여제파, 부득검복. 위리지본, 재호안인. 자이윤경재읍지신, 실위친인부속지기,

必當詢其疾苦, 奉我詔條, 恤隱爲心, 無怠於事, 罔或徇利以剝下, 吐剛而茹柔, 使閭井鹹安, 煢嫠獲濟.
필당순기질고, 봉아조조, 휼은위심, 무태어사, 망혹순리이박하, 토강이여유, 사려정함안, 경리획제.

各勉忠孝, 宜悉朕懷.
각면충효, 의실짐회.

[해설]

    당나라 헌종이 원화(元和) 6년(811년) 겨울 10월에 내린 조령이다. 재난을 입은 백성들에게 기존의 절반 가격으로 구휼미를 보급하고, 요역을 감면하는 등의 구제 조치에 대해 말하고 있다. 민생을 우려하는 그의 사상이 잘 드러나 있다.

    '공억(供億)'은 공급, 제공의 뜻이다. '한(暵)'은 햇볕에 쬐어 말린다는 뜻인데, 여기서는 한발(旱魃 : 가뭄)을 의미한다. '남무(南畝)'는 논밭을 말하고, '서성(西成)'은 가을에 곡식이 익어 수확할 때가 되었음을 말한다. '절납(折納)'은 현물세에서 다른 물건으로 대납하는 것을 말한다. '도지사(度支使)'는 당나라 후기에 국가의 재정 수지(收支)를 담당하는 중요 관직 이름이다. '휼은(恤隱)'은 백성의 질고를 걱정하고 근심함이다. '경리(煢嫠)'는 형제나 남편이 없어 의지할 곳이 없는 사람이다.

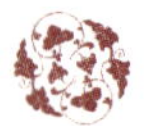

7. 짐은 장차 스스로를 불태우리라

朕將自焚

송나라 태종太宗 조경趙炅

[원문1]

짐은 장차 스스로 불태워 상천의 견책에 답하고자 하노라(『송사』「본기」'태종').

朕將自焚, 以答天譴.
짐장자분, 이답천견.

[해설]

순화(淳化) 2년(991년) 윤2월, 가뭄이 심하여 기우제를 올렸으나 아무런 효험이 없었다. 이후 강물이 범람하여 변하(汴河 : 황하黃河강과 회수淮水강을 연결한 운하)의 제방이 터졌으며, 견성현(鄄城縣)에서는 황해(蝗害)가 일어났다. 이에 송나라 태종은 재상인 여몽정(呂蒙正) 등에게 이런 말을 했다. 하늘의 징벌을 받더라도 백성들의 고통을 대신하겠다는 그의 의지가 잘 나타나 있다. 기록에 따르면, 이런 말을 한 그 다음날 단비가 내리고 해충이 모두 죽었다고 한다.

[원문2]

수해로 익사한 이들은 정부에서 장례 용구를 공급하고, 단주(澶州)에 사는 모든 이들에게 각기 철전(鐵錢) 천 냥, 부주(澝州)의 경우는 삼천 냥씩 주도록 하라, 아울러 나라의 식량 창고를 열어 그들을 구제하는 데 사용토록 하라(『송사』「본기」'태종').

溺死者給殮具, 澶人千錢, 澝人鐵錢三千, 乃發廩以振.
익사자급렴구, 단인천전, 부인철전삼천, 내발름이진.

순화(淳化) 4년(993년) 7월부터 9월까지 연일 큰 비가 내려 하천이 범람하고, 단주와 부주 일대가 침수되어 큰 피해를 입었다. 이에 태종은 조령을 내려 곤궁에 빠진 이재민들에게 돈을 주어 구제토록 하였다.

8. 황하의 제방이 터져 백성들의 논밭이 침수되었으니 진휼하라

河決害民田

송나라 신종神宗 조욱趙頊

[원문]

황하의 제방이 터져 백성들의 논밭이 침수되었으니 현지 주현(州縣)에서 시급히 물을 빼고, 백성들의 연세(捐稅 : 세금)를 면제하며, 노약자나 병자들을 진휼토록 하라(『송사』「본기」‘신종’).

河決害民田, 所屬州縣疏瀹, 仍蠲其稅, 老幼疾病者振之.
하결해민전, 소속주현소약, 잉견기세, 노유질병자진지.

[해설]

희녕(熙寧) 10년(1077년) 7월 병자일, 단주 조촌소(曹村埽) 일대에서 황하의 제방이 터졌다. 9월 경술일에 신종이 조령을 반포하여 백성들에게 조세를 면제하고, 병자들을 치료하며, 노약자를 구휼토록 하였다. 재난에 대한 신종의 적극적인 조치를 엿볼 수 있다.

‘소약(疏瀹)’은 소통, 소준(疏浚)의 뜻으로서 물길을 잡아 물을 빼는 것을 말한다. ‘견(蠲)’은 제거한다는 뜻이나 여기서는 면제한다는 뜻으로 풀이하였다.

9. 나의 과실을 자책하며 반성하노라

責躬思過

송나라 철종哲宗 조후趙煦

[원문]

겨울과 여름에 한발이 들어 해내(海內)의 광범위한 지역에 재해가 발생하였다. 나는 정전(正殿)을 피하고 반찬을 줄이면서 자책하고, 나의 과실을 반성하여 재해를 없애고 정상으로 회복되기를 도모하고 있도다(『송사』「본기」'철종').

冬夏旱暵, 海內被災者廣, 避殿減膳, 責躬思過, 以圖消復.
동하한한, 해내피재자광, 피전감선, 책궁사과, 이도소복.

[해설]

송나라 철종 원우(元祐) 2년(1087년) 4월에 내린 조령이다. 전국적으로 겨울과 여름에 한발 등 재해가 발생하자 철종은 스스로 반성하면서 재해를 극복하기 위해 최선을 다하였다. 국사에 대한 근심과 걱정이 잘 표현되어 있다.

10. 서민을 구휼하여 다시 부흥할 수 있도록 하라

庶底興復

송나라 이종理宗 조윤趙昀

[원문1]

하남에 새롭게 복구된 군현은 오랫동안 파종을 하지 않았기 때문에 백성들이 심히 식량 부족으로 어려워하고 있다. 강(江 : 강소), 회(淮 : 회안)의 제사(制司)들은 쌀과 보리 1백만 섬을 조달하여 귀부(歸附)한 군민들을 구제토록 하고, 개봉, 응천, 하남 삼경(三京)에 방을 붙여 고하도록 하라(『송사』「본기」'이종理宗').

河南新復郡縣, 久廢播種, 民甚艱食, 江, 淮制司其發米麥百萬石往濟歸附軍民, 仍榜諭開封, 應天,
하남신부군현, 구폐파종, 민심간식, 강, 회제사기발미맥백만석왕제귀부군민, 잉방유개봉, 응천,

河南三京.
하남삼경.

[해설]

송나라 이종이 서평(瑞平) 원년(1234년) 8월에 내린 조령이다. 그는 식량을 조달하여 새로 수복된 군현의 군민들에게 배급토록 하였다. 이는 새롭게 수복된 지역의 군민에 대해 지대한 관심을 표명하면서 인심을 얻어 이후에도 더욱 많은 군민이 귀부하기를 바라는 이종의 마음을 잘 표현하고 있다.

[원문2]

근자에 촉도(蜀道)가 점차 안정을 되찾고 있으나 전쟁의 여파로 여전히 상처가 아물지 않고 있다. 백성들이 고향을 잃고 떠돌며 가족들이 뿔뿔이 흩어져 있으니 무엇에 의지하여 생계를 유지하랴. 바라건대 순무대신을 비롯하여 주군(州郡)의 수령들은 백성들의 요역을 경감하고 부세를 감면하여 오로지 한 마음으로 그들을 위로하고 군민을 구휼하여 다시 부흥할 수 있도록 하라. 전화(戰火 : 전쟁)를 입은 백성들이 성안으로 이주할 경우 살아갈 방법이 없으니 삼성(三省)의 관리들은 아래 각 주에 명을 내려 재물과 식량으로 그들을 구휼토록 하라(『송사』「본기」'이종').

比者蜀道稍寧, 然幹戈之餘, 瘡痍未復, 流離蕩析, 生聚何資. 咨爾旬宣之寄, 牧守之臣, 輕徭薄賦,
비자촉도초녕, 연간과지여, 창이미부, 유리탕석, 생취하자. 자이순선지기, 목수지신, 경요박부,

一意撫摩, 恤軍勞民, 庶底興復. 其被兵百姓, 遷入城郭, 無以自存者, 三省下各郡以財粟振之.
일의무마, 휼군로민, 서저흥부. 기피병백성, 천입성곽, 무이자존자, 삼성하각군이재속진지.

악부(樂部) - 음악 관련 업무를 관장하는 관서	
삼대(三代)	대사악중대부(大司樂中大夫)
한(漢)	협률도위(協律都尉)
진(晋)	협률중랑장(協律中郎將)
북위(北魏)	협률중랑(協律中郎)
후주(後周)	대사악중대부(大司樂中大夫)
송(宋)	대사악전악(大司樂典樂)
청(靑)	총리악부대신(總理樂部大臣)

이번원(理藩院) - 청나라 때 몽골, 회족, 장족 등 소수민족의 사무를 관리하던 관서	
진(秦)	전객(典客)
한(漢)	전객, 대홍려(大鴻臚)
삼국(魏)	대홍려
진(晋)	대홍려
북제(北齊)	홍려시경(鴻臚寺卿)
수(隋)	홍려시경
당(唐)	홍려시경, 동문시경(同文寺卿), 사빈시경(司賓寺卿)
요(遼)	북대왕원지원사(北大王院知院事), 남대왕원지원사(南大王院知院事)
원(元)	선정원사(宣政院史)

도찰원(都察院) - 명, 청대 최고 감찰 기관	
진(秦)	어사대부(御史大夫)
한(漢)	어사대부, 어사중승(御史中丞)
삼국(촉蜀)	어사중승
진(晋)	어사중승
북제(北齊)	어사중승
수(隋)	어사대부
당(唐)	어사대부, 대사헌(大司憲)
송(宋)	어사중승
원(元)	어사대부
명(明)	좌우어사대부(左右御史大夫), 좌우중승, 감찰도어사(監察都御史), 좌우도어사
청(靑)	좌우도어사(左右都御史)

통정사사(通政使司) - 명나라 때 장주(章奏) 및 신민들의 상소를 관장하는 관서	
삼대(周)	태복하대부(太僕下大夫)
진(秦)	공거사마령(公車司馬令)
한(漢)	공거사마령
진(晋)	공거령(公車令)
수(隋)	알자대대부(謁者臺大夫)
당(唐)	지사방관사통사사인(知四方館社通事舍人), 판사방관사(判四方館事)
오대(五代)	지사방관사, 지궤사(知匭使)
송(宋)	지통진은대사(知通進銀臺司), 판등문검원(判登聞檢院)
원(元)	판등문고원(判登聞鼓院)
명(明)	통정사사통정사(通政使司通政使)
청(靑)	통정사사통정사

한림원(翰林院) - 국사 편찬, 축문, 책보문(册寶文 : 책립, 책봉), 책고문(册誥文) 등을 기초하는 관서	
삼대(周)	내사중대부(內史中大夫)
삼국	촉-동관령(東觀令), 위-숭문관좨주(崇文館祭酒), 오-동관령
진(晋)	대저작(大著作)
당(唐)	한림학사승지(翰林學士丞旨), 한림학사
송(宋)	한림학사승지, 한림학사
원(元)	한림국사원승지(翰林國史院丞旨), 한림국사원학사(翰林國史院學士)
명(明)	한림원학사
청(靑)	한림원장원학사(翰林院掌院學士)

첨사부(詹事府) - 동궁(東宮) 업무를 관리하는 관서	
진(秦)	첨사(詹事)
한(漢)	첨사
진(晋)	첨사
육조(六朝)	첨사
수(隋)	첨사
당(唐)	첨사

첨사부(詹事府) - 동궁(東宮) 업무를 관리하는 관서	
오대(五代)	첨사
송(宋)	첨사
요(遼), 금(金)	첨사
원(元)	저정원원사(儲政院院使), 좌첨사(左詹事), 우첨사(右詹事)
명(明)	첨사
청(靑)	첨사부첨사(詹事府詹事)

국자감(國子監) - 중앙의 관학기관으로 고대 최고의 학부	
삼대(周)	사씨중대부(師氏下大夫)
한(漢)	박사복야(博士僕射), 박사육경제주(博士六經祭酒)
진(晋)	국자제주(國子祭酒)
수(隋)	국자감제주(國子監祭酒)
당(唐)	국자감제주, 사성관대사성(司成館大司成)
송(宋)	국자감제주
원(元)	몽고국자감제주(蒙古國子監祭酒), 국자감제주
명(明)	국자감제주

흠천감(欽天監) - 천문, 기상, 역법 등을 관장하는 관서	
삼대(周)	하-희씨화씨태사령(羲氏和氏太史令), 은-태사령, 주-태사하대부(太史下大夫)
진(秦)	태사령
한(漢)	태사령
후한(後漢)	태사령
삼국	태사령
진(晋)	태사령
육조(六朝)	태사령
수(隋)	태사령, 태사감(太史監)
당(唐)	사천대감(司天臺監)
송(宋)	태사령

흠천감(欽天監) - 천문, 기상, 역법 등을 관장하는 관서	
원(元)	태사령, 태사원사(太史院使)
명(明)	흠천감감정(欽天監監正)
청(靑)	흠천감감정

태의원(太醫院) - 의료에 관한 정령을 관장하고, 궁중의 의료를 담당하는 관서	
삼대(三代)	의사상사(醫師上士)
진(秦)	태의령(太醫令)
한(漢)	태의령, 태의감(太醫監)
진(晋)	태의령
수(隋)	태의령, 상약봉어(尙藥奉御)
당(唐)	상약봉어, 태의서령(太醫署令)
송(宋)	의관원사(醫官院使)
원(元)	제점태의원(提點太醫院)
명(明)	태의원원사(太醫院院使)
청(靑)	태의원원사

난의위(● 儀衛) - 황제의 보위를 담당하는 의장대(儀仗隊)를 관장하는 관서	
삼대(周)	건거하대부(巾車下大夫)
진(秦)	태복(太僕)
한(漢)	봉거도위(奉車都尉)
진(晋)	태복
북제(北齊)	봉거도위
수(隋)	봉거도위
당(唐)	봉거도위, 위위경(衛源卿), 태복경(太僕卿)
오대(五代)	의란사(儀鑾司)
송(宋)	육군의장사(六軍儀仗司)
원(元)	공위직도지휘사(拱衛直都指揮使)
명(明)	금의위사(錦衣衛使)
청(靑)	난의사(鑾儀使)

송나라 이종이 개경(開慶) 원년(1259년) 10월에 내린 조령이다. 특별히 촉지(蜀地)의 백성들이 전란(몽골의 침입)을 겪은 후 생활이 곤궁해짐을 염려하여 구휼할 것을 지시하고 있다. 전쟁으로 고통 받은 백성들을 위로하는 그의 마음이 잘 표현되어 있다.

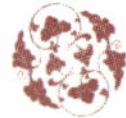

11. 속히 창고를 열어 비축된 식량으로 구휼토록 하라

速發倉儲振之

명나라 성조成祖 주체朱棣

[원문]

근래에 섬서(陝西)에 속한 지역에 여러 해에 걸쳐 흉년이 들어 백성들이 떠돌아다니며 아사(餓死) 지경에 이르렀음에도 관리들은 이를 좌시할 뿐 구휼하지 않았으며, 상주하여 내가 알 수 있도록 하지 않았으니 이는 누구의 잘못이냐? 속히 창고를 열어 비축된 식량으로 그들을 구휼토록 하라(『명사』 「본기」 '성조成祖').

比聞所屬歲屢不登, 致民流莩, 有司坐視不恤, 又不以聞, 其咎安在. 其速發倉儲振之.
비문소속세루불등, 치민류부, 유사좌시불휼, 우불이문, 기구안재. 기속발창저진지.

[해설]

영락(永樂) 16년(1418년) 7월, 명나라 성조가 섬서의 관원들을 책망하는 조령이다. 섬서 등지의 관원들이 백성들이 재난을 당하고 있음에도 방관하는 태도를 보이는 것에 대해 책망하고 있다. 백성들의 생계를 걱정할뿐더러 구체적으로 나라의 창고를 열어 비축된 식량으로 백성들을 진휼하는 실질적인 조치를 취하는 모습에서 군주의 제민(濟民) 사상을 엿볼 수 있다.

12. 백성들의 생계유지 방도를 염려하다

念切民依

청나라 성조聖祖 애신각라 현엽玄燁

[원문]

짐은 밤낮으로 치국의 방안을 강구하면서 백성들의 생계유지 방도를 염려하고 있도다. 근자에 수해와 한발이 빈번히 발생하고, 탐관오리의 수탈까지 더하여 백성들의 노동력을 침탈하니 심히 염려하고 근심하고 있도다. 부(部), 원(院), 과(科), 도(道)의 대신들은 백성들의 질고를 잘 인식하여 어떻게 하면 백성들에게 도움이 될 것인지 각자 견해를 밝혀 내가 알 수 있도록 하라(『청사고』「본기」'성조').

朕夙夜求治, 念切民依. 邇年水旱頻仍, 盜賊未息, 兼以貪吏朘削, 民力益占, 朕甚憫焉. 部院科道諸臣,
짐숙야구치, 염절민의. 이년수한빈잉, 도적미식, 겸이탐리전삭, 민력익점, 짐심민언. 부원과도제신,

其以民間疾苦, 作何裨益, 各抒所見以聞.
기이민간질고, 작하비익, 각서소견이문.

[해설]

청나라 성조가 강희(康熙) 8년(1669년) 6월에 대신들에게 한 말이다. 재해가 빈번하게 발생하여 백성들의 피해가 속출하는 상황에 대해 우려를 표시하는 한편, 대신들에게 해결 방법을 제시하도록 요구하고 있다.

'전삭(朘削)'은 상처를 입힌다는 뜻이다. '과도(科道)'는 과와 도의 아문(衙門 : 관아)을 말한다.

13. 즉시 진심으로 사죄하다

諄懇謝罪

청나라 고종高宗 애신각라 홍력弘曆

[원문]

올봄 이래로 비가 거의 내리지 않았다. 황태후(皇太后 : 측천무후)께서 오랜 가뭄으로 인해 근심하시는 기색이 역력하다. 오늘 침궁에서 원내(園內)에 있는 용신묘(龍神廟)로 걸어가서 경건한 마음으로 비를 내려주실 것을 기원하였다. 나는 진실로 두렵고 당황하여 즉시 황태후께 가서 문안을 올리고 진심으로 사죄하였다. 특별히 내외 대신들에게 이러한 사실을 알리노라(『청사고』「본기」'고종').

一春以來, 雨澤稀少. 皇太后以天時久旱, 憂形於色, 今日從寢宮步行至園內龍神廟虔禱. 朕惶恐戰慄,
일춘이래, 우택희소. 황태후이천시구한, 우형어색, 금일종침궁보행지원내룡신묘건도. 짐황공전률,

卽刻前往請安, 諄懇謝罪, 特諭內外臣工知之.
즉각전왕청안, 순간사죄, 특유내외신공지지.

[해설]

건륭(乾隆) 9년(1744년) 4월, 청나라 고종은 산동 덕평(德平) 등 가뭄이 심한 8개 주현(州縣)의 백성들을 진휼토록 하였다. 위의 조령은 동월 기묘(己卯)일에 내린 것이다. 그는 황태후의 걱정스러운 마음을 빗대어 재난에 처한 백성들에 대한 관심과 애정을 표함과 동시에 적극적인 구휼 조치를 취하도록 했다.

맹자는 일찍이 이렇게 말했다. "백성이 가장 귀하고, 사직이 그 다음이며, 임금은 가볍다(民爲上민위상, 社稷次사직차, 君爲輕군위경)." 전통적인 유가 학설은 백성을 앞에 두고 차례대로 국가와 군왕을 배열하였으며, 특히 군왕에게 엄격한 책임의식을 요구하였다. 군주는 백성과 국가의 이익을 우선하고, 자신은 그 다음에 생각하라는 것이다. 역사적으로 수많은 제왕들이 군주가 맡은 직책의 중요성과 책임성을 인식하고 있었으며, 나라를 통치하느라 전전긍긍하며 놀라고 두려운 마음으로 임했다. 그러나 자신만이 뛰어나고 훌륭하다고 여겨 득의양양, 기고만장한 경우도 있었다. 결국 가장 공정한 평가는 역사에 의해 내려진다.

1. 왕위를 신중히 하소서

愼乃在位

하나라 우禹

[원문]

아, 임금이시여! 왕위를 신중히 하시고, 거동을 편안하게 하시며, 보좌하는 신하에게 덕행이 있으니 천하가 임금의 뜻에 크게 순응할 것입니다. 밝은 덕행으로 상제(上帝)의 명을 기다리시니 하늘이 거듭 복을 내리실 것입니다(『사기』「하 본기夏本紀」).

於, 帝! 愼乃在位, 安爾止. 輔德, 天下大應. 淸意以昭待上帝命, 天其重命用休.
어, 제! 신내재위, 안이지. 보덕, 천하대응. 청의이소대상제명, 천기중명용휴.

[해설]

대우(大禹 : 우禹 임금을 높여 부름)가 순임금에게 한 말이다. 그는 순임금이 제왕으로서 근신하며 온화하고 편안하게 거동하고, 덕행을 지닌 이를 선발하여 보좌토록 해야만 현명한 제왕이 될 수 있다고 하였다.

2. 선왕들의 말씀을 따르는 데 힘써야 한다
先王言不可不勉

상나라 탕왕湯王

[원문1]

내가 전에 말했듯이 맑은 물을 바라보면 자신의 모습을 볼 수 있는 것처럼 백성들을 살펴보면, 그 나라가 제대로 다스려지는지 아닌지를 알 수 있다(『사기』「은 본기殷本紀」).

予有言, 人視水見形, 視民知治不.
여유언, 인시수견형, 시민지치불.

[해설]

탕왕(湯王)이 갈백(葛伯 : 갈葛나라의 군주)을 토벌할 당시에 한 말이다. 성탕(成湯 : 탕왕)은 맑은 물에 자신을 비추어 보는 것을 예로 들면서 백성들의 삶을 제대로 살펴야 정치의 득실을 제대로 파악할 수 있음을 강조했다.

[원문2]

옛날 하우(夏禹 : 하나라 우임금)와 고요(皐陶)*는 오랫동안 밖에서 일하며 백성에게 많은 공을 세워서 백성들이 편안하게 살 수 있었다. 이들은 동쪽 장강, 북쪽 제수(濟水), 서쪽 황하, 남쪽 회수(淮水) 등 사독(四瀆 : 4대 강)을 잘 흐르도록 다스려 만민이 이곳에서 살 수 있게 되었다. 또한 후직(後稷)**이 파종하는 법을 전해 주어 농민들이 백곡을 경작하게 되었다. 이들 삼공은 모두 백성을 위한 일에 공로

---

* 중국 고대의 전설상의 인물. 순(舜)임금의 신하로, 구관(九官)의 한 사람이다. 법을 세우고 형벌을 제정하였으며, 옥(獄)을 만들었다고 한다.

** 전설상의 인물로 성은 '희(姬)', 이름은 '기(棄)'로서 주나라 희씨의 조상이며, 농경신이기도 하다.

를 세웠기에 그들의 후대가 모두 나라를 얻을 수 있었던 것이다. 옛날 치우(蚩尤)[*]
와 그의 대부(大夫 : 고대 중국의 상류 계급)가 난을 일으켰으나 하늘이 그들을 돕지
않았던 선례가 있다. 선왕들의 말씀을 따르는 데 힘써야만 한다(『사기』「은 본기」).

古禹, 皐陶久勞於外, 其有功乎民, 民乃有安. 東爲江, 北爲濟, 西爲河, 南爲淮, 四瀆已修, 萬民乃有居.
고우, 고도구로우외, 기유공호민, 민내유안. 동위강, 북위제, 서위하, 남위회, 사독이수, 만민내유거.

後稷降播, 農殖百穀. 三公鹹有功於民, 故後有立. 昔蚩尤與其大夫作亂百姓, 帝乃弗予, 有狀. 先王
후직강파, 농식백곡. 삼공함유공우민, 고후유립. 석치우여기대부작란백성, 제내불여, 유상. 선왕

言不可不勉.
언불가불면.

[해설]

성탕이 쓴 「탕고(湯誥)」에 나오는 말이다. 그는 하우(夏禹)와 고요(皐陶)가 백성
을 위해 힘들게 애쓴 일을 열거하면서 여러 사람들에게 선왕을 배우고, 선왕의
말씀을 따라 행해야 한다고 하였다.

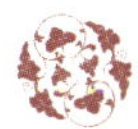

3. 들판에 붙은 불처럼 걷잡을 수 없다

若火之燎於原

상나라 반경盤庚

[원문]

만약 불이 들판에서 타오르면 가까이 다가갈 수조차 없는데, 오히려 두드려
끌 수 있다는 것인가? (『상서尙書』「반경盤庚 상上」)

若火之燎於原, 不可向邇, 其猶可撲滅.
약화지료우원, 불가향이, 기유가박멸.

중국의 고대 신화에 등장하는 인물로서 황제(皇帝)와 전쟁을 벌였다고 전해진다.

반경*이 천도를 준비할 당시 이를 반대하는 이들이 유언비어를 퍼뜨리자 이에 대해 경고한 말이다. 유언비어는 마치 들판에 붙은 불처럼 걷잡을 수 없다고 하면서 심각한 결과에 대해 경고하는 말이다.

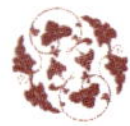

4. 군왕이 된 것은 천명이 있었기 때문이 아니겠는가?

不有命在天呼

상나라 주왕紂王

[원문]

아, 내가 태어나 군왕이 된 것은 천명이 있었기 때문이 아닌가? (『사기』 「은 본기」)

嗚呼, 我生不有命在天呼?
오호, 아생불유명재천호?

[해설]

주나라 문왕이 상나라의 속국인 여국(黎國)을 평정하자 주왕(紂王)의 신하인 조이(祖伊)가 두려운 생각이 들어 주왕에게 달려가 고하였다. 이때 주왕이 대답한 말이다. 주왕은 자신의 잘못을 제대로 인식하지 못한 채 모든 것을 천명에 맡기고 있다.

---

* 반경은 상나라 20대(19대로 나오는 곳도 있음) 군주로서 태어날 때 이름은 자순(子旬)이다. 상나라의 도읍을 은 허로 옮기려 할 때의 일이다.

5. 임금은 백성의 부모이다

元后作民父母

주나라 무왕武王 희발姬發

[원문1]

천지는 만물의 부모이고, 사람은 만물의 영장이니 진실로 총명한 자가 원후(元后 : 임금)가 되고, 원후가 백성의 부모가 된다(『상서』「태서泰誓 상上」).

惟天地萬物父母, 惟人萬物之靈, 亶聰明, 作元后, 元后作民父母.
유천지만물부모, 유인만물지령, 단총명, 작원후, 원후작민부모.

[해설]

「태서(泰誓)」는 무왕이 주왕을 칠 때 군사들에게 연설한 내용을 기록한 것이다. '단(亶)'은 진실함, 확실함의 뜻이다. '원후(元后)'는 큰 임금, 훌륭한 임금의 뜻이다.

[원문2]

하늘이 아래 백성을 도우시어 임금을 만들고 스승을 만드신 것은 오직 상제(上帝)를 잘 도와서 사방을 사랑하고 평안하게 하도록 한 것이니, 죄 있는 자를 처벌하는 것과 죄 없는 자를 도와주는 일에서 내가 어찌 그 뜻을 어기겠는가? (『상서』「태서 상」)

天佑下民, 作之君, 作之師. 惟其克相上帝, 寵綏四方. 有罪無罪, 予曷敢有越厥志?
천우하민, 작지군, 작지사. 유기극상상제, 총수사방. 유죄무죄, 여갈감유월궐지?

[해설]

무왕이 맹진(孟津)에서 했던 맹세 가운데 일부로서, 자신이 주왕을 정벌하는 것은 죄를 진 자를 처벌하고, 죄 없는 자를 도와주는 하늘의 일을 대행하는 것임을 천명하고 있다.

'월(越)'은 어기다, 월권하다의 뜻이다.

[원문3]

오직 하늘이 백성을 사랑하시니 임금은 하늘의 뜻을 받들어야 한다(『상서』「태서泰誓 중中」).

惟天惠民, 惟辟奉天.
유천혜민, 유벽봉천.

[해설]

주나라 무왕이 맹진을 건너 황하 북쪽에 주둔하면서 맹세한 말이다. 그는 천명을 빌어 상나라의 마지막 왕인 주(紂)를 토벌하는 명분으로 삼고 있다.

'벽(辟)'은 임금을 의미한다.

6. 상제에게 명을 받아 천하를 단정하게 할 수 있었도다

用端命於上帝

주나라 강왕康王 희교姬釗

[원문]

후복(侯服), 전복(甸服), 남복(男服), 위복(衛服) 등 제후들이여. 이 사람 희교가 그대들에게 답하겠노라. 옛날 임금이셨던 문왕, 무왕께서 처사에 공평하시고 넉넉하시어 허물을 벌하는 데 힘쓰지 않으시고, 지극히 정돈되고 미더운 사회를 만드시어 천하를 밝게 만드셨도다. 그리하여 용맹하기가 곰과 같은 무사들과 두 마음을 먹지 않는 대신들이 함께 주나라 천하를 보호하니, 이로써 우리는 상제에게 명을 받아 천하를 단정하게 할 수 있었도다(『상서』「강왕지고康王之誥」).

庶邦侯, 甸, 男, 衛! 惟予一人釗報誥. 昔君文武, 丕平富, 不務咎, 底至齊信, 用昭明於天下. 則亦
서방후, 전, 남, 위! 유여일인쇠보고. 석군문무, 비평부, 불무구, 지지제신, 용소명우천하. 즉역

有能羆之士, 不二心之臣, 保乂王家, 用端命於上帝.
유능비지사, 불이심지신, 보예왕가, 용단명우상제.

[해설]

주나라 강왕이 즉위한 후에 한 말이다. 그는 여러 군신들 앞에서 주나라 무왕의 훌륭한 점을 열거하면서, 이를 통해 주나라가 안정된 궤도에 진입하였음을 언급하였다.

'후전남위(侯甸男衛)'는 후복, 전복, 남복, 위복 등 네 지역의 제후를 말한다. '비평(丕平)'은 지극히 공정함이다. '능비(能羆)'는 '웅비(熊羆)', 즉 큰 곰을 말한다.

7. 천승千乘의 군대를 조직하여 나의 칭호에 걸맞게 하려 한다

吾欲造千乘之駕

진秦나라 시황始皇 영정嬴政

[원문1]

내가 전에 천하의 쓸모없는 책들을 거두어 모두 불태우게 하고, 문학에 종사하는 선비들과 방술사(方術士)들을 모두 불러 모아 태평성세를 일으키고자 하고, 방사(方士 : 방술사)들로 하여금 각지를 찾아다니며 선약(仙藥)을 구하게 하였거늘, 지금 들으니 한중(韓衆)이 한 번 가더니 소식이 없다고 하고, 서불(徐市) 등은 막대한 금액을 낭비하고서도 결국 선약을 구하지 못한 채 불법으로 이익을 챙기며 서로 고발하고 있다는 소식만을 매일 듣고 있다. 내가 노생(盧生) 등을 존중하여 그들에게 많은 것을 하사하였으나, 이제는 나를 비방하면서 나의 부덕을 가중

시키고 있으며, 내가 사람을 시켜서 함양(咸陽)에 있는 이런 자들을 조사해 보니 어떤 자는 요망한 말로써 백성들을 혼란시키고 있었다(『사기』「진시황 본기秦始皇本紀」).

吾前收天下書不中用者盡去之. 悉召文學方術士甚衆, 欲以興太平, 方士欲練以求奇藥, 今聞韓衆
오전수천하서불중용자진거지. 실소문학방술사심중, 욕이흥태평, 방사욕련이구기약, 금문한중

正義日音終. 去不報, 徐市等費以巨萬計, 終不得藥, 徒姦利相告日聞. 盧生等吾尊賜之甚厚, 今乃誹
정의왈음종. 거불보, 서시등비이거만계, 종불득약, 도간리상고일문. 로생등오존사지심후, 금내비

謗我, 以重吾不德也. 諸生在鹹陽者, 吾使人廉問, 或爲訞言以亂黔首.
방아, 이중오불덕야. 제생재함양자, 오사인렴문, 혹위요언이란검수.

[해설]

진시황이 방술사(方術士 : 방술을 부리거나 방술에 능한 사람)인 노생 등이 도망쳤다는 말을 듣고 한 말이다. 불노장생약을 구하기 위해 사방으로 보낸 방사에게 사기를 당하자 시황제는 크게 분노하였고, 그 불똥이 유생들에게까지 미쳤다. 함양에서 유생 460여 명을 생매장시킨 것은 그 여파였다.

[원문2]

짐이 나이가 어리고 이제 막 즉위한 터라 백성들이 아직 따르지 아니하고 있소. 선제(先帝 : 진시황)께서 군현을 순무하시어 국력의 강대함을 과시하여 위엄으로 천하 사람들을 복종시켰소. 지금 짐이 한가롭게 지내면서 순행을 하지 않는다면 약하게 보여 천하를 통치할 도리가 없을 것이오(『사기』「진시황 본기」).

朕年少, 初卽位, 黔首未集附. 先帝巡行郡縣, 以示彊, 威服海內. 今晏然不巡行, 卽見弱, 毋以臣畜天下.
짐년소, 초즉위, 검수미집부. 선제순행군현, 이시강, 위복해내. 금안연불순행, 즉견약, 무이신축천하.

[해설]

이는 진나라 이세(二世)*가 즉위한 후에 조고(趙高) 등과 자신의 권위를 세우기

---

* 진(秦)나라 2대 황제로서 '이세황제(二世皇帝)'라고도 한다. 진시황이 순행 도중에 죽자 이사(李斯)와 조고 등이 유언을 위조하여 황자 호해(胡亥)를 2세황제로 옹립하였으나, BC 209년 이후에 시작된 반란으로 진나라는 급속히 와해되어 곧 멸망하게 된다.

위한 방책을 의논하면서 한 말이다.

'안연(晏然)'은 평온하고 안일한 모양이다. '신축(臣畜)'은 통치의 뜻이다.

[원문3]

대신들은 복종하지 않고, 관리들은 아직도 세력이 강력하며, 게다가 여러 공자(公子 : 지체가 높은 세력가)들은 분명 나와 권력을 다투려고 할 것이니 어찌하면 좋겠소? (『사기』 「진시황 본기」)

大臣不服, 官吏尙彊, 及諸公子必與我爭, 爲之奈何?
대신불복, 관리상강, 급제공자필여아쟁, 위지내하?

[해설]

진나라 이세황제가 조고와 권세를 강화하기 위한 논의를 할 당시에 한 말이다. 일견 그의 공포를 엿볼 수 있으며, 어떤 수단을 써서라도 자신의 목적을 달성하겠다는 뜻을 은연중에 내보이고 있다.

[원문4]

내가 들으니, 한비(韓非)[*]가 말하기를 "요순(堯舜)은 나무를 베어다가 깎지도 않은 채로 서까래를 만들었고, 짚으로 지붕을 이으면서 처마 끝도 잘라내지 않았으며, 질그릇에 밥을 담아 먹고 질그릇에 물을 담아 마셨으니, 설사 문지기의 봉양이라고 해도 이보다 궁핍하지는 않을 것이다. 우(禹)는 용문(龍門)을 뚫어 대하(大夏)를 소통시키고, 황하의 막힌 물길을 터서 바다로 흐르게 하였는데, 몸소 공이와 가래를 들어 정강이의 털조차 닳아 없어질 지경이었으니 노예의 수고로움도 이보다 심하지는 않았을 것이다"라고 하였다.

대개 천하를 소유하는 것을 귀하게 여기는 것은 하고자 하는 바를 마음 내키는 대로 다할 수 있고, 군주가 엄중히 법률 제도를 밝혀 두면 아랫사람들이 감히

---

* 춘추시대 말기의 사상가로서 법가(法家)의 학설을 대성하였다. 훗날 진(秦)나라 시황제에게 독살 당했다. 저서로는 『한비자(韓非子)』가 있다.

그릇된 짓을 하지 못하니 이로써 천하를 통치할 수 있기 때문이다. 우순(虞舜), 하(夏)의 임금은 천자의 귀한 몸으로 친히 궁핍하고 고단한 실정을 체험하며 백성들을 위해 희생하였으니 본받을 만한 것이 무엇이 있겠는가? 짐은 존귀하기가 만승(萬乘)*의 천자이지만 걸맞은 실상이 없으니 천승(千乘)의 친위대와 만승의 군대를 조직하여 나의 칭호에 걸맞게 하려고 한다(『사기』「진시황 본기」).

吾聞之韓子曰, 堯舜采椽不刮, 茅茨不翦, 飯土塯, 啜土形, 雖監門之養, 不虧於此. 禹鑿龍門, 通大夏,
오문지한자왈, 요순채연불괄, 모자불전, 반토류, 철토형, 수감문지양, 불곡어차. 우착룡문, 통대하,

決河亭水, 放之海, 身自持築臿, 脛毋毛, 臣虜之勞不烈於此矣. 凡所爲貴有天下者, 得肆意極欲, 主重
결하정수, 방지해, 신자지축삽, 경무모, 신로지로불렬어차의. 범소위귀유천하자, 득사의극욕, 주중

明法, 下不敢爲非, 以制禦海內矣. 夫虞, 夏之主, 貴爲天子, 親處窮苦之實, 以徇百姓, 尙何於法?
명법, 하불감위비, 이제어해내의. 부우, 하지주, 귀위천자, 친처궁고지실, 이순백성, 상하어법?

朕尊萬乘, 毋其實, 吾欲造千乘之駕, 萬乘之屬, 充吾號名.
짐존만승, 무기실, 오욕조천승지가, 만승지속, 충오호명.

[해설]

진나라 이세황제가 아방궁을 중수하려고 하자 우승상 거질(去疾), 좌승상 이사(李斯), 장군 풍겁(馮劫) 등이 아방궁(阿房宮) 건설을 중지할 것을 진언하였다. 위의 글은 이에 대한 이세황제의 답변이다.

'우하지주(虞夏之主)'는 우순(虞舜 : 순임금), 하(夏)의 임금을 말한다.

[원문5]

선제께서는 함양의 조정이 협소하다고 여기셨기에 아방궁을 수축하시었다. 그런데 미처 완성되기도 전에 선제께서 붕어하시니 공사를 중단하고 인부들을 여산(酈山)에 보내 복토(覆土)**하게 했다. 여산의 역사(役事)가 모두 끝난 지금, 아방궁의 건축을 내버려둔 채 손대지 않는다면, 이는 선제께서 벌이신 일이 잘못

---

* 숭(乘)은 병거(兵車), 전차(戰車)의 뜻으로서 1만 대의 병거를 갖출 수 있는 광대한 영토를 다스리는 천자를 뜻한다. 천승(千乘)은 병거 1천 대를 갖출 수 있는 제후라는 뜻이다.
* 진시황릉 병마용갱. 산 같은 무덤을 만들고, 1개 사단에 버금가는 엄청난 규모의 병마용(兵馬俑)과 무기를 실물 크기의 모형으로 만들어 땅 속에 묻었다.

되었다는 것을 드러내는 것이다(『사기』「진시황 본기」).

　先帝爲鹹陽朝廷小, 故營阿房宮爲室堂. 未就, 會上崩, 罷其作者, 復土酈山. 酈山事大畢, 今釋阿
선제위함양조정소, 고영아방궁위실당. 미취, 회상붕, 파기작자, 복토여산. 여산사대필, 금석아

房宮弗就, 則是章先帝擧事過也.
방궁불취, 즉시장선제거사과야.

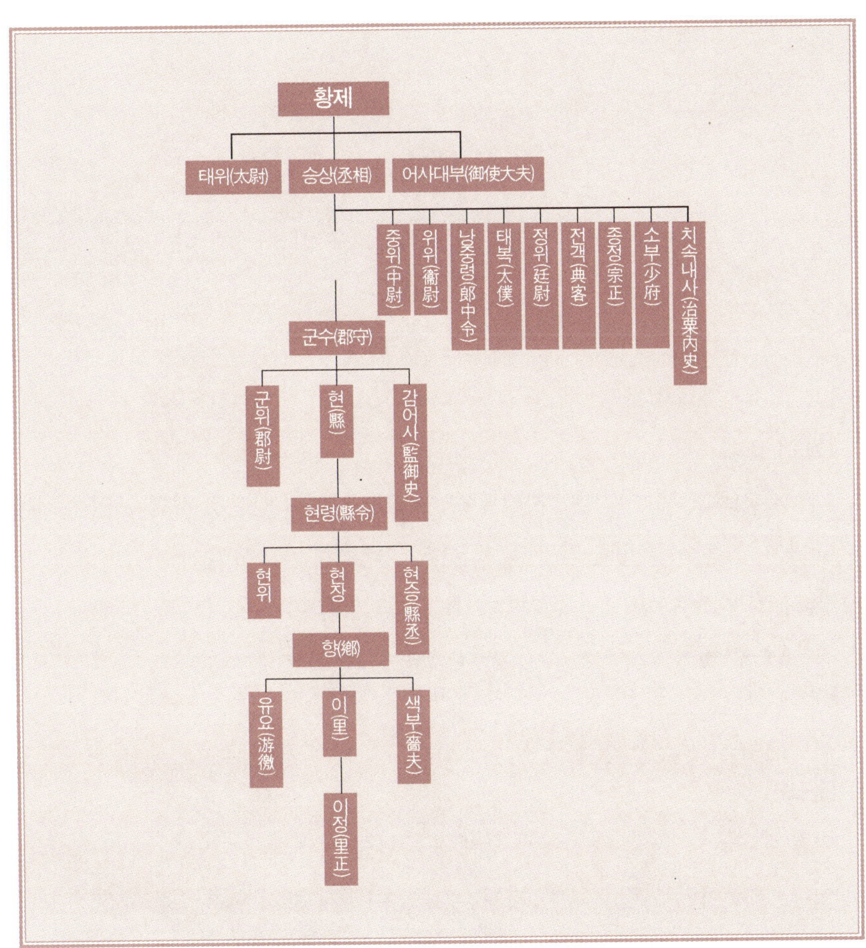

진나라의 중앙기구

　진시황은 중앙 집권을 강화하기 위해 새로운 행정 기구를 조직했다.

　중앙에는 황제 아래로 승상, 태위, 어사대부를 설치했다. 승상은 정사를 관장하고, 태위는 군사를 관장했으며, 어사대부는 당안(檔案 : 공문서)과 서적을 관장하고 백관의 감찰을 맡았다. 그 아래로 구체적인 정무를 분담하는 여러 경(卿)을 두었다.

　예를 들어 낭중령은 궁궐의 출입문을 관장했으며, 위위는 궁궐의 호위와 병사, 태복은 궁궐의 거마를 관장했다. 지방에는 군현제(郡縣制)를 실시하여 전국을 36개의 군으로 나누고, 그 아래에 현을 두었다. 군현제는 이후 봉건 왕조에서 장기간에 걸쳐 시행되었다.

이는 진나라 이세황제가 관리들과 여러 황자(皇子)들을 살해하여 정권을 확고하게 다진 후 한 말이다. 향락을 추구하려는 그의 의도가 잘 드러난다.

'복토(復土)'는 복토(覆土)로서, 땅에 구덩이를 파서 하관한 다음에 다시 흙을 덮어 분묘를 만드는 것이다.

8. 황제는 현명한 자만 맡을 수 있는 것이다

帝賢者有也

한나라 고조 유방劉邦

[원문]

내가 듣기로 황제는 현명한 자만 맡을 수 있는 것이니 빈말로 지킬 수 있는 것이 아니다. 나는 감히 제왕을 감당할 수 없다. 그대들이 반드시 내가 제왕이 되는 것이 좋다고 생각한다면, 이는 국가를 이롭게 하기 위함이다(『사기』「고조 본기高祖本紀」).

吾聞帝賢者有也, 空言虛語, 非所守也, 吾不敢當帝位, 諸君必以爲便, 便國家.
오문제현자유야, 공언허어, 비소수야, 오불감당제위, 제군필이위변, 편국가.

[해설]

여러 신하들이 유방(劉邦)*에게 황제에 즉위할 것을 권유하였을 때 유방이 한 말이다. 제왕이란 어질고 능한 자가 국가를 이롭게 하기 위한 인물이라는 그의 생각이 잘 드러나 있다.

'편(便)'은 이로움이다.

---

* 한(漢)나라 1대 황제(재위 BC 202~BC 195). 진나라 말기에 군사를 일으켜 진왕(秦王)으로부터 항복을 받았으며, 천하통일의 대업을 실현하였다.

9. 황제가 즐거운 마음으로 백성들을 편안하게 하면?

歡心以安百姓

여후呂後 여치呂雉

[원문]

무릇 천하를 소유하여 만민을 다스리는 자는 하늘처럼 만물을 덮고 땅처럼 만물을 받아들여야 한다. 황제가 즐거운 마음으로 백성들을 편안하게 하면 백성들은 기쁜 마음으로 황제를 섬기게 되니, 황제와 백성의 즐겁고 기쁜 감정이 서로 통하여 천하가 다스려지는 것이다. 지금 황제는 병이 오래되어 낫지 않아 정신이 없고 혼미하여 제위를 계승하여 종묘의 제사를 받들 수 없다. 천하를 그에게 맡길 수 없으니 다른 사람이 그를 대신해야 할 것이다(『사기』「여후 본기呂後本紀」).

凡有天下治爲萬民命者, 蓋之如天, 容之如地, 上有歡心以安百姓, 百姓欣然以事其上, 歡欣交通
범유천하치위만민명자, 개지여천, 용지여지, 상유환심이안백성, 백성흔연이사기상, 환흔교통

而天下治. 今皇帝病久不已, 乃失惑惛亂, 不能繼嗣奉宗廟祭祀, 不可屬天下, 其代之.
이천하치. 금황제병구불이, 내실혹혼란, 불능계사봉종묘제사, 불가속천하, 기대지.

[해설]

혜제(惠帝)*의 황후에게는 자식이 없었다. 여후**는 후궁이 낳은 자식을 황후의 아들로 삼아 태자로 세웠다. 혜제가 세상을 뜨자 태자가 제위를 이었는데, 아직 나이가 어려 태후가 정사에 간여하였다. 나중에 소제(少帝)***가 자신의 처지를

---

* 한나라 2대 황제. 한나라 고조 유방의 차남으로서 어머니 고황후(高皇後) 여씨(呂氏)의 그늘에 가려 불운한 황제로 지냈다.

** 혜제가 죽자 혜제의 후궁에게서 출생한 여러 왕자들을 차례로 등극시키면서 황제를 대신하였고, 여씨 정권을 수립하였다. 유방이 총애하던 척부인(戚夫人)의 손발을 잘라 변소에 가두고 돼지라 부르는 등 온갖 만행을 저질렀다.

*** 중국에서 어린 나이에 즉위하였다가 폐위된 황제를 일컫는 말이다. 예를 들면 한나라 3대 황제 유공(劉恭), 4대 황제 유홍(劉弘) 등을 말한다.

알고 원망하자 여태후가 이를 알고 그를 유폐시켰다. 이는 당시에 발표한 여후의 조령이다. 전혀 감정에 흔들리지 않고 과감하게 결단하는 그녀의 성격을 엿볼 수 있다.

'실혹혼란(失惑惛亂)'은 본성을 잃어 정신이 혼란함을 뜻한다.

10. 무고한 자들을 잘못 죽이는 일은 없어야 한다

不誅無罪

한나라 문제文帝 유항劉恒

[원문1]

짐이 부덕하여 상제와 신명께서 아직 내가 올린 제사를 흠향(歆饗)하지 않으셨고, 천하의 백성들도 아직 만족하지 않고 있다. 지금 천하에서 어질고 덕망이 있는 자를 널리 구하여 천하를 선양(禪讓 : 양위讓位)하지는 못할망정 태자를 서둘러 세운다고 말한다면, 짐의 부덕함은 가중될 것이다. 세상 사람들에게 뭐라고 말하겠는가? 이 일은 더 이상 거론하지 말라(『사기』「효문 본기孝文本紀」).

朕旣不德, 上帝神明未歆享, 天下人民未有嗛志. 今縱不能博求天下賢聖有德之人而禪天下焉, 而曰
짐기부덕, 상제신명미흠향, 천하인민미유겸지. 금종불능박구천하현성유덕지인이선천하언, 이왈

豫建太子, 是重吾不德也. 謂天下何? 其安之.
예건태자, 시중오부덕야. 위천하하? 기안지.

[해설]

한나라 문제가 신하들이 태자를 세우는 일에 대해 간언했을 때 한 말이다. 태자를 세우는 데 삼가고 조심하는 태도를 통해 그의 겸손하고 신중한 성격을 읽을 수 있다.

[원문2]

　고대 중국의 선왕 중에서 개국(開國)의 공이 있는 자는 '조(祖)'라고 하고, 치국 (治國)의 덕이 있는 자는 '종(宗)'이라고 칭하며, 예악(禮樂)을 제정하는 것은 각기 의거하는 바가 있다고 들었다. 또한 '가(歌)'는 덕을 발현하는 것이고, '무(舞)'는 공덕을 밝히는 것이라고 들었다. 고조의 묘(高廟)에 제를 지낼 때 주주(酎酒)를 올 리고 무덕(武德), 문시(文始), 오행(五行)의 가무를 연주하며, 효혜제의 묘(孝惠廟)에 서는 문시와 오행의 가무를 연주하였다. 효문황제(孝文皇帝)*께서 천하를 다스리 면서 금지된 관문과 다리를 개방하시고, 변경 지역을 내지와 똑같이 대했다. 비 방에 대한 죄와 육형(肉刑)**을 폐지하시고, 노인들에게 상을 내리고, 고독(孤獨 : 고아나 홀아비, 과부) 등을 불쌍히 여기시고 구제하시어 백성들을 양육하셨다. 자 신이 좋아하는 것을 절제하고, 공품(貢品)을 받지 않으셨으며, 사사로운 이익을 도모하지 않으셨다. 죄인을 다스림에 그 부모와 처자식 등에게 연좌시키지 않 으시고, 무고한 자들을 잘못 죽이는 일이 없으셨다. 궁형(宮刑 : 중국의 오형五刑 가운 데 하나로, 생식기를 없애는 형벌)을 폐지하시고, 후궁의 미인들을 궁에서 나갈 수 있 도록 하시어 후손이 끊어지지 않음을 중요하게 여기셨다.

　짐은 명민하지 못하여 문제의 위대함을 다 알 수 없도다. 이러한 조치는 상고 시대의 성왕들도 하지 못하는 것이나 효문황제는 친히 시행하시었다. 그분의 후덕함은 천지에 비길 수 있고, 은덕을 사해에 베푸시니 그 은택을 입지 않은 이 가 없었다. 효문황제의 영명하심은 해와 달에 비할 수 있음에도 불구하고, 제사 를 올리는데 음악과 춤이 어울리지 않으니 짐은 심히 송구스럽다. 효문황제를 위해 소덕(昭德) 가무를 만들어 그분의 크나큰 덕을 밝히도록 하라. 그런 후에 조 종의 공덕을 사책(史冊)에 기록하여 만세에 유전시켜 영원하도록 할 것이니 짐은 심히 이를 기뻐하노라(『사기』 「효문 본기」).

---

* 한나라 5대 황제(재위 BC 180~BC 157)인 문제(文帝)를 말함. 여씨의 난이 평정된 후 황제의 자리에 올라 후에 무제 때의 전성기를 누리게 하는 기반을 닦았다.
** 중국에서 육체에 과하던 형벌로서 몸에 먹으로 죄명을 새기는 묵(墨), 코를 베는 의(劓), 뒤꿈치를 베는 비 (剕), 남자의 고환을 썩혀 떼는 궁(宮), 목을 베는 대벽(大辟)의 형벌을 말한다.

蓋聞古者祖有功而宗有德, 制禮樂各有由. 聞歌者, 所以發德也. 舞者, 所以明功也. 高廟酎, 奏武德,
개문고자조유공이종유덕, 제례악각유유. 문가자, 소이발덕야. 무자, 소이명공야. 고묘주, 주무덕,

文始, 五行之舞. 孝惠廟酎, 奏文始, 五行之舞. 孝文皇帝臨天下, 通關梁, 不異遠方. 除誹謗, 去肉刑,
문시, 오행지무. 효혜묘주, 주문시, 오행지무. 효문황제림천하, 통관량, 불이원방. 제비방, 거육형,

賞賜長老, 收恤孤獨, 以育群生. 減嗜欲, 不受獻, 不私其利也. 罪人不帑, 不誅無罪. 除刑, 出美人, 重絕
상사장로, 수휼고독, 이육군생. 감기욕, 불수헌, 불사기리야. 죄인불탕, 불주무죄. 제형, 출미인, 중절

人之世. 朕旣不敏, 不能識. 此皆上古之所不及, 而孝文皇帝親行之. 德厚侔天地, 利澤施四海, 靡不獲福焉.
인지세. 짐기불민, 불능식. 차개상고지소불급, 이효문황제친행지. 덕후모천지, 이택시사해, 미불획복언.

明象乎日月, 而廟樂不稱. 朕甚懼焉. 其爲孝文皇帝廟爲昭德之舞, 以明休德. 然後祖宗之功德著於竹帛,
명상호일월, 이묘악불칭. 짐심구언. 기위효문황제묘위소덕지무, 이명휴덕. 연후조종지공덕저어죽백,

施於萬世, 永永無窮, 朕甚嘉之.
시우만세, 영영무궁, 짐심가지.

[해설]

이는 한나라 경제(景帝 : 한나라 6대 황제, 재위 BC 156~BC 141)가 즉위한 후인 원년(元年 : BC 156년) 10월에 어사(禦史)에게 준 조령이다. 주로 한나라 문제의 공덕을 찬양하면서 그를 위해 묘(廟)를 세워 기념하는 것을 내용으로 삼고 있다.

'주(酎)'는 정월 새아침에 술을 빚어 8일 만에 완성하는 술을 말한다. '주'는 순수함을 의미하는데, 무제 시절에는 8월에 이 술을 맛보기 위해 제후들이 묘(廟)에 회동하였다. 이때 돈을 내는데, 이를 '주금(酎金)'이라고 한다. '무덕(武德)'은 고조가 지은 것으로 방패나 도끼를 들고 춤을 추는 것이다. '문시(文始)'는 순임금 시절의 무용으로 우월(羽鉞 : 깃털 칼)을 들고 춤을 춘다. '오행(五行)'은 주나라 때의 무용으로, 의상이 오행의 색깔을 모방했기 때문에 오행이라고 부른다.

[원문3]

짐은 천하 만물 가운데 태어나서 죽지 않는 것이 없다고 들었다. 죽음이란 천지의 이치이자 생물의 자연스러움이니, 짐의 죽음이라고 하여 어찌 유별나게 슬퍼할 것이겠느냐! 지금 세상 사람들은 모두 생을 기뻐하고 죽음을 싫어하며, 장례를 후하게 치르느라 생업을 망치고, 복(服)을 중시하여 산 사람이 상하는 일이 있는데, 짐은 이에 대해 심히 찬성하지 않는다(『사기』「효문 본기」).

朕聞蓋天下萬物之萌生, 靡不有死. 死者天地之理, 物之自然者, 奚可甚哀. 當今之時, 世鹹嘉生
짐문개천하만물지맹생, 미불유사. 사자천지지리, 물지자연자, 해가심애. 당금지시, 세함가생

而惡死, 厚葬以破業, 重服以傷生, 吾甚不取.
이악사, 후장이파업, 중복이상생, 오심불취.

[해설]

이는 한나라 문제가 생전에 남긴 이른바 '유조(遺詔)'이다. 그는 생사란 자연의 법칙이니, 죽은 자에 대한 지나친 장례로 산 사람들이 해를 입는 일이 없도록 당부한 내용이다.

'복(服)'은 규정된 기일 동안 죽은 자를 위해 애도를 표시하는 것을 말한다.

11. 부인이 정치에 간여하는 것은 국가 혼란의 근본이다

婦人與政亂之本

위魏나라 문제文帝 조비曹조

[원문]

부인이 정치에 간여하는 것은 국가 혼란의 근본이다. 지금부터 여러 대신들은 태후(太后)에게 정사를 상주하지 말라. 황후 일족은 정무를 보좌하는 임무를 맡을 수 없으며, 또한 이유 없이 왕후의 봉작(封爵)을 받을 수 없다. 이 조령을 후세에 전하여 만약 위반하는 자가 있다면 천하와 함께 그를 주벌할 것이다(『삼국지』「위서魏書」'문제기文帝紀').

夫婦人與政, 亂之本也. 自今以後, 群臣不得奏事太后. 后族之家, 不得當輔政之任. 又不得橫受
부부인여정, 난지본야. 자금이후, 군신부득주사태후. 후족지가, 부득당보정지임. 우부득횡수

茅土之爵, 以引詔傳後世. 若有背違, 天下共誅之.
모토지작, 이인조전후세. 약유배위, 천하공주지.

　위나라 문제(文帝 : 위나라 초대 황제, 재위 220~226년)가 황초(黃初) 3년(222년) 9월에 한 말이다. 그는 역사, 특히 한대(漢代)를 교훈으로 삼아 부인이 정치에 간여함으로써 생겨나는 문제에 대해 깊이 인식하고 있었다. 그래서 후궁들이 정무에 참여하여 황제의 권력에 누수가 생기지 않도록 하였다.

　'횡수(橫受)'는 아무런 이유나 연고 없이 받는 것을 말한다. '모수지작(茅土之爵)'은 왕후의 봉작을 받는 것이다.

12. 저기 우는 것이 관가를 위해 우는 것이냐

此鳴者爲官乎

진晉나라 혜제惠帝 사마충司馬衷

[원문1]

　저기 우는 것이 관가를 위해 우는 것이냐, 아니면 개인을 위해 우는 것이냐?(『진서晉書』「제기帝紀」 '혜제惠帝')

此鳴者爲官乎, 私乎.
차명자위관호, 사호.

[해설]

　어느 여름날 진(晉)나라 혜제가 시종들과 함께 화림원(華林園)의 연못가를 거닐고 있었다. 그때 청개구리가 개굴개굴 울어댔다. 혜제가 기이하다는 생각이 들었는지 시종들에게 위와 같이 물었다. 시종들은 황제의 질문이 우스꽝스러웠지만 그렇다고 대답을 하지 않을 수 없었다. 하여 대답하기를 "관가에서 우는 것은 관가의 것이고, 사가에서 우는 것은 사인(私人 : 개인)의 것입니다"라고 하였다. 당시 진나라 혜제의 우매함을 그대로 보여주고 있다.

(밥이 없다면) 왜 고기국을 먹지 않느냐?(『진서』「제기」'혜제')

何不食肉靡?
하불식육미?

[해설]

어느 해 자연재해가 심각하여 백성들이 밥도 제대로 먹을 수 없어 굶어 죽는 이들이 속출하였다. 신하들이 혜제에게 이런 상황을 보고하자 그가 대답한 말이다. 재해로 밥도 제대로 못 먹는데, 어디에서 고깃국을 먹는단 말인가? 진나라 혜제의 우매함을 잘 반영하고 있다.

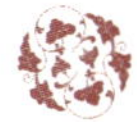

13. 신하의 절의節義를 다하여 목숨을 아끼지 않으리라

蹈節死義

진晉나라 원제元帝 사마예司馬睿

[원문1]

나는 죄인으로서 오로지 신하의 절의(節義)를 다하여 황제(진晉나라 마지막 4대 황제인 '민제愍帝'를 말함)를 위해 목숨을 아끼지 않고 천하의 치욕을 설욕하여 마땅히 주살당할 죄를 속죄하기를 바랄 뿐이다. 나는 본시 낭야왕(琅邪王)이니 여러 현사(賢士)들은 더 이상 나를 몰아세우지 말기 바란다(『진서』「제기」'원제元帝').

孤, 罪人也, 惟有蹈節死義, 以雪天下之恥, 庶贖鈇鉞之誅. 吾本琅邪王, 諸賢見逼不已.
고, 죄인야, 유유도절사의, 이설천하지치, 서속부월지주. 오본랑사왕, 제현견핍불이.'

[해설]

[해설]

건무(建武) 원년(317년) 진나라 민제(愍帝)가 한나라 유총(劉聰 : ?~318)*에 의해 유폐되자 민제가 조령을 내려 사마예(司馬睿 : 276~322년)**에게 정무에 관한 모든 일을 대행토록 하였다. 여러 신료들도 사마예가 칭제(稱帝 : 황제라고 선포)하도록 상서를 올렸다. 그러나 사마예는 동의하지 않고 위와 같이 대답하였다. 자신은 제위에 야심이 없으며, 군왕이 되기를 원치 않는다는 뜻이다. 이는 사마예의 성숙한 정치적 수완을 보여주는 예이다.

[원문2]

나는 덕이 부족하고 지극히 불행한 운명에 처해 신하로서 충절을 세우지 못하고 천하를 구원하는 공업도 이루지 못하였으니, 이는 내가 주야로 침식을 잊고 걱정하는 이유이다. 지금 종묘가 폐해지고 억조창생이 임금을 잃어 돌아갈 바가 없게 되었는데, 여러 관리들이 나에게 천하를 다스리는 대임(大任)을 맡아달라고 청원하고 있으니, 내 어찌 사양할 수 있으랴. 하여 삼가 공경하며 여러 신하들의 주장을 따르고자 한다(『진서』「제기」'원제').

孤以不德, 當厄運之極, 臣節未立, 匡救未擧, 夙夜所以忘寢食也. 今宗廟廢絶, 億兆無系, 群官庶尹,
고이부덕, 당액운지극, 신절미립, 광구미거, 숙야소이망침식야. 금종묘폐절, 억조무계, 군관서윤,

鹹勉之以大政, 亦何敢辭, 輒敬從所執.
함면지이대정, 역하감사, 첩경종소집.

[해설]

태흥(太興) 원년(318년) 3월, 진(晉)나라 민제가 유총에게 피살되자 관리들은 사마예에게 천자의 자리에 오를 것을 권유하였다. 위 문장은 사마예가 여러 신료

---

* 중국 5호16국(五胡十六國)시대 한나라(훗날의 전조前趙) 3대 황제(재위 310~318년). 311년 서진(西晉)의 도읍 뤄양을 공략하여 함락시켰고, 316년에는 서진을 완전히 멸망시켰으나 잔인한 성격으로 주색에 탐닉하다가 318년에 죽었다.

** 중국 동진(東晉)의 1대 황제(재위 317~322). 서진(西晉)의 왕족으로, 낭야왕(琅邪王)의 집안에 태어나 15세에 낭야왕이 되었다. 316년에 서진의 민제(愍帝)가 붙잡히고, 이듬해 민제가 죽고 나서 제위에 올랐다.

들의 요청을 받아들이면서 말한 내용이다. 317년에 말한 내용과 비교하면 그의 정치적 노숙함을 쉽게 알아챌 수 있다.

'억조무계(億兆無系)'는 천하 백성이 군주를 잃고 의지할 곳이 없음을 말한다. '군관서윤(群官庶尹)'은 여러 관리를 말한다.

[원문3]

예전에 위정자들은 사람을 감동시키는 것은 행동이지 말이 아니며, 하늘을 감응시키는 것은 실행이지 수식(修飾)이 아니라고 여겼다. 그런 까닭에 청정무위(淸淨無爲)하여 백성들이 스스로 바른 길을 택하도록 하였다. 다음으로 관리들에 대해서는 그들의 언행을 듣고 살피며, 그들의 공적을 분명하게 심사하였다. 업적이 있으면 진술토록 하고, 형벌과 옥사를 시행하는 데 적절하여 백성들이 원망함이 없었다. 오랜 세월 도덕과 품행을 견지하면서 날로 새로워지는 이들이나, 관리로서 연약하여 약자에게 강하고 강자에게 약한 이들이나, 품행이 더러운 자들, 자신의 언행을 꾸며 사람들의 칭송을 얻고자 하는 이들은 모두 이름을 적어 조정에서 알 수 있도록 하였다. 관리로서 정무를 처리하는 이들은 이전의 현인들을 거울로 삼아 한 마음으로 협력하며, 어떻게 하면 백성들에 관대하고 노역의 수고를 줄일 수 있을 지 심사숙고하고, 백성들이 은혜를 입도록 짐의 명령을 방기하지 말지어다. 멀고 가까움을 막론하고 황태자를 책봉할 때 예물은 일체 금한다(『진서』「제기」'원제').

昔之爲政者, 動人以行不以言, 應天以實不以文, 故我淸靜而人自正. 其次聽言觀行, 明試以功. 其有
석지위정자, 동인이행불이언, 응천이실불이문, 고아청정이인자정. 기차청언관행, 명시이공. 기유

政績可述, 刑獄得中, 人無怨訟, 久而日新, 及當官軟弱, 茹柔吐剛, 行身穢濁, 修飾時譽者, 各以名聞. 令在
정적가술, 형옥득중, 인무원송, 구이일신, 급당관연약, 여유토강, 행신예탁, 수식시예자, 각이명문. 영재

事之人, 仰鑒前烈, 同心戮力, 深思所以寬衆息役, 惠益百姓, 無廢朕命. 遠近禮贄, 一切斷之.
사지인, 앙감전렬, 동심륙력, 심사소이관중식역, 혜익백성, 무폐짐명. 원근예지, 일절단지.

[해설]

이는 대흥 원년(318년) 3월, 진(晋)나라 원제가 황태자를 책봉할 때 내린 조령이다. 관대한 정치와 관원들의 엄정한 기풍을 바라는 마음이 잘 표현되어 있다.

[원문4]

선공(先公) 무왕(武王 : 사마주를 말함), 선고(先考) 공왕(恭王 : 사마근을 말함)께서 낭야에서 40여 년간 군왕으로 게시면서 백성들에게 은택을 베풀어 백성들의 마음속 깊이 사랑을 남기셨도다. 짐이 천명에 순응하여 강남에서 대업을 세우니, 억만 백성들이 마음을 정하고 노인과 어린아이를 데리고 귀순하였다. 낭야국 출신으로 이곳에 온 이들이 근 1천여 호인데, 지금 회덕현(懷德縣)을 설치하여 단양군(丹陽郡) 관할로 할 것이다. 이전에 한나라 고조는 패(沛)를 탕목읍(湯沐邑)으로 격상하고, 광무제 역시 남돈(南頓)의 부세를 면제하였다. 회덕현에 대한 우대와 감면 규정은 모두 한나라 때의 옛 사례를 따른 것이다(『진서』「제기」'원제').

先公武王, 先考恭王臨君琅邪四十餘年, 惠澤加於百姓, 遺愛結於人情. 朕應天符, 創基江表, 兆庶宅心,
선공무왕, 선고공왕림군랑사사십여년, 혜택가어백성, 유애결어인정. 짐응천부, 창기강표, 조서댁심,

糧負子來. 琅邪國人在此者近有千戸, 今立爲懷德縣, 統丹陽郡. 昔漢高祖以沛爲湯沐邑, 光武亦復
강부자래. 낭사국인재차자근유천호, 금립위회덕현, 통단양군. 석한고조이패위탕목읍, 광무역복

南頓, 優復之科一依漢氏故事.
남돈, 우복지과일의한씨고사.

[해설]

대홍(大興) 3년(320년) 7월, 진나라 원제가 내린 조령이다. 한나라 고조 유방, 광무제 유수(劉秀)가 했던 방식에 따라 회덕현을 설치하여 자신들이 흥기한 곳에 은혜를 베풀 것을 명하였다.

'낭야'는 지금의 안휘성 저주시(滁州市) 서남쪽에 있는 낭야산을 말한다. 서진이 오(吳)나라를 정벌할 때 낭야왕 사마주(司馬伷 : 227년~283년)*가 군사를 이끌고 그곳에 주둔하여 이런 이름을 얻었다. '강표(江表)'는 장강(長江) 이남 지역을 말한다. 중원에서 볼 때 장강 밖이기 때문에 '강표'라고 칭했다.

---

* 낭야무왕으로 서진(西晉)의 황족이며, 서진이 세워지자 동완군왕에 봉해졌고, 훗날 낭야왕에 봉해졌다. 오나라 정벌에서 수만 군대를 이끌고 참전했으며, 오나라 황제 손호의 항복을 받았다. 낭야공왕(琅邪恭王) 사마근(司馬覲)은 그의 장남이다.

14. 장안이 가까운가, 해가 가까운가?

長安近, 日近.

진晉나라 명제明帝 사마소司馬昭

[원문1]

장안(長安)이 가깝습니다. 사람이 해 쪽에서 왔다는 말을 들어본 적이 없으니 여기에서 알 수 있을 것입니다(『진서』「제기」'명제明帝').

長安近. 不聞人從日邊來, 居然可知也.
장안근. 불문인종일변래, 거연가지야.

[해설]

진(晉)나라 명제 사마소는 어려서부터 총명했다. 아직 어렸을 적에 사마소가 진나라 원제의 무릎 위에서 재롱을 떨고 있는데, 때마침 장안에서 사자(使者)가 왔다. 원제가 문득 이런 질문을 했다. "태양과 장안 가운데 어느 곳이 더 멀다고 생각하느냐?" 그때 사마소가 대답한 것이 바로 위의 문장이다. 그의 명석한 두뇌와 기지를 엿볼 수 있다.

[원문2]

태양이 장안보다 가깝습니다. ……고개를 들면 태양은 볼 수 있지만 장안은 볼 수 없기 때문입니다(『진서』「제기」'명제').

日近.……舉目則見日, 不見長安.
일근. ……거목칙견일, 불견장안.

[해설]

진(晉)나라 원제가 태양과 장안의 거리에 대해 물은 그 다음 날 군신들과 연회를 베푸는 자리에서 또 다시 사마소에게 같은 질문을 했다. 그러자 사마소가 즉시 대답했다. "태양이 가깝습니다." 전날 말했던 대답과 정반대였기 때문에 원제가 깜짝 놀라면서 그 까닭을 물었다. 그러자 위와 같이 대답했다. 진나라 명제는 이렇듯 서로 다른 각도에서 사물을 관찰할 줄 알았다. 그의 기지와 능변이 돋보인다.

15. 누군가를 반역자라 하여 처형했는데, 다른 이가 그대를 반역자라고 한다면?

人作賊, 舅作賊

진晉나라 성제成帝 사마연司馬衍

[원문]

그대는 누군가를 반역자라 하여 처형하였는데, 만약 다른 이가 그대를 반역자라고 한다면 어떻게 하겠는가? (『진서』 「제기」 '성제成帝')

舅言人作賊, 便殺之, 人言舅作賊, 復若何.
구언인작적, 편살지, 인언구작적, 복약하.

[해설]

진(晉)나라 성제가 유년 시절 남돈왕(南頓王)이 보정(輔政)으로 있던 외숙 유량(庾亮 : 동진의 원제, 명제, 성제 때의 정치가)에 의해 피살되었는데, 성제는 모르고 있었다. 나중에 그가 물었다. "그 노인네는 지금 어느 곳에 있는고?" 유량이 모반했기 때문에 피살되었다고 대답했다. 그러자 성제가 위와 같이 말했다. 어린 시절부터 어른과 같은 기량이 있음을 보여주는 대목이다.

16. 마땅히 명확하게 심사해야 한다

宜令明審

송나라 무제武帝 유유劉裕

[원문]

주관 부서에서 문건을 처리하는데 다방면에 걸쳐 자문을 얻지만, 만약 여러 관리들이 논의해야 할 경우에는 마땅히 문서로서 명확하게 심사해야 한다. 최근에 종합적으로 측정하고 상세하게 살펴야 할 일이 문서에서 제멋대로 생략되고 있다. 지금부터 무릇 주의해야 할 내용은 반드시 제출한 사람의 이름을 적도록 하고, 만약 견해가 다를 경우에는 전례에 따라 자문토록 하라(『송서朱書』「본기本紀」'무제武帝').

主者處案雖多所諮詳, 若衆官命議, 宜令明審. 自頃或總稱參詳, 於文漫略. 自今有厝意者, 皆當
주자처안수다소자상, 약중관명의, 의령명심. 자경혹총칭삼상, 어문만략. 자금유조의자, 개당

指名其人, 所見不同, 依舊繼啓.
지명기인, 소견불동, 의구계계.

[해설]

송나라 무제 영초(永初) 원년(420년) 윤8월에 내린 조령이다. 우리는 이를 통해 문서를 어떻게 처결하는지 알 수 있다. 이는 송나라 무제가 국가 관리에 규범화를 시도했음을 알 수 있다.

'자상(諮詳)'은 상세하게 자문함이다. '자경(自頃)'은 근래의 뜻이다. '참상(參詳)'은 참작하여 상세하게 살펴야 하는 내용을 말한다. '만략(漫略)'은 문서에 간략하게 써서 애매모호해졌음을 말한다. '조의(厝意)'는 말 그대로 뜻을 둔다는 뜻이니 주의, 관심의 뜻이다.

17. 봉선에 대해 언급하는 일은 마땅히 금해야 할 것이다

言及封禪宜禁

수나라 문제文帝 양견楊堅

[원문]

어찌 장군 한 사람을 임명하는데 작은 나라 한 곳을 멸망시킬 필요가 있겠는가? 멀고 가까운 곳에 뜻을 두고 살피게 되면 곧 천하가 태평해질 것이다. 짐은 덕이 부족한 이가 태산에 올라 봉선(封禪 : 천자가 지내던 제사)을 행하고, 거짓 언사로 상제(上帝)를 범한다는 이야기를 들어본 적이 없다. 이후로 봉선에 대해 언급하는 일은 마땅히 금해야 할 것이다(『수서隋書』「제기帝紀」'고조高祖').

豈可命一將軍, 除一小國, 遐邇注意, 便謂太平. 以薄德而封名山, 用虛言而幹上帝, 非朕攸聞. 而今
개가명일장군, 제일소국, 하이주의, 편위태평. 이박덕이봉명산, 용허언이간상제, 비짐유문. 이금

以後, 言及封禪, 宜卽禁絶.
이후, 언급봉선, 의즉금절.

[해설]

개황(開皇) 9년(589년), 조정 내외에서 황제가 태산에 올라 봉선을 행해야 한다는 논의가 분분했다. 그래서 수나라 문제는 위와 같은 조령을 발표하여 봉선에 대한 자신의 생각을 밝힌 것이다. 그는 스스로 자신의 공덕이 미미하기 때문에 봉선 대전(大典 : 나라의 큰 의식)을 행할 수 없다고 하였다. 이를 통해 우리는 수나라 문제가 자기 자신을 정확히 알고 진취적인 마음을 지녔음을 알 수 있다.

'봉(封)'은 천자가 태산에 올라 단을 쌓고 하늘에 제를 올리는 것이며, '선(禪)'은 태산 아래 양보산(梁父山)에 터를 닦고 땅에 제를 지내는 것이다.

18. 반드시 예악과 덕망으로 백성을 다스려야 한다

理人必以文德

당나라 태종 이세민李世民

[원문1]

군왕이 되는 방법은 천하에서 가장 존귀한 자리에 처하되 억조창생을 마음속에 두고 국가의 모든 곳에 뜻을 두는 것이다. 반드시 예악과 덕망으로 백성을 다스리고, 필히 무력과 위세로 변방을 방어해야 한다(『당태종집唐太宗集』「금경金鏡」).

爲君之道, 處至極之尊, 以億兆爲心, 以萬邦爲意. 理人必以文德, 防邊必以武威.
위군지도, 처지극지존, 이억조위심, 이만방위의, 이인필이문덕, 방변필이무위.

[해설]

당나라 태종이 정관(貞觀) 초년에 집필한 『금경』에 나오는 말이다. 그는 군왕이 되기 위해서는 무엇보다 백성과 국가를 염두에 두고 백성을 교화시키는 데 최선을 다해야 한다고 생각했다. 이것이 바로 그가 생각했던 임금된 자의 강령이다.

[원문2]

인군(人君)은 배에 비유할 수 있고, 백성은 물에 비유할 수 있다. 물은 배를 띄우지만 또한 뒤집을 수도 있다. 그러하니 인군으로서 네가 어찌 백성을 두려워하지 않을 수 있겠느냐?(『당태종집』「자감록自鑒錄」)

舟所以比人君, 水所以比黎蔗, 水可以載舟, 亦可以覆舟. 爾方爲人主, 可不畏懼.
주소이비인군, 수소이비려자, 수가이재주, 역가이복주. 이방위인주, 가불외구.

[해설]

「자감록」은 당나라 태종이 태자를 위해 쓴 문장이다. 그는 이 글을 통해 태자

('이치李治'를 말함)로 하여금 항시 자신의 언행을 조심하고 근신할 것을 요구하고 있다. 봉건 군주로서 당나라 태종은 군민(君民)의 관계를 누구보다 정확하게 인식하고 있으며, 적절하고 참신한 비유를 통해 태자를 가르치고 있다.

[원문3]

무릇 백성은 국가 성립의 전제 조건이고, 국가는 군주의 근본이다. 군주 자체는 산악(山嶽)과 같아 높이 솟아 험준하되 움직이지 않으며, 또한 일월(日月)과 같이 진정으로 밝은 빛을 대지에 두루 펼친다. 억조창생(億兆蒼生)이 그를 우러러보며, 천하의 모든 이들이 그에게 귀순한다. 하여 그는 넓고 큰 뜻을 지니고 능히 모든 것을 두루 포용할 수 있어야 하며, 공평무사하여 마음을 바르게 하고 능히 정확하게 진단하고 판결해야 한다. 위엄과 덕망이 없으면 먼 곳에서 귀순하는 이가 없을 것이고, 인자하고 관대함이 없으면 백성들을 품을 수 없다. 인애(仁愛)로 구족(九族)에게 위안을 주고 예절에 맞게 대신들을 대해야 한다. 조상에게 제를 지낼 때는 효를 생각하고, 아랫사람을 대할 때는 겸손해야 하며, 자신의 모든 노력과 정력을 기울여 정사에 힘쓰고, 덕행과 의리를 실천해야 한다. 이것이 바로 군주의 본체이다(『당태종집』「군체편君體篇」).

夫民者國之先, 國者君之本. 人主之體, 如山嶽焉, 高峻而不動, 如日月焉, 貞明而普照. 兆庶之所瞻仰,
부민자국지선, 국자군지본. 인주지체, 여산악언, 고준이부동, 여일월언, 정명이보조. 조서지소첨앙,

天下之所歸往. 寬大其志, 足以兼包, 平正其心足以制斷. 非威德無以致遠, 非慈厚無以懷民. 撫九族
천하지소귀왕. 관대기지, 족이겸포, 평정기심족이제단. 비위덕무이치원, 비자후무이회민. 무구족

以仁, 接大臣以禮. 奉先思孝, 處位思恭. 傾己勤勞, 以行德義, 此乃君之體也.
이인, 접대신이례. 봉선사효, 처위사공. 경기근로, 이행덕의, 차내군지체야.

[해설]

당나라 태종은 군주가 국가나 민중과 어떤 관계이며, 과연 어떻게 해야 진정으로 현명한 군주가 될 수 있는가에 대해 말하고 있다. 이는 명군이 되고자 하는 그의 바람을 그대로 보여주는 대목이다.

'제단(制斷)'은 제왕이 진단하고 판결함을 말한다. '회민(懷民)'은 귀순한 백성

을 받아들여 편안하게 살도록 하는 것이다. '구족(九族)'은 자신을 중심으로 위로 부, 조, 증조, 고조까지 4대, 아래로 자, 손, 증손, 현손 4대를 말한다. 일설에는 부계로 4대, 모계로 3대, 처계로 2대 등을 말한다.

[원문4]

나는 천지에서 가장 큰 덕은 만물을 낳고 기르는 것이고, 황제에게 가장 귀한 일은 제위라고 들었다. 아래와 위를 분별하여 군주와 신하를 세웠으니, 이로써 백성들을 어루만져 양육하고 여러 무리들을 만들었다. 만약 지극히 명철하고 문무를 겸비하며 상천에서 천명을 부여하여 차례대로 계승하는 것이 아니라면, 어찌 마음대로 「하도(河圖)」*의 길상을 얻어 제위를 이을 수 있겠는가? 그런 까닭에 취규(翠嬀)에서 당요(唐堯 : 요임금)가 도록(圖籙)을 얻은 것은 그에게 도덕이 갖추어졌기 때문이고, 검은색 옥기(玄圭)가 하우(夏禹 : 우임금)에게 하사된 것은 그의 공덕을 드러내기 위함이다. 또한 붉은 새가 상서로운 기운을 보이니, 주나라는 7백 년간 왕업을 이어 왔고, 백사(白蛇)의 정령이 상서로운 징조를 드러내니 한나라가 동서(東西 : 동한과 서한)로 제왕의 기업을 열 수 있었던 것이다. 이로 보건대 제왕의 사업이란 지력이나 무력으로 다툴 수 있는 것이 아니다(『당태종집』「제범서帝範序」).

朕聞大德曰生, 大寶曰位. 辨其上下, 樹之君臣, 所以撫育黎元, 鈞陶庶類. 自非克明克哲, 允武允文,
짐문대덕왈생, 대보왈위. 변기상하, 수지군신, 소이무육려원, 균도서류. 자비극명극철, 윤무윤문,

皇天眷命, 曆數在躬, 安可以濫握靈圖, 叨臨神器! 是以翠嬀薦唐堯之德, 玄圭賜夏禹之功. 丹鳥呈祥,
황천권명, 역수재궁, 안가이람악령도, 도림신기! 시이취규천당요지덕, 현규사하우지공. 단조정상,

周開七百之祚, 素靈表瑞, 漢啓重世之基. 由此觀之, 帝王之業, 非可以力爭者矣.
주개칠백지조, 소령표서, 한계중세지기. 유차관지, 제왕지업, 비가이력쟁자의.

[해설]

당나라 태종은 정관 말년에 「제범」을 지어 태자 이치(李治)를 교육하였다. 인용문에서 그는 군권신수의 사상을 강조하고 있는데, 지극히 명철하고 문무를

---

* 중국 복희씨(伏羲氏) 때 황하(黃河)강에서 용마(龍馬)가 지고 나왔다는 쉰다섯 점으로 된 그림. 낙서(洛書)와 함께 주역(周易)의 기본 이치가 되었다. 「용도(龍圖)」라고도 한다.

갖춘 사람만 천명을 받을 수 있다고 하였다. 이는 태자가 더욱 열심히 노력하여 그러한 인물이 되기를 원했기 때문이다.

'대보(大寶)'는 황제의 자리를 말한다. '취규(翠嬀)'는 물 이름인데, 황제가 이곳에서 도록을 받았다고 한다. '현규(玄圭)'는 검은 색 옥기를 말한다. 위는 뾰족하고 아래는 방형이다. 특별한 공적으로 세운 이에게 상으로 주었다. 전설에 따르면, 상제가 우임금에게 현규를 주었다고 한다. '소령(素靈)'은 백사의 정령이다. 한나라 고조가 백사를 죽인 일이 있었다.

[원문5]

매번 올린 상주문에서 길상(吉祥)의 징조에 관한 내용을 보게 되면 마음속으로 부끄러움이 배가 된다. 또한 국가의 안위는 인사(人事)에 달려 있고, 국가의 길흉 관계는 정사(政事)에 달려 있다. 만약 당시 군주가 제멋대로 포악한 행위를 일삼으면 길조(吉兆)가 있다고 해도 아름다운 정치적 업적을 이룰 수 없을 것이고, 만약 치국의 도가 아름답고 분명하다면 아무리 흉조가 있다 해도 사회가 사악한 쪽으로 변하지 않을 것이다. 이로 보건대 부서(符瑞 : 길상의 징조)란 믿을 만한 것이 못된다(『당태종집』「금주상서조禁奏祥瑞詔」).

每見表奏符瑞, 慚惡增懷. 且安危在乎人事, 吉凶系於政術. 若時主肆虐, 嘉貺未能成其美. 如治
매견표주부서, 참오증회. 차안위재호인사, 길흉계어정술. 약시주사학, 가황미능성기미. 여치

道休明, 咎徵不能致其惡. 以此而言, 未爲可恃.
도휴명, 구징불능치기악. 이차이언, 미위가시.

[해설]

당나라 태종이 정관 2년(628년) 9월에 내린 조령이다. 즉위한 지 얼마 되지 않은 때에 그에게 올라오는 여러 가지 상소문에는 이른바 '부서(符瑞)', 즉 길상의 징조에 대한 내용이 적지 않았다. 위 문장은 바로 이에 대한 태종의 태도를 보여 주고 있다. 공개적으로 귀신에 대해 불신하면서 인위적인 사상을 강조하는 것은 고대 봉건 군주 가운데 흔히 볼 수 없는 모습이다.

'부서'는 길상의 징조로, 주로 제왕이 천명을 받았다는 징조를 의미한다. '참

육(慚恧)'은 부끄러움. '가황(嘉貺)'은 두터운 은사로 길상의 징조를 말한다. '구징(咎徵)'은 흉한 징조이다.

[원문6]

국가를 다스리는 군주는 언제나 참언(讒言 : 거짓으로 남을 헐뜯는 말)과 아첨을 일삼는 신하를 멀리하고, 충성스럽고 현명한 신하를 가까이해야 한다. 설사 자신이 굴욕스럽다고 할지라도 다른 이가 자신의 의견을 펼칠 수 있도록 해야만 능히 자신의 다스림을 성공적으로 이룰 수 있다. 국가가 어지러운 때의 군주는 간신배를 가까이하고, 어진 신하를 멀리하며, 아랫사람을 학대하고 사사로운 감정에 따라 움직인다. 그런 까닭에 국가가 어지러워지는 것이다. 밝고 현명한 군주는 앞선 치국의 법도에 따라 나라를 흥성하게 만들고, 어지럽고 우매한 군주는 뒤의 방법을 따라 자신의 봄을 망치는 재앙을 불러온다(『당태종집』「영천하제주거인수조令天下諸州擧人手詔」).

致治之君, 遠讒佞, 近忠良, 屈己以伸人, 故能成其化. 危亂之主, 親不肖, 疏賢臣, 虐下以恣情, 用能
치치지군, 원참녕, 근충량, 굴이이신인, 고능성기화. 위란지주, 친불초, 소현신, 학하이자정, 용능

成其亂. 明君遵彼以興國, 暗主行此以忘信.
성기란. 명군준피이흥국, 암주행차이망신.

[해설]

「영천하제주거인수조(令天下諸州擧人手詔)」는 당나라 태종이 정관 20년(646년) 6월에 쓴 조서이다. 명군(明君)과 혼군(昏君)은 치국의 방법이 달라 전혀 다른 결과를 가져온다고 하면서 어떻게 해야 진정으로 명군이 될 수 있는지를 밝히고 있다.

19. 사직을 위험에서 구하다

拯社稷之危

당나라 현종玄宗 이융기李隆基

[원문]

나는 사직을 위험에서 구하고, 임금께서 급난에 처했음을 알리고자 한다. 성공하면 모든 행복은 종묘사직으로 돌아갈 것이고, 실패하면 내 목숨을 충효를 위해 희생하고자 하니, 어찌 먼저 대왕의 가르침을 청하여 대왕께서 걱정하고 두려워하도록 만들 것인가! 만약 가르침을 청하여 동의를 얻는다면 대왕이 위험한 일에 참여토록 하는 것이고, 가르침을 청했지만 동의를 얻지 못한다면 내 계획은 실패로 돌아갈 것이다(『구당서舊唐書』「본기本紀」'현종玄宗').

我拯社稷之危, 赴君父之急, 事成福歸於宗社, 不成身死於忠孝, 安可先請, 憂怖大王乎! 若請而從,
아중사직지위, 부군부지급, 사성복귀어종사, 불성신사어충효, 안가선청, 우포대왕호! 약청이종,

是王與危事. 請而不從, 則吾計失矣.
시왕여위사. 청이부종, 즉오계실의.

[해설]

이 문장은 당나라 현종이 위황후(韋皇后 : 660?~710년)*를 제거하기 전에 여러 사람들에게 회답한 내용이다. 당나라 중종 경룡(景龍) 4년(710년) 6월, 중종이 붕어하자 위황후가 전면에 나서 조정을 장악하였다. 이에 이융기가 사람들과 연락하여 위황후를 주살하기로 결정하였다. 어떤 이가 먼저 예종(睿宗)에게 알려 가르침을 받은 후 행동에 옮겨야 한다고 하자 이융기가 바로 이런 말을 한 것이다. 상황에 대한 명확한 분석과 이해, 일을 처리할 때의 단호함이 잘 드러나 있다.

---

* 당나라 중종(中宗)의 황후. 710년, 측천무후처럼 자신이 직접 황위에 오르기 위해 중종을 독살하고 자신의 아들 온왕(溫王) 이중무(李重茂)를 황제로 옹립하였지만, 임치왕(臨淄王 : 이융기) 등이 정변을 일으켜 살해되었다.

20. 친히 행동하기란 어려운 일이다

躬行則難

당나라 헌종憲宗 이순李純

[원문]

무릇 좋은 일을 말로 하는 것은 쉽지만 친히 행하는 것은 어렵다. 그대들이 이미 말을 했으니 반드시 실행에 옮겨 흰소리가 되지 않도록 하라(『구당서』「본기」'헌종').

凡好事口說則易, 躬行則難. 卿等卽言之, 須行之, 勿空口說.
범호사구설칙역, 궁행칙난. 경등즉언지, 수행지, 물공구설.

[해설]

원화(元和) 13년(818년) 12월 술인(戊寅), 포획한 이사도(李師道)의 장수 하후징(夏侯澄) 등 47인에 대해 조서를 내려 위박(魏博) 및 의성군(義成軍) 등이 그들을 접수하여 관리하고, 역도들의 거점에 있던 백성들은 각기 상황에 따라 돌려보내되 우대하여 처리하도록 했다. 원문은 헌종이 재상과 이 일에 대해 논하면서 한 말이다. 언행일치를 중시하는 그의 모습을 엿볼 수 있다.

21. 제왕의 흥기는 천명으로 말미암는다

帝興自有天命

송나라 태조 조광윤

[원문1]

제왕의 흥기는 천명으로 말미암는다. 주(周 : 후주後周를 말함)나라 세종(世宗)[*]이 여러 장수들 가운데 넓적한 얼굴에 귀가 큰 제왕의 상을 가진 이를 보고 모두 살해하였다. 그러나 나는 그런 얼굴을 가진 이들을 옆에 두고 시중을 받고 있지만, 그들은 나를 해하지 않았다(『송사宋史』「본기本紀」'태조太祖').

帝王之興, 自有天命, 周世宗見諸將方面大耳者皆殺之, 我終日侍側, 不能害也.
제왕지흥, 자유천명, 주세종견제장방면대이자개살지, 아종일시측, 불능해야.

[해설]

송나라 태조가 황위에 오른 후 옷을 갈아입고 민간에 출행하려고 했다. 어떤 이가 황제의 안전을 걱정하여 출행하지 말 것을 간언하자 그가 말한 내용이다. 그의 자신감과 아무데도 얽매이기 싫어하는 성격을 그대로 드러내고 있다. 본문에 나오는 주나라 세종은 후주(後周)의 세종 시영(柴榮)이다. 후주 태조 곽위(郭威 : 904~954년)[**]의 조카이나 양자로 입적되었다. 후주 현덕(顯德) 원년(954년) 주나라 태조(太祖 : 곽위를 말함)가 죽고 나서 진왕(晉王) 영(榮)이 유언에 따라 시신을 운구하기 전 관 앞에서 제위에 등극하였다.

---

[*] 세종이 죽은 후 일곱 살에 불과한 시종훈(柴宗訓 : 주나라 3대 왕)이 뒤를 이었으나 아직 어린 황제에 대해 불안을 느꼈던 군인들이 조광윤(趙匡胤)을 옹립했고, 조광윤은 공제(恭帝 : 시종훈)로부터 선양을 받아 송나라를 세웠다. 조광윤은 시종훈의 보호자로서 전임 황제를 살해할 의사가 없다는 것을 명백히 밝혔다. 그러나 시종훈이 병으로 인해 일찍 세상을 떠났기에 황제의 예우로 장례를 치러주었다.

[**] 중국 5대(五代) 후주(後周)의 1대 황제(재위 : 951~954년). 후한이 멸망하자 951년 즉위하여 후주를 건국했다.

[원문2]

너희들이 생각하기에 천자 노릇이 쉬운 것 같으냐? 나는 아침 일찍 일어나 서둘러 일을 처리하느라 혹여 잘못된 결정이 있을까 걱정되어 전혀 즐겁지 않구나(『송사』「본기」'태조').

爾謂爲天子容易耶? 早作乘快誤快一事, 故不樂耳.
이위위천자용이야? 조작승쾌오쾌일사, 고불락이.

[해설]

어느 날 송나라 태조가 조회를 마친 후에도 여전히 편전(便殿)에 머물며 걱정이 있는 듯한 모습을 보였다. 이에 시종하는 이가 그 까닭을 묻자 위와 같이 대답하였다. 매사에 신중하면서도 자신의 잘못을 인정할 줄 알았던 태조의 모습을 엿볼 수 있다.

[원문3]

짐이 그대를 진심으로 대하였거늘 어찌하여 기꺼이 하지 않는가?(『송사』「본기」'태조')

朕推赤心於人腹中, 寧肯爾耶?
짐추적심어인복중, 영긍이야?

[해설]

남한(南漢) 유흔(劉鋹)이 군주로 있을 때 신하들에게 짐새(鴆 : 중국 남방에서 서식하는 독이 있는 새)의 독을 탄 술을 하사하기를 즐겼다. 그가 송나라에 귀순한 후 송나라 태조가 그에게 술 한 잔을 권했는데, 술을 받아들고는 울면서 마시지를 못했다. 하여 송나라 태조가 이렇게 말하고, 술을 그에게 건네며 마시도록 한 다음 다시 술을 따라 유선(劉鏾)에게 권했다. 송나라 태조의 솔직하면서도 자신을 드러내기를 좋아하는 성격이 드러나는 말이다.

22. 천하를 다스리는 데 부족한 점이 있는지 나를 보좌토록 하라

以佐予治

송나라 진종眞宗 조항趙恒

[원문]

하늘에 운무가 자못 심하니 경(卿) 등은 내가 천하를 다스리는 데 부족한 점이 있는지 잘 생각하여 나를 보좌토록 하라(『송사』 「본기」 '진종').

霾曀頗甚, 卿等思闕政, 以佐予治.
매에파심, 경등사궐정, 이좌여치.

[해설]

함평(鹹平) 4년(1001년) 3월 정축(丁醜)일, 대설이 내려 온 천지가 하얗게 변했을 때 진종이 한 말이다. 다른 제왕과 마찬가지로 그 역시 이상 기후를 상천이 경계하는 징후로 간주하고 스스로 자신의 정치적 득실을 중시함을 표명한 것이다.

원문의 '매에(霾曀)'는 하늘이 운무로 뒤덮여 어둑어둑한 모습이다. '궐정(闕政)'은 정치적으로 부족한 점이나 병폐 등을 말한다.

23. 내 어찌 무릎을 꿇고 배례하랴

何以拜爲

원나라 태조太祖 테무친鐵木眞

[원문1]

중원(中原)의 황제는 하늘이 내린 줄 알았는데, 저처럼 용렬하고 겁 많은 자조차 황제가 될 수 있으니 내 어찌 무릎을 꿇고 배례하랴!(『원사元史』「본기」'태조').

我謂中原皇帝是天上人做, 此等庸懦亦爲之耶? 何以拜爲!
아위중원황제시천상인주, 차등용나역위지야? 하이배위!

[해설]

처음에 테무친(칭기즈칸)은 금(金)나라 군주인 완안경(完顏璟)에게 조공(朝貢)할 생각이었다. 위왕(衛王)인 완안윤제(完安允濟)가 군주를 대신하여 정주(淨州)로 와서 공물을 받았다. 당시 테무친은 윤제에 대해 예를 갖춰 배례하지 않았다. 이에 크게 화가 난 윤제는 귀국한 후 금주(金主)인 완안경에게 군사를 보내 테무친을 토벌하자고 주청하였다. 이후 공교롭게도 완안경이 죽고 그 뒤를 이어 윤제가 즉위하였다. 완안윤제는 테무친에게 조서를 보내면서 궤배(跪拜 : 무릎을 꿇고 절함)하여 조서를 받도록 요구하였다. 그러자 테무친이 금나라 사자에게 물었다. "새로운 군주가 누구신가?" 사자가 '위왕(衛王)'이라고 말하자 테무친이 남쪽을 향해 침을 뱉으면서 원문의 내용처럼 말했다. 이렇듯 테무친이 금나라 군주에 대해 무시하는 태도를 보인 것은 이미 금나라를 토벌하겠다는 의도를 보인 것이라 하겠다.

[원문2]

내가 이전에 너희 군주에게 황하 이북 지역을 할양받고 너희 군주를 하남왕(河南王)으로 삼아 쌍방이 전쟁을 끝내고자 하였는데, 너희 군주가 따르지 않았다. 지금 목화려(木華黎 : 몽고의 장수)가 이미 황하 이북 지역을 모두 취하였는데, 이제야 달려와 청원하느냐? ……(금나라 사자 중서仲瑞가 태조에게 애원하자 태조가 다시 말을 이었다.) 허나 네가 먼 곳에서 오느라 수고하였고, 황하 이북의 땅이 이미 대부분 나의 소유가 되었으며, 관서(關西) 일부 성(城)만 아직 점령하지 않은 상태이니 너희는 그 성을 나에게 할양하라. 그러면 너희 군주를 하남왕으로 봉할 것이다. 이번에는 더 이상 나의 말을 어기지 않도록 하라(『원사』「본기」'태조').

我向欲汝主授我河朔地, 令汝主爲河南王, 彼此罷兵, 汝主不從. 今木華黎已盡取之, 乃始來請耶?
아향욕여주수아하삭지, 영여주위하남왕, 피차파병, 여주불종. 금목화려이진취지, 내시래청야?

……念汝遠來, 河朔旣爲我有, 關西數城未下者, 其割付我. 令汝主爲河南王, 勿復違也.
……염여원래, 하삭기위아유, 관서수성미하자, 기할부아. 영여주위하남왕, 물복위야.

[해설]

테무친은 1206년에 즉위한 후 금나라를 공략하기 시작했다. 이후 1222년까지 황하 이북의 금나라 지역을 모두 점령하였다. 그해 가을 금나라에서 오고손중단(烏古孫仲端)이 사신으로 와서 화해를 요청하였다. 위 문장은 테무친이 회골국(回鶻國)에서 사신을 접견할 당시에 한 말이다. 위세를 갖추어 사신을 압박하고 또한 구슬리는 그의 모습과 성격이 잘 표현되어 있다.

24. 상사賞賜의 어려움을 아시고 일찍이 성훈聖訓을 내리셨다

分賚嘗有聖訓

원나라 성종成宗 철목이鐵穆耳

[원문]

세조(世祖 : 홀필렬)께서 상사(賞賜 : 아랫사람에게 상을 내림)의 어려움을 아시고 일찍이 성훈(聖訓)을 내리셨는데, 이는 아난답(阿難答)도 알고 있는 일이다. 만약 궁핍한 것으로 말하자면 어찌 너희들만 그러하겠느냐? 작년에 이미 보초(寶鈔 : 원나라의 지폐. 교초交鈔) 20만 정(錠)을 하사하였고, 또한 양식까지 주었다. 또 다시 너희들에게 재물을 준다면 다른 왕들이 불공평하다고 여길 것이고, 주지 않는다면 너희는 또 다시 백성들이 굶어 죽을 것이라고 말할 것이다. 하여 양식 1만 석을 줄 것이니 빈궁한 이들을 골라 구휼토록 하라(『원사』 「본기」 '성종').

世祖以分賚之難, 阿難答也知之矣, 諸言貧乏, 豈獨汝耶, 去歲賜鈔二十萬錠, 又給以糧. 今與, 則諸
세조이분뢰지난, 아난답야지지의, 낙언빈핍, 개독여야, 거세사초이십만정, 우급이량. 금여, 즉제

王以爲不均, 不輿, 則汝言人多飢死. 給其糧萬石, 擇貧賑之.
왕이위불균, 불여, 즉여언인다기사. 급기량만석, 택빈진지.

[해설]

원정(元貞) 2년(1296년) 5월, 안서왕(安西王) 아난답이 조정에 사신을 보내 재정 결핍에 대해 보고하였다. 위 문장은 당시에 한 말이다. 그는 제후왕들이 재정적으로 곤란하다고 하여 무조건 재물을 보낼 수는 없다고 하였다. 성종(테무르)이 매사에 주도면밀하여 여러 가지를 고려한 후 실행에 옮겼음을 알 수 있다.

아난답(阿難答 : 대략 1265~1307년)은 원나라 세조 홀필렬(忽必烈 : 쿠빌라이)의 손자로서 어린 시절 무슬림의 보살핌을 받아 독실한 회교도가 되었다. 안서왕에 봉해졌으며, 성종이 병사한 후 제위 투쟁의 와중에 피살되었다.

25. 부로父老들은 자신들을 잘 돌보기 바라노라

父老善自愛

명나라 태조 주원장朱元璋

[원문]

내가 고향을 떠난 지 어언 10여 년간 온갖 어렵고 힘든 전쟁을 겪은 후 이제야 고향에 돌아와 성묘하고, 고향의 웃어른과 자제들과 만날 수 있게 되었다. 지금은 그저 오랫동안 함께 모여 즐거움을 나눌 수 없음이 한스러울 따름이다. 마을 어른들에게 바라노니 자제들을 잘 교육하여 부모에게 효순(孝順)하고 윗사람을 존경하며, 힘써 농사를 짓도록 하여 멀리 고향을 등지고 나가 장사를 하지 않도록 하시라. 인근 회하(淮河)의 여러 군현은 아직도 도둑떼의 약탈로 고통을 받고 있으니 어르신들은 자신들을 잘 돌보시기 바란다(『명사明史』「본기」 '태조').

吾去鄉十有餘年, 艱難百戰, 乃得歸省墳墓, 與父老子弟復相見. 今苦不得久留歡聚爲樂. 老幸教
오거향십유여년, 간난백전, 내득귀성분묘, 여부로자제부상견. 금고부득구류환취위악. 노행교

子弟孝弟力田, 毋遠賈, 濱淮郡縣尙苦寇掠, 父老善自愛.
자제효제력전, 무원가, 빈회군현상고구략, 부로선자애.

[해설]

지정(至正) 26년(1366년) 4월 갑자, 주원장이 고향인 호주(濠州)로 돌아와 성묘하면서 묘소를 지키는 20가구를 배치하는 한편 왕문(汪文), 유영(劉英) 등에게 곡식과 비단을 하사하였다. 아울러 마을의 여러 어른들을 불러 함께 주연을 즐기며 감개에 사로잡혀 이런 말을 한 것이다. 향친에 대한 그의 관심과 애정이 잘 표현되어 있다.

원문의 '효제(孝弟)'는 효제(孝悌)의 의미이다. '효'는 효순하여 부모에게 복종함이고, '제'는 경중의 뜻이니 형제끼리 아끼고 존중함을 뜻한다.

26. 상서로운 징조는 덕행에 의해 오는 것이다

瑞應依德而至

명나라 성조成祖 주체朱棣

[원문]

상서로운 징조는 덕행에 의해 오는 것이니, 추우(騶虞)가 만약 진정으로 상서로운 것이라면 짐에게 더욱 수신(修身)하고 반성하도록 함일 것이다(『명사』「본기」'성조').

瑞應依德而至, 騶虞若果爲祥, 在朕更當修省.
서응의덕이지, 추우약과위상, 재연갱당수성.

[해설]

영락(永樂) 2년(1404년) 9월 병오(丙午), 주왕(周王) 숙(橚)이 내조하여 추우를 헌상

하였다. 백관이 경하를 올리자 명나라 성조가 말한 내용이다. 겸손하고 근신하는 그의 자세가 그대로 드러나 있다.

'추우(騶虞)'는 전설상의 의로운 짐승이다. 『시경』 「소남(召南)」 '추우(騶虞)'에 "저 무성한 쑥대밭에 화살 한 발을 쏘아 암퇘지 다섯 마리를 잡았네. 아아, 이 분이 추우 같이 인자한 이로다(彼茁者蓬피줄자봉, 壹發五豝일발오파, 於嗟乎騶虞우차호추우)"라는 말이 있다. 「모전(毛傳)」에 따르면 "추우는 의로운 짐승이다. 흰 범처럼 생기고 검은 무늬가 있으며, 살아있는 생물은 먹지 않으니 지극히 믿을 만한 덕행이 있는 이와 호응한다."

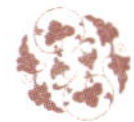

27. 나라의 임금은 사직을 위해 죽을 수 있어야 한다

國君死社稷

명나라 사종思宗 주유검朱由檢

[원문1]

나라의 임금은 사직을 위해 죽을 수 있어야 하나니, 짐이 장차 어디로 간단 말인가?(『명사』 「본기」 '장열제莊烈帝')

國君死社稷, 朕將焉往.
국군사사직, 짐장언왕.

[해설]

숭정(崇禎) 17년(1644년), 이자성(李自成 : 1606~1645년)*이 이끄는 농민군이 공격하

---

* 명나라 말기의 농민 민란 지도자로서 1644년 '대순(大順)'을 세우고 북경(北京)을 점령했다. 자금성(紫禁城)이 함락되자 숭정제는 처첩(妻妾)과 딸을 죽이고 경산(景山)에서 자살하였다. 이로써 명나라는 277년 만에 멸망하였다.

자 명나라 왕조는 거의 와해될 지경에 이르렀다. 그해 3월 신묘(辛卯)일에 이건태(李建泰)는 남쪽으로 천도할 것을 상소하였다. 임진(壬辰)일에 황제는 조정의 신하들을 평대(平臺)에 불러 이건태의 상소문을 보여주며 이렇게 말했다. 나라를 위해 목숨을 바치겠다는 결심을 엿볼 수 있는 문장이다.

[원문2]

내가 덕이 없고 심신이 나약하여 하늘의 노여움을 사니 하늘에서 재앙을 내리셨도다. 허나 이는 모두 여러 신하들이 나를 잘못 보필한 까닭이로다. 내가 죽어 조종(祖宗)을 뵐 낯이 없으니 스스로 황관을 벗어 두발로 얼굴을 가리고자 한다. 적들은 내 몸을 유린해도 좋다만 행여 무고한 백성들은 절대로 해치지 말기 바라노라(『명사』「본기」'장열제').

朕凉德藐躬, 上幹天咎, 然皆諸臣誤朕. 朕死無面目見祖宗, 自去冠冕, 以發覆面. 任賊分裂, 無傷
짐량덕막궁, 상간천구, 연개제신오짐. 짐사무면목견조종, 자거관면, 이발복면. 임적분렬, 무상

百姓一人.
백성일인.

[해설]

숭정 17년(1644년) 3월 기사(己巳)일, 이자성이 군사를 이끌고 북경성으로 진격하여 수도를 방위하던 명나라 군을 파죽지세로 공략하여 마침내 병오(丙午)일 하오에 외성(外城)을 점령하였다. 그날 저녁 주황후(周皇后)가 죽고, 이튿날 새벽 이자성의 군대는 내성(內城)을 공격하여 함락시켰다. 숭정 황제는 경산(景山)에 올라 스스로 목을 매어 삶을 마감했다. 원문은 그가 죽기 전에 자신의 옷깃에 쓴 글이라고 한다.

28. 상천을 공경하고 민생에 근면하라

敬天勤民

청나라 세조世祖 애신각라 복림福臨

[원문]

행복을 찾는 길은 상천을 공경하고 민생에 근면함에 있으니 어찌 이를 행하지 않고 치지도외(置之度外)하겠느냐?(『청사고淸史稿』「본기」'세조')

致福之道, 在敬天勤民, 安所事此, 其置之.
치복지도, 재경천근민, 안소사차, 기치지.

[해설]

순치(順治) 3년(1646년) 7월, 강서(江西) 순무(巡撫) 이상봉(李翔鳳)이 세조에게 40폭의 『정일진인부(正一眞人符)』를 헌상했을 당시에 세조가 한 말이다. 미신을 믿지 않고 실제 행동을 통해 백성의 행복을 도모하겠다는 세조의 의지가 분명하게 드러나 있다.

29. 현량賢良들을 발탁하여 등용하라

登進賢良

청나라 성조聖祖 애신각라 현엽玄燁

[원문]

역적들이 반란을 일으켜 난민들이 이에 호응하니 군대가 그들을 정벌하느라 피곤하고, 민간 백성들은 군수 물자를 징발하느라 피폐해졌도다. 더군다나 수재와 한발이 빈번하게 발생하는 등 기이한 자연재해가 누차 출현하였다. 이는 모두 내가 부덕(不德)한 소치(所致)로다. 종묘사직의 신령에 힘입어 여러 반란의 무리들을 평정하였다. 이제 마땅히 현량(賢良)을 발탁하고 백성들이 휴식을 취할 수 있도록 해야만 할 것이다. 그럼에도 교만방자하게 자신의 만족을 위해 아무런 의미도 없는 허례허식을 행한다면, 어찌 부끄러움을 느끼지 않을 수 있겠느냐? 그렇게 해서는 안 될 것이다(『청사고』「본기」 '성조').

自逆賊倡亂, 莠民響應, 師旅疲於征調, 閭閻敝於轉輸. 加以水旱頻仍, 災異疊見. 此皆朕躬不德所致.
자역적창란, 유민향응, 사려피어정조, 여염폐어전수. 가이수한빈잉, 재이첩견. 차개짐궁부덕소치.

賴宗社之靈, 削平庶孽. 方當登進賢良, 與民休息, 而乃侈然自足, 爲無謂之潤色, 能勿恧乎! 其勿行.
뢰종사지령, 삭평서얼. 방당등진현량, 여민휴식, 이내치연자족, 위무위지윤색, 능물육호! 기물행.

[해설]

강희(康熙) 20년(1681년), 오삼계(吳三桂)의 반란이 평정되었다. 그해 12월, 대신들이 존호(尊號)를 상주하나 성조가 조령을 내려 존호를 거절하였다. 이는 자신의 상황을 정확히 파악하고 겸양하는 태도라고 할 수 있다.

'역적(逆賊)'은 오삼계를 말한다. '유민(莠民)'은 나쁜 사람, 반란에 가담한 백성들을 말한다. '여염(閭閻)'은 원래 마을이나 동네 어귀에 세운 문을 의미하였으나 점차 일반 백성들이 사는 지역 또는 민간을 의미하게 되었다. '육(恧)'은 부끄러움이다.

30. 윗사람의 심사를 받드는 것이 백성을 위로하는 것일까?

以奉上之心撫百姓

청나라 세종世宗 애신각라 윤정胤禎

[원문]

천자의 수레가 지나는 길에 설사 먼지가 있다한들 무슨 장애가 있겠느냐? 지방 관원들은 마땅히 백성을 다스리는 일이 가장 중요한 것이다. 윗사람의 심사를 받드는 것으로 백성을 위로한다는 것이 어찌 좋은 일이겠느냐?(『청사고』「본기」 '세종')

蹕路所經, 雖有微塵何碍. 地方官當以牧養生民爲重. 若移奉上之心以撫百姓, 豈不善乎?
필로소경, 수유미진하애. 지방관당이목양생민위중. 약이봉상지심이무백성, 기불선호?

[해설]

옹정(擁正) 11년(1733년) 정월 정미(丁未)에 청나라 세종이 능묘로 출행하였다. 2월 임자(王子)에 행차하면서 가는 길마다 물 항아리를 설치하고 길에 먼지가 나지 않도록 물을 뿌리는 것을 보고 말한 내용이다. 형식보다 실질을 중시하는 옹정제의 심사가 잘 드러나 있다. 이를 통해 옹정제는 관원들에게 윗사람을 모시는 일보다 진심으로 백성을 위하는 일이 더욱 중요함을 가르치고 있다. 수많은 봉건 제왕들 중에 이러한 예는 극히 드물다.

'필로(蹕路)'는 천자의 수레가 지나가는 길을 말한다.

31. 수렴청정은 본래 만부득이萬不得已한 조치다

垂簾聽政不得已

자희태후慈禧太后 엽혁납랍씨葉赫那拉氏

[원문1]

수렴청정(垂簾聽政)을 즐거운 마음으로 행하는 것이 아니다. 단지 현재 세상사가 심히 어려운 지경에 이르러 왕대신(王大臣)들이 일을 처리하는 데 명을 아뢰고 받들지 않을 수 없기에 잠시 동원순(董元醇) 등의 요청을 윤허한 것이다. 황제가 학문에 힘써 장성한 후에 즉각 정권을 황제에게 돌려줄 것이다(『청사고』「열전列傳」 '후기後紀').

垂簾非所樂爲, 惟以時事多艱, 王大臣等不能無所稟承, 是以姑允所請. 俟皇帝典學有成, 即行歸政.
수렴비소락위, 유이시사다간, 왕대신등불능무소품승, 시이고윤소청. 사황제전학유성, 즉행귀정.

[해설]

함풍(鹹豊) 11년(1861년), 청나라 문종(文宗)이 병사하고 목종(穆宗)이 즉위하였다. 문종은 죽기 직전 이친왕(怡親王) 재원(載垣), 정친왕(鄭親王) 단화(端華), 협판대학사(協辦大學士) 겸 상서(尙書)인 숙순(肅順) 등을 '찬양정무왕대신(贊襄政務王大臣)'으로 삼아 보정(輔政)토록 하였다. 그러나 자희(慈禧)*는 그들에 대해 불만이 많았다. 이때 어사 동원순이 두 명의 태후(동태후, 서태후)에게 잠시 조정을 관리해 줄 것을 요청하였다. 공친왕 혁소(奕訴)의 지지와 후원을 받은 자희는 재원(載垣) 등을 주살하였다. 11월 초하루 양궁(兩宮)의 황태후가 수렴청정을 시작하였다. 위 문장은 당시 자희가 두 태후를 대표하여 내린 교유(敎諭)이다. 그녀는 수렴청정이 불가

---

* 함풍제의 후궁이며, 함풍제 사후 동치제가 6세에 즉위하자 모후(母后)로서 동태후(東太后 : 함풍제의 황후로 '자안황태후慈安皇太后'라고도 함)와 함께 수렴청정을 했다. 그 후 1875년에 동치제가 죽자 누이동생의 아들(3세)을 옹립하여 광서제(光緒帝)로 즉위시켜 섭정하였다.

자희태후 능묘에 있는 용봉계석(龍鳳階石)

용과 봉은 중국 고대의 황제와 황후의 상징이다. 황제나 황후의 능묘 앞에 있는 용봉계는 용이 위에 있고 봉황이 아래에 있는 것이 일반적이다. 이는 제존후비(帝尊后卑)를 나타낸다.

그러나 자희태후는 자신의 능묘 앞에 있는 용봉계석을 조각하면서 봉황을 위에, 용을 아래에 새기도록 하였다. 자신의 권력이 황제의 것을 능가한다는 뜻을 드러내고자 한 것이다.

피했음을 설파하면서 황제가 장성하면 정권을 돌려주겠다는 뜻을 밝혔다.

'수렴청정'은 황제가 아직 장성하지 않은 상태에서 여후(女后)가 조회에 나가 정무를 보살피는 것을 말한다. 얼굴을 드러내지 않기 위해 여후 앞에 발을 내리기 때문에 '수렴(垂簾)'이라고 한다. '왕대신(王大臣)'은 문종이 서거할 당시 어명을 받들어 지명된 '찬양정무왕대신'을 말한다. '전학(典學)'은 황자나 제왕이 학문에 힘쓰는 것을 말한다.

[원문2]

각지에서 군정(軍政) 대권을 관장하고 있는 관리들은 마땅히 노고를 아끼지 말고 민간의 질고(疾苦)를 찾아 안위와 구제를 강화하며, 소송과 옥사를 분명하게 처리하고 부지런히 도적을 체포 구금하라. 백성을 진휼하고 양식을 축적하는 일에 대해 관리들이 더욱 성실하게 집행토록 명령하고, 동시에 군대의 기강을 세우고 군비를 확실히 정비하며, 어질고 능력 있는 관원을 선발하여 백성들이 편안히 휴식할 수 있도록 하라(『청사고』「열전」 '후기').

封疆大吏, 當勤求閭閻疾苦, 加意撫恤. 淸訟獄, 勤緝捕. 辦賑積穀, 飭有司實力奉行. 幷當整飭營伍,
봉강대리, 당근구려염질고, 가의무휼. 청송옥, 근집포. 판진적곡, 칙유사실력봉행. 병당정칙영오,

修明武備, 選任賢能牧令, 與民休息.
수명무비, 선임현능목령, 여민휴식.

[해설]

동치(同治) 13년(1874년) 12월에 청나라 덕종(德宗) 광서(光緒)가 즉위하였다. 그러나 양궁 태후의 수렴청정은 계속되었으며, 위의 문장은 당시에 봉강대리(封疆大吏)에게 고유(告諭)한 내용이다. 자희는 대신들에게 민정을 제대로 살피고 군비를 강화하며, 관원 선발을 정확하게 실시하도록 고유하고 있다. 이는 두 태후가 수렴청정에 임하면서 항시 조심하고 근신하였음을 보여준다.

'봉강대리(封疆大吏)'는 총독이나 순무(巡撫) 등 한 개 또는 여러 개 성(城)의 군정을 총괄하는 관리의 명칭이다. 이는 고대 강토를 분봉한 제후와 유사하기 때문에 이런 명칭이 붙었다. '칙(飭)'은 명령, 고계(告誡)이다. '목령(牧令)'은 현관(縣官)이다.

[원문3]

수렴청정은 본래 만부득이(萬不得已)한 조치였다. 나는 멀리 전대의 유폐(流弊 : 예전부터 유행하던 나쁜 풍속)를 거울삼아 특별히 칙령을 내려 때에 맞춰 황제에게 정권을 돌려주었다. 귀정(歸政) 이후 순친왕(醇親王)이 단독으로 서명한 장주(章奏)를 잠시 나에게 직접 보내도록 했을 따름이다. 순친왕이 일찍이 비밀리에 말하기를 "황제가 처음으로 국가의 대사를 재결(裁決)하기 시작하였으니, 나라와 군사에 관한 중대 사무는 조석(朝夕)으로 태후에게 문안을 올릴 때 태후의 뜻을 받들도록 하였다"라고 했다. 그러나 이는 문서로 쓰인 상도(常道)가 아니니 훈정(訓政)이 영원히 그치는 일은 없을 것이다(『청사고』「열전」 '후기').

垂簾聽政, 本萬不得已之擧. 深宮遠鑒前代流弊, 特飭及時歸政. 歸政後, 惟醇親王單銜具奏, 暫須

수렴청정, 본만부득이지거. 심궁원감전대유폐, 특칙급시귀정. 귀정후, 유순친왕단함구주, 잠수

徑達. 醇親王密陳, 初裁大政, 軍國重事, 定省可以稟承. 竝非著爲典常, 使訓政永無底止.
경달. 순친왕밀진, 초재대정, 군국중사, 정성가이품승. 병비저위전상, 사훈정영무저지.

[해설]

광서(光緒) 15년(1889년), 청나라 덕종이 혼례를 올려 성년이 되었음을 알렸다. 2월 기묘일에 태후는 덕종에게 정권을 돌려주었다. 당시 어사 도인수(屠仁守)가 상소문을 올려 태후가 계속해서 장주(章奏 : 신하가 임금에게 올리던 글)를 열람하고, 모든 안건을 태후가 재가한 후에 집행할 것을 아뢰었다. 이에 자희태후는 위의 문장에서 볼 수 있다시피 도인수의 주장을 통박하였다. 아울러 그의 관직을 박탈하였다. 정권을 성년이 된 덕종에게 돌려주겠다는 자신의 결심을 다시 한 번 확인한 셈이다. 그러나 자희태후가 순친왕(醇親王)이 단독으로 서명한 장주를 볼 수 있는 권력을 여전히 가지고 있었음을 볼 때, 우리는 자희태후의 귀정(歸政)이 진심이 아니라 말 뿐이었음을 확인할 수 있다.

'심궁(深宮)'은 궁금(宮禁 : 궁궐)에 있는 제왕의 거처이나 여기서는 태후를 지칭한다. '귀정(歸政)'은 수렴청정을 하던 정권을 황제에게 돌려주는 것을 말한다. '순친왕(醇親王)'은 광서제의 이복동생인 재풍(載豊)으로서 청나라의 마지막 황제인 부의(溥儀)의 부친이다. '단함(單銜)'은 단독으로 관함을 쓰는 것 또는 단독 서명을 뜻한다. '정성(定省)'은 조석으로 쌍친(雙親)에게 문안을 올리는 것이다. '훈정(訓政)'은 사황제(嗣皇帝)가 퇴위한 태상황(太上皇)의 훈시를 받아 정무를 처리한다는 말로, 청나라 때 황태후의 수렴청정을 지칭한다.

직언을 수용하고,
성실하고 정직한 이를 등용하겠노라

　　공자는 "군주는 군주답고 신하는 신하다우며, 아비는 아비답고 자식은 자식다워야 한다(君君臣臣父父子子군군신신부부자자)"라고 말했다. 이는 유가가 주장한 '삼강오상三綱五常'의 핵심이다. 군신 관계를 잘 처리하는 것이야말로 나라를 다스리는 가장 중요한 일이다. 이러한 문제에 대한 중국 고대 제왕들의 대처 방식은 '납간(納諫 : 간언을 받아들임)'과 '진간(進諫 : 간언을 드림)'에서 잘 드러난다. 그들은 군주로서 바다처럼 넓고 큰 도량과 아량으로 신하들의 충언에 귀를 기울였다. 설사 귀에 거슬리는 말일지라도 예외가 아니었다. 신하들에게 제왕은 진간進諫을 적극 요구하였다. 신하는 설사 제왕이 질책을 받거나 심지어 위협을 받을지라도 간언을 마다하지 않음으로써 충성을 다할 책임이 있었다. 물론 이는 가장 이상적인 군신 관계이다. 비록 이상과 현실 간에 괴리가 있기는 했으나 제왕들이 남긴 어록에는 이러한 기대와 바람이 잘 표현되어 있다.

1. 아침저녁으로 가르침을 주다

朝夕納誨

상나라 무정武丁

[원문1]

아침저녁으로 가르쳐 주어 나의 덕을 보좌하라. 만약 쇠를 다룬다면 그대를 숫돌로 삼을 것이고, 만약 큰 내를 건넌다면 그대를 배나 노로 삼을 것이며, 만약 어떤 해에 큰 가뭄이 든다면 그대를 장맛비로 삼겠다. 그대의 마음을 열어 나의 마음 밭을 기름지게 하라. 만약 약을 먹어도 어지럽지 않으면 병이 낫지 않으며, 만약 발이 땅을 살피지 않으면 맨발에 상처를 입을 것이다. 오직 그대와 관리들이 한마음으로 협력하여 나의 허물을 바로잡고 선왕을 따르게 하여 위대한 성탕(成湯)의 뒤를 밟아 억조창생을 편안하게 해야 할 것이다. 아, 이러한 나의 명을 삼가 받들어 오직 유종의 미를 거두도록 하라(『상서尙書』「열명說命 상上」).

朝夕納誨, 以輔台德. 若金, 用汝作礪. 若濟巨川, 用汝作舟楫. 若歲大旱, 用汝作霖雨. 啓乃心, 沃朕心.
조석납회, 이보태덕. 약금, 용여작려. 약제거천, 용여작주즙. 약세대한, 용여작림우. 계내심, 옥짐심.

若藥弗瞑眩, 厥疾弗瘳. 若跣弗視地, 厥足用傷. 惟暨乃僚, 罔不同心, 以匡乃辟. 俾率先王, 迪我高後,
약약불명현, 궐질불추. 약선불시지, 궐족용상. 유기내료, 망불동심, 이광내벽. 비솔선왕, 적아고후,

以康兆民. 嗚呼, 欽予時命, 其惟有終.
이강조민. 오호, 흠여시명, 기유유종.

[해설]

무정(武丁)*이 부열(傅說)을 상(相 : 재상)으로 임명하면서 한 말이다. 그는 여러 가지 비유를 들면서 부열이 자신의 잘못을 바로잡고 보좌하여 상나라를 부흥시

---

* 상(商)나라의 20대 임금으로 나라가 기울어 가던 쇠퇴기에 즉위하여 다시 부흥시킨 군주이다. 그는 재상감을 구하지 못하자 3년 동안 정령(政令)을 선포하지 않았다. 철저하게 현명한 재상에게 정치를 맡기는 등 재상과 신하를 존중하고 신뢰한 것으로 유명하다. 그의 재상은 부열(傅說)이었다.

킬 것을 희망하였다.

'납회(納誨)'는 가르침을 주다. '태(台)'는 '아(我)'와 같다. '즙(楫)'은 노를 말한다. '임우(霖雨)'는 장맛비, '명현(瞑眩)'은 현기증이다. '추(瘳)'는 병이 낫다. '선(跣)'은 맨발이다.

[원문2]

그대는 짐을 가르쳐 위대한 뜻을 이룰 수 있도록 하라. 만약 내가 술과 단술을 만든다면 그대는 누룩이 되고, 만약 간을 쳐서 국을 만든다면 그대가 소금과 매실이 되라. 그대는 여러 방면에서 내가 수양토록 하고 나를 버리지 말도록 하라. 나 역시 그대의 가르침에 매진할 것이다(『상서』「열명說命 하下」).

爾惟訓於朕志, 若作酒醴, 爾惟麴蘗. 若作和羹, 爾惟鹽梅. 爾交脩予, 罔予棄, 予惟克邁乃訓.
이유훈어짐지, 약작주례, 이유국벽. 약작화갱, 이유염매. 이교수여, 망여기, 여유극매내훈.

[해설]

무정이 부열을 상(相)으로 임명할 때 한 말이다. 그는 부열에게 진정으로 가르침을 원했다. 그가 비유한 것처럼 부열과 함께 서로 도움이 되기를 간절히 바라고 있었던 것이다.

'예(醴)'는 단술이고, '국얼(麴蘗)'은 누룩이다. '화갱(和羹)'은 간을 쳐서 맛이 조화로운 국이다.

2. 백성을 기르는 관원이 설마 구하지 않겠는가?

民養其勸弗救劼

주나라 성왕成王 희송姬誦

[원문]

예전에 무왕(武王 : 주나라 무왕을 말함)께서 상(商)나라의 주왕(紂王)을 주벌하신 것과 같이 나도 앞으로 나갈 적에 어려운 나날을 겪으며 생각하는 것을 말하고자 한다. 만약 부친이 집을 짓는데 설계가 이루어진 뒤에 그 아들이 토대를 마련하지 않는다면 어찌 집을 지을 수 있겠는가? 부친이 밭을 개간하였는데, 그 아들이 파종을 원치 않는다면 어찌 수확을 기대할 수 있겠는가? 부친은 자식이 자신의 사업을 계속할 것을 원하여 말하기를 "나에게 후손이 있으니 나의 사업을 포기하지 않을 것이다." 그러니 내가 어찌 친히 문왕(文王)의 위대한 사명을 완성하지 않을 수 있겠는가? 또한 형님이 사망하였는데, 어떤 이가 형의 자식을 공격한다면 백성을 기르는 관원이 설마 구하지 않겠는가?(『상서』 「대고大誥」)

若昔朕其逝, 朕言艱日思. 若考作室, 旣底法, 厥子乃弗肯堂, 矧肯構. 厥父菑, 厥子乃弗肯播, 矧肯獲?
약석짐기서, 짐언간일사. 약고작실, 기지법, 궐자내불긍당, 신긍구. 궐부치, 궐자내불긍파, 신긍획?

厥考翼其肯曰, 予有後弗棄基. 肆予曷敢不越卬昂敉寧王大命? 若兄考, 乃有友伐厥子, 民養其勸弗救劼.
궐고익기긍왈, 여유후불기기. 사여갈감불월앙앙미녕왕대명? 약형고, 내유우벌궐자, 민양기권불구소.

[해설]

주나라 성왕이 주공(周公)에게 무경(武庚), 관숙(管叔), 채숙(蔡叔)을 정벌토록 할 때 한 말이다. 주나라 성왕은 이전에 무왕이 주왕(紂王)을 주벌할 때와 마찬가지로 정의를 명분으로 내세우고 아울러 몇 가지 비유를 제시하면서 여러 제후들과 신료들에게 주나라 문왕이 남긴 사업을 완성할 것을 주문하고 있다.

'약석(若昔)'은 과거와 같다는 뜻이다. '지(底)'는 이르다, 도달하다. '법(法)'은 여기서는 집을 짓는 방법을 말한다. '치(菑)'는 개간하다. '고익(考翼)'은 집짓기를 구상하거나 밭을 일구어 놓은 사람이지만 여기서는 성왕의 부친인 무왕을 말한다. '앙(叩)'은 정하다의 뜻이다. '미(敉)'는 끝남의 뜻이다. '영왕(寧王)'은 성왕의 부친인 무왕이다.

3. 임금의 덕도 신하에게 달려 있다

後德惟臣

주나라 목왕穆王 희만姬滿

[원문]

신료들이 바르면 그 임금이 바르게 되고, 신료들이 아첨하면 그 임금은 자신을 성인으로 착각하게 된다. 임금의 덕도 신하들에게 달려 있고, 부덕함도 신하에게 달려 있다(『상서』「경명囧命」).

僕臣正, 厥後克正, 僕臣諛, 厥後自聖. 後德惟臣, 不德惟臣.
복신정, 궐후극정, 복신유, 궐후자성. 후덕유신, 부덕유신.

[해설]

주나라 목왕(穆王)이 백경(伯囧)을 태복(太僕)으로 임명할 당시에 한 말이다. 그는 신하가 정직하면 군왕도 정직해진다고 하였는데, 천자의 도덕과 신하의 도덕이 서로 호응함을 지적한 것이다.

'자성(自聖)'은 스스로 성철(聖哲)이라고 착각하는 것을 말한다.

4. 전심전력으로 진국晉國을 안정시키시오

簡恤爾都

주나라 평왕平王 희의구姬宜臼

[원문]

백부시여 본국으로 돌아가소서! 멀리 있는 신하들을 부드럽게 위로하시고 가까이 있는 신하들을 친근하게 대하시며, 백성들에게 은혜를 베푸시어 평안케 하시고, 정사를 황폐하게 하고 안일을 추구하지 마소서. 전심전력으로 진국(晉國)을 안정시켜 그대의 빛나는 덕을 이루소서(『상서』「문후지명文侯之命」).

父往哉, 柔遠能邇, 惠康小民, 無荒寧. 簡恤爾都, 用成爾顯德.
부왕재, 유원능이, 혜강소민, 무황녕. 간휼이도, 용성이현덕.

[해설]

주나라 평왕이 진(晉)나라 문후(文侯)*의 공적으로 표창하여 그에게 거마와 궁시(弓矢)를 하사할 때 한 말이다. 그는 진나라 문후가 신하들을 위로하고 백성들을 안정시키기를 권면하면서 정사를 어지럽히지 말 것을 당부하고 있다.

'부(父)'는 주나라 천자가 진나라 문후를 칭하는 말이다. 나이가 적은 천자가 동성(同姓)의 제후 가운데 연장자를 칭할 때 부(父) 또는 백부(伯父)라고 하였다. '능(能)'은 친선을 말한다. '영(寧)'은 안일한 삶을 사는 것을 말한다. '간(簡)'은 전심전력하여 뜻을 펼치는 것이다.

---

* 진(晉, BC 1100~BC 349년)나라는 주나라 무왕의 둘째 아들 당숙(唐叔) 우(虞)가 세운 나라이다. 문후 때 전성기를 맞이하였다.

5. 재앙은 원한에서 비롯되고 복은 덕에서 일어난다

禍自怨起福繇德興

한나라 문제文帝 유항劉恒

[원문1]

옛날에 선왕들이 천하를 다스릴 때 조정에는 올바른 진언을 위한 정기(旌旗 : 깃대 끝을 장목으로 꾸민 깃발)와 비방할 수 있는 나무 팻말을 두어 다스림의 도를 열어 간언하는 이들을 오게 하였다. 그러나 지금 법률에는 조정을 비방하면 혹세무민하는 요언(妖言)으로 간주되어 죄가 되니, 이는 여러 신하들이 마음속 감정이나 생각을 다 쏟아내지 못하게 하는 것이자, 황제에게는 자신의 허물을 들을 수 있는 기회를 없애는 것이다. 그러니 어찌 장차 먼 곳의 현량(賢良)들을 오게 할 수 있겠는가? 이 죄목을 없애도록 하라. 백성들 가운데 서로 말하지 않기로 굳게 언약을 하고 황제를 저주했다가 나중에 약속을 어기고 관에 서로 고발하게 되면 관리들은 이를 대역죄로 다스리고, 이런 처벌에 대해 불평을 하면 또 다시 조정을 비방한 죄로 다스리고 있다. 이는 일반 백성들이 어리석고 무지하여 죽을죄를 범하는 것이니 짐은 이런 형벌에 대해 심히 찬성하지 않는다. 지금부터 이런 죄를 범하는 자가 있다면 죄로 다스리지 말도록 하라(『사기史記』「효문 본기孝文本紀」).

古之治天下, 朝有進善之旌, 誹謗之木, 所以通治道而來諫者也, 今法有誹謗, 訞言之罪, 是使衆臣
고지치천하, 조유진선지정, 비방지목, 소이통치도이래간자야, 금법유비방, 요언지죄, 시사중신

不敢盡情, 而上無由聞過失也. 將何以來遠方之賢良? 其除之. 民或祝詛上, 以相約而後相謾, 吏以
불감진정, 이상무유문과실야. 장하이래원방지현량? 기제지. 민혹축저상, 이상약이후상만, 리이

爲大逆, 其有他言, 吏又以爲誹謗. 此細民之愚無知抵死, 朕甚不取. 自今以來, 有犯此者勿聽治.
위대역, 기유타언, 리우이위비방. 차세민지우무지저사, 짐심불취. 자금이래, 유범차자물청치.

[해설]

문제(文帝) 3년(기원전 177년), 한나라 문제가 한 말이다. 그는 언로를 확대하고 어진 인재를 두루 받아들여 천하를 다스리고자 하였다. 아울러 비방의 죄목을

폐지하여 더 이상 징치(懲治 : 징계하여 다스림)하지 말라고 명하였다.

'진선지정, 비방지목(進善之旌, 誹謗之木)'은 요임금 시절부터 있었다고 하는데, 길가에 깃발이나 나무 팻말을 세워 두고 백성들이 의견을 적거나 나무 팻말에 간언을 하도록 하였다.

'요언(訞言)'은 요언(妖言)과 같아 요사스러운 말이다. '축저(祝詛)'는 귀신에게 빌어 누군가에게 재앙을 내려주도록 하는 일종의 저주이다. '상만(相謾)'은 서로 속여 관부에 고발하는 것을 말한다. '세민(細民)'은 백성을 말한다.

[원문2]

짐이 천도에 대해 들어보니 재앙은 원한에서 비롯되고 복은 덕에서 일어난다고 하였다. 백관의 잘못은 당연히 짐이 감당해야 하는 것인데, 지금 (신령에게 기원하는 일을 관장하는) 비축(祕祝) 관원들은 모든 잘못을 아랫사람들에게 돌려 오히려 짐의 부덕함을 더욱 드러내고 있으니 짐은 이에 대해 심히 찬성하지 않는다. 앞으로 이런 일이 없도록 하라(『사기』 「효문 본기」).

蓋聞天道禍自怨起而福繇德興. 百官之非, 宜由朕躬. 今祕祝之官移過於下, 以彰吾之不德, 朕甚不取.
개문천도화자원기이복요덕흥. 백관지비, 의유짐궁. 금비축지관이과어하, 이창오지부덕, 짐심불취.

其除之.
기제지.

[해설]

문제 13년(기원전 167년), 한나라 문제가 한 말이다. 그는 재앙은 원망에서 비롯되고, 복락(福樂)은 덕으로 인해 생긴다고 하면서 자신이 백관의 허물을 모두 책임질 것임을 천명하였다.

'비축지관(祕祝之官)'은 신령에게 기원하는 일을 관장하는 관원으로서 진(秦)나라 때 처음 생겼다가 한나라 문제 때 폐지되었다.

6. 상하가 화합하고 해내海內가 평안하도다

上下和洽, 海內康平

한나라 선제宣帝 유순劉詢

[원문]

나는 상고(上古) 시대의 정치는 임금과 신하가 마음을 같이하여 사물이 곧은 것이 있고 굽은 것이 있는 것처럼 여러 가지 조치가 각기 합당한 바를 얻었다고 들었다. 그리하여 상하가 화합하고 해내(海內)가 평안하였으니 당시의 덕정(德政)은 참으로 비할 바가 없도다. 짐은 비록 사리에 밝지 못하나 수차례 공경, 대부들에게 조서를 내려 관대(寬大)한 정책을 펼쳐 백성들의 질고를 합리적으로 처리하고, 삼왕(三王) 시절의 융성함에 어울리도록 하여 선대 제왕의 덕정을 발양토록 하였다. 그러나 현재 일부 관리들은 사악한 행위를 금지시키지 않는 것을 오히려 관대하다고 여기고, 죄인을 제멋대로 석방하는 것을 가혹하지 않음으로 여기고 있다. 또 어떤 관리들은 악독한 무리들을 현자(賢者)로 여기고 있으니 이는 모두 합당함을 잃은 것이다. 관리들이 이렇게 조서를 받들어 백성들에게 선전한다면 이 어찌 황당한 일이 아니겠느냐?

지금 천하에 큰일이 많지 않고, 요역(徭役)도 줄어들며, 전쟁도 일어나지 않았는데 여전히 백성들이 빈곤에 허덕이고, 도적들이 그치질 않으니 그 원인이 어디에 있겠는가? 계리(計吏 : 계부를 관장하던 관리)들은 연말에 현지의 호적(戶籍), 부세(賦稅), 인사(人事) 등을 보고하면서 상급기관을 기만하고 탄핵을 피할 생각만 하고 있다. 그럼에도 삼공(三公)은 이를 마음속에 유념하고 있지 않으니 짐이 누구를 믿고 살필 수 있겠느냐? 이전에 명을 받아 외출하는 관원은 정해진 금액 이외의 수익을 얻을 수 있도록 하는 규정이 있었으나 지금부터는 이를 금지토록 하라. 어사는 보고받은 계부(計簿)를 책임지고 심사하여 의문이 나거나 분명치 않은 부분은 반드시 실사하여 진위(眞僞)가 섞여 불분명한 일이 없도록 하라(『한서漢書』「선제기宣帝紀」).

蓋聞上古之治, 君臣同心, 擧措曲直, 各得其所. 是以上下和洽, 海內康平, 其德弗可及已. 朕旣不明,
개문상고지치, 군신동심, 거조곡직, 각득기소. 시이상하화흡, 해내강평, 기덕불가급이. 짐기불명,

數申詔公卿, 大夫務行寬大, 順民所疾苦, 將欲配三王之隆, 明先帝之德也. 今吏或以不禁奸邪爲寬大.
수신조공경, 대부무행관대, 순민소질고, 장욕배삼왕지륭, 명선제지덕야. 금리혹이불금간사위관대,

縱釋有罪爲不苛, 或以酷惡爲賢, 皆失其中. 奉詔宣化如此, 豈不謬哉! 方今天下少事, 徭役省減, 兵
종석유죄위불가, 혹이혹악위현, 개실기중. 봉조선화여차, 기불류재! 방금천하소사, 요역성감, 병

革不動, 而民多貧, 盜賊不止, 其咎安在? 上計簿, 具文而已, 務爲欺?, 以避其課. 三公不以爲意, 朕將何任?
혁부동, 이민다빈, 도적불지, 기구안재? 상계부, 구문이이, 무위기만, 이피기과. 삼공불이위의, 짐장하임?

諸請詔省卒徒自給者皆止. 禦史察計簿, 疑非實者, 按之, 使眞僞毋相亂.
제청조성졸도자급자개지. 어사찰계부, 의비실자, 안지, 사진위무상란.

[해설]

한나라 선제가 황룡(黃龍) 원년(기원전 49년) 2월에 내린 조서이다. 관대한 정책
에 대한 그의 견해를 엿볼 수 있다. 그는 관원들이 관대(寬大)의 미녕 하에 성사
를 돌보지 않는 것을 비판하면서 어사들이 관원들의 비리나 나태함을 엄격하게
살필 것을 명하였다.

'삼왕(三王)'은 하상주 삼대의 임금으로 하우, 상탕, 주나라 무왕을 말한다. '계
부(計簿)'는 계리(計吏 : 고대 중국에서 부적을 관장하는 관리)가 지역의 호구나 부세, 인
사 등에 관한 부적(簿籍)을 등기한 것을 말한다. '삼공(三公)'은 무제 시절부터 승
상(丞相), 어사대부(禦史大夫), 태위(太尉)를 일러 삼공이라고 하였다.

7. 자신들의 직책에 따라 힘을 다해 간언하라

務以職盡規諫

위나라 문제文帝 조비曹조

[원문1]

헌원(軒轅) 황제는 명대(明臺)를 설치하여 대신들이 의논을 발표토록 하였고, 방훈(放勛 : 요임금)은 사방으로 통하는 큰길가에 정치를 자문하는 방을 마련하였으니 이는 모두 널리 아랫사람들에게 의견을 묻기 위함이었다. 조정의 문무백관과 유관 관리들은 자신들의 직책에 따라 힘을 다해 간언하고, 장령(將領)들은 병법을 진술하며, 조정의 관리들은 여러 가지 제도를 밝히고, 지방의 주목(州牧)이나 태수는 정무를 진술하며, 사대부들은 육예(六藝)*를 고찰하라. 나는 장차 여러 가지를 두루 살필 것이다(『삼국지三國志』「위서魏書」'문제기文帝紀').

軒轅有明臺之議, 放勛有衢室之問, 皆所以廣詢於下也. 百官有司, 其務以職盡規諫, 將率陳軍法,
헌원유명대지의, 방훈유구실지문, 개소이광순어하야. 백관유사, 기무이직진규간, 장솔진군법,

朝士明制度, 牧守申政事, 縉紳攷六藝, 吾將兼覽焉.
조사명제도, 목수신정사, 진신고육예, 오장겸람언.

[해설]

연강(延康) 원년(220년)에 조비는 조조(曹操 : 155~220년, 위나라의 시조)의 뒤를 계승하여 위왕(魏王)과 승상의 자리에 올랐다. 그해 7월에 조비는 위와 같은 명령을 하달하였다. 광범위하게 아랫사람들의 의견을 경청하여 치국에 반영하겠다는 적극적인 의지를 표명한 것이다.

'헌원(軒轅)'은 황제(黃帝), 즉 헌원씨**를 말한다. '명대(明臺)'는 황제가 정치에

---

* 고대 중국 교육의 여섯 가지 과목. 예(禮), 악(樂), 사(射), 어(禦), 서(書), 수(數)를 말한다.
** 중국의 건국 신화에 나타나는 제왕으로서 중국을 처음으로 통일한 군주이자 문명의 창시자로 숭배되고 있다.

관한 이야기를 듣던 곳이다. '방훈(放勛)'은 요임금이다. 그는 '구(衢)', 즉 사방으로 통하는 사거리 길가에 집을 지어놓고 그곳에서 백성들의 말을 들었다고 한다. '장솔(將率)'은 장령이다.

[원문2]

재해나 이변이 생기면 마땅히 우두머리를 견책해야 하니 그 허물을 아래 신하들에게 돌린다면, 어찌 우임금이나 탕임금이 자신에게 죄를 물었던 본래 의미와 부합할 수 있겠느냐? 지금 명하노니 백관들은 각기 자신의 직무를 다하라. 이후에 천지의 재이(災異)가 있어도 다시는 삼공을 탄핵하는 일이 없을 것이다 (『삼국지』「위서」'문제기').

災異之作, 以譴元首, 而歸過股肱, 豈禹, 湯罪己之義乎? 其令百各虔厥職, 後有天止之眚, 勿復劾三公.
재이지작, 이견원수, 이귀과고굉, 기우, 탕죄기지의호? 기령백각건궐직, 후유천지지생, 물부핵삼공.

[해설]

황초(黃初) 2년(221년) 6월 무진일에 일식이 발생하자 관원이 태위를 파면하라고 상주하였다. 이에 위나라 문제가 답한 내용이다. 허물을 자신의 신하들에게 돌리지 않고 자신이 직접 책임지려는 관대한 마음이 돋보인다.

'고굉(股肱)'은 넓적다리와 팔뚝으로, 여기서는 대신(大臣)을 비유한다. '생(眚)'은 재이(災異), 즉 재난과 이변이다.

8. 만국과 더불어 흥성할 것을 생각하노니
우리 함께 복락을 향유토록 하라

思與萬國, 共享休祚

진晉나라 무제武帝 사마염司馬炎

[원문1]

짐의 선왕(先王)이신 선왕(宣王 : 사마의)께서는 영명하고 성철(聖哲)하여 천명에 따라 청명하고 화락한 때에 위대한 기업(基業)을 개창하시었고, 백부(伯父)이신 경왕(景王 : 사마사)은 정도(正道)를 밟아 큰 계획을 선포하시어 천하에 광명을 떨치셨으며, 황고(皇考 : 돌아가신 부친)이신 문왕(文王 : 사마소)께서는 예지와 성철이 환하게 빛나 신령과 부합하여 천지에 순응하시어 천명을 받으셨도다. 인애(仁愛)가 천지에 충만하고 공덕이 위아래로 널리 퍼졌다. 하여 위씨(魏氏 : 위나라 조씨 정권)는 고대의 가르침을 거울삼고 당우(唐虞 : 요와 순임금)를 본받아(선양했다는 뜻) 제왕들에게 자문을 얻은 후에 대명(大命 : 천명)을 나에게 모아주었다. 나는 하늘의 명을 경외하여 감히 거스를 수 없었다. 짐은 과덕(寡德)함에도 이처럼 대업을 짊어지게 되었나니 왕공(王公)들에게 의지하고 있으나, 임금으로 사해(四海 : 천하)를 굽어보니 참으로 두렵고 불안하여 어찌 건너야할 지 모르겠다. 그대들, 나의 팔다리나 다를 바 없는 유능한 보좌관들과 충성스러운 문신(文臣)과 무신(武臣)들이여. 그대들의 조부나 부친은 모두 내 선왕의 좌우에서 보좌하던 이들이니 함께 나의 대업을 흥성하게 하라. 만국과 더불어 흥성할 것을 생각하노니 우리 함께 복락을 향유토록 하라(『진서晉書』「제기帝紀」'무제武帝').

昔朕皇祖宣王, 聖哲欽明, 誕應期運, 熙帝之載, 肇啓洪基. 伯考景王, 履道宣猷, 緝熙諸夏. 至於
석짐황조선왕, 골철흠명, 탄응기운, 희제지재, 조계홍기. 백고경왕, 이도선유, 집희제하. 지어

皇考文王, 睿哲光遠, 允協靈祇, 應天順時, 受茲明命. 仁濟於宇宙, 功格於上下. 肆魏氏弘鑒於古訓,
황고문왕, 예철광원, 윤협령지, 응천순시, 수자명명. 인제어우주, 공격어상하. 사위씨홍감어고훈,

儀刑於唐虞, 疇咨群後, 爰輯大命於朕身. 予一人畏天之命, 用不敢違. 惟朕寡德, 負荷洪烈, 托於王
의형우당우, 주자군후, 원집대명어짐신. 여일인외천지명, 용불감위. 유짐과덕, 부하홍렬, 탁우왕

公之上, 以君臨四海, 惴惴惟懼, 罔知所濟. 惟爾股肱爪牙之佐, 文武不貳之臣, 乃祖乃父, 實左右我先王,
공지상, 이군림사해, 췌췌유구, 망지소제. 유이고굉조아지좌, 문무불이지신, 내조내부, 실좌우아선왕,

光隆我大業. 思與萬國, 共享休祚.
광륭아대업. 사여만국, 공향휴조.

[해설]

태시(泰始) 원년(265년) 겨울 12월 병인(丙寅)일에 진나라 무제(武帝)[*]가 남쪽 교외에서 단을 설치하고 백관과 흉노족 선우(單於 : 흉노匈奴의 군주 칭호)를 비롯한 사방의 소수민족과 더불어 제사를 올릴 때 한 말이다. 무제는 인심을 얻어 모든 이들이 진심으로 자신의 대업을 보좌하여 함께 복락을 누릴 것을 희망하였다.

'유(猷)'는 계획, 생각의 뜻이다. '윤협(允協)'은 부합하다, 화합하다. '영지(靈祇)'는 신명, 신령이다. '위씨(魏氏)'는 위(魏)나라 조씨(曹氏) 정권이다. '고굉(股肱)'은 원래 팔다리의 뜻이나 여기서는 측근에서 제왕을 보좌하는 유능한 신하, 중신을 말한다. '조아(爪牙)'는 발톱과 이빨로 수하, 또는 부하를 지칭한다.

[원문2]

무릇 군왕의 일에 대해 말하는 것은 신하들이 가장 난감하게 여기는 일이다. 만약 군왕이 허심탄회하게 간언을 받아들지 않는다면, 이는 자고로 충성스러운 신하나 강직한 선비가 강개(慷慨)하는 일이다. 매번 군왕에게 정사에 대해 진언하는 것은 항시 심사숙고한 것이거늘, 오히려 은혜와 관용을 베푸는 일은 군왕이 결정하라고 하니 이는 어찌된 말이냐? 너희들이 상세하게 의논토록 하라(『진서』「제기」'무제').

凡關言人主, 人臣之所至難. 而人主若不能虛心聽納, 自古忠臣直士之所慷慨也. 每陳事出付主者,
범관언인주, 인신지소지난. 이인주약불능허심청납, 자고충신직사지소강개야. 매진사출부주자,

多從深刻, 乃雲恩貸當由主上, 是何言乎? 其詳評議.
다종심각, 내운은대당유주상, 시하언호? 기상평의.

---

[*] 진나라 무제 사마염의 조부는 위(魏)나라의 대신으로 노년에 정권을 잡은 사마의(司馬懿)이며, 백부는 사마사(司馬師), 아버지는 사마소(司馬昭)이다.

[해설]

태시 2년(266년) 9월, 산기상시(散騎常侍 : 천자를 측근에서 모시고 간언하는 일을 맡아보던 벼슬) 황보도(皇甫陶)와 부현(傅玄 : 217~278년)이 간관(諫官)을 겸직하면서 진나라 무제에게 자신들의 관직을 취소시켜 줄 것을 간언하며 주청하였다. 위 문장은 당시에 무제가 한 말이다. 신하들이 간언하는 것이 참으로 어렵다는 점을 인정하면서 그럼에도 참된 간언을 듣도록 하겠다는 자신의 심정을 이야기하고 있다.

'강개(慷慨)'는 감개(感慨)의 뜻이다. '은대(恩貸)'는 은혜를 베풀고 관용을 베푼다는 뜻이다.

[원문3]

정직하고 바른 말을 하는 이들이 나의 좌우에서 보좌하기를 바라노라. 군왕은 항시 아첨하거나 아양을 부리는 것을 환란처럼 여기고 있으니, 어찌 정직한 간쟁(諫諍 : 옳지 못하거나 잘못된 일을 고치도록 간절히 말함)을 손해나는 일로 생각하겠는가? 정휘(鄭徽)가 자신의 직분을 벗어나 망령스럽게 상주한 것이 어찌 짐의 뜻이겠느냐?(『진서』「제기」'무제')

讜言謇諤, 望於左右也. 人主常以阿媚爲患, 豈以爭臣爲損哉. 徽越朕妄奏, 豈朕之意.
당언건악, 망어좌우야. 인주상이아미위환, 기이쟁신위손재. 휘월짐망주, 기짐지의.

[해설]

태시 8년(272년) 2월, 진나라 무제가 우장군 황보도와 국가의 대사를 의논하다가 쟁론이 붙었다. 이에 산기상시 정휘가 표문(表文)을 올려 황보도의 죄를 다스려야 한다고 했다. 그러자 진나라 무제는 위와 같이 대답하였다. 언로를 막지 않고 기꺼이 신하들의 간언을 청취하고자 했던 무제의 면모를 엿볼 수 있다.

'당언(讜言)'은 정직한 말이다. '건악(謇諤)'은 정직한 간언이다. '쟁신(爭臣)'은 직언으로 간쟁(諫諍)하는 신하를 말한다.

9. 직언을 수용하고, 성실하고 정직한 이를 등용하겠노라

餐直言, 引亮正

진晉나라 명제明帝 사마소司馬昭

[원문]

직언을 수용하고, 성실하고 정직한 이를 등용하겠노라. 여러 신료들은 이러한 나의 생각을 실천할 수 있도록 보좌하기 바란다. 나에게 과실이 있다면 그대들이 보필하여 고칠 수 있도록 하여, 요순시대에 임금과 신하가 함께하였던 것과 같도록 하라. 내가 비록 부덕하고 사리에 밝지 못하나 귀에 거슬리는 충언을 거절하지 않을 것이로다. 직(稷)과 설(契)의 중임은 그대들이 맡아야 할 것이니, 바라건대 그대들은 함께 노력하라(『진서』 「제기」 '명제').

餐直言, 引亮正, 想群賢達吾此懷矣. 予違汝弼, 堯舜之相君臣也. 吾雖虛暗, 庶不距逆耳之談. 稷
찬직언, 인량정, 상군현달오차회의. 여위여필, 요순지상군신야. 오수허암, 서불거역이지담. 직

契之任, 君居之矣. 望共勖之.
설지임, 군거지의. 망공욱지.

[해설]

진나라 명제 태녕(太寧) 3년(325년) 4월에 내린 조서이다. 군신들에게 직언을 마다하지 않을 것과 사직의 중임을 맡아 국가를 다스리는 데 최선을 다해 보필할 것을 주문하고 있다.

'찬(餐)'은 받아들인다는 뜻이다. '직설(稷契)'은 직과 설을 병칭한 것이다. 두 사람 모두 당우(唐虞) 시대의 어진 신하였다. '설(契)'은 상(商)나라의 시조(始祖)이다.

10. 고인을 추념하는 것은 마음속에 가장 성대한 일이다

愼終追舊心之隆

송나라 무제武帝 유유劉裕

[원문]

공훈을 새기고 업적을 기록하는 것은 국가 건립의 중요한 법도이고, 상사(喪事)를 신중하게 처리하고 고인을 추념하는 것은 마음속에 가장 성대한 일이다. 대업을 창건하여 기초를 닦은 지 이미 17년의 세월이 흘렀다. 세상의 일이 어렵고, 매년 전쟁이 계속되니 동쪽에서 서쪽까지 평안한 날이 없었다. 그러나 이제 장수(將帥)들이 마음을 다하고 문무 관원들이 힘을 다함에 의지하여 안으로 평안을 되찾고 밖으로 강역(疆域 : 영토)을 확장하니 마침내 성취를 이루었도다. 위세가 멀리 퍼져 적들이 모두 소멸되었으니, 비로소 선양(禪讓 : 양위)의 예를 받들어 천인(天人)의 복락을 향유코자 한다. 많은 이들의 공훈과 노고를 생각하면 잠도 제대로 자지 못할 정도로 잊을 수 없도다. 무릇 충성스럽고 노고가 많은 이들은 마땅히 국가의 경하스러운 제전을 함께 누려야 할 것이다. 포상과 면제 등의 조령(條令)을 즉시 의논하여 보고토록 하라. 전쟁 중에 사망한 이들은 더욱 두텁게 추증(追贈 : 나라에 공로가 있는 벼슬아치가 죽은 뒤에 품계를 높여 주던 일)토록 하라(『송서宋書』「본기」'무제').

夫銘功紀勞, 有國之要典, 愼終追舊, 在心之所隆. 自大業創基, 十有七載, 世路迍邅, 戎車歲動, 自東
부명공기로, 유국지요전, 신종추구, 재심지소륭. 자대업창기, 십유칠재, 세로둔전, 융차세동, 자동

徂西, 靡有寧日. 實賴將師竭心, 文武盡效, 寧內拓外, 迄用有成. 威靈遠著, 寇逆消蕩, 遂當揖讓之禮,
조서, 미유녕일. 실뢰장수갈심, 문무진효, 녕내척외, 흘용유성. 위령원저, 구역소탕, 수당읍양지례,

猥饗天人之祚. 念功簡勞, 無忘鑒寐, 凡厥誠勤, 宜同國慶. 其酬賞復除之科, 以時論擧. 戰亡之身,
외향천인지조. 염공간로, 무망감매, 범궐성근, 의동국경. 기수상복제지과, 이시론거. 전망지신,

厚加復贈.
후가복증.

[해설]

영초(永初) 원년(420년) 6월 정묘일, 송나라 무제는 남쪽 교외에 제단을 세우고 황제 즉위식을 거행하였다. 의식이 끝난 후 위의 조서를 반포하여 국가 건립 유공자들에게 포상하고 사망자들을 위로하였다.

'세로둔전(世路迍邅)'은 세상의 길이 머뭇거리며 나아가지 않는다는 뜻이니, 세상사가 곤란하고 힘든 상황에 있음을 비유한다. '읍양지례(揖讓之禮)'는 공제(恭帝)가 황위를 송나라 무제에게 양위하는 선양의식을 말한다. '감매(鑒寐)'는 가매(假寐), 즉 옷을 벗지 않고 쪽잠을 자는 것을 말한다. '감(鑒)'은 '감(監)'과 통한다.

11. 여러 제후와 관리들은 각기 직언을 상소하라

百司各獻謙言

송나라 문제文帝 유의륭劉義隆

[원문]

나는 공경스럽게 홍업(洪業 : 대업)을 계승하여 사해에 군림하였으나 아직 풍속교화를 널리 행하지 못하고 치도(治道)가 여전히 어두운 상태에 있어 인간사를 탐구하느라 걱정이 되어 잠을 이루지 못할 지경이다. 게다가 최근 들어 음양의 질서가 어긋나 한발과 질병이 우환거리가 되고 있어 우환의 교훈을 생각하니, 나의 책임이 막중함을 느낀다. 그런 까닭에 몸을 기울여 고민하고 전심전력하여 옥사와 형벌을 신중하게 처리하여 위로 하늘의 견책에 답하고, 아래로 백성들의 고통을 위로하고자 한다. 여러 제후와 관리들은 각기 직언을 상소하여 득실을 지적하는 일을 꺼리지 말기 바란다(『송서』「본기」'문제').

朕恭承洪業, 臨饗四海, 風化未弘, 治道多昧, 求之人事, 鑒寐惟憂. 加頃陰違序, 旱疫成患, 仰惟災戒,

짐공승홍업, 임향사해, 풍화미홍, 치도다매, 구지인사, 감매유우. 가경음위서, 한역성환, 앙유재계, 책심재여.

責深在予. 思所以側身克念, 議獄詳刑, 上答天譴, 下恤民瘼. 群後百司, 其各獻讜言, 指陳得失, 勿有所諱.
사소이측신극념, 의옥상형, 상답천견, 하휼민막. 군후백사, 기각헌당언, 지진득실, 물유소휘.

[해설]

송나라 문제가 원가(元嘉) 5년(428년) 정월에 반포한 조서의 내용이다. 제위를 계승한 후 황제 스스로 책임과 우려의 심정이 그득함을 드러냄과 동시에 제후들이나 관리들의 진언을 적극적으로 받아들여 나라를 잘 다스리겠다는 결심을 보여주고 있다.

원문에 나오는 '향(饗)'은 원래 술과 음식으로 손님을 대접한다는 뜻이지만, 여기서는 천하를 관장한다는 의미로 풀이한다. '매(昧)'는 원래 애매모호하고 머리가 맑지 않음을 뜻하지만, 여기서는 아직 해결되지 않아 어두운 상태를 의미한다. '민막(民瘼)'은 백성들의 고통을 말한다.

12. 어찌 덕이 부족한 내가 모든 것을 독단할 수 있겠느냐?

豈朕寡德, 所能獨斷

양나라 무제 소연蕭衍

[원문]

나라를 다스림에는 일정한 법도가 있으니 반드시 조정의 관원들에게 자문을 구해야 한다. 그래서 상서성(尙書省)에 영, 복, 승, 랑 등을 설치한 것이다. 매일 조정에서 당면한 일을 의논하여 먼저 함께 생각을 정리한 후 상주한다. 그러나 근래에는 이러하지 않고 매번 의심나는 일이 있으면 시립하여 주상의 판단을 기다리고 있다. 고인(古人 : 옛사람)이 말하기를, 모든 군왕이 요나 순임금일 수 없으니 어찌 하는 말이 모두 맞을 것인가? 그런 까닭에 방훈(放勛 : 요임금)과 같이 성명한 군주도 사악(四嶽 : 동악 태산泰山, 서악 화산華山, 남악 형산衡山, 북악 항산恒山)을

향해 물었던 것이고, 중화(重華 : 순임금)와 같이 예지를 지닌 군주도 여러 훌륭한
선비들에게 의지하고자 했던 것이다. 그러니 어찌 덕이 부족한 내가 모든 것을
독단할 수 있겠느냐? 지금 이후로 상서성에 의문 나는 일이 있으면 먼저 조정에
서 여러 관원들을 불러 상의한 후에 상주하고 더 이상 예전처럼 하지 말도록 하
라. 군사에 관한 중요 업무는 앞서 분명하게 자문을 얻고 있으니 예전의 법도대
로 처리토록 하라(『양서梁書』「본기」'무제').

經國有體, 必詢諸朝, 所以尙書置令, 僕, 丞, 郞, 旦旦上朝, 以議時事, 前共籌懷, 然後奏聞. 頃者不爾,
경국유체, 필순제조, 소이상서치령, 복, 승, 랑, 단단상조, 이의시사, 전공주회, 연후주문. 경자불이,

每有疑事, 倚立求決. 古人有雲, 主非堯舜, 何得發言便是. 是故放勛之聖, 猶咨四嶽, 重華之叡, 亦待多士.
매유의사, 의립구결. 고인유운, 주비요순, 하득발언편시. 시고방훈지성, 유자사악, 중화지예, 역대다사.

豈朕寡德, 所能獨斷. 自今尙書中有疑事, 前於朝堂參議, 然後啓聞, 不得習常. 其軍機要切, 前須諮審,
기짐과덕, 소능독단. 자금상서중유의사, 전어조당참의, 연후계문, 불득습상. 기군기요절, 전수자심,

自依舊典.
자의구전.

[해설]

　양나라 무제가 대동(大同) 6년(540년) 8월에 대사면을 실시한 후 내린 조서의 내
용이다. 그는 고대(古代)의 성명(聖明)한 군주를 본받아 조정 대신들이 적극적으
로 정사를 의논하여 군왕 한 사람이 독단하는 현상을 미연에 방지할 것을 주장
하고 있다.

　'체(體)'는 법도, 법식의 뜻이다. '상서(尙書)'는 상서성이다. 남조 송나라 때 처
음 설치되었으며, 위진시대부터 유송(劉宋)까지 중앙의 최고기관 가운데 하나였
다. 영(令), 복(僕), 승(丞), 낭(郞) 등은 모두 상서성 아래 관리들이다. '방훈(放勛)'
은 고대 중국의 전설적인 성왕인 요임금을 말한다. 성은 윤기(尹祁)이며 호가 방
훈이다. 당(唐)에 봉해졌기 때문에 '당요(唐堯)'라 부르기도 한다. '중화(重華)'는
순임금을 말한다.

13. 직언의 길을 열다

開直言之路

수나라 문제文帝 양견楊堅

[원문1]

내가 천하를 통치한 지 이제 9년이 되었다. 직언의 길을 열고 심적으로 기피하지 않도록 하여 이미 이러한 생각이 내 얼굴에 표현되고 있으니, 앉으나 누우나 항시 이를 위해 애쓰고 있도다. 얼마 전부터 재주를 드러내고 학문을 연구하며 언사에 거리낌이 없는 이들이 많아지기는 했으나 성의(誠意)를 드러내어 직언으로 간언하는 일은 오히려 적어졌다. 공경대부와 사인, 백성들은 바라는 바가 아닐 지라도 각기 지극한 정성을 펼쳐 미치지 못해 부족한 부분을 바로잡도록 하라. 덕행을 지닌 자가 있다면 반드시 천거하고, 재주가 있는 자도 반드시 추천하여 기피하여 침묵함이 없도록 하며, 퇴조(退朝 : 벼슬아치들이 조정의 조회에서 물러남) 후에도 의논토록 하라(『수서隋書』「제기帝紀」'고조高祖').

朕君臨區宇, 於玆九載, 開直言之路, 披不諱之心, 形於顏色, 勞於興寢. 自頃逞藝論功, 昌言乃衆,
짐군림구우, 우자구재, 개직언지로, 피불휘지심, 형어안색, 노어흥침. 자경령예론공, 창언내중,

推誠切諫, 其事甚疏. 公卿士庶, 非所望也, 各啓至誠, 匡玆不逮. 見善必進, 有才必擧, 無或噤默,
추성절간, 기사심소. 공경사서, 비소망야, 각계지성, 광자불체. 견선필진, 유재필거, 무혹금묵,

退有後言.
퇴유후언.

[해설]

수나라 문제가 개황(開皇) 9년(589년) 4월에 내린 조령이다. 수나라 문제는 허심탄회하게 여러 관원들과 백성들이 직간(直諫)하고 어진 인재를 추천하여 국가 발전에 최선을 다할 것을 요구하였다.

'영예(逞藝)'는 예술 활동과 학문 연구를 말한다. '창언(昌言)'은 거리낌 없이 말하는 것이다. '금묵(噤默)'은 입을 다물고 말하지 않는 것이다.

해가 기울면 달이 떠오르니 이는 천상에서 사시사철이 변화하는 까닭이다. 산은 안정적으로 높이 솟고 하천은 끊임없이 흐르니, 이는 지상에서 생기가 넘치는 까닭이다. 계절이 바뀌어 추위와 더위가 한 치의 착오도 없고 생기가 생기니, 구름과 비가 만들어진다. 그런 까닭에 천지의 대덕(大德)이 이루어질 수 있고, 만물을 양육하여 공로(功勞)가 있게 되는 것이다. 하물며 인군(人君)이 사해에 임하여 만물을 살펴 운용함에 여러 인재들에 의지하지 않고 단독으로 다스리는 일은 있었던 적이 없다(『수서』「제기」'고조').

日往月來, 唯天所以運序. 山鎭川流, 唯地所以宣氣. 運序則寒暑無差, 宣氣則雲雨有作, 故能成
일왕월래, 유천소이운서. 산진천류, 유지소이선기. 운서칙한서무차, 선기칙운우유작, 고능성

天地之大德, 育萬物而爲功. 況一人君於四海, 睹物欲運, 獨見致治, 不藉群才, 未之有也.
천지지대덕, 육만물이위공. 황일인군우사해, 도물욕운, 독견치치, 불자군재, 미지유야.

[해설]

수나라 문제가 인수(仁壽) 4년(604년) 7월에 내린 조령이다. 천지와 산하의 운행을 비유하면서 군왕이 나라를 다스리는 데 인재가 중요함을 역설하고 있다.

14. 군주가 간언을 받아들이면 성명聖明한 군주가 된다

人君受諫則聖

당나라 태종 이세민

[원문1]

내가 전대의 역사를 두루 살펴보니 참언(讒言)을 일삼고 간사한 무리들이 나라의 해충이자 도적이로다. 그들은 교언영색(巧言令色 : 아첨하는 말과 알랑거리는 태도)으로 붕당을 만드니 우매한 군주는 그들에게 미혹되지 않음이 없어 충신과 효

자가 원통하여 피울음을 운다. 그런 까닭에 난초가 무성하게 자라려고 하나 가을바람이 불어 쇠락해지고, 군왕이 명철하고자 하나 참언을 일삼는 이들이 군왕을 몽매하게 만든다(『당태종집』「유시신절참구론諭侍臣絕讒構論」).

朕歷觀前代, 讒佞之徒, 皆國蟊賊, 巧令朋比, 暗主庸君, 莫不迷惑, 忠臣孝子, 泣血銜冤. 故叢蘭欲茂,
짐역관전대, 참녕지도, 개국모적, 교령붕비, 암주용군, 막불미혹, 충신효자, 읍혈함원. 고총란욕무,

秋風敗之. 王者欲明, 讒人蔽之.
추풍패지. 왕자욕명, 참인폐지.

[해설]

「유시신절참구론(諭侍臣絕讒構論)」은 당나라 태종이 정관(貞觀) 초년(627년)에 쓴 문장이다. 역사에서 교훈을 얻어 참언을 일삼는 간신배를 물리치고 사리에 밝은 임금이 되겠다는 결심이 돋보인다.

'모적(蟊賊)'은 곡식에 해로운 벌레를 말한다. 여기서는 나라에 해를 끼치는 간신을 지칭한다. '교령붕비(巧令朋比)'는 교언영색으로 사사롭게 붕당을 만들어 나라를 어지럽히는 것을 말한다.

[원문2]

공(公)들은 하나만 알고 둘은 모르고 있다. 사람의 성정은 세밀하게 살필 수 있으나 마음은 분명하게 알 수 없다. 무릇 마음은 어둡고 희미하여 비추어 보아도 제대로 통하지 않고, 아무리 자세히 살펴도 사물에 대해 의혹이 생기기 마련이다. 자기 자신이 불쌍한 이들을 속여 천하를 얻었음을 알기에 아랫사람들을 신임할 수 없다 여기고 모든 일을 자신이 결정하였으니, 비록 심신을 고달프게 하여 애쓰나 사리에 합당하게 처리할 수 없었다. 조정의 신하들은 미리 황상의 뜻을 알아 감히 직언을 하는 이가 없었으니, 재상 아래로 그저 황상의 명을 받아 시행할 따름이었다. 짐의 뜻은 이와 다르다. 천하가 이처럼 광대한데 어찌 한 사람의 생각으로 독단할 수 있겠는가? 짐은 바야흐로 천하의 인재를 선발하여 천하의 사무를 처리함에 있어 각자 책임을 맡아 쓰임을 다하여 치리(治理)할 수 있기를 바라노라(『구당서舊唐書』「본기本紀」 '태종太宗').

公得其一, 未知其二. 此人性至察而心不明. 夫心暗則照有不通, 至察則多疑於物. 自以欺孤寡得之,
공득기일, 미지기이. 차인성지찰이심불명. 부심암칙조유불통, 지찰칙다의어물. 자이기고과득지,

謂群下不可信任, 事皆自決, 雖勞神苦形, 未能盡合於理. 朝臣旣知上意, 亦復不敢直言, 宰相已下,
위군하불가신임, 사개자결, 수로신고형, 미능진합어리. 조신기지상의, 역복불감직언, 재상이하,

承受而已. 朕意不然. 以天下之廣, 豈可獨斷一人之慮? 朕方選天下之才, 爲天下之務, 委任責成, 各
승수이이. 짐의불연. 이천하지광, 기가독단일인지려? 짐방선천하지재, 위천하지무, 위임책성, 각

盡其用, 庶幾於理也.
진기용, 서기어리야.

[해설]

정관 4년(630년) 7월 갑자(甲子) 초하루에 일식(日蝕)이 일어났다. 당나라 태종이 방현령(房玄齡)과 소우(蕭瑀)에게 물었다. "수나라 문제는 어떤 황제였는가?" 방현령 등이 이에 대답하기를 "여정지주(勵精之主), 즉 세밀하게 애쓰는 군주입니다"라고 하였다. 이에 당나라 태종이 답한 것이 바로 위의 내용이다. 황제 개인이 독단적으로 일을 처리하는 것에 대해 비판하면서 인재를 선발하여 국가를 다스리는 데 활용해야 함을 강조하고 있다.

[원문3]

나무가 비록 굽었다고 할지라도 목수가 먹줄로 가공하면 곧아진다. 군주가 비록 품덕이 높지 않다고 해도 대신들의 간언을 받아들이면 성명(聖明)한 군주가 된다(『당태종집』 「자감록自鑒錄」).

此木雖曲, 得繩則正, 爲人君雖無道, 受諫則聖.
차목수곡, 득승즉정, 위인군수무도, 수간즉성.

[해설]

당나라 태종의 「자감록」에서 발췌한 내용이다. 당나라 태종은 굽은 나무도 목수가 먹줄을 쳐서 제대로 가공하면 곧아지는 것에 비유하여 태자에게 대신들의 간언을 받아들일 수 있으면 능히 명군이 될 수 있다고 교육하였다.

[원문4]

　무릇 제왕은 높은 곳에서 사해를 관조하면서 귀와 눈이 막혀 과실(過失 : 잘못이나 실수)이 있어도 들을 수 없고, 부족한 점이 있어도 채울 수 없음을 두려워한다. 그래서 도고(鼗鼓 : 북)를 설치하고 비방목(誹謗木)을 세워 옳은 것을 권해 그른 것을 혁신하려는 건의를 받아들이고자 하는 것이고, 귀를 기울이고 마음을 비워 충성스럽고 정직한 의견을 기다리는 것이다. 말이 옳다면 설사 노복이나 땔나무를 하는 이의 말일지라도 버리지 않을 것이며, 말이 그르다면 제아무리 왕후, 경상(卿相)의 말일지라도 받아들일 수 없을 것이다. 그 뜻이 가히 볼만하다면 말이 서툴더라도 탓하지 않을 것이고, 이치에 맞아 활용할 수 있다면 문채를 따지지 않을 것이다. 예전에 궁전의 난간이 부서질 정도로 외쳐 직간하고, 국군(國君)에게 거문고를 던져 창문을 부순 일 등을 표방하여 경계의 거울로 삼고, 위나라 시절 신비(辛毗)*가 문제의 옷자락을 잡고 끝내 직간을 멈추지 않았던 일을 선양하여 자책(自責)하고자 하는 것이다.

　그런 까닭에 충성스러운 이는 자신의 충성스러운 마음을 모두 쏟아내고, 지혜로운 이는 자신의 책략을 다해 바치는 것이다. 신하는 군주와 사이가 있으면 안 되고, 군주는 신하에게 두루 은덕을 베풀어야 한다. 어리석은 군주는 이와 달라 간언하는 이를 위엄으로 거절하고, 바르게 권유하는 이를 형벌로 막아버린다. 대신(大臣)들은 많은 봉록이 아까워 간언하지 않고, 소신(小臣)들은 처벌이 두려워 말을 하지 않는다면, 군주가 제멋대로 난폭한 짓을 하고 황음(荒淫)에 빠질지라도 이미 모든 언로가 막혀 있기 때문에 스스로 알 수 있는 방법이 없다. 그래서 스스로 자신이 삼황(三皇)보다 덕이 높고 오제(五帝)보다 뛰어난 재능을 지녔다고 생각하다 결국 자신은 피살되고 나라가 멸망하는 화를 당하게 된다. 이 어찌 슬픈 일이 아니겠는가? 이것이 바로 신하들의 간언을 막은 악과(惡果)인 것이다(『당태종집』 「납간편納諫篇」).

---

* 후한 말기의 문신으로 원소가 죽자 조조에게 의탁하였고, 위나라 문제 때 주민 강제 이주안이 발표되었으나 다른 신하들과 달리 신비는 정식으로 간언하여 이주민을 반으로 줄였다.

夫王者, 高居深視, 虧聽阻明. 恐有過而不聞, 懼有闕而莫補. 所以設鼗樹木, 思獻替之謀, 傾耳虛心,
부왕자, 고거심시, 휴청조명. 공유과이불문, 구유궐이막보. 소이설도수목, 사헌체지모, 경이허심,

佇忠正之說. 言之而是, 雖在僕隸芻蕘, 猶不可棄也. 言之而非, 雖在王侯卿相, 未必可容. 其義可觀,
저충정지설. 언지이시, 수재복례추요, 유불가기야. 언지이비, 수재왕후경상, 미필가용. 기의가관,

不責其辯. 其理可用, 不責其文. 至若折檻懷疏, 標之以作戒. 引裾卻坐, 顯之以自非. 故忠者瀝其心,
불책기변. 기리가용, 불책기문. 지약절함회소, 표지이작계. 인거각좌, 현지이자비. 고충자력기심,

智者盡其策. 臣無隔情於上, 君能遍照於下. 昏主則不然, 說者拒之以威, 勸者窮之以罪. 大臣惜祿而莫諫,
지자진기책. 신무격정어상, 군능편조어하. 혼주칙불연, 설자거지이위, 권자궁지이죄. 대신석록이막간,

小臣畏誅而不言. 恣暴虐之心, 極荒淫之志. 其爲雍塞, 無由自知. 以爲德超三皇, 材過五帝. 至於身
소신외주이불언. 자폭학지심, 극황음지지. 기위옹새, 무유자지. 이위덕초삼황, 재과오제. 지어신

亡國滅, 豈不悲哉! 此拒諫之惡也.
망국멸, 기불비재! 차거간지악야.

[해설]

당나라 태종은 역사상 간언을 잘 받아들인 것으로 유명하다. 위 문장은 간언을 받아들이는 일과 국가 흥망의 관계에 대한 그의 견해를 밝힌 것이다. 허심탄회하게 신하들의 간언을 수용하는 그의 모습을 엿볼 수 있다.

'도(鼗)'는 이른바 땡땡이로 북자루를 잡고 돌리면 양쪽에 붙어 있는 구슬이 북면을 치게 만든 북이다. '헌체(獻替)'는 '헌가체부(獻可替否 : 옳은 것을 권해 그른 것을 혁신함)'의 쟁언(諍言 : 간하는 말)을 진언함을 말한다. '절함(折檻)'은 부러진 난간이란 뜻인데, 다음과 같은 한나라 시대의 전고가 있다. 한나라 때 괴리(槐裏 : 섬서성 흥평興平)의 현령인 주운(朱雲)이 성제(成帝 : BC 51~BC 7)*를 알현하여 간신인 안창후(安昌侯) 장우(張禹)를 참살하기 위해 검을 하사해 줄 것을 주청하였다. 성제가 그의 말을 듣고 크게 노하여 당장 주운을 포박하여 참수토록 하였다. 그러자 주운이 궁전의 난간을 잡고 항성(抗聲 : 고성)을 내질렀다. 그 소리에 급기야 난간이 부러지고 말았다. 대신들의 만류로 황제는 주운의 죄를 사해 주었다. 이후 난간을 고치게 되었는데, 성제는 부러진 난간을 그대로 놔두어 직간(直諫)한 신하

---

* 한나라 황제들 가운데에서도 손꼽히는 난봉꾼으로, 궁 안에서는 얇은 비단옷을 걸친 미녀들이 춤추는 모습을 즐겼고, 밤이면 궁 밖으로 나가 민간의 미녀를 찾았다. 심지어 미녀에 반해 황후를 폐하고 밖에서 만난 여인을 황후로 봉하기도 했다.

를 표창토록 하였다.

'괴소(壞疏)'는 부서진 창문을 친다는 뜻으로 다음과 같은 전고가 있다. 전국시대 위(魏)나라 문후(文侯 : 재위 BC 424~BC 387년)가 말했다. "나의 말은 누구도 감히 거스를 수 없다." 당시 옆에 있던 악사 사경(師經)은 문후의 말이 군주의 신분에 부합하지 않다고 여겼다. 하여 자신의 거문고를 문후에게 내던졌는데, 그만 옆에 있는 창문에 부딪치고 말았다. 놀란 문후가 그를 붙잡아 다그치자 사경이 이렇게 말했다. "요와 순임금은 말(자신의 말)을 삼가 오히려 사람들이 어기지 않았지만, 걸(桀)과 주(紂)는 오로지 말(직간)을 두려워하여 사람들이 그를 어기게 되었습니다. 신은 걸주를 친 것이지 나의 군왕을 친 것이 아닙니다." 위나라 문후는 그의 충언을 들어 깊이 깨닫고 처벌을 취소함과 동시에 부서진 창문을 그대로 놔두어 이후에도 경계의 표시로 삼도록 하였다.

'인거(引裾)' 역시 다음과 같은 전고가 있다. 삼국시대 위(魏)나라 문제(文帝)가 기주(冀州)의 주민 10만 호를 하남(河南)으로 이주시키고자 하였다. 당시 몇 년에 걸쳐 기근이 들었기 때문에 자칫 주민들을 이주시킬 경우 모두 아사지경에 이를 수밖에 없었다. 이에 중신들이 모두 반대하였으나 문제는 전혀 뜻을 굽히지 않았다. 그러자 신비(辛毗)가 문제의 옷자락을 끌어당기며 끝까지 직간하여 결국 문제도 주민의 절반만 이주시키는 것으로 문제를 해결하였다. 이후 '인거'는 신하의 합당한 직간을 비유하는 말이 되었다.

[원문5]

대신들이 직언할 수 있는 간언의 길을 열고, 그들이 진언함에 거리낌이 없도록 언론의 문을 넓혀 아직 듣지 못한 일과 이치를 들어 날로 근신하도록 할 것이다(『당태종집』「사효의고년속백조賜孝義高年粟帛詔」).

開直言之路, 廣不諱之門, 聞所未聞, 日愼一日.
개직언지로, 광불휘지문, 문소미문, 일신일일.

당나라 태종이 대신들의 직언과 간언을 통해 더욱 많은 사리(事理)를 깨닫게 되기를 바라면서 한 말이다. 그는 성심으로 신하들의 간언을 받아들였으며, 언로를 확대하여 나라를 제대로 다스리고자 하였다.

'불휘(不諱)'는 군주나 존장(尊長)의 이름을 피휘(避諱)하지 않음을 뜻하지만, 여기서는 거리끼거나 고려하는 바가 없음을 말한다.

[원문6]

짐이 듣기에 요와 순임금은 스스로 어리석다 여겨 오히려 지혜를 더하고, 걸(桀)과 주(紂)임금은 혼자 총명하다고 여겨 우둔함을 더하고 말았다고 들었다. 이는 충언을 수용하는 태도가 달랐기 때문이니, 이로써 군왕의 길에 영욕(榮辱)이 달라진 것이다(『당태종집』「구직언수조求直言手詔」).

朕聞堯舜之君, 自愚而益智. 桀紂之主, 獨智以添愚. 故異順逆於忠言, 則殊榮辱於帝道.
짐문요순지군, 자우이익지. 걸주지주, 독지이첨우. 고이순역어충언, 칙수영욕어제도.

[해설]

「구직언수조(求直言手詔)」는 당나라 태종이 정관 20년(646년)에 쓴 것으로서, 위의 문장은 그 가운데 일부이다. 충언에 대한 태종의 태도가 잘 드러나 있다. 그는 스스로 자신을 낮춰 신하들의 충언을 받아들이고자 하였다.

15. 효도란 부모를 모시는 것이 가장 먼저이다

夫孝, 始於事親

당나라 고종高宗 이치李治

[원문]

효도란 부모를 모시는 것이 가장 먼저이고, 다음으로 임금을 받드는 것이고, 마지막은 입신(立身)함에 있습니다. 군자는 군주를 받듦에 나아가면 군주를 위해 충성을 다하고, 물러나면 군주의 허물을 보완할 것을 생각해야 합니다. 군주의 미덕에 순종하고 군주의 악행을 고쳐 바르게 해야 합니다(『구당서』「본기」'고종').

夫孝, 始於事親, 中於事君, 終於立身. 君子之事上, 進思盡忠, 退思補過, 將順其美, 匡救其惡.
부효, 시어사친, 중어사군, 종어입신. 군자지사상, 진사진충, 퇴사보과, 장순기미, 광구기악.

[해설]

일곱 살이던 고종이 『효경』을 배울 때 태종이 그에게 물었다. "이 책에서 가장 중요한 대목이 무엇인고?" 그러자 고종은 『효경』의 제1장인 「개종명의장(開宗明義章)」과 제17장인 「사군장(事君章)」에 나오는 위의 문장을 예로 들어 대답하였다.

16. 짐은 자신의 몸을 아끼지 않고
오로지 백성들을 사랑하는 것만 알았다

朕不敢愛身知愛人

당나라 무측천武則天 무조武曌

[원문]

짐은 선제(先帝 : 고종)를 보좌한 지 30여 년 동안 천하를 위해 근심하고 수고하였다. 작위(爵位)와 부귀는 모두 내가 너희들에게 준 것이고, 천하의 안정과 평온은 내가 만든 것이다. 선제가 여러 신료들을 버리고 떠나실 때 사직(社稷)을 나에게 맡기시니 짐은 자신의 몸을 아끼지 않고 오로지 백성들을 사랑하는 것만 알았다. 지금 반란의 수령들은 모두 장상(將相 : 장수와 재상)들인데, 어찌하여 이처럼 갑자기 나의 기대를 저버린단 말인가? 선제의 유지를 받든 노신(老臣)들 가운데 배염(裴炎)처럼 강직하고 오만하여 제압하기 힘든 신하가 있는가? 장상의 자손들 가운데 서경업(徐敬業)처럼 죽음을 두려워하지 않는 무리를 취합할 만한 이가 있는가? 노장들 가운데 정무정(程務挺)처럼 전쟁에 능한 장군이 있는가? 그들은 모두 뛰어난 호걸들이었다. 그러나 그들이 짐에게 이롭지 않았기에 짐은 가차 없이 그들을 죽인 것이다. 공(公)들 가운데 재주가 그들을 능가하는 이가 있다면 일찌감치 일어나 나를 반대하라. 그렇지 않다면 짐의 말에 삼가 복종하여 천하에 웃음거리로 남지 않도록 하라(『신당서新唐書』「열전列傳」'후기后紀').

朕輔先帝逾三十年, 憂勞天下. 爵位富貴, 朕所與也. 天下安佚, 朕所養也. 先帝棄群臣, 以社稷爲托,
짐보선제유삼십년, 우로천하. 작위부귀, 짐소여야. 천하안일, 짐소양야. 선제기군신, 이사직위탁,

朕不敢愛身, 而知愛人. 今爲戎首者皆將相, 何見負之遽? 且受遺老臣伉扈難制有若裴炎乎? 世將種
짐불감애신, 이지애인. 금위융수자개장상, 하견부지거? 차수유로신항호난제유약배염호? 세장충

能合亡命若徐敬業乎? 宿將善戰若程務挺乎? 彼皆人豪, 不利於朕, 朕能戮之. 公等才有過彼, 蚤爲之.
능합망명약서경업호? 숙장선전약정무정호? 피개인호, 불리어짐, 짐능륙지. 공등재유과피, 조위지.

不然, 謹以事朕, 無詒天下笑.
불연, 근이사짐, 무이천하소.

[해설]

무측천이 서경업(徐敬業)*의 반란을 평정한 후 조정의 여러 대신들에게 한 말이다. 무측천은 정권을 잡은 후 오로지 대주(大周)**왕조를 건립할 생각에 몰두하였다. 그러나 이씨(李氏 : 당나라의 황족)들이 적극 이에 반대하여 정쟁이 격렬해졌다. 당나라의 공신인 이훈(李勣 : 원래 성은 '서徐'인데, 나중에 성姓을 하사받아 이李씨가 됨)의 장손인 서경업이 이를 틈타 반란을 일으켰다. 그는 괄창현(括蒼縣)의 수령인 당지기(唐之奇)와 임해현(臨海縣)의 현승(縣丞)인 낙빈왕(駱賓王) 등과 연합하여 양주(揚州)에서 거병하여 여릉왕(廬陵王), 즉 폐위된 중종 이현(李顯)을 임금으로 옹립하고자 했다. 그러나 병란은 3개월 만에 실패로 끝나고 주동자인 서경업은 피살되었다. 이후 무측천은 조정의 신료인 배염(裴炎), 정무정(程務挺) 등을 죽였다. 무측천은 위의 문장에서 자신의 공로를 자랑하면서 대신들

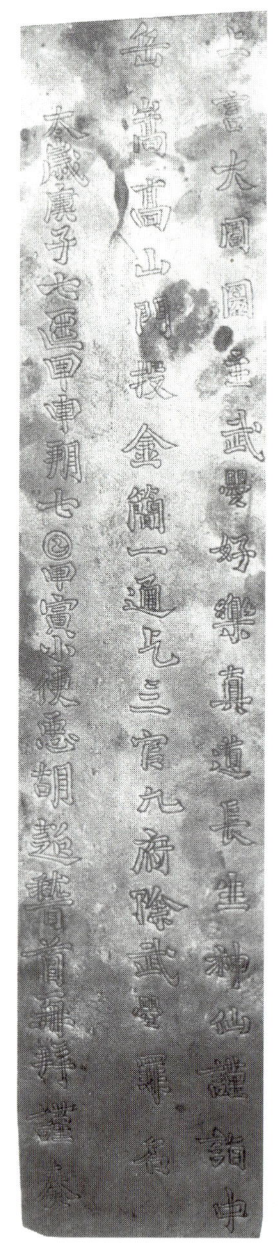

무측천의 금간(金簡), 당나라

무측천은 중국 유일의 여황제로 집정하면서 그녀만의 독특한 매력을 남겼다. 그녀는 특히 과거 제도를 보다 완전하게 발전시켰는데, 전시(殿試)와 무거(武擧)를 창설하기도 했다. 과거제 외에도 자신이 직접 추천하거나 다른 이의 추천 등을 통해 걸출한 인재들을 등용하였다. 걸출한 인재들을 자거(自擧 : 자신이 스스로 추천함)에 의해 등용하는 파격적인 인사를 통해 무주 정권의 중추를 맡겼다.

예를 들어 적인걸(狄仁傑), 요숭(姚崇), 송경(宋璟) 등 그녀가 선발한 인재들은 이후 개원(開元) 시기의 어진 재상으로 활동하였다. 그래서 북송의 사학자 사마광(司馬光)은 무측천에 대해 이렇게 말했다. "형상(刑賞 : 형벌과 포상)의 권력을 잡아 천하를 다스려 정치가 자신에게 나오도록 하였으며, 명찰(明察)하고 과단성이 있었다. 그런 까닭에 당시의 어질고 뛰어난 인재들이 등용될 수 있었다."

---

* 684년에 서경업, 서경유(徐敬猷) 형제가 일부 황족(皇族)들과 연합하여 양주(揚州)에서 반란을 일으켰으나 무측천이 이를 진압하였다.

** 고종(高宗)의 황후였지만 690년에 국호를 주(周)로 고치고 스스로 황제가 되어 15년 동안 중국을 통치하였다.

에 대한 은전을 베푸는 한편, 더 이상 반역을 용서하지 않겠다는 강한 의지를 표명하며 백관들을 위협하고 있다. 이는 그녀가 고도의 정치적 수완을 지녔음을 보여준다.

'선제(先帝)'는 당나라 고종이다. '배염'은 중서령(中書令)으로 있을 당시 무승사(武承嗣: 무측천의 배다른 모친의 오빠인 무원석武元爽의 아들)가 무측천에게 무씨(武氏)를 위해 칠묘(七廟)를 건립할 것을 요청하였는데, 배염이 적극 반대하였다. 서경업이 거병한 후 무측천은 배염을 투옥하여 죽음에 이르도록 하였다. 또한 당시 좌위위(左威衛) 대장군인 정무정도 살해하였다. '장종(將種)'은 장군의 후대를 말한다.

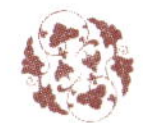

17. 촉군蜀郡으로 가야 할 길이 험난하고 협소하구나

蜀路險狹

당나라 현종 이융기李隆基

[원문]

짐은 촉군(蜀郡)으로 가야 할 것인데 길은 험난하고 협소하니 많은 이들이 함께 가면 물자 공급이 어려울 것이다. 지금 여기에 비단이 있으니 너희들이 나누어 갖고 각기 갈 곳을 정해 떠나도록 하라. 짐은 자제와 환관 등이 수행할 것이니 이제 너희들과 헤어질 수밖에 없구나(『구당서』「본기」'현종').

朕須行蜀, 路險狹, 人若多往, 恐難供承. 今有此綵, 卿等即宜分取, 各自圖去就. 朕自有子弟, 中官
짐수행촉, 로험협, 인약다왕, 공난지공. 금유차채, 경등즉의분취, 각자도거취. 짐자유자제, 중관

等相隨, 便與卿等訣別.
등상수, 편여경등결별.

천보(天寶) 15년(756년) 6월에 마외역(馬嵬驛) 사건이 일어난 후 당나라 현종은 부풍군(扶風郡)을 지나며 익주(益州)에서 비단 10만 필을 얻었다. 현종은 비단을 정원에 놓도록 한 후 여러 장수들을 불러 위와 같이 말했다. 당시 어쩔 수 없는 상황과 현종의 심사가 잘 드러나 있다. '채(綵)'는 비단이다. '중관(中官)'은 환관을 말한다.

18. 신하가 지켜야 할 절개는 죽어도 두 마음을 먹지 않는 것이다

人臣死無二

당나라 숙종肅宗 이형李亨

[원문]

신하가 지켜야 할 절개는 죽어도 두 마음을 먹지 않는 것이며, 치국의 근본 제도는 반란한 자를 반드시 주살하는 것이다. 그러할진대 하물며 역적의 조정에 충성하고 역적의 명령에 편안히 순종하면서 은총과 복록을 받으며 세월을 보내면서 도의를 생각하지 않고 목숨을 바쳐 일하였으니, 이러한 일을 관대하게 용서한다면 장차 어찌 법률을 시행할 수 있겠는가?

달해순(達奚珣) 등은 태보(台輔 : 재상)에 임명되어 인신(人臣)으로 최상의 자리에 올랐고, 어떤 자는 여러 해에 걸쳐 은총과 영예를 얻어 황친과 혼인관계를 맺었다. 또 어떤 자는 여러 해 태각(台閣 : 상서성)에서 일하고, 어떤 자들은 조정 내외에서 관직에 있었다. 개나 말처럼 미천한 축생도 주인을 알고 그리워하며, 거북이나 뱀처럼 우둔한 동물들도 은혜에 보답할 줄 알거늘 어찌 신하로서 감격의 정감조차 없단 말인가? 역적 오랑캐가 반란을 일으켜 나라가 기우니 모든 백성들이 원한을 품고 나라를 위해 자신의 몸을 바치려는 자가 헤아릴 수 없을 정도

였다. 이처럼 일반 백성들조차 나라의 은전을 배반하지 않았거늘 달해순 등은
아비를 잡아먹는 짐승처럼 흉악무도한 무리들에게 임무를 부여받고 시랑(豺狼 :
승냥이와 이리)이나 독사와 같은 무리를 위해 계책을 마련하였으니, 이러한 실정
을 가만히 생각해 본다면 어찌 그들을 방면할 수 있겠는가?(『구당서』「본기」‘숙종’)

人臣之節, 有死無二. 爲國之體, 叛而必誅. 況乎委質賊廷, 宴安逆命, 耽受寵祿, 淹延歲時, 不顧思義,
인신지절, 유사무이. 위국지체, 반이필주. 황호위질적정, 연안역명, 탐수총록, 엄연세시, 불고사의,

助其效用, 此其可宥, 法將何施? 達奚珣等或受任台輔, 位極人臣, 或累葉寵榮, 姻聯戚裏. 或歷踐台閣,
조기효용, 차기가유, 법장하시? 달해순등혹수임태보, 위극인신, 혹루엽총영, 인련척리. 혹력천태각,

或職通中外. 夫以犬馬微賤之畜, 猶知戀主, 龜蛇蠢動之類, 皆能報恩. 豈曰人臣, 曾無感激? 自逆胡作亂,
혹직통중외. 부이견마미천지축, 유지련주, 구사준동지류, 개능보은. 기왈인신, 증무감격? 자역호작란,

傾覆邦家, 凡在黎元, 皆含怨憤, 殺身殉國者, 不可勝數. 此等黔首, 猶不背國恩, 受任於梟獍之間, 咨謀
경복방가, 범재려원, 개함원분, 살신순국자, 불가승수. 차등검수, 유불배국은, 수임어효경지간, 자모

於豺虺之輩, 靜言此情, 何可放宥.
어시훼지배, 정언차정, 하가방유.

[해설]

지덕(至德) 2년(757년) 12월에 사사명(史思明)은 본부 8만 사병의 등기부를 가지
고 하동 절도사 고수암(高秀岩)과 함께 숙종에게 항복문서를 바쳤다. 위 문장은
당시 숙종이 그들에 대해 명령한 내용 가운데 일부이다. 그는 군신의 도를 통해
사사명을 비롯한 위조정(僞朝廷 : 역적의 조정, 즉 안녹산의 연국燕國 조정을 뜻함)에 복무
한 신하들의 행위를 통박하면서 법에 따라 엄격하게 처벌할 것을 명하였다.

‘위질(委質)’은 예물을 바쳐 충성과 신임을 표시하는 것을 말한다. ‘적정(賊廷)’
은 안녹산(安祿山, 703?~757)이 세운 연국(燕國) 조정을 말한다. ‘엄연(淹延)’은 장구
(長久)하다, 지연하다의 뜻이다. ‘불고사의(不顧思義)’는 도의에 대해 생각하지 않
다는 뜻이다. ‘효경(梟獍)’은 올빼미와 아비를 잡아먹는다는 범을 닮은 짐승을
말한다. ‘시훼(豺虺)’는 승냥이와 독사다.

19. 매사에 열 번씩 의논하라

每事十論

당나라 헌종憲宗 이순李純

[원문]

내가 본조(本朝 : 당나라)의 사서를 열람해 보니 문황제(文皇帝 : 당나라 태종을 뜻함)께서 정사를 처리하심에 법도를 잃은 적이 없었음에도 신하들의 간쟁(諫諍 : 간언)이 여러 차례 반복되었다. 하물며 짐은 과덕(寡德)하고 우매하여 치국의 도에 대해 밝게 알지 못하니, 이후로 합당치 못한 일이 있다면 경들이 매사에 열 번씩 의논하여 한두 차례로 끝나지 않도록 하라(『구당서』「본기」 '헌종').

朕覽國書, 見文皇帝行事, 少有過差, 諫臣論諍, 往復數四. 況朕之寡昧, 涉道未明, 今後事或未當,
짐람국서, 견문황제행사, 소유과차, 간신론쟁, 왕복수사. 황짐지과매, 섭도미명, 금후사혹미당,

卿等每事十論, 不可一二而止.
경등매사십론, 불가일이이지.

[해설]

당나라 헌종이 원화(元和) 2년(807년) 12월에 내린 조령이다. 그는 조정의 신료들에게 허심탄회하게 국사를 의논하여 법도에 어긋나거나 잘못된 일이 없도록 할 것을 주문하면서 당나라 태종의 '겸청즉명(兼聽則明 : 동시에 여러 방면의 의견을 청취하여 정확하게 인식함)'을 배우고자 하였다.

20. 직언에 인색해서는 안 된다

毋惜直言

송나라 진종眞宗 조항趙恒

[원문]

무릇 정치상에 과실이 있다면 마땅히 도리로써 권고하고 직언에 인색해서는 안 된다(『송사』 「본기」 ‘진종’).

凡政有闕失, 宜相規以道, 毋惜直言.
범정유궐실, 의상규이도, 무석직언.

[해설]

함평(鹹平) 2년(999년) 윤3월에 오랫동안 비가 내렸다. 위 문장은 당시에 진종이 내린 조령이다. 대신들의 의견을 겸허하게 받아들여 치국에 도움을 받고자 하는 진종의 마음이 그대로 반영되어 있다.

21. 조정 과실過失에 대한 직언을 서슴지 말라

直言朝政闕失

송나라 철종哲宗 조후趙煦

[원문]

조정 내외의 대신이나 서인(庶人)을 막론하고 조정의 과실과 민간의 질고에 대한 직언을 윤허하노라(『송사』 「본기」 ‘철종’).

中外臣庶許直言朝政闕失, 民間疾苦.
중외신서허직언조정궐실, 민간질고.

[해설]

송나라 철종이 원풍(元豐) 8년(1085년) 6월에 내린 조령이다. 조정의 대신뿐만 아니라 재야의 서인들도 조정의 과실이나 민간의 고통에 대해 직언을 아끼지 말 것을 강조하고 있다. 혁신적인 정치 방향을 표명한 것이다.

22. 한 마음으로 협심하여 정사를 보좌하라

曷若同寅協恭

송나라 고종高宗 조구趙構

[원문]

직위를 벗어나는 것보다 어찌하면 한마음으로 협력하여 정사를 보좌하고, 정교(政敎) 면에서 부족한 점을 보완하고 닦아 상천의 마음을 만족시킬 수 있는지 고심하는 것이 나을 것이다(『송사』「본기」'고종').

與其去位, 曷若同寅協恭, 交修不逮, 思所以克厭天心者.
여기거위, 갈약동인협공, 교수불체, 사소이극렴천심자.

[해설]

'동인협공(同寅協恭)'은 신료들이 합심하여 군주를 섬기며 정사를 보좌하는 것을 말한다. '교수불체(交修不逮)'는 부족한 점을 보완하여 닦는다는 뜻으로, 『상서』「경명(囧命)」에 나오는 말이다. "그대 임금의 덕을 힘써 부족한 점을 번갈아 보완하여 닦으라(懋乃後德무내후덕, 交修不逮교수불체)." '극렴천심(克厭天心)'은 상천의 뜻을 만족시킬 수 있음을 말한다.

23. 보고 들은 것을 밀봉하여 상주하라

見聞封章來上

송나라 이종理宗 조윤趙昀

[원문1]

내외 문무 대소 신료들은 나라의 정사에 대해 나름대로 보고 들은 것이 있을 것이니, 밀봉하여 상주하고 숨기는 바가 없도록 하라(『송사』「본기」'이종').

內外文武大小之臣, 於國政有所見聞, 封章來上, 毋或有隱.
내외문무대소지신, 어국정유소견문, 봉장래상, 무혹유은.

[해설]

송나라 이종(理宗)이 보경(寶慶) 원년(1225년) 5월에 내린 조령이다. 내외 신료들에게 국사에 대한 의견 제출을 독려하는 한편 이를 적극적으로 받아들여 시행할 것을 다짐하고 있다. 이는 적극적이고 진취적으로 국사를 처리하려는 이종의 바람을 반영한 것이다.

'봉장(封章)'은 밀봉하여 대신이 황제에게 바치는 상주문이다.

[원문2]

얼마 전에 화재가 발생하여 불길이 태묘(太墓)까지 이르렀으니 허물이 모두 나에게 있도다. 일부 집정(執政) 대신들이 책임을 지고 사직하였다. 현재 종묘는 이미 수리가 되었고, 신위(神位)도 이미 합당하게 안배되었으니, 설극(薛極), 정청지(鄭淸之), 교행간(喬行簡) 등은 모두 원래의 관직으로 복귀토록 하라(『송사』「본기」'이종').

昨鬱攸爲災, 延及太室, 罪在朕躬, 而二三執政, 引咎去職. 今宗廟崇成, 神禦妥安, 薛極, 鄭淸之,
작울유위재, 연급태실, 죄재짐궁, 이이삼집정, 인구거직. 금종묘숭성, 신어타안, 설극, 정청지,

喬行簡幷復元官.
교행간병복원관.

소정(紹定) 5년(1232년) 5월에 이종이 내린 조령이다. 종묘의 화재로 인해 책임을 지고 사직한 관원들을 복직시키면서 모든 허물을 자신의 책임으로 돌리고 있다. 이로써 여러 신료들이 더욱 적극적으로 책무를 다하기를 바라고 있다.

'울유(鬱攸)'는 화기(火氣), 화염을 말한다. 설극, 정청지, 교행간 등은 당시의 관원이다.

24. 어찌 너희들의 군주까지 너희를 저버렸겠느냐?

汝主何負焉

원나라 세조 홀필렬忽必烈

[원문1]

내가 만약 노기(怒氣)로 인해 누군가를 주살하고자 한다면, 경(卿) 등이 하루 이틀 연기하여 상세하게 살핀 후에 다시 나에게 상주하고 분명하게 명시한 후에 형벌을 집행토록 하라(『원사』 「본기」 '세조').

朕或乘怒欲有所誅殺, 卿等宜遲留一二日, 覆奏行之.
짐혹승노욕유소주살, 경등의지류일이일, 복주행지.

[해설]

원나라 세조가 중통(中統) 3년(1262년) 11월에 대신 사천택(史天澤)에게 한 말이다. 대신들의 도움으로 혹시라도 있을 수 있는 충동적인 행위로 인한 허물을 미연에 방지하겠다는 뜻이다. 만사를 신중하게 처리하려는 의도가 엿보인다.

'복주(覆奏)'는 사정을 상세하게 심의하여 다시 상주함을 말한다.

[원문2]

만약 가사도(賈似道)*가 실제로 너희를 경시하였다면, 이는 가사도 개인의 잘못에 불과하다. 허나 어찌 너희들의 군주까지 너희를 저버렸겠느냐? 진실로 너희들이 말한 바와 같다면 가사도가 너희들을 경시한 것은 분명 당연한 일일 것이다(『원사』「본기」'세조').

借使似道實輕汝曹, 特似道一人之過耳, 且汝主何負焉? 正如所言, 則似道之輕汝也固宜.
차사사도실경여조, 특사도일인지과이, 차여주하부언? 정여소언, 칙사도지경여야고의.

[해설]

지원(至元) 13년(1276년) 정월, 남송(南宋) 조정이 원나라에 투항하였다. 그 해 2월 원나라 세조가 송조(宋朝)의 제장(諸將)들을 모아놓고 물었다. "너희들은 어찌하여 이렇게 쉽게 투항하였느냐?" 송나라 제장들이 말했다. "송나라 조정에는 가사도라는 신하가 있어 권력을 좌지우지하여 문사(文士)들만 우대하고 무관을 경시하였습니다. 신 등은 오랫동안 불만이 누적되어 마음이 이미 떠난지라 투항한 것입니다." 그러자 세조가 위와 같이 대답하였다. 이는 세조가 어떻든지 간에 신하라면 반드시 군주에게 충성을 다해야 한다는 자신의 태도를 표명한 것이다.

'사도(似道)'는 가사도(賈似道 : 1213~1275년)이다. 남송 말기의 권신(權臣)으로 자는 사헌(師憲)이며, 태주(台州) 천태(天台 : 지금의 절강에 속한 지명)사람이다. 이종의 후궁으로 들어간 누이 덕분에 출세가도를 달려 양회제치대사(兩淮制置大使), 동지추밀원사(同知樞密院事) 등의 요직을 역임하였다. 개경(開慶) 원년(1259년) 몽고군이 악주(鄂州)를 공격하자 가사도가 군중에서 우승상(右丞相)에 임명되어 홀필렬과 비밀리에 강화(講和)하였다. 이후 도종(度宗)이 즉위한 후에 조정에서 전횡을 일삼았다. 이후 몽고군이 다시 침략하자 덕우(德祐) 원년(1275년) 정가주(丁家州)에게

---

* 중국 남송 말기의 정치가로 1259년 몽골 쿠빌라이군을 격퇴시킨 공으로 우승상이 되었다. 공전법 시행, 군량미 확보, 회자(會子)를 정리하는 등 재정의 재건을 위해 노력하였다.

크게 패하고 말았다. 이후 진의중(陳宜中) 등의 탄핵을 받아 순주(循州)에 안치되었다가, 그 해 8월 정호신(鄭虎臣)에게 살해되었다.

25. 하늘이 어찌 한 사람도 남겨 주시지 않으시는가!

天何不遺一人

청나라 태조 애신각라 누루하치努爾哈赤

[원문]

하늘이 어찌 짐이 늙을 때까지 그 한 사람을 남겨 주시지 않으시는가!(『청사고』「본기」'태조')

天何不遺一人送朕老耶!
천하불유일인송짐노야!

[해설]

천명(天命) 9년(1624년) 8월에 총병관(總兵官) 일등대신 하화리(何和裏)가 사망했다. 청나라 태조가 그의 부음을 듣고 심히 슬퍼하면서 한 말이다. 하화리에 대한 깊은 애정을 엿볼 수 있다.

26. 진언하는 일을 관대하게 처리하여 조정의 이목을 넓히도록 하겠다

從寬假以廣耳目

청나라 고종 애신각라 홍력弘曆

[원문]

언관(言官)을 징벌하여 재난에 대해 말하는 것을 기피하는 선례를 만드느니 차라리 진언하는 일을 관대하게 처리하여 조정의 이목을 넓히도록 하겠다(『청사고』「본기」'고종').

與其懲言官而開諱災之端, 寧從寬假以廣耳目.
여기징언관이개휘재지단, 영종관가이광이목.

[해설]

건륭(乾隆) 6년(1741년) 11월에 어사(禦史) 이원(李原)이 감숙성의 기황(饑荒 : 기근)의 정황을 보고하였는데, 실제 상황과 부합하지 않았다. 이에 이원을 파면해야 한다고 상주하자 이에 대해 고종이 대답한 내용이다. 언로를 막지 않고 광범위하게 의견을 청취하려는 의도가 돋보인다.

제멋대로 관가의 재물을 편취해서는 안 된다

　　초기의 제후들은 모두 황친皇親으로서 제왕의 자손이었으나 이후 공신功臣들에게까지 확대되었다. 주나라 천자가 분봉제(分封制 : 천자가 땅을 나누어서 제후로 봉함)를 만들면서 제후들이 생겨나기 시작했다. 역대 제왕은 제후들에게 두터운 신망을 지니고 있었다. 천자는 자신이 위난危難에 처할 경우 그들이 즉각 거병하여 '근왕(勤王 : 임금을 위하여 나라에 힘씀)'할 것을 바라고 있었다. 그러나 역사는 제왕의 바람과 전혀 다른 방향으로 전개되었다. 천자를 멸망시킬 수 있는 가능성이 가장 큰 세력이 바로 제후들이었던 것이다. 제도를 만든 주나라 천자조차 제후들에 의해 패망하고 말았다. 그리하여 제후들은 제왕들의 골칫거리가 되었다. 그들이 아무리 마음에서 우러나오는 충성의 말을 한다고 할지라도 호시탐탐 군왕의 자리를 노리는 야심이 완전히 사라진 것은 아니었다.

1. 자신들의 법전을 준수하여 하늘이 부여한 행복을 얻도록 하라

各守爾典, 以承天休

상나라 탕왕湯王

[원문]

무릇 내가 건립한 제후국은 이치에 어긋나는 규칙은 따르지 않을 수 있다. 그러나 지나치게 향락을 추구해서는 안 되며, 자신들의 법전을 준수하여 하늘이 그대들에게 부여한 행복을 얻도록 하라. 그대들이 선행을 하면 나는 감히 숨기지 않을 것이고, 나에게 만약 죄가 있다면 내 스스로 사면하지 않을 것이니, 이는 상제의 마음이 아주 분명하기 때문이다. 만약 만국의 제후들에게 죄가 있다면 그 죄는 나 한 사람에게 있는 것이니 그대들이 책임질 것이 아니다. 오호라! 나는 이처럼 성심과 믿음을 바라노니 좋은 결과가 있으리라(『상서尙書』「탕고湯誥」).

凡我造邦, 無從匪彝, 無卽慆淫, 各守爾典, 以承天休. 爾有善, 朕弗敢蔽, 罪當朕躬, 弗敢自赦, 惟簡
범아조방, 무종비이, 무즉도음, 각수이전, 이승천휴. 이유선, 짐불감폐, 죄당짐궁, 불감자사, 유간

在上帝之心. 其爾萬方有罪, 在子一人, 子一人有罪, 無以爾萬方. 嗚呼! 尙克時忱, 乃亦有終.
재상제지심. 기이만방유죄, 재여일인, 여일인유죄, 무이이만방. 오호! 상극시침, 내역유종.

[해설]

상나라 탕왕이 걸(桀)을 정벌하고 박(亳)으로 돌아온 후 여러 제후들에게 한 말이다. 그는 제후들에게 법도를 준수하며 지나치게 향락을 추구하지 않도록 훈계하는 한편, 자신이 주체적으로 책임을 지고 제후들이 합심하면 좋은 결과가 있을 것이라고 하였다.

인용문의 '조(造)'는 건립의 뜻이고, '방(邦)'은 제후국이다. '도음(慆淫)'은 지나친 향락이며, '만방(萬方)'은 여러 제후국을 말한다. '종(終)'은 아름다운 결과이다.

2. 은혜로운가 은혜롭지 않은가, 힘쓰는가 힘쓰지 않는가에 달려 있다

惠不惠, 懋不懋

주나라 성왕成王 희송姬誦

[원문1]

원망함은 큰 것에 있지 않고 작은 것에 있지도 않다. 오직 은혜롭게 하는가 은혜롭지 않게 하는가, 힘쓰는가 힘쓰지 않는가에 달려 있다(『상서』「강고康誥」).

怨不在大, 亦不在小. 惠不惠, 懋不懋.
원부재대, 역부재소, 혜불혜, 무불무.

[해설]

주공(周公 : 주공 단旦을 말함인데, 문왕의 아들이자 무왕의 아우로서 성왕을 보좌함)이 강숙봉(康叔封 : 무왕의 아우)에게 권고한 말이다. 좋은 정치란 무엇인가? 백성들에게 은혜를 베푸는가? 헌신적으로 열심히 정사를 돌보는가? 바로 여기에 달려 있는 것이다.

[원문2]

오호라! 봉(封)아. 너는 잘 생각해야 할 것이다. 지금 백성들의 마음은 네가 선부(先父 : 선친)이신 문왕의 가르침을 엄숙하게 따르는가에 달려 있으니, 그 분의 덕과 언행을 따라 실행토록 하여라. 너는 은나라 땅으로 가서 은나라 시절 영명한 선왕이 백성을 보호하고 사랑한 법도를 널리 구해야 할 것이다. 은상(殷商 : 상나라가 은허로 천도한 이후의 시기를 '은殷나라'로 부르기도 함) 시절 덕행을 갖춘 원로들이 어떻게 백성들의 마음을 위로하고 백성들을 가르쳐 인도하였는지 깊이 생각하고, 은상 시대 명군(明君)들이 백성들을 편안하게 보호하였는지 널리 듣도록 하라. 천명(天命)을 널리 펼치고 미덕을 전파하며 이를 몸소 따른다면 왕명(王命)이 중단되지 않을 것이로다(『상서』「강고」).

嗚呼, 封, 汝念哉! 今民將在祇遹乃文考, 紹聞衣德言. 往敷求於殷先哲王用保乂民, 汝丕遠惟商耈
오호, 봉, 여념재! 금민장재지휼내문고, 소문의덕언. 왕부구어은선철왕용보의민, 여비원유상구

成人宅心知訓. 別求聞由古先哲王用康保民. 宏於天, 若德裕乃身, 不廢在王命.
성인댁심지훈. 별구문유고선철왕용강보민. 굉어천, 약덕유내신, 불폐재왕명.

[해설]

주공이 강숙봉에게 문왕의 덕을 행하여 정치할 것을 당부하는 말이다. 상나라 유민을 잘 다스리려면 무엇보다 상나라의 전통과 문화를 알고, 그에 맞춰 정치를 해야 한다. 상나라 전대 임금의 통치를 참고하고 원로들을 편안하게 해야 한다는 것은 바로 이 때문이다.

'휼(遹)'은 따른다는 뜻이다. '내(乃)'는 그대, 너를 말함이고, '의(衣)'는 옷을 입는 것처럼 덕과 언행을 실천한다는 뜻이다. '구성인(耈成人)'은 늙고 현명한 사람, 원로의 뜻이다. '유(裕)'는 인도하다, 따르다의 뜻이다.

[원문3]

황천(皇天)은 사사롭게 친한 이가 없어 오직 덕이 있는 자를 보우하시며 백성들의 마음은 한 곳에 머물러 있지 않으니, 오직 어질고 은혜로운 자에게 돌아간다. 선을 행하는 방법은 같지 않지만 모든 것이 천하가 크게 다스려짐으로 귀결되는 것은 같고, 악을 행하는 것은 같지 않으나 모든 것이 천하의 혼란으로 귀결되는 것은 같다(『상서』「채중지명蔡仲之命」).

皇天無親, 惟德是輔. 民心無常, 惟惠之懷. 爲善不同, 同歸於治, 爲惡不同, 同歸於亂.
황천무친, 유덕시보. 민심무상, 유혜지회. 위선불동, 동귀어치, 위악불동, 동귀어란.

[해설]

주나라 성왕이 채숙(蔡叔)의 아들인 채중(蔡仲)을 채나라 국군(國君)으로 봉할 때 한 말이다. 그는 채중에게 간신배에게 흔들리지 말고 진심으로 최선을 다하여 치국에 전념할 것을 당부하고 있다.

'시(是)'는 목적어의 전치를 의미한다. '회(懷)'는 귀결된다는 뜻이다.

[원문4]

일의 시작을 신중하게 하고 마무리를 잘 해야만 끝날 때 곤란하지 않을 것이다. 마무리를 제대로 하지 못하면 결국 곤궁해질 것이다. 공적을 쌓도록 노력하고, 주변 나라와 화목하여 이로써 주나라 왕실을 보호하며, 제후 형제들과 화합하여 백성들이 편안하게 구제될 수 있도록 하라. 중도(中道)를 행하는 것을 따르며, 자신의 총명함을 믿고 옛 법도를 어지럽히는 일이 없도록 할 것이며, 네가 보고 듣는 일을 상세하게 살피도록 하여 한 쪽으로 치우친 말을 듣고 법도를 바꾸는 일이 없도록 하라(『상서』 「채중지명蔡仲之命」).

愼厥初, 惟厥終, 終以不困. 不惟厥終, 終以困窮. 懋乃攸績, 睦乃四鄰, 以蕃王室, 以和兄弟, 康濟小民.
신궐초, 유궐종, 종이불곤. 불유궐종, 종이곤궁. 무내유적, 목내사린, 이번왕실, 이화형제, 강제소민.

率自中, 無作聰明亂舊章. 詳乃視聽, 罔以側言改厥度.
솔자중, 무작총명란구장. 상내시청, 망이측언개궐도.

[해설]

주나라 성왕이 채중을 채나라 국군(國君)으로 삼은 후 특별히 일을 행할 때 시종일간 근신하며 불편부당하지 않는 중도를 택할 것을 당부하고 있다. 아울러 창업을 하면서 주변국과 화목한 관계를 유지하고 법도를 지킬 것을 면려(勉勵)하였다. 그에 대한 성왕의 간절한 바람이 엿보인다.

'번(蕃)'은 번(藩)으로 병풍처럼 둘러친 장벽, 보호벽, 수호의 뜻이다. '강제소민(康濟小民)'은 사역 동사를 활용한 문장으로 백성들이 편안하게 구제될 수 있도록 하라는 뜻이다. '솔(率)'은 따른다는 뜻이다. '자(自)'는 쓰임이다. '중(中)'은 중도이니 불편부당하지 않은 정도(正道)를 뜻한다.

[원문5]

지극히 잘 다스려진 세상은 향기로워 하늘의 신명(神明)까지 감동시킨다. 기장 등의 곡식이 향기로운 것이 아니라 밝은 덕이 오직 향기로운 것이다. 그대는 부디 주공이 남기신 교훈을 법도로 삼아 날마다 부지런히 힘쓰고 감히 편안하게 즐기려고 하지 말라. 모든 사람들이 성스러운 도를 보지 못하는 것은 마치 아무

나 성인을 볼 수 없는 것과 같도다. 어떤 이는 성스러운 도를 본 후에도 성인의
도를 따를 수 없으니, 너는 이를 경계해야 한다(『상서』「군진君陳」).

至治馨香, 感於神明. 黍稷非馨, 明德惟馨爾. 尙式時周公之猷訓, 惟日孜孜, 無敢逸豫. 凡人未見聖,
지치형향, 감어신명. 서직비형, 명덕유형이. 상식시주공지유훈, 유일자자, 무감일예. 범인미견성,

若不克見. 旣見聖, 亦不克由聖, 爾其戒哉.
약불극견. 기견성, 역불극유성, 이기계재.

[해설]

‘군진(君陳)’은 신하 이름이다. 성왕이 군진을 재상으로 삼아 주공을 대신하여
정사를 보좌토록 하였다. 그는 군진에게 더욱 면려하여 성인의 가르침을 따르
도록 경계하고 있다.

[원문6]

성철(聖哲)한 사람이라도 생각하지 않으면 광인(狂人)처럼 무지한 이가 되고,
광인처럼 무지한 이도 깊이 생각하면 성철한 사람이 된다(『상서』「다방多方」).

惟聖罔念作狂, 惟狂克念作聖.
유성망념작광, 유광극념작성.

[해설]

『상서』「다방」은 성왕이 반란을 일으킨 ‘엄(奄)’을 토벌하고 돌아와 여러 지방
사람들에게 회유하는 글을 기록한 것이다. 주나라 성왕이 제후들에게 모든 일
을 행함에 충동적으로 시행하지 말고 냉정하게 생각하여 처리할 것을 당부한
말이다.

3. 선을 드러내고 악을 배척하라

彰善癉惡

주나라 강왕康王 희소姬釗

[원문1]

좋은 것과 나쁜 것을 분명하게 구별하여 선량한 이들이 사는 마을은 표창하고, 선을 드러내고 악을 배척하여 양호한 기풍을 세우도록 하시라. 교령(敎令)을 따르지 않는 이들이 사는 마을은 특별히 경계를 달리하여 그들이 두려움을 느끼고 선행을 경외토록 하시오(『상서』「필명畢命」).

旌別淑慝, 表厥宅里, 彰善癉惡, 樹之風聲. 弗率訓典, 殊厥井疆, 俾克畏慕.
정별숙특, 표궐댁리, 창선단악, 수지풍성. 불솔훈전, 수궐정강, 비극외모.

[해설]

주나라 강왕(康王)이 필공(畢公)에게 은민(殷民)*을 다스릴 것을 명하면서 한 말이다. 강왕은 필공이 올바른 표지를 세워 은나라 유민들에게 잘하면 표창할 것이고, 못하면 배척할 것이라는 가르침을 통해 사악한 이들을 독려하여 선한 쪽으로 인도할 것을 주문하고 있다. 이는 고대에 지극히 창의적인 치국 방식이라고 할 수 있다.

'정(旌)'은 깃발이나 여기서는 식별하다의 뜻으로 쓰였다. '숙특(淑慝)'은 선량함과 사악함이다. '단(癉)'은 앓다, 괴로워하다는 뜻이나 여기서는 배척으로 풀이하였다. '정(井)'은 서주 시대 정전법이다. 여덟 가구가 정(井)을 이룬다. 여기서는 경계의 뜻으로 풀이한다.

---

* 은나라 유민을 의미하는 말이다. 상나라의 도읍을 은허로 천도한 시점부터 '은(殷)나라'로 부르기도 한다.

[원문2]

세상의 길은 오르내림이 있고, 정사(政事)도 풍속의 변화에 따라 개혁되는 것이니, 만약 선량한 이들을 표창하지 않으면 백성들이 선행하도록 권면할 수 없을 것이오. 공(畢公)은 덕에 힘써 작은 일까지도 부지런히 노력하여 사대(四代) 군왕을 보좌하여 밝게 하시고, 엄숙하게 아랫사람들을 통솔하시라. 그리하면 그대의 가르침을 공경하지 않는 이가 없을 것이오. 그대의 아름다운 공적을 선왕들도 찬양할 것이니, 이 작은 사람 역시 옷자락을 늘어뜨려 팔짱을 끼고 앉아 그대가 성공하기를 앙망하겠소(『상서』「필명」).

道有升降, 政由俗革, 不臧厥臧, 民罔攸勸. 惟公懋德, 克勤小物, 弼亮四世, 正色率下, 罔不祗師言.
도유승강, 정유속혁, 불장궐장, 민망유권. 유공무덕, 극근소물, 필량사세, 정색솔하, 망불지사언.

嘉績多於先王, 予小子垂拱仰成.
가적다어선왕, 여소자수공앙성.

[해설]

주나라 강왕은 정치는 무엇보다 풍속의 변화를 중시하여 선량한 이를 표창함으로써 백성들을 더욱 선한 쪽으로 이끌어야 한다고 생각했다. 그래서 필공이 근면하여 사대 군왕을 보좌한 공적을 찬양하였다.

'사세(四世)'는 주나라 문왕, 무왕, 성왕, 강왕을 말한다. 필공은 공경(公卿)으로 이들 네 명의 왕을 보좌하였다. '다(多)'는 중시, 찬양의 뜻이다.

[원문3]

정치는 일관성이 있는 것이 귀하고, 말은 구체적이고 간결한 것이 돋보이니 오직 기이하게 말하는 것을 좋아하지 말아야 한다. 은상(殷商 : 상나라)은 사람들의 풍속은 사치스러워서 교묘하게 말을 잘하는 이를 '현인'이라고 여겼는데, 이러한 기풍이 여전히 남아 없어지지 않았으니, 필공, 그대는 이를 유념하여 해결토록 하시오(『상서』「필명」).

政貴有恆, 辭尚體要, 不惟好異. 商俗靡靡, 利口惟賢, 餘風未殄, 公其念哉.
정귀유긍, 사상체요, 불유호이. 상속미미, 이구유현, 여풍미진, 공기념재.

주나라 강왕은 필공에게 은나라(상나라) 사람들이 교묘한 언사를 행하는 이를 현인으로 여기는 기풍에 대해 심각하게 고려할 것을 요청하고 있다. 강왕은 교묘한 언설은 오히려 위험한 것으로, 만약 제대로 해결하지 못하면 진정한 현인을 얻을 수 없을 것임을 우려한 것이다.

4. 어찌 나라의 안정과 무사無事를 구할 수 있을까?

求其寧息

진秦나라 시황始皇 영정贏政

전쟁이 멈추지 않아 천하 사람들이 모두 고통을 받고 있는데, 이는 제후왕에게 분봉을 했기 때문이다. 짐은 조종(祖宗)이 보우하시어 이제 막 천하를 평정하였는데, 만약 또 다시 제후국을 세운다면 이는 전쟁을 조장하는 일이다. 이러한 방법으로 어찌 나라의 안정과 무사(無事)를 얻을 수 있겠느냐? 정위(廷尉)의 의견이 정확하다(『사기』「진시황 본기秦始皇本紀」).

天下共苦戰鬪不休, 以有侯王. 賴宗廟, 天下初定, 又復立國, 是樹兵也, 而求其寧息, 豈不難哉!
천하공고전투불휴, 이유후왕. 뇌종묘, 천하초정, 우복립국, 시수병야, 이구기녕식, 기불난재!

廷尉議是.
정위의시.

천하를 평정한 후 서주(西周) 시대의 분봉제를 통해 제후국을 설립하는 것에 대해 승상(丞相) 관(綰)과 정위(廷尉) 이사(李斯) 등이 격렬한 논쟁을 벌였다. 위의 글은 그들의 의견을 들은 후 시황제가 한 말이다. 그는 이사의 의견을 받아들여 더 이상 분봉제를 실시하지 않았으며, 대신 군현제(郡縣制)를 시행하였다.

5. 각기 자신의 봉지를 지키면서 때가 되면 조공을 바쳤다

各守其地, 以時入貢

한나라 문제 유항劉恒

[원문]

짐이 듣자니 옛날에 제후가 세운 나라가 천여 개나 되었다고 하는데, 각기 자신의 봉지를 지키면서 규정된 때가 되면 조공을 바쳤고, 백성들을 고생시키지 않아 위아래가 모두 화목하여 부도덕한 행위를 저지른 적이 없었다고 한다. 그러나 지금의 열후(列侯)는 대부분 장안(長安)에 거주하고 있기 때문에 식읍(食邑: 왕족·공신功臣·봉작자 등에 준 일정한 지역)에서 멀리 떨어져 있어 그곳의 이졸(吏卒)들이 열후에게 물자를 수송하는 데 많은 비용이 들고, 이졸 또한 고생이 많으며, 열후들도 봉지의 백성을 교화할 방법이 없도다. 열후들에게 명하니 모두 봉국(封國)으로 돌아가도록 하라. 조정에서 직책을 맡고 있거나 조령에 의해 어쩔 수 없이 장안에 머무는 자들은 그들의 태자를 봉국으로 돌려보내도록 하라(『사기』「효문 본기孝文本紀」).

朕聞古者諸侯建國千餘, 各守其地, 以時入貢, 民不勞苦, 上下驩欣, 靡有遺德. 今列侯多居長安, 邑遠,
짐문고자제후건국천여, 각수기지, 이시입공, 민불로고, 상하환흔, 미유유덕. 금열후다거장안, 읍원,

吏卒給輸費苦, 而列侯亦無由敎馴其民. 其令列侯之國, 爲吏及詔所止者, 遣太子.
이졸급수비고, 이열후역무유교순기민. 기령열후지국, 위리급조소지자, 견태자.

[해설]

한나라 초기에는 제후왕들이 주로 경사(京師: 서울)인 장안(長安)에 거주하였기 때문에 비용도 많이 들고, 봉국의 물자를 운송하는 데 불편하였다. 이에 한나라

문제는 위와 같은 조령(문제 2년, 기원전 178년)을 내려 정리하였다. 그는 백성을 근본으로 삼고 누적된 폐단을 혁파하여 민중의 부담을 경감시키고자 노력하였다.

'미(靡)'는 무(無)의 뜻이다. '유덕(遺德)'은 실덕(失德)이니 부도덕한 일을 행함이다.

6. 여러 종족과 친선하여 각 부족이 화목하게 지낼 수 있도록 하라

親九族以和萬國

한나라 선제宣帝 유순劉詢

[원문]

나는 예전 요임금께서 여러 종족과 친선하여 각 부족이 화목하게 지낼 수 있도록 하셨다고 들었다. 선제의 유업을 받들어 나는 종실(宗室)의 친족이 많으나 죄를 지어 종실의 관계가 끊어진 이들 가운데 어진 인재가 있어 개과천선할 수 있다면, 그들의 속적(屬籍)을 회복하여 스스로 새로워질 수 있도록 하고자 한다(『한서』「선제기宣帝紀」).

蓋聞堯親九族, 以和萬國. 朕蒙遺德, 奉承聖業, 惟念宗室屬未盡而以罪絶, 若有賢材, 改行勸善,
개문요친구족, 이화만국. 짐몽유덕, 봉승성업, 유념종실속미진이이죄절, 약유현재, 개행권선,

其復屬, 使得自新.
기복속, 사득자신.

[해설]

지절(至節) 원년(기원전 69년) 6월에 선제가 내린 조서이다. 이전에 광천(廣川)의 왕길(王吉)이 죄를 지어 상용(上庸)*으로 좌천된 후 자살하였다. 봄 정월 서쪽 하

---

* 한나라 말기부터 남조 양(梁)나라 시기까지 군(郡)이 설치되어 있었다. 지금의 호북 죽산현(竹山縣) 서남쪽이다.

늘에 혜성이 나타났다. 선제는 황족들이 친선을 도모하고 과오를 고쳐 스스로
새로워지기를 바라고 있다. 죄를 지은 황족들에게도 다시 한 번 기회를 주고 싶
다는 뜻이 담겨 있다.

7. 멸망한 왕조의 후손을 흥기시키다

興滅繼絶

진晉나라 명제明帝 사마소司馬昭

[원문]

전대 세 왕조의 후손을 왕후(王侯)로 봉하는 것은 세세대대로 중시했던 일이
다. 멸망한 왕조의 후손을 흥기시키고, 단절된 왕조의 업적을 계승하는 일은 정
치를 행함에 있어 가장 먼저 고려해야 할 문제이다. 또한 종실의 명철한 왕으로
대진(大晉 : 진나라)이 천명을 받았을 때 공적을 세운 이들이나 천명을 보좌한 공
신, 품행이 고상한 어질고 현명한 신하, 그리고 세 분의 선황(先皇)과 함께 대업
을 이룩하여 봉토를 하사받고 산하(山河)를 함께 하기로 맹세한 이들이 있었다.
그러나 현재 그들에게 하사한 작위나 토지가 모두 폐지되거나 없어졌으며, 제
사도 전해지지 않고 있어 크게 상심하지 않을 수 없도다. 주무 관원은 마땅히 후
사(後嗣 : 대를 잇는 자식)로 삼을 수 있는 이들에 대해 상의하여 나에게 보고하라
(『진서』「제기」'명제').

三恪二王, 世代之所重. 興滅繼絶, 政道之所先. 又宗室哲王有功勳於大晉受命之際者, 佐命功臣,
삼각이왕, 세대지소중. 흥멸계절, 정도지소선. 우종실철왕유공훈우대진수명지제자, 좌명공신,

碩德名賢, 三祖所與共維大業, 鹹開國胙土, 誓同山河者, 而立廢絶, 禋祀不傳, 甚用懷傷. 主者其詳議諸
석덕명현, 삼조소여공유대업, 함개국조토, 서동산하자, 이병폐절, 인사불전, 심용회상. 주자기상의제

應立後者以聞.
응립후자이문.

이는 진나라 명제가 태녕(太寧) 3년(325년) 7월에 내린 조서이다. 이전 왕조의 후손을 제후로 봉할 것을 주장하고 있는데, 이는 그가 이전 왕조 후손들을 우대하고 여러 가지 측면에서 적극성을 발휘하여 자신의 통치를 지지하도록 한 것이다. '삼각(三恪)'은 주나라 왕조가 건립되었을 때 무왕이 전대 세 왕조의 자손들에게 왕후의 직위와 봉토를 주어 조상의 제사를 받들도록 한 것을 말한다. 구체적으로 우(虞)나라 후손은 진(陳)나라, 하(夏)나라 후손은 기(杞)나라, 은(殷)나라 후손은 송(宋)나라에 봉했다. 후세 제왕들 역시 이러한 '삼각' 제도를 계승하였다. '조토(胙土)'는 제왕이 공신이나 종실 사람들에게 토지를 하사하여 그들의 공적과 수고에 보답하는 것을 말한다.

8. 안으로 친척들을 다스려 화목하게 하여 구족九族의 서열을 정비하다

內修睦親, 以敍九族

당나라 현종玄宗 이융기李隆基

[원문]

나는 천하를 통치하고 백성을 양육하노라. 안으로 친척들을 다스려 화목하게 하여 구족(九族)의 서열을 정비하고, 밖으로 여러 가지 정무를 협조하여 억만 백성들을 구제하노라. 공훈을 세운 황친에게 두터운 은혜를 베풀고 형제간에 우정을 지극하게 다하노라. 힘써 근본을 존중하여 부지런히 밝은 덕을 이루고자 함이다. 지금 소인들이 나쁜 짓을 저질러 이미 법에 굴복하였으나, 불법을 저지르는 무리들이 여전히 그치지 않고 있는 것 같다. 무릇 종실에 속한 이들에게 다음과 같이 분명하게 경계하노라. 지금 이후로 제왕(諸王), 공주, 부마, 외척 등은 지친(至親 : 가장 가까운 친척)을 제외하고 서로 왕래하면서 망령되게 유언비어를 날

「귀비상마도(貴妃上馬圖)」, 비단에 채색, 송나라
당나라 현종이 말을 타고 고개를 돌려 양귀비를 보고 있는 모습이다. 말로 표현하기 힘든 양귀비에 대한 연모의 정이 잘 드러나고 있다.
　현종은 집권 후기 양귀비에게 미혹되어 정사를 돌보지 않고 환관과 외척을 남용하는 등 실정을 거듭하다가 결국 안사의 난을 초래하였으며, 양귀비 역시 이로 인해 목숨을 잃고 말았다.

조하지 말지어다. 이는 지극히 공적인 도를 함께 보존하고 영원히 평화로운 정의를 협조하여 번위(藩衛 : 나라를 수호함)를 공고하게 하고 완미함을 유지하기 위함이다. 황친들은 마땅히 이를 써서 좌우명으로 삼으라(『구당서』「본기」'현종').

朕君臨宇內, 子育黎元. 內修睦親, 以敍九族, 外恊庶政, 以濟兆人. 勳戚加優厚之恩, 兄弟盡友於之至.
짐군림우내, 자육려원. 내수목친, 이서구족, 외협서정, 이제조인. 훈척가우후지은, 형제진우우지지.

務崇敦本, 克愼明德. 今小人作孽, 已伏憲章, 恐不逞之徒, 猶未能息. 凡在宗屬, 用申懲誡. 自今已後,
무숭돈본, 극신명덕. 금소인작얼, 이복헌장, 공불령지도, 유미능식. 범재종속, 용신징계. 자금이후,

諸王, 公主, 駙馬, 外戚家, 除非至親以外, 不得出入門庭, 妄說言語. 所以共存至公之道, 永恊和平之義,
제왕, 공주, 부마, 외척가, 제비지친이외, 불득출입문정, 망설언어. 소이공존지공지도, 영협화평지의,

克固藩翰, 以保厥休. 貴戚懿親, 宜書座右.
극고번한, 이보궐휴. 귀척의친, 의서좌우.

개원(開元) 10년 9월, 당나라 현종이 내린 명령이다. 황친들이 법령을 준수할 것과 상호 유언비어를 날포하지 말 것을 강조하고 있다. 그는 황실의 여러 사람들이 국가의 치안에 중요한 역할을 한다고 생각했기 때문에 그들에게 황실의 친척으로서 근신할 것을 언급한 것이다.

'서정(庶政)'은 각종 정무, '번한(藩翰)'은 울타리처럼 주위를 감싸고 지키는 것이다.

9. 이기가 날마다 지나친 형벌을 시행하다

李錡日逞淫刑

당나라 헌종憲宗 이순李純

[원문]

이기(李錡)는 종실에 속해 있는 자로 방백(方伯 : 당나라 시대의 절도사, 지방장관)을 맡아 혁혁한 권세와 지위로 깊은 은전(恩典)을 받았다. 나는 그를 친근하게 대했으나 그는 오히려 반역으로 되갚았고, 그에게 군권을 주었으나 그는 도리어 강상(綱常 : 삼강三綱과 오상五常을 아우르는 말, 곧 사람이 지켜야 할 도리)을 어지럽혔다. 누차 표장(表章 : 신하가 황제에게 올리는 문서)을 올려 급히 입조할 것을 사칭하였다. 처음에는 병을 가장하더니 나중에는 제멋대로 군사를 동원하여 난리를 일으켰다. 막료들이 그에게 권고하였으나 오히려 죽임을 당하고, 왕신(王臣)들은 어명을 전했다는 이유로 위협을 받았다. 내가 재차 그에게 관용을 베풀어 차마 그의 죄행을 공포하지 못하고 그에게 여러 차례 환관을 보내 어명을 받들도록 하였다. 그러나 그는 조정의 명에 따라 바른 길로 가지 않고 상서롭지 못한 기운이 하늘을 뒤덮게 만들었다. 게다가 날마다 지나친 형벌을 시행하고 달마다 지나친 세금을 거두었다. 나는 백성의 부모로서 이를 듣고 심히 슬퍼하노니, 어찌하여 기강이 이처럼 추락하였단 말인가! 이기가 가진 모든 관직과 작위를 삭탈하노라(『구당서』「본기」'헌종').

李錡屬列宗枝, 任居方伯, 赫奕之貴, 飽綢繆之恩. 待以親賢, 報之以逆節, 授其師旅, 用元以亂常.
이기속열종지, 임거방백, 혁혁지귀, 포주무지은. 대이친현, 보지이역절, 수기사려, 용원이란상.

屢獻表章, 亟請朝會, 初則詐疾, 後萬縱兵. 僚佐以獻規受屠, 王臣以傳命見脅. 朕切於含垢, 未忍發明,
누헌표장, 극청조회, 초즉사질, 후만종병. 요좌이헌규수도, 왕신이전명견협. 짐절어함구, 미인발명,

累降中人, 令遵前旨. 無軺車之戒路, 有沴氣之滔天. 加以日逞淫刑, 月興暴賦. 朕爲人父母, 聞甚惻然,
누강중인, 영준전지. 무초차지계로, 유려기지도천. 가이일령음형, 월흥폭부. 짐위인부모, 문심측연,

顧惟紀綱, 焉敢廢墜! 李錡在身官爵, 并宜削奪.
고유기강, 언감폐추! 이기재신관작, 병의삭탈.

[해설]

원화(元和) 2년(807년) 10월, 당나라 헌종은 절서(浙西) 전도사 이기를 좌복야(左僕射)로 삼고, 어사대부 이원소(李元素)를 윤주(潤州) 자사 겸 진해군(鎭海軍) 및 절서 절도사로 삼았다. 경신년 이기가 윤주에서 반란을 일으켜 판관 왕담(王澹), 대장 조기(趙琦)를 살해하였다. 당시 이기는 입조하기를 사칭(詐稱)하였다. 하여 헌종은 조령(詔令)을 내려 번진(藩鎭)의 세력을 약화시키고 종실 성원의 위법에 대해 결코 관용을 베풀지 않기로 결심하였다.

'역절(逆節)'은 반역의 생각이나 행동, '중인(中人)'은 환관을 말한다. '초차(軺車)'는 사자(使者)나 조정의 급한 명령을 전달하는 자가 타는 수레이다. 여기서는 조정의 명을 따르라는 뜻이다. '계로(戒路)'는 여정을 출발하다. '여기(沴氣)'는 상서롭지 못한 기운이다.

10. 관문을 열고 닫는 일은 나라의 공적인 일이다

啓閉, 王事也

송나라 태조 조광윤

[원문]

부자(父子)의 관계는 실로 가장 친근하지만 관문을 열고 닫는 일은 나라의 공적인 일입니다(『송사』「본기」'태조').

父子固親, 啓閉, 王事也.
부자고친, 계폐, 왕사야.

[해설]

후주(後周) 현덕(顯德) 3년(956년), 송나라 태조 조광윤이 후주 세종을 따라 회남(淮南)을 공격하여 청류관(淸流關)을 빼앗고 친히 그곳에 주둔하였다. 그는 저녁이 되면 관문을 열지 못하도록 규정하였다. 그의 부친이 밤중에 병사들을 이끌고 관문에 도착하여 문을 열 것을 요청하였다. 그러자 조광윤은 관문 위에서 원문과 같이 말했다. 결국 부친은 이튿날 아침에 관문 안으로 들어올 수 있었다. 이는 그가 일을 처리함에 있어 공사가 분명했음을 보여준다.

11. 죄를 범했더라도 그들의 청에 따라 사면하라

下罪聽贖

송나라 인종仁宗 조정趙禎

[원문]

전대(前代) 제왕의 후세들이 본조(本朝 : 송나라 왕조)에서 벼슬을 하고, 직위가 팔품 이하인 자들로 그들의 조부모, 부모, 처자, 자녀들이 유배 이하의 죄를 범했을 경우 그들의 청에 따라 사면해 주고, 벼슬은 없으나 조정에서 상을 받은 적이 있는 이가 죄를 범했을 경우에는 흉악한 범죄가 아니면 청에 따라 사면해 줄 것이다(『송사』「본기」'인종').

前代帝王後嘗仕本朝, 官八品以下, 其祖父母, 父母, 妻子犯流以下罪, 聽贖, 未仕而嘗受朝廷賜者,
전대제왕후상사본조, 관팔품이하, 기조부모, 부모, 처자범류이하죄, 청속, 미사이상수조정사자,

所犯非兇惡, 亦聽贖.
소범비흉악, 역청속.

[해설]

송나라 인종이 지화(至和) 원년(1054년) 8월에 내린 조령이다. 그는 이전 왕조 제왕의 후손들에 대해 관용을 베풀어 인심을 얻고, 적대 세력을 줄이고자 노력하였다.

12. 벼슬을 얻은 자라 조청대부사를 초과할 수 없다

得官毋過朝請大夫

송나라 철종哲宗 조후趙煦

[원문]

황실의 여인을 취해 벼슬을 얻은 자는 관직이 조청대부나 황성사를 초과할 수 없다(『송사』「본기」'철종').

娶宗室女得官者, 毋過朝請大夫, 皇城使.
취종실여득관자, 무과조청대부, 황성사.

[해설]

송나라 철종이 원우(元祐) 6년(1091년) 5월에 내린 조령이다. 그는 황족과 혼인하여 관리가 된 자의 직책에 제한을 둠으로써 자신이 황친의 방종(放縱)을 방임하는 것이 아님을 분명히 밝혔다. '조청대부'는 수당(隋唐) 시대에 설치된 산관(散官 : 관직명은 있으되 고정된 직무가 없는 관직)이다. '황성사'는 당송(唐宋) 시대에 처음 보이는데, 송나라 태평흥국(太平興國) 6년(981년) 무덕사(武德司)를 황성사로 개칭하여 주로 궁문 출입과 궁정 보위, 궁문 개폐 등의 일을 맡았다.

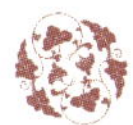

13. 종친들이 빈곤한 것은 국가와 친족이 화목한 것이 아니다

宗親貧窶非國家睦族

송나라 이종理宗 조윤趙昀

[원문]

근년에 종실의 친척들이 빈곤하여 어떤 이는 의지할 곳을 잃고 떠돌아다니고 있으니, 이는 국가와 친족이 화목해야 한다는 뜻과 다르다. 대종정사(大宗正司)와 남외서외(南外西外) 종정사(宗正司)는 반드시 각 주군에 알려 시기적절하게 황족들에게 필요한 물품을 공급토록 하고, 이를 어긴 자는 형벌에 처하라(『송사』「본기」 '이종').

比年宗親貧窶, 或致失所. 甚非國家睦族之意. 大宗正司, 南外西外宗正司, 其申嚴州郡, 以時贍給,
비년종친빈구, 혹치실소. 심비국가목족지의. 대종정사, 남외서외종정사, 기신엄주군, 이시섬급,

違者有刑.
위자유형.

[해설]

송나라 이종이 단평(端平) 원년(1234년) 4월에 내린 조령이다. 황실의 친척들이 빈곤에 허덕인다는 이야기를 듣고 위와 같은 조령을 내려 그들을 구휼하도록 명하고 있다. 황족들의 단결을 위해 적극적으로 애쓰고 있음을 알 수 있다.

'빈구(貧窶)'는 빈곤, 궁핍의 뜻이다. '대종정사(大宗正司)'는 송나라 때 관서의 명칭으로, 황실의 친족들에 대한 규찰과 관리를 맡았다. 장관은 지대종정사(知大宗正事)이다.

14. 나에게 상주하여 허락하지 않을 경우
제멋대로 관가의 재물을 편취해서는 안 된다

非聞奏不許擅取官物

원나라 세조 홀필렬忽必烈

[원문]

지금부터 사신(使臣)이 황상의 명령을 사칭할 경우 관리들은 듣거나 접수하지 않도록 하라. 제왕(諸王)이나 후비, 공주, 부마 등은 나에게 상주하여 허락하지 않을 경우 제멋대로 관가의 재물을 편취해서는 안 된다(『원사』「본기」'세조').

自今使臣有矯稱上命者, 有司不得聽受. 諸王, 後妃, 公主, 駙馬非聞奏, 不許擅取官物.
자금사신유교칭상명자, 유사불득은수. 제왕, 후비, 공주, 부마비문주, 불허천취관물.

[해설]

원나라 세조가 중통(中統) 2년(1261년) 8월에 내린 조령이다. 황친국척(皇親國戚)의 행위를 엄격하게 제한하여 관련 부서에서 그들의 명에 따르지 말 것을 지시하고 있다. 만약 관가의 재물이 필요하다면 황제에게 허가를 득해야 한다고 하였으니, 이를 통해 세조가 국가 제도를 정확하게 유지, 수호하고자 했음을 엿볼 수 있다.

15. 왕상부王相府는 왕부王府의 속관屬官에 관한 일을 행하라

王相府, 惟行王傅事

원나라 성종成宗 철목이鐵穆耳

[원문]

작년에 아난답(阿難荅)이 면전에서 이미 말한 바 있는데, 당시 짐은 세조께서 정한 제도로 그들을 깨우쳐 주었다. 그런데 또 다시 주청하여 어찌 사천(四川 : 중국의 가장 오래된 차 산지 중 하나인 사천성)과 경조(京兆 : 서울) 전체를 너희들의 소유로 삼고자 하느냐? 부세와 병참(兵站) 등은 모두 조정에서 관리하는 것이나 이번만 너희들의 요청을 받아들여 왕상부(王相府)를 설치할 것이니, 왕부(王府)의 속관(屬官)에 관한 일을 행하도록 하라(『원사』「본기」'성종').

去歲阿難荅已嘗面陳, 朕以世祖定制諭之, 今復奏請, 豈欲以四川, 京兆悉爲彼有耶? 賦稅, 軍站,
거세아난답이상면진, 짐이세조정제유지, 금복주청, 개욕이사천, 경조실위피유야? 부세, 군참,

皆朝廷所司, 今姑從汝請, 置王相府, 惟行王傅事.
개조정소사, 금고종여청, 치왕상부, 유행왕부사.

[해설]

원정(元貞) 2년(1296년) 봄 정월, 안서왕(安西王) 부철적(傅鐵赤)과 탈철목(脫鐵木) 등이 재차 왕상부(王相府)를 설치해 줄 것을 요청하였다. 이에 성종이 답한 내용이다. 세조 시절에 제정된 원칙을 견지하면서 또한 융통성을 발휘하고 있다. 그의 정치적 수완을 엿볼 수 있다.

'경조(京兆)'는 경사(京師) 소재지이다. '왕부(王傅)'는 왕부의 속관이다.

국가의 기강을 세우는 데 있어 무엇보다 중요한 것은 청렴한 관리이다

　　고금 이래로 중국은 방대한 관료 기구를 완비한 나라로 손꼽힌다. 『예기禮記』에서는 "관리란 관장하는 이다(官者관자, 管也관야)"라고 하였다. 제왕은 자신을 도와 나라를 관리하는 거대한 집단에 대해 한시도 관심을 거둔 적이 없다. 제왕들은 관리의 설치, 배치, 선발, 임용, 진급과 파면, 포상과 징벌, 심사, 감찰, 교육, 양성, 도덕, 조행(操行 : 품행), 규장(規章 : 규정, 규칙), 제도 등 관리를 감독하고 관리하는 다양한 방면의 내용에 대해 언급한 바 있다. 이는 그들이 얼마나 관리 문제에 관심을 가지고 중시했는가를 보여준다. 제왕들의 발언 중에는 지금도 참고로 삼을 만한 귀중한 어록이 적지 않다. 그들 가운데는 관리를 잘못 천거했을 경우 '연좌連坐' 하여 죄를 물어야 한다고 주장한 제왕도 있다.

1. 사람을 쓸 때는 오랫동안 관리할 수 있는 이를 구해야 한다

人惟求舊

상나라 반경盤庚

[원문1]

고대 현능한 사관인 지임(遲任)이 다음과 같이 남긴 말이 있다.

"사람을 쓸 데는 오직 옛 사람을 구할 것이고, 그릇은 옛 것을 쓰지 말고 오직 새로운 것을 써야 한다."(『상서尚書』「반경盤庚 상上」)

遲任有言曰, 人惟求舊, 器非求舊, 惟新.
지임유언왈, 인유구구, 기비구구, 유신.

[해설]

상나라 왕 반경은 기물을 사용하는 것에 비유하여 용인(用人)의 중요성을 강조하고 있다. 그는 오래된 신하를 존중하여 그들의 말을 들으면 경솔하게 처리하는 일이 없을 것이라고 믿었다. 또한 그러한 자신의 행동을 다른 이들이 적극 지지할 것을 당부하였다.

[원문2]

먼 사람이든 가까운 사람이든 형벌을 시행하여 악을 행한 자는 징치(懲治 : 경계하여 다스림)할 것이고, 선을 행한 자는 덕으로써 그를 표창할 것이다. 국가가 잘 다스려짐은 오직 그대들 중신에게 달려 있고, 국가가 잘못 다스려짐은 오로지나 한 사람이 형벌을 잘못 시행하기 때문이로다(『상서』「반경 상」).

無有遠邇, 用罪伐厥死. 用德彰厥善. 邦之臧. 惟汝衆. 邦之不臧. 惟予一人有佚罰.
무유원이, 용죄벌궐사. 용덕창궐선. 방지장. 유여중. 방지불장. 유여일인유일벌.

　반경은 신하들에게 상벌을 시행하여 권선징악(勸善懲惡)을 견지함으로써 국가를 제대로 다스리도록 요청하였다. 선행에 대한 격려와 표창, 악행에 대한 징벌과 비난을 동시에 진행하는 그의 탁월한 통치력을 엿볼 수 있다.

　'원이(遠邇)'는 자신과 사이가 먼 사람이나 가까운 사람을 뜻한다. 일설에는 장래와 현재로 풀이하는 경우도 있다. '장(臧)'은 선함의 뜻이다.

2. 국가가 잘 다스려짐은 오직 그대들 중신에게 달려 있다

邦之臧, 惟汝衆

상나라 주왕紂王

[원문]

　내가 듣기에 성인은 심장에 일곱 개의 구멍이 있다고 하더구나(『사기』「은 본기殷本紀」).

吾聞聖人心有七竅.
오문성인심유칠규.

[해설]

　상나라 주왕은 황음하고 무도하였다. 이에 그의 충신인 미자(微子)*가 여러 차례 간언하였으나 듣지 않았다. 결국 미자는 상나라를 떠나고 말았다. 주왕의 또

---

* 상(商)나라 마지막 왕인 주왕(紂王)의 이복형으로 상나라가 멸망한 후 주(周)나라 성왕(成王)에 의해 제후로 봉(封)해졌다. 비간(比幹), 기자(箕子)와 함께 상나라 말기의 세 현인으로 꼽는다.
** 상(商)나라 28대 태정제(太丁帝)의 둘째 아들로서 주왕(紂王)의 숙부(叔父)였다. 사람됨이 곧고 강직하여 주왕(紂王)의 폭정을 바로잡기 위해 간언(諫言)하다가 잔인하게 죽었다.

다른 현신인 비간(比幹)**은 죽음을 무릅쓰고 그에게 황음무도한 생활을 하지 말도록 간언하였다. 이에 주왕은 크게 분노하면서 위와 같은 말을 하였다. 이후 그는 실제로 비간의 가슴을 열어 그의 심장에 일곱 개의 구멍이 있는 지를 확인했다고 하니 그의 잔혹함을 엿볼 수 있는 말이다.

3. 마음과 덕이 하나다

同心同德

주나라 무왕武王 희발姬發

[원문]

수(受 : 주왕)에게 억만이나 되는 평범한 이들이 있다고 하나 마음이 이반되고 덕이 흩어져 있다. 그러나 나는 난세를 다스릴 수 있는 열 명의 대신이 있어 마음과 덕을 하나로 합치고 있다. 상나라 주(紂)가 아무리 친한 이들이 있다고 할지라도 나에게 어진 이들이 있는 것만 못하리라(『상서』「태서泰誓 하下」).

受有億兆夷人, 離心離德. 予有亂臣十人, 同心同德. 雖有周親, 不如仁人.
수유억조이인, 이심리덕. 여유란신십인, 동심동덕. 수유주친, 불여인인.

[해설]

주나라 무왕이 맹진(孟津)을 건너 황하 북쪽 강가에 주둔하면서 맹세한 말이다. 무왕은 억만 명과 열 명의 대신, 인심과 덕행에서 벗어난 상나라 주왕(紂王)을 덕과 마음을 합한 자신과 비교하면서 모두 합심하면 상나라 주왕을 물리칠 수 있을 것이라고 장담하였다.

'수(受)'는 상나라 마지막 임금인 주왕의 이름이다. '난신(亂臣)'은 어지러운 난세를 제대로 다스릴 수 있는 신하를 말한다. '십인(十人)'은 주나라 무왕을 보좌한 대신들인 주공 단(旦), 소공석(召公奭), 태공망(太公望), 필공(畢公), 영공(榮公), 태전(太顚), 굉천(閎夭), 산의생(散宜生), 남궁괄(南宮適), 읍강(邑薑) 등이다.

4. 정령政令을 발표하는 데 신중하되 위반해서는 안 된다

令出惟行, 弗惟反

주나라 성왕成王 희송姬誦

[원문1]

아! 관직에 있는 나의 모든 군자들이여. 너희들의 맡은 바 직책을 엄숙하게 대하고, 정령(政令 : 법도와 규칙)을 발표하는 데 신중토록 하라. 정령을 일단 발표하면 반드시 시행하여 위반하면 안 된다. 공적인 마음으로 사심을 없애면 백성들이 믿고 따르게 된다. 고대의 전장(典章) 제도를 배운 후에 관직에 임하고, 임관되어 정사를 의논할 때도 고대의 전장 제도에 근거해야만 정사가 방향을 잃고 혼란스럽게 되지 않을 것이니, 그대들은 반드시 법전을 스승으로 삼고 말재주로 관직을 어지럽혀서는 안 된다. 마음에 의혹이 쌓이면 일을 그르치고, 나태하고 소홀하면 정사가 황폐해질 것이며, 배우지 않으면 담을 향해 서 있는 것처럼 아무 것도 보이지 않으니 일을 행하는 데 잡다한 생각이 들어 제대로 할 수 없을 것이다(『상서』「주관周官」).

嗚呼! 凡我有官君子, 欽乃攸司, 愼乃出令, 令出惟行, 弗惟反. 以公滅私, 民其允懷. 學古入官.
오호! 범아유관군자, 흠내유사, 신내출령, 영출유행, 불유반. 이공멸사, 민기윤회. 학고입관.

議事以制, 政乃不迷. 其爾典常作之師, 無以利口亂厥官. 蓄疑敗謀, 怠忽荒政, 不學牆面, 涖事惟煩.
의사이제, 정내불미. 기이전상작지사, 무이리구란궐관. 축의패모, 태홀황정, 불학장면, 이사유번.

[해설]

주나라 성왕이 즉위한 후 관제(官制)를 선포하면서 내린 조령이다. 성왕은 관

리들이 자신의 업무를 처리하는 데 항시 엄숙하고 근신할 것과 공적인 마음을
견지하여 사리사욕을 없애고, 고대의 전장(典章) 제도를 배워 마음에 의혹을 두
지 말도록 당부하고 있다. 그의 관원들에 대한 요구는 이처럼 엄격하였으니, 그
만큼 기대가 컸다는 것을 반영한다.

'관군자(官君子)'는 관직에 있는 사람을 말한다. '유사(攸司)'는 주관하는 사무
를 말한다. '의사이제(議事以制)'의 '제'는 고대의 전장 제도를 뜻하며, 이를 근거
로 하여 사무를 처리하라는 뜻이다. '불학장면(不學牆面)'은 배우지 않으면 담벼
락에 서 있는 것처럼 아무 것도 볼 수 없다는 뜻이다.

[원문2]

그대들 집정 대신들에게 훈계하노라. 공로가 높은 것은 뜻이 좋기 때문이고,
업적이 많은 것은 부지런하기 때문이니, 일을 처리하는 데 결단성이 있어야 뒤
에 어려움이 없게 된다. 지위가 높아지면 바라지 않았는데도 교만해지고, 녹봉
이 많아지면 바라지 않았는데도 사치하게 된다. 공손하고 절검함을 미덕으로
삼아 거짓과 사악한 마음을 지니지 마라. 덕을 행하면 마음이 편안하여 날로 미
덕이 드러나고, 거짓을 행하면 마음이 수고로워 날로 옹졸하게 된다. 존귀한 자
리에 있을 때 위난(危難)을 걱정하여 근신하고 두려워하지 않음이 없어야 하니,
두려워할 줄 모르면 오히려 두려움 속에 빠지게 된다. 어진 이를 밀어주고 능력
이 있는 이에게 자리를 양보하면 모든 관원들이 화목해질 것이니, 화합하지 못
하면 정사가 어지러워질 것이다. 능히 관직을 담당할 수 있는 자를 추천하면 그
대들의 능력을 드러내는 것이나, 그렇지 않은 자를 추천한다면 이는 그대들이
소임을 다하지 못했음을 나타내는 것이다(『상서』 「주관」).

戒爾卿士, 功崇惟志, 業廣惟勤, 惟克果斷, 乃罔後艱. 位不期驕, 祿不期侈. 恭儉惟德, 無載爾僞. 作德,
계이경사, 공숭유지, 업광유근, 유극과단, 내망후간. 위불기교, 녹불기치. 공검유덕, 무재이위. 작덕,

心逸日休, 作僞, 心勞日拙. 居寵思危, 罔不惟畏, 弗畏入畏. 推賢讓能, 庶官乃和, 不和政厖. 擧能其官,
심일일휴, 작위, 심로일졸. 거총사위, 망불유외, 불외입외. 추현양능, 서관내화, 불화정방. 거능기관,

惟爾之能. 稱匪其人, 惟爾不任.
유이지능. 칭비기인, 유이불임.

[해설]

주나라 성왕이 즉위한 후 관제(官制)를 선포하면서 내린 조령이다. 성왕은 관원들의 수양이나 근로로 고관(高官)들을 권면하고 있다. 그는 그들이 품덕을 수양하고 왕의 업무에 근면하며 적극적으로 인재를 추천하여 관리로 삼을 것을 요구하고 있는 것이다.

'경사(卿士)'는 집정대신을 말한다. '기(期)'는 초대의 뜻이다. '능기관(能其官)'은 맡은 바 관직을 능히 담당할 수 있음을 말한다. '비기인(匪其人)'은 조건에 따라 추천해서는 안 되는 사람을 말한다.

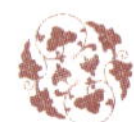

5. 그대의 몸이 지극히 바르면 감히 바르지 않을 사람이 없을 것이다

爾身克正, 罔敢弗正

주나라 목왕穆王 희만姬滿

[원문1]

그대의 몸이 지극히 바르면 감히 바르지 않을 사람이 없을 것이니, 백성들의 마음에 행위나 사상의 준칙이 없다면 그대가 중정지도(中正之道)로서 백성들의 준칙을 삼도록 하라. 여름에 무덥고 비가 내리면 백성들은 오직 원망하고 탄식하며, 겨울이 몹시 추우면 백성들은 또한 원망하고 한탄한다. 그들의 삶은 진실로 힘들도다! 그대는 그 어려움을 생각하여 그들이 보다 쉽게 살아갈 수 있도록 도모한다면 백성들은 편안해질 것이다(『상서』「군아君牙」).

爾身克正, 罔敢弗正, 民心罔中, 惟爾之中. 夏暑雨, 小民惟曰怨咨, 冬祁寒, 小民亦惟曰怨咨. 厥惟
이신극정, 망감불정, 민심망중, 유이지중. 하서우, 소민유왈원자, 동기한, 소민역유왈원자. 궐유

艱哉! 思其艱以圖其易, 民乃寧.
간재! 사기간이도기이, 민내녕.

[해설]

주나라 목왕은 군아(君牙)에게 자신이 스스로 준칙을 지키면서 민생을 돌보아 백성들이 편안하게 살 수 있도록 노력하라고 당부하였다. 그는 구체적으로 여름이나 겨울에 여러 가지 어려움을 당하는 백성들을 예로 들면서 이러한 문제들의 해결 방법을 찾도록 명하였다.

'중(中)'은 중정지도(中正之道)로서 행위나 사상의 준칙이 되는 것을 말한다. '도기이(圖其易)'는 백성들에게 농사일을 권면하고, 요역과 부세를 감면하여 백성들이 보다 편안하게 살 수 있도록 도모한다는 뜻이다.

[원문2]

사람이 좋은 것이 아니라 뇌물로 바친 재물이 좋으니, 이렇게 되면 관아의 기풍을 손상시킬 뿐만 아니라 그들의 군주를 공경하지 않는 것이니, 나는 그대를 탓할 것이로다(『상서』 「경명冏命」).

非人其吉, 惟貨其吉, 若時, 瘝厥官, 惟爾大弗克祗厥辟, 惟予汝辜.
비인기길, 유화기길, 약시, 관궐관, 유이대불극지궐벽, 유여여고.

[해설]

주나라 목왕이 백경(伯冏)을 태복(太僕)으로 임명하면서 한 말이다. 그는 관리를 선발하는 데 당사자의 품덕은 보지 않고 뇌물만 생각하는 작태에 대해 강력하게 비판하고 있다. 이는 곧 군주에 대한 불경이라는 것이 그의 생각이었다.

'관(瘝)'은 손상시키다, 더럽히다, 부패하다의 뜻이다. '지(祗)'는 공경의 뜻이다. '벽(辟)'은 국군(國君)이다.

6. 사람들은 교활하고 사기를 치는 것은 걱정한다

人患其爲詐

한나라 경제景帝 유계劉啓

[원문]

사람들은 그가 지혜롭지 않은 것은 걱정하지 않으나 교활하고 사기를 치는 것은 걱정하며, 용감하지 않은 것은 걱정하지 않으나 흉포한 것은 걱정한다. 부유하지 않음은 걱정하지 않으나 다함없이 탐욕스러움은 걱정한다. 오로지 청렴한 사람만이 욕심을 줄이고 쉽게 만족할 수 있다. 현재는 자산이 10만 전 이상이 되어야 관리가 될 수 있으나 청렴한 이는 분명 재산이 그렇게 많지 않아 (관리가 될 수 없다). 시적(市籍)에 기재된 상인은 관리가 될 수 없고, 재산이 없는 자도 관리가 될 수 없으니 짐은 이를 심히 동정하노라. 명령하노니 재산이 4만 전 이상이면 관리가 될 수 있도록 하여 청렴한 선비가 오랫동안 관직에 오르지 못하여 탐욕스러운 이들이 오랫동안 이익을 얻는 일이 없도록 하라(『한서』「경제기景帝紀」).

人不患其不知, 患其爲詐也. 不患其不勇, 患其爲暴也. 不患其不富, 患其亡厭也. 其唯廉士, 寡欲易足.
인불환기불지, 환기위사야. 불환기불용, 환기위폭야. 불환기불부, 환기망염야. 기유렴사, 과욕역족.

今訾算十以上乃得宦, 廉士算不必衆. 有市籍不得宦, 無訾又不得宦. 朕甚愍之. 訾算四得宦, 亡令廉
금자산십이상내득환, 염사산불필중. 유시적부득환, 무자우부득환. 짐심민지. 자산사득환, 망령염

士久失職, 貪夫長利.
사구실직, 탐부장리.

[해설]

한나라 경제가 후원(後元) 2년(기원전 142년)에 내린 조령이다. 그는 관리가 가져야 할 재산 등급을 낮추어 청렴하고 재산이 많지 않은 자도 관리가 될 수 있도록 하였다.

'시적(市籍)'은 장사를 할 수 있는 상인의 호적이다. '자산(訾算)'은 재산 또는 재산세의 뜻이다.

7. 매일매일 근신해야 할 것이다

日愼一日

한나라 광무제光武帝 유수劉秀

[원문1]

사람이 일단 만족하게 되면 금세 지나치게 방종하거나 한때의 욕망에 쾌감을 느껴 형벌 시행에 신중을 기하라는 의미를 잊고 만다. 생각건대 여러 장군들은 원대한 공업(功業)이 성대하여 자신의 봉국(封國)이 영원무궁 후대로 전해지기를 바라고 있을 것이다. 그렇다면 마땅히 깊은 물을 건너거나 얇은 얼음 위를 걷는 것처럼 항시 신중하고 조신하여 매일매일 근신해야 할 것이다(『후한서』「광무제기 光武帝紀 상上」).

人情得足, 苦於放縱, 快須臾之欲, 忘愼罰之義. 惟諸將業遠功大, 誠欲傳於無窮, 宜如臨深淵, 如履
인정득족, 고어방종, 쾌수유지욕, 망신벌지의. 유제장업원공대, 성욕전어무궁, 의여림심연, 여리

薄冰, 戰戰慄慄, 日愼一日.
박빙, 전전률률, 일신일일.

[해설]

건무(建武) 2년(24년) 정월, 한나라 광무제가 공신들에게 토지와 관직을 하사할 당시에 내린 조서의 일부분이다. 그는 봉국(封國)을 받은 열후들에게 경계하기를 공적이 있다고 오만하지 말고 항시 형벌을 시행하듯이 신중하게 처신해야만 자신들이 받은 봉국을 영원히 지켜 나갈 수 있다고 하였다.

'신벌(愼罰)'은 『상서』의 다음 구절에서 유래한다. "덕을 밝히고 형벌을 신중하게 시행하지 않음이 없으셨으니(罔不明德愼罰망불명덕신벌, 亦克用勸역극용권)", 신중하게 형벌을 시행하여 사람들이 선행하도록 격려하라는 뜻이다.

윗자리에 있으면서도 교만하지 않으면 지위가 높아도 위험하지 않고, 절제와 신중의 태도를 지니게 되면 가득 차도 넘치는 법이 없다. 이를 경계하고 조심해야 한다. 그래야만 너희의 봉국을 자손들에게 전하여 오래토록 한나라 황실을 호위하는 번국(藩國)이 될 수 있을 것이다(『후한서』「광무제기 상」).

在上不驕, 高而不危, 制節謹度, 滿而不溢. 敬之戒之. 傳爾子孫, 長爲漢藩.
재상불교, 고이불위, 제절근도, 만이불일. 경지계지. 전이자손, 장위한번.

[해설]

건무 2년(26년)에 광무제가 공신들을 열후로 봉하면서 내린 책명에서 한 말이다. 그는 열후들이 높은 자리에 올라 교만하지 말고 항시 근신하여 영원토록 봉국을 유지하기를 원했다.

[원문3]

무릇 관서를 설치하고 관원을 두는 것은 백성을 다스리기 위함이다. 지금 백성들이 재난에 처해 호구가 감소하고 있는데, 관부의 관리나 관직은 번잡하고 많다. 하여 사례(司隸)와 주목(州牧)에게 명하노니 각기 소속 관서에 대한 실사를 통해 관리를 감축하라. 현(縣)에는 장리(長吏)를 두지 않고 합병해도 좋을 것이니 대사도(大司徒)와 대사공(大司空)에게 보고토록 하라(『후한서』「광무제기光武帝紀 하下」).

夫張官置吏, 所以爲人也. 今百姓遭難, 戶口耗少, 而縣官吏職所置尙繁, 其令司隸, 州牧各實所部,
부장관치리, 소이위인야. 금백성조난, 호구모소, 이현관리직소치상번, 기령사례, 주목각실소부,

省減吏員. 縣國不足置長吏可幷合者, 上大司徒, 大司空二府.
성감리원. 현국불족치장리가병합자, 상대사도, 대사공이부.

[해설]

건무 6년(30년)에 광무제가 내린 조령으로서 관리의 감축을 명하고 있다. 그는 나라가 재난에 봉착하고, 백성들의 호구가 줄어드는 상황에서 관원의 설치를 축소하기로 결정하였다. 나라를 다스리는 데 겉치레에 치중하지 않고 실정에 입각하여 민중의 부담을 줄이려는 그의 의도가 돋보인다.

'현관(縣官)'은 관부의 뜻이다. '사례(司隸)'는 하남, 하내(河內), 우부풍(右扶風), 좌풍익(左馮翊), 경조(京兆), 하동(河東), 홍농(弘農) 등 일곱 개 군의 행정을 관장하고 있는 권력의 핵심부다. '현국(縣國)'은 원래 현과 제후국을 말하지만, 여기서는 '현'을 뜻한다. '장리(長吏)'는 지위가 비교적 높은 관리이다.

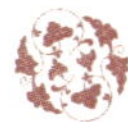

8. 세풍世風의 질박함은 교화에 따라 변화한다

世之質文, 隨教而變

위나라 명제明帝 조예曹叡

[원문]

세풍(世風)의 질박함은 교화에 따라 변화한다. 전란이 발발한 이래 경학(經學)은 폐지되고, 젊은이들은 공명(功名)을 구하려고 할 뿐 유가의 경전을 익히려고 하지 않는다. 이는 내가 가르치고 훈도함이 부족하여 임용되는 자가 훌륭한 덕성을 현시할 수 없는 것이 아니겠느냐? 이제 낭관(郎官)들은 하나의 경전을 배워 통달해야만 관리로서 백성들을 다스릴 수 있을 것이니, 박사들이 시험을 부과하여 그 가운데 성적이 뛰어난 자를 선발하여 즉시 임용하라. 품행이 경솔하고 부화(浮華 : 실속은 없고 겉만 화려함)하여 경학의 근본에 힘쓰지 않는 자는 일률적으로 파면하여 물러나게 하라(『삼국지』「위서」'명제기').

世之質文, 隨教而變. 兵亂以來, 經學廢絶, 後生進趣, 不由典謨. 豈訓導未洽, 將進用者不以德顯乎?
세지질문, 수교이변. 병란이래, 경학폐절, 후생진취, 불유전모. 기훈도미흡, 장진용자불이덕현호?

其郞吏學通一經, 才任牧民, 博士課試, 擢其高第者, 亟用. 其浮華不務道本者, 皆罷退之.
기랑리학통일경, 재임목민, 박사과시, 탁기고제자, 극용. 기부화불무도본자, 개파퇴지.

[해설]

위나라 명제가 태화(太和) 4년(230년) 2월에 반포한 조서이다. 전란 이후로 관원

을 선발하는 데 시험을 보지 않는 것에 대해 비판하면서 반드시 유가(儒家) 경전
을 통해 관원의 소질을 시험한 후에 선발할 것을 표명하였다.

9. 예교를 널리 펼치고 금령을 집행하는 것이 장리長吏의 일이다

禮敎設, 禁令行

진晉나라 무제武帝 사마염司馬炎

[원문1]

각지 군국(郡國)의 재상들은 3년에 한 번씩 소속 현을 순시할 때는 반드시 봄에
시행하라. 이는 고대에 제후가 천자에게 자신의 직무에 대해 보고하고 교화와
풍기를 바르게 시행하던 방식이다. 장리(長吏 : 수령)를 불러 직접 만나고 풍속을
관찰하며, 예의와 율령을 조화롭게 하며, 도량형기(度量衡器)를 살피고 기로(耆老)
들의 안부를 물으며, 백세 이상 노인들을 직접 찾아가 위로하라. 죄수들의 상황
을 살펴 억울한 누명을 벗겨 주며, 행정과 법 집행의 득실을 자세히 관찰하여 백
성들의 어렵고 힘든 점을 이해해야 한다. 지역의 멀고 가까움을 막론하고 항시
내가 친히 시찰하는 것과 같아야 하느니라. 오교(五敎 : 오륜)를 준수하도록 돈독
하게 가르치고, 농사에 힘쓰도록 권고하며, 학자들을 권면하여 올바른 전장(典
章) 제도를 배워 비속한 백가(百家) 말류(末流)의 학문에 빠지지 않도록 하라. 말류
의 학문에 깊이 물들면 교화할 수 없을 것이다.

사족(士族)과 서족(庶族) 가운데 학문을 좋아하고 도의를 돈독하게 지키며, 부
모에게 효도를 다하고 형제간에 우애가 있으며, 행실이 방정하고 불량하지 않
은 이가 있다면 천거하여 관리로 임명할 수 있도록 하고, 부모에게 효성을 다하
지 않고 향친을 존중하지 않으며, 예의와 풍습을 지키지 않고 법령을 어지럽히
는 이가 있다면 고발하여 법에 따라 처리토록 하라. 황무지를 개척하고 산업을

발전시키며, 예교를 널리 펼치고 금령을 집행하는 것은 장리의 공로이자 능력이다. 백성이 곤궁해지고 농사가 황폐해져 사방에 도적들이 일어나며, 소송이 번다해지고 아랫사람이 윗사람을 속이고 능멸하여 예의가 무너지게 되는 것은 장리의 무능이자 과오이다.

장리 중에는 공정하고 청렴하며 사사로운 이익을 생각하지 않고 정직하고 곧은 절개로 명예를 탐하지 않는 자가 있는가 하면, 탐욕스럽고 행실이 더러우며 자신의 직책을 더럽히고 아부하여 높은 관직을 탐내며 업무를 공정하게 처리하지 못하면서 자신은 날로 부유해지는 자도 있으니, 그들을 신중하게 살펴야 한다. 청백리는 널리 알려 칭송하고, 혼탁한 관리는 깨끗이 제거하며, 선량한 자는 적극 추천하되 법을 어긴 자는 탄핵해야 한다. 이것이 바로 내가 친히 정무를 행하지 않더라도 정치의 법도를 밝혀 2천 석 이상의 봉록을 받는 뛰어난 관리들에게 책임을 맡겨 일을 처리토록 하는 까닭이니 응당 이를 경계할지어다(『진서』「제기」'무제').

郡國守相, 三載一巡行屬縣, 必以春, 此古者所以述職宣風展義也. 見長吏, 觀風俗, 協禮律, 考度量,
군국수상, 삼재일순행속현, 필이춘, 차고자소이술직선풍전의야. 견장리, 관풍속, 협예율, 고도량,

存問耆老, 親見百年. 錄囚徒, 理冤枉, 詳察政刑得失, 知百姓所患苦. 無有遠近, 便若朕親臨之. 敦喩
존문기로, 친견백년. 녹수도, 이원왕, 상찰정형득실, 지백성소환고. 무유원근, 편약짐친림지. 돈유

五敎, 勸務農功, 勉勵學者, 思勤正典, 無爲百家庸末, 致遠必泥. 士庶有好學篤道, 孝弟忠信, 清白異
오교, 권무농공, 면려학자, 사근정전, 무위백가용말, 치원필니. 사서유호학독도, 효제충신, 청백이

行者, 擧而進之 : 有不孝敬於父母, 不長悌於族黨, 悖禮棄常, 不率法令者, 糾而罪之. 田疇闢, 生業修,
행자, 거이진지 : 유불효경어부모, 불장제어족당, 패례기상, 불솔법령자, 규이죄지. 전주벽, 생업수,

禮敎設, 禁令行, 則長吏之能也. 人窮匱, 農事荒, 姦盜起, 刑獄煩, 下陵上替, 禮義不興, 斯長吏之否也.
례교설, 금령행, 즉장리지능야. 인궁궤, 농사황, 간도기, 형옥번, 하릉상체, 예의불흥, 사장리지부야.

若長吏在官公廉, 慮不及私, 正色直節, 不飾名譽者, 及身行貪穢, 諂黷求容, 公節不立, 而私門日富者,
약장리재관공렴, 여불급사, 정색직절, 불식명예자, 급신행탐예, 첨독구용, 공절불립, 이사문일부자,

竝謹察之. 揚清激濁, 擧善彈違, 此朕所以垂拱總綱, 責成於良二千石也. 於戲戒哉.
병근찰지. 양청격탁, 거선탄위, 차짐소이수공총강, 책성어량이천석야. 어희계재.

[해설]

진나라 무제가 태시(泰始) 4년(268년) 6월 초에 내린 조령이다. 각지 군국의 재상들에게 봄에 관할 지역을 순시하여 전체 상황을 진술하도록 요구하는 내용이다. 무제는 특히 민정을 중시하여 자신의 애민 정책을 제창하였다.

'기로(耆老)'는 중국의 향약 제도에 기인하는 것인데, '이로(里老)', '향로(鄕老)'로 부르기도 한다. 기로는 향리의 일원으로서 마을 사람들을 선한 쪽으로 인도하고, 마을의 소송이나 분쟁을 경청하여 이를 중재하거나 심판하는 권한을 지니고 있었다. 기로는 주로 향민들이 선출하거나 관서에서 선발하기도 했다. '오교(五敎)'는 부모와 형제, 자식이 지켜야 할 다섯 가지 윤리 표준을 말한다. '수상(守相)'은 군수나 제후왕의 재상이다. '술직(述職)'은 제후가 천자를 알현하여 자신의 직무에 대해 진술하는 것을 말한다. '수공(垂拱)'은 고대의 통치자가 아무 것도 하지 않으면서 천하를 잘 다스린다는 뜻인데, 여기서는 천자가 정치의 큰 법도를 제시하고 친히 정무에 간여하지 않더라도 고위 관리들이 이에 따라 시정에 최선을 다해야 한다는 뜻이다.

[원문2]

옛날에는 매년 여러 관리들의 능력 여부를 기록하여 3년간 기록을 통해 징벌과 포상을 실시하였다. 지금 영사(令史)들이 앞뒤로 일정한 시기에 문서상으로 일부 능력이 모자라고 용렬한 관리들을 파면하거나 견책했을 뿐 관리들이 발전적으로 나아갈 수 있도록 격려한 적이 없었다. 이는 이른바 출척(黜陟 : 못된 사람을 내쫓거나 강등하고 착한 사람을 씀)의 방법이라고 할 수 없다. 바라건대 너희들은 근면하고 능력이 있으며, 탁월한 재능을 지닌 이들을 조목별로 진술하고, 이를 매해 업무로 삼도록 하라. 내가 장차 그들의 공로를 평의하겠노라(『진서』「제기」'무제').

古者歲書群吏之能否, 三年而誅賞之. 諸令史前後, 但簡遣疏劣, 而無有勸進, 非黜陟之謂也. 其條
고자세서군리지능부, 삼년이주상지. 제영사전후, 단간견소렬, 이무유권진, 비출척지위야. 기조

勤能有稱尤異者, 歲以爲常. 吾將議其功勞.
근능유칭우이자, 세이위상. 오장의기공로.

[해설]

진나라 무제가 태시(泰始) 5년(269년) 2월에 내린 조령이다. 무제는 정기적으로 관리에 대한 평가 제도를 확립하여 관리들이 적극적으로 업무에 임하도록 자극하는 한편 행정의 효율을 높이고자 노력하였다.

'영사(令史)'는 문서를 관장하는 관리로서 낭(郞) 아래에 있다. '간견(簡遣)'은 문서로써 파면이나 견책하는 것을 뜻한다. '출척(黜陟)'은 관직의 강등과 승진이다. '조(條)'는 조목별로 진술함이다.

[원문3]

교화가 흥성할 수 있는 근본은 정치가 올바르고, 송사의 판결이 공평함에 있다. 2천 석 이상의 봉록을 받는 관리들이 백성들의 고통을 살펴 구휼할 생각은 하지 않은 채 경망스럽게 사사로운 원한으로 형옥(刑獄)을 남발하는 기풍을 조장하고, 재물을 탐하고 부정한 짓으로 사회를 혼탁하게 만들어 백성을 번거롭고 수고롭게 하고 있다. 자사(刺史) 및 2천 석 이상의 관리들에게 명하노니 관리들의 부정하고 혼탁한 일을 규찰하고, 공정과 청렴 여부를 적발하여 관련 부서의 관리들은 그들의 승진과 강등을 평의토록 하라. 조정의 내외 관리들에게 명하노니 청렴하고 재능이 있는 이들을 추천하고, 가정이 빈한하지만 품행이 고상한 이들을 선발하여 관리로 삼도록 하라(『진서』「제기」'무제').

興化之本, 由政平訟理也. 二千石長吏不能勤恤人隱, 而輕挾私故, 興長刑獄, 又多貪濁, 煩撓百姓.
흥화지본, 유정평리야. 이천석장리불능근휼인은, 이경협사고, 흥장형옥, 우다탐탁, 번요백성.

其敕刺史二千石糾其穢濁, 舉其公清, 有司議其黜陟. 令內外群官舉清能, 拔寒素.
기칙자사이천석규기예탁, 거기공청, 유사의기출척. 영내외군관거청능, 발한소.

[해설]

태강(太康) 9년(288년) 정월 초에 일식이 발생했다. 진나라 무제는 이를 기회로 행정 상황을 점검하면서 위의 조령을 발표하였다. 그는 관리들이 사사로운 원한 때문에 소송이나 판결에 영향을 주는 등의 부정한 행위를 근절시키는 한편, 청렴결백한 이들을 선발하여 관리로 임명하고자 했다.

'흥화(興化)'는 교화가 흥성함이다. '한소(寒素)'는 한(漢)나라와 진(晉)나라 시대에 사인(士人)을 선발하는 과목의 명칭으로서, 주로 가정 형편이 빈한하지만 품덕이 고상한 이를 선발하는 것을 지칭한다.

10. 공적이 있어 승진한 후에 바로 신임 관리로 교체되는 경우가 적잖다

官以勞升

북위北魏 효문제孝文帝 원굉元宏

[원문]

최근 들어 관리가 공적이 있어 승진한 후에 얼마 되지 않아 신임 관리로 교체되는 경우가 적지 않다. 그래서 주군(州郡)의 목수(牧守 : 장관)들이 백성들을 보살 필 생각은 하지 않고 경쟁하듯이 재물을 모으며, 구관을 보내고 신관을 영접하 느라 길가에 사람들이 서로 잇닿아 있을 정도이니, 이는 인심을 안정시키고 정 치를 흥성하게 하는 방법이 아니다. 지금부터 목수 가운데 선량하고 멸사봉공 (滅私奉公)하는 이가 있다면 임지에서 오랫동안 머물 수 있도록 하라. 1년 동안 탁 월한 업적을 이루게 되면 직위를 한 등급 올려 주고, 탐욕하고 잔혹 무도하여 백 성들의 이익을 침해하는 관리라면 설사 임직한 지 얼마 되지 않더라도 직위를 강등시켜 처벌토록 하라. 이를 법령으로 만들어 표준으로 삼도록 하라(『북사北史』 「위 본기魏本紀」 '효문제').

頃者以來, 官以勞升, 未久而代. 牧守無恤人之心, 競爲聚斂, 送故迎新, 相屬於路, 非所以固人志,
경자이래, 관이로승, 미구이대. 목수무휼인지심, 경위취렴, 송고영신, 상속어로, 비소이고인지,

隆政道也. 自今牧守溫良仁儉, 克己奉公者, 可久於其任. 歲積有成, 遷位一級, 其貪殘非道, 侵削黎
융정도야. 자금목수온량인검, 극기봉공자, 가구어기임. 세적유성, 천위일급, 기탐잔비도, 침삭려

庶者, 雖在官甫爾, 必加黜罰. 著之於令, 以爲彛准.
서자, 수재관보이, 필가출벌. 저지어령, 이위이준.

[해설]

연흥(延興) 2년(472년) 12월에 북위의 효문제가 내린 조령이다. 그는 관원들이 임지에서 백성들을 착취하여 사리사욕을 채우는 것에 대해 질책하고 있다. 민 생을 생각하며 관리들에 대한 감시와 감독을 철저하게 하여 치국에 전념하려는 그의 의도를 엿볼 수 있다.

‘목수(牧守)’는 주군(州郡)의 장관을 말한다. 주의 장관은 ‘목’, 군의 장관은 ‘수’라고 한다. ‘여서(黎庶)’는 민중, 백성을 말한다. ‘이준(彝准)’은 고정된 제도나 준칙을 말한다.

11. 관직을 위해 관리가 될 사람을 선발하면 나라가 잘 다스려진다

爲官擇人者治

당나라 태종太宗 이세민李世民

[원문]

짐이 듣기에 관직을 위해 관리가 될 사람을 선발하면 나라가 잘 다스려질 것이고, 관리가 될 사람을 위해 관직을 선택하면 나라가 혼란해진다고 하였다(『당태종집唐太宗集』「사두탄환제조賜竇誕還第詔」).

朕聞爲官擇人者治. 爲人擇官者亂.
짐문위관택인자치. 위인택관자난.

[해설]

「사두탄환제조(賜竇誕還第詔)」에 나오는 ‘두탄’은 정관(貞觀) 초기에 당나라 태종이 임명한 우령군대장군(右領軍大將軍)이다. 그는 질병으로 인해 관직에서 물러났다. 이후 태종이 다시 그를 불러 종정경(宗正卿)에 임명하려고 했다. 그러나 그가 혼매(昏昧 : 사리에 어둡고 어리석음)하여 적절하게 대응하지 못하는 것을 알고 이렇게 말하였다. 당나라 태종이 단지 특정한 사람을 위해 관리를 임명하거나 관직을 만든 것이 아님을 알 수 있다.

12. 역량을 한 곳으로 집중시키고자 한다

以務集事

당나라 덕종德宗 이괄李适

[원문]

짐은 근래에 변방의 전쟁을 대비하느라 군사를 일으켜 재정이 부족하게 되어 잠시 관원들을 감축하는 사안을 의논하여 역량을 한 곳으로 집중시키고자 하였다. 그런데 근자에 들으니 관직에 임명된 이는 해당 공문의 규정에 따라 부모와 처자식 등 일가족을 대동해야 한다고 한다. 봉록을 채 받기도 전에 감원으로 인해 고향으로 돌아올 방법조차 없게 되었으니, 곤궁에 처한 관리들이 타향에서 떠돌며 무엇에 의지할 수 있겠느냐? 앞서 칙령에 따라 감축된 관원들은 마땅히 예전의 직책에 그대로 임명토록 하라(『구당서』「본기」'덕종').

朕頃緣興師備邊, 資用不給, 遂權議減官, 以務集事. 近聞授官者皆已隨牒之任, 扶老攜幼, 盡室而行.
짐경연흥사비변, 자용불급, 수권의감관, 이무집사. 근문수관자개이수첩지임, 부로휴유, 진실이행.

俸祿未請, 歸還無所, 衣冠之弊, 流寓何依? 其先勅所減官員, 竝宜仍舊.
봉록미청, 귀환무소, 의관지폐, 유우하의? 기선래소감관원, 병의잉구.

[해설]

당나라 덕종이 정원(貞元) 3년(787년) 7월에 내린 조령이다. 덕종은 정원 감축으로 직위를 잃은 관원이 곤란에 처해진 것으로 보고 다시 관직을 회복시켜 주었다. 이는 재정 지출을 줄이기 위해 관리를 감축하면서도 관리 사회를 안정시키고 관원들을 위로했음을 보여준다.

'첩(牒)'은 고대에 서사 도구로 사용했던 목편이나 죽편이다. 여기서는 관방(官方: 관리들이 지켜야 할 규율)의 문건을 지칭한다. '의관(衣冠)'은 옷과 갓을 말하지만, 여기서는 '관원'을 지칭한다.

13. 백관百官과 여러 주관 부서에 대해 실질적인 효용을 살피고자 한다

有司以責實效

당나라 헌종憲宗 이순李純

[원문]

나는 백관(百官)과 여러 주관 부서에 대해 근원부터 맑고 분명하게 살펴 실질적인 효용을 살피고자 한다. 전운사(轉運使 : 주로 지방에서 조세를 거두어 서울로 운반하는 일을 담당)의 중요한 직무는 전문적인 사신(使臣)에게 위임하고, 도(道)마다 원(院)을 설치하여 나누어 그 임무를 관리 감독하라. 지금 섬서로(陝西路)의 조운(漕運)은 모두 중도(中都)에서 맡도록 돌려보내고, 부윤(府尹)과 유수(留守)의 직명은 예전과 같이 그대로 사용토록 하라. 또한 각 도의 단련사(團練使 : 주로 지방의 병권을 관리하고 민정을 돌봄)는 군비를 충분히 갖추어 지역을 안정시키면 될 것이니 별도로 군사 인원을 설치하여 관리와 봉록을 증가시킨다면, 이는 헛되이 개설하는 것이자 재정의 낭비라고 할 수 있다. 번잡한 것을 제거하고 근본을 따라 만사를 절약하여 백성들이 편안케 하기를 바란다.

하남(河南)의 수륙운전사(水陸運轉使), 섬사의 육운사(陸運使), 윤주(潤州)의 진해군사(鎭海軍使), 선주(宣州)의 채석군사(采石軍使), 월주(越州)의 의승군사(義勝軍使), 홍주(洪州)의 남창군사(南昌軍使), 복주(福州)의 정해군사(靖海軍使) 등의 관리 인원은 모두 철수하라. 거두어들인 사(使) 이하 관리들의 봉록과 식료(食料) 한 건 이상을 모두 본도에 위탁하여 백성들이 내는 양세(兩稅)의 부족분을 충당하도록 하고, 구체적인 액수는 나에게 보고하라(『구당서』「본기」'헌종').

朕於百執事 群有司, 方澄源流, 以責實效. 轉運重務, 專委使臣, 每道有院, 分督其任. 今陝路漕
짐어백집사, 군유사, 방징원류, 이책실효. 전운중무, 전위사신, 매도유원, 분독기임. 금섬로조

引悉歸中都, 而尹守職名尙仍舊貫. 又諸道都團練使, 足修武備以靖一方 : 而別置軍額, 因加吏祿, 亦旣
인실귀중도, 이윤수직명상잉구관. 우제도도단련사, 족수무비이정일방 : 이별치군액, 인가리록, 역기

虛設, 頗爲浮費. 思去煩以循本, 期省事以使人. 其河水陸運, 陝府陸運, 潤州鎭海軍, 宣州采石軍, 越
허설, 파위부비. 사거번이순본, 기성사이사인. 기하수륙운, 섬부륙운, 윤주진해군, 선주채석군, 월

州義勝軍, 洪州南昌軍, 福州靖海軍等使額, 幷宜停. 所收使已下俸料一事已來, 委本道充代百姓闕
주의성군, 홍주남창군, 복주정해군등사액, 병의정. 소수사이하봉료일사이래, 위본도충대백성궐

額兩稅, 仍具數奏聞.
액량세, 잉구수주문.

[해설]

당나라 헌종이 원화(元和) 6년(811년) 10월에 내린 조령이다. 그는 관원의 감축 방법과 좋은 점에 대해 말하고 있다. 이는 행정 기구를 간소화하여 백성들의 부담을 덜어주려는 헌종의 치국 방안을 표명한 것이다.

'전운(轉運)'은 전운사(轉運使)로 당나라 시대 이후 각 왕조에서 운수 사무를 관장하던 중앙 또는 지방 관직의 이름이다. '단련사(團練使)'는 당나라 건원(乾元) 원년(758년)에 설치되어 군사 업무를 맡은 단련수착사(團練守捉使)의 간칭이다. 항시 관찰사나 방어사를 겸직하였기 때문에 방어사와 칭호를 바꾸어 부르기도 했다. 지위는 절도사보다 낮고 방어사와 동등했다.

14. 독서를 다하여 치국의 도를 꿰뚫어 알다

讀書以通治道

송나라 태조太祖 조광윤趙匡胤

[원문]

짐은 무신들도 모두 독서를 다하여 치국의 도를 꿰뚫어 알 수 있도록 하고 싶은데, 어떠하신가?(『송사』 「본기」 '태조')

朕欲武臣盡讀書以通治道, 何如?
짐욕무신진독서이통치도, 하여?

[해설]

건륭(建隆) 3년(962년) 2월, 송나라 태조 조광윤이 시신(侍臣 : 측근에서 보좌하는 신하)에게 한 말이다. 그는 무장들도 모두 독서를 통해 치국의 도리를 깨닫도록 하고 싶었다. 당시 독서에 무심한 무신들의 정신 상태를 변화시켜 문치(文治)를 행하고자 하는 그의 이상을 반영한 것이다.

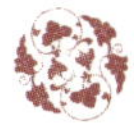

15. 직책에 어울리지 않는 자들은 모두 붙잡아 탄핵하라

不稱職者, 擧劾之

송나라 인종仁宗 조정趙禎

[원문1]

내 자신의 과실이나 측근 신하들이 패를 지어 행하는 나쁜 짓, 조정 내외의 거짓과 속임수, 여러 주군(州郡)의 폭정 및 법령이 백성들에게 불편을 주는 부분 등을 짐은 모두 알고자 하니 남김없이 나에게 진술토록 하라(『송사』 「본기」 '인종').

朕躬闕失, 左右朋邪, 中外險詐, 州郡暴虐, 法令有不便於民者, 朕欲聞之, 其悉以陳.
짐궁궐실, 좌우붕사, 중외험사, 주군폭학, 법령유불편어민자, 짐욕문지, 기실이진.

[해설]

경력(慶曆) 8년(1048년) 3월에 송나라 인종이 어사중승(禦史中丞)에게 내린 조령이다. 자신의 과실은 물론이고 조정 내외의 모든 일에 대해 보고할 것을 지시하고 있는데, 이는 경향 각지의 상황을 정확하게 파악하여 적절한 대책을 마련함으로써 나라를 제대로 다스리겠다는 그의 이상을 표명한 것이다.

조(曹)황후는 송나라의 개국공신이자 명장인 조
빈(曹彬)의 여식으로서 인종 시절에 곽황후가 폐위
되고 사망한 후 황후로 책봉되었다.

『송사』에 따르면, 그녀는 본성이 자애롭고 검소
했으며, 농업을 중시하여 친히 금원(禁苑)에서 곡식
을 심고 양잠을 했다고 한다.

그녀는 송나라 경력(慶曆) 8년(1048년)에 일어난 내
란 때 냉정하고 주도면밀하게 대처하여 인종조차
크게 탄복했다고 한다.

[원문2]

소경(少卿)과 감(監) 이하 관리로 연령이 70세가 되어 정무를 볼 수 없는 이들은
어사대(禦史臺)와 심관원(審官院)에 보고토록 하라. 그들 가운데 관각관(館閣官)이
나 어사대관(禦史臺官), 간관(諫官) 및 제형관(提刑官)을 역임한 적이 있는 이들은
중서성(中書省)에서 처리토록 하라. 대제(待制) 이상의 관원 가운데 스스로 은퇴
를 바라는 이가 있다면 우대하여 은전을 베풀도록 하라(『송사』「본기」'인종').

少卿, 監以下, 年七十不任釐務者, 禦史臺, 審官院以聞. 嘗任館閣, 臺諫及提刑者, 中書裁處. 待制
소경, 감이하, 연칠십불임리무자, 어사대, 심관원이문. 상임관각, 대간급제형자, 중서재처. 대제

以上能自引年, 則優加恩禮.
이상능자인년, 즉우가은례.

[해설]

송나라 인종이 황우(皇祐) 3년(1051년) 7월에 내린 조령이다. 관리들이 나이가
많아 제대로 업무를 처리하지 못하면서도 관직에 머물러 있는 상황을 타파하기
위해 우대하여 은전을 베푸는 방식으로 연로한 관리들의 자진 사퇴를 유도한
것이다.

'소경(少卿)'은 북위 태화(太和) 연간에 설치된 관명이다. 북제(北齊) 시절에는 정경(正卿)의 부직(副職)이었다. 수나라와 당나라 이후 청나라 때까지 계속 설치되었다. '대간(臺諫)'은 어사대와 간관을 말한다. '제형(提刑)'은 사법 기관인 제점형옥공사(提點刑獄公事)의 약칭이다. 송나라 때는 각 로(路 : 송나라의 행정 구역)에 설치되어 각 주의 사법, 형옥, 지방 관리에 대한 감찰 및 농상(農桑)을 권면하는 역할을 맡았다.

[원문3]

하북(河北)에서 기황(饑荒)이 계속되고 있다. 전운사(轉運使)는 주현의 관리들을 감찰하여 기아에 허덕이는 백성들을 불러 위무(慰撫)하고, 그들의 정황을 나에게 보고하라. 직책에 어울리지 않는 자들은 모두 붙잡아 탄핵하라(『송사』「본기」 '인종').

河北薦飢, 轉運使察州縣長吏能招輯勞來者, 上其狀. 不稱職者擧劾之.
하북천기, 전운사찰주현장리능초집노래자, 상기상. 불칭직자거핵지.

[해설]

송나라 인종이 황우 5년(1053년) 6월에 내린 조령이다. 각 주나 현의 관원들에게 이재민들을 위로하고 생산을 독려토록 지시하는 내용이다. 특히 기아에 허덕이는 이재민들의 문제를 해결하기 위해 애썼음을 알 수 있다.

'천기(薦飢)'는 기아나 재해가 매해 거듭됨을 말한다. '장리(長吏)'는 지위가 비교적 높은 현(縣)급 관리이다. '초집(招輯)'은 소집, 끌어들임이다. '노래(勞來)'는 온 사람을 위로하고 권면함이다.

[원문4]

소리(小吏)나 차역(差役 : 관아의 심부름꾼) 및 기술 관원 등은 지주군(知州軍)이나 제점형옥(提點刑獄)을 맡을 수 없다. 무관 출신으로서 정직(正職)에 임명된 관원만이 변경의 중요 주군(州軍)의 장관이 될 수 있다(『송사』「본기」 '인종').

吏人及伎術官職, 毋得任知州軍, 提點刑獄, 自軍班出至正任者, 方得知邊要州軍.
이인급기술관직, 무득임지주군, 제점형옥, 자군반출지정임자, 방득지변요주군.

[해설]

송나라 인종이 가우(嘉祐) 3년(1058년) 윤12월에 내린 조령이다. 관련 경력이 없는 자는 고위 관료에 오를 수 없도록 하는 규정을 밝힌 것으로 볼 때 관리의 소질이나 자격에 대한 요구가 상당히 엄격했음을 알 수 있다.

[원문5]

대간관(臺諫官)은 사람의 이목(耳目)과 같은 역할을 하는 관리이다. 그러나 만약 음험하고 사악한 소인이 만들어낸 유언비어를 듣고 선량한 이를 모함한다면, 이는 충효의 행위가 아니다. 중서문하(中書門下)는 다시 한 번 백공(百工)들에게 훈계하여 맡은 바 업무에 힘쓰고 충실하도록 하고, 만약 그릇된 것을 따르고 고치지 않는 관리가 있다면 해임토록 하라(『송사』 「본기」 '인종').

臺諫爲耳目之官, 乃聽險陂之人興造飛語, 中傷善良, 非忠孝之行也. 中書門下其申儆百工, 務敦
대간위이목지관, 내청험피지인흥조비어, 중상선량, 비충효지행야. 중서문하기신경백공, 무돈

行實, 循而弗改者絀之.
행실, 순이불개자출지.

[해설]

송나라 인종이 가우 6년(1061년) 7월에 내린 조령이다. 유언비어를 살포하는 소인배들에게 경고하면서 감찰 관원들에게 철저한 감시 감독을 통해 이러한 소인배들을 찾아 면직시키도록 하였다. 관원들의 기강을 확립하여 관리 사회의 기풍을 혁신하려는 뜻이다.

[원문6]

각 로(路 : 송나라의 행정 구역)의 감찰 관원들이 아직도 관원의 현부(賢否 : 어질고 능력이 있는가 여부)를 심사하지 못하고 있으니 관련 부서에서 조령(條令)을 세세하게

제정하고, 각자 새롭게 만든 조령을 준수하여 짐의 뜻에 부합토록 하라. 아울러 전운사, 제점형옥(提點刑獄), 과적원(課績院)을 감찰하는 데 새로 정한 조목에 따라 시행토록 하라(『송사』「본기」'인종').

諸路刺擧之官, 未有以考其賢否, 比令有司詳定厥制, 其各務祗新書, 以稱朕意. 仍令考校轉運, 提刑,
제로자거지관, 미유이고기현부, 비령유사상정궐제, 기각무지신서, 이칭짐의. 잉령고교전운, 제형,

課績院以新定條目施行.
과적원이신정조목시행.

[해설]

송나라 인종이 가우 6년(1061년) 8월에 내린 조령이다. 각지에서 새로운 조령을 제정하여 관원을 심사할 것을 주문하고 있다. 관원의 소질에 대한 관심을 표명한 것이다.

'자거지관(刺擧之官)'은 부정을 적발하는 일종의 감찰 관원이다.

16. 황제의 뜻을 받든 후에 관원을 추천토록 하라

應被旨擧官

송나라 철종哲宗 조후趙煦

[원문]

향후로 황제의 뜻을 받든 후에 관원을 추천토록 하라. 추천한 관원이 만약 합당치 않다면 추천자의 성명을 적어 보고토록 하라(『송사』「본기」'철종').

自今應被旨擧官, 所擧不當, 具擧主姓名以聞.
자금응피지거관, 소거불당, 구거주성명이문.

[해설]

송나라 철종이 원부(元符) 2년(1099년) 2월에 내린 조령이다. 관리를 추천하는

데 신중을 기하도록 강조하면서, 만약 잘못 추천할 경우 책임을 묻겠다는 뜻을
분명하게 밝혔다. 추천을 남발하는 현상을 방지하고, 관리들의 소질과 역량을
담보하기 위함이었다.

17. 자신의 직분을 벗어나 정사를 논하거나 명리名利를 얻어서는 안 된다

毋得越職論事

송나라 휘종徽宗 조길趙佶

[원문1]

철종 원우(元佑) 시절 대신들도 모두 봉록을 삭감하였으니, 이후로 더 이상 묻
지 말라. 간언하는 이들도 더 이상 간하지 말라(『송사』「본기」'휘종').

> 元佑諸臣各已削秩, 自今無所復問, 言者亦勿輒言.
> 원우제신각이삭질, 자금무소복문, 언자역물첩언.

[해설]

숭녕(崇寧) 원년(1102년) 5월, 송나라 휘종이 태자태보(太子太保)인 사마광(司馬光)
을 정의대부(正儀大夫)로 강등시키고, 태사 문언박(文彦博)을 태자태보로 삼았다.
그리고 나머지 사람들도 등급에 따라 강등시켰다. 얼마 후 휘종은 또 다시 위의
조령을 내려 자신의 결정에 대해 언급하였다.

[원문2]

조정 내외의 관원들은 자신의 직분을 벗어나 정사를 논하거나 사방으로 돌아
다니며 본분을 벗어난 명리(名利 : 명예와 이익)를 얻어서는 안 된다. 위반하는 자가
있으면 어사대에서 탄핵하여 상주토록 하라(『송사』「본기」'휘종').

內外官毋得越職論事僥倖奔競, 違者禦史臺彈奏.
내외관무득월직논사요행분경, 위자어사대탄주.

[해설]

송나라 휘종이 숭녕(崇寧) 3년(1104년)에 내린 조령에 나온 말이다. 그는 관원들의 직분을 엄격하게 규정하여 자신의 등급을 벗어나 정무를 의논하지 못하도록 제한하였다.

'어사대(禦史臺)'는 감찰기관이다. 진한(秦漢) 시대 이래로 역대 왕조에서 설치되어 감찰 업무를 맡았다.

18. 어사대와 간원諫院은 조정의 기풍과 법도를 관장하는 부서이다

臺諫風憲之地

송나라 고종高宗 조구趙構

[원문]

어사대와 간원(諫院)은 조정의 기풍과 법도를 관장하는 부서이다. 그러나 근래에 들어 합당치 못한 사람을 임용하여 대신들과 붕당(朋黨)을 이루고 자신의 호오(好惡)에 따라 일을 처리하니, 나라의 이목(耳目)을 담당하는 부서라고 할 수 없도다. 짐은 친히 공정한 선비에게 직책을 제수하여 이전의 폐단을 혁파하고자 한다. 계속해서 직책을 맡는 관리는 마땅히 자신이 맡은 바 직무에 전심전력하고, 함부로 사사롭게 붕당을 만들거나 기존의 법률을 어지럽히지 말 것이며, 마땅히 신중하게 이를 경계로 삼아 스스로 허물을 만들지 않도록 하라(『송사』「본기」'고종').

臺諫風憲之地, 比用非其人, 黨於大臣, 濟其喜怒, 殊非耳目之寄. 朕今親除公正之士, 以革前弊.
대간풍헌지지, 비용비기인, 당어대신, 제기희노, 수비이목지기. 짐금친제공정지사, 이혁전폐.

繼此者宜盡心乃職, 毋合黨締交, 敗亂成法, 當謹茲戒, 毋自貽咎.
계차자의진심내직, 무합당체교, 패란성법, 당근자계, 무자이구.

[해설]

송나라 고종이 소흥(紹興) 25년(1155년) 12월에 내린 조령이다. 그는 어사대에서 관원을 함부로 임용하는 것에 대해 불만을 표시하고, 공정한 사람을 임용할 것을 주문하였다. 감찰을 강화하여 관리들의 기강을 확립하겠다는 의도를 표현한 것이다.

'대간(臺諫)'은 어사대와 간원을 말한다. 당송 시대 이후로 규찰과 탄핵을 관장하는 어사를 대관(臺官)으로 삼고, 건언(建言 : 황제에게 간언)을 관장하는 급사중(給事中), 간의대부(諫議大夫) 등을 간관(諫官)으로 삼았다. 양자는 각기 관련 부서가 다르지만 직책이 서로 겹치는 경우가 있어 '대간(臺諫)'으로 병칭하였다. '풍헌(風憲)'은 풍기와 법도를 말한다.

19. 일 년에 한 차례씩 평정하여 상벌을 확정토록 하라

以一歲定賞罰

송나라 이종理宗 조윤趙昀

[원문]

감사(監司)가 반년 동안 탄핵한 탐관오리의 숫자를 보고하면, 인원의 숫자를 보고 성적을 평정(評定 : 평가하여 결정함)하는 근거로 삼아 상벌을 시행할 것이다. 수신(守臣 : 지방 장관)은 감사가 미치지 못한 부분을 보완하여 1년에 한 차례씩 평정하여 상벌을 확정토록 하라. 주(州)와 로(路)에 탄핵한 사안이 없는데, 대간관에 의해 탄핵될 경우 감사와 수신은 모두 차등에 따라 처벌할 것이다. 지역을 다스리는 데 청렴하고 명성이 있는 관원이 있으면 실증을 보고하여 내가 알 수 있도록 하라(『송사』「본기」'이종').

監司率半歲具劾去贓吏之數來上, 視多寡爲殿最, 行賞罰. 守臣助監司所不及, 以一歲爲殿最, 定賞罰.
감사솔반세구핵거장리지수래상, 시다과위전최, 행상벌. 수신조감사소불급, 이일세위전최, 정상벌.

本路, 州無所劾, 而臺諫論列, 則監司守臣皆以殿定罰. 有治狀廉聲者, 摭實以聞.
본로, 주무소핵, 이대간론렬, 칙감사수신개이전정벌. 유치상렴성자, 척실이문.

[해설]

송나라 이종이 경정(景定) 2년(1261년) 정월에 하달한 조령이다. 비록 전쟁 기간이기는 하지만 관원들의 청렴한 기풍을 강조하여 지속적인 감찰을 당부하고 있다.

'전최(殿最)'는 관원들의 공적이나 군공(軍功)을 심사하는 것을 말한다. 하등급을 '전', 상등급을 '최'라고 한다.

20. 언관言官이 침묵하고 규명하지 않으면 죄를 논할 것이다

言官糾默論罪

원나라 세조世祖 홀필열忽必烈

[원문]

관리가 뇌물을 받거나 창고를 관리하는 관원이 재물을 불법 점용하거나 절도를 범했음에도 어사대의 관원들이 이를 알고 검거하지 않는다면, 죄의 경중을 따져 징벌에 처할 것이다. 조정 내외 관리들이 뇌물을 받았을 경우 경범자는 장형(杖刑)에 처하고, 중범자는 사형에 처할 것이다. 언관(言官 : 간언을 전담하는 관리)이 침묵하고 규찰하지 않으면 뇌물을 받은 자와 동일하게 처리할 것이다(『원사』「본기」'세조').

官吏受賄及倉庫官侵盜, 臺察官知而不糾者, 驗其輕重罪之. 中外官吏贓罪, 輕者杖決, 重者處死.
관리수회급창고관침도, 대찰관지이불규자, 험기경중죄지. 중외관리장죄, 경자장결, 중자처사.

言官糾默, 與受贓者一體論罪.
언관규묵, 여수장자일체논죄.

[해설]

원나라 세조가 지원(至元) 19년(1282년) 9월에 내린 명령이다. 그는 관원들이 뇌물을 받고 부정을 저지르는 행위나 어사대에서 감독을 제대로 하지 않는 행태에 대해 처벌할 것을 주문하고 있다. 탐관오리는 물론이고 부정한 행위를 적발하는 감찰관의 태만에 대해서도 강력하게 대처하겠다는 뜻을 밝히고 있다.

21. 각 관서는 마음대로 관원의 인사이동에 대해 주청하지 말라

諸司不得擅奏遷調

원나라 성종成宗 철목이鐵穆耳

[원문]

추밀원(樞密院)과 종정부(宗正府) 등은 이후 모든 사안을 중서성과 공동으로 논의한 다음에 나에게 보고토록 하라. 각 관서는 마음대로 관원의 인사이동에 대해 주청하지 말라. 관원이 특별한 뜻에 따라 임용되었을 지라도 조례에 부합하지 않는다면 재차 상주하도록 하라(『원사』「본기」 '성종').

樞密院, 宗正府等, 自今每事與中書共議, 然後奏聞. 諸司不得擅奏遷調, 官員雖經特旨用之, 而於
추밀원, 종정부등, 자금매사여중서공의, 연후주문. 제사부득천주천조, 관원수경특지용지, 이어

例未允者, 亦聽覆奏.
례미윤자, 역청복주.

원나라 성종이 대덕(大德) 7년(1303년) 2월에 내린 조령이다. 조정의 관리 임용에 대한 논의에 신중을 기하도록 하는 한편, 관리 임면권(任免權)을 황제 자신이 엄격하게 장악하여 관원의 통제를 강화하려는 의도가 담겨 있다.

'종정부(宗正府)'는 한나라 때 처음 설립된 기관으로, 구경(九卿 : 아홉 관직) 일급에 속한다. 종정부의 우두머리는 '종정'이며, 황족 구성원 가운데 한 명이 임명되었다. 주로 황족의 사무를 전담하였다.

22. 무엇보다 휴양과 안식이 필요할 때이다
要在休養安息

명나라 태조太祖 주원장朱元璋

[원문]

천하가 이제야 평정되어 백성들의 재력이 모두 궁핍하니 무엇보다 휴양과 안식이 필요할 때이다. 청렴결백한 사람만이 자신은 빈곤하더라도 다른 이를 이롭게 할 수 있다. 그대들은 더욱 이렇게 할 수 있도록 노력하라(『명사明史』「본기」'태조').

天下始定, 民財力俱困, 要在休養安息, 惟廉者能約己而利人, 勉之.
천하시정, 민재력구곤, 요재휴양안식, 유렴자능약기이리인, 면지.

[해설]

홍무(洪武) 원년(1368년) 정월, 천하의 부(府), 주(州), 현(縣)의 관리들이 태조를 알현하러 왔을 때 태조가 그들에게 한 말이다. 여러 관원들에게 청렴결백과 멸사봉공(滅私奉公 : 사욕을 버리고 공익을 위하여 힘씀)을 위해 노력할 것을 당부하고 있다.

23. 병폐를 상세하게 논의하여 보고토록 하라

悉議弊政以聞

명나라 효종孝宗 주우탱朱祐樘

[원문]

바야흐로 인구는 점차 증가하고 있는데 호구와 군대는 날로 줄어들고 있다. 이는 관부의 구휼(救恤 : 위로하고 보상함) 방법이 서투르고, 옛 것을 그대로 답습하여 부적절하기 때문이다. 너희들이 이러한 병폐를 상세하게 논의하여 나에게 보고토록 하라(『명사』「본기」'효종').

方今生齒漸繁, 而戶口, 軍伍日就耗損, 此皆官司撫恤無方, 因仍苟且所致. 其悉議弊政以聞.
방금생치점번, 이호구, 군오일취모손, 차개관사무휼무방, 인잉구차소치. 기실의폐정이문.

[해설]

홍치(弘治) 18년(1505년) 2월 무진(戊辰)일, 명나라 효종이 봉천문(奉天門)에 행차하여 병부, 호부, 공부 등 세 부서에 내린 명령이다. 호구와 군대의 문제를 중시하는 한편 관부의 무능을 질타하고 있다.

'생치(生齒)'는 원래 어린 아이의 유치를 말하는데, 여기서는 인구(人口), 가구(家口)를 뜻한다. '군오(軍伍)'는 군대, 대오를 뜻한다.

24. 진실한 마음으로 성실하게 업무에 임하라

實心任事

명나라 사종思宗 주유검朱由檢

[원문]

여러 신하들이 진실한 마음으로 성실하게 업무에 임한다면, 짐이 어찌 이런 이들을 필요로 하겠느냐?(『명사』「본기」'장열제莊列帝')

諸臣若實心任事, 朕亦何需此輩.
제신약실심임사, 짐역하수차배.

[해설]

숭정(崇禎) 황제*는 즉위한 후 조신들에 대한 신임이 점차 줄어들었다. 숭정 4년(1631년) 11월 병술(丙戌)일에 그는 태감 이기무(李奇茂)에게 섬서(陝西)의 차마(茶馬)를 감독하고 오직(吳直)에게 등도(登島)의 군량과 해금(海禁)을 감독하도록 했는데, 여러 신하들이 상주문을 올려 말을 듣지 않았다. 계사(癸巳)일에 그는 조신들을 문화전(文化殿)에 초치하여 군국(軍國)의 여러 업무에 관한 이야기를 묻고 내신들에게 위와 같이 말하였다. 대신들에 대한 불만과 비통한 심정이 그대로 드러나고 있다.

---

* 숭정제(崇禎帝, 1611~1644)를 말함. 명나라 마지막 황제(재위 : 1628~1644)로서, 묘호(廟號)는 사종(思宗), 의종(毅宗) 등으로 불린다. 시호는 장렬민제(莊烈愍帝)이다.

25. 국가의 기강을 세우는 데 무엇보다 중요한 것은 청렴한 관리이다

청나라 세조世祖 애신각라愛新覺羅 복림福臨

[원문1]

국가의 기강을 세우는 데 무엇보다 중요한 것은 청렴한 관리이다. 근래 관리들의 부정부패가 습성이 되어 백성들이 기댈 곳을 잃고 있으니, 이는 짐의 뜻을 위배하는 것이다. 각지의 총독과 순무(巡撫)의 막대한 책임은 합당하게 인재를 천거하고 관리를 탄핵하여 관련 부서의 관리들이 권면과 징벌의 내용을 정확하게 알도록 하는 것에 있다. 현재 천거한 이들 대다수는 요건이 미달되는 데도 무차별로 임용한 이들이고, 탄핵한 이들 대다수는 직급이 낮은 관리들이며, 고관대작들이 사리사욕에 눈이 멀어 부정을 일삼는 것을 그대로 방임하고 있으니 이것이 어찌 관리들의 치적과 작풍(作風 : 사람을 대하고 사업하는 데서 나타나는 품성이나 태도)에 도움이 되겠느냐? 이부(吏部)는 관리들에 대해 상세하게 살펴 나에게 상주토록 하라(『청사고淸史稿』「본기」 '세조').

國家紀綱, 首重廉吏. 邇來有司貪汚成習, 百姓失所, 殊違朕心. 總督巡撫, 任大責重, 全在擧劾得當,
국가기강, 수중염리. 이래유사탐오성습, 백성실소, 수위짐심. 총독순무, 임대책중, 전재거핵득당,

使有司知所勸懲. 今所擧多冒濫, 所劾多微員, 大貪大惡乃徇縱之, 何補吏治? 吏部其詳察以聞.
사유사지소권징. 금소거다모람, 소핵다미원, 대탐대악내순종지, 하보이치? 이부기상찰이문.

[해설]

순치(順治) 8년(1651년) 윤2월, 청나라 세조가 하달한 교유(敎諭)의 일부분이다. 당시 탐관오리들의 작태에 대해 질책하면서 관원들의 청렴결백과 관원들에 대한 관리 감독을 보다 철저하게 할 것을 강조하고 있다.

'총독(總督)'은 청나라 때의 지방 장관으로서 가장 높은 관직이다. 총독은 하나 또는 두세 개의 성을 관리하며, 정이품으로 순무(巡撫)보다 위에 있다. 청나라 초

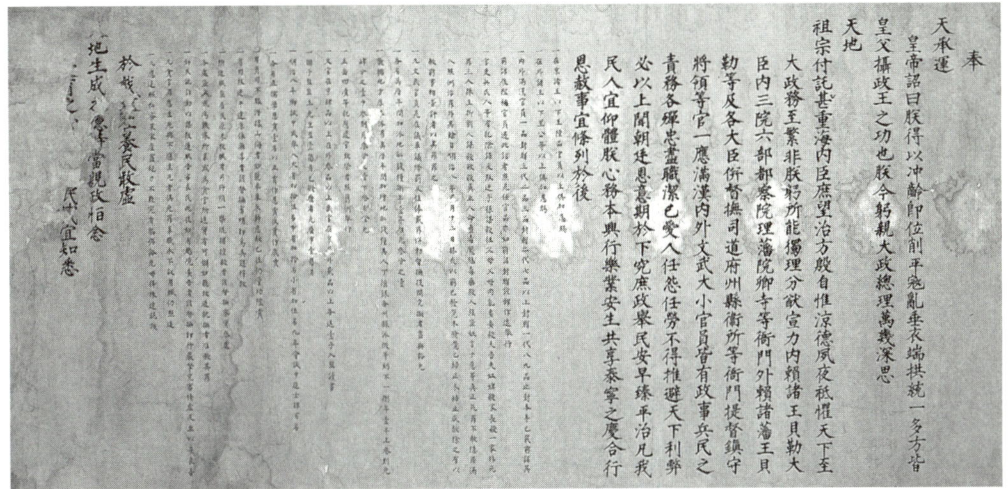

순치제의 친정(親政) 조서(詔書)

순치제는 여섯 살에 즉위하여 숙부인 다이곤이 섭정왕을 맡았다. 순치 8년(1651년)에 친정 체제로 돌입하면서 전국에 조서를 반포하였다. 내용은 주로 선대 황제의 공적을 기리고, 새로운 황제의 즉위를 선포하며, 거위 연호를 공포하고, 문무 대신들에게 조정에 충성하여 청나라 황실의 통치가 '만년무강(萬年無疆)'할 수 있도록 하라는 것 등이다. 이 외에 친정을 하면서 관직 승진 및 부세 감면과 사면 등에 관한 내용이 적혀 있다.

기에는 총독의 숫자나 관할 구역이 고정적이지 않았으나 건륭(乾隆) 이후로 제도가 정해져 전국에 다음과 같은 8개의 총독이 설치되었다. 직예(直隷), 양강(兩江), 섬감(陝甘), 민절(閩浙), 양호(兩湖 : 호광湖廣), 양광(兩廣), 사천(四川), 운귀(雲貴) 등이다. 총독은 병부시랑(兵部侍郞 : 상서尙書), 우도어사함(右都禦史銜) 등을 휘하에 두고 있으며, 군민(軍民) 사무를 총괄하며, 관리를 감독하고 감찰하는 권한이 있었다.

'모람(冒濫)'은 요건이 맞지 않는 이를 제멋대로 임용하는 것이다. '순종(徇縱)'은 사리사욕에 눈이 멀어 자행하는 불법행위를 그대로 방치하는 것이다. '이치(吏治)'는 지방 관원의 작풍과 치적을 지칭한다.

[원문2]

국가의 관원은 반드시 공정하고 충성할 것을 스스로 맹세해야만 백성들에게 이로움을 주고 함께 조력하여 성세(盛世)를 이룰 수 있다. 짐이 친정한 이래로 수차 조령을 내려 더욱 새롭게 시작할 것을 격려하였다. 그러나 부원(部院)의 여러 대신들은 여전히 예전의 폐습에 젖어 봉록으로 수하(手下)를 기르는 데 여념이 없다. 짐은 친히 관리의 승진과 강등에 관한 일을 시행하여 천하 사람들이 모두 나를 보도록 할 것이다. 지금 이후로 너희들은 종전의 잘못을 깨끗하게 교정하여 각자 자신의 직무에 충실토록 하라. 만약 여전히 상하가 서로 속이는 일이 있다면 법이 용서치 않으리라(『청사고』「본기」'세조').

國家設官, 必公忠自矢, 方能裨益生民, 共襄盛治. 朕親政以來, 屢下詔令, 嘉與更始. 乃部院諸臣
국가설관, 필공충자시, 방능비익생민, 공양성치. 짐친정이래, 누하조령, 가여경시. 내부원제신

因仍前弊, 持祿養交. 朕親行黜陟, 與天下見之. 自今以後, 其淬礪前非, 各盡厥職. 若仍上下交欺, 法
인잉전폐, 지록양교. 짐친행출척, 여천하견지. 자금이후, 기쉬려전비, 각진궐직. 약잉상하교기, 법

必不貸.
필불대.

[해설]

순치 8년(1651년) 윤2월에 청나라 세조가 내린 교유(敎諭)이다. 각 부의 관원들이 여전히 악습에 젖어 있는 것에 대해 강력하게 비판하면서 관원들의 인사이동에 대해 자신이 직접 간여할 것임을 천명하였다. 이는 관원들의 품행과 작풍을 중시하여 기강을 쇄신하기 위함이었다.

'자시(自矢)'는 스스로 맹세함이다. '양(襄)'은 보조, 보좌함이다. '부원(部院)'은 청나라 때 각 성의 순무를 지칭하거나 중앙 육부와 도찰원(都察院)의 합쳐 부르는 말이기도 하다. 여기서는 각 기관의 관원들을 의미한다. '쉬려(淬礪)'는 칼을 만들 때 불에 담금질을 하고 숫돌에 가는 것을 의미하며, 각고의 노력으로 연마하여 잘못을 교정하는 것에 비유한 말이다.

26. 감찰은 반드시 엄숙하고 진지해야 한다

糾察必以嚴

청나라 성조聖祖 애신각라 현엽玄燁

[원문]

의용(儀容 : 태도와 용모)을 감독하는 어사관은 조정 대신들의 의용을 감찰하는 데 반드시 엄숙하고 진지해야 한다. 만약 짐이 장중하지 못하다면 마땅히 고발하여 상주하라(『청사고』「본기」'성조聖祖').

糾儀禦史糾察必以嚴, 設朕躬不敬, 亦當擧奏.
규의어사규찰필이엄, 설짐궁불경, 역당거주.

[해설]

강희(康熙) 27년(1688년) 12월에 청나라 성조(聖祖)가 내린 교유이다. 관리들의 태도나 용모에 대한 감찰을 맡고 있는 어사관에게 요구한 내용이다. 조정의 관리는 물론이고 자신의 의용에 대해서도 가감 없이 감찰할 것을 주문하였다. 이는 조정을 보다 엄숙하고 단정하게 하기 위함이었다.

'규의어사(糾儀禦史)'는 주로 관원들의 의용을 감찰하는 업무를 맡은 관직명이다.

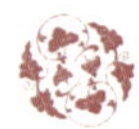

27. 총독과 순무가 신중하게 처리하고는 있지만!

督撫審愼用之

청나라 세종世宗 애신각라 윤정胤禛

[원문]

지방관이 사사롭게 정액(定額) 이 외의 부세를 징수하는 일이 있는데, 이를 타파하기가 어렵다. 총독과 순무가 이를 신중하게 처리하고 있지만 (정액 이 외의 부세를) 완전히 국가에 귀속시킬 수 없다. 만약 전부 국가에 귀속시키면 지방관은 또 다시 백성들에게 사사롭게 편취하고자 할 것이다(『청사고』「본기」'세종').

地方官私徵耗羨, 難以裁革. 惟在督撫審愼用之, 不可以歸公. 若歸公, 則地方官又重複取民矣.
지방관사징모선, 난이재혁. 유재독무심신용지, 불가이귀공. 약귀공, 즉지방관우중복취민의.

[해설]

옹정(雍正) 6년(1328년) 4월에 청나라 세종이 내린 조령이다. 당시 지방관의 극심한 부정부패와 이에 대한 소극적 대응 방식을 반영하고 있다. 이는 백성을 위해 고심하면서 현실 상황을 타파하기 위해 애썼던 그의 마음 자세를 엿볼 수 있다.

'모선(耗羨)'은 관부에서 식량을 징수할 때 손실 부분을 보충한다는 명목으로 정액 이 외의 부세를 징수하는 것을 말한다. 옹정과 건륭 초기에 모선의 공인화, 즉 정액화를 실시하여 국가 수입으로 삼고 지방의 공공비용을 지급하는 정책을 실시하였는데, 이를 '모선귀공(耗羨歸公)'이라고 한다. '재혁(裁革)'은 혁파하다, 타파하다의 뜻이다.

본 장의 주된 내용은 예의 제도와 교육에 관한 것이다. 예의 제도는 제왕들의 가장 중요한 관심사 가운데 하나였다. 서주西周가 건립된 후 주공은 예악을 제정하면서 '친친(親親 : 가까운 이를 가깝게 대함. 어버이를 친애하라는 뜻)', '존존(尊尊 : 존귀한 이를 존중함. 윗사람을 존중하라는 뜻)'을 기본 원칙으로 삼아 존비 관계를 확정하였다. 역대 제왕들은 황위에 오른 후 예의 제도를 황권 강화의 중요한 수단으로 삼았다. 한나라 고조 유방은 숙손통(叔孫通)이 제정한 조의(朝儀 : 조회의 의례)에 따라 군신들의 조배朝拜를 받은 후 감개하여 이렇게 말했다. "내가 오늘에야 황제가 존귀함을 알게 되었도다." 교육은 유가 사상을 추진하는 데 중요한 형식이었다. 그래서 황제들은 교육을 예의만큼이나 중시했다.

1. 황제의 호칭을 논의토록 하라

其議帝號

진秦나라 시황始皇 영정嬴政

[원문1]

과인이 보잘 것 없는 몸으로 군사를 일으켜 난동을 일으킨 이를 주벌할 수 있었던 것은 모두 조종(祖宗) 신령의 보살핌에 의지했기 때문이니, 여섯 나라의 왕이 모두 고개를 조아려 죄를 인정하여 천하가 크게 안정되었도다. 이제 명호(名號)를 바꾸지 않는다면 지금까지 이루어 놓은 공적을 드러낼 수 없고, 후세에 전할 수도 없을 것이니 그대들은 황제의 호칭을 논의토록 하라(『사기』「진시황 본기秦始皇本紀」).

寡人以眇眇之身, 興兵誅暴亂, 賴宗廟之靈, 六王鹹伏其辜, 天下大定. 今名號不更, 無以稱成功,
과인이묘묘지신, 흥병주폭란, 뢰종묘지령, 륙왕함복기고, 천하대정. 금명호불경, 무이칭성공,

傳後世. 其議帝號.
전후세. 기의제호.

[해설]

진나라 시황제는 천하를 통일한 후 승상과 어사에게 제호(帝號)를 의논토록 하였다. 천고일제(千古一帝)의 명성에 걸 맞는 당당한 위풍이 느껴진다.

[원문2]

'태(泰)' 자를 없애고 '황(皇)' 자는 남겨 놓으며, 상고 시대의 제 '帝' 자는 위호(位號)로 채택하여 '황제(皇帝)'로 칭할 것이며, 그 밖에 다른 것은 그대들이 논의한 대로 하라. 짐이 듣건대, 태고에는 호(號)는 있었으되 시호(諡號)는 없었으며, 중고(中古) 시대에는 호는 있었으나 죽은 후에 생전의 사적에 따라 시호를 정했다고 한다. 그렇다면 자식이 아비를 논의하고 신하가 군주를 논의하는 것과 같으니, 이는 아무런 의미가 없다. 짐은 이러한 제도를 채택하지 않겠노라. 하여

지금부터 시호를 추서하는 법을 폐지하노라. 짐은 최초로 황제가 되었기에 '시황제'라 칭하고, 후세에는 수를 세어서 이세(二世), 삼세(三世)라고 하여 만세(萬世)까지 길이 전해지도록 하라(『사기』「진시황 본기」).

去泰著皇, 采上古帝位號, 號曰皇帝. 他如議. 朕聞太古有號毋謚, 中古有號, 死而以行爲謚. 如此,
거태저황, 채상고제위호, 호왈황제. 타여의. 짐문태고유호무익, 중고유호, 사이이행위익. 여차,

則子議父, 臣議君也, 甚無謂, 朕弗取焉. 自今已來, 除謚法. 謚法, 周公所作. 朕爲始皇帝. 後世以計數,
즉자의부, 신의군야, 심무위, 짐불취언. 자금이래, 제익법. 익법, 주공소작. 짐위시황제. 후세이계수,

二世三世至於萬世, 傳之無窮.
이세삼세지우만세, 전지무궁.

[해설]

　승상과 어사들이 황제의 호칭에 대해 의논한 후에 시황제가 한 말이다. 그는 황제의 칭호를 창조하고 시호를 폐지하였으니, 이는 지존(至尊)의 자리에서 대대로 영원무궁하게 천하를 통치하겠다는 웅장한 마음을 드러낸 것이라고 할 수 있다.

　'태황(泰皇)'은 고대의 칭호이다. 천황(天皇), 지황(地皇), 태황(泰皇) 가운데 태황이 가장 고귀하다. 그래서 승상 이사(李斯) 등은 진시황에게 태황으로 칭할 것을 건의하였다. '시호(謚號)'는 고대 황제 및 대신들이 죽은 후에 후인들이 망자의 생전 사적을 근거로 붙이는 칭호이다. 일종의 후세의 평가라고 할 수 있다.

[원문3]

　평소 나는 진인(眞人)을 흠모했으니 이제부터 스스로 '진인'이라 부를 것이며, '짐'이라 부르지 않겠노라(『사기』「진시황 본기」).

吾慕眞人, 自謂眞人, 不稱朕.
오모진인, 자위진인, 불칭짐.

[해설]

　노생(盧生) 등이 진시황에게 장생불사 약을 구할 수 없는 것은 방해하는 것이 있기 때문이라고 속이고, 진시황이 방해를 피하면 진인(眞人 : 도를 깨쳐 깊은 진리를

깨달은 사람. 아라한阿羅漢)이 올 것이라고 하였다. 이에 진시황이 한 말이다. 당시 진시황이 장생불로를 얼마나 절절하게 원했는지를 알 수 있다.

2. 항시 언행에 조심하고 임무를 감당하지 못할까 두렵다

兢兢焉懼弗任

한나라 무제武帝 유철劉徹

[원문]

짐은 미천한 몸으로 지고무상의 황위(皇位)를 이어받아 항시 언행에 조심하고 임무를 감당하지 못할까 두려워하였다. 짐은 덕행이 부족하고 예악(禮樂) 제도에 밝지 못하다. 태일신(泰一神)에 제를 지낼 때 마치 상서로운 광채가 눈앞에 어른거려 그 기이한 광경에 놀라 중도에 제사를 그만두려고 하였으나 감히 그럴 수 없었다. 마침내 태산에 올라 천신에게 제를 지냈으며, 양보(梁父)에 도착한 후 숙연산(肅然山)에서 지신(地神)에 제를 올렸다. 나는 스스로 덕을 닦아 새사람이 되어 모든 관리들과 새롭게 시작하겠노라. 백성들에게 100호 당 소 한 마리와 술 10섬을 내리고, 나이 80세가 된 노인과 고아, 과부들에게 직물 2필씩을 하사하라. 또한 박(博), 봉고(奉高), 사구(蛇丘)와 역성(歷城) 지역은 금년의 조세를 면제토록 하라. 아울러 천하에 대사면을 실시하되, 을묘년(乙卯年)의 사면령과 같도록 하라. 내가 순수(巡狩 : 임금이 나라 안을 두루 살피며 돌아다님)한 지역은 복작(復作 : 잡역 혹은 노역형)과 같은 형벌을 더 이상 집행하지 말고, 2년 전에 지은 죄에 대해서는 다시 그 죄를 묻지 않도록 하라(『사기』「효무 본기孝武本紀」).

朕以眇眇之身承至尊, 兢兢焉懼弗任. 維德菲薄, 不明於禮樂. 修祀泰一, 若有象景光, 屑如有望,
짐이묘묘지신승지존, 긍긍언구불임. 유덕비박, 불명우례악. 수사태일, 약유상경광, 설여유망,

依依震於怪物, 欲止不敢, 遂登封泰山, 至於梁父, 而後禪肅然. 自新, 嘉與士大夫更始, 賜民百戶牛
의의진어괴물, 욕지불감, 수등봉태산, 지어량부, 이후선숙연. 자신, 가여사대부경시, 사민백호우

一酒十石, 加年八十孤寡布帛二匹. 復博, 奉高, 蛇丘, 歷城, 毋出今年租稅. 其赦天下, 如乙卯赦令.
일주십석, 가년팔십고과포백이필. 부박, 봉고, 사구, 역성, 무출금년조세. 기사천하, 여을묘사령.

行所過毋有復作. 事在二年前, 皆勿聽治.
행소과무유부작. 사재이년전, 개물청치.

[해설]

한나라 원봉(元封) 원년(기원전 110년), 무제가 태산(泰山)에 봉선(封禪 : 천자가 흙으로 단壇을 만들어 하늘에 제사 지내고 땅을 정淨하게 하여 산천에 제사 지내던 일)을 마치고 돌아오는 길에 명당(明堂 : 임금이 조회朝會를 받던 정전正殿)에서 신하들에게 한 말이다. 고대에 태산 봉선은 나라의 중요하고 큰일이었다. 무엇보다 덕을 지닌 군주만이 봉선을 행할 수 있었다. 무제는 봉선을 통해 고대 성현들의 가르침에 따라 덕정을 베풀고자 하였다.

'복작(復作)'은 한나라 때의 형률(刑律) 이름이다. 차꼬와 족쇄를 푼 죄수들이 감옥 밖에서 노역하는 것인데, 형기는 1년이다.

3. 소박한 장례로 망자를 보내는 뜻을 알도록 하라

知薄葬送終之義

한나라 광무제光武帝 유수劉秀

[원문]

세상 사람들은 후장(厚葬 : 두터운 성의誠意로 장례를 지냄)을 고상한 도덕이고, 박장(薄葬 : 장례를 간소하게 지냄)은 비천한 것이라고 생각하여, 부유한 집안은 장례를 지내는 데 지나치게 사치스럽고 참람(僭濫 : 분수에 넘쳐 너무 지나침)하며, 가난한 집안은 장례를 지내느라 전 재산을 탕진하고 있다. 그럼에도 법령으로 이를 금하거나 예의로 제지할 수 없으니 창졸간에 변고가 생겨야 비로소 잘못되었음을 알게

된다. 이에 천하에 포고하니 충신, 효자, 자형, 제제(悌弟 : 형에게 유순한 아우)가 소
박한 장례로 망자를 보내는 뜻을 알도록 하라(『후한서』「광무제기光武帝紀」).

世以厚葬爲德, 薄終爲鄙, 至於富者奢僭, 貧者單財, 法令不能禁, 禮義不能止, 倉卒乃知其咎. 其布
세이후장위덕, 박종위비, 지우부자사참, 빈자단재, 법령불능금, 예의불능지, 창졸내지기구. 기포

告天下, 令知忠臣, 孝子, 慈兄, 悌弟薄葬送終之義.
고천하, 영지충신, 효자, 자형, 제제박장송종지의.

[해설]

건무(建武) 7년(31년)에 한나라 광무제
가 내린 조령이다. 그는 박장(薄葬), 즉 소
박한 장례를 제창하여 건전한 사회 기풍
을 조성하기 위해 노력하였다.

'박종(薄終)'은 박장(薄葬)을 말한다.
'참(僭)'은 참월, 즉 신분을 벗어남을 말
한다. '단(單)'은 '탄(殫)'으로 다함을 뜻
한다. '창졸(倉卒)'은 급작스러운 변고이
다. 여기서는 분묘 도굴 등을 말한다.

죽음을 삶처럼 여긴 한인(漢人)
장사(長沙) 마왕퇴(馬王堆)의 한묘(漢墓)에서 발굴된 백화(帛畵)이다. 전체 그림은
천국, 인간, 지옥 세 부분으로 나뉘어져 있는데, 영혼 불멸의 생사관을 드러내고
있다.
그림에 나오는 천국과 지옥은 일종의 귀신 세계를 말한다. 백화를 분묘에 넣은
것은 묘주 영혼의 승천을 이끌기 위함이다. 당시의 한나라 사람들은 이렇듯 삶이
끝난 후에 승천할 수 있을 것이라고 믿었다.

4. 연로한 노인들에게 관심을 지니고, 어린 고아를 구휼하라

存耆耋, 恤幼孤

한나라 명제明帝 유장劉莊

[원문]

광무제께서 삼조(三朝 : 삼대의 조정)의 예(禮)로써 명당(明堂)을 건립하고, 벽옹(辟雍 : 천자의 나라에 설치한 대학大學. 주위의 형상이 둥글며 사면이 물로 둘러져 있었음)을 설치하며, 영대(靈臺 : 임금이 올라가서 사방을 바라보던 대)에 올라 의례를 행하시었으나 함께 공양하고 향유하는 일은 하지 않으셨다. 나는 비록 하찮은 몸이지만 국가 대업을 계승하였다. 늦은 봄 화창한 날에 대사례(大射禮)를 거행하고, 대길(大吉)한 10월에 친히 벽옹(辟雍)에 행차하였다. 부친을 대하는 마음으로 삼로(三老 : 교화를 담당한 향리)를 받들고, 형제와 마찬가지로 오경(五更 : 경험 많은 노인)을 섬겨 그들을 부드러운 바퀴가 달린 수레에 태우고 내가 직접 수레의 손잡이를 잡아 그들을 보내주었다. 장(醬)으로 여러 후왕(侯王)들을 장려하고, 산해진미를 공경들에게 하사하였으며, 내가 친히 오른쪽 소매를 접어 고기를 썰고, 술잔을 들어 마시도록 하였다. 앞에 노인들을 모셔 축수하고 음식을 먹는데 목이 메지 않도록 하였다. 당(堂)에 올라 「녹명(鹿鳴)」을 부르고 당 아래에서 「신궁(新宮)」을 연주하였으며, 팔일(八佾)을 갖추어 궁정에서 64명의 무녀들이 춤을 추었다.

짐은 비록 박덕하니 어찌해야 능히 바꿀 수 있겠는가?『주역』에서 말하기를 본분에 맞지 않는 직위에 오르면 환란을 자초한다고 했고,『시경』에서는 덕행이 부족한데 존중받는 이를 풍자하였으니 양심의 가책을 받아 부끄러운 마음을 잊을 수 없도다. 삼로인 이궁(李躬)은 비록 연로하나 학식이 박학하고, 오경인 환영(桓榮)은 나에게 『상서』를 전수하였다.『시경』에서 말하기를 "덕을 베풀면 보답을 받지 않음이 없고, 말을 하면 주고받지 않음이 없다" 라고 하였다. 지금 환영에게 관내후(關內侯)의 작위를 하사하고, 5천 호의 식읍을 봉할 것이다. 삼로와

천하의 국모로서 예법을 숭상한 마황후(馬皇后)

일반적으로 황후나 국모를 형용하는 말로 '모의천하(母儀天下)'라는 말을 쓴다. 마황후는 이 말에 가장 잘 어울리는 황후였다. 동한 시기의 황제들은 대부분 어린 나이에 제위에 올라 황태후나 외척의 전횡을 막지 못하고 결국 동한 조정을 위태롭게 만들었다.

그러나 한나라 명제 유장(劉莊)의 황후 마씨는 외척의 전횡을 막고 아예 정사에 참여할 수 없도록 조치하였다. 그녀는 성격이 관대하고 어질며, 황후의 자리에 있으면서도 예법을 준수하고 자신에게 엄격했다.

오경은 모두 2천 석의 봉록을 받아 여생을 누릴 수 있도록 하라. 천하의 삼로들에게 각기 술 1석(一石)과 고기 40근(斤)을 하사하라. 관련 부서의 관원들은 연로하여 연약한 노인들에게 관심을 지니고, 어린 고아를 구휼할 것이며, 홀아비나 과부에게 혜택을 주도록 하라. 이것이 바로 짐의 마음에 부합하는 것이로다(『후한서』 「현종효명제기顯宗孝明帝紀」).

光武皇帝建三朝之禮, 而未及臨饗. 眇眇小子, 屬當聖業. 閒暮春吉辰, 初行大射, 令月元日, 復踐辟雍.
광무황제건삼조지례, 이미급림향. 묘묘소자, 속당성업. 한모춘길진, 초행대사, 영월원일, 부천벽옹.

尊事三老, 兄事五更, 安車軟輪, 供綏執授. 侯王設醬, 公卿饌珍, 朕親袒割, 執爵而酳. 祝哽在前, 祝噎
존사삼로, 형사오경, 안차연륜, 공수집수. 후왕설장, 공경찬진, 짐친단할, 집작이윤. 축경재전, 축일

在後. 升歌鹿鳴, 下管新宮, 八佾具脩, 萬舞於庭. 朕固薄德, 何以克當? 易陳負乘, 詩刺彼己, 永念
재후. 승가록명, 하관신궁, 팔일구수, 만무어정. 짐고박덕, 하이극당? 역진부승, 시자피기, 영념

慚疚, 無忘厥心. 三老李躬, 年耆學明. 五更桓榮, 授朕尙書. 詩曰, 無德不報, 無言不酬. 其賜榮爵關
참구, 무망궐심. 삼로이궁. 년기학명. 오경환영, 수짐상서. 시왈, 무덕불보, 무언불수. 기사영작관

內侯, 食邑五千戶. 三老, 五更皆以二千石祿養終厥身. 其賜天下三老酒人一石, 肉四十斤. 有司其存
내후, 식읍오천호. 삼로, 오경개이이천석록양종궐신. 기사천하삼로주인일석, 육사십근. 유사기존

耆耋, 恤幼孤, 惠鰥寡, 稱朕意焉.
기질, 휼유고, 혜환과, 칭짐의언.

[해설]

영평(永平) 2년(59년) 10월에 한나라 명제가 벽옹에 행차하여 양로례(養老禮)를 거행하면서 반포한 조서이다. 명제는 친히 삼로들을 수레에 태워 보내주었으며, 노인들의 손을 잡아주는 등 몸소 양로의 뜻을 실천하였다. 이를 통해 전국적으로 양로의 기풍을 조성하였다.

'삼조지예(三朝之禮)'는 중원(中元) 원년(56년) 초에 명당, 벽옹, 영대를 세운 것을 말한다. '임향(臨饗)'은 친히 술과 음식을 대접하며 위로함을 말한다. '대사(大射)'는 사례(射禮 : 활쏘기 의례)를 말한다. 사례에는 다음 네 가지가 있다. 대사는 천자나 제후가 제사를 지내기 전에 제사에 참가한 이를 선발하여 거행하는 사례이다. 빈사(賓射)는 제후가 천자를 알현하거나 제후들끼리 서로 모였을 때 거행하는 사례이다. 연사(燕射)는 평상시에 거행하는 사례이다. 마지막으로 향사(鄕射)는 지방관이 어진 선비를 추천하기 위해 거행하는 사례이다. 사례를 거행하기 전에 항시 연회를 개최한다. '삼로(三老)'는 고대에 교화를 담당한 향관(鄕官)의 명칭이다. 동한 시절에는 군(郡)마다 삼로를 두었고, 나라에도 삼로를 두었다. '오경(五更)'은 오행의 변화를 아는 사람이란 뜻으로 경험이 많고 학식이 풍부한 노인을 말한다.

'단할(袒割)'은 소매를 걷어 올리고 직접 고기를 썬다는 뜻이다. 『예기(禮記)』「악기(樂記)」에 따르면, "태학에서 삼로와 오경에게 식사를 대접하는데, 천자가 오른쪽 소매를 걷고 직접 희생의 고기를 썰며 장을 집어 들게 한 후 술잔을 들어 술을 마시도록 하였다(食三老五更於太學식삼로오경어태학, 天子袒而割牲천자단이할생, 執醬而饋집장이궤, 執爵而酳집작이윤)." '부승(負乘)'은 『주역(周易)』「해괘(解卦) 육삼효(六三爻)」의 효사(爻辭)에 나오는 "짐을 져야 할 존재가 수레를 탔는지라 도적을 오게

한다(負且乘부차승, 致寇至치구지)”라는 구절을 차용한 것으로서 본분에 맞지 않는 직위를 지니면 환란을 자초한다는 뜻이다. 결국 남에게 빼앗기고 만다는 뜻이다. ‘피기(彼己)’는 『시경(詩經)』에 나오는 “저 사람은 그 옷이 분에 맞지 않는다(彼己之子피기지자, 不稱其服불칭기복)”라는 말에서 유래한 것으로, 분에 맞지 않음을 뜻한다. ‘참구(慚疚)’는 부끄러워 양심의 가책을 느낀다는 뜻이다.

5. 백성을 인도함에 교학敎學을 근본으로 삼았다

導人敎學爲本

한나라 장제章帝 유달劉炟

[원문]

삼대(三代 : 하, 상, 주의 세 왕조)에서 백성을 인도함에 교학(敎學)을 근본으로 삼았다. 한조(漢朝)는 폭악한 진조(秦朝)를 이어 개국한 후 유술(儒術)을 선양하고 『오경』을 확립하며, 오경박사를 설치하였다. 일부 후학들이 학문에 정진하여 비록 스승을 계승하고 있다고 말하지만, 학설이 변하게 되었다. 효선(孝宣 : 한나라 선제 유순) 황제께서 성인이 되어 떠나신 지 이미 오래되었으며, 학식이 박학함을 두려워하지 말아야 한다고 생각하시고, 『대하후상서(大夏侯尙書)』와 『소하후상서(小夏侯尙書)』를 설립하고, 이어서 경씨(京氏)의 『주역(周易)』을 세우셨다. 건무 연간에 또 다시 『안씨춘추(顔氏春秋)』와 『엄씨춘추(嚴氏春秋)』, 『대대례기(大戴禮記)』, 『소대례기(小戴禮記)』 박사를 설치하셨다. 이는 모두 미학(微學), 즉 미언대의(微言大義)의 학문 발전을 촉진하여 왕도와 육예(六藝)를 넓게 추진하고자 함이다.

중원(中元) 원년의 조서에서 말씀하신 대로, 『오경』의 장구(章句)가 번다하여 불필요한 해설을 생략할 것을 상의하셨다. 영평(永平) 원년 장수(長水) 교위(校尉) 번숙(樊儵)이 선제의 대업을 시대의 특징에 맞게 시행해야 한다고 상주하였다. 생각건대 여러 유자(儒者)들은 공동으로 경의(經義 : 경전의 뜻)를 광정(匡正 : 잘못이나 부정 따위를 바로잡음)하여 배우는 이들이 스스로 도움을 받을 수 있도록 하라. 공자께서 말씀하시기를 "학문을 깊이 연구하지 못함을 나는 걱정한다"라고 하셨으며, 또한 "널리 배워 뜻을 돈돈히 하고 절실하게 묻고 가까운 일에서 생각하면 어짊이 그 안에 있다"라고 하셨다. 아! 모든 이들이 이와 같이 노력할지어다(『후한서』「숙종효장제기肅宗孝章帝紀」).

蓋三代導人, 教學爲本. 漢承暴秦, 襃顯儒術, 建立五經, 爲置博士. 其後學者精進, 雖曰承師, 亦別
개삼대도인, 교학위본. 한승폭진, 포현유술, 건립오경, 위치박사. 기후학자정진, 수왈승사, 역별

名家. 孝宣皇帝以爲去聖久遠, 學不厭博, 故遂立大, 小夏侯尙書, 後又立京氏易. 至建武中, 復置顔氏,
명가. 효선황제이위거성구원, 학불염박, 고수립대, 소하후상서, 후우립경씨역. 지건무중, 복치안씨,

嚴氏春秋, 大, 小戴禮博士. 此皆所以扶進微學, 尊廣道藝也. 中元元年詔書, 五經章句煩多, 議欲減省.
엄씨춘추, 대, 소대례박사. 차개소이부진미학, 존광도예야. 중원원년조서, 오경장구번다, 의욕감성.

至永平元年, 長水校尉儵奏言, 先帝大業, 當以時施行. 欲使諸儒共正經義, 頗令學者得以自助. 孔子曰,
지영평원년, 장수교위숙주언, 선제대업, 당이시시행. 욕사제유공정경의, 파령학자득이자조. 공자왈,

學之不講, 是吾憂也. 又曰, 博學而篤志, 切問而近思, 仁在其中矣. 於戲, 其勉之哉!
학지불강, 시오우야. 우왈, 박학이독지, 절문이근사, 인재기중의. 어희, 기면지재!

[해설]

한나라 장제가 건초(建初) 4년(79년) 봄 11월에 발표한 조서이다. 유가 학설의 중요성을 강조하면서 많은 이들이 유학을 학습하고 깊이 연구하는 데 매진할 것을 요구하고 있다. 장제는 유가의 학설로 나라를 다스리고자 했던 것이다.

'삼대(三代)'는 하상주(夏商周) 세 왕조를 말한다. 삼대에는 향리에 학교를 두었는데, 하나라에서는 교(校), 상나라에서는 상(庠), 주나라에서는 서(序)라고 불렀다. '대소하후(大小夏侯)'는 하후승(夏候勝)과 사촌형인 자건(子建)을 지칭한다. '경씨(京氏)'는 경방(京房)을 말한다. '엄씨(嚴氏)'는 엄팽조(嚴彭祖), '안씨(顔氏)'는 안안락(顔安樂)이다. '대소대(大小戴)'는 대덕(戴德)과 대성(戴聖)이다. '미학(微學)'은 미언대의의 학문이라는 뜻으로서 주로 『춘추』를 말하는데, 여기서는 유가의 경전을 통칭한다.

6. 공적이 있는 자는 수릉 근처에 묘를 쓰도록 하라

有功者宜陪壽陵

위나라 무제武帝 조조曹操

[원문]

옛날에는 매장할 때 반드시 척박한 땅을 택했다. 서문표(西門豹)*는 서쪽 높은 평지에 수릉(壽陵 : 가묘)을 만들 때 높은 곳을 묘 터로 삼아 봉분도 만들지 않고 나무도 심지 않았다. 『주례(周禮)』에 따르면, 집안사람이 공묘(公墓)를 관리하는 데, 무릇 제후의 묘는 능묘의 앞쪽에, 경과 대부의 묘는 뒤쪽에 쓴다. 한조(漢朝)의 장제(葬制)에 따르면 이를 '배릉(陪陵)'이라고 한다. (우리나라의 경우) 공경, 대신, 장군 중에서 공적이 있는 자는 수릉 근처에 묘를 쓰니, 그 범위를 확대하여 충분히 포함할 수 있도록 하라(『삼국지』「위서」'무제기').

古之葬者, 必居瘠薄之地. 其規西門豹祠西原上爲壽陵, 因高爲基, 不封不樹. 周禮塚人掌公墓之地,
고지장자, 필거척박지지. 기규서문표사서원상위수릉, 인고위기, 불봉불수. 주례이인장공묘지지,

凡諸侯居左右以前, 卿大夫居後, 漢制亦謂之陪陵. 其公卿大臣列將有功者, 宜陪壽陵, 其廣爲兆域,
범제후거좌우이전, 경대부거후, 한제역위지배릉. 기공경대신렬장유공자, 의배수릉, 기광위조역,

使足相容.
사족상용.

[해설]

건안(建安) 23년(218년) 6월에 조조가 내린 명령이다. 사후 자신의 능묘에 대한 언급이다. 무엇보다 『주례』와 한조(漢朝)의 장례 제도에 따라 소박하게 처리할 것을 당부하고 있다.

'수릉(壽陵)'은 생전에 만든 묘를 말한다. '공묘(公墓)'는 군왕, 제후 및 왕의 자

---

* 위(魏)나라의 정치가로서 12개 수로를 파서 논으로 강물을 끌어들이는 관개 사업을 하여 농업 생산 증대에 이바지하였고, 그 고장 사람들이 해마다 미녀를 골라 하백(河伯)을 위하여 강물에 던지던 풍습을 일소하였다.

제들 분묘이다.

7. 100호의 봉토를 누리게 하여 공자의 제사를 받들도록 하라

邑百戶, 奉孔子祀

위나라 문제文帝 조비曹丕

[원문]

옛날에 공자는 위대한 성인의 재능을 가지고 제왕의 도량을 품고 있었으나 쇠락해 가는 주나라 말기에 처하여 천명을 받을 운세가 없었다. 그는 노나라와 위나라 조정에서 관직에 있으면서 수수(洙水)와 사수(泗水)* 유역까지 교화(敎化)하였으며, 어렵고 분주한 가운데서도 자신을 굽혀 천도를 보전하고, 자신의 신분을 낮추어 세상을 구제하고자 노력하였다. 당시 여러 나라의 왕이나 제후들이 끝내 그를 임용하지 않으니, 이에 물러나 오대(五代)의 예제를 연구하고, 소왕(素王)의 일을 행하여 노(魯)나라의 역사 기록을 토대로 『춘추』를 편찬하고, 악관인 태사(太師)를 따라 아송(雅頌)**의 곡보(曲譜 : 악보)를 바로잡으니 천년이 지난 이후의 사람들이 그의 저작을 근거로 편찬하고, 그의 성명(聖明)함으로 계획을 이루지 않음이 없도다. 아! 그는 진정으로 천하에 이름을 날린 위대한 성인이며, 억만 년 스승의 표상이로다.

천하가 크게 혼란한 시절을 만나 각종 제사가 모두 무너지고, 공자의 옛 묘당도 훼손되어 아직까지 고쳐지지 않고 있다. 그의 후손은 일찍이 한나라 조정에

---

* 중국 산동성(山東省)에 있는 강. 산동성 사수현(泗水縣) 동부(東部)의 배미산(陪尾山)에서 시작하여 남서로 흘러 공자(孔子)의 출생지인 곡부현(曲阜縣)을 거쳐 제령(濟寧) 부근에서 대운하와 합치게 된다.

** 『시경(詩經)』 육의(六義) 중 '아(雅)'와 '송(頌)'을 합친 말이다. '아'는 정악(正樂)의 노래로 조정에서 불리어진 시이며, '송'은 조상의 공덕을 찬미하는 노래로 종묘에 쓰이는 시이다.

서 포성후(褒成侯)에 봉해졌으나 지금은 그의 학설을 계승할 사람조차 없다. 공자의 고향인 궐리(闕裏 : 곡부현에 있는 공자의 출생지)에서조차 경서를 읽는 소리가 들리지 않고, 1년 사시사철 제사 지낼 때의 신위(神位)가 보이지 않으니 이 어찌 예법을 중시하고 공덕(功德)에 보답하는 것이며, 덕행이 성대한 이에게는 100세대 이후라도 반드시 제사를 올려야 한다는 것이라 할 수 있겠는가? 의랑(議郎) 공선(孔羨)을 종성후(宗聖侯)에 봉하고, 100호의 봉토를 누리게 하여 공자의 제사를 받들도록 하라(『삼국지』「위서」‘문제기’).

昔仲尼資大聖之才, 懷帝王之器, 當衰周之末, 無受命之運, 在魯, 衛之朝, 敎化乎洙, 泗之上, 悽悽焉,
석중니자대성지재, 부제왕지기, 당쇠주지말, 무수명지운, 재로, 첨지조, 교화호수, 사지상, 처처언,

遑遑焉, 欲屈己以存道, 貶身以救世. 於時王公終莫能用之, 乃退考五代之禮, 修素王之事, 因魯史而
황황언, 욕굴기이존도, 폄신이구세. 어시왕공종막능용지, 내퇴고오대지례, 수소왕지사, 인로사이

制春秋, 就太師而正雅頌, 俾千載之後, 莫不宗其文以述作, 仰其聖以成謀, 咨! 可謂命世之大聖, 億載
제춘추, 취태사이정아송, 비천재지후, 막불종기문이술작, 앙기성이성모, 자! 가위명세지대성, 억재

之師表者也. 遭天下大亂, 百祀墮壞, 舊居之廟, 毁而不修, 褒成之後, 絶而莫繼, 闕裏不聞講頌之聲,
지사표자야. 조천하대란, 백사타괴, 구거지묘, 훼이불수, 포성지후, 절이막계, 궐리불문강송지성,

四時不睹蒸嘗之位, 斯豈所謂崇禮報功, 盛德百世必祀者哉! 其以議郎孔羨爲宗聖侯, 邑百戶, 奉孔子祀.
사시불도증상지위, 사개소위숭례보공, 성덕백세필사자재! 기이의낭공선위종성후, 읍백호, 봉공자사.

[해설]

위나라 문제가 황초(黃初) 2년(221년) 봄 정월, 천지 명당에 제사를 올리고 나서 내린 조령이다. 위나라 문제는 집정 후 유학을 강화하면서 이를 국가의 통치 사상으로 삼고자 했다.

‘수사(洙泗)’는 산동 지역에 흐르는 강 이름이다. 공자는 그 인근에 살면서 교화를 베풀었다. ‘오대(五代)’는 당(唐), 우(虞), 하, 상, 주를 말한다. ‘소왕(素王)’은 제왕의 덕행을 지녔으되 제왕의 자리에 오르지 못한 사람을 말한다. ‘포성후(褒成侯)’는 한나라 원제(元帝) 시절에 공자의 13대손인 공패(孔霸 : 자는 차유次孺)에게 내린 작호(爵號)이다. ‘궐리(闕裏)’는 지명으로 수수와 사수 사이에 있다. 전하는 바에 따르면, 공자가 이곳에서 제자들을 가르쳤다고 한다. ‘증상(蒸嘗)’은 본래 가을과 겨울에 봉행하는 제사를 말하지만, 나중에는 제사에 대한 범칭이 되었다.

8. 적서嫡庶의 구별은 위아래의 위치를 변별하는 것이다

嫡庶之別辨上下

진晉나라 무제武帝 사마염司馬炎

[원문]

적서(嫡庶)의 구별은 위아래의 위치를 변별하고, 고귀한 신분과 비천한 신분을 분명하게 하기 위함이다. 그러나 근년에 들어 많은 관원들이 자신이 총애하는 이를 받아들여 비(妃)나 후(后)의 직위에 올리고 있으니, 이는 존비의 질서를 어지럽히는 일이다. 지금 이후로 첩잉(妾媵)을 정부인으로 삼는 일이 없도록 하라 (『진서』「제기」'무제').

嫡庶之別, 所以辨上下, 明貴賤. 而近世以來, 多皆內寵, 登妃后之職, 亂尊卑之序. 自今以後, 皆不
적서지별, 소이변상하, 명귀천. 이근세이래, 다개내총, 등비후지직, 난존비지서. 자금이후, 개부

得登用妾媵以爲嫡正.
득등용첩잉이위적정.

[해설]

태시(泰始) 10년(274년) 봄 2월, 진(晉)나라 무제가 내린 조서이다. 존비의 신분을 재차 언급하면서 등급 제도의 확립을 강조하고 있는데, 여기에는 통치 질서를 확립하겠다는 의도가 포함되어 있다.

'적서(嫡庶)'는 적서 제도를 말하며, 고대 중국의 혼인 제도에서 핵심적인 내용이다. 일부다처제인 중국 가정에서 정처(正妻)는 적처(嫡妻)이고, 그 외의 나머지 배우자는 모두 서처(庶妻)이며, 통칭하여 '희첩(姬妾)'이라 부른다. 희첩도 지위의 고하에 따라 잉(媵 : 정처의 동족으로 시집올 때 따라온 여자)과 첩의 구분이 있었다.

9. 나라를 세우는 데 교육을 무엇보다 우선으로 삼으라

建國敎學爲先

송나라 무제武帝 유유劉裕

[원문]

고대에 나라를 세우는 데 교육을 무엇보다 우선으로 삼고 바른 기풍을 널리 펼쳐 백성을 교화하였으니, 이보다 중요한 것은 없도다. 몽매하고 막힌 이들을 계발(啓發)하려면 반드시 이러한 길을 따라야만 한다. 그런 까닭에 고대 성세(盛世)의 제왕은 물론이고, 근세의 여러 황제들에 이르기까지 학술을 숭상하고 학교를 세우지 않은 이가 없었다. 이전에 몇 가지 연유로 들판마다 병미가 가득 차고 곳곳마다 정기(旌旗)가 펼쳐져 번다한 일로 인해 쉴 틈이 없었다. 그리하여 학교가 황폐해지고 더 이상 경서 외우는 소리를 들을 수가 없게 되었다. 병영에서 매일매일 진세(陣勢)를 훈련하느라 조두(俎豆 : 각종 제기를 통틀어 이르는 말) 등의 제기(祭器)를 모두 보관해 놓으니, 가르치고 인도하는 기풍이 땅에 떨어지고 말았다. 후생(後生)들은 공부하는 것을 고된 일로 여기고, 늙은이들은 남모르게 『시경』의 「자금(子衿)」을 읽으며 비탄에 젖는다. 이는 「국풍(國風)」에서 영탄을 금치 못하고, 「소아(小雅)」에서 회고(懷古)의 정을 읊조리는 근본적인 이유이다.

지금은 국가 정책이 국토의 먼 곳까지 전달되고, 천하가 무사태평하여 올바른 기풍을 앙망하는 사인(士人)들이 날마다 변화를 고대하고 있다. 이처럼 유리한 형세를 타서 왕공 귀인의 자제들을 두루 모집하여 입학시키고, 어린 소년들을 발탁하여 교육을 장려하고, 유학을 익힌 관원을 선발하여 배치함으로써 국학을 널리 진흥토록 하라. 주관 부서는 이전의 규장 제도를 상세하게 살펴 시기에 맞춰 시행토록 하라(『송서』 「본기」 '무제').

古之建國, 敎學爲先, 弘風訓世, 莫尙於此. 發蒙啓滯, 鹹必由之. 故爰自盛王, 迄於近代, 莫不敦崇學藝,
고지건국, 교학위선, 홍풍훈세, 막상어차. 발몽계체, 함필유지. 고원자성왕, 흘어근대, 막불돈숭학예,

修建庠序. 自昔多故, 戎馬在郊, 旌旗卷舒, 日不暇給. 遂令學校荒廢, 講誦蔑聞, 軍旅日陳, 俎豆藏器,
수건상서. 자석다고, 융마재교, 정기권서, 일불가급. 수령학교황폐, 강송멸문, 군려일진, 조두장기,

訓誘之風, 將墜於地. 後生大懼於牆面, 故老竊歎於子衿. 此國風所以永思, 小雅所以懷古. 今王略遠屆,
훈유지풍, 장추어지. 후생대구어장면, 고로절탄어자금. 차국풍소이영사, 소아소이회고. 금왕략원계,

華域載清, 仰風之士, 日月以冀. 便宜博延冑子, 陶獎童蒙, 選備儒官, 弘振國學. 主者考詳舊典, 以時施行.
화역재청, 앙풍지사, 일월이기. 편의박연주자, 도장동몽, 선비유관, 홍진국학. 주자고상구전, 이시시행.

[해설]

송나라 무제가 영초(永初) 3년(422년) 정월에 내린 조령에서 한 말이다. 그는 교화를 중시하고 유학을 선양하여 유학으로 사회를 안정시키고자 노력했다.

'발몽계체(發蒙啓滯)'는 몽매한 사람을 계도하고 계몽시키는 것이다. '조두(俎豆)'는 제기에 사용되는 그릇을 말한다. '후생대구어장면(後生大懼於牆面)'은 후생들은 담벼락을 마주하고 서 있는 것을 크게 두려워한다고 직역할 수 있다. 후생, 즉 젊은이들이 제대로 공부를 하지 않고 있다는 뜻이다. 『논어』「양화(陽貨)」의 다음 구절을 전고로 삼는다. 공자가 백어(伯魚 : 공자의 아들인 공리孔鯉)에게 말했다. "너는 「주남(周南)」과 「소남(召南)」을 읽었느냐? 사람이 「주남」과 「소남」을 읽지 않으면 담벼락을 마주 대하고 서 있는 것과 같다." '화역(華域)'은 중원, 중국을 지칭한다. '주자(冑子)'는 군왕이나 귀족의 장자이다. '도장(陶獎)'은 양성하고 장려하다의 뜻이다. '자금(子衿)'은 『시경』「정풍(鄭風)」의 편 이름이다.

10. 국자감에 학인들이 몰려들기 시작하여 학업이 바야흐로 흥성해지다

胄子始集, 學業方興

송나라 문제文帝 유의륭劉義隆

[원문]

국자감에 학인들이 몰려들기 시작하여 학업이 바야흐로 흥성해졌다. 성인의 가르침이 끊어진 지 이미 천 년의 세월이 흘러 당시의 일을 느끼고 성인을 생각하면 참으로 감개하지 않을 수 없다. 성인을 받들고 있는 후예들에 대해서는 그들이 계속 승계할 수 있도록 속히 의논하여 결정토록 하라. 우선 공자의 묘우(廟宇)를 특별히 건설하여 제사에 따라 관원을 배치하여 사계절 제사를 거행토록 하라. 궐리(闕裏)는 이전에 전란을 겪으면서 학교가 훼손되었다고 하니 노군(魯郡)에 다시 학교를 개설하여 학생을 모집토록 하라. 이전에는 현철(賢哲)이나 자그마한 선행을 한 사람일지라도 그들의 분묘를 보호하기 위해 풀베기나 방목(放牧)을 금지하였는데, 하물며 공자는 덕행이 뛰어나 모든 이들의 사표(師表 : 학식과 덕행이 높아 남의 모범이 됨)가 되어 공업과 은택이 백대에 미치고 있음에도 분묘가 이미 황폐해지고 가시나무와 잡초가 제거되지 않은 상태에 있도다. 묘지 부근에 사는 몇 가구의 조세를 면제하여 그들이 분묘를 돌볼 수 있도록 하라(『송서』「본기」'문제').

胄子始集, 學業方興. 自微言泯絶, 逝將千祀, 感事思人, 意有慨然. 奉聖之胤, 可速議繼襲. 於先廟地,
주자시집, 학업방흥. 자미언민절, 서장천사, 감사사인, 의유개연. 봉성지윤, 가속의계습. 우선묘지,

特爲營造, 依舊給祠置令, 四時饗祀. 闕裏往經寇亂, 黌校殘毀, 竝下魯郡修復學舍, 采召生徒. 昔之賢哲
특위영조, 의구급사치령, 사시향사. 궐리왕경구란, 횡교잔훼, 병하로군수부학사, 채소생도. 석지현철

及一介之善, 猶或衛其丘壠, 禁其芻牧, 況尼父德表生民, 功被百代, 而墳塋荒蕪, 莉棘弗翦. 可蠲墓
급일개지선, 유혹위기구롱, 금기추목, 황니부덕표생민, 공피백대, 이분영황무, 형극불전. 가견묘

側數戶, 以掌灑掃.
측수호, 이장쇄소.

송나라 문제가 원가(元嘉) 19년(442년) 12월 병신(丙申)일에 내린 조령이다. 그해에 문제는 집중적으로 공자를 숭상하고 유학을 선양하여 유가 학설을 국가의 통치 사상으로 삼고자 노력했다.

'궐리(闕裏)'는 공자가 살았던 옛 지명으로서 산동 곡부에 있다. '횡교(黌校)'는 학교, 학사의 뜻이다. '일개지선(一介之善)'은 작은 선행 또는 작은 선행을 실천한 사람을 말한다. '구롱(丘壟)'은 분묘, 묘소이다.

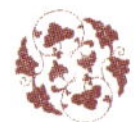

11. 관직을 마련한 것은 사물의 경중에 따라 구별이 있다

設官分職, 因事重輕

진陳나라 무제武帝 진패선陳覇先

관직을 마련한 것은 사물의 경중에 따라 구별이 있고, 정기(旌旗)나 거마(車馬)는 시대의 변화에 따라 당연히 바뀌게 된다. 진대(晉代)의 오교(吳校)는 가적(茄笛 : 피리의 일종)을 불어 행차 길을 열었고, 한대(漢代)의 구경(九卿)은 부를 때 차례 없이 병렬하였으니, 순임금 시절의 관직과 하대(夏代)의 예의가 어찌 같은 유형이라고 말할 수 있겠는가? 하여 은대(殷代 : 상나라)의 질박함과 주대(周代)의 문아(文雅)함은 일정한 법칙이 없는 것이다. 짐이 황위에 오른 후 하늘을 대신하여 책무를 맡아 예법에 유념하면서 시대와 어울릴 수 있기를 희망하였도다. 양(梁)나라 천감(天監 : 남조시대 양나라 무제의 연호. 502~519) 시절에는 좌우효기(左右驍騎)가 주의 직각(朱衣直閣)을 이끌고 의장을 갖추어 시종하였는데, 양나라 장군으로 북서주(北徐州) 자사(刺史)였던 창의지(昌義之)가 처음으로 이 직책을 맡았다.

이후 동란의 시대가 지속되면서 조정의 의전(儀典)도 점차 사라지고, 이후 사람들은 나이가 어려 옛 규칙을 들을 수 있기를 희망할 뿐이었다. 현재 좌우효기는 없애고 문관과 무관을 통용하여 문관은 현명하고 지혜로운 신하를 임용하고, 무관은 전공을 세운 신하를 임용하여 그들에게 의장과 시종을 맡기니, 이는 태자를 전후로 호위하는 호위군과 유사하다. 이에 여러 관직은 상서에서 상세하게 조례를 만들도록 하라(『진서陳書』「본기」'고조高祖').

夫設官分職, 因事重輕, 羽儀車馬, 隨時隆替, 晉之五校, 鳴笳啓途, 漢之九卿, 傳呼辟迥, 虞官夏禮,
부설관분직, 인사중경, 우의차마, 수시륭체, 진지오교, 명가계도, 한지구경, 전호병렬, 우관하례,

豈曰同科, 殷樸周文, 固無恒格. 朕膺茲寶曆, 代是天工, 留念官方, 庶允時夷. 梁天監中, 左右驍騎領
기왈동과, 은박주문, 고무항격. 짐응자보력, 대시천공, 유념관방, 서윤시이. 양천감중, 좌우효기령

朱衣直閣, 竝給儀從, 北徐州刺史昌義之初, 首爲此職. 亂離歲久, 朝典不存, 後生年少, 希聞舊則. 今
주의직각, 병급의종, 북서주자사창의지초, 수위차직. 난리세구, 조전불존, 후생년소, 희문구칙. 금

去左右驍騎, 宜通文武, 文官則用腹心, 武官則用功臣, 所給儀從, 同太子二衛率. 此外衆官, 尙書詳
거좌우효기, 의통문무, 문관칙용복심, 무관칙용공신, 소급의종, 동태자이위솔. 차외중관, 상서상

爲條制.
위조제.

[해설]

진(陳)나라 무제가 영정(永定) 2년(558년) 봄 정월에 내린 조령이다. 그는 황제의 자리에 등극한 후 관원의 시종과 의장에 대한 규정을 만들었다. 이는 그가 전장 제도를 중시하여 어지러운 세상을 바로잡고자 했음을 반영한다.

'우의(羽儀)'는 의장(儀仗) 가운데 깃털 등으로 장식한 정기(旌旗), 즉 깃발을 말한다. '가(笳)'는 서북 민족이 처음 사용하던 악기 이름이다. 한나라 때 처음 중원으로 전래되었다. 처음에는 갈대 잎을 말아 불었지만 점차 형태가 발전하면서 관악기 형태의 쌍황(雙簧) 악기로 변했다. '보력(寶曆)'은 국조(國祚), 즉 황제의 자리를 말한다. '좌우효기(左右驍騎)'는 고대의 무관 관직명이다. '주의직각(朱衣直閣)'은 관직명으로서 남북조시대 장군의 명칭인 직각(直閣 : 전각에서 당직 근무를 서기 때문에 이런 이름이 붙음)의 속관이다.

12. 공묘의 제사는 술과 육포만 사용하라

祭孔廟制用酒脯

북위 효문제孝文帝 원굉元宏

[원문]

현재까지 회주(淮州)와 서주(徐州)가 아직 귀순하지 않아 공자의 묘가 우리가 관할하는 지역과 떨어져 있기 때문에 묘우(廟宇 : 신위를 모신 집)에서 거행되는 제사 의식이 중단되고, 예의와 법규가 모두 사라져 남녀 무당들이 예의에 맞지 않는 제사를 남발하고 있다. 이후로 공묘의 제사는 술과 육포만 사용하고 부녀자들은 제사에 한데 섞여 합당하지 않은 복락을 기구(祈求)하는 일이 없도록 하라. 위반자는 항명(抗命)의 죄를 물을 것이다. 공가(公家)의 활동은 상례에 따라 진행토록 하라(『북사北史』「위 본기魏本紀」 '효문제').

頃者, 淮徐未賓, 尼父廟隔非所, 致令祠典寢頓, 禮章殄滅, 遂使女巫妖覡淫進非禮. 自今有祭孔廟,
경자, 회서미빈, 이부묘격비소, 치령사전침돈, 예장진멸, 수사녀무요격음진비례. 자금유제공묘,

制用酒脯而已, 不聽婦女雜合, 以祈非望之福. 犯者以違制論. 其公家有事, 自如常禮.
제용주포이이, 불청부녀잡합, 이기비망지복. 범자이위제론. 기공가유사, 자여상례.

[해설]

연흥(延興) 2년(472년) 2월에 북위 효문제가 내린 조령이다. 그는 공자의 제사를 규범화하도록 명했는데, 이는 한(漢)문화를 수용하여 북위를 중원에 융합하려는 의도였다.

'빈(賓)'은 복종, 귀순의 뜻이다. '침돈(寢頓)'은 쇠퇴, 폐지의 뜻이다. '주포(酒脯)'는 술과 육포의 뜻으로서 이후에는 '주효(酒肴)', 즉 술과 안주의 뜻으로 사용되었다.

13. 고대의 음악에 마음을 두고 문아한 도리를 깊이 흠모하다

情存古樂, 深思雅道

수나라 문제文帝 양견楊堅

[원문1]

짐은 천명을 이어받아 천하를 맑고 깨끗하게 하고자 한다. 여러 왕들이 쇠퇴해진 이후에 백성들의 풍기가 천박해지고, 성인께서 남기신 가르침이 모두 사라지고 말았으니 새롭게 예악을 제정하는 것이 시기적절하도다. 짐은 고대의 음악에 마음을 두고 문아한 도리를 깊이 흠모하고 있다. 정풍(鄭風)과 위풍(衛風)의 음란한 노래나 물고기가 용으로 둔갑하는 등의 잡희(雜戲 : 연극)로 악부(樂府) 안에 있는 것들은 모두 깨끗하게 없애도록 하라. 이제 율려(律呂 : 음악의 가락)를 새로 조정하고 악기를 바꾸도록 하라. 뛰어난 음악 기술은 단지 가르치고 배우는 것에서 이루어지는 것이 아니다. 악공들이 대대로 악부를 관장하면서 그저 쓸모없는 것들만 전수하여 신명(神明)의 덕에 이르고 천지의 조화를 이해하는 데 부족하다. 여러 지역마다 뛰어난 인재나 기이한 기예가 있어 하늘이 알고 신명이 전수하는 것이니, 어느 왕조인들 그런 이들이 없으랴? 단지 시절이 맞지 않아 자신을 감추고, 뜻이 맞는 이에게 호소하기만을 기다리고 있음이니 마땅히 그런 이를 두루 찾아 속히 나에게 상주토록 하라. 그리하여 뛰어난 기예를 감상하고 함께 지고한 사업을 이룰 수 있기를 기대하노라(『수서』 「제기」 '고조').

朕祗承天命, 淸蕩萬方. 百王衰敝之後, 兆庶澆浮之日, 聖人遺訓, 掃地俱盡, 制禮作樂, 今也其時.
짐지승천명, 청탕만방. 백왕쇠폐지후, 조서요부지일, 성인유훈, 소지구진, 제례작악, 금야기시.

朕情存古樂, 深思雅道. 鄭衛淫聲, 魚龍雜戲, 樂府之內, 盡以除之. 今欲更調律呂, 改張琴瑟. 且妙
짐정존고악, 심사아도. 정위음성, 어룡잡희, 악부지내, 진이제지. 금욕경조율려, 개장금슬. 차묘

術精微, 非因敎習, 工人代掌, 止傳糟粕, 不足達神明之德, 論天地之和. 區域之間, 奇才異藝, 天知神授,
술정미, 비인교습, 공인대장, 지전조박, 부족달신명지덕, 논천지지화. 구역지간, 기재이예, 천지신수,

何代無哉! 蓋晦跡於非時, 俟昌言於所好, 宜可搜訪, 速以奏聞, 庶睹一藝之能, 共就九成之業.
하대무재! 개회적어비시, 사창언어소호, 의가수방, 속이주문, 서도일예지능, 공취구성지업.

[해설]

수나라 문제 개황(開皇) 9년(589년)에 발표한 조령이다. 악부를 정돈하고 예악을 부흥하며 고대의 제왕들이 음악을 통해 교화에 힘썼음을 강조하고 있다.

'공인(工人)'은 악공을 말한다. '구성(九成)'은 여러 차례 연주함이다. 한 곡을 완주하는 것을 일러 '일성(一成)'이라고 한다. 『상서』「익직(益稷)」에 "순임금의 음악인 소소(순임금의 음악)를 아홉 번 연주하자 봉황이 와서 춤을 추었다(簫韶九成소소구성, 鳳凰來儀봉황래의)"에 나온다.

[원문2]

예전에 성인은 예악을 제정하고 도덕을 숭상하였으며, 풍속을 개량하여 세상을 좋게 만드는 것을 가장 중요한 일로 생각했다. 진(晉)나라 시절에 조정이 정처 없이 떠돌고, 전란이 그치질 않아 아악(雅樂)이 유실된 지 이미 오랜 세월이 흐르니, 사방에 하나로 통일된 것이 없어 정통을 변별할 방법이 없게 되었다. 하늘이 살피시고, 신명께서 복락을 내리시어 도탄에 빠진 백성을 구하고 고통 받는 창생(蒼生)을 안심시키시니, 천하가 통일되고 나라를 제대로 다스리게 되어 남겨진 모든 문물이 국가에 귀속되었다. 최근에 관련 부서에 명하여 정악(正樂)과 아성(雅聲)을 총괄적으로 연구하여 상세하게 고증하는 작업을 이미 마쳤으니, 마땅히 즉각 시행하고 현재의 음악은 중지토록 하라. 민간의 음악은 이미 오래 전부터 유전되고 있는데, 이전의 체제를 방기한 채 화려하고 아름다운 소리만을 다투어 만드니 경박하고 방탕하여 정악으로 돌아갈 수 없는 것이 습속이 되고 말았다. 마땅히 이를 금지시키고 단속하여 아악의 근본을 보전토록 하라(『수서』「제기」'고조').

在昔聖人, 作樂崇德, 移風易俗, 於斯爲大. 自晉氏播遷, 兵戈不息, 雅樂流散, 年代已多, 四方未一,
재석성인, 작악숭덕, 이풍역속, 어사위대. 자진씨파천, 병과불식, 아악류산, 연대이다, 사방미일,

無由辨正. 賴上天鑒臨, 明神降福, 拯茲塗炭, 安息蒼生, 天下大同, 歸於治理, 遺文舊物, 皆爲國有.
무유변정. 뇌상천감림, 명신강복, 증자도탄, 안식창생, 천하대동, 귀어치리, 유문구물, 개위국유.

比命所司, 總全研究, 正樂雅聲, 詳考已訖, 宜卽施用, 見行者停. 人間音樂, 流僻日久, 棄其舊體, 競造繁聲,
비명소사, 총전연구, 정악아성, 상고이흘, 의즉시용, 견행자정. 인간음악, 유벽일구, 기기구체, 경조번성,

浮宕不歸, 遂以成俗. 宜加禁約, 務存其本.
부탕불귀, 수이성속. 의가금약, 무존기본.

[해설]

수나라 문제가 개황 14년(594년) 4월에 발표한 조령이다. 그는 민간의 속악을 금지시키고, 정악인 아악을 확대 보급하여 백성들을 교화하고 사회 분위기를 정화하고자 노력했다.

'파천(播遷)'은 정처 없이 떠돌아다님을 말한다. '아악(雅樂)'은 우아한 음악으로 고대 궁정의 음악을 말한다. 아악의 체계는 서주(西周) 초기에 제정되었으며, 법률·예의와 더불어 귀족 통치를 지탱하는 지주 역할을 했다. '번성(繁聲)'은 지나치게 화려하고 아름다운 음악이다.

[원문3]

오제(五帝)의 음악은 서로 다르고 삼왕(三王)의 예제(禮制)도 크게 다르니, 이는 모두 사물의 변화에 따라 악기의 수가 늘거나 줄어들고, 사람의 정감에 따라 문식(文飾 : 아름답게 꾸밈)을 절제하기 때문이다. 종묘에서 선조에게 제를 지낼 때 조상님이 계신 것처럼 우러러보고, 망극한 심정과 깊은 정감으로 제삿날을 보내게 된다. 그러나 제사가 끝나고 수레에 올라타면 악대가 소리를 내기 시작하고, 궁궐로 돌아오면 금석(金石) 악기가 일제히 울려 퍼진다. 이렇듯 같은 날에 슬픔과 즐거움이 함께하는 것은 심사(心事)를 위배하는 것이니, 감정적으로 불안하고 도리 역시 적절치 않다. 마땅히 이러한 기존의 의식을 바꾸어 예교를 널리 알리도록 하라. 지금 이후로 종묘에서 제를 지내는 날에는 악대를 준비하지 말고, 궁정에도 악기를 걸어 놓지 않도록 하라(『수서』 「제기」 '고조').

五帝異樂, 三王殊禮, 皆隨事而有損益, 因情而立節文. 仰惟祭享宗廟, 瞻敬如在, 罔極之感, 情深茲日.
오제이악, 삼왕수례, 개수사이유손익, 인정이립절문. 앙유제향종묘, 첨경여재, 망극지감, 정심자일.

而禮畢升路, 鼓吹發音, 還入宮門, 金石振響. 斯則哀樂同日, 心事相違, 情所不安, 理實未允. 宜改茲往式,
이례필승로, 고취발음, 환입궁문, 금석진향. 사칙애악동일, 심사상위, 정소불안, 이실미윤. 의개자왕식,

用弘禮敎. 自今已後, 享廟日不須備鼓吹, 殿庭勿設樂懸.
용홍례교. 자금이후, 향묘일불수비고취, 전정물설악현.

[해설]

　개황 17년(597년) 10월, 도왕(道王) 양정(楊靜)이 세상을 뜨자 수나라 문제가 내린 조령이다. 그는 예의의 도리를 강조하면서 관련된 예의에 대한 교정을 지시하였다. 예의로써 규범과 질서를 강조한 그의 뜻이 반영되어 있다.

　'로(路)'는 노거(路車), 즉 고대에 제왕이나 제후들이 타는 큰 수레인 노거(輅車)를 말한다. '악현(樂懸)'은 편종이나 편경과 같은 걸어 놓는 악기를 말한다.

[원문4]

　불법은 심원하고 오묘하며, 도교는 청허하고 조화로우니 모두 큰 자비를 내리고 만물을 구제하여 모든 백성이 보호를 받을 수 있다. 그래서 불도의 신상(神像)을 주조하고, 그 형상을 그려 천하 사람들이 참배하고 경건한 마음을 표현하는 것이다. 오악(五嶽)과 사진(四鎭 : 사방四方을 진정鎭定시키는 뜻을 지닌 네 지역)은 능히 구름과 비를 통제하고 베풀어 장강과 황하, 회하, 대해(大海)가 각기 구역마다 스며들어 윤택하게 만들고, 만물을 낳고 양육하며, 백성들에게 이익을 주는 것이다. 그런 까닭에 사당을 세워 제사를 지내며 때에 맞춰 공경을 표시하는 것이다. 불상이나 천존상은 물론이고, 오악이나 사진, 강해(江海) 등에 설치된 신상(神像)을 감히 훼손하는 자는 부도죄(不道罪)로 다스리도록 하라(『수서』「제기」'고조').

　佛法深妙, 道敎虛融, 鹹降大慈, 濟度群品, 凡在含識, 皆蒙覆護. 所以雕鑄靈相, 圖寫眞形, 率土瞻仰,
불법심묘, 도교허융, 함강대자, 제도군품, 범재함식, 개몽복호. 소이조주령상, 도사진형, 솔토첨앙,

用申誠敬. 其五嶽四鎭, 節宣雲雨, 江河淮海, 浸潤區域, 竝生養萬物, 利益兆人, 故建廟立祀, 以時恭敬.
용신성경. 기오악사진, 절선운우, 강하회해, 침윤구역, 병생양만물, 이익조인, 고건묘립사, 이시공경.

敢有毁壞偸盜佛及天尊像, 嶽鎭海瀆神形者, 以不道論. 沙門壞佛像, 道士壞天尊者, 以惡逆論.
감유훼괴투도불급천존상, 악진해독신형자, 이불도론. 사문괴불상, 도사괴천존자, 이악역론.

[해설]

　수나라 문제는 풍익(馮翊 : 지금의 섬서성) 대려(大荔)의 반야니사(般若尼寺)에서 출생하여 지선신니(智仙神尼)의 보살핌을 받으며 성장했기 때문에 불교에 대한 감정이 돈독했다. 위의 글은 개황 20년(600년) 12월에 문제가 내린 조령으로, 불교와 도교에 대한 존경과 더불어 신상에 대한 보호 조치를 강구하도록 명하고 있다.

‘부도(不道)’는 도리에 맞지 않는 짓을 말한다. 그러나 북제(北齊)의 『북제율(北齊律)』에 ‘중죄 열 가지(重罪十條)’에 포함되면서 정식 죄명이 되었다. 수나라 『개황율(開皇律)』은 북제의 ‘중죄 열 가지’를 토대로 십악(十惡) 제도를 만들었는데, 그 가운데 다섯 번째에 속한다.

[원문5]

예제(禮制)의 작용은 의미가 중대하다. 황색(黃色) 종(琮)과 청색 벽(璧)을 설치하여 천지의 신명이 강림하고, 제사에 서직(黍稷 : 기장과 피를 말함)이나 희생(犠牲)을 사용하여 종묘에서 신령에게 경의를 표한다. 예(禮)는 부자와 군신의 질서를 바르게 하고, 혼인과 상사(喪事)의 의절(儀節)을 분명하게 한다. 그런 까닭에 도덕과 인의는 예가 아니면 이루어질 수 없으니, 상천(上天)을 편안히 받들고 백성들을 다스리는 데 예보다 좋은 것이 없다(『수서』「제기」‘고조’).

> 禮之爲用, 時義大矣. 黃琮蒼璧, 降天地之神, 粢盛牲食, 展宗廟之敬, 正父子君臣之序, 明婚姻喪紀
> 예지위용, 시의대의. 황종창벽, 강천지지신, 자성생식, 전종묘지경, 정부자군신지서, 명혼인상기
>
> 之節. 故道德仁義, 非禮不成, 安上治人, 莫善於禮.
> 지절. 고도덕인의, 비례불성, 안상치인, 막선어례.

[해설]

인수(仁壽) 2년(602년) 윤10월, 수나라 문제는 좌복야(左僕射) 월국공(越國公) 양소(楊素) 등에게 오례(五禮)를 수정토록 하였는데, 위 문장은 그 당시에 내린 조령이다. 예치를 중시하였을 뿐만 아니라 예로써 봉건 질서를 규범화하려는 수나라 문제의 의도가 잘 나타나 있다.

‘종(琮)’은 옥종(玉琮)이며, 안은 둥글고 밖은 네모진 통 형태의 옥기로서 고대의 예기 가운데 하나이다. ‘벽(璧)’은 고대의 기물로서 일반적으로 옥으로 만들었으며, 납작하고 둥근 형태에 중앙에는 둥근 구멍이 있다. 이 외에 곽벽(郭璧)도 있는데, 원형의 테두리에 용이나 기타 형상의 뉴(鈕 : 기물에 달린 꼭지)로 장식하였다. ‘자성(粢盛)’은 제기에 담은 서직(黍稷)을 말한다.

14. 주관 부서에 명하여 학관을 신속히 건설토록 하라

所司速事營造學館

당나라 고종高宗 이치李治

[원문]

여러 주와 현의 공자 묘당(廟堂)과 학관이 파괴되어 다시 조성되지 않으니 생원들이 학업을 수련할 장소가 없고, 공자에게 제사를 지내는 의식도 거행할 수 없으며, 오랫동안 비바람에 노출되니 심히 근본(교육 사업)을 공경하는 것이 아니로다. 마땅히 주관 부서에 명하여 신속히 건설토록 하라(『구당서』「본기」'고종').

諸州縣孔子廟堂及學館有破壞并先來未造者, 遂使生徒無肄業之所, 先師闕奠祭之儀, 久致飄露,
제주현공자묘당급학관유파배병선래미조자, 수사생도무이업지소, 선사궐전제지의, 구치표로,

深非敬本. 宜令所司速事營造.
심비경본. 의령소사속사영조.

[해설]

당나라 고종이 총장(總長) 3년(670년) 5월에 발표한 조령이다. 각 주, 현에 공자의 묘당을 건설할 것을 주문하고 있는데, 이는 그가 문화 교육을 중시하였음을 보여준다.

'이업(肄業)'은 학업을 연마하는 것을 말한다. 고대에는 글자를 쓰는 넓은 판을 '업'이라고 했다. 스승이 이를 학생에게 주는 것을 '수업(授業)', 학생이 스승에게서 이를 받는 것을 '수업(受業)'이라고 했다. 아울러 방판(方板 : 네모반듯한 판)에서 글자를 배우는 것을 '이업'이라고 한다. '선사(先師)'는 공자를 지칭한다.

15. 위로는 하늘의 도를 살피고, 아래로는 백성의 규칙을 따른다

上察天道, 下順民則

당나라 현종玄宗 이융기李隆基

[원문1]

고대에 황제의 강령(綱領)을 쥐고 천하를 장악한 천자가 어찌 위로 천도(天道)를 헤아리고, 아래로 백성에게 순응하지 않았겠는가? 때로 변통(變通)하여 시대에 적응하며, 때로 손익(損益)을 헤아려 정무를 촉진하였다. 정무를 청취하는 조당(朝堂)을 창건하고, 당실(堂室)의 크고 작음은 조신(朝臣)들이 참석할 수 있는 숫자를 헤아려 만들었다. 이로써 신령에게 예를 올려 광대한 효덕(孝德)을 널리 밝히고, 이를 통해 정령을 반포하여 시삭(視朔)*이라 칭하니 이것이 바로 선왕께서 인륜을 두텁게 하여 천지를 감응시키신 것이다.

소양(少陽)은 바른 위치를 얻고, 상제(上帝)는 제물을 향수하시니 이것이 바로 신은 존귀하여 모독할 수 없고, 예는 성대하여 지극히 존중해야 하는 이유이다. 현재의 명당은 궁액(宮掖 : 비빈의 처소)에 가까운 곳에 자리하여 신명을 받드는 곳으로 따져보면 엄숙하고 공경할 만한 곳이 아니다. 만약 전장 제도에 부합하지 않는다면 어찌 모든 사물의 규범이 될 수 있겠느냐? 따라서 예관의 박사와 공경 대신들은 반드시 널리 여러 사람들의 의견을 참고하고, 고대의 예제를 존중하여 노침(露寢 : 대청)의 형식을 보전하고, 벽옹(辟雍)이라는 호칭은 사용하지 말라. 또한 명당(明堂)을 건원전(乾元殿)으로 개명하여 매번 내가 친히 건원전(乾元殿)에 나가면 마땅히 정전(正殿)의 예의(禮儀)를 따를 것이다(『구당서』「본기」'현종').

古者操皇綱執大象者, 何嘗不上稽天道, 下順人極, 或變通以隨時, 爰損益以成務. 且衢室創制, 度堂
고자조황강집대상자, 하상불상계천도, 하순인극, 혹변통이수시, 원손익이성무. 차구실창제, 도당

---

* 천자가 매년 계동(季冬)에 다음 해 12월의 책력(冊曆)을 제후에게 반포하면, 제후가 이것을 받아서 선조(先朝)의 종묘에 간직해 두고 매달 초하루에 종묘에 고한 후 그 달의 책력을 꺼내어 나라 안에 반포하는 일을 말한다.

以筵. 因之以禮神, 是光孝德, 用之以布政, 蓋稱視朔, 先王所以厚人倫感天地者也. 少陽有位, 上帝
이연. 인지이례신, 시광효덕, 용지이포정, 개칭시삭, 선왕소이후인륜감천지자야. 소양유위, 상제

斯歆, 此則神貴於不黷, 禮殷於至敬. 今之明堂, 俯隣宮掖, 比之嚴祝, 有異肅恭, 苟非憲章, 將何軌物?
사흠, 차칙신귀어불독, 예은어지경. 금지명당, 부린궁액, 비지엄축, 유이숙공, 구비헌장, 장하궤물?

由是禮官博士公卿大臣廣參群議, 欽若前古, 宜存露寢之式, 用罷辟雍之號. 可改爲乾元殿, 每臨禦依
유시례관박사공경대신광참군의, 흠약전고, 의존로침지식, 용파벽옹지호. 가개위건원전, 매림어의

正殿禮.
정전례.

[해설]

개원(開元) 5년(717년) 4월 갑오(甲午)일에 당나라 현종은 무측천이 낙수(洛水)의 신에게 제를 올려 '성모가 백성들에 임하여 영원히 제업이 번창하리로다(聖母臨人 성모림인, 永昌帝業영창제업)'라고 쓰여 있는 서석문(瑞石文 : 상서로운 돌에 쓰인 글)을 받았다고 한 것은 옹주(雍州) 사람 당동태(唐同泰)가 위조한 것이라고 하여 모두 없애버릴 것을 명하였다. 이후 7월 갑자(甲子)일에 위와 같은 조령을 내렸다. 그는 정무를 듣는 곳인 조정과 조종(祖宗)에게 제사를 올리는 신전은 장중하고 엄숙해야 함을 강조하였다. 그렇게 해야만 국가의 대운을 이어받을 수 있을 것이라고 여겼기 때문이다.

'대상(大象)'은 『도덕경』에 나오는 말로서 '도'를 지칭한다. 그러나 여기서는 '천하'의 뜻이다. '인극(人極)'은 사람의 신체나 신체의 자연적 속성과 지혜를 의미하는 이슬람 용어이다. 여기서는 '백성'이라는 뜻으로 풀이한다. '구실(衢室)'은 고대의 제왕이 정무를 보는 곳을 말한다. '도당이정(度堂以筵)'은 『주례(周禮)』에 나오는 말로, 당실은 조신들의 숫자를 헤아려 앉을 자리만큼 크기를 정한다는 뜻이다. '시삭(視朔)'은 '곡삭지례(告朔之禮)[*]'를 본다는 뜻이니, 예에 따라 정사를 행함을 말한다. '궁액(宮掖)'은 궁궐 내에 비빈이 거주하는 곳이다. '흠약(欽若)'은 공경하여 따름이다. '노침(露寢)'은 노침(路寢)으로, 고대의 천자나

---

* 고대에 천자가 섣달 초하루에 새해 책력을 반포하면, 제후가 이를 사당에 보관하고 있다가 매달 초하루에 양으로 제를 지내고 백성들에게 책력을 돌리겠다고 청하는 예를 말한다.

제후가 정사를 행하는 대청이다. '벽옹(辟雍)'은
서주(西周) 시대에 천자가 귀족의 자제를 교육
하기 위해 설립한 대학이다. 사방에 물이 있고
형태가 둥근 옥처럼 생겼기 때문에 이런 이름
을 붙였다. 대학은 모두 다섯 곳에 있었는데,
남쪽은 성균(成均), 북쪽은 상상(上庠), 동쪽은 동
서(東序), 서쪽은 고종(瞽宗), 중앙은 벽옹이다.
그 가운데 벽옹이 가장 존귀한 곳이었기 때문
에 통칭되었다. '건원전(乾元殿)'은 무측천이 정
치 중심지로 활용했던 명당(明堂)을 당나라 현
종이 개칭한 궁궐 이름이다.

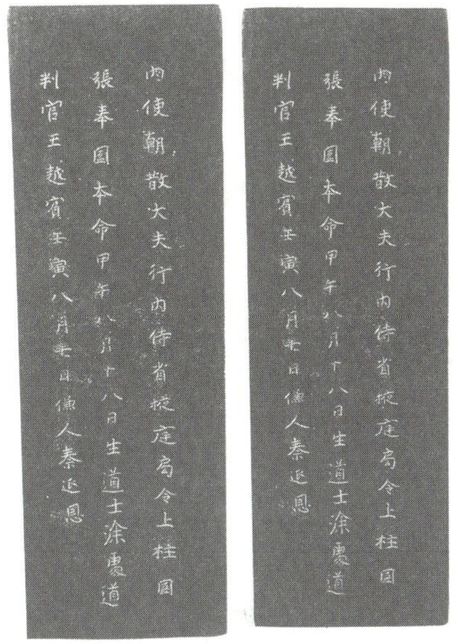

당나라 현종이 개원 연간에 용간(龍簡)을 던져 넣다
당나라 황제들은 통치의 신성화를 위해 노자(老
子)를 성인으로 추존했다. 그래서 도교가 성행하였
다. 사진은 당나라 개원 26년(738년)에 현종이 투용
(投龍) 전례 때 사용했던 청동간(靑銅簡)이다.
　현종은 도교를 신봉하여 기우제나 기복제를 올릴
때 동판에 고사문을 새겨 산이나 강, 호수 등에 던
져 넣었다. 이를 '투용(投龍)'이라고 한다. 전체 의
식은 도사들이 주관했다.

[원문2]

　주공(周公)께서 예제를 만드시니 역대로 바뀐
적이 없고, 자하(子夏 : BC 507~BC 420?)*가 공자의
말씀을 전하니 공문(孔門) 제자들이 서로 전수하
였다. 제자백가들에 이르러 법식이 바뀌기도
했다. 그러나 다른 것으로 바꾸는 것보다 옛 가르침을 따르는 것이 낫다. 모든
상복 제도는 일률적으로 예전의 법도에 따르도록 하라(『구당서』「본기」'현종').

　周公制禮, 歷代不刊, 子夏爲傳, 孔門所受. 逮及諸家, 或變例. 與其改作, 不如好古. 諸服紀宜一
　주공제례, 역대불간, 자하위전, 공문소수. 체급제가, 혹변례. 여기개작, 불여호고. 제복기의일

依舊文.
의구문.

---

* 공자의 제자로서 공문10철(孔門十哲) 가운데 한 사람이다. 그의 학문은 시와 예에 능통하였는데, 주관적 내면
　성을 존중하는 증자(曾子) 등과 달리 예(禮)의 객관적 형식을 존중하는 것이 특색이다.

당나라 현종이 개원 7년(719년) 8월에 내린 조령이다. 예제와 복식은 마땅히 고대의 법도에 따를 것을 명하고 있다. 이는 유가의 학설을 통해 천하를 다스리려는 그의 의도가 반영된 것이다.

16. 치국의 도리는 귀결점이 같으니, 교사를 통해 교육하는 것이 상책이다

治道同歸, 師氏爲上

당나라 대종代宗 이예李豫

[원문]

치국의 도리는 귀결점이 같으니, 교사를 통해 교육하는 것이 상책이라는 것이다. 사람을 교육하고 선량한 풍속을 이루기 위해서는 반드시 학문에 힘써야 한다. 뛰어난 조예가 있는 사인(士人)들은 모두 이러한 길을 통해 배출되었다. 나라의 귀족 자제들도 모두 수업을 받아야 한다. 문덕(文德)을 수련하고 충효의 가르침을 행하며, 효우(孝友)의 덕으로 공경하여 스승의 학문을 배운다면 비로소 도덕적으로 성숙된 인물이 될 수 있다. 이후에 조정에서 자신의 재능을 떨쳐 정무를 펼치고, 치국의 도리를 진술하며, 관리가 되어 큰 도를 행하여 나라의 동량이 될 수 있는 것이다. 어질고 능력을 갖춘 인재를 얻는 것이 즐거운 까닭은 바로 여기에 있다(『구당서』「본기」'대종').

治道同歸, 師氏爲上, 化人成俗, 必務於學. 俊造之士, 皆從此途, 國之貴遊, 罔不受業. 修文行忠
치도동귀, 사씨위상, 화인성속, 필무어학. 준조지사, 개종차도, 국지귀유, 망불수업. 수문행충

信之敎, 崇祗庸孝友之德, 盡其師道, 乃謂成人. 然後揚於王庭, 敷以政事, 徵之以理, 任之以官, 置於
신지교, 숭지용효우지덕, 진기사도, 내위성인. 연후양우왕정, 부이정사, 징지이리, 임지이관, 치어

周行, 莫匪邦彦, 樂得賢也, 其在玆乎.
주행, 막비방언, 악득현야, 기재자호.

구시(九寺)

시(寺)는 관서의 뜻으로, 구시는 구경(九卿)의 관서를 말한다. 한나라 시대에는 태상, 광록훈, 위위, 태복, 정위, 대홍려, 종정, 대사농, 소부를 '구시대경(九寺大卿)'이라고 불렀다. 역대로 약간씩 변경은 있었으나 청나라 시대까지 그대로 이어졌다.

광록시(光祿寺)	궁정 숙위(宿衛) 및 시종을 관장했다. 북제 이후로 제왕의 음식이나 출행시 행궁의 막사 등에 관한 업무를 겸했으며, 당나라 이후에는 주로 제왕의 음식을 관장했다.
태복시(太僕寺)	수레나 궁중의 마필 관리를 맡았다. 북제 때 태복시로 불렀으나 청나라 광서 연간에 관제를 개혁하면서 육군부(陸軍部)에 편입되었다.
태상시(太常寺)	진(秦)나라 때는 '봉상(奉常)'이라 불렀으며, 한나라 때 '태상'으로 개칭되었다. 주로 종묘 예의를 관장했으며, 북제 시절에 '태상시'로 개칭되었고, 청나라 말기에 폐지되었다.
종정시(宗正寺)	명청(明淸) 시대의 '종인부(宗人府)'를 말한다. 주로 천자의 종친에 관한 업무를 관장했다.
대리시(大理寺)	형벌이나 옥사에 관한 심리를 관장했다. 진한(秦漢) 시대에는 '정위(廷尉)'라 불렀으나 북제 때 '대리시'로 칭한 후 계속 이어지다가 청나라 때 '대리원(大理院)'으로 개칭되었다.
위위시(衛尉寺)	궁중 수위(守衛) 및 둔병(屯兵)을 관할했다. 수나라 때 군기(軍器)나 의장(儀仗), 장막 등을 관리하였으며, 청나라 때 '난의위(鑾儀衛)'로 개칭했다.
홍려시(鴻臚寺)	진(秦)나라 때는 '전객(典客)'이라 불렀다. 한나라 때 '대홍려'로 개칭되었으며, 교묘(郊廟 : 교외와 종묘)에서 예를 행할 때 의식의 절차를 낭독하고 진행을 맡는 등 주로 예의에 관련된 업무를 관장했다. 북제 때 '홍려시'로 개칭하였으며, 청나라 말기에 폐지되었다.
소부시(少府寺)	산택(山澤)에 관한 업무를 관장하다가 나중에는 궁중의 의복이나 보물 등을 관장했다. 수나라 때 '감(監)'으로 바뀌었다가 명나라 때 폐지되었다.
태부시(太府寺)	대사농(大司農)으로서 전곡금백(錢穀金帛) 등 화폐 및 화폐 대용품을 관장했다.

영태(永泰) 2년(766년) 정월에 당나라 대종이 내린 명령이다. 그는 교사들의 가르침을 통해 국가에 필요한 인재 양성을 강조하고 있다.

'사씨(師氏)'는 전문적으로 귀족 자제의 교육을 담당하는 관리를 말한다. '성인(成人)'은 도덕적으로 성숙한 사람을 말한다. '주행(周行)'은 대도(大道)나 큰길을 말한다.

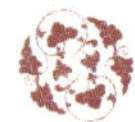

17. 성현의 책을 비난하는 자는 모두 엄하게 견책하라

讀非聖之書皆嚴譴之

송나라 진종眞宗 조항趙恒

[원문]

성현의 책을 비난하거나 지나치게 화려한 문장을 짓는 이들은 모두 엄하게 견책토록 하라. 이미 출간된 문집은 전운사(轉運司)가 관리를 선발하여 상세하게 살펴보고, 인가한 문집은 등록하여 상주토록 하라(『송사』「본기」'진종').

讀非聖之書及屬辭浮靡者, 皆嚴譴之. 已鏤板文集, 令轉運司擇官看詳, 可者錄奏.
독비성지서급속사부미자, 개엄견지. 이루판문집, 영전운사택관간상, 가자록주.

[해설]

송나라 진종이 대중상부(大中祥符) 2년(1009년) 2월에 내린 조령이다. 성현을 비난하거나 실속 없이 화려하기만 한 문장을 쓰는 이들을 견책하라는 내용이다. 사상(思想)을 정화하려는 진종의 의도가 잘 드러나 있다.

'루판(鏤板)'은 조판 인쇄를 말한다. 여기서는 책 출간의 뜻으로 풀이했다.

18. 태학생의 재사齋舍를 증설하라

增太學生舍

송나라 신종神宗 조욱趙頊

[원문]

태학생의 재사(齋舍 : 유생들의 기숙사로 쓰던 건물)는 80개로 증설하고, 매 재사마다 30명씩 생활할 수 있도록 하라. 외사생(外舍生)은 2,000명, 내사생(內舍生)은 300명으로 하라. 매월 한 차례씩 학관 내부에서 시험을 보고, 매년 한 차례 조정에서 파견한 관리가 주관하는 시험을 실시하여 성적이 우수한 자는 내사생이 될 수 있도록 하라. 내사생은 격년에 한 번씩 학관 내부에서 시험을 실시하여 성적이 우수한 자는 상사생(上舍生)이 될 수 있도록 하라(『송사』 「본기」 '신종').

增太學生舍爲八十齋, 齋三十人. 外舍生二千人, 內舍生三百人. 月一私試, 歲一公試, 補內舍生.
증태학생사위팔십재, 재삼십인. 외사생이천인, 내사생삼백인. 월일사시, 세일공시, 보내사생.

間歲一舍試, 補上舍生.
간세일사시, 보상사생.

[해설]

송나라 신종이 원풍(元豐) 2년(1079년) 8월에 내린 조령이다. 그는 태학생의 규모와 시험을 통한 승급 규정을 정하도록 하였다. 이는 신종이 인재 선발과 교육을 중시하였음을 보여준다.

'태학생(太學生)'은 봉건시대 최고 학부에서 공부하는 학생을 말한다. 태학은 봉건시대의 교육기관이자 최고 학부였다. 위진(魏晋)시대부터 명청 시대에 이르기까지 모든 역대 왕조에는 태학 또는 국자감이 설치되었으며, 양자가 동시에 설치된 경우도 있다. 외사생(外舍生), 내사생(內舍生)은 태학의 학생들을 말한다. 송나라 때 실시된 삼사법(三舍法)에 따르면, 태학에는 외사생과 내사생 외에도 상사생(上舍生)이 있었으며, 이들을 아울러 '삼사생(三舍生)'이라 불렀다.

19. 고대의 성현을 비난하는 서적은 사용할 수 없다
非先聖賢之書勿施用

송나라 휘종徽宗 조길趙佶

[원문1]

사설(邪說)이나 부정한 행위, 고대의 성현을 비난하는 서적, 그리고 원우(元祐 : 송나라 철종哲宗 때의 연호. 1086~1094년) 연간에 변법에 반대하던 이들의 학술이나 정사(政事)를 전파하거나 사용할 수 없다(『송사』「본기」‘휘종’).

諸邪說詖行非先聖賢之書, 及元祐學術政事, 幷勿施用.
제사설피행비선성현지서, 급원우학술정사, 병물시용.

[해설]

송나라 휘종이 숭녕(崇寧) 원년(1102년) 12월에 내린 조령이다. 그는 고대의 성현을 비난하는 서적, 원우 연간의 사상이나 학술의 전파를 금지했는데, 이는 일종의 사상 통제이자 의식의 규범화이다.

‘피행(詖行)’은 편파적이고 부정한 언행을 말한다. ‘원우학술정사(元祐學術政事)’는 송나라 철종 원우 연간에 변법(變法)*에 반대하는 구당파(舊黨派)의 학술과 정사에 관한 논의를 말한다. 즉 변법에 반대하던 구당파가 득세하자 자신들의 학술과 사상을 원우학술(元祐學術)이라 불렀다. 그러나 송나라 휘종은 구당파를 몰아내고 그들의 학술과 사상 전파를 엄격하게 금지하였다.

---

* 유학의 실용적 해석과 응용을 강조하였으며, 유학의 도덕주의적 전통에서 벗어나 법치를 강조했던 왕안석의 신법(新法) 개혁은 구당파에 의해서 배척의 대상으로 여겨졌다. 그러나 송나라 휘종 때 사마광, 여문저, 문언박 등 구당파는 간당(奸黨)으로 몰리게 된다.

부처의 호칭을 대각금선(大覺金仙)으로 바꾸고, 나머지는 선인(仙人), 대사(大士)로 칭하도록 하라. 승려는 덕사(德士)로 바꾸어 칭하고, 복식도 바꾸고 성씨를 부르도록 하라. 사(寺)는 궁(宮)으로, 원(院)은 관(觀)으로 바꾸어 부르도록 하라(『송사』「본기」 '휘종').

佛改號大覺金仙, 餘爲仙人大士. 僧爲德士, 易復飾, 稱姓氏. 寺爲宮, 院爲觀.
불개호대각금선, 여위선인대사. 승위덕사, 역복식, 칭성씨. 사위궁, 원위관.

[해설]

송나라 휘종이 선화(宣和) 원년(1119년) 봄 정월에 내린 조령이다. 그는 불교의 호칭이나 명칭을 모두 도교식으로 바꾸도록 하는 한편, 기존의 이름은 모두 폐지하도록 했다. 도교를 숭상했던 그의 의지가 반영된 것이었지만 당시 사회적으로 널리 시행되지는 않았다.

20. 짐은 강학講學을 격려하노라

朕勵志講學

송나라 이종理宗 조윤趙昀

[원문1]

짐이 주희(朱熹 : 주자)가 집주(集注)한 『논어』, 『대학』, 『맹자』, 『중용』을 열독하니, 성현의 심오한 뜻을 발휘하여 치도(治道)에 큰 도움이 되었도다. 짐은 강학(講學 : 학문을 닦고 연구함)을 격려하고 학문의 모범을 기려 특별히 주희를 태사로 삼고, 신국공(信國公)에 봉하노라(『송사』「본기」 '이종').

朕觀朱熹集注大學, 論語, 孟子, 中庸, 發揮聖賢蘊奧, 有補治道. 朕勵志講學, 緬懷典刑, 可特贈
짐관주희집주대학, 논어, 맹자, 중용, 발휘성현온오, 유보치도. 짐려지강학, 면회전형, 가특증

熹太師, 追封信國公.
희태사, 추봉신국공.

[해설]

송나라 이종이 보경(寶慶) 3년(1227년) 봄 정월에 내린 조령이다. 친히 유가 경전 가운데 사서(四書)를 탐독하고 높은 평가를 부여하였다. 이는 정주(程朱 : 주자) 이학(理學)을 추존하고, 이학을 천하를 다스리는 정치 이념으로 삼겠다는 의도이다. 『논어』, 『대학』, 『맹자』, 『중용』은 '사서'이며, 『시경』, 『상서』, 『예기』, 『주역』, 『춘추』는 '오경(五經)'이다. 사서오경은 유가의 경전으로서 이후 유학의 기본 서목으로 학생들의 필독서가 되었다.

'면회(緬懷)'는 추억하다, 기리다의 뜻이다. '전형(典刑)'은 원래 형벌을 관장하다, 사형을 받다, 일반적인 형벌의 뜻이나, 여기서는 모범, 전형(典型) 등의 뜻으로 쓰였다.

[원문2]

짐이 생각건대 공자의 도는 맹가(孟軻 : 맹자) 이후로 전해지지 않다가 아조(我朝 : 송나라)의 주돈이(周惇頤), 장재(張載), 정호(程顥), 정이(程頤)에 이르러 진지한 견해와 실천으로 성현의 영역을 깊이 탐구하고, 천년의 학문을 연구하여 마침내 귀결점을 얻게 되었다. 중흥(中興) 이래로 주희의 정묘한 사유와 분명한 논변으로 내용과 형식을 제대로 갖추어 『논어』, 『대학』, 『맹자』, 『중용』 등의 책의 본말을 분명하게 하였으며, 공자의 도가 더욱더 세상에 밝게 빛나게 하였다. 짐은 매번 오신(五臣)*의 논저를 읽을 때마다 계발되고 얻는 것이 참으로 많다. 이제 짐은 시학(視學)을 거행하고자 하니, 학관(學官)은 그들의 신위를 모셔 제사를 올림으

---

* 순(舜)임금 때 다섯 명의 어진 신하를 뜻하는 것으로, 사서에 따라 약간씩 차이가 있지만 『논어』에서 우(禹), 직(稷), 설(契), 고요(皐陶), 백익(伯益)을 지칭하고 있다.

로써 존경과 칭송의 뜻을 표하도록 하라(『송사』 「본기」 '이종').

朕惟孔子之道, 自孟軻後不得其傳, 至我朝周惇頤, 張載, 程顥, 程頤, 眞見實踐, 深探聖域, 千載絶學,
짐유공자지도, 자맹가후불득기전, 지아조주돈이, 장재, 정호, 정이, 진견실천, 심탐성역, 천재절학,

始有指歸. 中興以來, 又得朱熹精思明辨, 表裡渾融, 使大學, 論, 孟, 中庸之書, 本末洞徹, 孔子之道,
시유지귀. 중흥이래, 우득주희정사명변, 표리혼융, 사대학, 론, 맹, 중용지서, 본말동철, 공자지도,

益以大明於世. 朕每觀五臣論著, 啓沃良多, 今視學有日, 其令學官列諸從祀, 以示崇獎之意.
익이대명어세. 짐매관오신론저, 계옥량다, 금시학유일, 기령학관렬제종사, 이시숭장지의.

[해설]

송나라 이종이 순우(淳祐) 원년(1241년) 봄 정월에 내린 조령이다. 그는 송나라 대유(大儒)들의 유학 연구와 업적을 높이 평가하였다. 이는 그가 이학을 숭상하고 유학에 근거하여 나라를 다스리고자 했음을 반영하는 것이다. 주돈이, 장재, 정호, 정이 등은 북송의 유학 대사들이고, 주희는 남송의 유학 대사이다.

'계옥(啓沃)'은 『상서』 「설명상(說命上)」에 나오는 "짐의 마음을 계도하고 기름지게 하다(啓乃心계내심, 沃朕心옥짐심)"라는 말에서 나왔다. 이후 군왕을 진정으로 계도하고 보좌함의 뜻으로 쓰였다. '시학(視學)'은 『예기』 「문왕세자(文王世子)」에 나오는 말로 주(周)나라의 의례(儀禮)로서 천자가 친히 국학(國學)에 행차하여 춘추 제전(祭奠)을 거행하는 것을 말한다. '종사(從祀)'는 문묘에 배향하여 제사 지내는 것을 말한다.

21. 사사롭게 연회를 연 자는 참형에 처하라

私宴者, 斬

원나라 태종太宗 와활태窩闊台

[원문]

무릇 마땅히 와야 하는데 오지 않고 사사롭게 연회를 연 자는 참형에 처하라.

황궁을 출입하면서 각기 시종하는 이는 남녀 10명이 무리를 지어 출입하는데 서로 어지럽게 뒤섞이지 않도록 하라. 군대는 10명 가운데 한 명의 갑장(甲長)을 두고 모두 그의 지휘에 따를 것이며, 제멋대로 전횡하는 자는 논죄할 것이다. 갑장이 일이 있어 궁중에 들어올 경우 권섭(權攝 : 대리자) 1인이나 갑장 이 외에 1인을 세우고, 두 사람이 마음대로 왕래하지 못하도록 하라. 위반자는 죄를 물을 것이다. 각종 공사(公事)로 발설하지 말아야 할 것을 발설하는 자는 귀를 비틀어버리고, 이를 두 번씩이나 어길 경우는 태형(笞刑)에 처하며, 세 번째는 장형(杖刑), 네 번째는 사형에 처하라. 천호(千戶)가 자신의 직위를 벗어나 만호(萬戶) 앞으로 걸어갈 경우 언제든지 화살촉이 나무인 화살로 쏠 수 있다. 백호(百戶), 갑장, 제군(諸軍)으로 참월(攙越 : 차례를 지키지 아니하고 건너뜀)의 죄를 범한 자는 같은 방법으로 처벌하라. 이러한 법령을 준수하지 않는 자는 파직하라.

이후로 각 군(軍)이 회합할 때 1갑(甲) 내에 정원이 부족하면 가까운 부대에서 인원을 보충하라. 각자는 거실이나 군영에 거주하면서 함부로 떠들거나 시끄럽게 하지 말라. 무릇 회의에 올 경우 좋은 말 50필을 한 장소에 모아놓고, 5명이 관리하되 세 명은 여윈 말에게 여물을 주고, 세 사람은 걸열사(乞烈思 : 마구간)를 관리한다. 말 한두 마리를 훔친 자는 사형에 처한다. 무릇 여러 사람들이 규칙에 따라 말을 마구간 안에 매어두지 않으면 흉포한 자들을 없앨 수 없다. 여러 부녀자들이 성대한 연회에 입을 동일한 색의 의복을 규정에 따라 만들지 않거나 질투하는 사람이 있다면, 그들을 안장을 얹지 않고 고삐가 없는 소에 태워 대중들 앞에서 조리돌려 죄를 논하고, 재물을 모아 그들의 남편이 다른 처를 얻을 수 있도록 하라(『원사』「본기」'태종').

凡當會不赴而私宴者, 斬. 諸出入宮禁, 各有從者, 男女止以十人爲朋, 出入毋得相雜. 軍中凡十
범당회불부이사연자, 참. 제출입궁금, 각유종자, 남녀지이십인위붕, 출입무득상잡. 군중범십

人置甲長, 聽其指揮, 專擅者論罪. 其甲長以事來宮中, 卽置權攝一人, 甲外一人, 二人不得擅自往來,
인치갑장, 청기지휘, 전천자론죄. 기갑장이사래궁중, 즉치권섭일인, 갑외일인, 이인불득천자왕래,

違者罪之. 諸公事非當言而言者, 拳其耳, 再犯, 笞, 三犯, 杖, 四犯, 論死. 諸千戶越萬戶前行者, 隨
위자죄지. 제공사비당언이언자, 권기이, 재범, 태, 삼범, 장, 사범, 논사. 제천호월만호전행자, 수

以木鏃射之. 百戶, 甲長, 諸軍有犯, 其罪同. 不遵此法者, 斥罷. 今後來會諸軍, 甲內數不足, 於近翼
이목족사지. 백호, 갑장, 제군유범, 기죄동. 부준차법자, 척파. 금후래회제군, 갑내수부족, 어근익

抽補足之. 諸人或居室, 或在軍, 毋敢喧呼. 凡來會, 用善馬五十匹爲一羈, 守者五人, 飼羸馬三人, 守
추보족지. 제인혹거실, 혹재군, 무감훤호. 범래회, 용선마오십필위일기, 수자오인, 사리마삼인, 수

乞烈思三人. 但盜馬一二者, 卽論死. 諸人馬不應絆於乞烈思內者, 輒沒與畜虎豹人. 諸婦人制質孫
걸렬사삼인. 단도마일이자, 즉논사. 제인마불응반어걸렬사내자, 첩몰여축호표인. 제부인제질손

燕服不如法者, 及妒者, 乘以驏牛徇部中, 論罪, 卽聚財爲更娶.
연복불여법자, 급투자, 승이잔우순부중, 논죄, 즉취재위경취.

[해설]

원나라 태종(太宗 : 오고타이 혹은 우구데이) 6년(1234년) 5월, 태종은 달란달파(達蘭達葩 : 몽고어로 '칠십령七十嶺'이란 뜻)에서 제왕(諸王)과 여러 관료들을 소집하여 위와 같은 조령을 하달하였다. 이는 그가 일련의 규정과 율령을 통해 정규 국가를 건립하기 위해 매진했음을 보여준다.

'권섭(權攝)'은 잠시 대리한다는 뜻이다. '천호(千戶)'는 금나라 초기에 설치된 세습 군직의 명칭으로서 원나라 때도 지속되었으며, 만호(萬戶) 휘하에 예속되었다. '걸열사(乞烈思)'는 몽고어로 마구간의 뜻이다. '질손(質孫)'은 몽고말로 색깔이란 뜻이다. 원나라 때 궁궐의 대연회에 참가하는 자들은 모두 같은 색의 의복을 입어야 하는데, 이를 '질손'이라고 불렀다. '잔우(驏牛)'는 '잔'은 안장을 얹지 않은 말이다. 여기서는 안장을 얹지 않고 고삐를 하지 않은 소를 말한다. '순(徇)'은 대중에게 알린다는 뜻이다.

22. 옥책을 가져오면 짐이 친히 가서 제사를 올리겠다

奉册以來, 朕躬祝之

원나라 성종成宗 철목이鐵木耳

[원문]

친히 제를 지내며 옥책(玉册)을 바치는 예의는 조종(祖宗)께서 거행하신 적이

없다. 옥책을 가져오면 짐이 친히 가서 제사를 올리겠다(『원사』「본기」'성종').

[해설]

원정(元貞) 원년(1295년) 10월 계묘(癸卯)일, 태묘에서 일이 있었다. 중서성의 신하가 말했다. "작년에 세조와 황후, 그리고 유종(裕宗 : 원나라 세조 홀필열의 적자이자 성종의 부친)을 조묘(祖廟)에 합사(合祀)하시며 능(綾 : 비단)으로 옥책을 대신하셨습니다. 지금 옥책(玉册 : 제왕이나 후비後妃의 존호를 올릴 때 그 덕을 기리는 글을 새긴 옥 조각을 엮어 만든 간책簡册)과 옥보(玉寶)가 완성되었으니, 각각의 묘당에 헌납하시기를 바랍니다." 원나라 성종(테무르)이 그의 말을 듣고 대답한 것이 바로 위의 문장이다. (능으로 옥책을 대신하지 않으려는) 성종이 제사 의식을 중시했음을 보여준다.

23. 짐이 마땅히 취해 법도로 삼을 것이다

朕當取以爲法

원나라 순제順帝 타환첩목이妥歡帖睦爾

[원문]

삼대(三代)의 사서(史書)가 완성되었으니 전대(前代) 사람들의 좋은 점은 짐이 마땅히 취해 법도로 삼을 것이고, 나쁜 점도 마땅히 취해 경계의 거울로 삼을 것이다. 그러니 어찌 사서가 단지 군주를 격려하고 권면하는 것에서 그치겠느냐? 신하가 된 자도 마땅히 이를 알아야 할 것이다. 경들에게 바라건대 짐의 마음을 이해하여 전대의 좋고 나쁜 일을 거울로 삼아 서로 권면토록 하라(『원사』「본기」'순제').

史旣成書, 前人善者, 朕當取以爲法, 惡者取以爲戒, 然豈止激勸爲君者, 爲臣者亦當知之. 卿等其
사기성서, 전인선자, 짐당취이위법, 악자취이위계, 연기지격권위군자, 위신자역당지지. 경등기

體朕心, 以前代善惡爲勉.
체짐심, 이전대선악위면.

[해설]

지정(至正) 3년(1343년) 3월에 원나라 순제(토곤테무르)는 요(遼), 금(金), 송(宋) 삼대의 역사를 편수하도록 했다. 지정 5년(1345년) 10월에 삼대의 사서가 완성되자 순제가 대신들에게 했던 말이다. 순제는 정치적으로 위기에 직면하자 전대의 역사를 편찬하여 위급한 상황에서 벗어나기 위한 법보(法寶)로 삼고자 했다. 그래서 역사적 경험과 교훈을 지극히 중시했던 것이다.

24. 예의와 풍속을 바르게 하지 않을 수 없다

禮儀風俗不可不正

명나라 태조太祖 주원장朱元璋

[원문]

천하가 안정되었으니 예의와 풍속을 바르게 하지 않을 수 없다. 전란으로 인해 노예가 된 사람들을 모두 일반 백성으로 복귀토록 하라. 굶주리고 추위에 떠는 이들이 있으면 향리의 부호가 그들이 살 수 있도록 물자를 빌려주고, 고아나 과부, 병자나 장애인은 관부에서 구휼토록 하여 그들이 머물 곳이 없어 떠돌아다니지 않도록 하라. 향리의 사람들은 연령으로 존비를 따져 서로 만나면 읍양(揖讓 : 예를 갖추면서 사양하는 겸손한 태도)하여 예절을 잃지 않도록 하라. 혼인은 재물을 따지지 말고, 장례는 집안의 빈부에 따라 행하고 음양(陰陽)의 금기에 미혹되어 영구(靈柩)를 놔둔 채로 제 때에 하관(下官)하지 못해 밖에 그대로 두는 일이

없도록 하라. 유민들이 다시 논밭을 경작하게 되면 인력에 따라 경작할 수 있도록 하고, 예전의 논밭으로 제한하지 말라. 승려나 도사가 제를 올릴 때 남녀가 잡거(雜居)하고 마음대로 먹고 마시는 일은 유관 부서에서 엄격하게 통제하여 다스리도록 하라. 민(閩), 월(粵)의 부호들이 다른 집안의 아이들을 거세하여 '화자(火者)'로 삼지 못하도록 하고, 이를 어긴 자는 상응하는 벌을 주도록 하라(『명사』 「본기」 '태조').

天下大定, 禮儀風俗不可不正. 諸遭亂爲人奴隷者復爲民. 凍餒者裏中富室假貸之, 孤寡殘疾者官養之,
천하대정, 예의풍속불가부정. 제조란위인노이자복위민. 동뇌자리중부실가대지, 고과잔질자관양지,

毋失所. 鄕黨論齒, 相見揖拜, 毋違禮. 婚姻毋論財. 喪事稱家有無, 毋惑陰陽拘忌, 停柩暴露. 流民
무실소. 향당론치, 상견읍배, 무위례. 혼인무론재. 상사칭가유무, 무혹음양구기, 정구폭로. 유민

復業者各就丁力耕種, 毋以舊田爲限. 僧道齋醮雜男女, 恣飮食, 有司嚴治之. 閩, 粵豪家毋閹人子爲
복업자각취정력경충, 무이구전위한. 승도재초잡남녀, 자음식, 유사엄치지. 민, 월호가무엄인자위

火者, 犯者抵罪.
화자, 범자저죄.

[해설]

명나라 태조가 홍무(洪武) 5년(1372년) 4월에 내린 조령이다. 태조는 천하를 평정한 후 예의와 풍속을 바르게 인도하여 선량한 사회 분위기를 만들고, 통치 질서를 세울 수 있기를 희망했다.

'재초(齋醮)'는 도교에서 재단을 쌓고 재를 올리는 것을 말한다. '화자(火者)'는 거세하여 노복으로 삼은 자, 즉 환관이다.

25. 일을 행하는 데 고대를 본받지 않으면 심히 의의가 없다

事不師古, 甚無謂也

명나라 성조成祖 주체朱棣

[원문]

현재 천하가 비록 무사(無事)하다고 하지만 각지에 수해와 한발, 질병이 창궐하니 어찌 태평성세라고 할 수 있겠느냐? 게다가 육경(六經)에도 봉선(封禪)에 관한 글이 없으니 일을 행하는 데 고대를 본받지 않으면 심히 의의가 없도다(『명사』「본기」'성조成祖').

今天下雖無事, 四方多水旱疾疫, 安敢自謂太平. 且六經無封禪之文, 事不師古, 甚無謂也.
금천하수무사, 사방다수한질역, 안감자위태평. 차륙경무봉선지문, 사불사고, 심무위야.

[해설]

영락(永樂) 14년(1416년) 4월에 예부상서 여진(呂震)이 봉선(封禪)을 주청하자 성조가 대답한 내용이다. 겸허하게 자신을 바라보고 헛된 명예에 사로잡히지 않으며, 고전을 숭상한 성조의 모습을 엿볼 수 있다.

'육경(六經)'은 『서경』, 『악경』, 『시경』, 『역경』, 『예경』, 『역경』, 『춘추』를 말한다. '무위(無謂)'는 의미가 없다는 뜻이다.

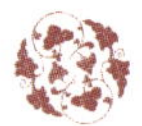

26. 학문은 마땅히 끊임이 없이 연속해야 한다

學問宜無間斷

청나라 성조聖祖 애신각라 현엽玄燁

[원문1]

학문의 도는 마땅히 끊임이 없이 연속해야 한다는 것이다. 중간에 강학을 멈추지 말라(『청사고淸史稿』「본기」'성조').

學問之道, 宜無間斷. 其勿輟.
학문지도, 의무간단. 기물철.

[해설]

강희(康熙) 12년(1673년) 5월, 학사 부달예(傅達禮) 등이 하지(夏至)가 되면 강학을 중지할 수 있도록 해달라고 주청하였다. 위 문장은 이에 대한 성조의 대답이다.

[원문2]

근래 사람들은 매번 문장을 쓴 후에 다른 사람이 고치는 것을 좋아하지 않는다. 이것이 문장이 좋지 않은 이유이다(『청사고』「본기」'성조').

近人每一文出, 不樂人點竄, 此文之所以不工也.
근인매일문출, 불락인점찬, 차문지소이불공야.

[해설]

강희 23년(1684년) 3월에 청나라 성조가 「오대산비문(五臺山碑文)」를 제작한 후 여러 신하들에게 효유(曉諭 : 깨달아 알아듣도록 타이름)했을 때의 말이다.

'점찬(點竄)'은 문자를 수정한다는 뜻이다.

27. 마땅히 조사하여 문집을 불태워야 한다

自應查明毁棄

청나라 고종高宗 애신각라 홍력弘曆

[원문]

명나라 말기 여러 사람의 시문집의 내용이 본조(本朝 : 청나라)에 저촉되고 있는데, 예를 들어 전겸익(錢謙益 : 명나라 말기의 시인) 등은 죽음으로 절조(節操)를 지키지도 못하면서 제멋대로 망언을 늘어놓고 있으니, 마땅히 조사하여 문집을 불태워야 한다. 유종주(劉宗周 : 명나라 말기의 유학자), 황도주(黃道周 : 명나라 말기의 정치가·화가·획자)는 조정에서 정의를 지킨 인물이고, 웅정필(熊廷弼 : 명나라 말기의 장군)은 재능이 탁월하고 일 처리가 뛰어난 인물이니, 이러한 이들이 하는 말이 당시에 채용될 수 있었다면 명나라의 패망이 이처럼 빠르지는 않았을 것이다. 그들의 시문(詩文)은 자구는 수정하되 모두 없앨 필요는 없다. 또한 정직한 신하, 예를 들어 양련(楊漣 : 명나라 말기의 문인)과 같은 이는 설사 한두 구절이 본조에 저촉되지만 정황을 참작하여 수정하면 그뿐이니, 그의 시문까지 한꺼번에 불태우는 일은 차마 할 수 없을 것이다(『청사고』 「본기」 '고종').

明季諸人書集詞意抵觸本朝者, 如錢謙益等, 均不能死節, 妄肆狂狷, 自應查明毁棄. 劉宗周, 黃道
명계제인서집사의저촉본조자, 여전겸익등, 균불능사절, 망사광은, 자응사명훼기. 유종주, 황도

周立朝守正, 熊廷弼材優幹濟, 諸人所言, 若當時采用, 敗亡未必若彼其速, 惟當改易字句, 無庸銷毁.
주립조수정, 웅정필재우간제, 제인소언, 약당시채용, 패망미필약피기속, 유당개역자구, 무용소훼.

又直臣如楊漣等, 卽有一二語傷觸, 亦止須酌改, 實不忍幷從焚棄.
우직신여양련등, 즉유일이어상촉, 역지수작개, 실불인병종분기.

[해설]

건륭(乾隆) 41년(1776년) 11월에 청나라 고종은 사고전서관(四庫全書館)에 명하여 각종 금서(禁書)를 정리하여 바로잡도록 하였다. 위의 글은 당시 고계령(告誡令)에 실린 내용이다. 청나라 왕조를 비난하는 시문에 대한 통한(痛恨)과 더불어 명

나라 신료들에 대한 이해를 엿볼 수 있다.

'서집(書集)'은 시문집을 말한다. 전겸익(錢謙益, 1582~1664)의 자는 수지(受之), 호는 목재(牧齋)이며, 별호는 몽수(蒙叟)이다. 강소(江蘇) 상숙(常熟) 사람이다. 명나라 만력(萬曆) 38년(1610년) 진사가 된 후 예부시랑을 거쳐 복왕(福王) 시절 예부상서가 되었다. 동림당(東林黨)의 영수 가운데 한 사람이며, 숭정(崇禎) 11년(1638년) 주정유(周廷儒), 온체인(溫體仁) 등의 탄핵으로 사직하였다. 청나라 조정에 들어와 예부시랑으로 비서원(秘書院)의 일을 관장하였으며, 『명사(明史)』관의 부총재(副總裁)가 되었다. 순치(順治) 3년(1646년) 병을 이유로 사직하고 귀향하였다. 이듬해 강음(江陰) 출신 황육기(黃毓祺)의 반청(反淸) 사건에 연루되어 투옥되었다. 출옥 이후 고향에서 강운루(絳雲樓)를 짓고 도서를 모으며 저술에 힘썼다. 우산시파(虞山詩派)의 대표 인물로서 『초학집(初學集)』, 『유학집(有學集)』, 『투필집(投筆集)』, 『열조시집(列朝詩集)』 등 여러 시문집을 남겼다. 건륭 34년(1769년) 그의 시문에 청나라 조정을 비방하는 구절이 있다고 하여 금서가 되었다.

'은(狺)'은 개가 짖는 소리이다. '광은(狂狺)'은 광언(狂言), 즉 미친 소리라는 뜻이다. 유종주(劉宗周, 1578~1645)의 자는 기동(起東), 호는 염태(念台)이며, 산음(山陰 : 지금의 절강성浙江省 소흥紹興) 사람으로 만력(萬曆) 29년(1601년)에 진사가 되었다. 일찍이 예부주사(禮部主事), 이부좌시랑(吏部左侍郎)을 역임했으며, 남경(南京)의 좌도어사(左都禦史)까지 지냈다. 관직에 있으면서 직언을 자주하여 황제와 권신의 미움을 사 녹봉이 깎이거나 좌천되곤 했는데, 오히려 그 때문에 청류(淸流)의 명사로서 명성이 높았다. 남명(南明) 정권이 무너지자 식음을 끊고 죽었다. 제자로 청나라 초기의 석학 황종희(黃宗羲), 진확(陳確) 등이 있다. 저작으로는 『유자전서(劉子全書)』 38권과 『유자전서유편(劉子全書遺編)』 22권이 있다.

황도주(黃道周, 1585~1646)의 자는 유현(幼玄), 호는 석재(石齋)이며, 복건성 장포(漳浦) 동산(銅山) 사람이다. 천계(天啓) 2년(1622년)에 진사가 되었으며, 숭정(崇禎) 3년(1630년) 4월에 우중윤(右中允)이 되었고, 숭정 11년에 대신 양사창(楊嗣昌) 등을 비판하는 상소를 올렸다가 광서(廣西)로 폄적(貶謫 : 귀양)되었다. 복왕 시절에 예부상서가 되었으며, 정지용(鄭芝龍) 등과 당왕(唐王) 주융무(朱隆武) 등을 옹립하였

청나라 시대의 지방 행정기관은 총독(總督), 순무(巡撫), 지부(知府), 지주(知州), 지현(知縣) 등이 관장했다. 역대로 이와 관련된 지방 행정기관의 수장 명칭은 다음과 같다.

총독(總督) : 지방 행정기관의 최고 군정장관. 성(省) 한 곳 내지는 두 세 곳을 관할하였으며, 군사와 행정 업무를 총괄했다.

한나라	주목(州牧)
후한	주목
삼국시대	목주(牧州), 도독제주군사(都督諸州軍事)
진(晋)나라	사례교위(司隸校尉), 도독제주군사자사(都督諸州軍事刺史)
당나라	대총관(大總管), 대도독, 절도사(節度使), 경략사(經略使)
송나라	절도사, 경략사
원나라	행중서성승상(行中書省丞相), 평장정사(平章政事)
명나라	총독, 총리(總理)
청나라	총독

순무(巡撫) : 성급(省級) 지방 정부의 장관. 한 성의 군사, 행정, 형옥 등을 관장하며 지위는 총독보다 낮았다.

진(晋)나라	지절자사(持節刺史)
남조	지절자사
수나라	총관자사(總管刺史)
당나라	총관, 도독, 절도부사(節度副使), 경략부사(經略副使)
송나라	절도사, 안무사(安撫使)
원나라	행중서성좌승(行中書省左丞), 행중서성우승
명나라	순무, 무치겸제독군무(撫治兼提督軍務), 찬리군무(贊理軍務)
청나라	순무

지부(知府) : 지방의 행정 단위인 부(府)의 최고 행정 책임자로서 명나라 때 정식 관명이 되었다. 관할 지역은 주현(州縣)이다.

진(秦)나라	군수(郡守)
한나라	태수(太守), 내사(內史), 국상(國相)
진(晋)나라	태수, 내사, 상(相)
남조	태수, 내사, 상

지부(知府) : 지방의 행정 단위인 부(府)의 최고 행정 책임자로서 명나라 때 정식 관명이 되었다. 관할 지역은 주현(州縣)이다.

북제	태수
당나라	태수, 자사
송나라	권지부(權知府), 주(州), 군(軍), 감(監)
원나라	지부, 부윤(府尹)
명나라	지부
청나라	지부

지주(知州) : 한 주(州)의 행정을 관장했다.

삼대	주장(州長)
송나라	지주(知州)
금나라	주자사(州刺史)
원나라	주윤(州尹)
명나라	지주
청나라	지주

지현(知縣)

삼대	현정(縣正), 읍재(邑宰)
진(秦)나라	영장(令長)
한나라	영장상(令長相)
남북조	영장
당나라	현령(縣令)
오대	현령
송나라	지현(知縣)
원나라	현윤(縣尹)
명나라	지현
청나라	지현

다. 이후 반청 활동을 하다 순치 3년에 남경에서 피살되었다.

웅정필(熊廷弼, 1569~1625)은 명나라 말기의 장군으로서 자는 비백(飛百), 호는 지강(芝岡)이며, 호광 강하(江夏 : 지금의 호북 무창) 사람이다. 만력 26년(1598년)에 진사가 되었으며, 이후 순안어사(巡按禦使)로 요동을 순시, 감찰하였다. 위충현(魏忠賢)이 전횡하던 시절 무고로 파직되었으며, 천계(天啓) 원년(1621년)에 요동경략(遼東經略)으로 재임되었다. 이후 위충현에 의해 피살되었다. 『요동서독(遼東書牘)』 등 저서가 있다.

'양련(楊漣, 1572~1625)'의 자는 문유(文孺), 호는 대홍(大洪)이다. 호광 응산(應山 : 지금의 호북성 광수廣水) 사람이다. 만력 35년에 진사가 되었으며, 관직이 좌부도어사(左副都禦史)에 이르렀다. 동림당원으로 천계 4년(1624년)에 위충현을 24가지 죄목으로 탄핵하였다. 이듬해 위충현의 모함으로 투옥되어 옥사하고 말았다. 숭정 초기에 복권되어 태자태보, 병부상서로 추존되었고, 시호는 충열공이다. 저서로 『양대홍집(楊大洪集)』이 있다.

'재우간제(材優幹濟)'는 재능이 탁월하고, 일 처리에 뛰어나다는 뜻이다.

날마다 새롭게 하고, 또 새롭게 하라
● 수덕修德 ●

공자는 『논어』 「위정爲政」에서 이렇게 말했다. "정치를 덕으로 하는 것은 북두성이 자신의 위치에 자리하면 뭇 별들이 에워싸고 받드는 것과 같다(爲政以德위정이덕, 譬如北辰居其所경여복진거기소, 而衆星共之이중성공지)." 이후 덕정德政이 제왕 치국의 준칙이자 모범이 되었다. 제왕이 수덕修德을 강조하는 것은 덕을 닦음으로써 선량한 사회적 기풍을 조성하기 위함이자 백성들의 사상을 정화시켜 통치 질서를 유지하고, 정권을 공고하게 만들기 위함이었다. 그래서 역대의 제왕들은 수덕에 대해 특히 훌륭한 어록을 많이 남겼다.

1. 날마다 새롭게 하고, 또 새롭게 하라

日日新, 又日新

상나라 탕왕湯王

[원문1]

진실로 자신의 생각을 새롭게 하여 날마다 새롭게 하며, 다음날도 또 새롭게 하도다(『예기禮記 · 대학大學』에 인용된 탕湯의 「반명盤銘」).

苟日新, 日日新, 又日新.
구일신, 일일신, 우일신.

[해설]

이는 성탕(成湯)이 세수 대야로 사용하는 기물에 쓴 명문(銘文)이다. 그는 '신(新)' 자를 반복하여 강조하면서 매번 자신을 돌이켜 반성하면서 더욱 새롭게 거듭날 수 있기를 희망하였다.

[원문2]

(성탕이 말씀하시기를) 감히 궁에서 방탕하게 노래를 부르고, 방에서 춤을 추는 이가 있으니 이를 '무풍(巫風)'이라고 하며, 재화와 여색에 빠지거나 놀이와 사냥에 몰두하는 이가 있으니 이를 '음풍(淫風)'이라고 한다. 감히 성인의 말씀을 무시하고 진실하고 정직한 자의 권유를 거스르며, 나이가 많고 덕이 많은 이를 멀리하고, 어리석고 유치한 아이들을 가까이하는 것은 '난풍(亂風)'이라고 한다. 이러한 세 가지 풍속에 포함된 열 가지 허물 가운데, 경(卿)이나 선비가 만약 한 가지라도 가지고 있다면 그 집이 망할 것이고, 나라의 군주가 만약 그 가운데 하나라도 가지고 있다면 나라가 망할 것이다. 나라의 군주에게 이런 허물이 있는데, 신하가 바로잡지 않으면 그를 묵형(墨刑 : 중국에서 오형五刑 가운데 하나. 죄인의 이마나 팔뚝에 먹으로 죄명을 써넣던 형벌)에 처해 아래 선비들에게 교훈을 주어야 할 것

이다(『상서尙書』「이훈伊訓」).

敢有恒舞於宮, 酣歌於室, 時謂巫風, 敢有殉於貨色, 恆於遊畋, 時謂淫風. 敢有侮聖言, 逆忠直,
감유항무어궁, 감가어실, 시위무풍, 감유순어화색, 긍어유전, 시위음풍. 감유모성언, 역충직,

遠耆德, 比頑童, 時謂亂風. 惟玆三風十愆, 卿士有一於身, 家必喪, 邦君有一於身, 國必亡. 臣下不匡,
원기덕, 비완동, 시위란풍. 유자삼풍십건, 경사유일어신, 가필상, 방군유일어신, 국필망. 신하불광,

其刑墨, 具訓於蒙士.
기형묵, 구훈어몽사.

[해설]

이윤(伊尹 : 상나라 태종 때의 명신)이 성탕의 말을 인용한 것이다. 성탕은 열 가지 허물을 구체적으로 나열하여 사람들이 이러한 잘못을 범하지 않기를 희망하였다.

'항무(恒舞)'는 타락한 무용을 말한다. '감가(酣歌)'는 달콤한 노래이니 역시 타락한 노래라는 뜻이다. '기덕(耆德)'은 나이가 들고 덕이 있는 노인을 말한다. '비(比)'는 친애의 뜻이다. '삼풍(三風)'은 무풍, 음풍, 난풍을 말한다. '십건(十愆)'은 춤, 노래, 재화, 여색, 놀이, 사냥, 성인의 말씀을 무시하는 것, 진실하고 정직한 이를 거스르는 것, 덕이 있는 노인을 멀리하는 것, 어리석고 유치한 아이들을 가까이 하는 것 등이다. '몽사(蒙士)'는 몽매한 선비의 뜻이나 여기서는 하사(下士), 즉 직위가 낮은 계급을 말한다.

2. 오직 사람들이 스스로 허물을 자초한다

惟民自速辜

주나라 성왕成王 희송姬誦

[원문1]

하늘이 (사람들을) 학대하는 것이 아니라 오직 사람들이 스스로 허물을 자초한 것이다(『상서』「주고酒誥」).

天非虐, 惟民自速辜.
천비학, 유민자속고.

[해설]

주나라 성왕이 강숙(康叔)에게 위(衛)나라에서 금주를 실시하도록 했을 때 한 말이다. 그는 상나라가 멸망한 이유 가운데 하나는 여러 관리들이 지나치게 술을 마셨기 때문이라고 생각했다. 그래서 하늘이 상나라를 멸망시킨 것은 사람들을 학대한 것이 아니라 상나라 사람들이 자초한 것이라고 말한 것이다.

'속(速)'은 자초함이다.

[원문2]

천하가 혼란스러워 수년간 고전하면서도 아직 그 성패를 알 수 없는데, 어찌하여 지나치게 화려한 궁실을 지었는가?(『사기』「고조 본기高祖本紀」)

天下匈匈苦戰數歲, 成敗未可知, 是何治宮室過度也.
천하흉흉고전수세, 성패미가지, 시하치궁실과도야.

[해설]

한나라 고조(高祖) 8년(기원전 199년), 소승상(蕭丞相 : 소하蕭何)이 미앙궁(未央宮)을 축조하여 동궐(東闕), 북궐(北闕), 전전(前殿), 무고(武庫), 태창(太倉) 등을 지었다. 한나라 고조 유방이 전쟁에서 돌아와 궁궐이 매우 화려하고 웅장한 것을 보고 소하에게 한 말이다.

3. 패현을 나의 탕목읍湯沐邑으로 삼을 것이다

以沛爲朕湯沐邑

한나라 고조高祖 유방劉邦

[원문]

나그네는 고향을 그리워하기 마련이오. 내가 비록 관중에 도읍하고 있으나 만세 이후에도 내 혼백은 고향 패현(沛縣 : 유방은 지금의 강소성江蘇省 풍현豊縣에 해당하는 패沛 땅에서 농부의 아들로 태어남)을 그리워할 것이오. 또한 짐은 패공 시절부터 포악무도한 이들을 토벌하여 마침내 천하를 가지게 되었으니, 패현을 나의 탕목읍(湯沐邑)으로 삼을 것이며, 패현의 백성들은 부역을 면제하여 그들이 대대로 납세와 복역하지 않도록 하겠소(『사기』 「고조 본기」).

遊子悲故鄕. 吾雖都關中, 萬歲後吾魂魄猶樂思沛. 且朕自沛公以誅暴逆, 遂有天下, 其以沛爲朕
유자비고향. 오수도관중, 만세후오혼백유악사패. 차짐자패공이주폭역, 수유천하, 기이패위짐

湯沐邑, 複其民, 世世無有所與.
탕목읍, 복기민, 세세무유소여.

[해설]

한나라 고조 유방이 고향에 돌아와 마을 사람들과 만나 한 말이다. 고향에 대한 그의 지극한 감정을 느낄 수 있다.

'탕목읍(湯沐邑)'은 천자를 조견(朝見)하러 온 제후들에게 제공되었던 숙박과 목욕재계할 수 있는 천자(天子) 영지 내의 봉지를 말한다. 나중에는 천자, 제후, 황후 등의 사읍지로 사용되었다.

4. 효제孝悌의 도를 연구하고 배워 향리의 사람들을 교화하기 바란다

務修孝, 弟以孝鄕裏

한나라 소제昭帝 유불릉劉弗陵

[원문]

짐은 차마 한복(韓福) 등에게 관직을 맡겨 나랏일로 수고하도록 할 수 없으니, 그들이 효제(孝悌)의 도를 연구하고 배워 향리의 사람들을 교화하기를 바란다. 군, 현에 명하여 정월에 그들에게 양(羊)과 술을 하사하고, 이미 세상을 떠난 이에게는 의복과 이부자리 일습(一襲 : 옷, 그릇, 기구 따위의 한 벌)을 하사하며, 제사를 지낼 때는 중뢰(中牢)로 시행하라(『한서』「소제기昭帝紀」).

朕閔勞以官職之事, 其務修孝弟以孝鄕里. 令郡, 縣常以正月賜羊, 酒. 有不幸者賜衣被一襲, 祠以中牢.
짐민로이관직지사, 기무수효제이효향리. 영군, 현상이정월사양, 주. 유불행자사의피일습, 사이중뢰.

[해설]

한나라 소제가 원봉(元鳳) 원년(기원전 80년) 3월에 내린 조령이다. 소제는 군국(郡國)에서 의로운 자를 선발하여 보고한 탁군(涿郡)의 한복(韓福) 등 다섯 명에게 각기 50필의 비단을 하사함과 동시에 위의 조서를 발표하였다. 효로 천하를 다스리겠다는 소제의 의도가 반영되어 있다.

'효제(孝弟)'는 효제(孝悌)의 뜻이니, 부모에게 효도하고 형에게 공손한 것이다. '중뢰(中牢)'는 소뢰(小牢)로서, 양과 돼지 두 가지를 희생(犧牲)으로 삼는 것을 말한다.

5. 기이한 음식을 헌상하지 말라

異味不得有所獻御

한나라 광무제光武帝 유수劉秀

[원문]

지난해에 이미 군국(郡國)에 칙령을 내려 기이한 음식을 헌상하지 말도록 하였는데, 지금도 그치질 않고 있다. 이로 인해 기이한 것들을 기르고 선택하느라 수고해야 하고, 길을 따라 운반하느라 번거로우며, 지나는 곳마다 비용을 대느라 힘들고 지치게 된다. 지금 태관(太官)에게 명하노니 군국에서 진상하는 물건을 받지 말도록 하라. 분명하게 칙령을 하달하니 먼 곳에서 온 식물은 기존의 제도와 마찬가지로 종묘에 제를 지낼 때만 사용할 것이다(『후한서』「광무제기」).

往年已敕郡國, 異味不得有所獻御, 今猶未止, 非徒有豫養導擇之勞, 至乃煩擾道上, 疲費過所.
왕년이칙군국, 이미부득유소헌어, 금유미지, 비도유예양도택지로, 지내번요도상, 피비과소.

其令太官勿複受. 明敕下以遠方口實所以薦宗廟, 自如舊制.
기령태관물복수. 명칙하이원방구실소이천종묘, 자여구제.

[해설]

건무(建武) 13년(37년) 봄에 하달한 광무제의 조서이다. 광무제는 각지에 칙령을 내려 궁중에 기이하고 맛있는 음식을 헌상하지 못하도록 하는 한편, 좋은 음식은 오직 종묘에 제사를 지낼 때만 사용하겠다고 했다. 사치를 경계하고 절검을 솔선수범했음을 알 수 있다.

6. 성명한 군왕은 선행을 쌓는다

聖王積行累善

오나라 대제大帝 손권孫權

[원문]

고대의 성명한 군왕은 선행(善行)을 쌓고 심신을 수양하며, 인도(仁道)를 행하여 천하를 얻을 수 있었다. 하늘이 상서로운 징조를 내려 선행에 응하시니, 이로써 성군의 덕행을 뚜렷하게 밝히신 것이다. 짐은 현명치 못하니 어찌 이런 경지에 이를 수 있겠는가? 『상서』에 이르기를 "비록 칭찬을 받는다고 할지라도 득의양양 스스로 즐거워하지 말라(雖休勿休수휴물휴)"리고 히시었다. 공경(公卿) 백관(百官)들은 맡은 바 직무에 충실히 노력하여 내가 부족한 부분을 바로잡도록 하라(『삼국지』「오서」'오주전吳主傳').

古者聖王積行累善, 修身行道, 以有天下. 故符瑞應之, 所以表德也. 朕以不明, 何以臻玆? 書雲
고자성왕적행루선, 수신행도, 이유천하. 고부서응지, 소이표덕야. 짐이불명, 하이진자? 서운

'雖休勿休', 公卿百司, 其勉修所職, 以匡不逮.
'수휴물휴', 공경백사, 기면수소직, 이광불체.

[해설]

적오(赤烏) 11년(248년) 4월, 하늘에서 우박이 떨어지고 운양(雲陽)에 황룡이 나타났다는 보고가 있었다. 5월에는 파양(鄱陽)에서 호랑이가 더 이상 사람을 해치지 않는다는 보고가 있었다. 이러한 것들은 모두 길상의 징조였다. 그러나 손권은 자신을 정확하게 아는 황제였다. 하여 이러한 조령을 내린 것이다.

'부서(符瑞)'는 길상의 징조이다. 주로 제왕이 천명을 받았다는 징조를 지칭한다. '수휴물휴(雖休勿休)'는 『상서』「여형(呂刑)」에 나오는 말로, 칭찬을 받았다고 득의양양하여 우쭐대지 않는다는 뜻이다. '불체(不逮)'는 부족한 점, 과오를 뜻한다.

7. 도덕과 대의를 존중하여 천하 백성의 모범이 되라

奉率德義, 爲天下式

진晉나라 무제武帝 사마염司馬炎

[원문]

황실의 친인척은 국가의 지엽(枝葉)이다. 나는 그들이 도덕과 대의를 존중하여 천하 백성의 모범이 되기를 명하노라. 그러나 부귀한 지위에 올라 자신의 언행에 신중을 기하는 이가 지극히 적다. 주나라의 소목공(召穆公)은 형제들을 소집하여 「당체(唐棣)」 시를 지었다. 이는 희씨(姬氏)가 뿌리와 가지가 무성하여 백년간이나 유지될 수 있었던 까닭이다. 이제 위장군(衛將軍)이자 부풍왕(扶風王)인 사마량(司馬亮)을 종실의 제자(弟子)를 훈도하는 종사로 명하노니 제자들은 모든 행동을 종사에게 자문토록 하라(『진서晉書』「제기」'무제').

宗室戚屬, 國之枝葉, 欲令奉率德義, 爲天下式. 然處富貴而能愼行者寡, 召穆公糾合兄弟而賦唐棣之詩,
종실척속, 국지지엽, 욕령봉솔덕의, 위천하식. 연처부귀이능신행자과, 소목공규합형제이부당체지시,

此姬氏所以本枝百世也. 今以衛將軍, 扶風王亮爲宗師, 所當施行, 皆諮之於宗師也.
차희씨소이본지백세야. 금이위장군, 부풍왕량위종사, 소당시행, 개자지어종사야.

[해설]

함녕(咸寧) 3년(277년), 진(晉)나라 무제는 황자 사마유(司馬裕)를 시평왕(始平王)으로 삼고, 안평(安平) 목왕(穆王) 사마륭(司馬隆)의 동생인 사마돈(司馬敦)을 안평왕(安平王)으로 삼은 후 위의 조령을 발표하였다. 종실의 여러 자제들에게 엄격한 자기 절제를 부탁하는 한편, 이렇게 해야만 사마씨(司馬氏) 진(晉)나라 왕조의 정권이 영원히 존속될 수 있다고 하였다.

'지엽(枝葉)'은 가지와 잎으로 황족의 체계를 비유한 것이다. '희씨(姬氏)'는 주나라 황족의 성이다. '당체(唐棣)'는 『시경』「국풍(國風)」 '소남(召南)'에 나오는 「하피농의(何彼襛矣)」[*]를 말한다.

8. 이는 성철聖哲의 심원한 가르침이다

聖哲之遠敎

송나라 문제 유의륭劉義隆

[원문]

무릇 사물이 근거하는 것은 근본(根本)이니 이는 성철(聖哲)의 심원한 가르침이다. 근본이 서면 교화가 이루어지니 교학(敎學)이 귀한 것은 이 때문이다. 그런 까닭에 조서를 하달하여 훌륭한 덕행을 제창하고, 시서예악(詩書禮樂)을 중시하여 사물을 정도(正道)로 되돌려 규범에 다가서도록 하였던 것이다. 덕이 충만한 군왕과 성대한 세상은 모두 이로 말미암는다. 선제(先帝 : 송나라 무제)께서 영초(永初) 연간에 천명을 받으시어 전장(典章) 제도를 두루 확대하고, 여러 관리들을 육성하여 서로 다른 풍속을 하나로 통일시키셨다. 주관 부서에 조서를 내려 여러 곳에 학교를 개설토록 하였으나, 여러 차례 재난으로 인해 아직 건설되지 않고 있다. 선제께서 도모하신 계획을 살펴보고 성대한 공업(功業)을 펼칠 것을 생각해 보니, 현재 사방이 평안하고 이족(異族)들도 조정에 귀의하고 있어 두루 국자감의 학생들을 교육하는 것이 실로 당면한 과제로다. 기존의 법규를 준수하여 광대하고 아름다운 사업을 발양토록 하라(『송서』 「본기」 '문제').

夫所因者本, 聖哲之遠敎. 本立化成, 敎學之爲貴. 故詔以三德, 崇以四術, 用能納諸義方, 致之軌度.
부소인자본, 성철지원교. 본립화성, 교학지위귀. 고조이삼덕, 숭이사술, 용능납제의방, 치지궤도.

盛王祖世, 鹹必由之. 永初受命, 憲章弘遠, 將陶鈞庶品, 混一殊風. 有詔典司, 大啓庠序, 而頻溝屯夷,
성왕조세, 함필유지. 영초수명, 헌장홍원, 장도균서품, 혼일수풍. 유조전사, 대계상서, 이빈구둔이,

未及修建. 永瞻前猷, 思敷鴻烈, 今方隅乂寧, 戎夏慕響, 廣訓胄子, 實維時務. 便可式遵成規, 闡揚景業.
미급수건. 영첨전유, 사부홍렬, 금방우예녕, 융하모향, 광훈주자, 실유시무. 편가식준성규, 천양경업.

---

* 세 장이 4구씩으로 된 서정시. 주나라 무왕이 혁명을 하여 천하를 다스리니 주공(周公)이 예법을 제정하여 혼인과 부부의 화합을 통하여 양가(兩家)의 친척까지도 결속함을 노래하였다.

송나라 문제가 원가(元嘉) 19년(442년) 정월 을사(乙巳)일에 반포한 조령이다. 문제는 치국을 위해서는 무엇보다 중요한 것이 근본을 세우는 것이라고 생각했다. 따라서 문제는 아름답고 뛰어난 덕행을 제창하는 동시에 교육을 통해 인재를 양성하고, 풍속을 교화하도록 명하였다.

'도균(陶鈞)'은 원래 치국이나 성왕(聖王)을 비유하는 말이지만, 이 외에 만들다, 육성한다는 뜻도 있다. '서품(庶品)'은 만물을 뜻하지만, 여기서는 백관(百官)의 뜻이다. '둔이(屯夷)'는 재난, 고통의 뜻이다. '전유(前猷)'는 선왕의 계획이다. '예녕(乂寧)'은 안녕, 평안함의 뜻이다.

9. 만약 위반하는 자가 있다면 반드시 사정事情에 따라 규찰하여 상주토록 하라

如復違犯, 依事糾奏

제齊나라 무제武帝 소색蕭賾

[원문]

사회가 하상주(夏商周) 삼대 말기처럼 부박(浮薄 : 천박하고 경솔함)해지고, 낡은 규장 제도가 느슨해져 기강이 해이해지니 길흉사를 막론하고 사치스럽기가 그지없으며, 걸핏하면 예의 제도를 위반하고 있다. 혹자는 허세를 부려 비단을 찢어 수레 장식을 만드느라 다투고, 황금을 바르고 돌에 새기며 분묘를 화려하게 꾸미느라 재물을 소진하고 있다. 두발이 반백이 되도록 혼인을 하지 않고, 관을 몇 년이고 밖에 놔두고 매장하지 않으니, 이는 서로 과시하기 위함으로 예의와 법도를 전혀 고려하지 않는 것이다. 마땅히 조례를 명확하게 제정하여 해당 지역을 보다 엄격하게 단속하고, 모든 이들이 똑같이 제도를 준수토록 하라. 만약 위

반하는 자가 있다면 반드시 사정(事情)에 따라 규찰하여 상주토록 하라(『남제서南
齊書』「본기」'무제').

三季澆浮, 舊章陵替, 吉凶奢靡, 動違矩則. 或裂錦繡以競車服之飾, 塗金鏤石以窮塋域之麗. 至班
삼계요부, 구장능체, 길흉사미, 동위구칙. 혹열금수이경차복지식, 도금루석이궁영역지려. 지반

白不婚, 露棺累葉, 苟相誇炫, 罔顧大典. 可明爲條制, 嚴勒所在, 悉使畫一. 如複違犯, 依事糾奏.
백불혼, 노관누엽, 구상과현, 망고대전. 가명위조제, 엄륵소재, 실사화일. 여복위범, 의사규주.

[해설]

제나라 무제가 영명(永明) 7년(489년) 10월에 반포한 조령이다. 당시 지나치게
사치스러운 장례나 능묘 조성 등에 대해 비판하는 한편, 이를 단속하기 위한 조
례를 만들도록 지시하고 있다. 무제는 절검을 숭상하여 특히 후장(厚葬)을 반대
하였다.

'요부(澆浮)'는 사회적 기풍이 부박(浮薄)함을 말한다. '능체(陵替)'는 기강이 해
이하여 사회질서가 혼란스럽게 되는 것을 말한다. '영역(塋域)'은 묘지이다. '반
백(班白)'은 반백(斑白)의 뜻이다. '누엽(累葉)'은 누대(累代), 즉 다년(多年)의 뜻이
다. '과현(誇炫)'은 과시하다, 뽐낸다는 뜻이고, '엄륵(嚴勒)'은 더욱 엄격하게 단
속함이다.

10. 몸을 닦고 덕을 수양하며, 이목耳目을 맑고 밝게 하라

澡身浴德, 開通耳目

수나라 문제文帝 양견楊堅

[원문]

현재 천하가 대동(大同)하여 모든 생명이 본성에 따라 발전하니, 태평지세(太平
之世)의 방법이 바야흐로 시행될 수 있게 되었다. 무릇 나의 모든 신료들은 지금

부터 몸을 닦고 덕을 수양하며, 이목(耳目)을 맑고 밝게 하라. 전란이 발생하여
아득히 10년이란 세월이 흐르면서 군주는 임금의 덕이 없고, 신하는 신하의 도
를 잃었으며, 부친은 자애롭지 못하고, 아들은 불효하며, 형제간의 정감이 엷어
지고, 부부간의 의리가 어긋나며, 장유(長幼) 간에 질서가 사라지고, 존비(尊卑) 간
에 관계가 혼란스럽게 되었도다.

　짐은 제왕으로서 백성들을 애호하는 마음을 지니고 항시 성대한 도를 품느라
감히 편안하게 쉴 날이 없도다. 조정 내외에서 직책을 맡은 관원들과 멀고 가까
운 곳에 사는 백성들은 집집마다 모든 이들이 자기 수양을 하고, 사람들마다 깊
이 생각하여 법도에 맞지 않거나 불법적인 일을 완전히 없애 깨끗하게 하라. 무
력은 권위를 세우는 것이니 없을 수 없고, 형벌은 교화에 도움을 주는 것이나 그
렇다고 독단하거나 전횡해서는 안 된다. 황궁을 경호하는 부대와 사방의 요충지
에 주둔하는 부대를 제외하고 모든 군대와 병기를 없애도록 하라. 낡은 길을 대
체한 새로운 길은 이미 평탄하고 사방에 전사(戰事)가 없으니, 군인의 자제들도
모두 학문에 힘쓰고, 민간의 무기는 모두 녹여 없애도록 하라. 공신들도 모두 감
정을 자제하여 문예를 배우고, 각 가문의 자식들도 경서를 배우도록 하여 천하
사람들의 마음이 한 곳으로 합치하여 도덕적으로 고상한 이를 숭상토록 하라
(『수서』「제기」‘고조’).

今率土大同, 含生遂性, 太平之法, 方可流行. 凡我臣僚, 澡身浴德, 開通耳目, 宜從茲始. 喪亂已來,
금솔토대동, 함생수성, 태평지법, 방가류행. 범아신료, 조신욕덕, 개통이목, 의종자시. 상란이래,

緬將十載, 君無君德, 臣失臣道, 父有不慈, 子有不孝, 兄弟之情或薄, 夫婦之義或違, 長幼失序, 尊卑
면장십재, 군무군덕, 신실신도, 부유불자, 자유불효, 형제지정혹박, 부부지의혹위, 장유실서, 존비

錯亂. 朕爲帝王, 志存愛養, 時有臻道, 不敢寧息. 內外職位, 遐邇黎人, 家家自修, 人人克念, 使不軌
착란. 짐위제왕, 지존애양, 시유진도, 불감녕식. 내외직위, 하이려인, 가가자수, 인인극념, 사불궤

不法, 蕩然俱盡. 兵可立威, 不可不戢, 刑可助化, 不可專行. 禁衛九重之餘, 鎭守四方之外, 戎旅軍器,
불법, 탕연구진. 병가립위, 불가불집, 형가조화, 불가전행. 금위구중지여, 진수사방지외, 융려군기,

皆宜停罷. 代路旣夷, 群方無事, 武力之子, 俱可學文, 人間甲仗, 悉皆除毁. 有功之臣, 降情文藝, 家
개의정파. 대로기이, 군방무사, 무력지자, 구가학문, 인간갑장, 실개제훼. 유공지신, 강정문예, 가

門子侄, 各守一經, 令海內翕然, 高山仰止.
문자질, 각수일경, 영해내흡연, 고산앙지.

개황(開皇) 9년(589년)에 진(陳)나라가 멸망하고 수(隋)나라가 등장하였다. 이는 수나라 문제(文帝)가 4월에 발표한 조령이다. 그는 전란으로 인해 도덕과 윤리가 상실된 당시의 사회 상황을 지적하면서 무력보다는 문화를 중시하고, 덕으로 나라를 다스릴 것을 강조하고 있다.

‘함생(含生)’은 생명을 함유하고 있는 사물을 말한다. ‘구중(九重)’은 궁금(宮禁)이니 천자가 거주하는 궁전을 말한다. ‘고산앙지(高山仰止)’는 모든 이들이 추앙하는 도덕적으로 숭고한 이를 말한다. 『시경』「소아(小雅)」에 나오는 말이다.

11. 신분이 존귀하다고 남에게 교만하면 안 된다

不以身尊而驕人

당나라 태종太宗 이세민李世民

무릇 성세의 임금은 마땅히 절약과 검소한 기풍을 지녀야 한다. 비록 부귀하고 광대한 천하를 지녔다고 하나 절약함으로써 이를 수호해야 할 것이고, 예지와 총명을 지녔다고 하나 어리석은 듯한 자세로 이를 지켜야 한다. 신분이 존귀하다고 하여 남에게 교만하면 안 되고, 덕(德)이 두텁다고 하여 자신의 재능만 믿어 남을 무시하면 안 된다. 띠로 얹은 지붕을 자주 갈지 않고 좋은 나무를 베어 서까래를 만들지 않으며, 배나 수레를 화려하게 장식하지 말고, 의복에 화려한 문양을 넣지 않으며, 흙으로 만든 계단을 높게 하지 않고, 고깃국에 조미료를 넣지 않아야 한다. 이는 부귀영화를 꺼려하거나 맛있는 음식을 싫어하기 때문이 아니라 처세를 담박하게 하여 검소하고 질박한 삶을 실천하기 위함이다. 그렇기 때문에 사회의 풍속이 순박해지고, 가가호호마다 어진 이들이 있어 작위를 봉할 만큼 덕행을 지니게 되니 이것이 바로 절검의 미덕인 것이다(『당태종집』「숭검편崇儉篇」).

夫聖世之君, 存乎節儉. 富貴廣大, 守之以約, 睿智聰明, 守之以愚. 不以身尊而驕人, 不以德厚而矜物.
부성세지군, 존호절검. 부귀광대, 수지이약, 예지총명, 수지이우. 불이신존이교인, 불이덕후이긍물.

茅茨不剪, 采椽不斫, 舟車不飾, 衣服無文, 土階不崇, 大羹不和. 非憎榮而惡味, 乃處薄而行儉. 故風
모자불전, 채연불작, 주차불식, 의복무문, 토계불숭, 대갱불화. 비증영이오미, 내처박이행검. 고풍

淳俗樸, 比屋可封, 此節儉之德也.
순속박, 비옥가봉, 차절검지덕야.

[해설]

당나라 태종의 「숭검편」은 치국에 절검이 얼마나 중요한가를 역설하고 있는 문장이다. 군주의 절검과 사회 기풍의 관계에서 시작하여 군주의 절검이 사회적으로 순박한 기풍 조성에 중요하다는 점을 강조하고 있다.

'긍물(矜物)'은 자신의 재주를 믿고 남을 깔보거나 무시한다는 뜻이다. '모자(茅茨)'는 띠로 덮은 초가를 말한다. '모자부전(茅茨不剪)'은 초가의 지붕을 자주 바꾸지 않는다는 뜻으로 풀이하였다. '채연(采椽)'은 상수리나무나 떡갈나무 등으로 만든 서까래이다. '대갱(大羹)'은 제사 때 쓰는 고깃국이다. '비옥(比屋)'은 잇닿아 있는 집이다.

[원문2]

근년에 풍작이 들어 마을마다 태평무사한데 여전히 가업을 망치는 이들이 있다. 그들은 가산(家産)을 돌보지 않고 무리를 지어 노니는 데 절제가 없으며, 주연(酒宴)에 탐닉하고 있으니 몸을 해치고 도덕을 손상시키는 일이 모두 이로 말미암는다. 매번 사법부에서 올라오는 상주문을 살펴보니 이로 인해 죄를 얻은 자들이 실로 많도다. 이를 곰곰이 생각해 보니 통석(痛惜 : 몹시 애석하고 아까움)과 개탄이 더욱 많아질 뿐이로다. 근원을 깨끗하게 하여 근본을 바르게 하지 않는다면 무엇으로 이처럼 나쁜 풍속을 혁파할 수 있겠는가? 우선 『향음주례(鄉飮酒禮)』 한 권을 제정하니 천하에 반포토록 하라. 매년 주, 현의 장관에게 명하여 장년과 유년의 여러 사람들을 친히 인솔하고 『향음주례』의 법도에 따라 시행토록

하라. 바라건대 사람들이 농사철을 잊지 않고 염치를 알며 예절을 준수토록 하라(『당태종집』「영주현행향음주례조令州縣行鄕飮酒禮詔」).

比年豊稔, 閭裏元事, 乃有隳業之人. 不顧家産, 朋遊無度, 酖宴是耽, 危身敗德, 鹹有於此. 每覽法司
비년풍임, 여리원사, 내유휴업지인. 불고가산, 붕유무도, 감연시탐, 위신패덕, 함유어차. 매람법사

所奏, 因此致罪, 實繁有徒. 靜言思之, 良增軫嘆. 自非澄源正本, 何以革茲弊俗? 可先錄鄕飮酒禮一卷,
소주, 인차치죄, 실번유도. 정언사지, 양증진탄. 자비징원정본, 하이혁자폐속? 가선록향음주례일권,

頒示天下. 每年令州縣長官, 親率長幼, 依禮行之, 庶乎時識廉恥. 人知禮節.
반시천하. 매년영주현장관, 친솔장유, 의례행지, 서호시식렴치. 인지예절.

[해설]

정관(貞觀) 6년(632년)에 당나라 태종은 「영주현행향음주례조(令州縣行鄕飮酒禮詔)」를 썼다. 당시 지나친 사치와 향락 풍조에 대해 비판하는 한편, 향민들에 대한 규약(規約)의 형식으로 사람들의 행위에 대한 규범과 예절 준수, 생업 안정 등 선량한 사회 기풍을 확립하고자 노력했다.

'임(稔)'은 곡물이 익는다는 뜻이다. '휴(隳)'는 훼손, 무너짐의 뜻이다. '붕유(朋遊)'는 친구들과 교유함이다. '진탄(軫嘆)'은 통석(痛惜)과 개탄이다.

[원문3]

공신과 귀척(貴戚) 집안의 많은 부분이 흘러들어가 사회 습속이 되니, 민간의 백성들도 사치와 향락으로 풍속을 해치고 성대한 장례가 상사(喪事)를 치르는 좋은 방법으로 여기며, 무덤을 크고 웅장하게 만드는 것이 효를 행하는 것으로 생각하고 있다. 그리하여 상복을 호화스럽게 만들고, 관곽(棺槨)을 정교하게 조각하며, 상여(喪輿)나 명기(冥器)를 금과 옥으로 장식한다. 부유한 이들은 법도를 넘어서까지 서로 지지 않으려고 허세를 부리고, 가난한 이들은 가산을 탕진하더라도 따라갈 수 없으니 풍교(風敎)를 해치는 일이자 망자(亡者)에 대해서도 좋은 일이 아니다. 이처럼 해로움이 이미 깊어졌거늘 마땅히 지난 과실을 거울로 삼아 개혁해야만 할 것이다(『당태종집』「박장조薄葬詔」).

勳戚之家多流遁爲習俗, 閭閻之內或侈靡而傷風, 以厚葬爲奉終, 以高墳爲行孝, 遂使衣衾棺槨極
훈척지가다유둔위습속, 여염지내혹치미이상풍, 이후장위봉종, 이고분위행효, 수사의금관곽극

雕刻之華, 靈輀冥器窮金玉之飾. 富者越法度以相尙, 貧者破資産而不逮, 徒傷敎義, 無益泉壤, 爲害
조각지화, 영이명기궁금옥지식. 부자월법도이상상, 빈자파자산이불체, 도상교의, 무익천양, 위해

旣深, 宜爲懲革.
기심, 의위징혁.

[해설]

당나라 태종은 정관 17년(643년)에 「박장조(薄葬詔)」를 썼다. 이 글에서 그는 사회적으로 후장(厚葬)을 숭상하는 기풍에 대해 비판을 가하면서, 이처럼 사치스러운 장례 방식은 오히려 망자(亡者)에게 이롭지 않고, 사회적으로도 큰 손해를 입힐 뿐이니 반드시 개혁해야만 한다고 주장하였다.

'영이(靈輀)'는 상여를 말한다. '명기(冥器)'는 무덤에 넣는 부장품이다. '천양(泉壤)'은 땅에 묻힌 망자를 말한다. '징혁(懲革)'은 이전의 과실을 거울로 삼아 개혁함이다.

[원문4]

짐은 덕을 갖추고 겸손하게 사람을 대하는 자는 창성(昌盛: 기세가 크게 일어나 잘 뻗어 나감)하고, 자신의 높은 지위로 오만하게 사람을 대하는 자는 망한다고 들었다. 그렇기 때문에 오악(五嶽)은 구름 위까지 높이 솟고, 사해(四海)는 너른 대지를 가로질러 흐르면서 온갖 더러움을 받아들이고, 독(毒)을 감추고 있지만 높고 깊음에 전혀 잃는 것이 없도다(『당태종집』 「답장손무기청주단지충수조答長孫無忌請誅段志沖手詔」).

朕聞以德下人者昌, 以貴高人者亡, 是以五嶽凌霄, 四海亘地, 納汚藏疾, 無損高深.
짐문이덕하인자창, 이귀고인자망, 시이오악능소, 사해긍지, 납오장질, 무손고심.

[해설]

정관 21년(647년) 8월에 제주(齊州) 사람 은지충(殷志沖)이 상소문을 올려 당나라 태종에게 자리에서 물러나 황태자에게 정권을 이양할 것을 요청하였다. 이에 장손무기(長孫無忌, 594~659)*가 은지충의 죄를 물어 사형에 처할 것을 아뢰었다.

위의 글은 당시에 태종이 내린 회답이다. 관대한 아량과 대범한 배포를 엿볼 수 있다.

'납오장질(納汚藏疾)'은 『좌전(左傳)』** 「선공(宣公)」 15년에 나오는 "하천은 온갖 더러운 것을 받아들이고, 산과 늪은 온갖 독을 감추고 있다(川澤納汚천택납오, 山藪 藏疾산수장질)"라는 구절에서 나온 말이다. 여기서는 나쁜 일이나 나쁜 사람도 모두 포용할 수 있다는 뜻이다.

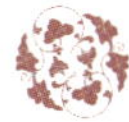

12. 짐은 풍속이 순박해지기를 원한다

朕思還淳返樸

당나라 고종高宗 이치李治

[원문1]

지난 겨울에 눈이 내리지 않고 올 봄에도 비가 적었는데, 더위를 피해 이곳 구성궁(九成宮)으로 온 이래로 단비가 여러 차례 내려 여름 곡식도 풍년이 들고, 가을 곡물도 잘 자라고 있다. 또한 이경현(李敬玄)이 올린 상주문을 보니 토번(吐蕃 : 7세기 초에서 9세기 중엽까지 활동한 티베트왕국)이 팔용지(八龍支)를 침입하였으나 장건훈(張慶勛)이 토번과 하루에 두 차례씩이나 격전을 벌여 참수한 적군이 많다고 들었다. 또한 태사(太史 : 중국에서 기록을 맡아 보던 사관史官)가 상주하기를 7월 초에 태양이 이지러진다(일식日蝕)고 하였으나 이지러지지 않았다고 했다. 이는 상천

---

* 당나라 때의 재상이며, 자는 기보(機輔)이다. 하남성 낙양 사람으로 과거 북조 북위의 황족 척발씨의 후손으로서 수나라의 우효위장군 장손성의 아들이며, 당나라 태종 이세민의 황후인 장손황후의 오빠, 즉 이세민의 처남이다.

** 『춘추좌씨전(春秋左氏傳)』 또는 『좌씨전(左氏傳)』이라고도 한다. 『춘추(春秋)』는 중국 노(魯)나라의 역사책으로서 노나라 은공(隱公) 원년에서 애공(哀公) 14년에 이르는 12공(公) 242년간의 춘추시대 열국(列國)의 역사가 편년체(編年體)로 기술되어 있다. 『좌씨전(左氏傳)』은 『춘추(春秋)』를 노나라 좌구명(左丘明)이 해석한 책이다.

이 복을 내리시고 종묘사직에서 영기(靈氣)를 내리셨기 때문이니 어찌 부덕한 내가 할 수 있는 일이랴! 가장 어린 아들 윤(倫)을 특별히 친애하여 신변에 두고 있는데, 근자에 신부(新婦)를 선발하였으나 마음에 들지 않았다. 최근에 유정경(劉延景)의 여식을 취하였는데, 신부를 보니 참으로 효행이 지극하여 내 마음이 크게 기쁘도다. 숙부(叔父) 등과 함께 이를 기뻐하고자 하니 흠뻑 취하도록 하라(『구당서』「본기」‘고종’).

去冬無雪, 今春少雨, 自避暑此宮, 甘雨頻降, 夏麥豊熟, 秋稼滋榮. 又得敬玄表奏, 吐蕃入龍支,
거동무설, 금춘소우, 자피서차궁, 감우빈강, 하맥풍숙, 추가자영. 우득경현표주, 토번입룡지,

張虔勗與之戰, 一日兩陣, 斬馘極多. 又太史奏, 七月朔, 太陽合虧而不虧. 此蓋上天垂佑, 宗社降靈,
장건욱여지전, 일일량진, 참괵극다. 우태사주, 칠월삭, 태양합우이불우. 차개상천수우, 종사강령,

豈虛薄所能致此. 又男輪最小, 特所留愛, 比來與選新婦, 多不稱情. 近納劉延景女, 觀其極有孝行,
개허박소능치차. 우남륜최소, 특소류애, 비래여선신부, 다불칭정. 근납유연경녀, 관기극유효행,

復是私衷一喜. 思與叔等同爲此歡, 各宜盡醉.
복시사충일희. 사여숙등동위차환, 각의진취.

[해설]

의봉(儀鳳) 2년(677년) 겨울에 전혀 눈이 내리지 않은데다 이듬해 봄에도 비가 적어 봄 가뭄이 심해졌다. 당나라 고종은 더위를 피해 구성궁(九成宮)으로 행차하였는데, 그곳 함형전(鹹亨殿)에서 가까운 황족과 대신들을 불러 연회를 베풀었다. 위의 글은 당시 연회에서 고종이 곽왕(霍王) 이원궤(李元軌)에게 한 말이다. 비록 미신적인 요소가 없는 것은 아니나 국가와 가족에 대한 그의 바람을 엿볼 수 있기에 충분하다.

‘차궁(此宮)’은 구성궁이다. ‘경현(敬玄)’은 당시 이부상서 겸 중서령으로 있던 이경현(李敬玄)을 말한다. ‘괵(馘)’은 전쟁 중에 잘라낸 적군의 왼쪽 귀를 말한다. ‘윤(輪)’은 고종이 가장 어린 아들인 상왕(相王) 이윤(李倫)이다.

[원문2]

짐은 풍속이 순박해지기를 원하여 소박함으로 천하게 시범을 보이고자 한다. 듣자하니 한가로이 돌아다니며 생업에 나태한 이들이 상당히 많다고 하는데, 농

사철에 맞추지 못해 흉년이 들면 기근(饑饉)이 발생하게 되고, 기이한 색깔의 고급 비단이나 화간군(花間裙) 등으로 낭비가 이미 심하니 이는 모두 여공(女工)들을 해롭게 하는 것이다. 천후(天后 : 측천무후)는 나의 배우자인데, 항시 칠파(七破) 간색(間色 : 색을 섞어 만든 색) 치마를 입고 있으니 어찌 더욱 화려한 복식이 있다는 것을 모르기 때문이겠느냐? 오로지 절검하기 위함이로다. 관복과 비슷한 자색의 복장이나 적색 의복을 민간 백성들도 공공연하게 입고 있으며, 더욱이 거상(巨商)이나 부자들은 장례를 성대하게 치루는 것이 예를 벗어나고 있다. 경들은 이러한 이들을 엄격하게 단속하여 다시는 그렇지 못하도록 하라(『구당서』 「본기」 '고종').

朕思還淳返樸, 示天下以質素. 如聞遊手墮業, 此類極多, 時稍不豊, 便致飢饉. 其異色綾錦, 幷花
짐사환순반박, 시천하이질소. 여문유수타업, 차류극다, 시초불봉, 편치기근. 기이색능금, 병화

間裙衣等, 糜費旣廣, 俱害女工. 天後, 我之匹敵, 常著七破間裙, 豈不知更有靡麗服飾? 務遵節儉也.
간군의등, 미비기광, 구해여공. 천후, 아지필적, 상저칠파간군, 개불지경유미려복식? 무준절검야.

其紫服赤衣, 閭閻公然服用. 兼商賈富人, 厚葬越禮. 卿可嚴加捉搦, 勿使更然.
기자복적의, 여염공연복용. 겸상고부인, 후장월례. 경가엄가착닉, 물사갱연.

[해설]

개요(開耀) 2년(682년) 정월, 당나라 고종이 옹주(雍州) 장리(長吏 : 고위급 관리) 이의현(李義玄)에게 보낸 조서에서 한 말이다. 조서를 보내기 얼마 전에 하남과 하북에서 수해가 일어났다. 고종은 자신이 절검을 솔선수범하여 사회적으로 순박한 풍속을 되살리고자 했다.

'타업(墮業)'은 생업에 종사하지 않고 나태함을 말한다. '화간군(花間裙)'은 당나라 초기에 유행한 치마 이름으로, 두 가지 이상의 서로 다른 색과 무늬의 비단을 재봉하여 만든 것이다. '천후(天后)'는 무측천이다. 당시 봉호(封號)가 '천후'이다. '칠파(七破)'는 화간군의 일종으로, 일곱 가지 색깔의 비단을 서로 재봉하여 만든 치마이다. 당시 귀족이나 부호들은 일곱 가지 이상, 심지어 열두 가지 색깔의 비단을 재봉하여 만든 치마를 입었다고 한다. '착닉(捉搦)'은 체포, 단속의 뜻이나.

13. 술을 탐닉하는 것은 우아한 행동거지가 아니다

沈湎非令儀

송나라 태조太祖 조광윤趙匡胤

[원문1]

술을 탐닉하는 것은 우아한 행동거지나 자세가 아니다. 짐도 연회에서 어쩌다 취한 적이 있어 항시 후회하였다(『송사』 「본기」 '태조').

沈湎非令儀, 朕宴偶醉, 恒悔之.
침면비령의, 짐연우취, 항회지.

[해설]

건륭(建隆) 2년(961년) 3월, 송나라 궁궐 주방(酒坊)에서 화재가 발생했다. 이에 태조는 시신(侍臣)들에게 위와 같은 말을 하였다. 술에 취해 평소의 행동거지나 자세를 잃는 것에 대한 위험성을 언급하면서 절제하기를 바라고 있다.

[원문2]

형촉(荊蜀) 지방의 백성들은 만약 조부모나 부모가 살아있다면 자손들이 재산을 나누어 다른 곳에서 거주하지 못하도록 하라(『송사』 「본기」 '태조').

荊蜀民祖父母, 父母在者, 子孫不得別財異居.
형촉민조부모, 부모재자, 자손부득별재이거.

[해설]

송나라 태조가 건덕(乾德) 5년(967년) 6월에 내린 조령이다. 부모가 살아있을 경우에는 재산을 분할하여 별거하지 못하도록 규정하였다. 이는 효제의 도를 통해 사회의 기풍을 바로잡기 위함이었다.

[원문3]

나는 천하의 군주로서 경솔하게 수렵(狩獵)을 즐겼기 때문이니 이를 어찌 말에게 죄를 물을 수 있겠느냐?(『송사』「본기」'태조')

吾爲天下主, 輕事畋獵, 又何罪馬哉.
오위천하주, 경사전렵, 우하죄마재.

[해설]

개보(開寶) 8년(975년) 9월에 송나라 태조가 근교에 행차하여 수렵을 거행하였다. 그는 산토끼를 쫓다가 말이 넘어지는 바람에 그만 땅에 떨어지고 말았다. 그는 일어나 칼로 말을 죽이고 나서 위와 같이 말했다. 그리고 이후로 다시는 수렵을 하지 않았다. 경황 중에 분노하여 말을 죽였으나 일단 진정하자 자신을 제대로 절제하는 모습이 돋보인다.

[원문4]

너는 부귀한 가운데 생장(生長)하였으니 마땅히 복락을 귀하게 여겨야 할 것이다(『송사』「본기」'태조').

汝生長富貴, 當念惜福.
여생장부귀, 당념석복.

[해설]

송나라 태조는 절검을 중시하였다. 그는 궁중의 휘장이나 장막을 청포(靑布)로 가선을 두르고, 의복은 헤지기 전에는 새것으로 바꾸지 않았다. 그가 위국(魏國)의 장공주(長公主)가 짧은 상의를 비취색의 깃털로 장식한 것을 보고 위와 같이 말했다. 부귀하게 살면서도 언제나 절검을 생각해야 한다는 교훈을 준 것이다.

[원문5]

너는 일곱 가지 보석으로 변기를 장식하였으니 과연 어떤 그릇으로 음식을 담는가? 이러한 행위를 하고 있으니 멸망하지 않고 무엇을 기다리겠는가?(『송사』

「본기」‘태조’)

汝以七寶飾此, 當何器貯食? 所爲如是, 不亡何待.
여이칠보식차, 당하기저식? 소위여시, 불망하대.

[해설]

한 번은 송나라 태조가 후촉(後蜀)의 마지막 황제인 맹창(孟昶)의 변기(便器)가 온갖 화려한 보석으로 장식된 것을 보고는 그것을 깨뜨려 버렸다. 그런 다음 맹창에게 한 말이 바로 위의 글이다. 지나친 사치가 결국 망국을 이끈다는 그의 냉정한 인식을 엿볼 수 있다.

‘맹창(孟昶, 919~965)’은 오대 후촉(後蜀) 고조 맹지상(孟知祥)의 셋째 아들로서 후촉의 마지막 황제이다. 송나라 군대가 후촉을 공격했을 때 포로로 잡혔다. 이후 검교태사(檢校太師) 겸 중서령, 진국공(秦國公) 등에 봉해져 변경에서 거주하다가 이듬해 죽었다.

14. 더 이상 금으로 상감하거나 자수刺繡로 장식하지 말라

勿以銷金文綉爲飾

송나라 진종眞宗 조항趙恒

[원문]

황제의 거마와 휘장, 예의 규정에 관한 기물은 예전과 같이 하여 예외로 하고, 지금부터 궁중 내외에서 진공(進貢)하는 기물은 더 이상 금으로 상감(象嵌)*하거나 자수(刺繡)로 장식하지 말도록 하라(『송사』「본기」‘진종’).

---

* 금속이나 도자기 따위의 표면에 여러 가지 무늬를 새겨서 그 속에 같은 모양의 금, 은, 보석 등을 박아 넣는 공예 기법이다.

除乘輿供帳, 存於藝文者如舊, 自今宮禁中外進奉物, 勿以銷金文繡爲飾.
제승여공장, 존어예문자여구, 자금궁금중외진봉물, 물이소금문수위식.

[해설]

송나라 진종이 대중상부(大中祥符) 원년(1008년) 5월에 반포한 조령이다. 궁궐에서 사용하는 기물에 대해 지나치게 사치스러운 장식을 하지 말라는 뜻을 밝혀 절검을 강조하고, 사치를 단속하였다.

'승여(乘輿)'는 고대에 천자나 제후들이 타는 수레를 말하는데, 주로 황제가 사용하는 기물을 의미한다. '소금(銷金)'은 주위를 금으로 도금하거나 금색(金色)을 입힌 기물을 말한다. '문수(文繡)'는 비단에 수를 놓아 장식한 것이다. 포백(布帛)에 수를 놓는 것은 '자수(刺繡)'라고 한다.

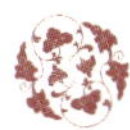

15. 이미 더 이상 살육과 약탈을 하지 않기로 마음먹었다

嘗許不殺掠

원나라 태조太祖 칭기즈칸成吉思汗

[원문]

짐은 작년 겨울 오성(五星)이 모이는 것을 보았을 때 이미 더 이상 살육과 약탈을 하지 않기로 마음먹었으나 경황 중에 조서 내리는 것을 잊었다. 이제 내외에 포고하여 저들의 사자(使者)들 역시 짐의 마음을 알 수 있도록 하라(『원사』 「본기」 '태조').

朕自去冬五星聚會時, 已嘗許不殺掠, 遽忘下詔耶. 今可布告中外, 令彼行人亦知朕意.
짐자거동오성취회시, 이상허불살략, 거망하조야. 금가포고중외, 영피행인역지짐의.

「칭기즈칸 즉위 대간도(大汗圖)」

1206년, 테무친(鐵木眞)은 전체 몽고의 대칸(大汗)으로 추대되었으며, 사후에 원나라 태조로 추존되었다. 존호는 칭기즈칸(成吉思汗 : '성길사'는 바다 또는 강대하다, '한'은 왕의 뜻이다)이다.

재위 중에 여러 차례의 정벌전쟁을 성공적으로 완수하여 서쪽으로 흑해 연안까지, 동쪽으로 전체 동아시아를 석권하여 세계에서 유래가 없는 대제국을 건설하였다. 그림은 칭기즈칸이 대칸으로 즉위하는 모습이다.

[해설]

1222년, 장춘진인(長春眞人) 구처기(丘處機, 1148~1227)[*]가 칭기즈칸(成吉思汗 : 테무친鐵木眞)의 요청에 따라 중원에서 중앙아시아에 있는 칭기즈칸의 행영(行營)에 도착하여 천하를 통일시키는 데 더 이상 살육을 하면 안 된다고 권유하였다. 이후로 그의 생각에 변화가 있었다. 1226년, 칭기즈칸은 하늘에 다섯 개의 별이 모이는 것을 보고 살육과 약탈을 위주로 한 정복 전쟁에 대한 생각을 바꾸었다. 1227년, 칭기즈칸은 임종을 앞두고 위의 조령을 내려 자신이 살육과 약탈을 일삼던 태도를 바꾸었음을 표명한 것이다.

'오성(五星)'은 수성, 금성, 화성, 토성, 목성이다. 사마천의 『사기』「천관서(天官書)」에 따르면, 오성이 모이는 것은 유덕자(有德者)에게는 상서로운 징조이지만, 무덕자(無德者)에게는 흉조이다.

---

[*] 도교의 한 일파인 전진교의 개조. 정치 수완이 탁월하여 칭기즈칸의 도움으로 세력을 크게 넓혀 인도까지 가서 면세 특권과 도교에 대한 총관할권을 얻었다. 이를 바탕으로 전진교는 원나라 때 크게 발전할 수 있었다.

마땅히 고상한 대의를 흠모하라

● 입지立志 ●

　　유방이 함양에서 진시황을 처음 보았을 때 자신도 모르게 입에서 이런 말이 튀어나왔다. "아! 사내대장부라면 저 정도는 되어야 하지 않겠는가!" 일반적으로 역대의 개국 군주들은 오랜 시련과 고통을 겪으면서 황제의 자리에 올랐고, 비교적 화평한 시대의 태자 역시 궁중의 권력 투쟁을 통해 황위에 올랐다. 위업을 남긴 제왕들은 거의 모두 어려서부터 대업을 완수하기 위한 나름의 포부를 지니고 있었다. 이런 면에서 볼 때 뜻을 세우는 것이야말로 그들이 성공할 수 있었던 기본적인 자세였는지도 모른다. 입지立志에 대한 제왕들의 발언에서 우리는 많은 교훈을 얻을 수 있다.

1. 품성을 쌓는 데는 점차 불어나도록 해야 하고,
사악한 것을 제거하는 데는 뿌리까지 뽑아야 한다

樹德務茲, 除惡務本

주나라 무왕武王 희발姬發

[원문]

옛 사람이 말하기를 "나를 어루만져 주는 이는 임금이고, 나를 학대하는 이는 원수이다"라고 하였다. 일개 남자에 불과한 수(受 : 상나라 주왕紂王을 말함)가 권위를 내세우니, 그가 바로 너희들이 세세대대의 원수로다. 아름다운 품성을 쌓는 데는 점차 불어나도록 해야 하고, 사악한 것을 제거하는 데는 뿌리까지 뽑도록 해야 한다. 이에 나 소자(小子)는 여러 병사들을 통솔하여 너희들의 원수를 섬멸하고자 하노라(『상서尚書』「태서泰誓 하下」).

古人有言曰, 撫我則後, 虐我則仇. 獨夫受洪惟作威, 乃汝世仇. 樹德務滋, 除惡務本, 肆予小子誕
고인유언왈, 무아칙후, 학아칙구. 독부수홍유작위, 내여세구. 수덕무자, 제악무본, 사여소자탄

以爾衆士, 殄殲乃仇.
이이중사, 진섬내구.

[해설]

주나라 무왕이 군사들을 이끌고 황하 북단의 목야(牧野)에서 전투를 시작하기 전에 발표한 맹세의 말이다. 그는 상나라 주(紂)는 천자가 아니라 잔악한 독부(獨夫)에 불과하다고 하면서 결코 두려워하지 말고 원수를 토벌하자고 고무하였다.

'홍유(洪惟)'는 어조사로 별 뜻이 없다. '소자(小子)'는 자신에 대한 겸칭으로서 '어린 사람'이라는 뜻이다.

2. 하늘이 우리 문왕에 대해 은혜를 베푸시다

天休于文王

주나라 성왕成王 희송姬誦

[원문]

아! 나 소자는 감히 천명을 폐기할 수 없다. 하늘은 우리 문왕에 대해 은혜를 베푸시어 우리 작은 나라인 주나라를 일으키셨도다. 당시에 문왕께서 점을 치시어 그 천명을 편안히 받으셨도다. 이제 하늘이 백성을 도우시니 우리도 점을 쳐야 하리라. 오호라! 천명을 경외하오니 우리의 위대한 기반을 도와주시리라(『상서』「대고大誥」).

已! 予惟小子, 不敢替上帝命. 天休於寧王, 興我小邦周, 寧王惟蔔用, 克綏受玆命. 今天其相民,
이! 여유소자, 불감체상제명. 천휴어녕왕, 흥아소방주, 녕왕유복용, 극수수자명. 금천기상민,

矧亦惟蔔用. 嗚呼! 天明畏, 弼我丕丕基.
신역유복용. 오호! 천명외, 필아비비기.

[해설]

주나라 성왕이 주공에게 무경(武庚)과 강숙(康叔), 채숙(蔡叔)을 토벌할 때 한 말이다. 성왕은 자신이 비록 어린 나이에 왕위를 계승하였지만, 이는 하늘의 명령인 천명을 받은 것이라고 하였다. 마찬가지로 점을 쳐서 동쪽으로 반란의 무리를 토벌하여 위대한 업적을 남길 것을 당부하고 있다.

'휴(休)'는 은혜를 베푸는 것이다. '천명외(天明畏)'는 천명을 경외함이다. '비비(丕丕)'는 위대함의 뜻이다.

3. 대장부라면 마땅히 저러해야 할 것이다

大丈夫當如此也

한나라 고조高祖 유방劉邦

[원문1]

아! 대장부라면 마땅히 저러해야 할 것이로다(『사기』「고조 본기」).

嗟乎, 大丈夫當如此也.
차호, 대장부당여차야.

[해설]

한나라 고조 유방이 함양(鹹陽)에서 부역하던 시절에 한 번은 황제의 행차를 구경하는 것이 허락된 적이 있었다. 당시 고조 유방이 시황제(始皇帝)의 행차를 구경하고는 길게 탄식하며 내뱉은 말이다.

[원문2]

당초 대인(大人 : 태상황)께서는 항상 제가 생업을 꾸려 나갈 재주가 없어 가정을 꾸려 나갈 수 없을 것이며, 둘째 형인 유중(劉仲)처럼 애써 노력하지도 않는다고 하셨습니다. 그런데 지금 제가 이룬 업적을 유중과 비교한다면 누구의 것이 많습니까?(『사기』「고조 본기」)

始大人常以臣無賴, 不能治産業, 不如仲力. 今某之業所就孰與仲多?
시대인상이신무뢰, 불능치산업, 불여중력. 금모지업소취숙여중다?

[해설]

한나라 고조 9년(기원전 198년)에 미앙궁(未央宮 : 섬서성陝西省 서안西安市 교외에 있는 한나라 고조 때 만든 궁전)이 완성되자 고조는 제후들과 군신들을 소집하여 미앙궁 전전(前殿)에서 연회를 베풀었다. 위의 글은 고조가 술잔을 받쳐 들고 일어나서 태상황에게 축수하며 한 말이다.

[원문3]

나는 평민의 신분으로 세 자 길이의 검을 들고 천하를 얻었으니 이것이 천명이 아니겠는가? 사람의 명은 하늘에 달려 있는 것이니 설사 편작(扁鵲 : 춘추 시대의 명의名醫)이라고 한들 무슨 도움이 되겠는가!(『사기』「고조 본기」)

吾以布衣提三尺劍取天下, 此非天命乎? 命乃在天, 雖扁鵲何益.
오이포의제삼척검취천하, 차비천명호? 명내재천, 수편작하익.

[해설]

한나라 고조가 경포(鯨布)를 공격할 때 화살에 맞아 상처를 입었는데, 돌아오는 길에 병이 났다. 병세가 심해지자 여후(呂后)가 명의를 불렀다. 위 문장은 당시 고조가 의원에게 한 말이다.

'포의(布衣)'는 평민을 말한다. '편작(扁鵲)'은 전국시대의 유명한 의원이다. 본래 성은 진(秦)이며, 이름은 월인(越人)이다. 의술이 뛰어났기 때문에 당시 사람들이 황제 시대의 신의(神醫)로 칭해지던 편작의 이름을 붙인 것이다.

4. 신은 직책을 다하지 못함을 걱정하고 죽음으로 나라를 구하렵니다

成臣憂責碎首之

촉한蜀漢 소열제昭烈帝 유비劉備

[원문]

지금 신들은 생각합니다. 이전에 『우서(虞書)』에서 말하기를 "관대한 태도로 구족(九族) 종친을 대하고, 그들의 현명함으로 나라를 다스리는 일을 보좌토록 하라"라고 했는데, 오제(五帝)는 이에 대해 더하거나 뺀 부분이 있기는 하지만 지금까지도 이러한 방법이 폐지되지 않았습니다. 주나라 왕조는 하(夏)나라와 상(商)나라의 예제를 참고하여 각기 희성(姬姓)의 나라를 분봉하여 실제로 진(晉)과 정(鄭) 두 나라의 보좌를 받는 복을 누렸습니다. 고조께서 한나라를 건립하시어 왕실 자제를 존중하시고, 아홉 개의 제후국을 분봉하시니 마침내 그들 제후국이 여씨(呂氏) 일족을 참살하여 한나라 종실을 안정시켰습니다. 현재 조조는 정직하고 충성스러운 이들을 증오하며, 그를 추종하는 이들은 또한 야심을 숨기고 있으니 이미 찬탈의 의도를 분명히 드러낸 것입니다.

지금처럼 황실이 쇠약해지고 황족 가운데 중요한 자리에 있는 대신이 없기에 옛날 법도를 짐작하여 임시방편으로 부하들이 신을 대사마(大司馬) 한중왕(漢中王)으로 추대하였습니다. 신이 엎드려 재삼 반성하건대 나라의 두터운 은혜를 받아 한쪽의 중임을 맡았으면서도 힘을 다해 효과를 얻지 못했고, 얻은 관직이 분에 넘치는데도 또 다시 높은 지위를 더하여 자신의 죄와 비난을 가중시킴은 마땅한 일이 아닙니다. 다만 여러 신료들이 대의(大義)를 명분으로 신을 다그치고 있습니다. 신이 한 걸음 물러나 생각해 보니 적은 아직 주멸(誅滅)하지 않았고, 나라의 환란은 아직 지나가지 않았으며, 종묘가 위급한 상황에 처하여 사직이 기울고 있으니 신은 직책을 다하지 못함을 걱정하고 죽음으로 나라를 구하려는 책임을 갖게 됩니다(『삼국지』「촉서蜀書」'선조전宣祖傳').

今臣群寮以爲在昔虞書敦敍九族, 庶明勵翼, 五帝損益, 此道不廢. 周監二代, 并建諸姬, 實賴晉,
금신군료이위재석우서돈서구족, 서명려익, 오제손익, 차도불폐. 주감이대, 병건제희, 실뢰진,

鄭夾輔之福. 高祖龍興, 尊王子弟, 大啓九國, 卒斬諸呂, 以安大宗. 今操惡直醜正, 實繁有徒, 包藏禍心,
정협보지복. 고조룡흥, 존왕자제, 대계구국, 졸참제려, 이안대종. 금조악직축정, 실번유도, 포장화심,

纂盜已顯. 既宗室微弱, 帝族無位, 斟酌古式, 依假權宜, 上臣大司馬漢中王. 臣伏自三省, 受國厚恩,
찬도이현. 기종실미약, 제족무위, 짐작고식, 의가권의, 상신대사마한중왕. 신복자삼성, 수국후은,

荷任一方, 陳力未效, 所獲已過, 不宜復忝高位以重罪謗. 群寮見逼, 迫臣以義. 臣退惟寇賊不梟, 國
하임일방, 진력미효, 소획이과, 불의복첨고위이중죄방. 군료견핍, 박신이의. 신퇴유구적불효, 국

難未已, 宗廟傾危, 社稷將墜成, 成臣憂責碎首之負.
난미이, 종묘경위, 사직장추성, 성신우책쇄수지부.

[해설]

건안(建安) 24년(219년), 유비는 양평관(陽平關)에서 면수(沔水)를 건너 정군산(定

軍山)에 진영을 꾸렸다. 여러 신료들이 한나라 헌제(獻帝)에게 표(表)를 올려 유비를 한중왕(漢中王)에 봉해 줄 것을 요청하였다. 이에 유비가 상주문을 올려 자신의 심정을 밝힌 것이다. 문장 속에서 유비는 최선의 노력을 다하여 한실(漢室 : 한나라 황실)을 부흥할 것을 다짐하고 있다.

'희성(姬姓)'은 황제의 적계 후손을 말한다. 『설문해자(說文解字)』에 따르면, 황제는 희수(姬水)가에 거주하였기 때문에 '희'를 성으로 삼았다고 한다. 중국의 종법제도(宗法制度)*는 장자 적손을 중시하기 때문에 황제의 적계 자손들은 모두 '희'성을 유지하였다.

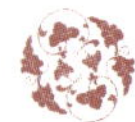

5. 삶과 죽음은 운명에 따르는 것이다

死生有命

제齊나라 고제高帝 소도성蕭道成

[원문]

나는 본시 평민 출신으로 이런 날이 오게 될 줄은 정말 몰랐도다. 다만 시세(時勢)의 변화에 따라 이처럼 위대한 사업을 달성하게 된 것이다. 풍화(風化)와 교육이 백성들에게 두루 시행되니 태평성대를 바라볼 수 있게 되었다. 나는 지병이 이미 오래되어 위급한 지경에 이르렀도다. 공(公)들은 나를 섬기는 것과 마찬가지로 태자를 섬기고, 멀고 가까운 곳의 모든 백성들을 온유하게 품도록 하며, 조정 내외의 모든 이들이 단결하여 태자가 친척들과 돈독하고 화목한 관계를 유

---

* 주나라 때 성립한 종족(宗族)의 조직 규정으로, '종(宗)'은 다수의 '족(族)'으로 구성되었으며, 그 혈통에 따라 대종(大宗)과 소종(小宗)으로 구분되었는데, 종족 내에서 장자 출신의 족이 대종이 되어 종가(宗家)를 형성하고, 이 종족의 가장이 종주(宗主)가 되어 조상의 제사를 받드는 종묘를 모셨다.

지하고, 어진 인재에게 책임을 맡기며, 절검을 숭상하여 관대하고 인후(仁厚)한 정치를 널리 펼칠 수 있도록 하라. 이것이 바로 천하를 다스리는 도리를 다함이 로다. 삶과 죽음은 운명에 따르는 것이거늘, 내 어찌 무슨 말을 하겠느냐?(『남제 서南齊書』「본기」‘고제’)

吾本布衣素族, 念不到此, 因藉時來, 遂隆大業. 風道沾被, 升平可期. 遘疾彌留, 至於大漸. 公等
오본포의소족, 염불도차, 인자시래, 수륭대업. 풍도첨피, 승평가기. 구질미류, 지어대점. 공등

奉太子如事吾, 柔遠能邇, 緝和內外, 當令太子敦穆親戚, 委任賢才, 崇尙節儉, 弘宣簡惠, 則天下之
봉태자여사오, 유원능이, 집화내외, 당령태자돈목친척, 위임현재, 숭상절검, 홍선간혜, 즉천하지

理盡矣. 死生有命, 夫復何言.
리진의. 사생유명, 부복하언.

[해설]

건원(建元) 4년(482년) 3월 경신일, 제나라 고제는 자신의 병이 위급한 지경에 이르렀음을 알고 사도 저연(褚淵), 좌복야 왕검(王儉) 등을 불러 위와 같은 조령을 내렸다. 황제로 즉위한 후 지금까지 자신의 업적을 간단히 이야기하고, 대신들에게 후사를 맡기며 더욱 분발하여 치국의 도를 펼칠 수 있도록 당부하였다. 삶과 죽음에 대한 달관과 나라의 미래에 대한 믿음이 돋보인다.

‘포의소족(布衣素族)’은 평민이나 일반 사족(土族)을 말한다. ‘풍도(風道)’는 풍화(風化)와 교화를 말한다. ‘집화(緝和)’는 단결의 뜻이다. ‘간혜(簡惠)’는 관대하고 은혜로움이다.

6. 천자를 뵙는데 왜 복이 아니라고 여기십니까?

見天子庸知非福

무측천武則天 무조武曌

[원문]

천자를 뵙는데 왜 복이 아니라고 생각하시고, 어린 계집아이처럼 슬퍼하세요?(『신당서新唐書』「열전列傳」'후비상後妃上')

見天子庸知非福, 何兒女悲乎?
견천자용지비복, 하아여비호?

[해설]

무측천(武則天)이 14세 때 태종의 재인(才人)으로 선발되었을 당시에 한 말이다. 당시 그녀의 모친 양씨(楊氏)는 어린 딸이 집을 떠나 궁으로 들어가게 되자 몹시 슬퍼하였다. 그녀와 헤어지면서 통곡하며 눈물을 흘리자 무측천이 그녀의 모친에게 한 말이다. 평범한 어린 아이의 말투가 아닌 것으로 보아 이미 어린 시절부터 대담하고 당찼던 것 같다.

7. 정무를 처리하고 어쩌다 한가하게 되면, 언제나 역사 서적을 읽었다

聽政之暇, 常覽史籍

당나라 현종玄宗 이융기李隆基

[원문1]

짐이 정무를 처리하고 어쩌다 한가하게 되면, 언제나 역사 전적을 읽었다. 치국의 도에 관한 일이 나오면 항시 마음에 두고 유념하였는데, 그 가운데 모르거나 의심나는 부분이 있어 때로 자문할 필요가 있었다. 그러니 박학한 노유(老儒) 한 사람을 선발하여 매일 입궁하여 내가 책을 읽을 때 배석토록 하라(『구당서舊唐書』「본기」'현종').

朕聽政之暇, 常覽史籍, 事關理道, 實所留心, 中有闕疑, 時須質問. 宜選耆儒博學一人, 每日入內侍讀.
짐청정지가, 상람사적, 사관리도, 실소류심, 중유궐의, 시수질문. 의선기유박학일인, 매일입내시독.

[해설]

당나라 현종 개원(開元) 3년(715년) 10월에 내린 명령이다. 그는 때로 한가한 때가 되면 역사서를 읽으면서 치국에 도움이 되는 이치를 찾고자 했다. 그는 이렇듯 적극적이고 진취적인 제왕의 면모를 지니고 있었다.

'기유(耆儒)'는 나이가 많고 박학한 유자(儒者)를 말한다.

[원문2]

짐은 박덕(薄德)한 몸으로 즉위하여 국가를 수호하게 되었기에 언제나 마음속으로 경계하고 신중을 기하면서 항시 백성들을 생각하고, 어떤 일이라도 잘못된 부분이 있다면 자신에게 죄를 묻는 일을 잊은 적이 없다. 전후 40여 년 동안 백성들도 편안하게 먹고 자며, 잘 입을 수 있는 소강(小康 : 소란이나 분란 따위가 그치고 잠잠함) 생활을 영위하며 성심으로 사람을 대하고 사물을 대하는 데도 의심하지 않았다. 그러나 간사하고 흉악한 이들이 신의를 배반하고 백성을 착취하며 천하를 어지럽히고 있으니, 이는 모두 짐이 제대로 사람을 쓰지 못한 과오 때문이로다. 이제 파촉(巴蜀) 지방을 순무하고 장사(將士)들을 정돈하며, 아울러 태자와 제왕(諸王)들에게 중진(重鎭 : 군사, 행정적으로 요충지)에서 군사들을 모아 흉악한 죄인들을 주살함으로써 하늘의 뜻에 보답하고자 한다. 짐은 군신들과 함께 치국의 도를 널리 펼쳐 천하에 대사면을 내리도록 하겠다(『구당서』「본기」‘현종’).

朕以薄德, 嗣守神器, 每乾乾惕厲, 勤念生靈, 一物失所, 無忘罪己. 聿來四紀, 人亦小康, 推心於人,
짐이박덕, 사수신기, 매건건척려, 근념생령, 일물실소, 무망죄기. 율래사기, 인역소강, 추심우인,

不疑於物. 而姦臣兇豎, 棄義背恩, 割剝黎元, 擾亂區夏, 皆朕不明之過也. 今巡撫巴蜀, 訓厲師徒, 仍令
불의우물. 이간신흉수, 기의배은, 할박려원, 요란구하, 개짐불명지과야. 금순무파촉, 훈려사도, 잉령

太子諸王蒐兵重鎭, 誅夷兇醜, 以謝昊穹, 思與群臣重弘理道, 可大赦天下.
태자제왕수병중진, 주이흉추, 이사호궁, 사여군신중홍이도, 가대사천하.

[해설]

천보(天寶) 15년(756년) 8월, 당나라 현종이 파촉에 도달하여 친히 촉도부아(蜀都府衙 : 지금의 성도成都인 촉도의 아문)에서 반포한 조서이다. 그는 자신이 40여 년간 남긴 치국의 업적을 드러내면서 안사(安史)의 난(당나라 중기에 안녹산安祿山과 사사명史思明 등이 일으킨 반란)은 간신과 사악한 이들이 작당하여 일어난 일이라고 규정하였다. 그는 새롭게 천하를 정돈하겠다고 말했지만, 얼마 후 태자(당나라 숙종)가 등극하면서 끝내 기회를 얻을 수 없었다.

‘신기(神器)’는 본래 국가 정권을 대표하는 기물을 말한다. 예를 들어, 옥새나 보정(寶鼎) 등이 그것이다. 그러나 여기서는 제위나 정권을 지칭한다. ‘흉수(兇豎)’는 흉악한 소인의 뜻이다. ‘호궁(昊穹)’은 상천(上天), 창천(蒼天)이다.

8. 성인은 천명을 경외한다

聖人畏天命

당나라 숙종肅宗 이형李亨

[원문]

짐이 듣기에 성인은 천명을 경외하며, 제왕은 천시(天時)를 받든다고 하였다. 황천(皇天)의 두터운 사랑을 알아 감히 하늘의 뜻을 거슬러 물리치지 못하고, 천도의 돌아가는 바를 알아 어쩔 수 없이 천명을 맡기에 이르렀다. 이전의 제왕들도 이로 말미암지 않고 천하를 얻은 이가 없었다. 지금 갈호(羯胡)가 군신의 윤리 강상을 어지럽혀 경도(京都)를 잃었으나, 성친이 아직 흉악한 무리들을 징치하지 않으시어 그들이 여전히 반란을 선동하고 있도다. 부황께옵서 일찍이 황위를 마다하시어 부족한 나에게 전하시고자 하였는데, 전란이 발생한 초기인지라 이미 명을 하달하시었으나 내 스스로 부덕함을 걱정하여 감히 받들 수 없었다. 지금 여러 대신들이 모두 말하기를 "효를 다하는 데 대덕(大德)을 계승하는 것보다 큰 것이 없고, 공을 세우는 데 국가를 부흥시키는 것보다 성대한 것이 없다"라고 하였다. 짐이 삭방(朔方)에서 병마를 다스리고자 함은 반역한 도적의 무리를 섬멸하여 큰 공을 이루어 효도를 다하고자 함이로다. 나는 만민의 마음을 안정시키고, 군신들의 요청에 따라 7월 갑자일에 영무(靈武)에서 황위에 오르고자 한다(『구당서』「본기」'숙종').

朕聞聖人畏天命, 帝者奉天時. 知皇靈睠命, 不敢違而去之, 知曆數所歸, 不獲已而當之. 在昔帝王,
짐문성인외천명, 제자봉천시. 지황령권명, 불감위이거지, 지력수소귀, 불획이이당지. 재석제왕,

靡不由斯而有天下者也. 乃者羯胡亂常, 京闕失守, 天未悔禍, 群兇尚扇. 聖皇久厭大位, 思傳眇身,
미불유사이유천하자야. 내자갈호란상, 경궐실수, 천미회화, 군흉상선. 성황구염대위, 사전묘신,

軍興之初, 已有成命, 予恐不德, 罔敢祗承. 今群工卿士僉曰, 孝莫大於繼德, 功莫盛於中興. 朕所以治
군흥지초, 이유성명, 여공부덕, 망감지승. 금군공경사첨왈, 효막대어계덕, 공막성어중흥. 짐소이치

兵朔方, 將殄寇逆, 務以大者, 本其孝乎. 須安兆庶之心, 敬順群臣之請, 乃以七月甲子, 卽皇帝位於靈武.
병삭방, 장진구역, 무이대자, 본기효호. 수안조서지심, 경순군신지청, 내이칠월갑자, 즉황제위어령무.

천보 15년(756년), 당나라 숙종이 영무에서 황제에 오를 때 내린 명령이다. 그는 자신이 황제의 자리에 오르는 것이 하늘과 군신의 뜻을 저버리지 않고 국가를 위해 헌신함으로써 더욱 큰 효도를 행하고자 함이라고 하였다.

'권명(眷命)'은 사랑을 베풀어 중임을 부여한다는 뜻이다. '갈호(羯胡)'는 옛날에 북방 민족을 지칭하는 말이다. '삭방(朔方)'은 북방을 말한다.

9. 멀리 백이와 숙제의 고상한 대의大義를 흠모하였습니다

遠慕夷, 齊之高義

남당후주南唐後主 이욱李煜

[원문1]

신은 선진제자(先秦諸子)의 사상에 근본을 두고 있으나 실로 무슨 재능이라고 할 만한 것이 없어 부끄러울 뿐입니다. 학교를 나온 이후로 이익이나 복록에 마음을 두어 점차 학문과 소원해졌습니다. 부형의 그늘에서 양육을 받고, 매일 유한한 생활을 즐기면서 소부(巢父)와 허유(許由)가 남긴 자국을 따를 생각을 하였으며, 멀리 백이와 숙제의 고상한 대의(大義)를 흠모하였습니다. 계속해서 저의 간절하고 거짓 없는 생각을 호소하여 선부(先父)에게 아뢰었으니 이는 결코 허위적인 언사가 아니었습니다. 이미 많은 이들이 이를 알고 있습니다(『송사宋史』「남당세가南唐世家」).

臣本於諸子, 實愧非才, 自出膠庠, 心疏利祿. 被父兄之蔭育, 樂日月以優遊, 思追巢, 許之餘塵,
신본어제자, 실괴비재, 자출교상, 심소리록. 피부형지음육, 악일월이우유, 사추소, 허지여진,

遠慕夷, 齊之高義. 繼傾懇悃, 上告先君, 固匪虛詞, 人多知者.
원모이, 제지고의. 계경간곤, 상고선군, 고비허사, 인다지자.

961년 이욱(李煜)이 즉위한 후 송나라 태조에게 올린 표(表)이다. 그는 남당(南唐)의 국군(國君)으로 송나라와 적대할 생각이 없음을 표명하고 있다. 태평성대의 임금으로 안분하기를 원했던 이욱의 모습이 그대로 드러나 있다.

'교상(膠庠)'은 주나라 때의 학교 이름이다. '소허(巢許)'는 요임금 시절의 은사인 소부(巢父)와 허유(許由)를 말한다. 요임금이 그들에게 나라를 맡기려고 하였으나 거절당했다. '이제(夷齊)'는 고죽국(孤竹國) 국군의 아들이었던 백이(佰夷)와 숙제(叔齊)를 말한다. 왕위를 계승하라는 부친의 명에 형제가 서로 양보하다가 결국 두 사람 모두 도주하였다. 이후 무왕이 상(商)나라를 멸망시키자 주나라 곡식은 먹을 수 없다고 하여 수양산에 들어가 결국 굶어죽고 말았다. '간곤(懇悃)'은 정성스럽고 충성스러움을 말한다.

[원문2]

폐하께서 영광스럽게 제위를 계승하시니 저의 감정도 더욱 깊고 두터워져 자손들과 더불어 폐하의 보살핌에 보답하기로 맹세하고자 합니다. 제가 이전에 군(君)의 자리를 신발 벗듯이 버린 것은 널리 명성을 얻기 위함이 아니었는데, 이제 군의 자리를 계승하였으니 어찌 감히 이를 잊고 폐하의 뜻을 저버릴 수 있겠습니까? 오로지 신하의 절개를 지켜 위로 천조를 받들고자 할 따름입니다. 만약 조금이라도 초심을 바꾸어 다른 뜻을 품게 된다면, 저의 선조가 남기신 뜻을 따르지 않음과 다를 바 없으니 신명의 견책을 받게 될 것입니다. 바야흐로 한 나라의 민중들을 다스릴 수 있는 것은 송나라의 구천(九天)이 널리 뒤덮고 있기 때문입니다. 게다가 폐하께옵서 불러 위로하시는 뜻이 넓고 길러주시는 어진 사랑이 깊고 두터우니, 더욱더 폐하의 맑은 빛을 빌려 이전보다 나아지도록 하겠습니다. 저희는 송나라 천자의 힘을 빌려 옛 나라를 안정시키고 안락을 누리며 편안하고 행복한 삶을 얻을 수 있을 것입니다(『송사』「열전」'세가世家').

及陛下顯膺帝籙, 彌篤睿情, 方誓子孫, 仰酬臨照. 則臣向於脫屣, 亦匪邀名, 旣嗣宗枋, 敢忘負荷.
급폐하현응제록, 미독예정, 방서자손, 앙수림조. 칙신향어탈사, 역비요명, 기사종방, 감망부하.

중국 역대 봉건 왕조의 최고 통치자인 제왕의 전용 '새인(璽印)'은 황제의 신성한 권력을 대표하는 일종의 증빙물이다. 오직 황제의 도장만을 '새(璽)' 또는 '보새(寶璽)'라고 칭하며, 일반 사람들의 것은 '인장(印章)'이라고 한다. 황제의 도장은 공장(公章)과 사장(私章)으로 나누는데, 보새는 공장에 속하며 역대 황제들에 의해 전승된다. 역사적으로 각 왕조마다 봉건 통치를 유지하는 상징물로 보새를 만들었는데, 최초로 만든 것은 진시황 때이다. 역대 왕조마다 각기 보새를 만들어 전승하거나 새롭게 만들면서 청나라가 멸망 때까지 유지되었다. 진시황이 최초로 만든 보새 제도는 한나라 고조 유방이 계승하면서 이른바 '진한팔새제(秦漢八璽制)'가 형성되었으며, 이후 위진을 거쳐 남북조, 수나라 때까지 지속되었다. 당나라 무측천이 칭제한 후 다시 '황천경명유덕자창(皇天景命有德者昌)'이라는 신새(神璽)를 더하여 기존의 팔새제에서 구새제(九璽制)로 바뀌었으며, 동시에 '새'를 '보(寶)'로 개칭하여 이후 각 왕조 역시 '보'로 칭하게 되었다. 북송 때 12보(寶)로 증가하였으며, 남송 때 다시 17보가 되었다. 명나라 때 24보로 증가하였으며, 청나라에 이르러 교태전(交泰殿)의 보합(寶盒)에 넣어 둔 25보를 일상적으로 사용하는 것 외에 '성경십보(盛京十寶)'를 모셨다.

원문종천력지보(元文宗天歷之寶)

대명천자지보(大明天子之寶)

청세조황제시보(淸世祖皇帝諡寶)

효강장황후시보(孝康章皇后諡寶)

강희문화전보(康熙文華殿寶)

강희무근전보(康熙楙勤殿寶)

성조인황제시보(聖祖仁皇帝諡寶)

윤진지장(胤禛之章)

옹제어필지보(雍帝御筆之寶)

옹정친현애민새(雍正親賢愛民璽)

옹정존친지보(雍正尊親之寶)

자안단유황태후지보
(慈安端裕皇太后之寶)

자희태후지보(慈禧太后之寶)

광운지보(廣運之寶)

칙명지보(勅命之寶)

황제친친지보(皇帝親親之寶)

황제행보(皇帝行寶)

수훈지보(垂訓之寶)

황제지보(皇帝之寶)(만족 문자)

황제존친지보(皇帝尊親之寶),

황제지보(皇帝之寶)

칙정만민지보(勅正萬民之寶)

순수천하지보(巡狩天下之寶)

칙정만방지보(勅正萬邦之寶)

천자행보(天子行寶)

대청사천자보(大淸嗣天子寶)

천자지보(天子之寶)

제어육사지보(制御六師之寶)

황제신보(皇帝信寶)

경천근민지보(敬天勤民之寶)

대청수명지보(大淸受命之寶)

천자신보(天子信寶)

唯堅臣節, 上奉天朝. 若日稍易初心, 輒萌異志, 豈獨不遵於祖禰, 實當受譴於神明. 方主一國之
유견신절, 상봉천조. 약왈초역초심, 첩맹이지, 기독불준어조예, 실당수견어신명. 방주일국지

生靈, 遐賴九天之覆燾. 況陛下懷柔義廣, 煦嫗仁深, 必假淸光, 更逾曩日, 遠憑帝力, 下撫舊邦, 克獲
생령, 하뢰구천지복도. 황폐하회유의광, 후구인심, 필가청광, 경유낭일, 원빙제력, 하무구방, 극획

宴安, 得從康泰.
연안, 득종강태.

[해설]

이욱이 송나라 황제에게 올린 표(表)이다. 그는 송나라 황제의 비위를 맞추어
환심을 얻음으로써 남당 조정의 지위를 확보하고, 자신과 백성들의 목숨을 유
지하고자 노력하였다. 치국의 뜻은 간 데 없고 오로지 연명을 구걸하는 듯한 느
낌을 준다.

‘종방(宗枋)’은 종묘인데, 여기서는 군위(君位), 즉 임금의 자리를 말한다. ‘천조
(天朝)’는 송나라를 지칭한다. ‘조예(祖禰)’는 선조와 선부를 말한다. ‘복도(覆燾)’
는 뒤덮음이고, 여기서는 은혜를 베푼다는 뜻이다. ‘후구(煦嫗)’는 따뜻하게 어
루만져 보살피고 양육한다는 뜻이다. ‘구방(舊邦)’은 남당(南唐)을 지칭한다.

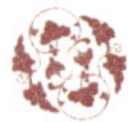

10. 그런데 무슨 장례용품을 보내고자 한단 말인가?

睧何爲哉

원나라 태종太宗 와활태窩闊台

[원문]

너의 군주가 오랫동안 투항하지 않아 선제(칭기즈칸)께서 장기간에 걸친 전쟁
으로 쇠하시었으니, 내 어찌 잊을 수 있겠느냐? 그런데 무슨 장례용품을 보내고
자 한단 말인가!(『원사』「본기」‘태종’)

汝主久不降, 使先帝老於兵間, 吾豈能忘也, 賵何爲哉.
여주구불강, 사선제노어병간, 오개능망야, 봉하위재.

[해설]

원년(1229년) 8월, 금(金)나라에서 아호(阿虎)를 파견하여 태조(칭기즈칸)의 장례 용품을 보내왔다. 이에 태종(오고타이)은 위와 같이 말한 후 예물을 거절하였으며, 금나라를 공략하기 위해 군신들과 상의하였다. 태종은 금나라에 대한 원한 으로 그들의 강화(講和)를 거절하였으며, 중원 통일을 결심하였다.

'봉(賵)'은 재물을 보내 상사(喪事)에 부조하는 것을 말한다.

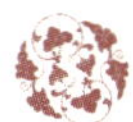

11. 마땅히 새롭게 장대한 발전 계획을 마련해야 할 것이다

宜新弘遠之規

원나라 세조世祖 홀필렬忽必烈

[원문]

이제 천하에 군림하게 되었으니 마땅히 새롭게 장대한 발전 계획을 마련해야 할 것이다. 전통을 계승하고 정세에 순응하는 것이 바로 지금 할 일이로다. 백성 들에게 실질적인 은덕을 힘써 베풀고, 헛된 문식(文飾)을 숭상하지 않을 것이다. 비록 태평성세가 곧 도래하는 것은 쉽지 않겠지만, 기아 문제를 해결하는 것이 급선무로다(『원사』 「본기」 '세조').

爰當臨禦之始, 宜新弘遠之規. 祖述變通, 正在今日. 務施實德, 不尙虛文. 雖承平未易遽臻, 而飢
원당림어지시, 의신홍원지규. 조술변통, 정재금일. 무시실덕, 불상허문. 수승평미이거진, 이기

渴所當先務.
갈소당선무.

중통(中統) 원년(1260년) 4월에 원나라 세조가 즉위 초에 내린 조령이다. 즉위 후에 성실하고 실질적인 태도로 천하를 다스리겠다는 나름의 포부를 밝힘과 동시에 무엇보다 백성들의 기아 문제를 우선적으로 해결하겠다는 의지를 밝히고 있다.

'임어(臨禦)'는 천하에 군림하는 것이니 군왕이 되는 것을 말한다. '조술(祖述)'은 전인의 학설이나 행위를 법도로 삼아 따르는 것이다. '변통(變通)'은 사물이나 일을 처리하는 데 정세의 변화에 따라 달통한다는 뜻이다.

12. 어찌 다른 이에게 통제를 받을 수 있겠는가?

寧能受制於人

명나라 태조太祖 주원장朱元璋

[원문]

대장부가 어찌 다른 이에게 통제를 받을 수 있겠는가?(『명사』「본기」'태조')

大丈夫寧能受制於人耶.
대장부녕능수제어인야.

[해설]

지정(至正) 15년(1355년) 3월에 곽자흥(郭子興)이 병사하자 유복통(劉福通)이 한림아(韓林兒)를 추대하여 국호를 송(宋)으로 하고 용봉(龍鳳)으로 건원(建元)하였다. 곽자흥의 아들을 도원수(都元帥), 장천우(張天佑)와 주원장을 좌우부원수(左右副元帥)로 삼았다. 이에 주원장이 울분을 터뜨리며 한 말이다.

13. 나의 군대가 승기를 타서 추격한다면 승리하지 않을 수 없다

我師乘之, 靡弗勝矣

청나라 태조太祖 애신각라 누루하치努爾哈赤

[원문1]

손 보호대를 풀고, 목 보호대를 제거하여 움직임에 구속받지 않도록 하여 전투에 편하도록 하라. 저들은 오합지졸(烏合之卒)로 뜻이 서로 일치하지 않으니 전방의 부대를 격파하면 나머지 부대는 몸을 돌려 도주할 것이다. 나의 군대가 승기를 타서 추격한다면 승리하지 않을 수 없다(『청사고』「본기」'태조').

解爾蔽手, 去爾護項, 毋自拘縶, 不便於奮擊. 烏合之衆, 其志不一, 敗其前軍, 軍必反走, 我師乘之,
해이폐수, 거이호항, 무자구집, 불편어분격. 오합지중, 기지불일, 패기전군, 군필반주, 아사승지,

靡弗勝矣.
미불승의.

[해설]

명나라 만력(萬曆) 21년(1593년), 엽혁부(葉赫部)에서 8개 부락과 연합하여 3만 여 병력으로 청나라 태조를 공격하였다. 이에 태조는 즉각 응전하여 모든 장졸들에게 이렇게 말하면서 병사들의 의지를 북돋았다. 실제로 당시 전투에서 태조는 크게 승리하여 수많은 적군을 포로로 잡았는데, 그중에는 오랍(烏拉) 패륵(貝勒)의 동생인 포여태(布呂泰)도 포함되어 있다.

'폐수(蔽手)'는 호수(護手)로서 갑옷 가운데 손을 보호하는 부분을 말한다. '호항(護項)'은 갑옷 가운데 목을 보호하는 부분이다. '오합지중(烏合之衆)'은 임시로 잡다하게 모아놓아 전혀 조직되거나 규율을 갖추지 못한 무리들을 말한다.

[원문2]

나는 너를 알고 있다. 너는 요양(遼陽)의 무뢰한 소자옥(蕭子玉)이다. 내가 너를

죽일 수 없는 것이 아니라 (너를 죽이면) 대국(大國 : 청나라)에 수치가 될까 걱정할 따름이로다. 너는 너의 순무에게 고하여 더 이상 우리를 속이지 않도록 하라(『청사고』「본기」'태조').

吾識爾, 爾遼陽無賴蕭子玉也. 吾非不能殺爾, 恐貽大國羞. 語爾巡撫, 勿復相詐.
오식이, 이료양무뢰소자옥야. 오비불능살이, 공이대국수. 어이순무, 물복상사.

[해설]

명나라 만력 12년(1614년) 4월에 청나라 태조의 여덟 번째 아들인 황태극(皇太極)이 몽고 과이심부(科爾沁部) 망고사(莽古思)의 여식을 부인으로 맞이하였다. 이에 소자옥이 명나라 조정의 사신으로 혼례에 참가하였는데, 당시에 태조가 소자옥에게 한 말이다. 명나라 조정에 대한 불만과 멸시의 기색이 짙게 묻어난다.

'소자옥(蕭子玉)'은 명나라 요양(遼陽)의 도독(都督)이다. '순무(巡撫)'는 관명으로 명나라 홍무(洪武) 24년(1391년)에 처음 만들어졌다. 초기에는 세금 징수나 하천, 변경의 관리, 유민(流民) 감독 등을 맡았으나 나중에 점차 군사 방면에 치중하였다.

[원문3]

짐이 군사를 일으킨 이래로 내 앞길을 막은 자가 없었다. 원숭환(袁崇煥)은 어떤 인물이기에 이러한가?(『청사고』「본기」'태조')

朕用兵以來, 未有抗顔行者. 袁崇煥何人, 乃能爾耶.
짐용병이래, 미유항안행자. 원숭환하인, 내능이야.

[해설]

천명(天命) 11년(1626년) 병인(丙寅) 봄 정월에 청나라 태조가 명나라 영원(寧遠)을 공격하기 위해 출병하여 정묘일에 영원에 도착하였다. 당시 영전도(寧前道)에 있던 원숭환(袁崇煥, 1584~1630 : 명나라 말기의 장수)은 총병 만계(滿桂), 부장 조대수(祖大壽)와 영성(嬰城)에 주둔하여 방어하였다. 추운 날씨에 땅이 얼어 성 아래로 파고들어갈 수도 없고, 성 위에 서양포를 방열하여 병사들이 적지 않게 죽거나

다쳐 결국 공략하지 못하고 후퇴하였다. 위의 글은 그해 2월 청나라 태조가 심
양으로 돌아온 후 여러 패륵(貝勒)*에게 한 말이다.

---

* 청나라 때 만주인 종실(宗室)과 몽고(蒙古)의 외번(外藩)들에게 봉해진 작위(爵位) 가운데 하나이다.

　　모략은 제왕이 구비해야 할 기본적 소질 가운데 하나이다. 천하 만민을 통치해야 하는 제왕에게 모략이 없다면 황위를 온전하게 유지하기 어려울 것이다. 제왕들의 모략은 다음 몇 가지로 나누어 볼 수 있다. 첫째는 전쟁에서 실행하는 책략이고, 둘째는 황실의 권력 투쟁에서 볼 수 있는 뛰어난 모획謀劃이고, 셋째는 구체적인 사안을 처리할 때 발휘하는 지혜이다. 우리는 황제들의 뛰어난 언술, 주도면밀한 계획과 치밀한 계산, 구구절절 주옥같은 발언 속에서 그들 나름의 독창적인 인식을 살필 수 있으며, 그들이 승리를 확신하는 비장의 무기를 엿볼 수 있다.

1. 항우가 약속을 저버린 것이다

項羽負約

한나라 고조高祖 유방劉邦

[원문1]

당초에 나와 그대는 회왕(懷王 : 초楚나라 왕, 재위 BC 329 ~ BC 299년)의 명을 받들어 관중에 먼저 들어가 평정한 자가 왕이 되기로 하였거늘, 그대는 약속을 어기고 나를 촉한(蜀漢)의 왕으로 봉하였으니 이것이 첫 번째 죄이다. 그대 항우는 왕명을 사칭하여 경자관군(卿子冠軍) 송의(宋義 : 진나라 말기의 장수)를 죽였으니, 이것이 두 번째 죄로다. 그대는 조(趙)나리를 구원한 후 미땅히 회왕에게 보고해야만 했으나 멋대로 제후들을 위협하여 관중에 진입하였으니 이것이 세 번째 죄이다. 회왕께서 약조하시기를 진(秦)나라에 들어가면 폭행과 노략질을 하지 말라고 하셨거늘, 그대는 진나라의 궁궐을 불사르고 시황제의 능묘를 파헤쳤으며, 사사로이 재물을 착취하였으니 이것이 네 번째 죄이다. 또한 항복한 진왕 자영(子嬰, ? ~ BC 206)*을 억지로 죽였으니 이것이 다섯 번째 죄이다. 속임수를 써서 진나라의 젊은이 20만 명을 신안(新安)에서 생매장하고, 그 장수를 왕으로 봉했으니 이것이 여섯 번째 죄이다. 항왕(項王), 그대는 여러 장수들을 좋은 지역의 왕으로 삼고, 이전의 제후들을 다른 곳으로 쫓아내어 신하들이 모반하게 만들었으니 이것이 일곱 번째 죄이다. 또한 그대는 의제(義帝)를 팽성(彭城)으로 내쫓고 스스로 그곳을 도읍지로 삼았으며, 한왕(韓王)의 봉지를 빼앗고 양(梁), 초(楚)나라를 겸병하여 자신의 봉지를 넓혔으니 이것이 여덟 번째 죄이다. 사람을 보내어 강남에서 의제를 죽였으니 이것이 아홉 번째 죄이다. 무릇 신하된 자로서 군주를 시해

---

* 중국 진(秦)나라의 3대 왕이자 마지막 왕이다. 왕위에 오른 지 46일 만에 유방(劉邦)에게 투항했지만, 뒤이어 함양(鹹陽)에 입성한 항우(項羽)에게 살해되었다.

하고 이미 항복한 자를 죽였으며, 공정하게 정사를 행하지 않고 약속을 어겨 신의를 저버린 것은 천하가 용납하지 않을 대역무도함이니 이것이 열 번째 죄로다. 나는 의로운 군대를 거느리고 제후의 군사들과 함께 잔악한 도적을 토벌하려는 것이니 형벌을 받은 죄인들에게 항우 그대를 죽이게 하면 될 것이거늘, 어찌 수고스럽게 공(公 : 항우)과 싸울 필요가 있겠는가?(『사기』「고조 본기」)

始與項羽俱受命懷王, 曰先入定關中者王之, 項羽負約, 王我於蜀漢, 罪一. 秦項羽矯殺卿子冠軍
시여항우구수명회왕, 왈선입정관중자왕지, 항우부약, 왕아어촉한, 죄일. 진항우교살경자관군

而自尊, 罪二. 項羽已救趙, 當還報, 而擅劫諸侯兵入關, 罪三. 懷王約入秦無暴掠, 項羽燒秦宮室, 掘始
이자존, 죄이. 항우이구조, 당환보, 이천겁제후병입관, 죄삼. 회왕약입진무폭략, 항우소진궁실, 굴시

皇帝塚, 私收其財物, 罪四. 又彊殺秦降王子嬰, 罪五. 詐坑秦子弟新安二十萬, 王其將, 罪六. 項羽皆
황제총, 사수기재물, 죄사. 우강살진강왕자영, 죄오. 사갱진자제신안이십만, 왕기장, 죄륙. 항우개

王諸將善地, 而徙逐故主, 令臣下爭叛逆, 罪七. 項羽出逐義帝彭城, 自都之, 奪韓王地, 竝王梁楚, 多自予,
왕제장선지, 이사축고주, 영신하쟁반역, 죄칠. 항우출축의제팽성, 자도지, 탈한왕지, 병왕량초, 다자여,

罪八. 項羽使人陰弑義帝江南, 罪九. 夫爲人臣而弑其主, 殺已降, 爲政不平, 主約不信, 天下所不容,
죄팔. 항우사인음시의제강남, 죄구. 부위인신이시기주, 살이강, 위정불평, 주약불신, 천하소불용,

大逆無道, 罪十也. 吾以義兵從諸侯誅殘賊, 使刑餘罪人擊殺項羽, 何苦乃與公挑戰.
대역무도, 죄십야. 오이의병종제후주잔적, 사형여죄인격살항우, 하고내여공도전.

[해설]

유방과 항우의 군사가 오랫동안 대치했으나 승부가 나지 않았다. 한왕(韓王 : 유방)과 항우는 광무산(廣武山) 계곡을 사이에 두고 서로 대화를 나누었다. 항우는 한왕과 단독으로 자웅을 겨루고자 하였으나, 이에 한왕은 항우의 죄상을 열거하며 위와 같이 말했다. 유방의 지략이 돋보인다.

'경자관군(卿子冠軍)'의 '자'는 경칭이고, '관군'은 여러 장수의 으뜸이라는 뜻이다. 경자관군은 진나라 말기 초나라 회왕의 상장군인 송의(宋義)를 말한다. '갱진자제(坑秦子弟)'는 진나라 장수 장한(章邯), 사마흔(司馬欣), 동예(董翳)가 항우에게 투항한 후 항우가 초나라 군사에게 명하여 신안(新安) 남성에 진나라의 투항 병졸 20여만 명을 매장토록 한 것을 말한다. (유방은) 나중에 진나라 땅을 세 곳으로 나누어 진나라의 투항한 장수를 왕으로 봉했다. '형여죄인(刑餘罪人)'은 범죄로 인해 형벌을 받은 사람을 말한다.

[원문2]

(승상을 맡고 있는 소하가 죽는다면) 조참(曹參)이 승상을 할 수 있을 것이오. (조참이 죽는다면 어떻게 되느냐고 물으니 고조가 대답하였다.) 왕릉(王陵)이 가할 것이오. 그러나 왕릉은 다소 고지식하니 진평(陳平)이 그를 돕도록 하는 것이 좋소. 진평은 지혜가 충분하지만 단독으로 중임을 맡기는 것은 어렵소. 주발(周勃)은 중후하나 문재(文才)가 모자라오. 그러나 유씨의 천하를 안정시킬 사람은 틀림없이 주발일 것이니 그를 태위로 삼을 만 하오. 그 다음은 그대(여후)가 알 바가 아니오(『사기』 「고조 본기」).

曹參可, 其次, 曰, 王陵可, 然少戇, 陳平可以助之, 陳平智有餘, 然難獨任, 周勃重厚少文, 然安劉氏者,
조참가, 기차, 왈, 왕릉가, 연소당, 진평가이조지, 진평지유여, 연난독임, 주발중후소문, 연안유씨자,

必勃也, 可令爲太尉. 此後亦非而所知也.
필발야, 가령위태위. 차후역비이소지야.

[해설]

유방이 임종을 앞두자 여후(呂后 : 유방의 황후, 여태후를 말함)가 누구를 승상으로 삼는 것이 좋겠느냐고 물었다. 이는 당시에 유방이 대답한 말이다. 유방은 자신의 사후를 어떻게 대비할 것인가에 대해 나름으로 심사숙고하여 대책을 마련했으며, 특히 자신의 휘하 신료들에 대해 정확하게 파악하고 있었다. 조참, 왕릉, 진평 등은 나중에 모두 승상의 자리에 올랐다. 주발은 태위가 되었을 때 제위를 찬탈하려는 여후의 세력을 평정하는 데 결정적인 역할을 했다.

'장(戇)'은 외고집, 고지식함을 말한다. '이(而)'는 '너'라는 뜻이다.

2. 반드시 병권을 장악하여 황궁을 호위하라

必據兵衛宮

여후呂后 여치呂雉

[원문]

고제(高帝 : 유방)가 천하를 평정한 후 대신들과 약조하기를 "무릇 유씨(劉氏)가 아니면서 왕이 되는 자가 있다면 천하 사람들이 함께 그를 토벌할 것이다"라고 하였다. 지금 여씨(呂氏)가 왕이 되었으니 대신들이 마음속으로 불평하고 있을 것이다. 내가 죽으면 황제가 아직 어리므로 대신들이 사변(事變)을 일으킬 것이니 그대들은 반드시 병권을 장악하여 황궁을 호위하고, 절대로 나를 위해 장례를 하지 말 것이며, 다른 이들에게 제압당하지 않도록 하라(『사기』「여태후 본기呂太后本紀」).

高帝已定天下, 與大臣約, 曰, 非劉氏王者, 天下共擊之. 今呂氏王, 大臣弗平. 我卽崩, 帝年少, 大臣
고제이정천하, 여대신약, 왈, 비류씨왕자, 천하공격지. 금려씨왕, 대신불평. 아즉붕, 제년소, 대신

恐爲變. 必據兵衛宮, 愼毋送喪, 毋爲人所制.
공위변. 필거병위궁, 신무송상, 무위인소제.

[해설]

여후가 임종 전에 조카인 여산(呂産), 여록(呂祿) 등에게 한 말이다. 그녀는 자신이 죽은 후에 일련의 사변이 일어날 것을 예견하고 있다. 그녀는 굳건하게 여씨 천하를 지켜 나가고자 하였으나 결국 주발 등에 의해 무너지고 만다.

3. 지금은 영웅을 모아야 할 시기이다

方今收英雄時也

위魏나라 무제武帝 조조曹操

[원문]

지금은 영웅을 모아야 할 시기이다. 이러한 때에 한 사람을 죽여 천하 사람들의 인심을 잃는 것은 옳지 않다(『삼국지三國志』「위서」'무제기').

方今收英雄時也, 殺一人而失天下之心, 不可.
방금수영웅시야, 살일인이실천하지심, 불가.

[해설]

건안(建安) 2년(197년)에 여포(呂布)가 유비의 하비(下邳)를 공격하여 빼앗았다. 유비(劉備)는 어쩔 수 없이 조조에게 의탁하였다. 조조의 모사인 정욱(程昱)은 유비가 웅대한 재주와 천하 경륜의 뜻을 가지고 있으며, 나름 인심을 얻고 있다는 사실을 간파하고 장차 우환이 될 것을 걱정하였다. 그래서 조조에게 이번 기회에 유비를 죽일 것을 건의하였다. 그러나 조조의 생각은 달랐다. 위의 글은 당시 조조가 한 말이다.

4. 서선지와 부량은 당연히 다른 의도를 갖고 있지 않다

徐羨之, 傅亮當無異圖

송나라 무제武帝 유유劉裕

[원문]

단도제(檀道濟 : 송나라의 명장)는 비록 재능과 계략을 지니고 있으나 원대한 뜻이 없어 그의 형인 단소(檀韶)가 기개가 충만한 것만 못하다. 서선지(徐羨之)와 부량(傅亮)은 당연히 다른 의도를 갖고 있지 않다. 사회(謝晦)는 여러 차례 나를 따라 출정하였는데, 자못 변화의 기미를 잘 아는 자이니, 만약 순종하지 않는 이가 있다면 분명 그일 것이다. 잠시 시간이 지난 후에 그를 회계(會稽)와 강주(江州)의 지방관으로 삼아 처리토록 하라(『송사』「본기」'무제').

檀道濟雖有幹略, 而無遠志, 非如兄韶有難禦之氣也. 徐羨之, 傅亮當無異圖. 謝晦數從征伐, 頗識
단도제수유간략, 이무원지, 비여형소유난어지기야. 서선지, 부량당무이도. 사회수종정벌, 파식

機變, 若有同異, 必此人也. 小卻, 可以會稽, 江州處之.
기변, 약유동이, 필차인야. 소각, 가이회계, 강주처지.

[해설]

영초(永初) 3년(422년) 5월에 송나라 무제가 임종하기 전에 남긴 조령이다. 그는 중요 조정대신들에 대한 분석과 대응 방식을 제시하고 있다. 장기적으로 국가의 안정을 유지하기 위한 조치였다. 인물에 대한 그의 분석 능력이 뛰어났음을 엿볼 수 있다.

'단도제(檀道濟)'는 진나라 말기에 유유(劉裕)의 세력에 참가하여 전공을 세운 인물로서 송나라 건국 후에 영수현공(永修縣公)에 봉해졌으나 문제 때에 모함을 받아 피살되었다. 서선지(徐羨之), 부량(傅亮), 사회(謝晦) 등은 송나라 무제를 보좌했던 신하들이다.

'간략(幹略)'은 일을 처리하는 재능과 계략을 말한다.

5. 국가의 정령政令이 여러 문에서 나오는 것은 혼란의 화근이다

政出多門, 亂其階矣

양나라 무제武帝 소연蕭衍

[원문1]

국가의 정령(政令)이 여러 문에서 나오는 것은 사회 혼란의 화근이다. 『시경』
에서도 "한 나라에 삼공이 집정하니 우리는 누구를 따라야 하는가!"라고 읊은
바 있다. 하물며 여섯 공(公)이 집정한다는 것이 어찌 가능하겠는가? 의심과 원
한이 모이게 되면 바야흐로 서로 주살하여 모두 죽고 말 것이다. 지금 재앙을 면
할 수 있는 곳은 오직 이곳뿐이다. 우리가 근면하게 인의를 실천한다면 주나라
의 서백(西伯)*처럼 될 수 있을 것이다. 다만 몇몇 동생들이 경성에 있어 재난을
당할까 두려우니 익주의 큰 형과 이 일을 잘 도모해야 할 것이다(『양서梁書』「본기」
'무제').

政出多門, 亂其階矣. 詩雲, 一國三公, 吾誰適從, 況今有六, 而可得乎! 嫌隙若成, 方相誅滅, 當今避禍,
정출다문, 난기계의. 시운, 일국삼공, 오수괄종? 황금유육, 이가득호! 혐극약성, 방상주멸, 당금피화,

惟有此地. 勤行仁義, 可坐作西伯. 但諸弟在都, 恐罹世患, 須與益州圖之耳.
유유차지. 근행인의, 가좌작서백. 단제제재도, 공리세환, 수여익주도지이.

[해설]

건무(建武) 4년(497년) 7월에 제나라 명제 소란(蕭鸞)이 세상을 떴다. 동혼후(東昏
侯) 소보권(蕭寶卷, 483~501)**이 즉위하자 시안왕(始安王) 요광(遙光) 등 여섯 명이 정

---

* 주나라 무왕의 아버지 문왕을 말함. 주나라의 기초를 닦은 명군으로서 덕치에 힘썼고, 상나라와 화평주의적
  태도를 취했으며, 제후들의 신뢰를 얻었다. 유가로부터 이상적인 군주로 칭송을 받았다.
** 제나라 6대 황제로서 세금을 가혹하게 걷고 간신배와 측근들을 가까이하면서 무고한 대신들을 살육했다.
  소연(蕭衍)이 군사를 일으키자 성이 함락되었고, 동생 소보융(蕭寶融)이 7대 황제로 즉위하여 소보권을 폐위
  하고 동혼후(東昏侯)에 추봉하였다.

무를 맡았다. 소연이 이러한 정황을 듣고 모친의 형제인 장홍책(張弘策)에게 한 말이다. 당시 소연은 정치적으로 민감했고, 정황 분석에 뛰어났음을 알 수 있다.

'정출다문(政出多門)'은 나라의 정치적 명령이 군주가 아닌 경대부 등에게서 나오는 것을 말한다. 중앙의 지도력이 약하여 국가권력이 분산되니 정령이 여러 곳에서 나오게 되는 것이다. '난계(亂階)'는 화근(禍根)의 뜻이다. 『시경』의 구절은 『좌전』 희공(僖公) 5년에서 인용한 것이다. '혐극(嫌隙)'은 서로 시기하고 미워하여 원망이 생긴다는 뜻이다. '차지(此地)'는 소연이 관장하고 있는 옹주(雍州), 양주(梁州), 남진주(南秦州), 북진주(北秦州), 영주(郢州) 등지를 말한다. '서백(西伯)'은 주나라 문왕이다. 부친인 계력(季曆)이 죽은 후 그가 서백후(西伯侯)의 자리를 계승했기 때문에 '서백'이라고 한다. '익주(益州)'는 당시 소연의 형인 소의(蕭懿)가 자사(刺史)로 있던 곳이다.

[원문2]

무릇 사목(司牧 : 군주)을 세우는 것은 다른 이를 부리기 위함이 아니라 양육하기 위함이다. 그러니 백성 보기를 상처가 나서 아픈 것처럼 해야지 어찌 위에 앉아 제멋대로 학대할 수 있겠는가? 폐주(廢主 : 동혼후)는 강상(綱常)을 저버려 스스로 종묘(宗廟)와 단절하였다. 그처럼 극단적으로 흉악하고 패악무도한 자는 사서(史書)에도 기재된 적이 없는 일이다. 그는 부세(賦稅) 징수도 일정치 않았고, 가혹한 행위가 더욱더 두드러졌다. 걸이개마다 호화스럽고 귀한 옷이 걸리고, 개나 말에게 사람이 먹는 곡식을 먹였으며, 백성들을 징발하여 건축물을 짓는 데 충원하였다. 백성들은 추위나 더위에도 불구하고 갈 곳을 잃고 헤맸으며, 연이은 돌림병으로 죽은 시신이 봇도랑(봇물을 대거나 빼게 만든 도랑)에 굴러떨어져도 아무도 구휼하는 이가 없었으며, 죽은 이의 말라버린 살과 뼈는 까마귀와 솔개의 밥이 되고 말았다.

게다가 천재와 인재로 화재가 나서 궁궐이 여러 차례 불에 타니 여러 관서마다 서까래조차 제대로 남아 있지 않는 실정이다. 심히 비통하여 『시경』에 나오는 「서리(黍離)」의 탄식을 비할 바 없고, 애통하기가 「맥수(麥秀)」의 영탄을 훨씬 넘어선다. 억조(億兆) 백성들의 마음이 이반하고, 변경이 침탈되니 과연 누구의 허물이기에 이처럼 도탄에 빠진단 말인가! 이제 어둠과 밝음이 교체되면서 대도(大道)가 공평하게 시행되고, 치세(治世)를 바라는 백성들이 고난 중에서 소생할 수 있게 되었다. 나는 덕이 부족하나 큰 은총을 받았다. 비록 국운이 중흥하고 있다고는 하나 건국 초창기만큼이나 어려움이 크다. 황제의 미덕을 널리 펼칠 것을 생각하며 그를 도와 함께 새롭게 시작하고자 한다. 무릇 혼란한 제도와 잘못된 부세, 잔혹한 형벌, 지나친 요역 등은 이전의 원류를 상세하게 고찰하여 그릇된 부분은 전부 없애도록 하라. 기물이 산실(散失)되지 않도록 지키는 책임을 맡은 이들은 손상되거나 없어진 물건들을 항목별로 등기해야 할 것이니 이는 모두 원래의 법칙에 따르라(『양서』「본기」‘무제’).

夫樹以司牧, 非役物以養生. 視民如傷, 豈肆上以縱虐. 廢主棄常, 自絶宗廟. 窮凶極悖, 書契未有.
부수이사목, 비역물이양생. 시민여상, 기사상이종학. 폐주기상, 자절종묘. 궁흉극패, 서계미유.

征賦不一, 苛酷滋章. 緹繡土木, 菽粟犬馬, 徵發閭左, 以充繕築. 流離寒暑, 繼以疫癘, 轉死溝渠, 曾莫
정부불일, 가혹자장. 제수토목, 숙속견마, 징발려좌, 이충선축. 유리한서, 계이려려, 전사구거, 증막

救恤, 朽肉枯骸, 烏鳶是厭. 加以天災人火, 屢焚宮掖, 官府臺寺, 尺椽無遺, 悲甚黍離, 痛兼麥秀. 遂使
구휼, 후육고해, 오연시염. 가이천재인화, 누분궁액, 관부대사, 척연무유, 비심서리, 통겸맥수. 수사

億兆離心, 疆徼侵弱, 斯人何辜, 離此塗炭! 今明昏遞運, 大道公行, 思治之氓, 來蘇玆日. 猥以寡薄,
억조리심, 강요침약, 사인하고, 이차도탄! 금명혼체운, 대도공행, 사치지맹, 내소자일. 외이과박,

屬當大寵, 雖運距中興, 艱同草昧, 思闡皇休, 與之更始. 凡昏制, 謬賦, 淫刑, 濫役, 外可詳檢前源, 悉皆
속당대총, 수운거중흥, 간동초매, 사천황휴, 여지경시. 범혼제, 류부, 음형, 남역, 외가상검전원, 실개

除蕩. 其主守散失, 諸所損耗, 精立科條, 鹹從原例.
제탕. 기주수산실, 제소손모, 정립과조, 함종원례.

[해설]

영원(永元) 3년(501년) 12월 기묘일, 소연이 건강(建康)을 점령하고 동혼후를 살해한 후 열무당(閱武堂)에 들어갔을 때 한 말이다. 당시 그는 아직 황제의 자리에 오르지 않았지만 이미 실질적인 정권을 장악한 상태였다. 위의 글을 통해 당면한 형세에 대한 소연의 분석과 치국에 관한 생각을 엿볼 수 있다.

‘사목(司牧)’은 국군, 군주의 뜻이다. ‘서계(書契)’는 문자와 계약 등 서면상의 증명서를 말하지만, 여기서는 사서(史書)를 지칭한다. ‘서리(黍離)’는 『시경』에 나오는 시로서 국가의 흥망성쇠에 대한 아픔과 감상을 노래하고 있다. ‘맥수(麥

秀)' 역시 『시경』에 나오는데, 나그네의 감상을 읊은 시로서 기자(箕子)가 쓴 것으로 알려져 있다. '강요(疆徼)'는 변경, 국토의 뜻이다. '황휴(皇休)'는 황제의 미덕과 홍복(洪福)을 말한다. '과조(科條)'는 법령, 조문, 항목이다.

[원문3]

천하를 가진 군왕은 대의에 따라 천하를 자신의 것으로 생각하면 안 된다. 흉작과 질병, 전쟁과 수재, 화재 등이 한 번이라도 발생하면 이는 모두 군왕 자신에게 책임이 돌아간다. 지금 축사(祝史)를 주관하는 관원은 축도(祝禱)할 때 여러 가지 좋지 않은 일을 계속 언급하여 짐이 몸으로 막아내도록 하고, 영원히 재해가 백성들에게 해를 끼치지 않고, 천하 백성들이 조금이나마 평안과 휴식을 얻을 수 있도록 하라. 아울러 짐을 위해 복락을 기원하여 오히려 나의 허물이 늘어나지 않도록 하라. 특별히 짐의 뜻을 전국 각지에 반포하고, 모든 이들이 준수하여 받들도록 하라(『양서』「본기」'무제').

夫有天下者, 義非爲己. 凶荒疾癘, 兵革水火, 有一於此, 責歸元首. 今祝史請禱, 繼諸不善, 以朕身
부유천하자, 의비위기. 흉황질리, 병혁수화, 유일어차, 책귀원수. 금축사청도, 계제불선, 이짐신

當之. 永使災害不及萬姓, 俾茲下民稍蒙寧息. 不得爲朕祈福, 以增其過. 特班遠邇, 鹹令遵奉.
당지. 영사재해불급만성, 비자하민초몽녕식. 부득위짐기복, 이증기과. 특반원이, 함령준봉.

[해설]

양나라 무제가 천감(天監) 6년(507년)에 반포한 조령이다. 무제는 자신이 모든 재난을 감당하여 극복하겠다는 의지를 밝힘으로써 이를 통해 인심을 얻고자 함이다.

'축사(祝史)'는 축관(祝官)과 사관(史官)을 합친 명칭으로서 고대에 축도를 담당하는 관리이다. '만성(萬姓)'은 만민 백성을 말한다.

각 성(省) 주둔 장수	
한나라	장둔장군(將屯將軍)
후한	우교위(右校尉)
북위(北魏)	방주(防主)
수나라	군부낭장(軍府郎將), 표기부낭장(驃騎府郎將)
당나라	십이군장군(十二軍將軍), 통군(統軍), 절형도위(折衡都尉)
송나라	총관검할사도총관(總管鈐轄司都總管), 도통제(都統制)
원나라	선위사원수(宣慰司元帥)
명나라	오군도독부(五軍都督府) 중앙에 설치함
청나라	주방장군(駐防將軍)

제독(提督) : 관병 총괄 및 군영 방어 책임	
진(秦)나라	도위(都尉)
한나라	도독(都督), 중위(中尉)
진(晋)나라	도독제군(都督諸軍), 감제군(監諸軍), 독제군(督諸軍)
북제(北齊)	도독군주사(都督軍州事), 군사(軍司)
당나라	도독, 절도사

제독(提督) : 관병 총괄 및 군영 방어 책임	
송나라	총관검할사(總管鈐轄司), 도통제
원나라	선위사사도원수사(宣慰使司都元帥使), 도원수부도원수(都元帥府都元帥)
명나라	도지휘사사도지휘사(都指揮使司都指揮使), 제독
청나라	제독군무총병관(提督軍務總兵官)

총병(總兵) : 제독 휘하의 고급 장수	
진(秦)나라	군장사(郡長史)
한나라	군승(郡丞), 장사(長史)
진(晋)나라	도독사마(都督司馬)
당나라	절도사, 행군사마(行軍司馬), 진장(鎭將)
송나라	노분도감(路分都監), 도검할(都鈐轄)
원나라	선위사사도원수부동지(宣慰使司都元帥府同知), 도원수부부원수(都元帥府副元帥)
명나라	도지휘사사도지휘동지(都指揮使司都指揮同), 총병관(總兵官)
청나라	총병

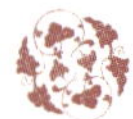

6. 그대는 하늘이 나에게 하사하신 의약醫藥 대사로다

天賜吾師

무측천 무조武曌

[원문]

그를 참수해야 할 것이니, 제왕의 몸이 어찌 찔러 피를 내는 곳이랴? 그대는 하늘이 나에게 하사하신 의약(醫藥) 대사로다(『신당서』「열전」'후비后妃 상上').

是可斬, 帝體寧刺血處邪? 天賜吾師.
시가참, 제체녕자혈처야? 천사오사.

[해설]

의봉(儀鳳) 3년(678년)에 고종이 태산에 제를 올리고자 하였는데, 두통이 심해 참을 수가 없었다. 시의(侍醫)인 명학(鳴鶴)이 말했다. "체내에 풍한(風寒)이 위로 치솟기 때문이니 석침으로 머리에 침을 놓아 피를 내면 곧 나을 것입니다." 이때 휘장 안에 있던 무측천이 화를 내며 한 말이다. 놀란 시의 명학이 황상에게 고개를 조아리자 고종이 대답했다. "의생이 질병에 대해 논하는데 어찌 죄를 묻겠는가? 두통이 심하니 침을 맞아 피를 내는 것도 좋지 않은 것은 아니리라." 이에 시의가 고종의 백회혈(百會穴)에 침을 놓자 고종이 말했다. "눈이 맑아지는구나!" 무측천이 고종의 말을 듣고 시의에게 감사하면서 친히 비단과 보물을 명학에게 주며 말했다. "하늘이 나에게 하사하신 의약(醫藥) 대사로다."

이 두 구절은 무측천의 잔악함과 기민함을 동시에 보여주는 대목이다. 고종이 병이 나자, 그녀는 자신이 정무에 참여할 수 있는 좋은 기회라 여기고 시의가 고종을 치료하는 것을 막았다. 그러나 막상 시의가 치료하여 고종의 두통이 치유되자, 그녀는 그 즉시 감사를 표시하며 고종의 호감을 유지하고 자신의 음험한 마음을 감추었다.

7. 짐이 천하를 다스리다

朕臨馭萬方

당나라 덕종德宗 이괄李適

[원문]

짐이 천하에 군림하면서 임금의 도를 잃어 전쟁이 그치질 않으니 지금까지 5년이란 세월이 흘렀다. 백성들의 노고를 생각하니 연민이 앞서고, 정벌 전쟁이 참으로 후회스럽다. 그러나 이희열(李希烈 : 당나라 덕종 때의 장수였으나 모반을 꾀함)이 대의를 멸시하고 인덕을 저버리며 정도(正道)를 위반하고 백성들을 학대하였다. 짐은 백성들이 도탄에 빠져 고생하는 것을 애통하게 여기니 진실로 만물을 구하고자 한다면 자신의 몸을 굽히는 일을 마다해서는 안 될 것이다. 그런 까닭에 신년에 특별히 새로운 명을 반포하여 그들의 죽을죄를 사면하고 지극한 정성으로 대하고자 한다. 그런데 사신(使臣)이 막 근교에 도달하여 내가 들으니, 간악한 도적(이희열을 지칭함)이 이미 본분을 벗어나 칭제(稱帝)했다고 한다. 실로 잔악하고 탐욕이 지나치도다. 장상(將相) 대신들이 모두 격분하여 계속 상소를 올려 단호하게 토벌하여 제거할 것을 주청하였다.

짐이 하늘을 대신하여 그를 주벌하고 백성들에게 해로움을 제거하려고 하나 뜻밖에도 전쟁이 일어난 후 옥석을 구분하기가 어렵게 되었다. 생각해 보면 공신들 가운데 협박을 당해 어쩔 수 없었던 자들도 있을 것이니, 설사 개혁하고자 마음을 먹어도 길이 없었을 것이다. 그들은 결국 종신토록 오점을 남기다가 억울하게 세상을 뜨고 영원히 몰락하게 될 것이니 진실로 통탄스러운 일이다. 어찌 한 사람이 잘못하여 만민에게 해를 끼치는데, 백성의 어버이로서 개탄하지 않을 수 있겠는가? 마땅히 각 도의 절도사에게 명하여 분명하게 효유(曉諭)하니, 원흉의 죄는 다스리되 핍박을 받은 자들은 일절 죄를 불문토록 하라(『구당서』「본기」'덕종').

朕臨禦萬方, 失於君道, 兵革不息, 於今五年. 閔衆庶之勞, 悔征伐之事. 而李希烈蔑義棄德, 反道
짐림어만방, 실어군도, 병혁불식, 어금오년. 민중서지로, 회정벌지사. 이리희렬멸의기덕, 반도

虐人. 朕哀彼生靈, 陷於塗炭, 苟存拯物, 不憚屈身. 故於歲首, 特布新令, 赦其殊死, 待以至誠. 使臣
학인. 짐애피생령, 함어도탄, 구존증물, 불탄굴신. 고어세수, 특포신령, 사기수사, 대이지성. 사신

才及於郊圻, 巨猾已聞其僭竊, 酷烈滋甚, 呑噬無厭, 將相大臣, 鹹懷憤激, 繼陳章疏, 固請討除. 朕以
재급어교기, 거활이문기참절, 혹렬자심, 탄서무염. 장상대신, 함회분격, 계진장소, 고청토제. 짐이

所行天誅, 本去人害, 兵戈旣接, 玉石難分. 言念勳臣, 橫遭脅制, 雖思改革, 厥路無由. 受汚終身, 銜冤
소행천주, 본거인해, 병과기접, 옥석난분. 언념훈신, 횡조협제, 수사개혁, 궐로무유. 수오종신, 함원

沒代, 淪胥以逞, 誠可痛傷. 豈孽自一夫, 而毒流萬姓, 爲人父母, 寧不愧懷! 宜令諸道節度使明行曉諭,
몰대, 윤서이령, 성가통상. 기얼자일부, 이독류만성, 위인부모, 영불괴회! 의령제도절도사명행효유,

罪止元兇, 脅制之徒, 一切不問.
죄지원흉, 협제지도, 일절불문.

[해설]

홍원(興元) 원년(784년) 겨울 10월 을축일, 장군 마수(馬燧)가 삭방절도사로 반역을 꾀한 이회광(李懷光)을 토벌하고 강주(絳州)를 수복하였다. 무진일 중관(中官 : 환관) 매문장(竇文場), 왕희천(王希遷)으로 하여금 신책군(神策軍 : 당나라 때의 금군禁軍) 좌우(左右) 도지병마사(都知兵馬使)를 감독하도록 했다. 윤달 경오일에 당나라 덕종은 위와 같은 조령을 하달하였다. 그는 지속되는 병란으로 인해 백성들이 고통을 받는 것에 대해 자책하면서 반역자들의 협박에 의해 신하 노릇을 한 이들을 사면하기로 결정하였다. 이를 통해 자신의 어질고 관대한 마음을 표명하는 한편 반역자들의 책략을 와해하기 위함이었다.

'이희열(李希烈)'은 당나라 덕종 시절에 회서(淮西) 절도사로 있었다. 건중(建中) 3년(782년), 덕종은 그를 평로(平盧)와 치청(淄靑) 절도사로 임명하여 당시 치청에 할거하고 있던 이납(李納)을 토벌토록 하였다. 그러나 그는 오히려 이납과 모의하여 하북 번진(藩鎭)에서 반란을 일으킨 주도(朱滔), 전열(田悅) 등과 결탁하여 천하도원수(天下都元帥)이자 건흥왕(建興王)으로 자칭하였다. 784년 변주(汴州)를 공략하여 그 즉시 '초제(楚帝)'라 칭하고, 연호를 '무성(武成)'이라고 하였다. 얼마 후 유흡(劉洽)에게 패하여 채주로 도망쳤고, 정원(貞元) 2년(786년)에 부장인 진선기(陳仙奇)에게 독살되었다.

'생령(生靈)'은 인민, 백성을 말한다. '참절(僭竊)'은 본분을 벗어나 절취하는 것을 말한다. '탄서(呑噬)'는 삼키다, 착복하다, 침해하다의 뜻이지만 여기서는 탐욕의 뜻으로 풀이한다. '윤서(淪胥)'는 함락, 멸망, 몰락의 뜻이다. '효유(曉諭)'는 효시(曉示), 즉 분명하게 알려 준다는 뜻이다.

8. 이기고 지는 것은 병가의 상사(常事)이다

勝負兵家常勢

당나라 헌종(憲宗) 이순(李純)

[원문]

이기고 지는 것은 병가의 상사(常事)이니 장수 한 명이 패배했다고 이미 정한 계획을 그만둘 수는 없다. 오늘은 단지 용병의 방략을 의논하는 조정의 일상적인 일이니 결정한 후에 처리토록 하라(『구당서』 「본기」 '헌종').

勝負兵家常勢, 不可以一將失利, 便沮成計. 今但議用兵方略, 朝廷庶務, 制置可否耳.
승부병가상세, 불가이일장실리, 편저성계. 금단의용병방략, 조정서무, 제치가부이.

[해설]

원화(元和) 11년(816년) 5월 임신일에 이광안(李光顔)이 능운책(凌雲柵)에서 적병을 격파하였지만, 6월 갑신일에 고하우(高霞寓)는 철성(鐵城)에서 크게 패하여 신흥책(新興柵)으로 물러났다. 그날 사람들이 놀라자 재상이 전쟁을 멈추고 휴전할 것을 여러 차례 상주하였다. 그러자 헌종이 한 말이다. 그의 대범함과 용기를 엿볼 수 있는 대목이다.

'상세(常勢)'는 상사(常事)의 뜻이다. '제치(制置)'는 계획하다, 처리하다의 뜻이다.

9. 명령을 준수하는 자는 후한 상을 줄 것이다

用令有重賞

송나라 태조太祖 조광윤趙匡胤

[원문1]

태후와 주상은 우리들이 북면(北面)하여 신하로 섬긴 이들이니 너희들은 함부로 놀라게 하거나 무례해서는 안 된다. 대신들은 모두 우리와 동등한 지위를 지닌 이들이니 침범하거나 능멸하면 안 된다. 조정의 창고나 선비와 평민들의 집에 들어가 약탈하지 말라. 명령을 준수하는 자는 후한 상을 줄 것이고, 위반하는 자는 본인은 물론이고 자손까지 죄를 물을 것이다(『송사』「본기」 '태조').

太后, 主上, 吾皆北面事之, 汝輩不得驚犯. 大臣皆我比肩, 不得侵凌. 朝廷府庫, 士庶之家, 不得侵掠.
태후, 주상, 오개북면사지, 여배부득경범. 대신개아비견, 부득침릉. 조정부고, 사서지가, 부득침략.

用令有重賞, 違卽孥戮汝.
용령유중상, 위즉노륙여.

[해설]

후주(後周) 현덕(顯德) 7년(960년) 봄, 진교역(陳橋驛)에서 병변이 일어났을 때 장령(將領)들이 조광윤을 황제로 옹립하자 그가 장령들에게 말한 내용이다. 인심을 얻기 위한 나름의 책략이 돋보인다.

'태후(太后)'는 오대(五代) 후주(後周) 세종 이후에 자리에 오른 황후 부씨(符氏), 즉 후매(後妹)를 지칭하며, '주상(主上)'은 세종의 후사(後嗣)인 공제(恭帝) 시종훈(柴宗訓)을 지칭한다. '북면(北面)'은 북쪽을 향하다, 남의 신하가 된다는 뜻이다. 반대로 왕이 되는 것은 남면(南面)이다. '경범(驚犯)'은 놀라게 하거나 무례하게 구는 것을 말한다. '비견(比肩)'은 동등하다는 뜻이다. '부고(府庫)'는 재물이나 병기를 수장하는 창고이다. '노륙(孥戮)'은 자손까지 주살한다는 뜻이다.

[원문2]

나는 천지의 뜻을 저버려 지금과 같이 되었도다(『송사』「본기」'태조').

違負天地, 今至於此.
위부천지, 금지어차.

[해설]

이는 조광윤이 진교역에서 황제에 옹립된 후 명덕문(明德門)으로 들어가 재상 범지(範至) 등을 만났을 때 눈물을 흘리며 한 말이다. 마치 자책하는 듯한 발언이나 실제로는 여러 대신들의 동정과 지지를 얻고자 함이었다.

[원문3]

도성이 함락되는 날 절대로 살육이 없도록 하라. 설사 적군이 최후의 발악을 할지라도 이욱(李煜)만은 절대로 해치지 않도록 하라(『송사』「본기」'태조').

城陷之日, 愼無殺戮. 設若困鬪, 則李煜一門, 不可加害.
성함지일, 신무살륙. 설약곤투, 즉이욱일문, 불가가해.

[해설]

개보(開寶) 7년(974년) 9월에 송나라 태조는 남정(南征)하여 이욱을 공략하도록 명했다. 위의 글은 출정 당일에 한 말이다. 인심을 얻어 적군을 와해하려는 책략을 엿볼 수 있다.

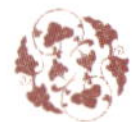

10. 틀림없이 그들과 싸워 이길 것이다

破之必矣

원나라 태조太祖 칭기즈칸成吉思汗

[원문]

금나라의 정예병은 동관(潼關)에 주둔하고 있는데, 동관의 남쪽은 거련산(據連山 : 기련산)으로 이어지고, 북쪽은 천연 요새라 할 수 있는 황하가 자리하고 있어 신속하게 돌파하기 어렵다. 만약 우리가 송나라에게 길을 빌리고자 하면, 송나라는 금나라와 대대로 원수이니 분명 우리의 요구에 응할 것이다. 그러면 병사들을 송나라의 당(唐)과 등(鄧) 지역을 통해 직접 금나라 수도인 대량(大梁)으로 진격케 하라. 금나라의 수도가 위급해지면 분명 동관의 병력을 이동하려 할 것이다. 그러나 동관의 수만(數萬)에 달하는 병력이 구원하기 위해 천리 길을 내닫는다면, 사람이나 말이 피로하여 설사 변량(汴梁 : 대량)에 도착한다고 할지라도 싸울 수 없는 지경에 이를 것이니 틀림없이 그들과 싸워 이길 것이다(『원사』「본기」'태조').

金精兵在潼關, 南據連山, 北限大河, 難以遽破. 若假道於宋, 宋, 金世仇, 必能許我, 則下兵唐, 鄧,
금정병재동관, 남거련산, 북한대하, 난이거파. 약가도우송, 송, 금세구, 필능허아, 칙하병당, 등,

直搗大梁. 金急, 必徵兵潼關. 然以數萬之衆, 千裏赴援, 人馬疲弊, 雖至弗能戰, 破之必矣.
직도대량. 금급, 필징병동관. 연이수만지중, 천리부원, 인마피폐, 수지불능전, 파지필의.

[해설]

칭기즈칸은 친히 군사를 이끌고 금나라와 싸워 승리를 목전에 두었다. 금나라에서 여러 차례 칭기즈칸에게 강화를 요청하였으나 이루어지지 않았다. 22년(1227년) 6월에 금나라가 또 다시 강화를 요청하였는데, 당시 칭기즈칸은 중병에 걸린 상태였다. 위의 글은 임종하기 전에 그가 남긴 말이다. 금나라를 멸망시킬 책략을 전달하고 있는데, 그의 탁월한 군사적 재능과 필승의 신념을 엿볼 수 있다.

'동관(潼關)'은 섬서성 관중 평원의 동쪽에 있으며, 진(秦), 진(晉), 예(豫) 삼성(三

省)이 교차하는 요충지이다. 동한(東漢) 이전에는 관성(關城 : 만리장성에서 가장 중요한 방어 요지)이 없었으나 동한 말년에 조조가 관서(關西)의 병란을 예방하기 위해 건안 원년(196년)에 동관(潼關)을 설치하고, 함곡관을 폐기하였다. '연산(連山)'은 기련산(祁連山)이다. '당(唐)'은 지금의 하북성에 있는 당현(唐縣)이다. '등(鄧)'은 지금의 하남성 언성현(鄾城縣) 동남쪽에 있다. '대량(大梁)'은 금나라의 수도로서 지금의 하남성 개봉현 경내에 있다.

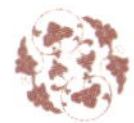

11. 과거와 현재의 상황이 다르니 반드시 전례를 좇을 필요가 없다

古今異宜, 不必相沿

원나라 성종成宗 철목이鐵穆耳

[원문]

옛날과 지금에 적용되는 상황이 다르니 반드시 전례를 좇을 필요가 없다. 단지 오늘에 마땅한 것을 취하도록 하라(『원사』「본기」'성종').

古今異宜, 沒有必相沿, 但取宜於今者.
고금이의, 몰유필상연, 단취의어금자.

[해설]

대덕(大德) 4년(1300년) 2월에 성종이 하영조(何榮祖)에게 말했다. "율령과 법률을 조속하게 제정함이 마땅하다." 이에 하영조가 대답하였다. "신이 택한 법률은 380조(條)인데, 조항마다 서너 개의 사항이 있습니다." 위의 글은 바로 이에 대한 대답이다. 성종은 이렇듯 법률을 현실에 맞게 제정하는 것을 강조하고 있다.

12. 재해를 없애는 데 나름의 방법이 있다

弭災有道

원나라 순제順帝 타환첩목이妥懽帖睦爾

[원문]

재해를 없애는 데 나름의 방법이 있으니 무엇보다 선정(善政)을 베푸는 것이 중요하다. 기년(紀年)의 연호를 바꾸는 것은 원래부터 있었던 방법이다. 세조(홀필렬) 황제는 재위 기간이 길었으며, 천상(天象)과 인사(人事)가 모두 화합하여 조화로웠다. 여러 가지 복락이 모두 이르렀으니 세조 황제의 뜻을 받드는 것이 바로 짐의 생각에 부합하는 것이로다. 지금 특별히 원통(元統) 3년을 지원(至元) 원년으로 개원하고자 한다『원사』「본기」'순제'.

弭災有道, 善政爲先. 更號紀年, 實惟舊典. 惟世祖皇帝在位長久, 天人協和, 諸福鹹至, 祖述之志,
미재유도, 선정위선. 경호기년, 실유구전. 유세조황제재위장구, 천인협화, 제복함지, 조술지지,

良切朕懷. 今特改元統三年仍爲至元元年.
양절짐회. 금특개원통삼년잉위지원원년.

[해설]

원나라 순제가 연호를 바꾸면서 내린 조령이다. 그는 사회적 모순이 돌출하자 연호를 바꾸어 위기에 처한 국운을 변화시키고자 했다. 치국에 대한 그의 무능을 그대로 드러낸 셈이다.

'원통(元統)'은 원나라 순제의 첫 번째 연호이다. '지원(至元)'은 원나라 세조 홀필렬의 연호인데, 순제는 이를 자신의 새로운 연호로 삼아 세조의 위풍을 빌어 사회를 진흥시키고자 했다.

13. 그들을 통제하는 방법은 법을 두려워하게 하는 것이다

馭之之道, 使之畏法

명나라 태조太祖 주원장朱元璋

[원문1]

환관은 단지 부리는 대로 준비하는 자이니 굳이 많을 필요가 없다. 옛날부터 그들은 전횡에 능하였으니 이를 거울삼아 경계해야 할 것이다. 그들을 통제하는 방법은 법을 두려워하고, 공적을 쌓지 못하도록 하는 것이니 만약 공로가 생긴다면 그들은 오만방자하여 제멋대로 하고자 할 것이다(『명사』「본기」'태조').

內臣但備使令, 毋多人, 古來若輩擅權, 可爲鑒戒. 馭之之道, 當使之畏法, 勿令有功, 有功則驕恣矣.
내신단비사령, 무다인, 고래약배천권, 가위감계. 어지지도, 당사지외법, 물령유공, 유공칙교자의.

[해설]

홍무(洪武) 2년(1369년) 7월에 내시(內侍)의 관제(官制)를 제정할 때 태조가 이부(吏部) 관리들에게 효유한 말이다. 한나라 이후로 환관이 권력을 차지하여 전횡한 예가 결코 적지 않았다. 명나라 태조 주원장은 태감(太監)들의 속성을 정확하게 파악하고, 그들의 전횡을 막을 수 있도록 한 것이다.

'사령(使令)'은 노복처럼 심부름하는 자를 말한다. 여기서는 환관을 말한다.

[원문2]

짐이 천명을 받은 지 이미 31년의 세월이 흘렀다. 언제나 걱정과 근심이 마음에 쌓여 매일 정사에 힘써 나태하지 않았으며, 항시 천하 백성들에게 이로운 일을 하고자 애썼다. 나는 어쩔 수 없이 빈한한 집안에서 태어나 옛 사람들처럼 박학다식하지 않으며, 선을 좋아하고 악을 싫어하는 것도 옛 사람들에 미치지 못했다. 오늘 세상을 뜨는 것은 만물이 순환하며 변화하는 자연의 이치이니 어찌 비통한 생각이 있겠느냐. 황태손 주윤문(朱允炆 : 명나라 2대 황제 건문제建文帝, 재위

1398~1402)은 어질고 총명하며, 부모에게 효도하고 우애가 있어 천하의 인심이 모두 그에게 돌아오니 황위에 오르는 것이 마땅하도다. 내외 문무 신료들은 합심하여 정사를 보필하여 내 백성들이 편안토록 하라. 장례나 제사 의식에 쓰는 물품은 금이나 옥으로 장식하지 말라. 짐의 효릉(孝陵)은 원래 지형에 따라 조성하여 지형을 바꾸지 말라. 천하의 백성들은 3일간 애도한 후 모두 상복을 벗도록 하여 그들의 혼사(婚事)에 방해가 되지 않도록 하라. 여러 제후왕들은 자신의 나라에서 애도하고 경사로 올라오지 말라. 이 외에 명령하지 않은 일들도 모두 지금 내가 하는 명에 따라 처리토록 하라(『명사』「본기」'태조').

朕膺天命三十有一年, 憂危積心, 日勤不怠, 務有益於民. 奈起自寒微, 無古人之博知, 好善惡惡,
짐응천명삼십유일년, 우위적심, 일근불태, 무유익어민. 내기자한미, 무고인지박지, 호선악악,

不及遠矣. 今得萬物自然之理, 其奚哀念之有. 皇太孫允炆仁明孝友, 天下歸心, 宜登大位. 內外文武
불급원의. 금득만물자연지리, 기해애념지유. 황태손윤문인명효우, 천하귀심, 의등대위. 내외문무

명나라 시대의 환관

명나라에서는 환관(宦官)의 권력이 막강했다. 그들은 금의위(錦衣衛)의 중요 성원으로서 직접 황제의 명을 받았기 때문에 지방 관리들은 감히 그들을 통제할 수 없었다. 그들은 의복도 일반 사람이나 관리들과 달랐다.

그들은 머리에 사모(紗帽)를 썼고, 둥근 옷깃을 달고 붉은 바탕에 황금색 구름 문양이 들어간 비단 장포(長袍)를 입었다. 이는 명나라 환관의 중요 특징 가운데 하나이다. 그림 속의 환관은 손에 머리장식이 놓인 그릇을 들고 비빈이 치장하는 것을 시중드는 모습이다.

臣僚同心輔政, 以安吾民. 喪祭儀物, 毋用金玉. 孝陵山川因其故, 毋改作. 天下臣民, 哭臨三日, 皆釋服,
신료동심보정, 이안오민. 상제의물, 무용금옥. 효릉산천인기고, 무개작. 천하신민, 곡림삼일, 개석복,

毋妨嫁娶. 諸王臨國中, 毋至京師. 諸不在令中者, 推此令從事.
무방가취. 제왕림국중, 무지경사. 제불재령중자, 추차령종사.

[해설]

명나라 홍무 31년(1398년) 윤4월에 태조가 임종하기 직전에 내린 조령이다. 그는 황위 계승에 관한 일과 더불어 장례를 간소하게 치를 것을 당부하는 등 후사에 대해 세심하게 당부하였다.

‘응(膺)’은 이어받는다는 뜻이다. ‘임(臨)’은 울며 조상하는 것을 말한다. ‘황태손(皇太孫) 윤문(允炆)’은 황태자 주표(朱標)의 아들이다. 홍무 25년(1392년)에 주표가 병사하자 윤문을 황태손으로 봉했다. 홍무 31년에 즉위하여 삭번(削藩) 정책을 취해 변방의 황족 세력을 약화시키고자 했다. 그러나 당시 세력이 막강한 연왕(燕王) 주체(朱棣)가 건문(建文) 원년(1399년) 7월 ‘정란(靖亂 : 혼란을 평정함)’을 구실로 거병하여 건문 4년 6월에 경사 응천부(應天府)로 진격하였다. 그러나 주윤문은 어디로 도피하였는지 행방이 묘연했다. 이는 지금까지도 역사의 수수께끼로 남아 있다.

[원문3]

짐이 전란의 시기를 만나 고향에서 처음으로 거사한 것은 본래 자신의 목숨을 보전하기 위함이었다. 장강을 건넌 후에 군웅들이 제멋대로 악행을 저질러 백성들의 고통이 큰 것을 보게 되었는데, 특히 장사성(張士誠)과 진우량(陳友諒)은 거대한 해충이나 다를 바 없었다. 장사성은 재물에 기대고, 진우량은 강력한 군사력에 의지하였으나 짐은 아무데도 의지할 것이 없었다. 다만 살인을 좋아하지 않고 신의를 베풀며 절검을 행하며 그대들과 합심하여 어려움을 극복할 수 있었다. 처음 장사성과 진우량 두 도적과 대치할 때 장사성의 위협이 가장 급박하였는데, 혹자는 먼저 그를 공략하자고 말했다. 그러나 짐은 진우량이 득의양양하여 성격이 교만한 것에 비해 장사성은 기량이 좁다는 것을 알고 있

마황후(馬皇后)

마황후의 본명은 마수영(馬秀英, 1332~1382)이다. 주원장의 정실 부인이자 명나라 왕조의 개국황후이다(민간에서는 '대각황후大脚皇后'라고 칭함). 주원장을 따라 수많은 전쟁을 겪으며 내조에 힘썼다.

명나라 건국 후에도 그녀는 백성들의 고통과 환난을 걱정하며 주원장에게 직언을 마다하지 않았다. 나라의 국모가 된 후에도 학식을 갖춘 여관(女官)들과 함께 찰기(札記) 자료를 정리하는 것을 도왔다.

또한 대문호인 송렴(宋濂, 1310~1381)의 손자인 송신(宋愼)이 호유용(胡惟庸 : 주원장의 개국공신으로서 좌승상의 자리에 올랐으나 말년에 반란을 일으켜 주살됨)의 난에 연루되어 송렴을 포함한 일가족이 사형에 처하게 되자 마황후 자신이 직접 나서서 그를 구명하였다.

임종하기 직전에는 의원이 자신의 죽음으로 인해 피해를 보지 않도록 약조차 먹지 않았다. 그녀가 죽자 주원장은 통곡을 그치지 않았으며, 향후 더 이상 황후를 세우지 않겠다고 선언했다. 마황후가 주원장에게 어떤 여인이었는지를 가늠할 수 있다.

었다. 사람이 교만하면 일을 일으키는 것을 좋아하고, 기량이 좁으면 원대한 계획이 없기 마련이다. 그래서 먼저 진우량을 공격하기로 했다. 파양(鄱陽)전투에서 장사성은 고소(姑蘇)에 틀어박혀 진우량을 구원하기 위해 한 걸음도 나오지 않았다. 만약 장사성을 먼저 공격했다면 그는 절서(浙西)에서 험준한 지세에 기대어 끝까지 지켰을 것이고, 진우량이 전군을 동원하여 내습했을 것이니, 결국 나는 뒤편에서 적을 맞아 싸워야만 했을 것이다.

두 도적이 모두 제거된 후에 북으로 중원을 평정하는 데 먼저 산동을 공략하고, 다음으로 하락(河洛)을 공격한 이유는 동관의 병마(兵馬)를 고립시켜 진(秦)과 농(隴)을 취하기 위함이었다. 원나라 장수인 확곽첩목아(擴廓帖木兒 : 코코테무르)와 이사제(李思齊), 장사도(張思道)는 백전(百戰) 이상을 겪은 명장으로 단번에 굴복하려고 하지 않을 것이기 때문에 그들을 급박하게 만들어 한쪽에서 병력을 모아 저항한다면 빠른 시간 내에 평정하기 어려웠을 것이다. 그런 까닭에 전혀 의외로 군기(軍旗)를 북쪽으로 향해 연경(燕京)을 공략한 후에 다시 서쪽을 치도록 하였다. 장사도와 이사제 등은 희망이 끊어지고 형세가 곤궁해지자 싸우지도 않고 평정할 수 있었다. 그러나 확곽첩목아는 여전히 극력 저항하여 굴복하지 않

으려고 하였다. 만약에 앞서 연도(燕都 : 원의 수도)를 취하지 못했다면 모든 역량
을 집중하여 싸워도 승부를 예측할 수 없었을 것이다(『명사』「본기」'태조').

朕遭時喪亂, 初起鄕土, 本圖自全. 及渡江以來, 觀群雄所爲, 徒爲生民之患, 而張士誠 陳友諒尤爲巨蠹
짐조시상란, 초기향토, 본도자전. 급도강이래, 관군웅소위, 도위생민지환, 이장사성, 진우량우위거두.

士誠恃富, 友諒恃强, 朕獨無所恃. 惟不嗜殺人, 布信義, 行節儉, 與卿等同心共濟. 初與二寇相持, 士誠尤
사성시부, 우량시강, 짐독무소시. 유불기살인, 포신의, 행절검, 여경등동심공제. 초여이구상지, 사성우

逼近. 或謂宜先擊之. 朕以友諒志驕, 士誠器小, 志驕則好生事, 器小則無遠圓, 故先攻友諒. 鄱陽之役,
핍근. 혹위의선격지. 짐이우량지교, 사성기소, 지교칙호생사, 기소칙무원원, 고선공우량. 파양지역,

士誠卒不能出姑蘇一步以爲之援. 向使先攻士誠, 浙西負固堅守, 友諒必空國而來, 吾腹背受敵矣.
사성졸불능출고소일보이위지원. 향사선공사성, 절서부고견수, 우량필공국이래, 오복배수적의.

二寇旣除, 北定中原, 所以先山東, 次河洛, 止潼關之兵不遽取秦, 隴者, 蓋擴廓帖木兒, 李思齊, 張思道
이구기제, 북정중원, 소이선산동, 차하락, 지동관지병불거취진, 농자, 개확곽첩목인, 이사제, 장사도

皆百戰之餘, 未肯遽下, 急之則幷力一隅, 猝未易定, 故出其不意, 反斾而北. 燕都旣擧, 然後西征. 張, 李望絶
개백전지여, 미긍거하, 급지즉병력일우, 졸미역정, 고출기불의, 반패이북. 연도기거, 연후서정. 장, 이망절

勢窮, 不戰而克, 然擴廓猶力抗不屈. 向令未下燕都, 驟與角力, 勝負未可知也.
세궁, 부전이극, 연확곽유력항불굴. 향령미하연도, 취여각력, 성부미가지야.

[해설]

명나라 태조가 어느 날 군신들과 천하를 제패하기 위한 책략에 대해 논의하면
서 한 말이다. 적절한 시기 파악, 시세(時勢)에 대한 정확한 인식, 뛰어난 결단력,
그리고 영웅의 기백이 잘 드러나 있다.

'장사성(張士誠)'은 원나라 말기에 강절(江浙) 일대에 할거하던 무장 세력의 수
령이다. 민간에서 소금을 운반하는 일에 종사하다가 지정(至正) 13년(1353년)에
거병하여 원나라에 맞섰다. 23년(1363년) 9월 주원장에게 체포되어 스스로 목을
매어 죽었다. '진우량(陳友諒)'은 호북 감리(監利) 출신으로서 대대로 어업에 종
사하다가 현의 관리가 되었다. 원나라 말기에 농민전쟁이 폭발하자 서수휘(徐壽
輝) 등이 이끄는 천완홍건군(天完紅巾軍)에 참가하였으며, 나중에 서수휘를 죽이
고 권력을 장악하여 대한(大漢) 정권을 세웠다. 주원장과 싸우다 화살에 맞아 죽
었다.

'공국(空國)'은 거국(擧國)의 뜻이지만 여기서는 전군(全軍)의 뜻으로 풀이한다.
확곽첩목아(擴廓帖木兒, ?~1375)는 원나라 말기의 장수로서 본성은 왕(王)이고, 아

명은 보보(保保)이다. 좌승상, 중서승상(中書丞相) 등을 역임하였고, 명나라 군사
와 몇 번의 전투에서 승패를 나누어 가졌으나 결국 패전하여 원나라 소종(昭宗)
애유식리달랍(愛猷識裏達臘 : 아유르시리다라)을 따라 금산(金山 : 지금의 알타이산)으로
갔다. 주원장이 이사제를 막북(漠北 : 현재의 외몽고外蒙古)으로 보내 투항을 권고하
였으나 끝내 굴복하지 않다가 1375년에 죽었다.

14. 그를 방면하여 원한을 품지 않도록 하라

縱之, 毋植怨也

청나라 태조太祖 애신각라 누루하치努爾哈赤

[원문]

그를 방면하여 원한을 품지 않도록 하라(『청사고』「본기」'태조').

縱之, 毋植怨也.
종지, 무식원야.

[해설]

당매부(堂妹夫 : 사촌매부)가 명나라 총병(總兵)의 공격을 받게 되자 청나라 태조
의 조부와 부친이 그를 지원하다가 두 사람 모두 전사했고, 청나라 태조는 갑사
(甲士) 13명만 데리고 귀환하였다. 당시 오성족인(五城族人)* 용돈(龍敦) 등이 원한
을 품고 태조를 야습하였다. 그날 밤 태조의 부하들이 습격한 자들을 모두 체포
하였는데, 위의 글은 바로 그때 태조가 부하들에게 한 말이다. 관대하고 아량을
베푸는 모습을 통해 여러 가지 모순을 해결하려는 그의 태도를 엿볼 수 있다.

---

* 장(張), 왕(王), 유(劉), 이(李), 조(趙) 등 5대 성씨의 자제들이 각기 성을 하나씩 지켰기 때문에 '오성족인'이라
고 한다.

15. 토벌과 위로를 병행하여 도적을 잡는다는 이유로 백성을 괴롭히지 말라

剿撫幷施, 勿藉捕擾民

청나라 세조世祖 애신각라 복림福臨

[원문]

각 성(省)의 유구(流寇 : 떠돌이 도적)들은 본시 나의 백성으로서 기아와 추위로 궁색하여 난리를 일으키게 된 것이다. 근년에 여러 차례 토벌이 이루어졌는데, 군대를 인솔하는 장령(將領 : 고급장교)들이 양민을 살육하여 공로를 사칭하고 진짜 도적은 섬멸하지 않아 백성들이 여전히 고통을 당하고 있도다. 이후로 각지의 독무(督撫 : 총독總督과 순무사巡撫使의 합칭)들은 반드시 토벌과 위로를 병행하여 도적을 잡는다는 이유로 백성을 괴롭히지 않도록 하여 짐의 뜻에 부합하라(『청사고』「본기」'세조').

各省土寇, 本皆吾民, 迫於飢寒, 因而爲亂. 年來屢經搏剿, 而管兵將領, 殺良冒功, 眞盜未殲, 民乃
각성토구, 본개오민, 박어기한, 인이위란. 연래누경박초, 이관병장령, 살량모공, 진도미섬, 민내

茶毒, 朕深痛之. 嗣後各督撫宜剿撫幷施, 勿藉捕擾民, 以稱朕意.
도독, 짐심통지. 사후각독무의초무병시, 물자포요민, 이칭짐의.

[해설]

순치(順治) 8년(1651년) 윤2월에 세조가 내린 교유(教諭)에서 한 말이다. 그는 지방 양민들이 떠돌이 도적으로 전락하는 것은 추위와 배고픔 때문이라고 생각하고 있었다. 또한 관병들이 도적을 소탕한다는 미명하에 오히려 양민들을 괴롭히고 있는 상황을 정확히 파악하고 있었다. 그래서 떠돌이 도적들을 무조건 살육하기 전에 위안(慰安 : 위로하여 마음을 편하게 함) 정책을 병행할 것을 명령하고 있다. 유적(流賊) 문제를 객관적으로 처리하려는 그의 의도를 엿볼 수 있다.

현량하고 반듯한 사람을 천거하고, 재덕을 겸비한 사람을 임용하라

　'사현약갈思賢若渴'은 현자를 그리워함이 목마른 듯하다는 뜻이다. 이 말은 인재에 대한 갈망을 표현한 것으로서 고대 제왕들의 심정을 대변한다. 군왕은 나라의 대권을 장악한 지고무상한 자리이다. 그러나 군왕이라고 해서 나라를 다스리는 일을 제멋대로 할 수는 없다. 더군다나 나라가 방대하고 인구가 많으니, 제왕이 아무리 뛰어난 능력의 소유자라고 해도 현명하고 능력을 갖춘 이들을 찾아 그들을 나라의 동량棟樑으로 삼지 않을 수 없다. 역사적으로 성세盛世는 거의 예외 없이 명철한 군주와 어질고 능력 있는 대신들이 서로 합심한 결과로 이루어진다. 그렇기 때문에 우리는 역대 제왕들이 인재를 구하는 소리를 끊임없이 들을 수 있다. "푸르고 푸른 그대의 옷깃이여, 아득하고 아득한 나의 그리움이로다青青子衿청청자금, 悠悠我心유유아심. 조조曹操의 「단가행短歌行」*에 나오는 이 대목은 제왕들의 마음을 가장 잘 표현한 시구가 아닐 수 없다.

---

* 이 시는 원래 『시경』 「정풍(鄭風)」 '자금(子衿)'에 나오는데, 조조가 「단가행」에서 인용하였다.

1. 군막軍幕에서 계책을 짜내다

運籌策帷帳之中

한나라 고조高祖 유방劉邦

[원문1]

열후와 여러 장수들은 짐을 속이지 말고 모두 사실대로 이야기해 보시오. 내가 천하를 얻을 수 있었던 까닭은 무엇이며, 항우가 천하를 잃은 까닭은 무엇이오? ……그대는 하나만 알고 둘은 모르는구려. 군막(軍幕)에서 계책을 짜내어 천리 바깥에서 승리를 결정짓는 일에서는 내가 자방(子房, ?~ BC 168 : 장량張良, 한나라 고조 유방의 공신)만 못하며, 나라를 안정시키고 백성들을 위로하며 군량을 운송하여 운송로가 끊어지지 않게 하는 일은 내가 소하(蕭何, ?~ BC 193년 : 한나라 고조 유방의 재상)만 못하며, 백만 대군을 통솔하여 싸움에 나가 반드시 이기는 일은 내가 한신(韓信, ?~ BC 196 : 한나라 초기의 무장. 처음에는 항우를 섬겼으나 중용되지 않아 유방에게 의탁하여 대장군이 됨)만 못하오. 이들 세 사람은 모두 걸출한 인재로서 내가 그들을 임용할 수 있었다는 것이 바로 내가 천하를 얻을 수 있었던 까닭이오. 항우는 단지 범증(範增, BC 277~BC 204)[*] 한 사람만 있었으나 그마저 끝까지 신임하지 못했으니 이것이 바로 그가 나에게 포로로 잡힌 까닭이오(『사기』「고조 본기」).

列侯諸將無敢隱朕, 皆言其情. 吾所以有天下者何? 項氏之所以失天下者何? ……公知其一, 未知其二.
열후제장무감은짐, 개언기정. 오소이유천하자하? 항씨지소이실천하자하? ……공지기일, 미지기이.

夫運籌策帷帳之中, 決勝於千裏之外, 吾不如子房. 鎭國家, 撫百姓, 給饋餉, 不絶糧道, 吾不如蕭何.
부운주책유장지중, 결승어천리지외, 오불여자방. 진국가, 무백성, 급궤양, 부절양도, 오불여소하.

連百萬之軍, 戰必勝, 攻必取, 吾不如韓信. 此三者, 皆人傑也, 吾能用之, 此吾所以取天下也. 項羽有
연백만지군, 전필승, 공필취, 오불여한신. 차삼자, 개인걸야, 오능용지, 차오소이취천하야. 항우유

---

[*] 초나라의 책사, 정치가이다. 유방이 항우와 초나라를 위험하게 할 것을 예상하여 유방을 죽이려고 했지만, 항백의 배반으로 실패한 후 유방의 모사 진평의 반간계에 빠진 항우에 의해 쫓겨났다. 항우가 전쟁에서 패한 후 반간계에 빠졌던 사실을 알고는 크게 후회하였다.

一範增而不能用, 此其所以爲我擒也.
일범증이불능용, 차기소이위아금야.

[해설]

유방이 천하를 얻은 후 낙양(洛陽) 남궁(南宮)에서 주연을 베풀었다. 당시 그가 여러 신료들과 함께 항우와 싸워 이기게 된 근본 원인에 대해 이야기하였는데, 위의 글은 그때 유방이 한 말이다. 유방이 승리를 얻게 된 것은 인재를 중시하고, 그들을 적절하게 활용한 결과라는 뜻이다.

'공(公)'은 왕릉(王陵)을 말한다. 유방이 질문하자 왕릉이 이렇게 대답했다. "폐하는 오만하시고 사람들을 업신여기십니다. 그러나 항우는 어질고 사람들을 어여삐 여겼습니다. 그러나 폐하는 성을 공략한 후 공적이 있는 자에게 차지한 것을 나누어 주고 천하와 그 이익을 함께 하시었지만, 항우는 어진 자와 능력이 있는 자를 시기하여 공로가 있는 자를 해치고, 어진 자를 의심하였으며, 전쟁에 이겨도 이를 다른 사람의 공으로 여기지 않고, 땅을 빼앗아도 그 이익을 다른 사람에게 나누어 주지 않았습니다. 이것이 바로 천하를 잃은 까닭입니다." 위의 글은 바로 이에 대한 대답이다. '궤향(饋餉)'은 양식을 운송하는 것이니 여기서는 군량미 운송을 말한다.

[원문2]

큰 바람이 몰아치니 구름이 날아오르고,

위엄을 천하에 떨치며 고향에 돌아왔도다.

어떻게 하면 용사를 얻어 천하 사방을 지킬 수 있을까?(『사기』「고조 본기」)

大風起兮雲飛揚, 威加海內兮歸故鄉, 安得猛士兮守四方.
대풍기혜운비양, 위가해내혜귀고향, 안득맹사혜수사방.

[해설]

고조(高祖) 12년(기원전 195년)에 유방이 친히 영포(英布)를 토벌하여 승리를 얻은 후 귀환하는 길에 잠시 고향에 들렀다. 고향의 여러 친척, 친구들이 주연을 베풀

었을 때 그가 즉석에서 부른 노래의 가사이다. 호걸의 위엄과 더불어 인재를 찾
아 천하를 안정시키려는 제왕의 심원한 뜻이 돋보인다.

2. 열 가구가 사는 작은 읍에도 반드시 충성스럽고
믿을 만한 사람이 있다

十室之邑, 必有忠信

한나라 무제武帝 유철劉徹

[원문1]

무릇 열 가구가 사는 작은 읍에도 틀림없이 충성스럽고 믿을 만한 사람이 있
고, 세 사람이 함께 걸으면 그 가운데 나의 스승이 될 사람이 있을 것이다. 지금
모든 군(郡)에서 한 명의 인재도 천거하지 않으니 이로 인해 짐의 교화가 널리 전
파되지 않고, 품행이 바른 군자들이 가려져 위(황제)에서 알 수 없도다. 각지의 2
천 석 이상의 봉록을 받는 관리들은 인륜 도덕이 뛰어나지만 장차 무엇으로 짐
을 보좌하여 어두운 면을 밝히고 선의(善意)를 권면하며, 백성들을 격려하여 향
당(鄕黨 : 향리)의 가르침을 높일 수 있겠는가? 또한 어진 인재를 추천하면 상을 받
고, 어진 인재를 숨기고 은폐하면 벌을 받는 것은 고대의 제도이기도 하다. 바라
건대 2천 석 이상의 봉록을 받는 관원, 예관(禮官), 박사 등은 어진 이를 천거하지
않는 죄과에 대해 논의토록 하라(『한서』「무제기」).

夫十室之邑, 必有忠信, 三人竝行, 厥有我師. 今或至闔郡而不薦一人, 是化不下究, 而積行之君子雍於
부십실지읍, 필유충신, 삼인병행, 궐유아사. 금혹지합군이불천일인, 시화불하구, 이적행지군자옹어

上聞也. 二千石官長紀綱人倫, 將何以佐朕燭幽隱, 勸元元, 厲蒸庶, 崇鄕黨之訓哉? 且進賢受上賞,
상문야. 이천석관장기강인륜, 장하이좌짐촉유은, 권원원, 여증서, 숭향당지훈재? 차진현수상상,

蔽賢蒙顯戮, 古之道也. 其與中二千石, 禮官, 博士議不擧者罪.
폐현몽현륙, 고지도야. 기여중이천석, 예관, 박사의불거자죄.

한나라 무제가 원삭(元朔) 원년(기원전 128년)에 인재를 구하기 위해 내린 조서다. 그는 각지에서 인재를 추천하지 않는 것에 대해 우려를 표명하면서 상벌로써 관원들이 인재를 추천하도록 적극 독려하고 있다. 이는 널리 인재를 구하고자 하는 그의 바람을 표현한 것이다.

'부십실지읍(夫十室之邑)'에서 '궐유아사(厥有我師)'까지 문장은 『논어』의 구절에서 차용한 내용이다. '합군(闔郡)'의 '합'은 모든, 모두의 뜻이니 모든 군(郡)을 말한다. '원원(元元)'은 선의(善意)의 뜻이다. '증서(蒸庶)'는 민중이다.

[원문2]

무릇 범상치 않은 공(功)은 반드시 범상치 않은 인물이 있어야 완성된다. 어떤 말은 때로 흉폭하고 사람을 발로 밟을지라도 천리를 내달릴 수 있으며, 현량(賢良)한 선비는 때로 세속의 비방을 듣더라도 공명을 세울 수 있는 법이다. 고삐 없이 내달리는 말이나 예도(禮度)에 얽매임이 없는 선비들은 어떻게 부릴 것이냐에 달려 있으니 능히 사용할 수 있을 것이다. 내가 명령하노니 각 주군(州郡)의 관원들은 관리와 백성들 가운데 우수한 재능을 갖춘 이들과 일반인들과 다른 이들을 잘 살펴 향후 장상(將相)이나 먼 나라까지 사신으로 나갈 수 있는 이들이 될 수 있도록 하라(『한서』「무제기」).

蓋有非常之功, 必待非常之人, 故馬或奔踶而致千裏, 士或有負俗之累而立功名. 夫泛駕之馬, 跅馳
개유비상지공, 필대비상지인, 고마혹분제이치천리, 사혹유부속지루이립공명. 부범가지마, 탁치

之士, 亦在禦之而已. 其令州, 郡察吏, 民有茂材, 異等可爲將, 相及使絶國者.
지사, 역재어지이이. 기령주, 군찰리, 민유무재, 이등가위장, 상급사절국자.

한나라 무제는 재위 기간 동안 널리 인재를 취했다. 원봉(元封) 5년(기원전 106년)에 대장군 위청(衛靑)이 죽고 조정에 인재가 부족하자 무제는 무엇보다 뛰어난 인재를 얻고자 노력하였다. 그래서 위와 같이 인재를 구하는 조령을 반포한 것이다.

'제(蹏)'는 발로 밟다. '탁치(跅馳)'는 얽매임이 없어 일정한 규칙을 준수하지 않는다는 뜻이다. '절국(絶國)'은 멀리 떨어진 나라를 말한다.

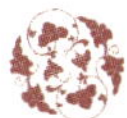

3. 매사에 조심하고 이른 아침부터 저녁 늦게까지
제왕들의 치국의 도를 닦다

夙興夜寐修王事

한나라 소제昭帝 유불릉劉弗陵

[원문]

짐이 미미한 몸으로 종실을 수호하고 국정을 관장하게 되니 언제나 전전긍긍(戰戰兢兢)하여 매사에 조심하고, 이른 아침에 일어나 저녁 늦게 자리에 누울 때까지 고대 제왕들이 남기신 치국의 도를 연구하느라 『보부전(保傅傳)』, 『효경(孝經)』, 『논어(論語)』, 『상서(尙書)』 등을 통독하였는데, 아직 분명치 않은 부분이 있다. 하여 명령하노니 삼보(三輔), 태상(太常)은 각기 현량과(賢良科)에서 두 사람을 추천하고, 군(郡)과 국(國)에서 각기 문학과(文學科) 고제(高第 : 우수한 성적을 얻은) 한 사람씩을 추천토록 하라. 2천 석 이하의 관리와 현량에게 각기 다른 등급의 작위를 하사할 것이다(『한서』「소제기昭帝紀」).

朕以眇身獲保宗廟, 戰戰慄栗, 夙興夜寐, 修古帝王之事, 誦保傅傳, 孝經, 論語, 尙書, 未雲有明.
짐이묘신획보종묘, 전전률률, 숙흥야매, 수고제왕지사, 송보부전, 효경, 논어, 상서, 미운유명.

其令三輔, 太常擧賢良各二人, 郡國文學高第各一人. 賜中二千石以下至吏, 民爵, 各有差.
기령삼보, 태상거현량각이인, 군국문학고제각일인. 사중이천석이하지리, 민작, 각유차.

[해설]

시원(始元) 5년(기원전 82년), 한나라 소제가 즉위하고 얼마 되지 않아 내린 조령의 일부이다. 소제는 고대 제왕의 치국에 관한 도리와 유학을 통해 치국하기로 결심하였다. 아울러 이를 인사 문제와 결부시키고 있다.

'묘신(眇身)'은 미미한 몸이란 뜻이다. 주로 천자나 봉건 제후가 자신을 칭할 때 사용한 겸사이다. '『보부전(保傅傳)』'은 가의(賈誼 : BC 200~BC 168)[*]의 『신서(新書)』에 나오는 「보부(保傅)」, 「부직(傅職)」, 「태교(胎敎)」, 「용경(容經)」 등 4편을 합친 명칭이다.

4. 재덕을 겸비한 이를 임용하다

任賢使能

한나라 원제元帝 유석劉奭

[원문]

오제와 삼왕이 재덕(才德 : 재주와 덕행)을 겸비한 이를 임용하여 천하가 태평하였는데, 지금은 제대로 다스려지지 않은 것이 어찌 백성들이 다르기 때문이겠느냐? 허물은 짐이 명달하지 못하여 어진 이를 제대로 선발하지 못함에 있도다. 그리하여 간사하고 아첨하는 이가 요직에 자리하고, 선량하고 재능이 있는 이는 오히려 중용되지 못하였다. 주(周)와 진(秦) 시절의 폐단이 가중되어 민중들이 경박한 습속에 물들어 예의를 강구치 않고 형법에 저촉되니 어찌 비통하지 않겠느냐? 이렇게 보건대 백성들이 무슨 잘못이 있겠느냐? 천하에 사면령을 내리니 사면을 받은 이들은 정신을 진작하여 자기 스스로 새로워지고 농사일에 전념토록 하라. 밭이 없는 이들은 관부에서 빌려주고, 빈민들을 대하는 것과 마찬

---

[*] 한나라 문제 때의 문인 겸 학자. 진나라 때부터 내려온 율령·관제·예악 등의 제도를 개정하고, 전한의 관제를 정비하기 위한 많은 의견을 상주했다. 저서에 『신서(新書)』 10권이 있으며, 진(秦)나라의 멸망 원인을 분석한 「과진론(過秦論)」 등이 있다.

가지로 그들에게 종자와 양식을 대여토록 하라(『한서』「원제기元帝紀」).

五帝, 三王任賢使能, 以登至平, 而今不治者, 豈斯民異哉? 咎在朕之不明, 亡以知賢也, 而吉士雍蔽.
오제, 삼왕임현사능, 이등지평, 이금불치자, 기사민이재? 구재짐지불명, 망이지현야, 이길사옹폐.

重以周秦之弊, 民漸薄俗, 去禮義, 觸刑法, 豈不良哉! 由此觀之, 元元何辜? 其赦天下, 令房精自新,
중이주진지폐, 민점박속, 거례의, 촉형법, 기불량재! 유차관지, 원원하고? 기사천하, 영방정자신,

各務農畝. 無田者皆假之, 貸種, 食女貧民.
각무농무. 무전자개가지, 대종, 식여빈민.

[해설]

한나라 원제(元帝)가 영광(永光) 원년(기원전 43년) 3월에 내린 조서이다. 원제는
어진 인재를 선발하고 죄를 지은 백성들을 사면하여 그들이 개과천선할 수 있
도록 격려하였다.

'임인(王人)'은 아첨을 잘하는 이를 말한다. '원원(元元)'은 여민(黎民), 백성이다.

5. 현량하고 방정한 이를 천거토록 하라

擧賢良方正

한나라 장제章帝 유달劉炟

[원문]

짐은 밝지 못한데다 치국을 맡은 경험이 적고, 게다가 선거(選擧 : 인재 선발 제도)
가 명실상부(名實相符)하지 않아 용속(庸俗 : 평범하고 속되어 이렇다 할 특징이 없음)한
관리들이 백성을 해치고, 관직이 어지러울 정도로 난립하며, 형벌이 적절치 않
으니 어찌 걱정하지 않을 수 있겠느냐? 예전에 중궁(仲弓 : 공자의 제자)은 계씨(季
氏)의 가신으로 있었고, 자유(子遊)는 무성(武城)의 소재(小宰 : 중대부中大夫 정도의 관
리)로 있었는데, 공자께서 그들에게 어진 인재를 선발할 것을 가르치시고, 그들
에게 인재를 얻었는지 물어보셨다. 밝은 정치에는 크고 작음이 없으니 무엇보

다 인재를 얻는 것이 근본이다.

향리에서 천거한 이들 중에는 분명 여러 차례 공로를 세운 인재가 있을 것이다. 그러나 현재 어떤 자사(刺史)나 수상(守相)은 진위(眞僞)가 분명치 않고, 천거된 무재(茂才)나 효렴(孝廉)이 매해 백여 명인데, 능력이 현저하지 않음에도 그들에게 정사를 맡기니 심히 아무런 의미가 없도다. 매번 전대(前代)의 거인(擧人)이나 공사(貢士)를 찾아보면 향리에서 태어나 권세가 있는 가문과 전혀 관련이 없다. 그러나 그러한 이들이 상주한 의견을 살펴보면 뛰어난 문장으로 채용할 만하고, 공로를 시험해 보면 정치적으로 탁월한 업적이 있다. 재능과 품행이 안팎으로 완미하니 짐은 심히 그러한 이를 기쁘게 생각한다. 명하노니 태부, 삼공, 중이천석, 이천석, 군국(郡國)의 수상 등은 현량하고 방정하며 능히 직언과 쟁간할 수 있는 이들을 각기 한 사람씩 천거토록 하라(『후한서』「숙종효장제기肅宗孝章帝紀」).

朕旣不明, 涉道日寡, 又選擧乖實, 俗吏傷人, 官職耗亂, 刑罰不中, 可不憂與! 昔仲弓季氏之家臣,
짐기불명, 섭도일과, 우선거괴실, 속리상인, 관직모란, 형벌부중, 가불우여! 석중궁계씨지가신,

子遊武城之小宰, 孔子猶誨以賢才, 問以得人. 明政無大小, 以得人爲本. 夫鄕擧裏選, 必累功勞. 今刺
자유무성지소재, 공자유회이현재, 문이득인. 명정무대소, 이득인위본. 부향거리선, 필루공로. 금자

史, 守相不明眞僞, 茂才, 孝廉歲以百數, 旣非能顯, 而當授之政事, 甚無謂也. 每尋前世擧人貢士, 或起
사, 수상불명진위, 무재, 효렴세이백수, 기비능현, 이당수지정사, 심무위야. 매심전세거인공사, 혹기

畎畝, 不系閥閱. 敷奏以言, 則文章可采, 明試以功, 則政有異跡. 文質彬彬, 朕甚嘉之. 其令太傅, 三公,
견무, 불계벌열. 부주이언, 즉문장가채, 명시이공, 즉정유이적. 문질빈빈, 짐심가지. 기령태부, 삼공,

中二千石, 二千石, 郡國守相, 擧賢良方正, 能直言極諫之士各一人.
중이천석, 이천석, 군국수상, 거현량방정, 능직언극간지사각일인.

[해설]

건초(建初) 원년(76년) 3월 갑인일, 산양(山陽)과 동평(東平)에서 지진이 일어났다. 한나라 장제는 이를 하늘이 자신의 치국에 대한 고시(告示)라 여기고 위와 같은 조서를 반포하였다. 그는 인재 선발이야말로 치국의 가장 중요한 부분이라 생각하고, 각지에서 어질고 유능한 인재를 천거하도록 강조하였다.

'중궁(仲弓)'과 '자유(子遊)'에 관한 이야기는 『논어』에 나온다. '견무(畎畝)'는 밭도랑이나 이랑을 말하지만, 여기서는 향촌 또는 시골의 뜻이다. '벌열(閥閱)'은 공훈이 있는 세족 집안을 말한다. '선거(選擧)'는 과거 제도가 시행되기 이전

에 인재를 선발하는 제도였다. 한나라 무제 시절 선거의 일종인 찰거(察擧)는 현량, 효렴(孝廉), 무재이(茂才異 : 수재이秀才異) 등 3과로 구분되었다. '거인(擧人)'은 향리에서 제왕에게 인재를 천거하던 제도였고, '공사(貢士)'는 고대의 제후들이 천자에게 인재를 바치는 제도를 말한다. 여기서는 천거된 인물을 말한다. 한나라 시대에는 이를 합칭하여 '공거(貢擧)'라고 하였다.

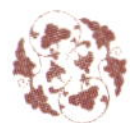

6. 나라에 전쟁이 있을 때는 전공을 세우고, 재능이 있는 이에게 상을 내린다

有事賞功能

위나라 무제武帝 조조曹操

[원문1]

그래서 영명한 군주는 공로가 없는 신하는 관리로 임명하지 않고, 전투에 참가하지 않은 사람에게는 상을 내리지 않는다. 나라가 태평할 때는 덕행을 지닌 이를 숭상하고, 나라에 전쟁이 있을 때는 전공을 세우고 재능이 있는 이에게 상을 내린다(『삼국지』「위서」'무제기').

故明君不官無功之臣, 不賞不戰之士, 治平尙德行, 有事賞功能.
고명군불관무공지신, 불상불전지사, 치평상덕행, 유사상공능.

[해설]

조조가 관도(官渡)전투에서 승리한 후 지방 정권을 더욱 공고하게 만들고 군대 내부의 인원 가운데 일부를 선발하여 지방관으로 임명하려고 할 때 한 말이다. 당시 일부 사람들은 군공(軍功)만 있고 덕행이 부족한 이에게 군국(郡國)을 맡길 수는 없다고 주장하였다. 이에 대해 조조는 「논이사행능령(論吏士行能令)」을 반포하여 반박하였다. 그의 용인술을 엿볼 수 있는 대목이기도 하다.

[원문2]

만약 반드시 청렴한 선비가 있어야만 기용할 수 있다면 제나라 환공(桓公, ?~BC 643)*은 어떻게 천하를 제패할 수 있었는가? 지금 천하에 남루한 옷을 걸치고 진정한 학식이 있는데도 여상(呂尙)**처럼 위수의 물가에서 낚시질이나 일삼는 자가 어찌 없겠는가? 또한 형수와 사통하고 뇌물을 받았다고 누명을 쓰는 바람에 위무지(魏無知)의 추천을 받지 못한 진평(陳平, ?~BC 178)***과 같은 자가 어찌 없겠는가? 그대들은 나를 보좌하여 재능은 있으되 신분이 천한 사람들을 발견하여 추천토록 하라. 오로지 재능만 있으면 추천하라. 나는 재능 있는 사람을 기용할 것이다(『삼국지』「위서」'무제기').

若必廉士而後可用, 則齊桓其何以霸世! 今天下得無有被褐懷玉而釣於渭濱者乎? 又得無盜嫂受
약필렴사이후가용, 즉제환기하이패세! 금천하득무유피갈부옥이조어위빈자호? 우득무도수수

金而未遇無知者乎? 二三子其佐我明揚仄陋, 唯才是擧, 吾得而用之.
금이미우무지자호? 이삼자기좌아명양측루, 유재시거, 오득이용지.

[해설]

조조가 인재 활용에 대해 언급한 유명한 말이다. 그는 제(齊)나라 환공(桓公) 강자아(薑子牙)의 예를 들면서 어떻게 인재를 선발할 것인가에 대해 설명하고 있다. 그는 재능을 중시할 뿐 그 외의 자질구레한 부분은 그다지 중요하게 여기지 않았다.

'제환(齊桓)'은 제나라 환공이다. 그는 대담하게 관중(管仲)을 재상으로 임명하

여 춘추시대의 맹주가 될 수 있었다. 가난한 집안 출신이었던 관중은 친구인 포숙아(鮑叔牙)와 함께 장사를 하였는데, 언제나 포숙아보다 많은 이익을 챙겼다. 이렇게 보면 그를 청렴한 이라고 볼 수 없다. '피갈회옥(被褐懷玉)'은 빈궁하고 재능을 지녔으나 때를 만나지 못한 인재를 말한다.

'조어위빈(釣於渭濱)'은 강태공(姜太公)에 관한 이야기를 말한다. 강태공은 주나라 문왕에게 발탁되기 전에 위수가에서 낚시질을 하며 소일하였다. 그러던 차에 문왕의 눈에 들어 국사(國師)로 초빙되었다. 이후 문왕이 천하를 얻을 수 있도록 보좌하였다.

'도수수금(盜嫂受金)'은 한나라 때 진평(陳平)의 이야기이다. 위무지가 진평을 유방에게 추천하자 어떤 이가 진평이 형수와 사통하고 뇌물을 받았다고 비난하면서 그를 임용하지 말 것을 요청하였다. 그러나 위무지는 진평이 나라에 도움이 될 인재인지 여부가 중요할 뿐 그 외에 사질구레한 일은 중요하지 않다고 하였다. 유방은 위무지의 말을 들어 진평을 중용하였고, 실제로 도움을 받았다.

'측루(仄陋)'는 협소하고 누추함을 말하는데, 여기서는 재덕(才德)을 갖추었으나 신분이 천한 사람을 말한다.

[원문3]

덕행이 있다고 하여 반드시 진취적인 것은 아니며, 진취적인 선비라고 하여 반드시 덕행을 갖추고 있는 것은 아니다. 진평은 어찌 독실한 품행이 있었으며, 소진(蘇秦)*이 어찌 신의를 지켰다고 할 수 있겠는가? 그러나 진평은 한(漢)나라를 안정시켰고, 소진은 약소국이던 연(燕)나라를 구했다. 이로 보건대 재능이 있는 선비에게 혹시 부족한 점이 있다고 할지라도 어찌 버릴 수 있겠는가? 주관 부서의 관리들은 이런 이치를 밝게 생각한다면 인재가 버려지거나 매몰되는 일이 없을

---

* 진(秦)나라와 한(韓)나라가 서로 싸울 때 연나라 문후(文侯)에게 6국 합종(合縱)의 이익을 설득하였다. 이로써 BC 333년에 연나라에서 조(趙)·한(韓)·위(魏)·제(齊)·초(楚)나라에 이르는 6국의 합종에 성공하였다. 일개 서생 출신으로 혼자서 6국의 상인(相印 : 재상의 인장)을 갖게 되었고, 그 이름을 천하에 떨쳤다.

것이며, 관부의 정사(政事)가 폐지되는 일이 없을 것이다(『삼국지』「위서」'무제기').

夫有行之士未必能進取, 進取之士未必能有行也. 陳平豈篤行, 蘇秦豈守信邪? 而陳平定漢業, 蘇秦
부유행지사미필능진취, 진취지사미필능유행야. 진평개독행, 소진개수신사? 이진평정한업, 소진

濟弱燕. 由此言之, 士有偏短, 庸可廢乎! 有司明思此義, 則士無遺滯, 官無廢業矣.
제약연. 유차언지, 사유편단, 용가폐호! 유사명사차의, 즉사무유체, 관무폐업의.

[해설]

건안(建安) 19년(214년)에 조조가 맹진(孟津)에 도착하여 내린 명령이다. 그는 재
삼 인재의 중요성을 강조하면서 설사 약간의 단점이나 부족한 점이 있다고 할
지라도 능력 있는 인재가 매몰되지 않도록 당부하였다.

7. 선비에게 부족한 점이 있다고 할지라도 어찌 버릴 수 있겠는가?

士有偏短, 庸可廢乎

위나라 문제文帝 조비曹조

[원문]

지금의 계리(計吏)와 효렴(孝廉)*은 고대의 공사(貢士)**에 해당한다. 열 가구가
있는 마을에도 반드시 충성스럽고 믿음직한 선비가 있을 것이니, 만약 나이를
제한하여 인재를 취한다면 여상(呂尙)이나 주진(周晉)은 이전에 이름을 날릴 수
없었을 것이다. 이에 명하노니 군국(郡國)에서 인재를 선발할 때 나이의 많고 적
음에 제한을 두지 말 것이며, 유학자로 경학에 정통하거나 관리로서 법규에 능

---

* 한나라 때 치르던 관리 임용 과목 또는 그 과(科)에 뽑힌 사람을 말하는데, 무제가 군국(郡國)에서 매년 부모에
  게 효도하고 형제간에 우애 있는 사람과 청렴한 사람을 각각 한 사람씩 천거하게 한 데서 비롯하였다.
** 지방의 제후가 천자에게 유능한 인물을 천거하거나 또는 그렇게 천거된 사람을 말한다.

통한 자가 있으면 모두 시험 삼아 등용하라. 주관 부서의 관리는 관계 규정에 따르지 않고 추천한 자를 잡아내도록 하라(『삼국지』「위서」'문제기').

今之計, 孝, 古之貢士也. 十室之邑, 必有忠信, 若限年然後取士, 是呂尙, 周晉不顯於前世也. 其令
금지계, 효, 고지공사야. 십실지읍, 필유충신, 약한년연후취사, 시려상, 주진불현우전세야. 기령

郡國所選, 勿拘老幼. 儒通經術, 吏達文法, 到皆試用. 有司糾故不以實者.
군국소선, 물구로유. 유통경술, 이달문법, 도개시용. 유사규고불이실자.

[해설]

황초(黃初) 3년(222년) 정월에 일식이 일어났다. 위나라 문제는 허창궁(許昌宮)에 도착하여 이렇게 말했다. 상규(常規)나 연령에 관계없이 능력 있는 선비를 찾고자 하는 그의 절절한 심정이 잘 드러나 있다.

'공사(貢士)'는 여러 지방에서 추천한 선비를 말한다.

8. 인재를 선발할 때 나이의 많고 적음에 제한을 두지 말라

所選勿拘老幼

위나라 명제明帝 조예曹睿

[원문]

유학을 존중하고 학문을 중시하는 것은 제왕이 펼치는 교화(敎化)의 근본이다. 그러나 최근 들어 유학을 배운 관원 가운데 맡은 바 소임에 걸맞지 않는 자가 있으니, 장차 어찌 성현의 도리를 선양할 수 있겠는가? 높은 수준의 박학한 선비를 선발해야 그 재능이 시중(侍中 : 왕명의 출납과 조칙詔勅의 심의를 맡아보던 문하성의 으뜸 벼슬)과 산기상시(散騎常侍 : 천자를 측근에서 모시고 간언하는 일을 맡아보던 벼슬)의 관직을 감당할 수 있을 것이다. 여러 군국(郡國)에 칙서를 내려 명하노니 조정에 추천하는 인재는 경학(經學)에 뛰어난 자를 우선으로 하라(『삼국지』「위서」'명제기').

尊儒貴學, 王敎之本也. 自頃儒官或非其人, 將何以宣明聖道? 其高選博士, 才任侍中常侍者. 申敕
존유귀학, 왕교지본야. 자경유관혹비기인, 장하이선명성도? 기고선박사, 재임시중상시자. 신칙

郡國, 貢士以經學爲先.
군국, 공사이경학위선.

[해설]

태화(太和) 2년(228년) 6월, 위나라 명제가 제갈량과 전투를 벌인 후 또 다시 가뭄이 들었다. 그런 와중에 명제는 더욱더 인재가 필요함을 절감하고 있었다. 위의 글은 당시에 명제가 내린 조령이다. 인재 선출의 기준을 유학으로 삼았음을 알 수 있다.

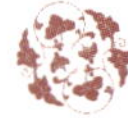

9. 한고조가 무기無忌의 현명함을 찬양하다

漢高祖美無忌之賢

진晉나라 원제元帝 사마예司馬睿

[원문]

이전에 한고조가 대량(大梁)을 지날 때 무기(無忌 : 위무기)의 현명함을 찬양하였고, 제나라 군대가 노나라에 들어갔을 때 유하혜(柳下惠)의 분묘를 손질하였다. 오(吳)나라 땅에 덕행이 높고 현명한 이들 가운데 아직까지 표창하지 않은 자가 있다면 상세하게 조항을 만들어 나에게 상주토록 하라(『진서』「제기」 '원제').

漢高經大梁, 美無忌之賢, 齊師入魯, 修柳下惠之墓. 其吳之高德名賢或未旌錄者, 具條列以聞.
한고경대량, 미무기지현, 제사입로, 수류하혜지묘. 기오지고덕명현혹미정록자, 구조열이문.

[해설]

대흥(大興) 원년(318년) 12월에 진나라 원제가 내린 조서이다. 선대 고명한 제왕들의 가르침과 고대의 전통을 배워 어질고 능력이 있는 인재를 표창하겠다는

의지를 표명하고 있다.

'무기(無忌)'는 위무기(魏無忌, ?~BC 243)를 말한다. 위나라 소왕(昭王)의 아들로서 전국시대의 유명한 군사가이다. 유하혜(柳下惠)*는 본성은 '전(展)', 이름은 획(獲), 자는 금(禽)이다. 중국 춘추시대 노나라 사람으로 효공(孝公)의 아들인 공자(公子) 전(展)의 후손이다. '유하(柳下)'는 그의 식읍이고, '혜(惠)'는 그의 시호이다. 중국의 전통적인 도덕을 준수한 모범적인 인물로 알려져 있다.

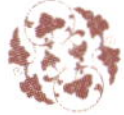

10. 재능에 따라 관리로 임명하여 누락되는 이들이 없도록 하라

隨才試吏, 勿有遺隔

양나라 무제武帝 소연蕭衍

[원문]

배움으로 정치에 종사하고, 선철(先哲)의 말씀을 중시하면 봉록이 그 안에 있으니 이는 고대의 경우에도 마찬가지이다. 짐은 정치의 기강을 천명하고 유학을 더욱 돈독하게 하면서 덕을 지닌 이를 공경하고, 학관(學館 : 학교)을 개설하여 경황 중에 이를 서둘렀다. 그리하여 책가방을 짊어지고 배움을 향하는 것이 기풍이 되고, 갑과(甲科)에 합격한 이들이 끊이질 않으니 마땅히 그들에게 관직을 안배하여 푸르고 붉은 관복을 입을 수 있도록 하였다. 그들 중에 하나의 경전에 정통하고, 시종일관 나태하지 않은 이가 있다면, 책시(策試 : 책문)로 점검한 후에 재능을 헤아려 기록토록 하라. 비록 소를 모는 목동이나 양을 파는 장사치, 한문

---

* 노(魯)나라 때의 현자(賢者)로 유하(柳下)에서 살았으므로 이것이 호가 되었고, 문인들이 '혜(惠)'라는 시호를 올려 '유하혜'라고 불리었다. 직도(直道)를 지켜 임금을 섬긴 것으로 알려져 있으며, 춘추시대의 대도(大盜)와 악인(惡人)으로 유명한 도척(盜跖)이 그의 동생이다. 이에 따라 형제간에 현인과 대악인이 있을 때 이들에 비유하였다.

(寒門 : 가난하고 문벌이 없는 집안) 출신일지라도 지위 고하를 따지지 말고 재능에 따라 관리로 임명하여 누락되는 이들이 없도록 하라(『양서梁書』「본기」'무제').

學以從政, 殷勤往哲, 祿在其中, 抑亦前事. 朕思闡治綱, 每敦儒術, 軾閭闢館, 造次以之. 故負帙成風,
학이종정, 은근왕철, 녹재기중, 억역전사. 짐사천치강, 매돈유술, 식려벽관, 조차이지. 고부질성풍,

甲科開出, 方當置諸周行, 飾以靑紫. 其有能通一經, 始末無倦者, 策實之後, 選可量加敍錄. 雖復牛
갑과한출, 방당치제주행, 식이청자. 기유능통일경, 시말무권자, 책실지후, 선가량가서록. 수부우

監羊肆, 寒品後門, 竝隨才試吏, 勿有遺隔.
감양사, 한품후문, 병수재시리, 물유유격.

[해설]

양나라 무제가 천감(天監) 8년(509년) 5월에 내린 조령이다. 학문을 배우고 익힐 것을 강조하면서 문제(門弟) 관념을 타파하여 재능이 있는 사람이라면 출신은 물론이고 지위 고하를 막론하고 선발하여 중용하겠다는 의지를 밝히고 있다.

'식여(軾閭)'는 덕이 있는 자에게 공경을 표시하는 것이다. '조차(造次)'는 황급, 조급함이다. '갑과(甲科)'는 한나라에서 시행했던 거사(擧士) 시험의 일종으로, 갑과와 을과 등이 있다. 당나라에서 시행한 명경과(明經科)에는 갑, 을, 병, 정 네 종류가 있고, 진사과(進士科)는 갑과와 을과가 있다. 명나라와 청나라에서는 통칭하여 진사는 갑과, 거인은 을과라고 하였다. '책(策)'은 책시(策試)이니, 책론(策論) 방식으로 진행하는 일종의 시험이다.

11. 사해四海에 어찌 기이할 정도로 뛰어난 인재가 없겠는가?

四海之中, 豈無奇秀

수나라 양제煬帝 양광楊廣

[원문]

바야흐로 천하가 평정되어 하나로 통일되고, 문자와 거궤(車軌 : 수레의 굴대, 즉 차축)가 서로 동일하게 되었다. 열 걸음 안에 향기로운 방초(芳草 : 향기롭고 꽃다운 풀)가 있기 마련이니 사해(四海)에 어찌 기이할 정도로 뛰어난 인재가 없겠는가? 집에 있거나 또는 이미 입학한 자들 가운데 역사 연구에 뜻을 두고 고대의 전적을 좋아하며, 학업과 품행이 출중한 이가 있다면 능히 실제 업무를 담당할 수 있을 것이니 직접 방문하여 인재의 이름을 적어 보고하고, 마땅히 그들의 재능에 따라 등용하고, 평상시의 순서에 따르지 말도록 하라. 만약 경술(經術)에 능통하나 벼슬길에 나서기를 원치 않는 자가 있다면 재학(才學)의 깊고 얕음이나 문제(門弟 : 문하생)의 높고 낮음에 근거하여 설사 조정에 나서지 않을지라도 일정한 근거에 따라 봉록을 지급토록 하라. (이처럼 여러 인재들을) 절차에 따라 잘 인도하면 머지않아 큰 그릇이 될 것이니 많은 인재들이 조정에 가득할 날이 어찌 멀겠느냐?(『수서』「제기」 '양제')

方今宇宙平一, 文軌攸同, 十步之內, 必有芳草, 四海之中, 豈無奇秀! 諸在家及見入學者, 若有篤
방금우주평일, 문궤유동, 십보지내, 필유방초, 사해지중, 기무기수! 제재가급견입학자, 약유독

志好古, 耽悅典墳, 學行優敏, 堪膺時務, 所在採訪, 具以名聞, 卽當隨其器能, 擢以不次. 若硏精經術,
지호고, 탐열전분, 학행우민, 감응시무, 소재채방, 구이명문, 즉당수기기능, 탁이불차. 약연정경술,

未願進仕者, 可依其藝業深淺, 門廕高卑, 雖未升朝, 竝量准給祿. 庶夫恂恂善誘, 不日成器, 濟濟盈朝,
미원진사자, 가의기예업심천, 문음고비, 수미승조, 병량준급록. 서부순순선유, 불일성기, 제제영조,

何遠之有.
하원지유.

수나라 양제가 대업(大業) 원년(605년) 7월에 반포한 조령이다. 천하를 통일한 후 적극적으로 유학의 가르침을 시행하였고, 광범위하게 인재를 선발하여 치국에 도움을 받고자 애썼다.

'문궤(文軌)'는 문자와 거궤(車軌)이다. '전분(典墳)'은 삼분(三墳)과 오전(五典)의 약칭으로서 각종 서적을 말한다. '순순(恂恂)'은 순순(循循)으로서 차례나 순서가 있는 모습이다. '제제(濟濟)'는 사람이 많은 모양이다.

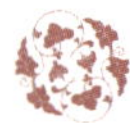

12. 반드시 큰 재목을 동량棟梁으로 삼는다

必以大材爲棟梁

당나라 태종太宗 이세민李世民

[원문1]

뛰어난 실력을 갖춘 목장(木匠)은 집을 만들 때 반드시 큰 재목을 동량(棟梁 : 용마루와 들보)으로 삼고, 작은 재목은 서까래로 삼는다. 촌척(寸尺 : 한 자 한 치)에 부합하는 목재는 하나도 버리지 않으니 이런 이가 목재를 잘 이용하는 목수이다. 집에만 동량이 있는 것이 아니라 나라에도 있다. 큰 덕을 지닌 이를 재상으로 삼으니 그가 바로 국가의 동량이다(『당태종집』「금경金鏡」).

木匠構屋, 必以大材爲棟梁, 以小材爲榱橑. 所有中尺寸之木無棄, 此善治木者也, 非獨屋有棟梁,
목장구옥, 필이대재위동량, 이소재위최료. 소유중척촌지목무기, 차선치목자야, 비독옥유동량,

國家亦然, 大德爲宰相, 亦國家之棟梁也.
국가역연, 대덕위재상, 역국가지동량야.

[해설]

『금경(金鏡)』에 나오는 말이다. 당나라 태종은 뛰어난 목수가 집을 지을 때 큰

재목과 작은 재목을 합리적으로 분배하여 사용하는 것을 예로 들면서 나라에서 인재를 활용하는 것도 마찬가지라고 하였다. 또한 집을 짓는 데 동량이 중요한 것처럼 큰 덕이 있는 자를 나라의 재상으로 삼으니, 이것이 바로 나라의 동량이라고 하였다.

'최료(樶橑)'는 서까래이다. '대덕(大德)'은 불교에서 보살 또는 고승에 대한 경칭이나 여기서는 큰 덕이 있는 인물을 의미한다.

[원문2]

명군(明君)이 인재를 임용하는 것은 뛰어난 장인이 목재를 마르는 것과 같다. 곧은 나무는 수레의 끌채를 만들고, 굽은 나무는 수레의 바퀴를 만드는 데 사용한다. 길고 큰 나무는 용마루나 들보를 만들고, 짧은 나무는 공목(拱木)이나 네모난 서까래를 만드는 데 사용한나. 굽은 나무나 곧은 나무, 긴 나무나 짧은 나무는 각기 쓰임이 있다. 명군이 인재를 임용하는 것도 이와 같다. 지혜로운 자에게는 그의 계략을 활용하고, 우둔한 자에게는 그의 힘을 취하며, 용감한 자에게는 그의 위풍을 활용하고, 비겁한 자에게는 그의 근신함을 취한다. 지혜로운 자이든 우둔한 자이든, 용감한 자이든 비겁한 자이든 모두 활용할 수 있다. 그래서 훌륭한 목수는 버리는 나무가 없고, 훌륭한 군주는 버리는 선비가 없는 것이다. 한 가지 잘못 때문에 그의 선행을 잊어서는 아니 되며, 작은 결점으로 인해 그의 공로를 가리면 안 된다. 정무를 나누고 직책을 구분하여 모든 이들이 맡은 바 직분을 다할 수 있도록 하라(『당태종집』「심관편審官篇」).

明主之任人, 如巧匠之制木. 直者以爲轅, 曲者以爲輪, 長者以爲棟梁, 短者以爲拱桷. 明主之任
명주지임인, 여교장지제목. 직자이위원, 곡자이위륜, 장자이위동량, 단자이위공각. 명주지임

人亦由是也, 智者取其謀, 愚者取其力, 勇者取其威, 怯者取其愼, 故良將無棄才, 明主無棄士. 不以
인역유시야, 지자취기모, 우자취기력, 용자취기위, 겁자취기신, 고량장무기재, 명주무기사. 불이

一惡忘其善, 勿以小瑕掩其功, 割政分機, 盡其所有.
일악망기선, 물이소하엄기공, 할정분기, 진기소유.

당나라 태종은 「심관편(審官篇)」에서 형상적인 비유를 통해 인재의 활용 원칙에 대해 언급하고 있다. 인재의 특성과 성격에 따라 적재적소에 배치하는 것이 무엇보다 중요하다는 것이 그가 가졌던 용인술의 핵심이다.

'제(制)'는 목재를 치수에 맞게 자르거나 만드는 것이다. '공각(拱桷)'은 공목이나 서까래를 말한다.

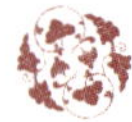

13. 지금 이후로 격년에 한 번씩 과거 시험을 거행하라

今間歲貢擧

송나라 인종仁宗 조정趙禎

지금 이후로 격년에 한 번씩 과거 시험을 거행하며, 전국의 진사(進士)와 각 과목의 인원을 절반으로 줄이고, 명경과(明經科)를 설치하며, 경서를 해설하는 설서과(說書科)는 폐지토록 하라(『송사』「본기」'인종').

自今間歲貢擧, 天下進士, 諸科解舊額之半, 置明經科, 罷說書擧人.
자금간세공거, 천하진사, 제과해구액지반, 치명경과, 파설서거인.

송나라 인종 가우(嘉祐) 2년(1057년) 12월에 하달한 조령이다. 그는 기존의 과거 시험을 정리하여 일부 인원을 줄이는 한편 명경과를 증설하였다. 이는 실질적인 효과를 중시하는 그의 생각을 반영한 것이다.

'진사(進士)'는 고대 중국의 과거 시험에서 전시(殿試)에 급제한 사람을 지칭하는데, 나아가 작위를 받는 사람이란 뜻이다. 명경과는 당나라에 처음 개설된 고시 과목으로서 경술에 통달한다는 뜻이다. 당시에는 명경과에 응시하는 것을 '응명경거(應明經擧)'라고 하였다.

14. 각기 자신이 알고 있는 사람을 두 사람씩 천거토록 하라

各擧所知二人

송나라 휘종徽宗 조길趙佶

[원문]

만약 고상한 도덕 품성을 지니고 있음에도 오랫동안 하급 관료로 머물러 있거나 학업과 품행을 겸비하고 풍속을 진작시킬 수 있는 사람이 있다면, 대제(待制) 이상의 관원들은 각기 자신이 알고 있는 사람을 두 사람씩 천거토록 하라(『송사』 「본기」 '휘종').

士有懷抱道德久沈下僚及學行兼備可厲風俗者, 待制以上各擧所知二人.
사유회포도덕구침하료급학행겸비가려풍속자, 대제이상각거소지이인.

[해설]

송나라 휘종이 숭녕(崇寧) 원년(1102년) 2월에 내린 조령이다. 그는 몇 가지 천거할 대상의 유형을 제시하고, 각급 관리들에게 적극 추천할 것을 요구하고 있다. 우수한 인재를 발탁하여 파격적으로 승진시키겠다는 의도가 엿보인다.

'대제(待制)'는 관직 명칭이다. 당나라 때 처음 설치되었는데, 송나라에도 지속되어 전각(殿閣)마다 대제를 두었다. 예를 들어 보화전대제(保和殿待制), 용도각대제(龍圖閣待制) 등이 있다. 학사나 직학사(直學士) 아래 직급이다.

15. 천하의 현자와 함께 이루는 것이다

天下之賢共理之

명나라 태조太祖 주원장朱元璋

[원문]

천하의 다스림은 천하의 현자와 함께 이루는 것이다. 오늘날 현사(賢士)들은 대부분 바위 동굴 속에 은거하고 있으니 유관 관리가 그들을 권면하지 않거나 조정에서 그들을 예로 대하는 데 소홀하기 때문인가? 아니면 짐이 과덕(寡德)하고 우매하여 현자를 초치(招致)하는 데 부족하거나 관직에 있는 자들이 그들을 가로막아 위로 조정까지 이를 수 없기 때문인가? 그렇지 않다면 현량(賢良)한 사대부들은 어려서부터 치국의 도를 배우고, 성년이 되어 마땅히 실천에 옮겨야 하거늘 어찌 아무 것도 하지 않고 헛되이 늙어 가려고 하는가? 이제 천하가 안정되어 짐은 여러 유자(儒者)들과 더불어 치국의 도를 의논하여 밝히고자 한다. 짐을 보좌하여 백성을 구제할 자가 있다면 유관 부서의 관리가 예를 갖추어 짐에게 보내도록 하라(『명사』「본기」'태조').

天下之治, 天下之賢共理之. 今賢士多隱岩穴, 豈有司失於敦勸歟, 朝廷疏於禮待歟, 抑朕寡昧不
천하지치, 천하지현공리지. 금현사다은암혈, 개유사실우돈권여, 조정소우례대여, 억짐과매불

足致賢, 將在位者壅蔽使不上達歟? 不然, 賢士大夫, 幼學壯行, 豈甘沒世而已哉. 天下甫定, 朕願與
족치현, 장재위자옹폐사불상달여? 불연, 현사대부, 유학장행, 개감몰세이이재. 천하보정, 짐원여

諸儒講明治道. 有能輔朕濟民者, 有司禮遣.
제유강명치도. 유능보짐제민자, 유사예견.

[해설]

명나라 태조가 홍무(洪武) 원년(1368년) 9월에 내린 조령이다. 어떻게 하면 재야의 어진 선비들을 불러들여 치국에 도움을 받을까 고심하는 모습이 역력하다.

16. 무엇보다 인재를 격려해야만 한다

首在鼓勵人材

청나라 덕종德宗 애신각라 재첨載湉

[원문]

국가의 정무를 진흥시키기 위해서는 무엇보다 인재를 격려해야만 한다. 각 성(省)의 사민(士民 : 사인과 서민)들 가운데 새로운 책을 저술하거나 새로운 방법을 고안하고, 새로운 기물을 제작하여 실질적인 업무를 맡을 수 있는 자가 있다면 마땅히 상금을 걸고 격려할 것이다. 어떤 이에게는 시험 삼아 실제 직책을 맡도록 하고, 또 어떤 이에게는 예복을 하사하라. 제작한 기계에 대해서는 증서를 발급하여 연한(年限)을 규정하여 전매할 수 있도록 하라. 만약 어떤 이가 홀로 학당(學堂)을 창립하거나 토지를 개간하거나 무기 공장을 세운다면 군공(軍功)의 조례에 따라 그들을 포상하고 격려하라(『청사고』 「본기」 '덕종').

振興庶務, 首在鼓勵人材. 各省士民著有新書, 及創新法, 成新器, 堪資實用者, 宜懸賞以勸. 或試軍
진흥서무, 수재고려인재. 각성사민저유신서, 급창신법, 성신기, 감자실용자, 의현상이권. 혹시군

之實職, 或錫之章服. 所制器給券, 限年專利售賣. 其有獨力創建學堂, 開辟地利, 興造槍炮廠者, 竝照
지실직, 혹석지장복. 소제기급권, 한년전리수매. 기유독력창건학당, 개벽지리, 홍조창포창자, 병조

功例賞勵之.
공례상려지.

[해설]

서구 학문을 배우면서 양무(洋務)에 힘쓰기로 결심한 청나라 덕종은 광서(光緒) 24년(1898년) 5월에 일련의 개혁을 실시하였다. 그는 서양식으로 군대를 조련하고, 서양 무기 공장을 만들었으며, 과거 시험에서 『사서(四書)』를 폐지하고 책론(策論)으로 바꾸었으며, 철도를 부설하고, 경사대학당(京師大學堂)*을 세웠으며, 역

---

* 중국 최초의 현대적 의미의 종합대학으로서 북경대학의 전신이다. 원·명·청 시대에 최고의 교육기관이었던 국자감(國子監)을 대체하여 1898년에 '경사대학당(京師大學堂)'으로 창설되었으며, 1912년까지 동일한 명칭을 사용했다.

서국(譯書局 : 번역국)을 만들었다. 당시 그가 내린 조령에는 양무운동을 적극적으로 추진하기 위해 널리 인재를 모집하겠다는 의도가 담겨 있다.

'서무(庶務)'는 여러 가지 정무를 말한다. '석(錫)'은 '사(賜)'와 같다. '장복(章服)'은 등급에 따른 예복을 말한다.

공정하지 못하면 천하를 다스릴 수 없다

● 상벌賞罰 ●

　　포상과 징벌은 고대의 제왕이 나라를 다스리고 인재들을 격려하는 데 사용했던 두 가지 중요 수단이다. 치리治理, 즉 다스림이란 관리이다. 업무를 충실하게 수행하는 관리들은 포상을 통해 그들이 더욱 적극적이고 열정적으로 일하도록 하고, 업무에 불성실하거나 나쁜 짓을 하여 나라에 손실을 끼치는 관리들은 엄격하게 처벌하여 일벌백계로 다스린다. 상벌은 합당해야 할뿐더러 적당해야 한다. 만약 상벌의 기준이 흔들리거나 어지러워지면 격려와 징계라는 본래의 작용이 무의미하게 될 뿐만 아니라 자칫 반발만 사게 된다. 그래서 역대 제왕들은 상벌에 깊은 관심을 가졌다.

1. 공적이 있는 사람이 상을 받지 못하면 제대로 천하를 다스릴 수 없다

有功不賞不能化天下

한나라 선제宣帝 유순劉詢

[원문]

짐이 듣기에 공적이 있는 사람이 상을 받지 못하고, 죄를 지은 사람이 주살되지 않는다면 설사 당우(唐虞)일지라도 제대로 천하를 다스릴 수 없다고 하였다. 지금 교동국(膠東國)의 국상(國相)이 근면하게 국사를 관리하여 태만한 적이 없으며, 떠도는 백성들의 호적을 등기한 것이 8만여 명이라고 하니 그의 치적이 보통을 넘어섰다. 이에 그를 2천 석 이상의 봉록을 받는 관리로 승진시기고 관내후(關內侯)의 작위를 하사하노라(『한서』 「선제기宣帝紀」).

蓋聞有功不賞, 有罪不誅, 雖唐虞猶不能以化天下. 今膠東相成勞來不怠, 流民自占八萬餘口, 治有
개문유공불상, 유죄불주, 수당우유불능이화천하. 금교동상성로래불태, 유민자점팔만여구, 치유

異等. 其秩成中二千石, 賜爵關內侯.
이등. 기질성중이천석, 사작관내후.

[해설]

지절(地節) 3년(기원전 67년) 봄 3월에 한나라 선제가 내린 조령이다. 그는 교동국의 재상을 칭찬하면서 치국의 공로를 장려하여 작위를 내렸다. 상벌을 통해 관리들의 적극성을 고취시키고 있는 것이다.

'당우(唐虞)'는 당요(唐堯)와 우순(虞舜)이다. '이등(異等)'은 보통을 벗어날 정도로 탁월하다는 뜻이다.

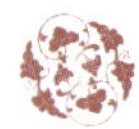

2. 관리들의 근면과 능력을 고려하여 우대하고 장려하지 않을 수 없다

念勤簡能, 宜加優獎

제齊나라 무제 소색蕭賾

[원문]

나라를 다스리는 데 의지할 수 있는 것은 백성들을 어떻게 관리하는가에 있으며, 태수와 현재(縣宰) 등 각급 관원들의 봉록은 일정한 표준이 있기 마련이다. 이전에 변방의 안전이 위태로울 때는 봉록이 증가하거나 감소한 경우가 있다. 그러나 이제 천하가 평안해지고 여러 사업이 흥성하니 관리들의 근면과 능력을 고려하여 우대하고 장려하지 않을 수 없다. 군현의 승(丞)과 위(尉) 등의 봉록을 돌려주도록 하라(『남제서南齊書』「본기」'무제').

經邦之寄, 寔資苻民, 守宰祿俸, 蓋有恒准. 往以邊虞告警, 故沿時損益, 今區寧晏, 庶績鹹熙, 念勤
경방지기, 식자리민, 수재록봉, 개유항준. 왕이변우고경, 고연시손익, 금구영안, 서적함희, 염근

簡能, 宜加優獎. 郡縣丞尉, 可還田秩.
간능, 의가우장. 군현승위, 가환전질.

[해설]

제나라 무제가 영명(永明) 원년(483년) 봄 정월에 내린 조령이다. 그는 즉위 후 관원들의 봉록을 올려 주어 관원들의 사기를 진작시킴으로써 나라를 다스리는 데 도움을 받고자 했다. 이는 무제의 치국 경험과 관리 능력이 뛰어났음을 반영하는 것이다.

'경방(經邦)'은 나라를 다스린다는 의미이다. '이민(苻民)'은 백성을 관리하는 것이다. '전질(田秩)'은 전록(田祿), 즉 봉록이다. 선진시대 경대부의 봉급은 채읍(采邑 : 식읍)이나 공전(公田)에서 나왔다. 그래서 '전록(田祿)'이라고 했다.

3. 모든 이들이 각기 전심전력하시오, 나는 결코 식언하지 않소

各盡勳效, 我不食言

양나라 무제 소연蕭衍

[원문]

이전에 무왕은 맹진(孟津)에서 여러 제후들과 회동하였을 때 모든 이들이 "주왕을 토벌해야 한다"라고 말했다. 지금 어리석고 우매한 군주의 악함이 무르익어 잔학함과 포악함이 극에 달했으니 조정의 어진 신하가 살육되어 남은 이들이 거의 없고, 백성들이 도탄에 빠져 하늘이 그를 주살하고자 하오. 그대들은 모두 한 마음으로 악행에 통한을 품고 함께 거병하였으니 그대들이 공후(公侯) 장상(將相)의 자리를 얻은 것은 바로 오늘 때문이오. 이에 모든 이들이 각기 전심전력하시오. 나는 결코 식언하지 않소(『양서』「본기」'무제').

昔武王會孟津, 皆曰, 紂可伐. 今昏主惡稔, 窮虐極暴, 誅戮朝賢, 罕有遺育, 生人塗炭, 天命殛之.
석무왕회맹진, 개왈, 주가벌. 금혼주악임, 궁학극폭, 주륙조현, 한유유육, 생인도탄, 천명극지.

卿等同心疾惡, 共興義擧, 公侯將相, 良在玆日, 各盡勳效, 我不食言.
경등동심질악, 공흥의거, 공후장상, 양재자일, 각진훈효, 아불식언.

[해설]

영원(永元) 2년(500년)에 소연(蕭衍)의 형인 소의(蕭懿)가 피살되었다는 소식을 들었다. 그해 11월, 양나라 무제 소연이 거병을 결정한 후 여러 장령들에게 한 말이다. 장령들을 합리적으로 설득하고 사기를 고무시키려는 나름의 수완이 돋보인다.

'악임(惡稔)'은 곡식이 무르익은 것처럼 악행이 극에 달함을 말한다. '극(殛)'은 주살(誅殺)의 뜻이다.

4. 풍속을 좋은 방향으로 돈독하게 하면 마땅히 표창해야 한다

厲俗敦風, 宜見襃獎

수나라 문제文帝 양견楊堅

[원문]

인의를 행하고 따르는 것은 명교(名敎 : 예교)에서 으뜸이 되는 일이니 풍속을 좋은 방향으로 돈독하게 하면 마땅히 표창해야 한다. 이전에 태행산(太行山) 동쪽 황하 바깥에서 반란이 일어나니 멀고 고립된 성을 지키느라 모든 이들이 온전할 수 없었다. 당시 제음(濟陰) 태수 두유(杜猷)가 적에게 포위되어 목숨이 적의 손에 달려 있었는데, 군(郡)의 성사(省事)인 범태민(範台玫)이 자신의 재산으로 구호하여 형벌과 치욕을 면할 수 있었다. 그의 기개와 행실을 돌이켜보니 표창하고 장려함이 가하다. 마땅히 통상적인 범위를 넘어서서 표창할 것이니 이로써 악행을 금지하고 선행을 권면하고자 함이다. 태민을 대도독(大都督)과 가상주(假湘州) 자사에 임명하노라(『수서』「제기帝紀」'고조高祖').

行仁蹈義, 名敎所先, 厲俗敦風, 宜見襃獎. 往者山東河表, 經此妖亂, 孤城遠守, 多不自全. 濟陰
행인도의, 명교소선, 여속돈풍, 의견포장. 왕자산동하표, 경차요란, 고성원수, 다불자전. 제음

太守杜猷身陷賊徒, 命懸寇手, 郡省事範台玫傾産營護, 免其戮辱. 眷言誠節, 實有可嘉, 宜超恆賞,
태수두유신함적도, 명현구수, 군성사범태매경산영호, 면기륙욕. 권언성절, 실유가가, 의초긍상,

用明沮勸. 台玫可大都督, 假湘州刺史.
용명저권. 태매가대도독, 가상주자사.

[해설]

수나라 문제가 개황(開皇) 3년(583년) 가을 7월에 내린 조령이다. 그는 황제가 된 후 절의(節義)를 표창하여 충성스럽고 의로운 행위를 제창하였다. 덕으로 천하를 다스리겠다는 그의 의지를 표명한 것이다.

'산동하표(山東河表)'* 에서 '산'은 태행산(太行山), '하'는 황하(黃河)이다. '권언(眷言)'의 '권'은 회고(回顧)의 뜻이고, '언'은 접미사로 별 뜻이 없다.

5. 백성들이 모두 검술을 좋아하게 될 것이다

民悉好劍矣

송나라 진종眞宗 조항趙恒

[원문]

만약 그를 장려하여 임용하면 백성들이 모두 검술을 좋아하게 될 것이다(『송사』「본기本紀」'진종').

若獎用之, 民悉好劍矣.
약장용지, 민실호검의.

[해설]

함평(鹹平) 5년(1002년) 5월에 대주(代州)의 진사(進士) 이광보(李光輔)가 검술이 뛰어나니 그를 장려하여 임용해 달라는 상주문을 올렸다. 이에 송나라 진종이 대답한 내용이다. 사람을 장려하거나 임용하는 데 사회적 기풍과 연관시키고 있음을 통해 그의 신중한 판단을 엿볼 수 있다.

---

* 산서성(山西省), 산동성(山東省)의 지명은 태행산의 서쪽, 동쪽에 있는 것에서 유래되었다. 산맥의 서쪽은 산서성의 고원 지대로서 완만하게 연결되어 있고, 여러 지류의 강이 산맥으로부터 시작되어 황하(黃河)에 합류한다.

6. 지금 이후로 각급 관리들은 자신의 직책을
성실하게 이행하고자 노력하라

今其各思率職

송나라 인종仁宗 조정趙禎

[원문1]

군수와 현령 가운데 혹자는 탐욕스럽고 방자하며 망령되고 우매하여 규율이 해이해진 것을 관대함이라 여기고, 가혹한 행위를 바른 감찰(監察)이라 생각하며, 부세(賦稅)를 늘이는 것을 공로라고 여기고, 형벌을 바꾸는 것을 능력이라고 생각한다. 그럼에도 각부의 사자(使者)들은 아무도 그들을 검거하고 탄핵하지 않고 있다. 지금 이후로 각급 관리들이 자신의 직책을 성실하게 이행하고자 한다면 권세에 굽히지 말고 죄인을 방임하는 일이 없도록 하여 짐의 뜻에 부합토록 하라(『송사』「본기」'인종').

守令或貪恣耄昏, 以弛爲寬, 以苛爲察, 以增賦斂爲勞, 以出入刑罰爲能, 而部使者莫之擧劾. 自今
수영혹탐자모혼, 이이위관, 이가위찰, 이증부렴위로, 이출입형벌위능, 이부사자막지거핵. 자금

其各思率職, 毋撓權幸, 毋縱有罪, 以稱朕意.
기각사솔직, 무요권행, 무종유죄, 이칭짐의.

[해설]

송나라 인종이 가우(嘉祐) 3년(1058년) 4월에 내린 조령이다. 탐욕하고 우매하여 제멋대로 법을 어기는 관원들에 대한 엄격한 단속과 더불어 관련 부서에서 이를 더욱 엄격하게 감찰하여 탄핵할 것을 명하고 있다.

[원문2]

조정 내외 신료와 서인(庶人)들의 주택이나 기구(器具)와 용품, 관복, 첩과 잉첩(媵妾) 등이 통상적인 제도에 어긋날 경우 반드시 징벌하고 감면하지 않겠다(『송

송나라 인종(仁宗)은 농업의 발전을 가장 중요하게 여겼다. 이를 위해 그는 지방 관리들을 중용하였으며, 그들로 하여금 백성들이 농사에만 전념할 수 있게 돕도록 하였다. 아울러 각 주와 현에 조령을 하달하여 잡세(雜稅)를 삭감하고, 경제 작물에 대해서도 징수액 외의 세금을 절대로 받지 못하도록 했다. 이러한 조치를 통해 북송 시대에는 경제 작물, 예를 들어 다엽(茶業) 등의 작물 생산이 크게 발전하였다.

그림은 차의 맛을 겨루는 모습을 그린 「투다도(鬪茶圖)」로서, 송나라의 민간에서는 차 생산이 크게 늘었음을 보여준다.

사』「본기」'인종').

中外臣庶居室, 器用, 冠服, 妾媵, 有違常制, 必罰毋貸.
중외신서거실, 기용, 관복, 첩잉, 유위상제, 필벌무대.

[해설]

송나라 인종이 가우 4년(1059년)에 내린 조령이다. 그는 조정 내외 사람들에게 가구나 의복 등 여러 가지를 정해진 규정에 따라 행할 것을 강조하면서, 한편으로는 이를 위배할 경우 처벌을 면할 수 없을 것이라고 하였다. 이는 인종이 등급 제도를 강화하면서 봉건 질서의 확립에 힘썼음을 보여준다.

'잉(媵)'은 '잉첩(媵妾)'으로, 귀인에게 시집가는 여인이 데리고 가던 시첩(侍妾)으로서 주로 신부의 질녀나 여동생이 맡았다.

7. 통상적인 제도에 어긋날 경우 반드시 징벌하고 감면하지 않겠다

有違常制, 必罰毋貸

송나라 신종神宗 조욱趙頊

[원문]

황제의 각종 선전(宣傳 : 선포), 내비(內批 : 어명), 면유(面諭 : 훈시)로 내린 명령에서 관련된 일이 근거로 삼을 법령이 없을 경우 언제나 중서성(中書省)*과 추밀원(樞密院)**에서 복주(覆奏)하도록 하라. 만약 은택을 바라거나 죄행을 면제받으려고 하는 자가 있다면 중서성이나 추밀원에서 탄핵을 상주(上奏)하라(『송사』「본기」'신종').

諸傳宣, 內批, 面諭, 事無法守, 竝從中書, 樞密覆奏. 其祈恩澤規免罪者劾之.
제전선, 내비, 면유, 사무법수, 병종중서, 추밀복주. 기기은택규면죄자핵지.

[해설]

송나라 신종이 희녕(熙寧) 10년(1077년) 9월 을묘(乙卯)일에 내린 조령이다. 그는 황제의 비문(批文) 처리 문제에 대해 의견을 제시하고 있다. 이는 자신의 비문에 대하여 엄숙성과 규범성을 중시한 것이라고 할 수 있다.

'선전(宣傳)'은 조령을 전달하여 선포함을 말한다. '내비(內批)'는 어명, 즉 황제의 명령을 말한다. '면유(面諭)'는 직접 대면하여 훈시나 명령을 하달하는 것을 말한다. '복주(覆奏)'는 해당 부서에서 검토한 후에 다시 상주하는 것이다.

---

* 중국 수나라 · 당나라 · 송나라 · 원나라 때 일반 행정을 심의하던 중앙 관아. 삼국시대 위(魏)나라에서 처음 두었으며, 원나라 때 상서성으로 고쳤다가 명나라 초기에 없앴다.

** 중국에서 군사(軍事)에 관한 일을 관장한 정부기관. 당나라 때 처음 두었으며, 송나라 때 더욱 중요시되어 내각(內閣)에 해당하는 중서(中書)와 대등한 지위로 만들어 '2부(二府)'라 불리었다.

8. 은택을 바라거나 죄를 면제받으려고 하는 자는 탄핵하라

祈恩澤規免罪者劾之

송나라 휘종徽宗 조길趙佶

[원문1]

원부(元符) 말년에 진사들이 상소문을 올려 조정을 비난하였다. 주군(州郡)에 명하여 그들을 신학(新學)에 집어넣어 태학 자송재(自訟齋)의 법도에 따르게 하고, 1년을 기다린 후에 능히 마음을 바꾸어 스스로 새로워진 자는 과거 시험에 응시하는 것을 허락하되 변하지 않는 자는 마땅히 먼 곳으로 내쳐야 할 것이다(『송사』 「본기」 '휘종').

元符末上書進士, 類多詆訕, 令州郡遣入新學, 依太學自訟齋法, 候及一年, 能革心自新者許將來應擧,
원부말상서진사, 유다저산, 영주군견입신학, 의태학자송재법, 후급일년, 능혁심자신자허장래응거,

其不變者當屛之遠方.
기불변자당병지원방.

[해설]

송나라 휘종이 숭녕(崇寧) 2년(1103년) 6월에 내린 조령이다. 그는 원부(元符)* 말년에 상소문을 쓴 사람들을 처리하는 문제에 대해 언급하면서 개전(改悛)의 뜻이 있는 인재는 과거 시험에 참가할 수 있도록 하되, 그렇지 않은 자는 변방으로 유배를 보내도록 하였다.

'자송재(自訟齋)'는 송나라 때 군현에 설치된 일종의 반성원(反省院)으로, 조정에 대해 비방하는 자들이나 종실의 자제, 심지어 승려들까지 일정 기간 구금하여 교육시키는 기관이었다.

---

* 요(遼)나라 8대 황제 도종(道宗)의 수륭(壽隆) 4~6년에 해당되는 시기로 대략 1098년에서 1100년까지를 말한다.

[원문2]

감사부(監司部)의 관리들 가운데 1년 안에 3명 이상이 범죄를 저지르거나 세 명까지는 아닐지라도 범죄자 가운데 감사관이 추천한 자가 있을 경우에는 해당 감사관도 죄를 면할 수 없다(『송사』「본기」'휘종').

監司部內官吏, 一歲中有犯罪至三人以上, 雖不及三人而或有曾薦擧者, 罪及監司.
감사부내관리, 일세중유범죄지삼인이상, 수불급삼인이혹유증천거자, 죄급감사.

[해설]

송나라 휘종이 정화(政和) 원년(1111년) 8월에 내린 조령이다. 그는 이치(吏治), 즉 관리를 통한 통치를 강화하기 위해 감사나 감찰을 맡은 관원이 1년에 3명의 범죄자를 배출하거나 잘못된 추천을 하였을 경우에는 해당 관원의 죄를 묻도록 규정하였다. 이는 새로운 조치였는데, 감찰관의 책임감을 높이기 위함이었다.

'감사(監司)'는 주현(州縣) 감찰의 권한을 가진 지방장관의 명칭이다. 송나라 때의 전운사(轉運使), 전운부사(轉運副使), 전운판관(轉運判官), 제점형옥(提點刑獄), 제거상평(提擧常平) 등은 모두 해당 지역 관리를 감찰하는 책임을 맡았기 때문에 통칭하여 '감사'라고 부른다.

[원문3]

소식(蘇軾)*과 황정견(黃庭堅)**의 문장을 소장하고 있거나 사용하는 자가 있다면 즉각 불에 태워버릴 것을 명하노니 이를 위반한 자는 대불공(大不恭)의 죄명으로 처리하겠다(『송사』「본기」'휘종').

---

* 호는 동파(東坡)이다. 송나라의 최고 시인으로서 문장에 있어서도 당송팔대가(唐宋八大家) 중의 한 사람으로 불린다. 그는 신법을 싫어하였으며, '독서가 만 권에 달하여도 율(律)은 읽지 않는다'라는 사상 초유의 필화 사건을 일으켜 투옥되었다가 황주(黃州)로 유배를 가기도 했다.

** 송나라 때의 시인 겸 화가이다. 스승인 소식(蘇軾)과 함께 송나라를 대표하는 시인으로 꼽힌다. 서(書)에서는 채양(蔡襄)·소식·미불(米芾)과 함께 북송의 4대가(四大家) 중 한 사람으로 일컬어진다. 1095년에 왕안석(王安石)의 신법당(新法黨)이 부활됨과 동시에 구법당(舊法黨)인 그는 신법을 비난하였다는 죄목으로 검주(黔州)에 유배되었다.

有收藏習用蘇, 黄之文者, 竝令焚毀, 犯者以大不恭論.
유수장습용소, 황지문자, 병령분훼, 범자이대불공론.

[해설]

송나라 신종(神宗)은 즉위한 후 제도를 비롯한 여러 가지를 혁신하고자 왕안석(王安石)[*]을 재상으로 삼아 변법(變法)을 시행하였다. 그러나 신종의 뒤를 이어 재위에 오른 철종의 원우(元祐) 연간(1086~1094년)에는 사마광(司馬光)을 중심으로 한 구당파(舊黨派)가 득세하였다. 당시 소동파를 비롯한 여러 구당파의 사람들을 '원우당인(元祐黨人)'이라고 한다. 이후 제위에 오른 휘종은 다시 신당파인 채경(蔡京)을 상서좌승(尙書左丞), 조정지(趙挺之)를 상서우승으로 임명하여 적극적으로 원우당인들을 배척하였다. 위의 문장은 휘종 선화(宣和) 6년(1124년) 10월에 내린 조령이며, 소동파를 비롯한 원우당인에 대한 불만을 토로하고 있다.

'대불공(大不恭)'은 황제를 존경하지 않는 죄목으로 십대 중죄 가운데 하나이다.

9. 인심을 동요시킨 자는 변경으로 유배토록 하라

致物情動搖者, 流

송나라 고종高宗 조구趙構

[원문1]

백관들이 금나라 병사가 침범했다는 경보를 듣고 병화(兵禍)를 모면하려고 가솔들을 도피시켜 인심을 동요시킨 자는 변경으로 유배토록 하라(『송사』「본기」'고종').

---

[*] 송나라 때의 재상(宰相)으로서 신법(新法)의 개혁 정책을 실시하였다. 문필가이자 시인으로서도 뛰어나 '당송 팔대가(唐宋八大家)'의 한 사람으로 꼽힌다. 그는 당시의 정치적 폐단을 지적하고, 인재 양성과 선발, 이재(理財) 방법 등의 대안을 제시했다.

百官聞警遣家屬避兵, 致物情動搖者, 流.
백관문경견가속피병, 치물정동요자, 유.

[해설]

건염(建炎) 3년(1129년) 정월, 금나라 병사가 몰려왔을 때 송나라 고종이 반포한 조령이다. 인심을 안정시키고 혼란을 방지하기 위한 그의 의도를 엿볼 수 있다.

'물정(物情)'은 인정, 즉 인심을 말한다. '유(流)'는 먼 곳으로 유배를 보내는 것이다.

[원문2]

문무 대신 및 그들의 속료(屬僚)들 가운데 강적(强敵)과 싸워 이겨 강토를 수복한 자에게 공신(功臣)의 봉호(封號)를 하사하겠다(『송사』 「본기」 '고종').

文武臣僚能決勝强敵恢復境土者, 賜功臣號.
문무신료능결승강적회복경토자, 사공신호.

[해설]

송나라 고종이 소흥(紹興) 6년(1136년) 4월에 내린 조령이다. 여러 신료들에게 적극적으로 잃어버린 국토를 수복하는 데 적극적으로 최선을 다해 줄 것을 당부하고 있다.

10. 위반하는 자는 그 죄를 벌하고 사하지 말라

違者罪無赦

송나라 이종理宗 조윤趙昀

[원문1]

근래 북병(北兵 : 원나라 병사)이 재차 이주(利州)와 낭주(閬州)를 침입하여 순경(順慶)까지 근접했을 때 승봉랑(承奉郎) 호원염(胡元琰)이 군(郡)의 업무를 대리하여 흩어진 병사들을 수습하고 주민들을 안정시키며 적장을 권유(勸諭)하여 모든 군민을 온전하게 하였다. 이러한 공로를 치하하여 특별히 관직을 세 등급 올리도록 하라(『송사』「본기」'이종').

近歲北兵再入利, 閬, 迫近順慶, 承奉郎胡元琰攝郡事, 能收散卒, 定居民, 諭叛將, 以全閬郡, 以功
근세북병재입리, 낭, 박근순경, 승봉낭호원염섭군사, 능수산졸, 정거민, 유반장, 이전합군, 이공

特轉官三資.
특전관삼자.

[해설]

송나라 이종이 소정(紹定) 5년(1232년) 7월에 내린 조령이다. 그는 적군이 쳐들어왔을 때 호원염(胡元琰)이 적극적으로 나서 군민을 안정시킨 공로를 치하하여 특별 승진을 명하였다. 이처럼 공적에는 반드시 포상이 뒤따른다는 것을 각인시켜 전체 관리의 사기를 고무시키고 있다.

'이주(利州)'는 사천성과 섬서성이 잇닿은 곳으로서 지금의 사천성 광원(廣元)이다. '낭(閬)'은 지금의 사천성 낭중(閬中)이다. '순경(順慶)'은 지금의 사천성 남충(南充)시이다. '섭군사(攝郡事)'는 군 관리의 일을 대리함을 말한다.

[원문2]

북쪽 원(元)의 병사들이 촉으로 진격했을 때 사천(四川) 제치사(制置使) 진융지

(陳隆之)의 가족 수백 명이 피해를 입었으나 죽음으로 절개를 지켰다고 하니 특별히 그에게 휘유각(徽猷閣) 시제(待制)의 관직을 하사하며, 그의 두 아들에게는 관직을 주고, 그에게 시호를 하사하여 사당을 건립토록 하라. 함께 죽은 사계검(史季儉)과 양감자(楊戡子)에게 각기 관직을 2등급 올리고, 그들의 아들을 관리로 삼으라(『송사』 「본기」 '이종').

北兵入蜀, 前四川制置使陳隆之闔家數百口罹害, 死不易節, 其特賜徽猷閣待制, 官其二子, 賜謚立廟.
북병입촉, 전사천제치사진륭지합가수백구리해, 사불역절, 기특사휘유각대제, 관기이자, 사시립묘.

死事史季儉, 楊戡子各賜官兩轉, 官一子.
사사사계검, 양감자각사관량전, 관일자.

[해설]

송나라 이종이 순우(淳祐) 6년(1246년) 11월에 내린 조령이다. 전쟁 중에 끝까지 절개를 지키다가 전사한 관리를 표창하여 군민을 격려하는 한편, 절개와 의리를 사회의 기풍으로 삼고자 했다.

[원문3]

촉나라 땅에 병란이 일어나 나의 신민들이 겹겹으로 곤궁에 빠져 있으니 마땅히 위로하고 안심시켜 편안하게 생업에 임할 수 있도록 해야 한다. 근자에 현지 관리들이 가렴주구를 일삼아 백성을 양육한다는 나라의 근본 뜻을 잃고 있다고 들었다. 지금부터 사천의 제치사(制置司)들은 소속된 주현의 관리들을 경계하여 위반하는 자는 그 죄를 벌하고 사하지 말 것이며, 어사대는 엄중하게 감찰을 실시하라(『송사』 「본기」 '이종').

蜀罹兵革, 吾民重困, 所當勞來撫摩, 使之樂業. 比聞官吏乃肆誅求, 殊失培植邦本之意. 自今四
촉리병혁, 오민중곤, 소당노래무마, 사지악업. 비문관리내사주구, 수실배식방본지의. 자금사

川制司戒飭屬郡, 違者罪無赦, 禦史臺其嚴覺察.
천제사계칙속군, 위자죄무사, 어사대기엄각찰.

[해설]

송나라 이종이 보우(寶祐) 4년(1256년) 11월에 내린 조령이다. 그는 전쟁 기간

중에 관원들이 백성의 재물을 강탈하는 등의 행위에 대해 분노하여 더욱 엄격한 감찰을 통해 백성들의 생활을 안정시킬 것을 명하였다.

11. 너희들은 반드시 경계해야 할 것이다

爾輩其戒之

원나라 헌종憲宗 몽가蒙哥

[원문1]

태조와 태종께서 남기신 재산을 이처럼 허비한다면 무엇으로 여러 왕에게 재물을 하사할 것인가! 왕들은 마땅히 신중하게 고려하라. 은자(銀子 : 은돈)는 금후에 그대들에게 상으로 하사할 정액(定額)이다(『원사』 「본기」 '헌종').

太祖, 太宗之財, 若此費用, 何以給諸王之賜. 王宜詳審之. 此銀就充今後歲賜之數.
태조, 태종지재, 약차비용, 하이급제왕지사. 왕의상심지. 차은취충금후세사지수.

[해설]

원나라 헌종(憲宗 : 몽케) 3년(1253년) 여름 6월, 황제가 화아홀납요불아(火兒忽納要不兒)의 땅에 행차하였다. 칭기즈칸의 장자인 술적(術赤 : 주치)의 둘째 아들 발도(拔都 : 바투)도 탈필(脫必)을 헌종에게 보내 주은(珠銀) 1만 정(錠)을 요청하였다. 이에 헌종은 1천 정을 주면서 위와 같이 말했다. 제왕(諸王)들 역시 절검하여 소비를 엄격하게 제한할 것을 명한 것이다.

[원문2]

너희들이 만약 짐이 칭찬하는 말을 들었다고 득의하여 교만해지는데, 교만방자하면 재앙이 따라오지 않겠느냐? 너희들은 반드시 경계해야 할 것이다(『원사』 「본기」 '헌종').

爾輩若得朕獎諭之言, 卽志氣驕逸, 志氣驕逸, 而災禍有不隨至者乎? 爾輩其戒之.
이배약득짐장유지언, 즉지기교일, 지기교일, 이재화유불수지자호? 이배기계지.

[해설]

원나라 태종이 조정을 관장할 당시 여러 대신들이 권세를 농간하여 정령(政令)이 그들을 통해 나오곤 했다. 그러나 헌종이 즉위한 후 모든 조령은 헌종 자신이 친히 기초한 다음 여러 차례 교정한 후 반포하여 집행토록 하였다. 위의 조령은 여러 신하들을 엄격하게 단속하겠다는 헌종의 의지를 표명한 것이라고 할 수 있다.

12. 뇌물을 받아먹어 죄를 짓는 자는 법대로 처벌하겠다

犯贓必論如法

명나라 성조成祖 주체朱棣

[원문]

짐이 누차 조정 내외 관원들에게 스스로 청렴하고 백성들을 애호할 것을 명하였다. 그러나 어질지 못한 관리들은 여전히 방자하게 망동을 거듭하여 백성들이 심히 고통을 받고 있다. 무릇 훌륭한 농부라면 반드시 밭의 잡초를 제거할 것이니, 이는 어린 싹이 잡초로 인해 해를 당하기 때문이다. 이후로 뇌물을 받아먹어 죄를 짓는 자는 법대로 처벌하겠다(『명사』 「본기」 '성조').

朕屢敕中外官潔己愛民, 而不肖官吏恣肆自若, 百姓苦之. 夫良農必去稂莠者, 爲害苗也. 繼今, 犯贓
짐누칙중외관결기애민, 이불초관리자사자약, 백성고지. 부량농필거낭유자, 위해묘야. 계금, 범장

必論如法.
필론여법.

[해설]

명나라 성조가 영락(永樂) 16년(1418년) 12월에 내린 조령이다. 그는 일부 관리

들이 뇌물을 받아먹거나 횡령하여 백성들이 고통을 받는 것에 분노하여 이러한 탐관오리를 법에 따라 엄격하게 처벌할 것을 명했다.

'낭(稂)'과 '유(莠)'는 어린 벼처럼 생긴 잡초를 말하며, 남에게 해를 끼치는 이를 비유한다.

13. 각 지방의 대신들은 마땅히 이를 엄격하게 금지시키고 비밀리에 체포하라

各疆臣應嚴禁密緝

청나라 덕종德宗 애신각라 재첨載湉

[원문1]

관세, 지세, 염세 등 여러 가지 과세는 매년 일정한 액수가 있다. 그러나 봉강(封疆 : 일정 지역의 전권을 부여 받음) 관리들이 사사로운 감정에 따라 쌓인 폐단을 힘써 제거하지 못하고 있다. 대학사(大學士)와 군기대신(軍機大臣)들은 상세하게 실상을 조사하여 해결 방법을 의논하여 보고토록 하라(『청사고』「본기」'덕종').

關稅, 釐, 鹽諸課, 歲有常經, 疆吏瞻徇, 不能力除積弊. 大學士, 軍機大臣其詳覈會議以聞.
관세, 이, 염제과, 세유상경, 강리첨순, 불능력제적폐. 대학사, 군기대신기상핵회의이문.

[해설]

청나라 덕종이 광서(光緒) 25년(1899년) 여름 4월에 내린 조령이다. 그는 세수(稅收)를 중시하여 일부 관리들이 사사로운 정에 끌려 폐해를 일삼는 현상을 혁파하기로 결심하였다.

'첨순(瞻循)'은 사사로운 감정에 따르는 것을 말한다. '핵(覈)'은 '핵(核)'으로서 실상을 조사함이다. 청나라 때의 대학사(大學士) 정일품 벼슬로서 문신 가운데 가장 높은 관리이다. 황제를 보좌하여 정무를 처리하였다. 청나라 초기에는 의정처(議政處)에서 그 권력을 제한하였는데, 옹정(雍正) 연간에 군기처가 설치되자 이를 대치하였다. 그러나 군기대신 및 내외 관원 가운데 자질이나 명망이 특출한 자는 대학사로 임명하여 존경을 표시하였다. '군기대신(軍機大臣)'은 군기처의 대신이다. 군기처는 청나라 때 황제를 보좌하여 정무를 처리하는 기구로서 별도의 정원이 없으나 일반적으로 친왕, 대학사, 상서, 시랑 또는 경당(京堂 : 명청 시대 각 아문衙門의 장관으로서 '당상지관堂上之官'의 뜻임)이 겸임하였으며, 이들을 '군기대신'이라고 불렀다.

[원문2]

근래에 불령한 무리들이 혁명을 날조하고 만청(滿淸)*의 학설을 배척하며, 거짓으로 당파(黨派)의 이름을 빌어 은밀하게 반역 활동을 벌이고 있다. 각 지방의 대신들은 마땅히 이를 엄격하게 금지시키고 일당을 비밀리에 체포하라. 주범이든 종범이든 막론하고 모두 반역을 도모한 죄로 처리하라(『청사고』「본기」'덕종').

近有不逞之徒, 造爲革命排滿之說, 假借黨派, 陰行叛逆. 各疆臣應嚴禁密緝. 首從各犯, 論如謀逆例.
근유불령지도, 조위혁명배만지설, 가차당파, 음행반역. 각강신응엄금밀집. 수종각범, 논여모역례.

[해설]

서구 학문의 영향으로 당시 뜻있는 이들이 만청(滿淸) 정부의 죄악을 폭로하는 한편, 비밀리로 만청 정부를 전복시킬 준비를 하고 있었다. 청나라 덕종은 이러한 소식을 접하고 심히 우려하는 한편, 광서 31년(1905년) 10월에 위와 같은 조령을 반포하여 철저하게 반역자들을 진압하여 만청 정부의 통치를 확고하게 유지하고자 노력했다.

'불령지도(不逞之徒)'는 범법자를 말한다.

---

* 청나라를 달리 이르는 명칭으로, 여진족이 만주에서 일으킨 나라라는 것에서 유래하였다.

　　중국에서 법法이 생겨난 것은 초기의 노예제 사회이다. 전하는 바에 따르면 하夏나라 왕조 시절에 나온 『우형禹刑』이 중국 최초의 법률이라고 한다. 형벌은 나라의 통치 질서를 유지하는 데 필요한 중요 수단이다. 역대의 제왕들은 형벌의 중요성을 분명하게 인식하고 있었으며, 형벌 제도를 매우 중시하였다. 중국 고대의 형벌은 상당히 가혹하여 체형(體刑 : 육체에 벌을 가하는 형)이 많았다. 한漢나라 시대 이후로 황제들이 백성들을 통치하는 데 가혹한 형벌만이 능사가 아니라는 점을 인식하면서 점차 형벌을 완화하는 지시를 내리기도 했다. 아울러 사회 발전에 부응하여 형벌을 여러 차례 보완하면서 보다 완전한 형태로 만들어 갔다.

1. 덕을 밝히고 형벌을 신중하게 하지 않음이 없었다

克明德愼罰

주나라 성왕成王 희송姬誦

[원문1]

강숙(康叔)인 짐의 아우 어린 봉아! 그대의 돌아가신 부친 문왕께서는 덕을 밝히고 벌을 삼가시어 홀아비와 과부를 감히 무시하지 않으셨으며, 등용할 만한 사람을 등용하고, 공경해야 할 사람을 공경하시며, 경외할 만한 사람을 경외하며, 백성들을 드러내시었도다. 우리 화하(華夏) 지역을 개창하시고, 여러 우방과 함께 서쪽 땅을 나스리셨다. 문왕께서 근면하여 나라를 다스리니 상제(上帝 : 히늘)께서 이를 들으시고 크게 기뻐하시어 문왕에게 큰 명을 내리셨도다. 문왕은 상나라를 멸하고 하늘의 큰 명을 받아 상제께서 부여하신 그 나라(상나라)와 백성을 받으셨도다. 그대의 장형인 무왕이 문왕의 사업을 계승하여 계속 노력하시었다. 그리하여 아직 나이가 어린 그대에게 동방의 땅을 분봉하노라(『상서』「강고康誥」).

孟侯, 朕其弟, 小子封. 惟乃丕顯考文王, 克明德愼罰, 不敢侮鰥寡, 庸庸, 祗祗, 威威, 顯民, 用肇
맹후, 짐기제, 소자봉. 유내비현고문왕, 극명덕신벌, 불감모환과, 용용, 지지, 위위, 현민, 용조

造我區夏, 越我一, 二邦以修我西土. 惟時怙冒, 聞於上帝, 帝休, 天乃大命文王. 殪戎殷, 誕受厥命越
조아구하, 월아일, 이방이수아서토. 유시호모, 문어상제, 제휴, 천내대명문왕. 에융은, 탄수궐명월

厥邦民, 惟時敍, 乃寡兄勖. 肆汝小子封在玆東土.
궐방민, 유시서, 내과형욱. 사여소자봉재자동토.

[해설]

주나라 성왕(成王)*이 강숙(康叔)에게 분봉할 당시의 고명(誥命)이다. 그는 이전

---

* 주나라 2대 왕. 아버지 무왕이 죽었을 때 어렸으므로 무왕의 아우 주공 단이 섭정하였다. 성왕은 미자계(微子啓)를 송(宋)에, 강숙(康叔)을 위(衛)나라에 봉하는 등 기초를 다지고, 그로부터 강왕(康王) 시대에 걸쳐 주나라의 부국강병을 실현했다.

형법에 관한 기록으로 가장 오래된 것은 『장자』「거협(胠篋)」의 다음 구절이다. "저 갈고리를 훔친 자는 주살되지만 나라를 훔친 자는 제후가 된다(彼竊鉤者誅피절구자주, 竊國者爲諸侯절국자위제후)." 이는 춘추전국시대의 법률이 불공정함을 풍자한 것이기도 하다. 춘추시대에는 법 집행이나 소송에서 귀족들의 편을 들어 법제의 공정성을 크게 무너뜨렸다.

하상주(夏商周) 삼대에 이미 전문적으로 죄인을 관리하는 감옥인 '환토(圜土)'가 있었다. 상나라 때의 갑골문을 보면 곡(梏), 공(拳), 질(桎) 등 여러 가지 기구에 대한 기록이 나오는데, 곡은 손에 차는 일종의 수갑이고, 공 역시 양손에 채우는 수갑이다. 그리고 질은 다리에 채우는 형구이다. 그림은 주나라 때의 죄수를 그린 것이다.

의 선조들이 덕교(德敎)를 숭상하고 형벌을 신중하게 시행하였음을 상기시키면서 강숙에게 부친을 따라 배우도록 권고하고 있다.

'맹후(孟侯)'는 성왕의 숙부인 강숙(康叔 : 주나라 문왕의 아들이며 무왕의 아우)이며, 이름은 봉(封)이다. '용(庸)'은 용(用)의 뜻이니, '용용(庸庸)'은 임용할 만한 사람을 임용한다는 뜻이다. '지지(祗祗)'는 존경할 만한 사람을 존경한다는 뜻이다. '위위(威威)'의 '위'는 외(畏)의 뜻이니, 경외할 만한 사람을 경외한다는 뜻이다. '하(夏)'는 중하(中夏)로서 산서 남부, 섬서 동남부, 하남 서부 지역을 포괄한다. '호모(怙冒)'는 나라를 근면하게 다스림을 말한다. '과형(寡兄)'은 대형(大兄)이니 주나라 무왕을 말한다. '동토(東土)'는 강숙의 봉지인 위(衛)나라를 말한다.

[원문2]

아! 봉아, 신중하게 형벌을 명시토록 하여라. 사람이 작은 죄를 범했다고 할지라도 실수로 범한 죄가 아니라면 자기 마음대로 법에 어긋나는 일을 되풀이할 것이다. 이런 범죄는 설사 작은 것일지라도 죽이지 않을 수 없도다. 만약 사람이 큰 죄를 범했다고 할지라도 끝까지 되풀이하는 것이 아니라면 실수로 인한 범죄이니,

이러한 이가 자신의 죄를 모두 말했다면 죽이지 말아야 할 것이다(『상서』 「강고」).

嗚呼! 封, 敬明乃罰. 人有小罪, 非眚, 乃惟終自作不典, 式爾, 有厥罪小, 乃不可不殺. 乃有大罪, 非終,
오호! 봉, 경명내벌. 인유소죄, 비생, 내유종자작불전, 식이, 유궐죄소, 내불가불살. 내유대죄, 비종,

乃惟眚災, 適爾, 旣道極厥辜, 時乃不可殺.
내유생재, 적이, 기도극궐고, 시내불가살.

[해설]

주나라 성왕이 강숙에게 분봉할 당시의 고명(誥命)이다. 형벌은 통치자가 국가를 통치하는 데 있어서 중요한 수단이다. 그래서 성왕은 강왕에게 어떤 사안을 판단할 때 반드시 과실에 따른 것인지, 아니면 의도적인 범죄인지를 분별하여 처리하도록 권계하고 있다.

'생(眚)'은 과오, 잘못이다. '생재(眚災)'는 과실로 인한 재해를 말한다.

[원문3]

성탕(成湯 : 주나라 탕왕)은 제후들이 선택하여 추대하니 하걸(夏桀 : 하나라 걸 임금)을 대신하여 군왕이 되시었다. 정사를 신중하게 처리하고 백성들을 권면하시었으며, 백성들에게 형벌을 시행하는 것도 백성들을 권면하시기 위함이었다. 성탕부터 제을(帝乙)에 이르러서도 덕을 밝히고 형벌을 신중하게 하지 않음이 없었고, 덕과 벌로 백성들을 권면하시었다. 범인을 구금하고 중죄인을 죽이는 것도 모두 그들을 권면하시기 위함이었다. 그분들이 무고한 자를 석방하신 것도 백성들을 권면하시기 위함이었다(『상서』 「다방多方」).

乃惟成湯克以爾多方簡, 代夏作民主. 愼厥麗, 乃勸. 厥民刑, 用勸. 以至於帝乙, 罔不明德愼罰,
내유성탕극이이다방간, 대하작민주. 신궐려, 내권. 궐민형, 용권. 이지우제을, 망불명덕신벌,

亦克用勸. 要囚殄戮多罪, 亦克用勸. 開釋無辜, 亦克用勸.
역극용권. 요수진륙다죄, 역극용권. 개석무고, 역극용권.

[해설]

주나라 성왕이 회이(淮夷)를 정복하여 엄국(奄國)을 멸망시킨 후 호경(鎬京)에서 제후들에게 한 말이다. 그는 성탕(成湯)부터 제을(帝乙 ; 상나라 30대 군주)까지 치국

의 경험을 이야기하면서 상나라가 흥성한 것은 덕을 밝히고 형벌에 신중했기 때문이라고 하였다.

'다방(多方)'은 여러 방국(邦國)을 말한다. '간(簡)'은 선택이다. '요(要)'는 유(幽), 즉 구금의 뜻이다.

2. 형벌을 주관하는 옥리獄吏는 위세에 이르면 안 된다

典獄非訖於威

주나라 목왕穆王 희만姬滿

[원문1]

형벌을 주관하는 옥리(獄吏)는 위세에 이르면 안 되고 오직 후덕함에 머물러야 한다. 반드시 공경하면서 경계하고, 잘못된 말을 하지 않아야 한다(『상서』「여형呂刑」).

典獄非訖於威, 惟訖於富. 敬忌, 罔有擇言在身.
전옥비흘어위, 유흘어부. 경기, 망유택언재신.

[해설]

주나라 목왕이 형벌을 선포할 당시에 한 말이다. 그는 옥관(獄官)이 위세(威勢)로 형을 집행하는 것은 옳지 않다고 하면서 형벌에도 인애(仁愛)를 중시해야 한다고 하면서 형벌을 관장하는 이들에게 그릇된 말을 하지 않도록 명했다.

'전(典)'은 주관의 뜻이다. '흘(訖)'은 그침, 머물다의 뜻이다. '택언(擇言)'은 그릇된 말, 잘못된 말이다.

[원문2]

원고와 피고가 오면 옥관(獄官)은 오사(五辭 : 다섯 가지 방면)에서 사건을 심리하

라. 다섯 가지 방면에서 조사하여 확실하면 오형(五刑 : 묵형, 의형, 월형, 궁형, 대벽)에 따라 판결하고, 오형을 판단할 근거가 부족하면 오벌(五罰 : 오형 가운데 비교적 가벼운 벌금 등의 다섯 등급)에 따라 처벌하라. 범법자가 오벌로 판결한 것에 불복하면 오과(五過 : 다섯 가지 과실)를 적용하라. 그러나 오과의 단점은 관옥(官獄 : 관리가 권세를 이용하여 사익을 취함)과 내옥(內獄 : 관리와 사통하여 얻는 이익)이니, 이런 경우에는 관리의 죄행을 조사하여 처벌에 합당하도록 하라. 오형을 적용하는 데 의문점이 있으면 사면하고, 오벌을 적용하는 데 의문점이 있으면 사면하고 자세히 살피도록 하라. 조사가 정확해야 백성의 신임을 얻을 수 있고, 심문할 때는 증거가 있어야 한다. 증거가 없으면 죄를 결정할 수 없으니 경건하게 하늘의 위엄을 유지할 수 있어야 한다.

경형(黥刑 : 묵형墨刑)의 죄를 지었으나 의문점이 있으면 사면하여 100환(鍰 : 600냥)의 벌금에 처하며, 그의 죄상을 소상하게 조사하라. 의형(劓刑)에 해당하는 죄를 지었으나 의문점이 있으면 사면하여 벌금 200환을 부과하고, 그의 죄상을 소상하게 조사하라. 빈형(臏刑)의 죄를 지었으나 의문점이 있으면 죄를 경감하여 벌금 300환에 처하며, 그의 죄상을 소상하게 조사하라. 궁형(宮刑)에 해당하는 죄를 지었으나 의문점이 있으면 처벌을 경감하여 벌금 500환에 처하고, 그 죄를 소상히 조사하라. 또한 대벽(大辟)의 죄를 지었으나 의문점이 있으면 처벌을 경감하여 벌금 1,000환에 처하고, 그 죄상을 명백하게 조사하라. 묵형에 해당하는 법 조항은 1,000가지이고, 의형은 1,000가지, 빈형은 500가지, 궁형의 법 조항은 300가지, 대벽의 형벌에 관한 법 조항은 200가지이다. 이렇듯 다섯 가지 형벌의 조문은 모두 3,000가지이다(『사기』 「주 본기周本紀」).

兩造具備, 師聽五辭. 五辭簡信, 正於五刑. 五刑不簡, 正於五罰. 五罰不服, 正於五過. 五過之疵,
양조구비, 사청오사. 오사간신, 정어오형. 오형불간, 정어오벌. 오벌불복, 정어오과. 오과지자,

官獄內獄, 閱實其罪, 惟鈞其過. 五刑之疑有赦, 五罰之疑有赦, 其審克之. 簡信有衆, 惟訊有稽. 無簡
관옥내옥, 열실기죄, 유균기과. 오형지의유사, 오벌지의유사, 기심극지. 간신유중, 유신유계. 무간

不疑, 共嚴天威. 黥辟疑赦, 其罰百率, 閱實其罪. 劓辟疑赦, 其罰倍灑, 閱實其罪. 臏辟疑赦, 其罰倍差,
불의, 공엄천위. 경벽의사, 기벌백솔, 열실기죄. 의벽의사, 기벌배쇄, 열실기죄. 빈벽의사, 기벌배차,

閱實其罪. 宮辟疑赦, 其罰五百率, 閱實其罪. 大辟疑赦, 其罰千率, 閱實其罪. 墨罰之屬千, 劓罰之
열실기죄. 궁벽의사, 기벌오백솔, 열실기죄. 대벽의사, 기벌천솔, 열실기죄. 묵벌지속천, 의벌지

屬千, 臏罰之屬五百, 宮罰之屬三百, 大辟之罰其屬二百, 五刑之屬三千.
속천, 빈벌지속오백, 궁벌지속삼백, 대벽지벌기속이백, 오형지속삼천.

[해설]

제후 가운데 따르지 않는 자들이 있어 보후(甫侯 : 목왕의 사구司寇 또는 상相을 지낸 인물로 알려져 있음)가 말하자 이에 목왕이 형법을 제정하고 한 말이다.

'오사(五辭)'는 사건을 살피는 다섯 가지 방법이다. 첫째는 말을 듣고, 둘째는 안색을 살피며, 셋째는 분위기를 살피고, 넷째는 귀로 들으며, 다섯째는 눈으로 살핀다. '오형(五刑)'은 다섯 가지 형벌로서 묵형, 의형, 월형(刖刑 : 빈형), 궁형, 대벽(大辟)이다. '오벌(五罰)'은 오형 가운데 비교적 가벼운 형벌로서 등급이 다섯 가지이기 때문에 '오벌'이라 한다. 주로 벌금을 내고 속죄하는 형벌이다. '오과(五過)'는 다섯 가지 과실이다. 『상서』에 따르면 관(官 : 위세를 믿는 것), 반(反 : 개인적인 친분이나 원한에 따르는 것), 내(內 : 여자를 통해 이익을 추구하는 것), 화(貨 : 뇌물을 주는 것), 내(來 : 개인적인 친분을 통해 청탁하는 것) 등 다섯 가지이다. '관옥(官獄)'은 관리의 권세를 이용하여 사사로운 이익을 추구하는 행위를 말한다. '내옥(內獄)'은 관리와 범죄자가 서로 아는 관계에 있어 이를 통해 이익을 얻는 행위를 말한다. '대벽(大辟)'은 오형 가운데 하나인 참수형이다.

[원문3]

아! 이리 오너라. 제후국의 군주와 여러 신하들이여. 그대들에게 훌륭한 형벌에 대해 말해 주겠다. 지금 그대들이 백성을 편안하게 하려면 무엇을 선택해야 하겠는가? 사람을 선택하는 것이 아니겠는가? 공경하고 신중하게 대해야 할 것은 무엇인가? 형벌이 아니겠는가? 무엇을 헤아려야 하는가? 판결이 공정하고 적합한 것이 아니겠는가?(『상서』「여형」)

吁! 來, 有邦有土, 告爾祥刑. 在今爾安百姓, 何擇, 非人? 何敬, 非刑? 何度, 非及.
우! 래, 유방유토, 고이상형. 재금이안백성, 하택, 비인? 하경, 비형? 하도, 비급.

주나라 목왕은 백성을 안정시키려면 무엇보다 제대로 된 사람을 선발하여 형벌을 관장토록 하는 데 있다고 생각했다. 그래서 제후 대신들에게 형벌을 주관하는 이를 제대로 선발하여 공정하게 판단할 것을 주문하고 있다.

'유방(有邦)'은 방국을 가진 제후를 말한다. '유토(有土)'는 천자가 직접 통치하는 지방에 채지(采地 : 채읍, 식읍)가 있는 대신을 말한다. '급(及)'은 '의(宜)'로 써야 맞다.

3. 삼족죄를 폐지하고 싶어 하셨다

欲除三族罪

한나라 고조高祖 유방劉邦

[원문]

예전에 효혜황제(孝惠皇帝)께서 삼족죄와 요언령을 폐지할 것을 말씀하셨는데, 논의의 결론이 나기 전에 붕어하시었다. 하여 지금 이를 폐지한다(『한서』「본기」 '고조기').

前日孝惠皇帝言欲除三族罪, 妖言令, 議未決而崩. 今除之.
전일효혜황제언욕제삼족죄, 요언령, 의미결이붕. 금제지.

[해설]

여후(呂后)가 원년(기원전 187년) 정월에 하달한 조령에서 한 말이다. 처음에 효혜황제(孝惠皇帝)*가 삼족죄와 요언령 두 가지 법령을 폐지하려고 하였으나 끝내

---

* 한나라 2대 황제인 혜제(惠帝) 유영(劉盈, BC 210~BC 188)을 말한다. 한나라 고조 유방의 차남으로 태어나 왕위를 계승하였지만, 어머니 고황후(高皇后) 여씨(呂氏)의 그늘에 가려 불운한 황제로 지냈다.

시행하지 못한 채 세상을 뜨고 말았다. 그래서 여후는 아들인 효혜황제가 남긴 바람을 실현하기 위해 삼족죄 등을 폐지토록 한 것이다.

'삼족죄(三族罪)'는 범죄를 저지르면 삼족을 모두 주살하는 중죄이다. '요언령(妖言令)'의 '요언'은 황제의 귀를 거스르거나 듣고 싶지 않은 말이며, 주로 황제를 비방하는 내용이다. 진(秦)나라 건국 이후 시황제는 검수(黔首 : 백성)가 황제의 허물을 비난하거나 논의하는 것을 '요언령'으로 다스렸다. '요언령'에 저촉된 검수는 기시(棄市)*형을 당했다.

4. 법이란 다스림의 근거이다

法者, 治之正也

한나라 문제文帝 유항劉恒

[원문1]

법이란 다스림의 근거이며, 포악한 짓을 금지하여 선으로 인도하는 것이다. 법을 어긴 자를 이미 논죄한 후에도 다시 죄 없는 부모나 처자, 자식, 형제 등을 연좌시켜 모두 잡아들여 죄로 다스리고 있는데, 짐은 이에 찬성하지 않으니 그대들이 이러한 법의 존속 여부를 논의하기 바란다. ……짐이 듣기에 법이 공정하면 백성들이 매사에 삼가고, 죄를 정당하게 판결하면 백성들이 복종한다고 했다. 따라서 백성을 다스려 선으로 인도하는 이가 바로 관리가 아니겠는가! 관리가 백성을 제대로 인도하지 못하고, 올바른 법으로 죄를 다스리지 못하면 오히려 백성들이 흉포해져 해를 끼치게 되니 이를 어찌 금할 수 있겠는가? 짐은 연

---

* 사람들이 많이 모이는 시장이나 네거리 등 공개 장소에서 죄인을 참수하거나 교수형을 집행하여 그 시체를 길거리에 버리는 고대 중국의 형벌이다.

좌제에 어떠한 좋은 점이 있는 지 알 수 없으니 그대들이 이를 자세히 연구해 주기 바라노라(『사기』 「효문 본기孝文本紀」).

法者, 治之正也, 所以禁暴而率善人也. 今犯法已論, 而使母罪之父母妻子同産坐之, 及爲收帑, 朕甚
법자, 치지정야, 소이금폭이솔선인야. 금범법이론, 이사무죄지부모처자동산좌지, 급위수탕, 짐심

不取. 其議之. ……朕聞法正則民慤, 罪當則民從. 且夫牧民而導之善者, 吏也. 其旣不能導, 又以不
불취. 기의지. ……짐문법정칙민각, 죄당칙민종. 차부목민이도지선자, 이야. 기기불능도, 우이불

正之法罪之, 是反害於民爲暴者也. 何以禁之? 朕未見其便, 其孰計之.
정지법죄지, 시반해어민위폭자야. 하이금지? 짐미견기편, 기숙계지.

[해설]

한나라 시대 초기만 해도 진(秦)나라에서 시행했던 일부 혹형이 여전히 잔존하고 있었다. 위의 문장은 문제가 연좌법(連坐法) 폐지를 준비하면서 대신들과 토론할 당시에 발언한 내용이다. 대신들은 폐지에 반대했지만 문제는 이를 끝까지 견지하여 관대하고 후덕한 그의 통치술을 보여주고 있다. '동산(同産)'은 같은 어머니가 낳은 형제자매를 말한다. '수탕(收帑)'의 '탕'은 처자식의 뜻인 노(帑)와 통한다. 따라서 '수탕'은 한 가족의 남녀노소를 모두 잡아들여 벌한다는 뜻이다.

[원문2]

유우씨(有虞氏 : 순임금) 시절에는 범죄자에게 옷이나 모자에 특별한 문양이나 서로 다른 색깔을 염색하여 치욕을 느끼게 했을 뿐인데도 백성들은 법을 어기지 않았다고 들었다. 이는 무엇 때문인가? 다스림이 지극했기 때문이다. 그러나 지금은 형법에 육형(肉刑)이 세 가지나 있어도 범죄는 그치지 않고 있으니, 이러한 허물은 누구의 책임인가? 짐의 덕이 두텁지 못하고 교화가 밝지 못한 까닭이 아니겠는가? 그래서 짐은 교화의 방법이 맞지 않아 어리석은 백성들이 범죄의 함정에 빠지고 있음을 심히 부끄러워하고 있다. 『시경』에 "다정하고 자상한 군자여, 백성의 부모로다"라고 하였다. 지금 백성들이 죄를 범하면 교화를 실시하기도 전에 형벌을 먼저 가하여 혹 잘못을 고치고 선을 행하고자 하여도 그리할 방도가 없으니, 짐은 이를 심히 불쌍하게 여기고 있도다. 지체(支體 : 사지)를 절단

하고 피부와 근육을 상해하는 형벌을 받으면 종신토록 복원되지 않을 것이니 그 얼마나 고통스러울 것이며, 또한 얼마나 부덕한 일인가? 이 어찌 백성의 부모가 된 자의 뜻에 부합하는 것이겠느냐? 앞으로는 육형을 폐지하도록 하라(『사기』 「효문 본기」).

蓋聞有虞氏之時, 畫衣冠異章服以爲僇, 而民不犯. 何則? 至治也. 今法有肉刑三, 而奸不止, 其咎
개문유우씨지시, 화의관이장복이위륙, 이민불범. 하칙? 지치야. 금법유육형삼, 이간불지, 기구

安在? 非乃朕德薄而敎不明歟? 吾甚自愧. 故夫馴道不純而愚民陷焉. 詩曰, 愷悌君子, 民之父母. 今
안재? 비내짐덕박이교불명여? 오심자괴. 고부순도불순이우민함언. 시왈, 개제군자, 민지부모. 금

人有過, 敎未施而刑加焉? 或欲改行爲善而道毋由也. 朕甚憐之. 夫刑至斷支體, 刻肌膚, 終身不息,
인유과, 교미시이형가언? 혹욕개행위선이도무유야. 짐심련지. 부형지단지체, 각기부, 종신불식,

何其楚痛而不德也, 豈稱爲民父母之意哉! 其除肉刑.
하기초통이불덕야, 기칭위민부모지의재! 기제육형.

유폐(幽閉)

유폐가 처음 기록된 것은 『상서』이다. "궁벽을 처할 것이나 의심스러워 용서할 자는 그 벌금이 600환이니 그 죄의 내용을 잘 살피시오(宮辟疑赦궁벽의사, 其罰六百鍰기벌육백환, 閱實其罪열실기죄)." 공안국(孔安國)의 주에 따르면 "궁은 음형(淫刑)이다. 남자는 거세하는 것이고, 여자는 유폐하는 것이니 사형 다음으로 무거운 형벌이다."

이렇듯 유폐는 망치로 여자의 복부를 쳐서 자궁을 못 쓰게 만드는 가혹한 형벌인 것이다. 이처럼 여자 죄수의 생식 기능을 없애는 형벌은 진한시대에 시작되었다.

[해설]

한나라 문제 시절 태창령(太倉令) 순우공(淳於公)은 아들은 없고 딸만 다섯을 두었다. 그는 매번 자신의 딸들에게 욕을 하면서 집안에 사내가 없으면 집안에 급한 일이 생겨도 힘쓸 사람이 없다고 한탄하였다. 나중에 태창령이 약(藥)을 잘못 써서 죄를 지어 육형(肉刑)을 받으러 장안으로 압송되었는데, 그의 딸 제영(緹縈)이 장안으로 따라 올라와 문제(文帝)에게 상서(上書)하여 자신이 관노(官奴)가 될 것이니 아비의 육형을 면제해 달라고 청원하였다. 이에 문제가 내린 답변이 바로 위의 조령이다.

'유우씨(有虞氏)'는 순(舜)임금이다. '육(僇)'은 욕보이다, 치욕을 주다의 뜻이다.

'육형(肉刑)'은 신체에 벌을 가하는 형벌로 경(黥 : 얼굴에 죄명을 글자로 새기는 형벌), 의(劓 : 코를 베는 형벌), 월(刖 : 발꿈치를 자르는 형벌)이다. 일설에는 경(黥) 대신 '궁(宮)'을 집어넣기도 한다. '지(支)'는 '지(肢)', 즉 사지를 말한다.

5. 감옥은 사람의 생명과 관계되는 것이다

獄, 人之大命

한나라 경제景帝 유계劉啓

[원문]

법령 제도는 폭력과 사악함을 금지하기 위함이다. 감옥은 사람의 생명과 관계되는 것인데, 사람은 한 번 죽으면 다시 살 수 없다. 어떤 관리는 법령을 준수하지 않고 뇌물을 받아 시장에 내다팔거나 서로 작당하여 사리사욕을 꾀하며, 가혹한 것을 바른 사찰(查察)이라 여기고 수많은 무고한 이의 관직을 박탈하고 있으니 짐은 이를 심히 가엾게 여기고 있다. 죄를 지은 자가 징벌을 받지 않는 것은 법률을 파괴하고 나쁜 짓을 저지르는 일이자 심지어 아무런 의미가 없는 일이다. 그러나 여러 가지 옥사에 의심나는 점이 있다면, 비록 법률 조문과 일치할지라도 인심이 이에 불만을 품고 따르지 않으므로 즉각 그 죄안(罪案 ; 범죄 사실을 적은 기록)을 평의(評議 : 의논)하도록 하라(『한서』「경제기景帝紀」).

法令度量, 所以禁暴止邪也. 獄, 人之大命, 死者不可復生. 吏或不奉法令, 以貨賂爲市, 朋黨比周,
법령도량, 소이금폭지사야. 옥, 인지대명, 사자불가부생. 이혹불봉법령, 이화뢰위시, 붕당비주,

以苛爲察, 以刻爲明, 令亡罪者失職, 朕甚憐之. 有罪者不伏罪, 姦法爲暴, 甚亡謂也. 諸獄疑, 若雖文
이가위찰, 이각위명, 영망죄자실직, 짐심련지. 유죄자불복죄, 간법위폭, 심망위야. 제옥의, 약수문

致於法而於人心不厭者, 輒讞之.
치어법이어인심불염자, 첩얼지.

한나라 경제가 중원(中元) 5년(기원전 145년)에 내린 조령이다. 그는 법률 제도의 중요성을 언급하면서 뇌물을 받거나 사사로운 감정에 따라 제멋대로 법을 집행하는 것에 대해 엄중 경고하고 있다.

'시(市)'는 사고팔다, 매매하다의 뜻이다. 여기서는 뇌물로 받은 물건을 시장에 내다파는 것을 말한다. '망위(亡謂)'는 아무런 의미가 없다는 뜻이다. '얼(讞)'은 죄를 평의(評議)한다는 뜻이다.

6. 80세 이상의 노인은 모두 논죄하지 마라

年八十以上勿坐

한나라 선제宣帝 유순劉詢

[원문]

짐이 생각하기에 나이가 많은 노인들은 치아가 모두 빠지고 혈기도 쇠약하여 포악한 마음도 사라졌을 것이다. 지금 법을 어겨 감옥에 갇혀 있는 이들은 끝내 천수를 누릴 수 없을 것이니 짐은 심히 그들을 불쌍하게 여기고 있도다. 지금 이 후로 만 80세가 된 노인은 무고(誣告)나 살인, 상해가 아닌 다른 죄목이라면 모두 논죄하지 말라(『한서』 「선제기宣帝紀」).

朕惟耆老之人, 髮齒墮落, 血氣衰微, 亦亡暴虐之心, 今或羅文法, 拘執囹圄, 不終天命, 朕甚憐之.
짐유기로지인, 발치타락, 혈기쇠미, 역망폭학지심, 금혹리문법, 구집령어, 불종천명, 짐심련지.

自今以來, 諸年八十以上, 非誣告, 殺傷人, 佗皆勿坐.
자금이래, 제년팔십이상, 비무고, 살상인, 타개물좌.

[해설]

원강(元康) 4년(기원전 62년) 봄 정월에 한나라 선제(宣帝)가 내린 조서이다. 그는

범죄자들 가운데 나이가 많은 이들을 불쌍히 여겨 그들을 사면하겠다는 내용이
다. 노인들에 대한 선제의 관심과 애정을 엿볼 수 있다.

'기로(耆老)'는 덕행이 높고 존경받는 노인을 말하나 여기서는 일반적으로 나
이가 많은 노인을 뜻한다. '문법(文法)'은 법률이다. '영어(囹圄)'는 감옥, 감옥에
갇힘의 뜻이다. '좌(坐)'는 정죄(定罪), 즉 죄를 심판함이다.

7. 옥사에 관한 판결이 불공평하면 원망하는 이들이 많아진다

頃獄多冤人

한나라 광무제光武帝 유수劉秀

[원문1]

옥사(獄事)에 관한 판결이 불공평하면 원망하고 불평하는 이들이 많아지게 된
다. 형벌이 지나치게 엄격하고 각박하면 (고통을 받는 사람들이 많아지니) 짐은 이를
심히 불쌍히 여긴다. 공자께서 말씀하시기를 "형벌이 적당하지 않으면 백성들
이 손발을 놓을 곳이 없다"라고 하시었다. 2천 석 이상의 관리와 여러 대부, 박
사, 의랑들에게 바라노니 형법을 줄이는 사안에 대해 의논토록 하라(『후한서』「광
무제기」).

頃獄多冤人, 用刑深刻, 朕甚愍之. 孔子雲, 刑罰不中, 則民無所措手足. 其與中二千石, 諸大夫, 博士,
경옥다원인, 용형심각, 짐심민지. 공자운, 형벌불중, 칙민무소조수족. 기여중이천석, 제대부, 박사,

議郎議省刑法.
의랑의성형법.

[해설]

건무(建武) 2년(26년) 3월에 한나라 광무제는 대사면의 조령을 반포하였다. 아
울러 옥사 판결에 신중을 기하여 형벌이 지나치지 않고 불공평하지 않도록 하

고, 형벌을 줄이는 사안에 대해 여러 대신들이 의논할 것을 주문하였다.

'경(頃)'은 불공평의 뜻이니 '경옥(頃獄)'은 불공평한 판결을 말한다.

[원문2]

백성 가운데 빈궁하여 처자를 내다팔고 그 돈으로 부모의 영구(靈柩)를 매장하려는 자가 있다면, 그들이 뜻하는 바대로 하게 하라. 누가 감히 그들을 체포하여 법에 따라 논죄하겠는가?(『후한서』「광무제기」)

民有嫁妻賣子欲歸父母者, 恣聽之. 敢拘執, 論如律.
민유가처매자욕귀부모자, 자청지. 감구집, 논여율.

[해설]

한나라 광무제가 건무 2년(26년)에 내린 조령이다. 광무제는 효도를 중시하였다. 그래서 백성들이 어떤 수단을 쓰더라도 부모에게 효를 다하고자 하는 마음을 이해하였다.

'귀부모(歸父母)'는 부모의 영구(靈柩)를 고향으로 모셔 선산에 매장하는 것을 말한다.

8. 유관 부서에서 이러한 사안을 규찰하고 검거할 방법을 의논하라

有司其議糾擧之

한나라 장제章帝 유달劉炟

[원문]

공자께서 말씀하시기를 "형벌이 적당하지 않으면 백성들이 손발을 놓을 곳이 없다"라고 하셨다. 지금 관리들 가운데 불량한 이들이 자신들의 희로(喜怒 : 좋아하거나 성냄)에 따라 제멋대로 전횡하여 혹자는 범죄 사실에 따라 논죄하지 않고 무고한 이를 협박하여 원한을 품고 스스로 목숨을 끊게 하고 있으니, 한 해에 자살하는 이가 사형에 처해진 이들보다 많다. 이는 결코 백성의 부모와 같은 관리의 본래 뜻이 아니로다. 유관 부서에서 이러한 사안을 규찰하고 검거할 방법을 의론토록 하라(『후한서』「숙종효장제기肅宗孝章帝紀」).

孔子曰, 刑罰不中, 則人無所措手足. 今吏多不良, 擅行喜怒, 或案不以罪, 迫脅無辜, 致令自殺者,
공자왈, 형벌불중, 즉인무소조수족. 금리다불량, 천행희로, 혹안불이죄, 박협무고, 치령자살자,

一歲且多於斷獄, 甚非爲人父母之意也. 有司其議糾擧之.
일세차다어단옥, 심비위인부모지의야. 유사기의규거지.

[해설]

건초(建初) 5년(80년) 봄 2월에 일식이 일어났다. 장제(章帝, 58~88)[*]는 이를 자신이 제대로 다스리지 않았기 때문이라 여기고, 그 해 3월 위와 같은 조령을 반포하였다. 그는 치국의 가장 문제는 형벌 집행이 불공평하고 관원들이 전횡을 일삼고 있기 때문이라고 생각하여 법 집행 상황에 대한 규찰을 강화할 것을 명했다.

---

[*] 후한(後漢)의 3대 황제로서 이름은 유달(劉炟), 묘호는 숙종(肅宗)이다. 정식 시호는 효장황제(孝章皇帝)이다. 선대 명제(明帝) 시대와 함께 후한의 황금시기를 열었으나 그가 죽은 후 환관과 지방 호족의 득세로 나라의 지배력이 약화되었다.

9. 이를 법전에 기술토록 하라

著於令典

위나라 문제文帝 조비曹丕

[원문]

선왕께서 제사의 예의를 제정하신 것은 효도를 밝혀 조상을 섬기고자 함이었다. 가장 중요한 것은 교외에서 하늘과 땅에 제사를 지내는 교사(郊祀)이고, 다음은 종묘에 제사를 지내는 것이다. 삼신, 오행, 명산대천에 제사를 지내는 것은 이런 부류에 속하는 것이 아니니 제사의 예의에 포함되지 않는다. 말세에 이르면 쇠퇴하고 혼란스러워 사람들이 무사(巫士 : 무당)를 믿어 궁궐 안이나 집안에 술을 뿌리며 제를 지내지 않는 일이 없으니 심하도다, 그 미혹됨이여! 지금부터 감히 예의에 맞지 않는 제사를 지내거나 무축(巫祝 : 무당)의 말을 믿는 자가 있다면 모두 사악한 도를 받드는 것으로 논죄할 것이니 이를 법전에 기술토록 하라 (『삼국지』「위서」'문제기').

先王制禮, 所以昭孝事祖, 大則郊社, 其次宗廟, 三辰五行, 名山大川, 非此族也, 不在祀典. 叔世
선왕제례, 소이소효사조, 대즉교사, 기차종묘, 삼진오행, 명산대천, 비차족야, 부재사전. 숙세

衰亂, 崇信巫史, 至乃宮殿之內, 戶牖之閑, 無不沃酹, 甚矣其惑也. 自今, 其敢設非祀之祭, 巫祝之言,
쇠란, 숭신무사, 지내궁전지내, 호유지한, 무불옥뢰, 심의기혹야. 자금, 기감설비사지제, 무축지언,

皆以執左道論, 著於令典.
개이집좌도론, 착어령전.

[해설]

위나라 문제가 황초(黃初) 5년(224년) 12월에 내린 조령이다. 당시 미신을 믿고 잡다한 신령에게 제사를 지내는 등의 혼란스러운 분위기를 일신하기 위해 이를 제사 법도에 어긋나는 행위로 규정하고 금지를 명하고 있다.

'교사(郊社)'는 천자가 하늘과 땅에 제사를 지내는 국가 의례이다. '교'는 동지(冬至)에 국도(國都)의 남쪽 교외에서 제를 올리는 것이고, '사'는 하지에 북쪽 교

외에서 제사를 지내는 것이다. '호유(戶牖)'는 문과 창을 말하나 여기서는 민간 집안의 뜻이다.

10. 채찍질과 곤장의 형벌 제도를 줄이도록 하라

減鞭杖之制

위나라 명제明帝 조예曹叡

[원문]

채석실을 관리에 대한 형벌로 삼은 이유는 공무에 태만하고 게으른 행위를 바로잡기 위함인데, 근래 들어 무고하게 채찍질을 당해 죽음에 이르는 자가 많다. 명하노니 채찍질과 곤장의 형벌 제도를 줄이도록 하고, 이를 법령에 기재하라 (『삼국지』「위서」'명제기').

鞭作官刑, 所以糾慢怠也, 而頃多以無辜死. 其減鞭杖之制, 著於令.
편작관형, 소이규만태야, 이경다이무고사. 기감편장지제, 착어령.

[해설]

위나라 청룡(青龍) 2년(234년) 2월, 하늘에 기이한 별자리가 나타났을 때 명제가 내린 조령이다. 그는 채찍형을 줄이고 이를 법전에 기재토록 하였다. 형벌, 특히 혹형을 줄이겠다는 의도이다.

11. 무릇 법령을 제정하는 것은 죄악을 끊기 위한 것이다

法令之設以遏惡

오나라 대제大帝 손권孫權

[원문]

무릇 법령을 제정하는 것은 죄악을 끊고 사악한 일을 미연에 방지하려는 것이오. 그러니 어찌 형벌이 소인들에게 위협이 되지 않을 수 있겠소? 이는 먼저 명령을 내리고 나중에 법에 따라 처리하는 것이지, 범죄자가 출현하기를 바라고 하는 것이 아니오. 그대는 형벌이 너무 무겁다고 하였는데, 고(孤 : 손권의 겸칭)인들 그렇게 하는 것이 이롭다고 여기겠소? 다만 어쩔 수 없어 그렇게 하는 것일 따름이오. 지금 그대의 의견을 따라 마땅히 신하들에게 새롭게 자문을 구하고 상의하여 힘써 합당하게 실행토록 하겠소. 또한 가까운 신하들은 바른 길로 나아가도록 간언하고, 친척들도 허물을 보완하고 살필 수 있도록 조언하여 군주의 잘못을 바로잡고, 자신의 충성스럽고 신실함을 밝히고자 하오(『삼국지』「오서吳書」 '오주전吳主傳').

夫法令之設, 欲以遏惡防邪, 儆戒未然也. 焉得不有刑罰以威小人乎? 此爲先令後誅, 不欲使有犯者耳.
부법령지설, 욕이알악방사, 경계미연야. 언득불유형벌이위소인호? 차위선령후주, 불욕사유범자이.

君以爲太重者, 孤亦何利其然, 但不得已而爲之耳. 今承來意, 當重咨謀, 務從其可. 且近臣有盡規之諫,
군이위태중자, 고역하리기연, 단부득이이위지이. 금승래의, 당중자모, 무종기가. 차근신유진규지간,

親戚有補察之箴, 所以匡君正主明忠信也.
친척유보찰지잠, 소이광군정주명충신야.

[해설]

황무(黃武) 5년(226년) 10월에 육손(陸遜, 183~245)[*]이 손권에게 눈앞의 정세에 대

---

[*] 오나라의 모신(謨臣)으로서 자는 백언(伯言), 이름은 육의(陸議)이다. 촉한(蜀漢)과 위나라의 침공을 여러 차례 격퇴하여 오나라를 지켜냈다. 손권은 그에게 형 손책의 딸을 시집보내 친분 관계를 맺고 종종 정치적 문제에 대해 조언을 구했다.

응하고, 나라에 이익이 되기 위해 은덕을 펼치고 형벌을 줄이며, 세금을 줄이는 것과 함께 징용을 멈추도록 권유하였다. 위의 내용은 이에 대한 손권의 대답이다. 형벌에 대한 손권의 인식을 그대로 반영하고 있으며, 신하의 의견을 경청하는 그의 자세를 엿볼 수 있다.

12. 고대에는 죄를 범한 자에게 다른 복식服飾을 입히는 상형을 세웠다

古設象刑而衆不犯

진晉나라 무제武帝 사마염司馬炎

[원문]

고대에는 다른 복식(服飾)을 입혀 죄를 범한 자가 치욕을 당하게 하는 상형(象刑)을 세웠지만 뭇 사람들이 죄를 범하지 않았는데, 지금은 삼족을 주멸(誅滅)하는 혹형이 있음에도 간악한 이들이 근절되지 않고 있다. 어찌 덕(德)과 형(刑)의 거리가 이처럼 멀단 말인가! 선제께서 심히 백성들을 연민하시고, 그처럼 많은 이들이 옥사에 연루되는 것을 애통하게 여기시어 관리들에게 명하여 전형(典刑 : 혹형이 아닌 일반적인 형벌)을 제정토록 하시었다. 짐은 유업을 받들어 황국(皇國)의 기틀을 보호하고 안정시켜 항시 여러 나라와 더불어 무위(無爲)로 나라를 다스리고자 하였다. 이제 바야흐로 만물이 소생하는 양춘(陽春)의 계절이 되어 춘경(春耕 : 봄 농사)이 시작되니 짐이 친히 왕공과 경대부, 사인들을 데리고 천 묘(畝)의 적전(籍田)을 경작하겠노라. 또한 법령이 이미 제정되었으니 이를 천하에 반포하여 간략한 법규로 근본이 되는 농업 생산을 촉진하여 사해에 그 은덕이 미치도록 할 것이다. 마땅히 죄인들을 관대하게 처리하여 그들이 지난 과오를 반성하고 새로워질 수 있도록 천하에 대사면을 내리노라. 장리(長吏)와 군승(郡丞), 장사(長史)들에게 상으로 말 한 필씩을 하사하겠노라(『진서晉書』「제기帝紀」‘무제武帝’).

古設象刑而衆不犯, 今雖參夷而姦不絶, 何德刑相去之遠哉! 先帝深愍黎元, 哀矜庶獄, 乃命群後,
고설상형이중불범, 금수참이이간불절, 하덕형상거지원재! 선제심민려원, 애긍서옥, 내명군후,

考正典刑. 朕守遺業, 永惟保乂皇基, 思與萬國以無爲爲政. 方今陽春養物, 東作始興, 朕親率王公卿
고정전형. 짐수유업, 영유보예황기, 사여만국이무위위정. 방금양춘양물, 동작시흥, 짐친솔왕공경

士耕藉田千畝. 又律令既就, 班之天下, 將以簡法務本, 惠育海內. 宜寬有罪, 使得自新, 其大赦天下.
사경자전천무. 우율령기취, 반지천하, 장이간법무본, 혜육해내. 의관유죄, 사득자신, 기대사천하.

長吏, 郡丞, 長史各賜馬一匹.
장리, 군승, 장사각사마일필.

[해설]

진나라 무제(武帝, 236~290)[*]가 태시(泰始) 4년(268년)에 내린 적전(籍田)에 관한 조령이다. 진나라 무제는 고대의 제왕들이 범죄자를 처벌하는 방식과 자신이 재위할 당시의 방식을 비교하면서 형벌을 줄이고, 덕정(德政)으로써 나라를 다스리겠다는 의지를 표명하였다.

'상형(象刑)'은 요순(堯舜) 시대에 시행되었다는 형벌의 종류이다. 당시에는 범죄자의 신체에 형벌을 가하는 육형(肉刑)은 없었고, 죄인에게 각기 다른 옷을 입혀 오형(五刑)을 상징함으로써 모욕감과 수치심을 느끼도록 하였다. '서옥(庶獄)'은 본래 여러 가지 소송을 뜻하나 여기서는 압송된 범인을 말한다. '보예(保乂)'는 보호하고 안정시킨다는 뜻이다. '군후(群後)'는 본래 여러 지역의 제후를 뜻하지만 여기서는 조정의 중요 대신을 말한다.

---

* 진(晉)나라 1대 황제(재위, 265~290)로서 사마소(司馬昭)의 아들이자 사마의(司馬懿)의 손자이다. 아버지가 죽자 진왕(晉王)과 상국(相國)의 자리를 물려받았고, 아버지의 세력에 힘입어 위(魏)나라 원제(元帝)의 선양을 받아 낙양(洛陽)에 도읍을 정하고 진(晉)나라를 세웠다. 280년에 오나라의 항복을 받아 천하를 재통일하였다.

13. 정치를 조화롭게 하고 법령을 간소화하라

政和法簡

송나라 무제武帝 유유劉裕

[원문]

지난 시절에는 군사에 관한 일이 많아 대부분의 사무가 일시적인 대책에 따라 이루어졌으며, 교묘한 방법이나 권세로 재물을 빼앗는 일이 한때 성행하였다. 이제 왕도가 일신하여 새로워졌으니 정치를 조화롭게 하고, 법령을 간소화하여 엄형을 일괄적으로 폐지하고 이전의 법제를 따르고자 한다. 반란과 음란, 절도 등 위법한 행위를 세 번 범한 자는 모두 광산으로 보내 제련(製鍊) 작업을 강제히는 보야사(補冶士)의 형벌에 처하였는데, 이는 본래 동일한 범죄를 세 번 반복할 정도면 개전(改悛)의 정이 전혀 없는 것이기 때문이다. 그런데 형벌을 주관하는 이들이 근래 여러 가지 사안을 병합하여 세 번 반복한 것으로 처리하는 일이 있어 제도를 만든 본래 취지를 위배하고 있으니 특별히 대중들에게 본래 뜻을 분명히 밝히고자 한다(『송서』「본기」 '무제').

往者軍國務殷, 事有權制, 刼科峻重, 施之一時. 今王道維新, 政和法簡, 可一除之, 還遵舊條. 反叛
왕자군국무은, 사유권제, 겁과준중, 시지일시. 금왕도유신, 정화법간, 가일제지, 환준구조. 반반

淫盜三犯補冶士, 本謂一事三犯, 終無悛革. 主者頃多並數衆事, 合而爲三, 甚違立制之旨, 普更申明.
음도삼범보야사, 본위일사삼범, 종무전혁. 주자경다병수중사, 합이위삼, 심위립제지지, 보경신명.

[해설]

송나라 무제가 영초(永初) 원년(420년) 7월에 내린 조령이다. 그는 새로운 왕조가 건립되었으니 지난 전란 기간에 이루어졌던 정책이나 조치를 개혁하고, 형벌을 가볍게 할 것을 강조하고 있다. 이는 법제를 회복하여 백성들을 보다 관대하게 대해야 한다는 그의 통치 사상을 반영하는 것이다.

'보야사(補冶士)'는 육조 시대의 형벌 가운데 하나로서 광산에서 야련(冶煉)이

나 주조(鑄造) 작업을 하는 벌이다. '전혁(悛革)'은 회개함이다.

14. 안건을 심리할 때는 세 번을 살피고 다섯 번 들어야 한다

三訊五聽

양나라 무제武帝 소연蕭衍

[원문1]

안건을 심리할 때는 여러 가지를 살피고 다섯 가지 방법을 운용해야만 한다. 이는 성인의 경전에서 이미 밝히신 것이니 불쌍하게 여기는 마음으로 사안을 심리하는 것은 그 의의가 이전의 고(誥)보다 중하다. 이는 형벌을 사용하는 데 보다 분명하고 신중하기 위함이다. 의심나거나 억울한 사안을 깊이 경계하면 성공적으로 치세를 이룰 수 있음은 이로 말미암지 않는 것이 없다. 짐이 번부(藩部)에 있을 당시 항시 친히 안건을 심의하여 인정과 도리를 얻고자 했으며, 사안의 크고 작음을 막론하고 반드시 최선을 다하고자 노력했다. 나라의 운이 쇠하고 기강이 풀어지면 정치가 잘못되니 감옥마다 죄수들로 가득 차도 하소연 할데가 없다. 짐은 다행히 기회를 얻어 억조창생에 군림하게 되었으니, 비록 황실에서 마음을 정히 갖고 있으나 설사 황실에서 재계할지라도 유심히 소송 판단 안건을 청취하고자 한다. 그러나 전국이 멀고 외진 곳까지 친히 임할 방법이 없다. 그래서 억울하게 심판을 받는 일이 한 곳에 그치지 않음을 걱정하노라. 각 주의 수장들에게 명을 내리니 매월 친히 신문(訊問)하고, 광범위하게 조사하여 선한 것을 택하여 확실하고 신실하도록 하라(『양서梁書』「본기」'무제').

三訊五聽, 著自聖典, 哀矜折獄, 義重前誥, 蓋所以明愼用刑, 深戒疑枉, 成功致治, 罔不由玆. 朕自藩部,
삼신오청, 저자성전, 애긍절옥, 의중전고, 개소이명신용형, 심계의왕, 성공치치, 망불유자. 짐자번부,

常躬訊錄, 求理得情, 洪細必盡. 末運弛網, 斯政又闕, 牢犴沈壅, 申訴靡從. 朕屬當期運, 君臨兆億, 雖復
상궁신록, 구리득정, 홍세필진. 말운이망, 사정우궐, 뇌안침옹, 신소미종. 짐속당기운, 군림조억, 수부

齊居宣室, 留心聽斷 ; 而九牧遐荒, 無因臨覽. 深懼懷冤就鞠, 匪惟一方. 可申敕諸州, 月一臨訊, 博詢
제거선실, 유심청단 ; 이구목하황, 무인임람. 심구회원취국, 비유일방. 가신칙제주, 월일임신, 박순

擇善, 務在確實.
택선, 무재확실.

[해설]

이는 양나라 무제가 천감(天監) 2년(503년) 봄에 내린 조령이다. 소송이나 안건의 심리를 신중하게 처리하여 억울한 옥살이가 없도록 할 것을 강조하고 있다.

'성전(聖典)'은 성인의 경전, 법칙이다. '번부(藩部)'는 청나라 때의 개념으로 주로 속국이나 속지(屬地)의 의미이나 여기서는 소연이 한때 관원으로 있었던 남제(南齊) 시절을 말한다. '뇌안(牢犴)'은 감옥이다. '안(犴)'은 늑대처럼 생긴 전설상의 동물 이름으로서 고대에는 옥문에 그 짐승의 그림을 그려놓았다고 한다. '선실(宣室)'은 제왕이 거주하는 정실을 말한다.

[원문2]

짐승은 어미만 알 뿐 아비를 모르지만 무뢰(無賴)한 자식은 짐승만도 못하여 부모를 모두 모른다. 그들은 숱하게 왕법에 저촉되니 집안의 노인들까지 연루되기에 이르렀다. 늙은이들이 이로 인해 구금되니 실로 마음이 상하고 걱정이로다. 지금부터 죄를 범하더라도 그의 부모나 조부모는 연좌시키지 말도록 하라. 다만 대역죄(大逆罪)는 이러한 은전(恩典)을 받을 수 없다(『양서』「본기」'무제').

禽獸知母而不知父, 無賴子弟過於禽獸, 至於父母竝皆不知. 多觸王憲, 致及老人. 耆年禁執, 大可
금수지모이불지부, 무뢰자제과어금수, 지어부모병개부지. 다촉왕헌, 치급노인. 기년금집, 대가

傷愍. 自今有犯罪者, 父母祖父母勿坐. 唯大逆不預今恩.
상민. 자금유범죄자, 부모조부모물좌. 유대역불예금은.

[해설]

양나라 무제가 중대동(中大同) 2년(547년) 7월에 내린 조령이다. 무제는 연좌제를 지나친 혹형으로 여기고 이를 폐지하도록 명했다.

'무뢰자(無賴子)'는 간악하고 교활하며, 만행을 일삼는 사람을 말한다. '대역

(大逆)’은 극악무도한 죄를 말하는데, 주로 역모(逆謀)나 반란죄가 이에 속한다.

15. 먼저 은덕을 베푼 후에 형벌을 시행하였다

先德後刑

당나라 대종代宗 이예李豫

[원문]

사회가 크게 다스려지던 시대에는 먼저 은덕을 베푼 후에 형벌을 시행하였다. 군주는 기쁘게 신하를 대하였고, 신하는 즐거운 마음으로 군주를 받들었으며, 환란이 발생하는 일도 없었고, 법령도 제대로 시행되었다. 그러나 성왕(聖王)의 시대가 지나고 오랜 세월이 흐르자 교화는 옅어지고, 문서는 쌓여 소송이 더욱 많아지게 되었다. 가혹한 관리는 법을 우롱하여 백성들이 억울하게 죄를 얻으니, 치욕을 씻고 행동을 고치고 싶어도 할 방법이 없도다. 이것이 어찌 천지 부모의 자애로운 뜻이라 하겠느냐?(『구당서』「본기」‘대종’)

至理之代, 先德後刑, 上歡然以臨下, 下欣然而奉上, 禍亂不作, 法令可施. 去聖久遠, 薄於教化, 지리지대, 선덕후형, 상환연이림하, 하흔연이봉상, 화란부작, 법령가시. 거성구원, 박어교화,

簡書塡委, 獄訟煩興. 苛吏舞文, 冤人致辟, 思欲刷恥改行, 厥路無由, 豈天地父母慈愛之意也! 간서전위, 옥송번흥. 가리무문, 원인치벽, 사욕쇄치개행, 궐로무유, 기천지부모자애지의야!

[해설]

대종(代宗) 시절 많은 형관(刑官)들이 형벌을 남용하여 백성들을 가혹하게 처리하였다. 이에 대종은 대력(大曆) 4년(769년) 7월에 위와 같은 조령을 반포하였다. 그는 성왕의 표준으로 당시의 형벌에 대해 언급한 후 지나친 혹형을 가하는 것에 대해 매섭게 질책하고 보다 관대하고 어진 마음을 지닐 것을 당부하고 있다.

‘지리(至理)’는 본래 ‘지치(至治)’이나 고종 이치(李治)의 휘(諱)를 피하기 위해 ‘지

리'라고 쓴 것이다. '간서(簡書)'는 죽간을 말한다. 여기서는 공문서를 지칭한다. '치벽(致辟)'의 '벽'은 법이니 법을 행함이다. 여기서는 죄를 얻는다는 뜻이다.

16. 어찌 요즘의 법망은 이처럼 엄밀하단 말인가?

何近代法網之密

송나라 태조太祖 조광윤趙匡胤

[원문1]

요임금과 순임금이 복종하지 않는 네 부족의 두령을 징벌하였는데, 단지 그들을 먼 곳으로 내쫓았을 따름이다. 그런데 어찌 요즘의 법망은 이처럼 엄밀하단 말이냐?(『송사』「본기」'태조')

堯舜之罪四凶, 止從投竄, 何近代法網之密乎!
요순지죄사흉, 지종투찬, 하근대법망지밀호!

[해설]

송나라 태조가 저녁 늦게 『상서』「요전(堯典)」과 「순전(舜典)」을 읽으면서 요순시대의 형벌에 대해 감탄하며 한 말이다.

'사흉(四凶)'은 순임금에 복종하지 않은 네 부족의 수령을 말한다. 그들 네 부족은 다음과 같다. 도철(饕餮), 혼돈(混沌), 궁기(窮奇), 도올(檮杌)이다.

[원문2]

오대(五代) 시절에 제후들이 발호하여 법을 어기며 제멋대로 사람을 죽였는데도 조정은 그대로 방치한 채 죄를 묻지 않았다. 인명은 지극히 중요한 것이거늘, 지금 번진(藩鎭)에서 제멋대로 하게 놓아둔다면 그처럼 되지 않겠느냐? 각 주(州)에서 사형을 판결할 때는 반드시 사안을 초록하여 보고하고, 형부(刑部)에서 다시 검토하도록 하라(『송사』「본기」'태조').

五代諸侯跋扈, 有枉法殺人者, 朝廷置而不問. 人命至重, 姑息藩鎭, 當若是耶? 自今諸州決大辟,
오대제후발호, 유왕법살인자, 조정치이불문. 인명지중, 고식번진, 당약시야? 자금제주결대벽,

錄案聞奏, 付刑部覆視之.
녹안문주, 부형부복시지.

[해설]

송나라 태조가 재상에게 한 말이다. 그는 오대 시절 제후들이 제멋대로 사람을 죽여도 조정에서 책임을 묻지 않고 방치한 것을 예로 들면서, 당시 번진(藩鎭 : 변방에서 군대를 거느리고 그 지방을 다스리던 관아)에서 행하는 작태에 대해 엄하게 경고하고 있다. 법률을 엄격하게 적용하는 것은 물론 관리와 감독을 철저하게 하여 억울한 옥사가 없도록 하라는 뜻이다.

'오대(五代)'는 후량(後梁), 후당(後唐), 후진(後晉), 후한(後漢), 후주(後周)를 말한다. '고식(姑息)'은 지나치게 관용을 베풀거나 제멋대로 놓아두는 것을 말한다. '형부(刑部)'는 고대의 관서로서 주로 형벌을 담당하는 부서이다. 수나라 문제 시절에 육부(六部) 제도가 처음 시행되었는데, 처음에는 북제(北齊)의 도관(都官)을 설치하였다가 개황(開皇) 3년(583년)에 형부로 개칭하였다. 그 주관(主官)은 상서(尚書)이다.

17. 인명은 지극히 중요한 것이다

人命至重

송나라 태종太宗 조경趙炅

[원문]

각 주(州)와 군(郡)은 여름철에 5일에 한 번씩 감옥을 청소하고, 음료수를 공급하며, 병자는 즉시 의원의 치료를 받도록 하고, 작은 죄로 수감된 자는 즉시 판

결토록 하라(『송사』「본기」'태종').

諸州郡暑月五日一滌囹圄, 給飮漿, 病者令醫治, 小罪卽決之.
제주군서월오일일척령어, 급음장, 병자령의치, 소죄즉결지.

[해설]

송나라 태종이 옹희(雍熙) 4년(987년) 4월에 내린 조령이다. 혹서기에 감옥의 죄수들에게 나름의 편의를 제공하는 조치를 취하도록 하였다. 비록 죄를 지은 이들이기는 하지만, 관심을 기울여 최소한의 환경 개선을 당부하고 있다.

18. 소재지 관부에서 체포하여 멀리 유배토록 하라

令所在擒捕流配

송나라 진종眞宗 조항趙恒

[원문]

다른 집 자제를 유인하여 가산(家産)을 나누어 갖거나 몰래 고리대(高利貸)를 놓거나 분묘를 훼손하는 자들이 있으면, 소재지 관부에서 체포하여 멀리 유배토록 하라(『송사』「본기」'진종').

誘人子弟析家産, 或潛擧息錢, 輒壞墳域者, 令所在擒捕流配.
유인자제석가산, 혹잠거식전, 첩괴분역자, 영소재금포류배.

[해설]

송나라 진종 대중상부(大中祥符) 2년(1009년) 2월에 내린 조령이다. 그는 돈을 빌려주고 높은 이자를 받거나 남의 분묘를 훼손하는 자 등을 체포하여 처벌토록 하였다. 사회에 만연한 불법 행위를 엄격하게 단속하여 사회 분위기를 일신하려는 시도이다.

'식전(息錢)'은 돈을 빌려주고 높은 이자를 받는 것이다. '분역(墳域)'은 분묘를 말한다.

19. 각 로路에서 의문점이 있는 사안은 반드시 상주하라

諸路疑獄當奏

송나라 휘종徽宗 조길趙佶

[원문]

각 로(路)에서 의문점이 있는 사안은 반드시 상주(上奏)해야 할 것이니 상주하지 않는 자는 법에 따라 죄를 묻겠다. 그러나 상주하지 않아도 될 사안까지 매번 상주하는 이는 죄를 묻지 않을 것이다. 이를 문서에 써서 명령하라(『송사』「본기」'휘종').

諸路疑獄當奏而不奏者科罪, 不當奏而輒奏者勿坐, 著爲令.
제로의옥당주이부주자과죄, 부당주이첩주자물좌, 저위령.

[해설]

송나라 휘종이 건중정국(建中靖國) 원년(1101년) 4월에 내린 조령이다. 그는 각지에서 의심스러운 사안이 발생할 경우 즉시 조정에 보고하여 보다 자세하게 검토할 것을 강조하고 있다. 형벌 적용의 정확성을 담보하여 억울한 일이 없도록 하기 위함이다.

'로(路)'는 송나라의 행정 구역 명칭이다. '과죄(科罪)'는 형벌에 따라 죄를 정함이다. '좌(坐)'는 죄를 얻음이다.

20. 사형에 해당하는 범죄는 반드시 상세하게 검토한 후에 형벌을 시행하라

死罪必詳讞而後行刑

원나라 세조世祖 홀필렬忽必烈

[원문1]

무릇 사형에 해당하는 범죄는 반드시 상세하게 검토하고 심판한 후에 형벌을 시행하라. 현재 하루에 28명이 사형을 당하고 있는데, 그 가운데 분명 무고(無辜)한 자가 있을 것이다. 그러나 이미 장형(杖刑)에 처해지거나 참수(斬首)되었다면, 이것이 무슨 형벌이냐?(『원사』「본기」 '세조')

凡死罪必詳讞而後行刑, 今一日殺二十八人, 必多非辜. 旣杖復斬, 此何刑也?
범사죄필상얼이후행형, 금일일살이십팔인, 필다비고. 기장부참, 차하형야?

[해설]

원나라 헌종(憲宗 : 몽케) 2년(1252년), 조정에서 연경의 단사관(斷事官 : 원나라 초기 중서성과 추밀원에 설치되어 형벌과 옥사, 소송을 담당하는 관리) 두 명에게 천하의 재부(財賦)를 조사토록 하였는데, 그 과정에서 하루에 28명을 처형하였다. 그중에 말을 훔친 자가 있었는데, 법에 따라 장형(杖刑)에 처한 후 석방하였다. 그런데 누군가 단사관에게 칼을 선물하자 이를 시험해 본다고 석방한 말 도적을 쫓아가 단칼에 베어버렸다. 홀필렬(쿠빌라이)이 이런 정황을 보고 받고 단사관을 책망하면서 위와 같이 말했다. 형벌을 엄격하게 적용하되 결코 남용하지 말 것을 강조하고 있다.

'얼(讞)'은 죄를 심판하여 판정함이다.

[원문2]

무릇 재판을 할 때 자신의 죄를 숨기고 남을 무고(誣告)하는 자는 죄를 숨긴 죄와 남을 무고한 죄를 처벌하라(『원사』「본기」‘세조’).

> 凡訟而自匿及誣告人罪者, 以其罪罪之.
> 범송이자닉급무고인죄자, 이기죄죄지.

[해설]

원나라 세조가 지원(至元) 8년(1271년) 2월에 내린 조령이다. 자신의 죄를 숨기고 남을 무고한 자를 엄격하게 다스리라는 뜻이다. 당시에 반좌죄(反坐罪), 즉 무고죄에 대한 처벌은 자못 신선한 것이었다.

[원문3]

각 로(路)마다 무기 제조국을 설치하여 무기를 제작하고, 사사롭게 무기를 만드는 자는 일률적으로 사형에 처하라. 민간이 소유하고 있는 무기를 관부에 반납하지 않는 자는 사사롭게 무기를 만드는 자와 똑같은 죄로 처리하라(『원사』「본기」‘세조’).

> 諸路置局造軍器, 私造者處死. 民間所有, 不輸官者, 與私造同.
> 제로치국조군기, 사조자처사. 민간소유, 불수관자, 여사조동.

[해설]

원나라 세조가 중통 4년(1263년) 2월에 내린 조령이다. 무기 제조를 엄격하게 통제하여 백성들의 반란을 억제하고, 원나라의 통치를 공고하게 하기 위함이었다.

21. 강도는 모두 사형에 처한다

强盗皆死

원나라 순제順帝 타환첩목이妥歡帖睦爾

[원문]

강도는 모두 사형에 처하고, 우마를 훔친 자는 의형(劓刑)에 처하며, 나귀나 노새를 훔친 자는 경형(黥刑)에 처하고, 재범은 의형에 처하라. 양이나 돼지를 훔친 자는 뒷목에 자자(刺字)하는 묵항(墨項)에 처하고, 재범은 경형에 처하며, 다시 범죄를 저지른 자는 의형에 처하라. 의형을 받은 후에 또 다시 범죄를 저지른 자는 사형에 처히라『원사』「본기」'순제'.

强盗皆死, 盗牛馬者劓, 盗驢騾者黥額, 再犯劓, 盗羊豕者墨項, 再犯黥, 三犯劓, 劓後再犯者死.
강도개사, 도우마자의, 도려라자경액, 재범의, 도양시자묵항, 재범경, 삼범의, 의후재범자사.

[해설]

지원(至元) 2년(1336년) 8월에 순제(토곤테무르)가 반포한 조령이다. 원나라 왕조의 잔혹한 통치는 백성들의 원한과 반항을 불러일으켰다. 아울러 수많은 이들이 생존을 위해 강도짓을 자행하였다. 백성들의 원망과 반항을 잠재우기 위하여 순제는 더욱 잔혹한 형벌로 백성들을 대했고, 이를 통해 통치를 강화하고자 했다.

'묵항(墨項)'은 뒷목에 자자(刺字)하여 묵을 바르는 형벌이다.

22. 죄를 범했으되 처자식까지 연루시킬 수는 없다

罪不及孥

명나라 태조太祖 주원장朱元璋

[원문]

선왕의 정령(政令)은 죄를 범했으되 처자식까지 연루시킬 수는 없다는 것이다. 지금 이후로 대역부도죄(大逆不道罪)를 제외하고 연좌의 처벌을 시행하지 말라(『명사』「본기」'태조').

先王之政, 罪不及孥. 自今除大逆不道, 毋連坐.
선왕지정, 죄불급노. 자금제대역불도, 무연좌.

[해설]

지정(至正) 27년(1367년) 여름 4월에 방국진(方國珍)이 몰래 사람을 보내 확곽(擴廓), 진우량(陳友亮)과 사통(私通)하자 주원장이 서신을 보내 이를 책망하였다. 9월 갑술(甲戌)일에 태묘(太廟 : 종묘)가 완성되었다. 주원장은 군사를 이끌고 방국진을 토벌하면서 위와 같은 조령을 내렸다. 혹형을 폐지하려는 태조의 의지를 엿볼 수 있다.

'노(孥)'는 처와 자식이다. '대역부도(大逆不道)'의 '역'은 반역, '도'는 봉건 도덕을 말한다. 봉건 시대에 봉건 질서를 파괴하는 사람에 대한 중대 죄목이다.

23. 각 관서는 수감된 죄인들의 죄상을 신중하게 검토하라

諸司審錄重囚

명나라 효종孝宗 주우탱朱祐樘

[원문]

이전에는 천도(天道)에 기이한 일이 보이면 천하 각 관서에 칙령을 내려 수감된 죄인들의 죄상을 신중하게 검토하여 수십 내지 수백 명을 감옥에서 내보냈다. 짐은 마지막에 가서 그들을 관대하게 처분하는 것보다 처음부터 삼가 신중하게 일을 처리하는 것이 낫다고 생각한다. 이후 양경(兩京 : 북경과 남경)의 삼법사(三法司) 및 천히에 형벌을 담당하는 관리들은 반드시 어질고 용서하는 마음을 가지고 공평하게 법을 집행하고 맡은 바 죄상을 상세하게 심사하여 고대 성인들께서 형량을 신중하게 처리하고 동정하는 마음을 지니라는 가르침에 어긋나지 않도록 하라(『명사』「본기」'효종').

曩因天道示異, 敕天下諸司審錄重囚, 發遣數十百人. 朕以爲與其寬之於終, 孰若謹之於始. 嗣後
낭인천도시이, 칙천하제사심록중수, 발견수십백인. 짐이위여기관지우종, 숙약근지어시. 사후

兩京三法司及天下問刑官, 務存心仁恕, 持法公平, 詳審其情罪所當, 庶不背於古聖人欽恤之訓.
량경삼법사급천하문형관, 무존심인서, 지법공평, 상심기정죄소당, 서불배우고골인흠휼지훈.

[해설]

홍치(弘治) 4년(1491년) 2월에 명나라 효종이 사법부에 내린 칙령이다. 그는 하늘에 기이한 현상이 일어나는 것과 관련하여 사법부에서 형벌에 관계되는 사안을 처음부터 신중하게 처리할 것을 당부하고 있다. 형벌을 다루는 데 신중함과 관대한 마음을 강조하고 있음을 알 수 있다.

'발견(發遣)'은 안배, 처리, 내쫓다의 뜻인데, 여기서는 감옥에서 내보낸다는 뜻으로 풀이한다. '흠휼(欽恤)'은 형량을 신중하게 다루어 지나치지 않게 하고 동정심을 지니라는 뜻이다.

24. 법률이란 천하의 준칙이다

法者天下之平

청나라 세조世祖 애신각라 복림福臨

[원문]

제왕은 도덕으로 백성을 교화하고 예의로써 백성을 다스리되, 어쩔 수 없는 경우에만 형벌을 사용한다. 법률이란 천하의 준칙이니 자신의 기분에 따라 죄의 경중을 판단할 수 없다(『청사고淸史稿』「본기」'세조').

帝王化民以德, 齊民以禮, 不得已而用刑. 法者天下之平, 非徇喜怒爲輕重也.
제왕화민이덕, 제민이례, 부득이이용형. 법자천하지평, 비순희노위경중야.

[해설]

순치(順治) 10년(1653년) 6월에 세조가 내린 교유(敎諭)의 일부이다. 법에 따라 죄를 판단하라는 그의 법제 사상을 엿볼 수 있다.

생존할 때 멸망을 잊지 말라

● 군사軍事 ●

    군사는 거의 모든 제왕에게 당면한 문제였다. 무엇보다 제왕의 자리를 공고하게 하고, 국가의 안위를 보장하는 가장 중요한 분야이기 때문이다. 제왕 중에는 직접 전투에 참여하는 군사가軍事家도 있었고, 전략과 전술에 능한 전략가戰略家도 있었다. 또한 정치가로서 전쟁이 벌어졌을 때 적극적으로 자신의 능력을 발휘한 경우도 있었다. 적어도 대내외적 위협에 직면했을 경우에는 그들 자신이 직접 군대를 통솔하거나 지휘해야 했고, 군사 행동을 감행해야 하는 경우도 적지 않았다. 수차례 전쟁을 경험하면서 제왕들은 군사에 관한 여러 가지 이야기를 남겼다. 그것은 그들의 치국에 관한 언설과 마찬가지로 통치자의 지혜와 매력을 드러내기에 충분하다.

1. 명령을 따르는 자는 조종의 종묘 앞에서 상을 줄 것이다

用命, 賞於祖

하夏나라 계왕啓王

[원문]

아, 육군(六軍)을 총괄하는 이들이여! 나는 그대들에게 알리노라. 지금 유호씨(有扈氏)가 위세를 떨치며 오행(五行)의 규율을 업신여기며, 하늘과 땅, 사람의 바른 도를 포기하였기에 하늘이 그들의 생명을 멸하려고 한다. 지금 나는 공손히 하늘의 형벌을 집행하려고 한다. 수레의 왼쪽에 있는 병사들이 왼쪽에서 공격하지 않고, 수레의 오른쪽에 있는 병시들이 오른쪽에서 공격하지 않는다면 너희는 명령에 따르지 않는 것이다. 말을 부리는 병사가 말을 제대로 몰지 않는다면 이 역시 명령에 따르지 않는 것이다. 명령을 따르는 자는 조종(祖宗)의 종묘 앞에서 상을 줄 것이고, 명령을 따르지 않는 자는 신묘(神廟) 앞에서 죽일 것이며, 너희들의 가족도 모두 노예로 삼거나 죽일 것이다(『사기』 「하 본기夏本紀」).

嗟, 六事之人. 予誓告汝. 有扈氏威侮五行, 怠棄三正. 天用剿絶其命. 今予惟恭行天之罰, 左不攻於左,
차, 육사지인. 여서고여. 유호씨위모오행, 태기삼정. 천용초절기명. 금여유공행천지벌, 좌불공어좌,

汝不恭命, 右不攻於右, 汝不恭命, 禦非其馬之正, 汝不恭命, 用命賞於祖, 弗用命僇於社, 予則孥僇汝.
여불공명, 우불공어우, 여불공명, 어비기마지정, 여불공명, 용명상어조, 불용명륙어사, 여칙탕륙여.

[해설]

계(啓)*가 하나라 군주가 된 후에 유호씨가 불복하자 이를 토벌하기 위해 군사를 일으켰다. 출정하기에 앞서 계는 「감서(甘誓)」를 쓰고 육군의 장수들을 소집하여 알려 주며 모든 이들이 명령에 절대 복종할 것을 훈계하였다.

---

* 하나라의 2대 군주. 우(禹)가 제위를 익에 양위하려 했으나 익이 사양하여 계가 군주가 되었다. 계의 재위 중에 제후인 유호씨가 따르지 않자 감(현재의 산서성)으로 출격해 유호씨와 싸워 승리했다. 이 전투 전에 계는 육경(六卿) 앞에서 「감서(甘誓)」를 공표했다.

'육(僇)'은 '육(戮)'과 마찬가지로 살육의 뜻이다.

2. 상제를 경외하여 감히 징벌하지 않을 수 없다

予畏上帝, 不敢不正

상나라 탕왕湯王

[원문]

자, 그대들은 모두 이리 와서 내 말을 들으시오. 나같이 보잘것없는 사람이 감히 난을 일으키려는 것이 아니라 하나라 왕조가 죄를 많이 지었기 때문이오. 나도 그대들이 원망하는 소리를 들었으나 하씨(夏氏)는 죄가 많이 있소이다. 나는 상제를 경외하여 감히 징벌하지 않을 수 없는 것이오. 지금 하나라 왕조가 죄가 많아 하늘이 나에게 그를 멸하라고 명하신 것이오. 여러분들 중에는 "우리 국군(國君)이 우리를 불쌍하게 여기지 않아 농사를 그만두고 전쟁에 참여하게 만들었다"라고 말하거나 혹 "하나라 왕이 죄를 지었는데, 당신이 어쩌겠다는 것인가?"라고 묻는 사람도 있을 것이오.

하나라 왕은 백성들의 힘을 소진시키고, 나라의 재산을 약탈하여 백성들이 나태해지고 서로 화목하지 않게 만들었소. 그리하여 "저 태양은 언제 지려나? 차라리 나도 너와 함께 사라지리라!"라고 말하는 지경에 이르렀소. 하나라 왕의 덕행이 이런 지경에 이르렀으니 오늘 짐은 반드시 정벌해야 할 것이오. 그대들이 나와 함께 하늘의 징벌을 실행한다면 나는 반드시 그대들에게 큰 상을 내릴 것이오. 나는 절대로 식언하지 않소이다. 그대들이 만약 나의 말을 따르지 않는다면 장차 그대들과 그대들의 가솔을 죽이거나 노비로 삼고 절대로 용서하지 않을 것이오(『사기』「하 본기」).

來, 女悉聽朕言. 匪台小子敢行擧亂, 有夏多罪, 予維聞女衆言, 夏氏有罪. 予畏上帝, 不敢不正.
래, 여실청짐언. 비태소자감행거란, 유하다죄, 여유문녀중언, 하씨유죄. 여외상제, 불감불정.

今夏多罪, 天命殛之. 今女有衆, 女曰, 我君不恤我衆, 舍我嗇事而割政. 女其曰, 有罪, 其奈何? 夏王
금하다죄, 천명극지. 금녀유중, 녀왈, 아군불휼아중, 사아색사이할정. 여기왈, 유죄, 기내하? 하왕

率止衆力, 率奪夏國. 有衆率怠不和, 曰, 是日何時喪? 予與女皆亡! 夏德若玆, 今朕必往. 爾尚及予一
솔지중력, 솔탈하국. 유중솔태불화, 왈, 시일하시상? 여여녀개망! 하덕약자, 금짐필왕. 이상급여일

人致天之罰, 予其大理女. 女毋不信, 朕不食言. 女不從誓言, 予則帑僇女, 無有攸赦.
인치천지벌, 여기대리녀. 여무불신, 짐불식언. 여불종서언, 여칙탕육녀, 무유유사.

[해설]

성탕(成湯)이 걸(桀 : 하나라 마지막 왕)을 토벌할 당시 여러 제후들에게 군사 동원
령을 내렸다. 그는 토벌의 이유를 설명하고 자신과 함께 하늘을 대신하여 하나
라를 멸망시킬 것을 다짐하였다.

'극(殛)'은 소멸, 절멸의 뜻이다. '색사(嗇事)'는 농사를 말한다.

3. 신하 3천이 있으나 모두 한 마음이다

臣三千, 惟一心

주나라 무왕武王 희발姬發

[원문1]

옛 사람이 말하기를 "암탉은 새벽에 울지 않아야 한다. 암탉이 새벽에 울면 그
집안은 다 한 것이다"라고 했다. 지금 상나라 임금 수(受 : 주왕, 본명은 제신수帝辛受)
는 오직 아녀자(달기)의 말만 듣고 조상에게 제사를 지내는 일도 폐기하고 묻지
않으며, 동족(同族)의 연장자나 형제들도 모두 버리고 임용하지 않고, 사방 제후
국에서 죄가 많아 도망친 자들을 존중하고 믿고 부리며, 대부(大夫)나 경사(卿士)
의 관직을 수여하니 그들이 난폭하고 잔혹하게 백성을 학대하여 온갖 나쁜 짓

을 저질렀다. 이제 나는 엄숙하고 공경하게 하늘의 징벌을 시행하고자 한다(『상
서尙書』「목서牧誓」).

古人有言曰, 牝鷄無晨, 牝鷄之晨, 惟家之索. 今商王受惟婦言是用, 昏棄厥肆祀弗答, 昏棄厥遺王
고인유언왈, 빈계무신, 빈계지신, 유가지색. 금상왕수유부언시용, 혼기궐사사불답, 혼기궐유왕

父母弟不迪, 乃惟四方之多罪逋逃, 是崇是長, 是信是使, 是以爲大夫卿士. 俾暴虐於百姓, 以奸宄於
부모제불적, 내유사방지다죄포도, 시숭시장, 시신시사, 시이위대부경사. 비폭학어백성, 이간귀어

商邑. 今予發惟恭行天之罰.
상읍. 금여발유공행천지벌.

주나라 무왕이 목야(牧野)에서 주왕(紂王)과 결전을 벌이기 전에 발표한 글이
다. 그는 상나라 주왕의 죄행을 폭로하면서 병사들의 사기를 진작시키고, 주왕
을 멸하기 위한 명분을 드높였다.

'무신(無晨)'은 이른 아침에 울지 않음이다. '부(婦)'는 상나라 주왕의 총희인
달기(妲己)를 지칭한다. '포도(逋逃)'는 도망치다, 달아남의 뜻이다. '간귀(奸宄)'
는 사악한 짓을 행함이다.

[원문2]

쌍방의 역량이 비슷하면 덕을 갖춘 쪽이 승리하고, 쌍방의 덕이 비슷하면 의
로운 쪽이 승리한다. 상나라 주왕(紂王)의 신하가 억만을 헤아리나 각기 억만의
마음이 있음에 비해, 나는 신하 3천이 있으나 모두 한 마음이다. 상나라 주왕의
죄가 가득 찼기에 하늘이 나에게 그를 주멸하도록 명하시었다. 내가 하늘의 뜻
을 따르지 않는다면, 그 죄가 주왕과 같을 것이다(『상서』「태서泰誓 상上」).

同力, 度德, 同德, 度義. 受有臣億萬, 惟億萬心, 予有臣三千, 惟一心. 商罪貫盈, 天命誅之. 予弗順天,
동력, 도덕, 동덕, 도의. 수유신억만, 유억만심, 여유신삼천, 유일심. 상죄관영, 천명주지. 여불순천,

厥罪惟鈞.
궐죄유균.

[해설]

주나라 무왕이 맹진(孟津)에서 한 말이다. 그는 주왕의 경우 수많은 군사들이 서로 다른 생각을 하고 있는 데 반해 자신의 군사들은 비록 숫자가 적지만 모두 한 마음이라는 것을 강조하며 전쟁에서 승리하기 위해서는 무엇보다 덕행과 정의가 중요하다고 하였다.

[원문3]

내가 들으니 좋은 사람은 착한 일을 할 때 하루 종일을 해도 부족한 것처럼 여기고, 나쁜 사람은 나쁜 일을 할 때 하루 종일을 해도 부족한 것처럼 여긴다고 하였다(『상서』「태서泰誓 중中」).

我聞吉人爲善, 惟日不足. 凶人爲不善, 亦惟日不足.
아문길인위선, 유일불족. 흉인위불선, 역유일불족.

[해설]

주나라 무왕이 맹진을 건너 황하 북쪽 강가에 주둔했을 당시에 한 말이다. 상나라 주왕이 매일 나쁜 짓만 하고 있음을 지적하면서 폭군을 몰아내기 위해 모든 이들이 분투할 것을 당부하고 있다.

[원문4]

하늘이 보시는 것은 우리 백성들이 보는 것으로 말미암으며, 하늘이 듣는 것은 우리 백성들이 듣는 것으로 말미암으니 백성들에게 잘못이 있으면 나 한 사람에게 있는 것이다. 그러니 나는 지금 반드시 가서 상(商)나라를 정벌해야 한다(『상서』「태서 중」).

天視自我民視, 天聽自我民聽. 百姓有過, 在予一人, 今朕必往.
천시자아민시, 천청자아민청. 백성유과, 재여일인, 금짐필왕.

[해설]

주나라 무왕이 맹진을 건너 황하 북쪽 강가에 주둔할 당시에 한 말이다. 무왕

은 하늘이 듣고 보는 것은 모두 백성들이 듣고 보는 것에 따른다고 하면서 주족
(周族)이 상나라를 멸망시키는 것은 바로 하늘의 뜻이자 백성의 마음이라는 점을
강조하였다. 이로써 자신들의 행위에 정당성을 부여받고자 함이었다.

4. 하늘이 상나라를 망하게 하시다

天惟喪殷

주나라 성왕成王 희송姬誦

[원문]

내가 오래도록 생각하여 말하노니 하늘이 상나라를 망하게 하시는 것은 나를
농부로 만드신 것과 같으니 내 어찌 나의 밭일을 마무리하지 않을 수 있겠는
가?(『상서』「대고大誥」)

予永念曰, 天惟喪殷, 若穡夫, 予曷敢不終朕畝.
여영념왈, 천유상은, 약색부, 여갈감불종짐무.

[해설]

주나라 성왕이 주공(周公)에게 무경(武庚), 관숙(管叔), 채숙(蔡叔) 등을 토벌하도
록 명하면서 한 말이다. 주나라 성왕은 상나라를 멸망시킨 것은 하늘이 시키신
것이라고 하였다. 그는 다시 한 번 하늘의 뜻을 빌어 관숙 등을 토벌하는 행위에
대해 정당성을 부여함과 동시에 자신을 농부에 비교하여 농사를 마무리하는 것
처럼 마지막 토벌까지 완성할 것을 다짐하고 있다.

'색부(穡夫)'는 농부를 말한다.

5. 관내關內의 모든 군대를 출동시키라

悉發關內兵

한나라 고조高祖 유방劉邦

[원문]

천하가 함께 의제(義帝 : 초나라 회왕)를 천자로 옹립하고 북면(北面)하여 섬기었거늘, 지금 항우(項羽)가 강남으로 쫓겨난 의제를 살해한 것은 대역무도한 짓이로다. 과인이 친히 발상(發喪)하니 제후들은 모두 흰 상복을 입도록 하라. 또한 관내(關內)의 모든 군대를 출동시키고, 하남·하동·하내의 삼군 사졸들을 소집하여 양자강과 한수를 따라 남하한 것이니 여러 제후 왕들은 나를 따라 의제를 시해한 초나라 항우를 토벌하기를 원하노라(『사기』「고조 본기高祖本紀」).

天下共立義帝, 北面事之. 今項羽放殺義帝於江南, 大逆無道. 寡人親爲發喪, 諸侯皆縞素. 悉發
천하공립의제, 북면사지. 금항우방살의제어강남, 대역무도. 과인친위발상, 제후개호소. 실발

關內兵, 收三河士, 南浮江漢以下, 原從諸侯王擊楚之殺義帝者.
관내병, 수삼하사, 남부강한이하, 원종제후왕격초지살의제자.

[해설]

항우가 의제(義帝, ?~BC 206 : 초나라 회왕懷王을 말함)를 살해하자 유방이 친히 발상하면서 여러 제후들에게 한 말이다. 유방은 자신이 인심을 얻을 수 있는 좋은 기회를 결코 놓치지 않고 적절하게 활용하였으며, 항우를 공격하는 계기로 삼았다. 노련한 정치적 수완이 돋보인다.

'북면자시(北面事之)'는 의제에게 신하로서 예를 다한다는 뜻이다. 고대 군주는 남쪽을 향해 앉았고, 신하들은 반대 방향인 북쪽을 향해 섰다. '삼하(三河)'는 하남, 하동, 하내 삼군을 말한다.

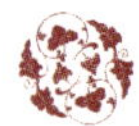

6. 합심하여 막아내야만 큰 전공을 세울 수 있을 것이다

并力禦之, 功庶可立

한나라 광무제光武帝 유수劉秀

[원문]

지금 우리는 병력이나 군량이 적은데 외적(外敵)은 막강하니 합심하여 막아내야만 큰 전공을 세울 수 있을 것이다. 만약 병력을 분산시킨다면 결국 생명을 보전할 수 없을 것이다. 게다가 유인(劉寅)이 아직 완성(宛城)을 공략하지 못해 우리를 구원할 수 없고, 만약 곤양(昆陽)이 떨어진다면 하루 만에 모든 곳이 무너질 것이다. 이런 마당에 한 마음으로 힘을 합쳐 공명을 세우지 않고 오히려 자신의 처자식이나 재물을 지키려고 하는가? ……오늘 적군을 물리칠 수 있다면 진귀한 보물을 만 배로 얻을 수 있을 것이고, 큰 공적을 세울 수 있을 것이다. 그러나 만약 그들에게 패배한다면 머리마저 남아 있지 않을 것이니 무슨 재물을 이야기하랴!(『후한서後漢書』「광무제기光武帝紀 상上」)

今兵穀旣少, 而外寇强大, 并力禦之, 功庶可立. 如欲分散, 勢無俱全. 且宛城未拔, 不能相救, 昆陽
금병곡기소, 이외구강대, 병력어지, 공서가립. 여욕분산, 세무구전. 차완성미발, 불능상구, 곤양

卽拔, 一日之間, 諸部亦滅矣. 今不同心膽, 共擧功名, 反欲守妻子財物邪? ……今若破敵, 珍寶萬倍,
즉발, 일일지간, 제부역멸의. 금불동심담, 공거공명, 반욕수처자재물사? ……금약파적, 진보만배,

大功可成. 如爲所敗, 首領無餘, 何財物之有!
대공가성. 여위소패, 수령무여, 하재물지유!

[해설]

한나라 광무제 유수가 곤양 전투(昆陽戰鬪)[*] 당시에 한 말이다. 곤양 전투는 당

---

[*] 한나라 광무제 유수와 왕망(王莽)이 지금의 하남성(河南省) 엽현(葉縣 : 곤양)에서 벌인 전투. 23년, 계속된 싸움에서 패한 왕망은 왕심(王尋) 등에게 대군 42만을 주어 유수가 지키던 곤양성(昆陽城)을 포위 공격하였으나 유수는 장병을 격려하며 성을 빠져나와 포위군을 다시 포위함으로써 왕심을 죽이고 승리하였다.

시 유수에게 대단히 중요한 결전이었다. 또한 소수의 병력으로 다수를 싸워 이긴 전형적인 전투이기도 했다. 유수는 형세를 상세하게 분석하여 장병들을 격려하였다. 그의 탁월한 용기와 담력이 돋보인다.

'곤양(昆陽)'은 지금의 하남성 엽현(葉縣)이다. '수령(首領)'은 머리를 말한다.

7. 정의로운 군사를 일으켜 폭력으로 혼란스럽게 한
동탁董卓을 주살하라

擧義兵以誅暴亂

위나라 무제武帝 조조曹操

[원문1]

정의로운 군사를 일으켜 폭력으로 혼란스럽게 한 동탁(董卓)을 죽이려고 수많은 병사들이 모였는데, 여러 장수들은 무엇을 주저하십니까?(『삼국지』「위서」'무제기')

擧義兵以誅暴亂, 大衆已合, 諸君何疑?
거의병이주폭란, 대중이합, 제군하의?

[해설]

초평(初平) 원년(190년) 정월 동탁을 토벌하기 위해 원소(袁紹, ?~202)*와 원술(袁術, ?~199)**, 조조 등 당시 지방관들이 모여 원소를 맹주로 삼았다. 그해 2월, 동탁

---

* 중국 후한(後漢) 말기의 장수. 당시 정치적 부패의 요인인 환관들을 일소하고 정권을 독차지한 동탁에 대항해 토벌군을 일으켰다. 점차 화북(華北) 지역을 중심으로 강력한 세력을 구축했지만 관도전투(官渡戰鬪)에서 조조에게 패했고, 패전 후 병을 얻어 202년 여름에 죽었다.

** 중국 후한(後漢) 말기의 장수. 손건과 결탁하여 동탁을 격파하고 요동(遼東)의 공손찬(公孫瓚)과 동맹을 맺었다. 제위에 올랐으나 2년이 되지 않아 세력을 잃었고, 제위를 원소에게 돌려주고 나서 원소의 아들 원담(袁譚)에게 의탁하려 하였으나 유비의 방해로 뜻을 이루지 못하고 수춘(壽春)에서 죽었다.

(董卓, ?~192)*이 천자를 장안으로 옮기고 그곳을 도성으로 삼는 한편 자신은 낙양에 주둔하였다. 원소를 맹주로 한 연합군은 동탁이 두려워 감히 선봉에 서지 않았다. 이런 상황에서 조조가 여러 사람들에게 한 말이다. 연맹군의 장령들을 격려하면서 자신들의 신념을 더욱 굳건하게 다지는 계기가 되었다.

[원문2]

장군 여러분 저의 계책을 들어보십시오. 발해 태수 원소는 하내의 군사를 이끌고 맹진을 압박하고, 산조(酸棗)의 여러 장수들은 성고(成皐)를 지키면서 오창(敖倉)을 점령하며, 환원(轘轅), 태곡(太穀)을 봉쇄하여 요충지를 전부 장악합니다. 원술 장군은 남양의 군사를 이끌고 단현(丹縣), 석현(析縣)으로 진군하다가 무관(武關)으로 진입하여 삼보(三輔)를 진압합니다. 각 군사들은 성벽을 높고 깊게 쌓되 적군과 싸우지 말고 의병(疑兵)을 도처에 두어 천하의 형세를 보여주고, 대의에 순응하여 역적을 토벌한다면 천하는 아주 빠르게 평정될 것입니다. 지금 우리의 군대가 정의의 명분으로 일어났으나 의심하며 머뭇거리는 태도로 진군하지 않는다면, 천하 사람들의 희망을 잃게 될 것이니 나는 마음속으로 그대들을 부끄럽게 여길 것입니다(『삼국지』「위서」'무제기').

諸君聽吾計, 使勃海引河內之衆臨孟津, 酸棗諸將守成皐, 據敖倉, 塞轘轅, 太穀, 全制其險. 使袁
제군청오계, 사발해인하내지중림맹진, 산조제장수성고, 거오창, 새환원, 태곡, 전제기험. 사원

將軍率南陽之軍軍丹, 析, 入武關, 以震三輔, 皆高壘深壁, 勿與戰, 益爲疑兵, 示天下形勢, 以順誅逆,
장군솔남양지군군단, 석, 입무관, 이진삼보, 개고루심벽, 물여전, 익위의병, 시천하형세, 이순주역,

可立定也. 今兵以義動, 持疑而不進, 失天下之望, 竊爲諸君恥之.
가립정야. 금병이의동, 지의이불진, 실천하지망, 절위제군치지.

[해설]

조조가 산조(酸棗)로 돌아왔을 때 여러 연맹군의 군사들은 그저 주연만 일삼을 뿐 적극적인 공세를 취할 생각을 하지 않았다. 이에 조조가 그들을 꾸짖으며 위

---

* 중국 후한(後漢) 말기의 장수. 낙양(洛陽)에 입성하여 헌제(獻帝)를 옹립하고 정권을 잡았다. 이에 동탁 토벌군이 조직되자 낙양에 불을 지르고 장안으로 천도했으나 횡포가 심해 사도 왕윤의 모략에 걸려 살해되었다.

와 같은 책략을 제시하였다.

[원문3]

나는 원소의 사람됨을 잘 알고 있소. 뜻은 크지만 지혜가 부족하오. 겉으로 보기에 엄한 것 같지만 담력이 약하고 겁이 많으며, 남을 시기하는 마음이 강하고 다른 사람 위에 서려고 하나 그만한 권위가 없소이다. 병사는 비록 많다고 하나 지휘 계통이 불분명하고, 장수들은 교만하여 정령이 하나로 통일되어 있지 않소. 비록 토지가 광대하고 양식이 풍부하다고 하지만 그저 우리들에게 받들 재물로 여겨질 따름이오(『삼국지』「위서」'무제기').

吾知紹之爲人, 志大而智小, 色厲而膽薄, 忌克而少威, 兵多而分畫不明, 將驕而政令不一, 土地雖廣,
오지소지위인, 지대이지소, 색려이단박, 기극이소위, 병다이분화불명, 장교이정령불일, 토지수광,

糧食雖豊, 適足以爲吾奉也.
양식수봉, 적족이위오봉야.

[해설]

건안(建安) 4년(199년) 원소가 조조를 공격했다. 당시 그는 공손찬(公孫瓚, ?~199)[*]의 근거지를 병탄하여 토지가 더욱 많아졌고, 병력 또한 10여 만으로 크게 증가한 상태였다. 이처럼 위풍당당한 원소의 군대를 맞이하면서 조조의 군사들은 공포에 사로잡혔다. 이에 조조는 원소의 사람됨과 그들 군대의 약점을 지적하면서 장령들의 투지를 되살렸다. 조조의 군사적 능력과 재능을 다시 한 번 엿볼 수 있는 대목이다. 그의 예견처럼 조조의 군사는 이후 관도 전투에서 크게 승리하였다.

'소(紹)'는 원소를 지칭한다. 동한 시대 여양(汝陽) 사람이다. 한나라 헌제 초평 원년, 원소는 동탁을 토벌한다는 명분으로 거병하여 연맹군의 맹주가 되었다.

---

[*] 중국 후한(後漢) 말기의 군웅(群雄). 오환(烏桓) 토벌의 공을 세웠으며, 황건적을 무찔렀다. 후에 원소, 유우(劉虞)와 싸워 유주(幽州)를 근거지로 삼았다. 그러나 유우의 아들 유화(劉和), 원소, 오환의 연합군과 싸워 패하자 역경루에 불을 지르고 처자식과 함께 자살하였다.

동탁이 죽자 원소는 하북(河北)을 점령하고 공손찬의 세력을 병탄하여 대군의 위용을 갖추었다. 한나라 헌제 건안 7년(202년), 그는 조조와 관도(官渡)에서 싸웠으나 끝내 패배하고 자신도 병사하고 말았다. '기극(忌克)'은 다른 사람의 재능을 시기하고 다른 사람 위에 서려고 하는 것을 말한다.

[원문4]

내가 의병(義兵)을 일으킨 것은 천하의 폭력과 혼란을 없애기 위함이었다. 고향의 백성들은 거의 대부분 죽어 나라 안을 하루 종일 걸어도 아는 이를 만날 수 없는 지경이 되었으니 비통하고 상심이 크도다. 내가 의병을 일으킨 이래로 후사도 없이 죽은 병사들을 위해 그들 친척의 자식으로 후대를 잇게 하고, 땅을 나누어 주며 관가에서 농사에 필요한 소를 공급하고, 학교를 세워 그들을 교육하도록 하라. 살아남은 병사들을 위해서는 사당을 지어 조상에게 제사를 지낼 수 있도록 하라. 만약 죽은 혼령이 이 일을 안다면 내가 죽은 후에라도 무슨 여한이 있겠느냐?(『삼국지』「위서」'무제기')

吾起義兵, 爲天下除暴亂. 舊土人民, 死喪略盡, 國中終日行, 不見所識, 使吾悽愴傷懷. 其擧義兵已來,
오기의병, 위천하제폭란. 구토인민, 사상략진, 국중종일행, 불견소식, 사오처창상부. 기거의병이래,

將士絶無後者, 求其親戚以後之, 授土田, 官給耕牛, 置學師以敎之. 爲存者立廟, 使祀其先人, 魂而
장사절무후자, 구기친척이후지, 수토전, 관급경우, 치학사이교지. 위존자립묘, 사사기선인, 혼이

有靈, 吾百年之後何恨哉.
유령, 오백년지후하한재.

[해설]

건안 7년(202년) 봄 정월에 조조의 군대가 초(譙)에 주둔하였다. 그는 시골 풍경을 보면서 심히 감상에 젖었다. 위의 조령은 당시에 반포한 것이다. 죽거나 산 병사들을 위로하고 병사들의 사기를 진작시키는 내용이다. 이것이 바로 조조의 군대가 승리를 얻을 수 있었던 중요 원인이다.

[원문5]

그러나 내가 관장하고 있는 군대를 포기하여 군대를 다른 사람에게 돌려주고
나의 봉국인 무평후국(武平侯國)으로 돌아가라고 하는 것은 확실히 불가하다. 무
엇 때문인가? 내가 군대를 떠나게 된다면 다른 사람들에게 화를 입게 될 것이 걱
정스럽다. 이는 나의 자손들을 고려하고 또한 내가 실패한 후에 국가도 위태로
워질 것임을 고려한 것이다. 그렇기 때문에 나는 헛된 명성을 선망하여 현실적
인 재앙에 처할 수 없다. 이것이 내가 그렇게 할 수 없는 까닭이다(『삼국지』「위서」
'무제기' 주에서 인용).

然欲孤便爾委捐所典兵, 以還執事, 歸就武平侯國, 實不可也. 何者? 誠恐己離兵爲人所禍也. 旣爲
연욕고편이위연소전병, 이환집사, 귀취무평후국, 실불가야. 하자? 성공기리병위인소화야. 기위

子孫計, 又己敗則國家傾危, 是以不得慕虛名而處實禍, 此所不得爲也.
자손계, 우기패칙국가경위, 시이불득모허명이처실화, 차소불득위야.

[해설]

조조가 건안 15년(210년)에 발표한 「양현자명본지령(讓縣自明本志令)」이다. 조조
는 한나라 승상의 명의(名義 : 문서상 공식적인 이름)로 천하를 통일하면서 숱한 정적
들의 모략과 욕설을 들었다. 그 가운데 하나는 그가 한적(漢敵 : 한나라의 역적)이니
병권을 내놓으라는 것이었다. 조조는 이 글을 써서 병권에 대한 자신의 인식을
분명하게 밝히고 있다.

8. 생존할 때 멸망을 잊지 말라

存不忘亡

오나라 대제大帝 손권孫權

[원문]

생존할 때 멸망을 잊지 말고, 안정되었을 때 반드시 위험을 생각해야 한다는 것은 고대의 유익한 교훈이다. 옛날 준불위(雋不疑)는 한나라의 명신으로서 평안한 시절에도 칼이 몸에서 떨어지지 않았다. 군자(君子)는 무장을 방기할 수 없다. 하물며 현재 우리는 변방 지역에서 승냥이나 이리와 같은 악인들과 접하고 있는데, 경솔하게 갑작스러운 사변을 생각하지 않을 수 있겠는가? 요즘 듣기에 장수들이 드나들 때 각자 겸손과 절약을 숭상하여 병기도 차지 않고 병사를 따르게 하지도 않는다고 하는데, 이는 자신을 아끼려는 것이라고 할 수 없다. 자신을 보전하고 후세에 명성을 남겨 군주와 부모를 편안하게 하는 것과 위험에 처하고 치욕을 받는 것 가운데 어느 편이 낫겠는가? 마땅히 깊이 경계하고 큰 생명을 힘껏 숭상하는 것이 내 생각에 부합하는 것이다(『삼국지』「오서」'오주전吳主傳').

夫存不忘亡, 安必慮危, 古之善教. 昔雋不疑漢之名臣, 於安平之世刀劍不離於身, 蓋君子之於武備,
부존불망망, 안필려위, 고지선교. 석준불의한지명신, 어안평지세도검불리어신, 개군자지어무비,

不可以已. 況今處身疆畔, 豺狼交接, 而可輕忽不思變難哉? 頃聞諸將出入, 各尙謙約, 不從人兵, 甚非
불가이이. 황금처신강반, 시랑교접, 이가경홀불사변난재? 경문제장출입, 각상겸약, 불종인병, 심비

備慮愛身之謂. 夫保己遺名, 以安君親, 孰與危辱? 宜深警戒, 務崇其大, 副孤意焉.
비려애신지위. 부보기유명, 이안군친, 숙여위욕? 의심경계, 무수기대, 부고의언.

[해설]

황초(黃初) 2년(221년) 4월에 손권이 내린 조령이다. 그는 편안할 때 오히려 위험한 상황을 대비해야 한다는 도리를 이야기하면서 평상시에 무장을 해제하고 다니는 장수들을 비판하고 있다. 매사에 근신하며 나태하지 않고자 했던 손권의 모습을 엿볼 수 있다.

'준불위(雋不疑)'는 서한(西漢) 시대 발해(지금의 하북 창현동滄縣東) 사람이다. 소제(昭帝, BC 94~BC 74년, 한나라 8대 황제) 시절 제(齊)나라 효왕(孝王) 손유택(孫劉澤)이 연(燕)나라 왕 단(旦)과 결탁하여 반역을 도모하다가 그에게 발각되어 체포되었다. 그 사건으로 그는 경조윤(京兆尹 : 한나라 때 수도를 지키고 다스리던 관직)*으로 발탁되었다. 그는 백성들을 엄격하게 다스리되 잔혹하지 않았으니 모든 백성과 관리들에게 신망이 높았다. '부(副)'는 칭함의 뜻이다.

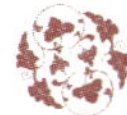

9. 병역에 복무토록 준비하라

以備征役

진晉나라 원제元帝 사마예司馬睿

[원문]

예전에 한나라 고조 유방과 세조 유수 및 위나라 무제 조조는 모두 노복 신분을 면제하여 평민 신분으로 회복시켰다. 진나라 무제 시절 양주(涼州)가 멸망한 후에도 여러 노비들이 모두 평민 호적을 되찾았다. 이는 역대로 이루어진 규약이다. 이에 명하노니 중주(中州)의 평민들 가운데 전란으로 인해 양주(揚州)를 비롯한 여러 군의 노복으로 전락한 이들은 노복 신분을 면제하고, 그들을 병역에 복무토록 준비하라(『진서』「제기」'원제').

昔漢二祖及魏武皆免良人, 武帝時, 涼州覆敗, 諸爲奴婢亦皆復籍, 此累代成規也. 其免中州良人
석한이조급위무개면량인, 무제시, 양주복패, 제위노비역개복적, 차루대성규야. 기면중주량인

遭難爲揚州諸郡僮客者, 以備征役.
조난위양주제군동객자, 이비정역.

---

* 한나라 때 수도 장안(長安)과 그 주변을 세 부분으로 나누었다. 장안과 그 동부를 경조(京兆), 북부는 좌풍익(左馮翊), 서부는 우부풍(右扶風)이라 하였으며, 이 셋을 합쳐 삼보(三輔)라 불렀다. 이 중 경조는 천자가 계시는 땅이라는 뜻이며, 이곳을 다스리는 우두머리를 '경조윤'이라 하였다.

대흥(大興) 4년(321년)에 후조(後趙) 석륵(石勒, 274~333)*이 진(晉)나라의 염차(猒次)를 공격하여 함락시켰다. 당시 유주(幽州) 자사 단필비(段匹磾)가 전사하였다. 위의 글은 이런 상황에서 진나라 원제가 내린 조령이다. 노복을 해방시켜 병역으로 충당하여 병력을 강화한 후에 석륵을 공략하기 위함이었다.

'동객(僮客)'은 노복(奴僕)의 뜻이다.

10. 우리에게 죽도록 달려들게 만들겠는가?

令必死於我

양나라 무제武帝 소연蕭衍

[원문]

병서에 이런 말이 있다. 용병에 능한 자는 상산(常山)의 뱀처럼 머리와 꼬리가 서로 호응한다. 현재 우리는 병력이 많고, 적은 심히 적다. 마땅히 적군의 세력을 분산시켜 약한 병력으로 막강한 상대를 막도록 해야 할 것이다. 그러니 어찌 적들이 정예부대를 집중시켜 우리에게 죽도록 달려들게 만들겠는가?(『양서』「본기」'무제')

軍志有之, 善用兵者, 如常山之蛇, 首尾相應. 今我師旣衆, 賊徒甚寡, 應分賊兵勢, 以弱制强, 何故
군지유지, 선용병자, 여상산지사, 수미상응. 금아사기중, 적도심과, 응분적병세, 이약제강, 하고

聚其鋒銳, 令必死於我.
취기봉예, 영필사어아.

---

* 오호십육국(五胡十六國)의 하나인 후조(後趙)의 1대 황제(재위 319~333). 전조(前趙)를 멸한 뒤 세력이 화북 일대에 미쳤고, 일국의 통치자로서도 유능했으며, 학교를 세우고 학자를 중용했으며, 관리 등용에도 능했다. 후에 불승 불도징(佛圖澄)에 귀의하였다.

대보(大寶) 연간 진나라 무제가 후경(侯景)과 싸우면서 1차 전투를 치를 때 한 말이다. 그는 병서의 포진 방법을 인용하면서 나름의 작전 계획을 수립하고 있다. 진나라 무제의 용병술과 담력을 엿볼 수 있다.

'상산지사(常山之蛇)'는 진법(陣法)을 비유할 때 나오는 말이다. 『손자(孫子)』「구지(九地)」에 보인다. "그런 까닭에 용병에 능한 자는 '솔연(率然)'과 같다. 솔연이란 상산의 뱀을 말하는데, 머리를 치면 꼬리가 덤벼들고 꼬리를 치면 머리가 달려들며, 중간을 치면 머리와 꼬리가 함께 달려든다(故善用兵者고선용병자, 譬如率然비여솔연. 率然者솔연자, 常山之蛇也상산지사야, 擊其首則尾至격기수칙미지)."

11. 남북을 정벌하다

南征北伐

수나라 문제文帝 양견楊堅

[원문]

위나라 말기의 전란(戰亂)으로 천하가 분열되니 짐수레가 매년 움직여 쉴 틈이 없었다. 병사와 군인들은 잠시 고향과 집을 등지고 남북으로 정벌하느라 고정된 거처가 없도다. 고향 집은 담장조차 제대로 두르지 못하고, 땅은 협소한데 뽕나무만 무성하니 항시 떠돌아다니는 이가 되어 향리의 호칭조차 잃어버리고 말았다. 짐은 심히 그들을 불쌍하게 여기노라. 무릇 군인은 모두 주현에 귀속시켜 간척지를 개간하고, 호적을 올리도록 하여 일반 백성과 같이 대우토록 하라. 장군 막부의 통령(統領 : 보좌 군관)들은 응당 옛 법도에 따라 처리하라. 태행산 동쪽과 황하 이남 및 북방의 변경 지역에 새로 설치한 군부는 모두 폐지토록 하라(『수서』「제기」'고조').

魏末喪亂, 宇縣瓜分, 役車歲動, 未遑休息. 兵士軍人, 權置坊府, 南征北伐, 居處無定. 家無完堵,
위말상란, 우현과분, 역차세동, 미황휴식. 병사군인, 권치방부, 남정북벌, 거처무정. 가무완도,

地罕包桑, 恆爲流寓之人, 竟無鄕裏之號. 朕甚湣之. 凡是軍人, 可悉屬州縣, 墾田籍帳, 一與民同.
지한포상, 긍위류우지인, 경무향리지호. 짐심혼지. 범시군인, 가실속주현, 간전적장, 일여민동.

軍府統領, 宜依舊式. 罷山東河南及北方緣邊之地新置軍府.
군부통령, 의의구식. 파산동하남급북방연변지지신치군부.

[해설]

수나라 문제가 개황(開皇) 10년(590년)에 반포한 조령이다. 계속되는 전쟁에 장기간 복무한 군사들에 대한 관심과 동정이 그대로 드러나고 있다. 그는 천하가 태평해졌으니 그들을 농촌으로 돌려보내 사회의 안정과 생산 발전에 참여하기를 원했다.

'우현(宇縣)'은 천하의 뜻이다. '역거(役車)'는 짐을 나르는 수레를 말한다. 짐수레가 매년 움직인다는 뜻은 군량미를 실은 수레나 유민(流民)의 짐수레가 끊임없이 움직인다는 것이니 전쟁이 그치지 않는다는 뜻이다. '권(權)'은 잠시, 당분간의 뜻이다. '방부(坊府)'는 병제(兵制)의 하나로서 육방(六坊), 육부(六府)를 말하나 여기서는 고향의 집을 뜻한다. '완도(完堵)'는 담장이 완전한 것을 말한다. '포상(包桑)'은 포상(苞桑), 즉 무성한 뽕나무를 말한다. '군부(軍府)'는 장군의 막부(幕府)를 말한다.

12. 무장한 병사는 국가의 흉기이다

兵甲者, 國之凶器也

당나라 태종太宗 이세민李世民

[원문]

무릇 무장한 병사는 국가의 흉기이다. 국가의 토지가 광대할지라도 전쟁을 좋아하게 되면 백성들이 힘들어지고, 국가의 변경이 안정되었다고 할지라도 전쟁을 잊게 되면 백성들이 위험해진다. 백성이 힘들어지는 것은 국가를 제대로 보전하는 방법이 아니고, 백성이 위험해지는 것 역시 적을 적절하게 대처하는 방략이 아니다. 이렇듯 군사는 완전히 폐지할 수 없으며, 또한 항시 사용할 수도 없다. 그런 까닭에 농한기에 무술을 강습(講習 : 배우고 익힘)하여 위엄 있는 태세를 연습하며, 3년에 한 번씩 병사들을 다스려 등급과 품위(品位)를 변별하도록 하라. 화를 내는 청개구리에게 구천(勾踐, ?~BC 465 : 춘추시대 말기 월越나라의 왕)*이 수레 횡목(橫木) 앞에 엎드려 경의를 표하여 마침내 패업을 완성한 것이다. 서언왕(徐偃王 : 서나라의 왕)은 무기를 모두 폐기하여 결국 망국의 길로 접어든 것이다. 무엇 때문인가? 월(越)나라는 시시때때로 군사 연습을 하였지만 서(徐)나라는 군비(軍備)를 망각했기 때문이다(『당태종집唐太宗集』「열무편閱武篇」).

夫兵甲者, 國之凶器也. 土地雖廣, 好戰則人凋. 中國雖安, 忘戰則民殆. 凋非保全之術, 殆非擬寇之方,
부병갑자, 국지흉기야. 토지수광, 호전즉인조. 중국수안, 망전즉민태. 조비보전지술, 태비의구지방,

不可以全除, 不可以常用. 故農隙以講武, 習威儀也. 三年治兵, 辨等列也. 是以勾踐軾蛙, 卒成霸業,
불가이전제, 불가이상용. 고농극이강무, 습위의야. 삼년치병, 변등열야. 시이구천식와, 졸성패업,

徐偃棄武, 終以喪邦. 何則? 越習其威, 徐忘其備也.
서언기무, 종이상방. 하칙? 월습기위, 서망기비야.

---

* 왕위를 이어 받자 오(吳)나라 왕 합려(闔閭)와 싸워 그를 죽였다. 합려의 아들 부차(夫差)는 아버지의 원수를 갚기 위해 섶나무 위에서 자며 복수심을 불태웠다. 부차에게 패한 후 구천은 회계산의 치욕을 씻기 위해 쓸개를 핥으면서 힘썼다. 이것이 '와신상담(臥薪嘗膽)'의 고사(故事)이다. 결국 부차를 꺾어 자살하게 하고 서주(徐州)에서 제후와 회맹하여 맹주가 되었다.

당나라 태종의 「열무편(閱武篇)」에 나오는 대목으로, 군대의 성질과 군사적 대비 등에 관해 언급한 내용이다. 그는 호전(好戰)과 망전(忘戰)이라는 두 가지 극단적인 예를 들면서 적절하고 정확한 태도로 전쟁에 대비해야 함을 역설하였다.

'병갑(兵甲)'은 무장한 군대를 말한다. '농극(農隙)'은 농한기를 말한다. '등렬(等列)'은 등급과 품위를 말한다.

'구천식와(勾踐軾蛙)'는 『오월춘추(吳越春秋)』에 나오는 말이다. 월나라 왕 구천은 원한을 설욕하고자 오나라를 정벌하려고 준비하고 있었다. 그러나 막상 죽음을 무릅쓰고 자신을 위해 싸워 줄 병사가 없다는 생각이 들었다. 그러던 어느 날, 길가에서 청개구리 한 마리가 배를 부풀리며 싸울 준비를 하고 있는 모습을 보고는 수레의 횡목 앞에 서서 경의를 표하였다. 사졸들이 그 까닭을 묻자 구천이 이렇게 대답하였다. "병사들이 분노하는 것을 본 지가 오래되었다. 그러나 아직 나의 의지에는 부합하지 않는구나. 오늘 청개구리가 비록 무지한 동물이기는 하지만 적을 보고 노기를 보이는 것을 보니 참으로 가상하여 경의를 표한 것이다." 군사들이 이 말을 전해 듣고 깊이 반성하며 의기충천하여 모두 죽을 각오로 전쟁에 임했다.

'서언(徐偃)'은 주나라 목왕(穆王) 시절에 서나라 국군(國君)이었다고 한다. 주나라 목왕이 초(楚)나라 왕에게 명하여 그 나라를 멸망시켰는데, 그가 임종하기 전에 이렇게 말했다고 한다. "나는 문덕(文德)에만 힘썼을 뿐 군비에 밝지 못했다. 인의(仁義)의 도를 행했을 뿐 남을 속이는 술수에 대해서는 몰랐다."

13. 국가의 대사는 무엇보다 출정出征이 우선이다

國之大事, 戎馬爲先

당나라 대종代宗 이예李豫

[원문]

국가의 대사는 무엇보다 출정(出征)이 우선이고, 조정의 옛 제도는 어진 이를 친애하고 임용하는 데에 있다. 그런 까닭에 어진 이를 얻는 것이 반드시 당연하고, 그에게 군권(軍權)을 통제하도록 하니 마음속으로 천하를 위한다면 설사 자신의 친인척을 추천한들 어찌 부끄럽겠는가? 봉절군왕(奉節郡王) 이적(李適)을 특진시켜 천하 병마대원수로 삼으라(『구당서』 「본기」 '대종').

國之大事, 戎馬爲先, 朝有舊章, 親賢是屬. 故求諸必當, 用制於中權, 存乎至公, 豈慚於內擧. 特進,
국지대사, 융마위선, 조유구장, 친현시속. 고구제필당, 용제어중권, 존호지공, 기참어내거. 특진,

奉節郡王適可天下兵馬元帥.
봉절군왕괄가천하병마원수.

[해설]

보응(寶應) 원년(762년) 4월에 당나라 숙종(肅宗)이 세상을 뜨고 대종이 즉위한 후에 반포한 조령이다. 국가가 위기에 처했을 때 무엇보다 중요한 일은 어질고 능한 인재에게 군권을 맡기는 것이라고 하였다. 자신의 의지와 주관에 따라 적절한 조치를 취하는 모습에서 그의 치국 능력을 엿볼 수 있다.

'융마(戎馬)'는 군마(軍馬)를 말하니 군사 또는 전쟁의 뜻이다. '공(公)'은 위공(爲公), 즉 사사로운 개인의 이익이나 욕망 대신 공익을 위한다는 것이니 천하를 위함을 말한다. '내거(內擧)'는 황제의 친인척을 추천하는 것을 말한다.

14. 나라를 위해 순직한 문무백관의 자손은 관리로 임명토록 하라

錄死事文武官子孫

송나라 태종太宗 조경趙炅

[원문]

전투에 패해 도주하거나 흩어진 군영(軍營)의 모든 장령들은 그 죄를 묻지 말고, 변경의 성이나 보루를 방어하는 데 공로가 있는 자는 모두 기록하여 현지에서 상부로 보고토록 하라. 그대로 방치된 시신은 묻어 주고, 전사자의 가족들에게 양식을 공급하며, 나라를 위해 순직한 문무백관의 자손은 관리로 임명토록 하라. 하북에서 옹희(雍熙) 3년 이전에 체납된 조세는 면제하고, 적군에게 유린된 지역의 백성들은 3년간 세금과 노역을 면제하며, 적군이 지나간 지역은 2년, 그 나머지 지역은 1년간 세금과 노역을 면제하라(『송사』 「본기」 '태종').

應行營將士戰敗潰散者竝釋不問, 緣邊城堡備禦有勞可紀者所在以聞. 瘞暴骸, 死事者廩給其家,
응행영장사전패궤산자병석불문, 연변성보비어유로가기자소재이문. 예폭해, 사사자름급기가,

錄死事文武官子孫. 蠲河北雍熙三年以前逋租, 敵所蹂踐者給複三年, 軍所過二年, 餘一年.
녹사사문무관자손. 견하북옹희삼년이전포조, 적소유천자급복삼년, 군소과이년, 여일년.

[해설]

옹희(雍熙) 3년(986년) 12월 임자일, 당나라 조정은 방주(房州)를 보강군(保康軍)으로 승격시키고, 우위상장군(右衛上將軍) 유계원(劉繼元)을 절도사로 삼았다. 대주(代州)의 부부서(副部署)인 노한빈(盧漢贇)이 토등보(土鐙堡)에서 거란(契丹)을 격파하여 다수를 참수하고 포로를 잡았다. 위의 글은 이듬해인 옹희 4년(987년) 봄 정월에 태종이 반포한 조령이다. 참전 병사와 전란 지역의 백성들에 대한 그의 관심과 애정을 엿볼 수 있다.

'행영(行營)'은 황제가 출정할 때 임시로 거처하는 곳이나 군영을 말한다. '예(瘞)'는 매장의 뜻이다.

15. 짐이 어찌 이를 사용할 수 있겠는가?

朕安用此

송나라 진종眞宗 조항趙恒

[원문1]

근신(近臣) 및 지잡어사(知雜禦史)와 상서성(尙書省)의 오품관, 관각(館閣) 삼사(三司)의 직무를 맡은 관원들은 각기 한 명씩 군사적 재능을 갖추어 변방을 지킬 수 있는 인재를 승조관(升朝官)으로 추천하라(『송사』「본기」'진종').

近臣竝知雜禦史, 尙書省五品及帶館閣三司職者, 各擧升朝官有武幹堪邊任一人.
근신병지잡어사, 상서성오품급대관각삼사직자, 각거승조관유무간감변임일인.

[해설]

송나라 진종 함평(鹹平) 3년(1000년) 2월에 내린 조령이다. 그는 유관 관리들에게 군사 인재를 추천하여 관리로 삼을 것을 주문하고 있다. 당시 상황에서 무엇보다 군사 인재가 필요했던 까닭이다.

'지잡어사(知雜禦史)'는 관직 이름으로서 '시어사지잡사(侍禦史知雜事)'의 약칭이다. 이 외에 지잡(知雜) 또는 지잡사(知雜事)로 부르기도 한다. '관각(館閣)'은 북송 시대에 도서와 국사 편찬의 업무를 관장하던 관서 이름이다. 송나라는 당나라 제도를 그대로 따라 소문관(昭文館), 사관(史館), 집현원(集賢院) 등 삼관(三館)과 비각(秘閣), 용도각(龍圖閣) 등을 설치하여 도서를 관장하고 국사 편찬의 업무를 관장하였다. 명나라에서는 이런 업무를 모두 한림원(翰林院)에서 관장했기 때문에 한림원을 '관각(館閣)'이라고 불렀다. '승조관(升朝官)'은 당송 시대에 매일 황제를 조견할 수 있는 고급 관리를 칭하는 말이다. 조관(朝官) 또는 상참관(常參官)으로 칭하기도 한다.

신하들이 모두 추위에 고통을 받고 있는데, 짐이 어찌 이를 사용할 수 있겠는가?(『송사』「본기」'진종')

臣下皆苦寒, 朕安用此?
신하개고한, 짐안용차?

[해설]

경덕(景德) 원년(1004년) 11월에 거란이 영주(瀛洲)를 침략하였다. 지주(知州) 이연악(李延渥)이 출병하여 적군 10만여 명을 살상하는 등 대승을 거두었다. 이에 진종이 친히 북방을 시찰하였다. 갑술(甲戌)일, 날씨가 몹시 추워 주위의 신료들이 털로 만든 외투와 모자를 진상하였다. 그러자 진종이 이를 거절하며 한 말이다. 자신이 장령들과 애환을 같이 하겠다는 의지를 표명하여 아랫사람들을 격려하려는 뜻이다.

16. 병사는 남아돌고 포상은 지나치니 어찌하면 좋을지 모르겠구나

兵冗賞濫, 罔知所從

송나라 인종仁宗 조정趙禎

[원문]

서쪽 변경을 방어하는 데는 병사가 남아돌고 포상은 지나치니 어찌하면 좋을지 모르겠구나. 그대들은 각기 의견을 내어 상주토록 하라(『송사』「본기」'인종').

西?備禦, 兵冗賞濫, 罔知所從, 卿等各以所見條奏.
서수비어, 병용상람, 망지소종, 경등각이소견조주.

송나라 인종이 경력(慶曆) 8년(1048년) 3월에 용도각(龍圖閣), 천장각(天章閣)에서 여러 대신들에게 한 말이다. 군대를 정돈하여 전투 능력을 강화하려는 목적이었다.

17. 적군을 방어하는 것을 잊지 말도록 하라

無忘捍禦

송나라 고종高宗 조구趙構

[원문]

몇 해 전에 이웃나라에 답례 방문으로 사자(使者)를 파견하여 두 분 황제의 재궁(梓宮 : 왕의 시신을 넣어 둔 관)을 조속한 시일 내에 반환할 것을 희망하였다. 변방의 신하들에게 이러한 상황의 배경을 알려 주지 않아 혹시라도 그들이 경계 태세를 느슨하게 하여 여러 백성들이 의심을 할지 몰라 걱정이로다. 이제 명령을 내리니 각자는 자신이 맡은 성(城)에서 엄중하게 명령을 내려 휘하 부하들이 맡은 바 경계 업무를 강화하고, 군사들이 적군의 공격에 대한 방어를 잊지 않도록 하라(『송사』「본기」'고종').

日者遣使報聘鄰國, 期還梓宮. 尙慮邊臣未諭, 遂馳戎備, 以疑衆心. 其各嚴飭屬城, 明告部曲, 臨事
일자견사보빙린국, 기환재궁. 상려변신미유, 수치융비, 이의중심. 기각엄칙속성, 명고부곡, 임사

必戒, 無忘捍禦.
필계, 무망한어.

소흥(紹興) 8년(1138년) 7월에 고종이 사신을 금나라에 파견하여 이제(二帝 : 휘종과 흠종)의 영구(靈柩)를 받들어 귀환토록 하였다. 그는 이로 인해 혹시라도 변방의 장병들이 경계 태세를 소홀히 하여 백성들이 의혹을 품을 수도 있음을 걱정

하였다. 그래서 그해 8월에 위와 같은 조령을 하달하여 전후 사정을 설명하고, 경계를 늦추지 않도록 당부하였다.

'보빙(報聘)'은 답례 방문을 말한다. '재궁(梓宮)'은 고대의 황제나 황후의 관을 말한다. 주로 재목(梓木 : 가래나무)으로 만들었기 때문에 이런 명칭이 붙었다. '칙(飭)'은 명령하다, 알리다, 경계하다의 뜻이다. '부곡(部曲)'은 천민이나 노예를 말하나 여기서는 군사 업무에 종사하는 이들을 통칭한다. '한어(捍禦)'는 방어의 뜻이다.

18. (적들이) 남긴 물건은 군사 행동이 끝난 후 나누어 줄 것이다

遺物俟軍事畢散之

원나라 태조太祖 칭기즈칸成吉思汗

[원문]

적을 공격하여 북쪽까지 추격할 경우 적들이 남긴 물건을 보더라도 절대로 취하지 않도록 조심하라. (만약 취한다면) 군사 행동이 끝난 후 다른 이들에게 나누어 줄 것이다(『원사』 「본기」 '태조').

苟破敵逐北, 見棄遺物, 愼無獲, 俟軍事畢散之.
구파적축북, 견기유물, 신무획, 사군사필산지.

[해설]

1202년에 칭기즈칸이 올노회(兀魯回)의 실련진하(失連眞河)에서 출병하여 안적탑탑아(按赤塔塔兒)와 찰한탑탑아(察罕塔塔兒) 두 부족을 토벌하였다. 위의 글은 출정하기에 앞서 의식을 행하면서 칭기즈칸이 병사들에게 한 말이다.

흥미롭게도 전쟁에서 승리한 후 실제로 세 부족이 칸의 명령을 어기자 이에 분노한 칭기즈칸이 그들이 차지한 재물을 모두 다른 이들에게 나누어 주었다. 이렇듯 칭기즈칸은 군법의 중요성을 정확하게 인식하여 병사들이 제멋대로 행동하지 못하도록 경계하였다.

19. 아니할 수 없으나 제멋대로 죽일 수는 없다

不得擅自誅戮

원나라 세조世祖 홀필렬忽必烈

[원문1]

군대에서 군법을 위반했다고 할지라도 그를 제멋대로 죽일 수 없다. 가벼운 죄를 범한 자는 군문(軍門)에서 내쫓아 버리고, 중죄를 범한 자는 군왕에게 상주하여 처리토록 하라(『원사』「본기」‘세조’).

軍中犯法, 不得擅自誅戮, 罪輕者斷遣, 重者聞奏.
군중범법, 부득천자주륙, 죄경자단견, 중자문주.

[해설]

원나라 세조가 지원(至元) 2년(1265년) 5월에 내린 조령이다. 그는 군법을 어긴 자들에 대한 처벌을 엄격하고 또한 신중하게 처리할 것을 강조하였다. 특히 범죄의 경중을 따져 보다 합리적으로 처분할 것을 강조하여 특별한 단체인 군대를 적절하게 단속하고 안정시키고자 했다.

[원문2]

변방을 경계하던 군인들이 돌아올 때 만약 식량이 부족하거나 병에 걸린 자가 있다면, 그들이 지나는 주군(州郡)이나 성시(城市)의 주민과 이웃들이 그들에게 음식과 의약을 제공하도록 명하노라(『원사』「본기」‘세조’).

戍軍還, 有乏食及病者, 令所過州城村坊主者給飮食醫藥.
수군환, 유핍식급병자, 영소과주성촌방주자급음식의약.

[해설]

원나라 세조가 지원 7년(1270년) 6월에 내린 명령이다. 여러 변방에서 수자리를 서는 병사들이 지나는 성이나 마을에서 식량이나 의약품을 제공받을 수 있도록 조치하는 내용이다. 세조는 병사들, 특히 변방을 지키는 병사들에게 편의를 제공하여 그들의 정서를 안정시키려고 하였다.

'방주(坊主)'는 서위(西魏)부터 수나라 초기까지 병역에 충당되는 사람이나 그의 가족이 집중적으로 거주하는 군방(軍坊)의 책임 관리를 말한다. 그러나 이른바 군팔방(軍八坊)은 수나라 문제 시절에 폐지되었기 때문에 여기서는 단순히 마을 주민이나 이웃의 뜻으로 풀이한다.

20. 제멋대로 자신의 진영을 벗어날 경우 법령에 따라 처벌하라

擅離所部者論如律

원나라 성종成宗 철목이鐵穆耳

[원문]

군민관(君民官)에 임명되었는데, 지역이 멀고 직위가 미천하다고 하여 부임하지 않는 자가 있다면 그의 관직을 박탈하고 다시 임용하지 말라. 군관이 제멋대로 자신의 진영을 벗어날 경우 모두 원대로 복귀시키고, 위반자는 법령에 따라 처벌하라. 군인이 상부에 보고하지 않은 상태에서 사사롭게 도주할 경우 장형(杖刑)으로 처벌한 후 원대로 복귀시키도록 하라(『원사』「본기」'성종').

軍民官已除, 以地遠官卑不赴者, 奪其官不敍. 軍官擅離所部者, 悉遣還翼, 違者論如律. 軍人不告
군민관이제, 이지원관비불부자, 탈기관불서. 군관천리소부자, 실견환익, 위자론여률. 군인불고

所部私歸者, 杖而還之.
소부사귀자, 장이환지.

[해설]

원나라 성종이 대덕(大德) 8년(1304년) 3월에 발표한 조령이다. 관리와 군관, 군인들이 기율을 어기는 일에 대해 엄격하게 조사하여 철저하게 단속함으로써 황권을 보다 안정적이고 정상적으로 운용하고자 노력하였다.

21. 조금도 헛된 짓을 한 적이 없다

秋毫無犯

명나라 태조太祖 주원장朱元璋

[원문1]

도성(都城)은 무력으로 함락시키고, 내란은 인애로 평정하는 법이다. 내가 최근에 집경(集慶)에 진격한 후 조금도 헛된 짓을 한 적이 없으니 한 번에 여러 백성들을 안심시킬 수 있었다. 들자하니 여러 장령(將領 : 장수)들이 성을 공략하면서 망령되이 살상하지 않았다고 하니 참으로 기쁘지 않을 수 없도다. 군사 행동이란 불과 같아서 자칫 신중하지 않으면 너른 들판을 모두 불태우고 만다. 장수가 된 자가 함부로 사람을 죽이지 않는 것을 무(武)의 법도로 삼는다면 어찌 국가에만 이익이겠는가? 자자손손 모두가 이러한 행복을 향유할 수 있을 것이로다(『명사』「본기」'태조').

克城以武, 戡亂以仁. 吾比入集慶, 秋毫無犯, 故一擧而定. 每聞諸將得一城不妄殺, 輒喜不自勝.
극성이무, 감란이인. 오비입집경, 추호무범, 고일거이정. 매문제장득일성불망살, 첩희불자승.

夫師行如火, 不戢將燎原. 爲將能以不殺爲武, 豈惟國家之利, 子孫實受其福.
부사행여화, 부집장료원. 위장능이불살위무, 개유국가지리, 자손실수기복.

[해설]

지정(至正) 19년(1359년) 정월에 명나라 태조는 절동(浙東) 일대를 공략하였다.

위의 글은 당시 출정하면서 장수들에게 한 말이다. 문무를 겸비한 태조는 병사
들에게 함부로 살육하지 말 것을 당부하는 한편, 이로써 인심을 얻을 수 있기를
고대하였다.

'감란(戡亂)'은 반란을 진압하다의 뜻이다. '집경(集慶)'은 지금의 남경시(南京
市)를 말한다. '집(戢)'은 거두어들이다, 삼가다, 그만두다의 뜻이다. 여기서는 신
중하게 처리함으로 풀이한다.

[원문2]

중원 지역의 백성들은 오랜 세월 군웅들의 투쟁으로 인해 고통을 받았으며,
고향을 떠나 유랑하는 이들이 끊이지 않아 길가에서 서로 바라볼 정도에 이르
렀다. 그리하여 나는 북벌(北伐)을 명하여 백성들을 깊은 물이나 뜨거운 불과 같
은 재앙에서 구하고자 했던 것이다. 원나라의 조종(祖宗)은 백성들에게 공덕을
쌓았지만, 그의 자손들은 오히려 백성의 고통을 긍휼하지 않았기에 하늘이 그
들을 버린 것이다. 원나라의 임금에게 죄가 있는 것이지, 백성이 무슨 죄이겠는
가? 이전에 왕조가 바뀌면서 대규모 학살이 자행되어 하늘의 뜻을 저버리고 백
성을 학대하였으니 짐은 이를 참으로 참을 수 없도다. 이제 여러 장령(將領)들은
성읍을 공략한 후에도 절대로 가옥을 불태우거나 재물을 약탈하며 주민을 죽이
는 일이 없도록 하라. 원나라의 종실 친척들도 모두 안전을 보장받을 수 있도록
하라. 바라건대 위로 하늘의 뜻에 보답하고 아래로 백성들의 기대에 부응하여
짐이 죄인을 토벌하여 백성들을 위로하고자 하는 뜻에 부합하도록 하라. 불경
하게 명령을 따르지 않는 자는 반드시 처벌할 것이며, 결코 용서치 않을 것이다
(『명사』「본기」'태조').

中原之民, 久爲群雄所苦, 流離相望, 故命將北征, 拯民水火. 元祖宗功德在人, 其子孫罔恤民隱,
중원지민, 구위군웅소고, 유리상망, 고명장북정, 증민수화. 원조종공덕재인, 기자손망휼민은,

天厭棄之. 君則有罪, 民復何辜. 前代革命之際, 肆行屠戮, 違天虐民, 朕實不忍. 諸將克城, 毋肆焚
천염기지. 군칙유죄, 민복하고. 전대혁명지제, 사행도륙, 위천학민, 짐실불인. 제장극성, 무사분

掠妄殺人, 元之宗戚, 鹹俾保全. 庶機上答天心, 下慰人望, 以副朕伐罪安民之意. 不恭命者, 罰無赦.
략망살인, 원지종척, 함비보전. 서기상답천심, 하위인망, 이부짐벌죄안민지의. 불공명자, 벌무사.

홍무(洪武) 원년(1368년) 7월에 명나라 태조가 서달(徐達) 등 대신들에게 한 말이다. 그는 북방에 거주하는 백성들을 고난에서 구원하기 위해 북벌을 결심하였다. 출정에 앞서 그는 전쟁을 치루면서 주민들을 함부로 살육하는 등의 망동을 금할 것과 원나라의 종친을 포함한 백성들의 안전을 우선적으로 고려할 것을 당부하고 있다. 백성들에 대한 그의 관대하고 어진 마음을 엿볼 수 있다.

'혁명(革命)'은 고대에 천자가 천명을 받아 임금의 자리에 오르는 것을 말한다. 따라서 왕조의 교체나 군주의 역성(易姓), 즉 군주의 성씨가 바뀌는 것 등을 모두 '혁명'이라고 한다.

22. 마땅히 그들 먼저 격파해야 할 것이다

宜先破之

청나라 태조太祖 애신각라 누루하치努爾哈赤

[원문]

명나라 군대가 남쪽에서 오고 있는데, 이는 우리 군대가 남쪽을 방어하도록 유인하는 것이다. 그들은 분명 북방에 막강한 주력부대가 있을 것이니 마땅히 그들 먼저 격파해야 할 것이다(『청사고淸史稿』「본기本紀」'태조太祖').

明兵由南來者, 誘我南也. 其北必有重兵, 宜先破之.
명병유남래자, 유아남야. 기북필유중병, 의선파지.

청나라 태조 천명(天命) 4년(1619년)에 명나라는 경략(經略) 양호(楊鎬, ?~1629 : 명나라 말기의 무장)를 앞세워 청나라 태조를 공격하였다. 양호는 20만 대군에 엽혁부(葉赫部)와 조선의 군대까지 합세하여 네 방향으로 쳐들어왔다. 위의 글은 청나라 태조가 그 소식을 듣고 한 말이다. 전쟁을 수행하면서 태조가 형세 판단과 군사 배치에 탁월한 능력이 있었음을 엿볼 수 있다. 청나라 군사들은 태조의 말대로 반격을 시도하여 승리하였다.

'경략(經略)'은 명청 시대에 중요한 군사 임무가 있을 때 특별히 설치되는 관직명으로서 군사 및 정무를 관장하였으며, 총독보다 직위가 높았다.

23. 장병들은 갑옷을 입고 무기를 지닌 채 고생한다

將士披堅執銳

청나라 성조聖祖 애신각라 현엽玄燁

[원문]

군사를 일으켜 오삼계(吳三桂, 1612~1678)의 반란을 토벌한 이래로 장병들은 갑옷을 입고 무기를 지닌 채 더운 여름이나 추운 겨울 내내 극히 고생하였으니, 짐은 심히 그들을 불쌍히 여기노라. 명령하노니 군대 내에서 부채(負債)를 지닌 자가 있는 지 조사하여 관부에서 그들 대신 상환토록 하라. 전사하거나 다친 사람이 있으면 그들 가족을 구휼토록 하라(『청사고』「본기」'성조').

軍興以來, 將士披堅執銳, 盛暑祁寒, 備極勞苦, 朕甚憫焉. 其令兵部察軍中有負債責者, 官爲償之,
군흥이래, 장사피견집예, 성서기한, 비극노고, 짐심민언. 기령병부찰군중유부채책자, 관위상지,

戰歿及被創者恤其家.
전몰급피창자휼기가.

[해설]

청나라 성조가 강희(康熙) 17년(1678년) 6월에 내린 조령이다. 참전한 병사들을 동정하고 위안하는 내용이다.

'군흥(軍興)'은 강희 12년(1673년)에 오삼계(吳三桂 : 명나라 말기, 청나라 초기의 무장)가 운남(雲南)에서 거병하여 청나라에 반기를 들자 이를 토벌하기 위해 성조가 군사를 일으킨 것을 말한다. '기한(祁寒)'은 엄동설한을 말한다.

24. 지금까지 감히 병력을 남용하여 전쟁을 일삼은 적이 없도다

從未敢窮兵黷武

청나라 고종高宗 애신각라 홍력弘曆

[원문]

안남(安南)은 지리적 조건이 열악하여 더 이상 군사를 쓰지 않기로 결정하였다. 완혜(阮惠)가 이미 세 차례나 투항하기를 구걸하더니 과연 조정으로 사신을 보내 은혜를 베풀어 주기를 요청하니 정황을 참작하여 그에게 봉호(封號)를 부여하노라. 짐은 외족(外族)을 위로하고 다스림에 생명을 아끼는 상천(上天)의 덕을 체현하지 않음이 없었으니, 지금까지 감히 병력을 남용하여 전쟁을 일삼은 적이 없도다(『청사고』「본기」'고종').

安南水土惡劣, 決計不復用兵. 阮惠已三次乞降, 果赴闕求恩, 可量加封號. 朕撫馭外夷, 無不體上
안남수토악렬, 결계불복용병. 완혜이삼차걸강, 과부궐구은, 가량가봉호. 짐무어외이, 무불체상

天好生之德, 從未敢窮兵黷武.
천호생지덕, 종미감궁병독무.

[해설]

건륭(乾隆) 53년(1788년) 6월에 안남(安南 : 지금의 베트남) 국왕 여유기(黎維祁)가 신

하인 완혜(阮惠)에게 축출되자 그의 모친과 처가 이를 청나라 조정에 알렸다. 당시 안남은 청나라의 속국이었기 때문에 역대 여씨(黎氏) 국왕들은 모두 청나라에서 책봉을 받았다. 건륭 53년 정월부터 이듬해인 54년 정월까지 청나라는 군사를 일으켜 안남 국왕인 여씨를 복위하고 완혜를 공략하여 연전연승을 거두었다. 그러나 여성(黎城)을 탈환한 후 청나라 원군의 총사령관인 손사의(孫士毅)가 승리에 도취하여 적을 가볍게 보는 바람에 크게 패하고 말았다. 완혜는 여성을 점령한 후 섬라(暹羅 : 지금의 태)와 교전하는 한편 청나라 조정에 사신을 보내 투항 의사를 타진하였다. 4월 건륭제는 완혜를 안남 국왕으로 봉하는 한편 여유기에게 가족을 데리고 경사(京師)로 올 수 있도록 조치하였다. 건륭 54년(1789년) 4월에 청나라 고종은 위와 같은 조령을 통해 전쟁을 중지하여 천하를 태평하게 만들겠다는 의지를 표명하였다.

'호생지덕(好生之德)'은 생명을 아껴 함부로 살육하지 않는 덕을 말한다. '궁병독무(窮兵黷武)'는 병력을 남용하여 전쟁을 일삼는 것을 말한다.

중국 역대 황제

조대	황제	연호	연도	간지 (干支)	조대	황제	연호	연도	간지 (干支)
하 (夏)	우(禹)				상 (商)	소갑(小甲)			
	계(啓)					옹기(雍己)			
	태강(太康)					태무(太戊)			
	중강(仲康)					중정(仲丁)			
	상(相)					외임(外壬)			
	소강(少康)					하단갑(河亶甲)			
	여(予)					조을(祖乙)			
	괴(槐)					조신(祖辛)			
	망(芒)					옥갑(沃甲)			
	세(泄)					조정(祖丁)			
	불강(不降)					남경(南庚)			
	경(扃)					양갑(陽甲)			
	근(廑)					반경(盤庚)			
	공갑(孔甲)					소신(小辛)			
	고(皋)					소을(小乙)			
	발(發)					무정(武丁)			
	걸(桀)					조경(祖庚)			
상 (商)	탕(湯)					조갑(祖甲)			
	태정(太丁)					늠신(廩辛)			
	외병(外丙)					강정(康丁)			
	중임(仲壬)					무을(武乙)			
	태갑(太甲)					문정(文丁)			
	옥정(沃丁)					제을(帝乙)			
	태경(太庚)					제신(帝辛, 주紂)			

조대	황제	연호	연도	간지(干支)
서주 (西周)	주무왕(周武王) 희발(姬發)		기원전 1046년	을미년(乙未年)
	주성왕(周成王) 희송(姬誦)		기원전 1042년	기해년(己亥年)
	주강왕(周康王) 희쇠(姬釗)		기원전 1020년	신유년(辛酉年)
	주소왕(周昭王) 희하(姬瑕)		기원전 995년	병술년(丙戌年)
	주목왕(周穆王) 희만(姬滿)		기원전 976년	을사년(乙巳年)
	주공왕(周共王) 희예호(姬繄扈)		기원전 922년	기해년(己亥年)
	주의왕(周懿王) 희간(姬囏)		기원전 899년	임술년(壬戌年)
	주효왕(周孝王) 희벽방(姬辟方)		기원전 891년	경오년(庚午年)
	주이왕(周夷王) 희섭(姬燮)		기원전 885년	병자년(丙子年)
	주여왕(周厲王) 희호(姬胡)		기원전 877년	갑신년(甲申年)
	주선왕(周宣王) 희정(姬靜)		기원전 827년	갑술년(甲戌年)
	주유왕(周幽王) 희궁생(姬宮湦)		기원전 781년	경신년(庚申年)
동주 (東周)	주평왕(周平王) 희의구(姬宜臼)		기원전 770년	신미년(辛未年)
	주환왕(周桓王) 희림(姬林)		기원전 719년	임술년(壬戌年)
	주장왕(周莊王) 희타(姬佗)		기원전 696년	을유년(乙酉年)
	주이왕(周釐王) 희호제(姬胡齊)		기원전 681년	경자년(庚子年)
	주혜왕(周惠王) 희랑(姬閬)		기원전 676년	을사년(乙巳年)
	주양왕(周襄王) 희정(姬鄭)		기원전 651년	경오년(庚午年)
	주경왕(周頃王) 희임신(姬壬臣)		기원전 618년	계묘년(癸卯年)
	주광왕(周匡王) 희반(姬班)		기원전 612년	기유년(己酉年)
	주정왕(周定王) 희유(姬瑜)		기원전 606년	을묘년(乙卯年)
	주간왕(周簡王) 희이(姬夷)		기원전 585년	병자년(丙子年)
	주영왕(周靈王) 희세심(姬泄心)		기원전 571년	경인년(庚寅年)
	주경왕(周景王) 희귀(姬貴)		기원전 544년	정사년(丁巳年)
	주도왕(周悼王) 희맹(姬猛)		기원전 520년	신사년(辛巳年)
	주경왕(周敬王) 희개(姬丐)		기원전 519년	임오년(壬午年)
	주원왕(周元王) 희인(姬仁)		기원전 475년	병인년(丙寅年)
	주정정왕(周貞定王) 희개(姬介)		기원전 468년	계유년(癸酉年)
	주애왕(周哀王) 희거질(姬去疾)		기원전 441년	경자년(庚子年)
	주사왕(周思王) 희숙(姬叔)		기원전 441년	경자년(庚子年)
	주고왕(周考王) 희외(姬嵬)		기원전 440년	신축년(辛丑年)
	주위열왕(周威烈王) 희오(姬午)		기원전 425년	병진년(丙辰年)
	주안왕(周安王) 희교(姬驕)		기원전 401년	경진년(庚辰年)
	주열왕(周烈王) 희희(姬喜)		기원전 375년	병오년(丙午年)
	주현왕(周顯王) 희편(姬扁)		기원전 368년	계축년(癸丑年)
	주신정왕(周愼靚) 희정(王姬定)		기원전 320년	신축년(辛丑年)
	주난왕(周赧王) 희연(姬延)		기원전 314년	정미년(丁未年)

조대	황제	연호	연도	간지(干支)
진(秦)	진시황(始皇帝) 영정(嬴政)		기원전 221년	경진년(庚辰年)
	진2세(秦二世) 영호해(嬴胡亥)		기원전 209년	임진년(壬辰年)
	진왕영(秦王) 자영(嬴子嬰)		기원전 206년	을미년(乙未年)
서한 (西漢)	한고조(漢高祖) 유방(劉邦)		기원전 206년	을미년(乙未年)
	한혜제(漢惠帝) 유영(劉盈)		기원전 194년	정미년(丁未年)
	한문제(漢文帝) 유항(劉恒)		기원전 179년	임술년(壬戌年)
	한경제(漢景帝) 유계(劉啓)		기원전 156년	을유년(乙酉年)
	한무제(漢武帝) 유철(劉徹)	건원원년(建元元年)	기원전 140년	신축년(辛丑年)
		원광원년(元光元年)	기원전 134년	정미년(丁未年)
		원삭원년(元朔元年)	기원전 128년	계축년(癸丑年)
		원수원년(元狩元年)	기원전 122년	기미년(己未年)
		원정원년(元鼎元年)	기원전 116년	을축년(乙丑年)
		원봉원년(元封元年)	기원전 110년	신미년(辛未年)
		태초원년(太初元年)	기원전 104년	정축년(丁丑年)
		천한원년(天漢元年)	기원선 100년	신사년(辛巳年)
		태시원년(太始元年)	기원전 96년	을유년(乙酉年)
		정화원년(征和元年)	기원전 92년	기축년(己丑年)
		후원원년(後元元年)	기원전 88년	계사년(癸巳年)
	한소제(漢昭帝) 유불릉(劉弗陵)	시원원년(始元元年)	기원전 86년	을미년(乙未年)
		원풍원년(元風元年)	기원전 80년	신축년(辛丑年)
		원평원년(元平元年)	기원전 74년	정미년(丁未年)
	한선제(漢宣帝) 유순(劉詢)	본시원년(本始元年)	기원전 73년	무신년(戊申年)
		지절원년(地節元年)	기원전 69년	임자년(壬子年)
		원강원년(元康元年)	기원전 65년	병진년(丙辰年)
		신작원년(神爵元年)	기원전 61년	경신년(庚申年)
		오봉원년(五鳳元年)	기원전 57년	갑자년(甲子年)
		감로원년(甘露元年)	기원전 53년	무진년(戊辰年)
		황룡원년(黃龍元年)	기원전 49년	임신년(壬申年)
	한원제(漢元帝) 유석(劉奭)	초원원년(初元元年)	기원전 48년	계유년(癸酉年)
		영광원년(永光元年)	기원전 43년	무인년(戊寅年)
		건소원년(建昭元年)	기원전 38년	계미년(癸未年)
		경녕원년(竟寧元年)	기원전 33년	무자년(戊子年)
	한성제(漢成帝) 유오(劉驁)	건시원년(建始元年)	기원전 32년	기축년(己丑年)
		하평원년(河平元年)	기원전 28년	계사년(癸巳年)
		양삭원년(陽朔元年)	기원전 24년	정유년(丁酉年)
		홍가원년(鴻嘉元年)	기원전 20년	신축년(辛丑年)

조대	황제	연호	연도	간지(干支)
서한 (西漢)		영시원년(永始元年)	기원전 16년	을사년(乙巳年)
		원연원년(元延元年)	기원전 12년	기유년(己酉年)
		수화원년(綏和元年)	기원전 8년	계축년(癸丑年)
	한애제(漢哀帝) 유흔(劉欣)	건평원년(建平元年)	기원전 6년	을묘년(乙卯年)
		태초원장원년(太初元將元年)	기원전 5년	병진년(丙辰年)
		건평2년(建平二年)	기원전 5년	병진년(丙辰年)
		원수원년(元壽元年)	기원전 2년	기미년(己未年)
	한평제(漢平帝) 유간(劉衎)	원시원년(元始元年)	서기 1년	신유년(辛酉年)
	한유제(漢孺帝) 유자영(劉子嬰)	거섭원년(居攝元年)	서기 6년	병인년(丙寅年)
		초시원년(初始元年)	서기 8년	무진년(戊辰年)
동한 (東漢)	왕망(王莽)	시건국원년(始建國元年)	서기 9년	기사년(己巳年)
		천봉원년(天鳳元年)	서기 14년	갑술년(甲戌年)
		지황원년(地皇元年)	서기 20년	경진년(庚辰年)
	한광무제(漢光武帝) 유수(劉秀)	건무원년(建武元年)	서기 25년	을유년(乙酉年)
		건무중원원년(建武中元元年)	서기 56년	병진년(丙辰年)
	한명제(漢明帝) 유장(劉莊)	영평원년(永平元年)	서기 58년	무오년(戊午年)
	한장제(漢章帝) 유달(劉炟)	건초원년(建初元年)	서기 76년	병자년(丙子年)
		원화원년(元和元年)	서기 84년	갑신년(甲申年)
		장화원년(章和元年)	서기 87년	정해년(丁亥年)
	한화제(漢和帝) 유조(劉肇)	영원원년(永元元年)	서기 89년	기축년(己丑年)
		원흥원년(元興元年)	서기 105년	을사년(乙巳年)
	한상제(漢殤帝) 유융(劉隆)	연평원년(延平元年)	서기 106년	병오년(丙午年)
	한안제(漢安帝) 유호(劉祜)	영초원년(永初元年)	서기 107년	정미년(丁未年)
		원초원년(元初元年)	서기 114년	갑인년(甲寅年)
		영녕원년(永寧元年)	서기 120년	경신년(庚申年)
		건광원년(建光元年)	서기 121년	신유년(辛酉年)
		연광원년(延光元年)	서기 122년	임술년(壬戌年)
	한순제(漢順帝) 유보(劉保)	영건원년(永建元年)	서기 126년	병인년(丙寅年)
		양가원년(陽嘉元年)	서기 132년	임신년(壬申年)
		영화원년(永和元年)	서기 136년	병자년(丙子年)
		한안원년(漢安元年)	서기 142년	임오년(壬午年)
		건강원년(建康元年)	서기 144년	갑신년(甲申年)
	한충제(漢冲帝) 유병(劉炳)	영희원년(永熹元年)	서기 145년	을유년(乙酉年)
	한질제(漢質帝) 유찬(劉纘)	본초원년(本初元年)	서기 146년	병술년(丙戌年)
	한환제(漢桓帝) 유지(劉志)	건화원년(建和元年)	서기 147년	정해년(丁亥年)
		화평원년(和平元年)	서기 150년	경인년(庚寅年)

조대	황제	연호	연도	간지(干支)
동한 (東漢)		원가원년(元嘉元年)	서기 151년	신묘년(辛卯年)
		영흥원년(永興元年)	서기 153년	계사년(癸巳年)
		영수원년(永壽元年)	서기 155년	을미년(乙未年)
		연희원년(延熹元年)	서기 158년	무술년(戊戌年)
		영강원년(永康元年)	서기 167년	정미년(丁未年)
	한영제(漢靈帝) 유굉(劉宏)	건녕원년(建寧元年)	서기 168년	무신년(戊申年)
		희평원년(熹平元年)	서기 172년	임자년(壬子年)
		광화원년(光和元年)	서기 178년	무오년(戊午年)
		중평원년(中平元年)	서기 184년	갑자년(甲子年)
	한헌제(漢獻帝) 유협(劉協)	영한원년(永漢元年)	서기 189년	기사년(己巳年)
		초평원년(初平元年)	서기 190년	경오년(庚午年)
		흥평원년(興平元年)	서기 194년	갑술년(甲戌年)
		건안원년(建安元年)	서기 196년	병자년(丙子年)
		연강원년(延康元年)	서기 220년	경자년(庚子年)
삼국·위 (三國·魏)	무제(武帝) 조조(曹操)			
	문제(文帝) 조비(曹丕)	황초원년(黃初元年)	서기 220년	경자년(庚子年)
	명제(明帝) 조예(曹叡)	태화원년(太和元年)	서기 227년	정미년(丁未年)
		청룡원년(靑龍元年)	서기 233년	계축년(癸丑年)
		경초원년(景初元年)	서기 237년	정사년(丁巳年)
	제왕(齊王) 조방(曹芳)	정시원년(正始元年)	서기 240년	경신년(庚申年)
		가평원년(嘉平元年)	서기 249년	기사년(己巳年)
	고귀향공(高貴鄕公) 조모(曹髦)	정원원년(正元元年)	서기 254년	갑술년(甲戌年)
		감로원년(甘露元年)	서기 256년	병자년(丙子年)
	원제(元帝) 조환(曹奐)	경원원년(景元元年)	서기 260년	경진년(庚辰年)
		함희원년(咸熙元年)	서기 264년	갑신년(甲申年)
삼국·촉 (三國·蜀)	소열제(昭烈帝) 유비(劉備)	장무원년(章武元年)	서기 221년	신축년(辛丑年)
	후주(後主) 유선(劉禪)	건흥원년(建興元年)	서기 223년	계묘년(癸卯年)
		연희원년(延熙元年)	서기 238년	무오년(戊午年)
		경요원년(景耀元年)	서기 258년	무인년(戊寅年)
		염흥원년(炎興元年)	서기 263년	계미년(癸未年)
삼국·오 (三國·吳)	대제(大帝) 손권(孫權)	황무원년(黃武元年)	서기 222년	임인년(壬寅年)
		황룡원년(黃龍元年)	서기 229년	기유년(己酉年)
		가화원년(嘉禾元年)	서기 232년	임자년(壬子年)
		적오원년(赤烏元年)	서기 238년	무오년(戊午年)
		태원원년(太元元年)	서기 251년	신미년(辛未年)
		신봉원년(神鳳元年)	서기 252년	임신년(壬申年)

조대	황제	연호	연도	간지(干支)
삼국·오 (三國·吳)	회계왕(會稽王) 손량(孫亮)	건흥원년(建興元年)	서기 252년	임신년(壬申年)
		오봉원년(五鳳元年)	서기 254년	갑술년(甲戌年)
		태평원년(太平元年)	서기 256년	병자년(丙子年)
	경제(景帝) 손휴(孫休)	영안원년(永安元年)	서기 258년	무인년(戊寅年)
	말제(末帝) 손호(孫皓)	원흥원년(元興元年)	서기 264년	갑신년(甲申年)
		감로원년(甘露元年)	서기 265년	을유년(乙酉年)
		보정원년(寶鼎元年)	서기 266년	병술년(丙戌年)
		건형원년(建衡元年)	서기 269년	기축년(己丑年)
		봉황원년(鳳凰元年)	서기 272년	임진년(壬辰年)
		천책원년(天册元年)	서기 275년	을미년(乙未年)
		천새원년(天璽元年)	서기 276년	병신년(丙申年)
		천기원년(天紀元年)	서기 277년	정유년(丁酉年)
서진 (西晉)	진무제(晉武帝) 사마염(司馬炎)	태시원년(泰始元年)	서기 265년	을유년(乙酉年)
		함녕원년(咸寧元年)	서기 275년	을미년(乙未年)
		태강원년(太康元年)	서기 280년	경자년(庚子年)
		태희원년(太熙元年)	서기 290년	경술년(庚戌年)
	진혜제(晉惠帝) 사마충(司馬衷)	영희원년(永熙元年)	서기 290년	경술년(庚戌年)
		영평원년(永平元年)	서기 291년	신해년(辛亥年)
		원강원년(元康元年)	서기 291년	신해년(辛亥年)
		영강원년(永康元年)	서기 300년	경신년(庚申年)
		영녕원년(永寧元年)	서기 301년	신유년(辛酉年)
		태안원년(太安元年)	서기 302년	임술년(壬戌年)
		영안원년(永安元年)	서기 304년	갑자년(甲子年)
		건무원년(建武元年)	서기 304년	갑자년(甲子年)
		영흥원년(永興元年)	서기 304년	갑자년(甲子年)
		광희원년(光熙元年)	서기 306년	병인년(丙寅年)
	진회제(晉懷帝) 사마치(司馬熾)	영가원년(永嘉元年)	서기 307년	정묘년(丁卯年)
	진민제(晉愍帝) 사마업(司馬業)	건흥원년(建興元年)	서기 313년	계유년(癸酉年)
동진 (東晉)	진원제(晉元帝) 사마예(司馬睿)	건무원년(建武元年)	서기 317년	정축년(丁丑年)
		대흥원년(大興元年)	서기 318년	무인년(戊寅年)
		영창원년(永昌元年)	서기 322년	임오년(壬午年)
	진명제(晉明帝) 사마소(司馬紹)	태녕원년(太寧元年)	서기 323년	계미년(癸未年)
	진성제(晉成帝) 사마연(司馬衍)	함화원년(咸和元年)	서기 326년	병술년(丙戌年)
		함강원년(咸康元年)	서기 335년	을미년(乙未年)
	진강제(晉康帝) 사마악(司馬岳)	건원원년(建元元年)	서기 343년	계묘년(癸卯年)
	진목제(晉穆帝) 사마담(司馬聃)	영화원년(永和元年)	서기 345년	을사년(乙巳年)

조대	황제	연호	연도	간지(干支)
동진 (東晋)		승평원년(升平元年)	서기 357년	정사년(丁巳年)
	진애제(晉哀帝) 사마비(司馬丕)	융화원년(隆和元年)	서기 362년	임술년(壬戌年)
		흥녕원년(興寧元年)	서기 363년	계해년(癸亥年)
	진폐제(晉廢帝) 사마혁(司馬奕)	태화원년(太和元年)	서기 366년	병인년(丙寅年)
	진간문제(晉簡文帝) 사마욱(司馬昱)	함안원년(咸安元年)	서기 371년	신미년(辛未年)
	진효무제(晉孝武帝) 사마요(司馬曜)	영강원년(寧康元年)	서기 373년	계유년(癸酉年)
		태원원년(太元元年)	서기 376년	병자년(丙子年)
	진안제(晉安帝) 사마덕종(司馬德宗)	융안원년(隆安元年)	서기 397년	정유년(丁酉年)
		원흥원년(元興元年)	서기 402년	임인년(壬寅年)
		의희원년(義熙元年)	서기 405년	을사년(乙巳年)
	진공제(晉恭帝) 사마덕문(司馬德文)	원희원년(元熙元年)	서기 419년	기미년(己未年)
남조·송 (南朝·宋)	송무제(宋武帝) 유유(劉裕)	영초원년(永初元年)	서기 420년	경신년(庚申年)
	송소제(宋少帝) 유의부(劉義符)	경평원년(景平元年)	서기 423년	계해년(癸亥年)
	송문제(宋文帝) 유의륭(劉義隆)	원가원년(元嘉元年)	서기 424년	갑자년(甲子年)
	송효무제(宋孝武帝) 유준(劉駿)	효건원년(孝建元年)	서기 454년	갑오년(甲午年)
		대명원년(大明元年)	서기 457년	정유년(丁酉年)
	송전폐제(宋前廢帝) 유자업(劉子業)	영광원년(永光元年)	서기 465년	을사년(乙巳年)
		경화원년(景和元年)	서기 465년	을사년(乙巳年)
	송명제(宋明帝) 유욱(劉彧)	태시원년(泰始元年)	서기 465년	을사년(乙巳年)
		태예원년(泰豫元年)	서기 472년	임자년(壬子年)
	송후폐제(宋後廢帝) 유욱(劉昱)	원휘원년(元徽元年)	서기 473년	계축년(癸丑年)
	송순제(宋順帝) 유준(劉準)	승명원년(昇明元年)	서기 477년	정사년(丁巳年)
남조·제 (南朝·齊)	제고제(齊高帝) 소도성(蕭道成)	건원원년(建元元年)	서기 479년	기미년(己未年)
	제무제(齊武帝) 소색(蕭賾)	영명원년(永明元年)	서기 483년	계해년(癸亥年)
	제울림왕(齊鬱林王) 소소업(蕭昭業)	융창원년(隆昌元年)	서기 494년	갑술년(甲戌年)
	제해릉왕(齊海陵王) 소소문(蕭昭文)	연흥원년(延興元年)	서기 494년	갑술년(甲戌年)
	제명제(齊明帝) 소란(蕭鸞)	건무원년(建武元年)	서기 494년	갑술년(甲戌年)
		영태원년(永泰元年)	서기 498년	무인년(戊寅年)
	제동혼후(齊東昏侯) 소보권(蕭寶卷)	영원원년(永元元年)	서기 499년	기묘년(己卯年)
	제화제(齊和帝) 소보융(蕭寶融)	중흥원년(中興元年)	서기 501년	신사년(辛巳年)
남조·양 (南朝·梁)	양무제(梁武帝) 소연(蕭衍)	천감원년(天監元年)	서기 502년	임오년(壬午年)
		보통원년(普通元年)	서기 520년	경자년(庚子年)
		대통원년(大通元年)	서기 527년	정미년(丁未年)
		중대통원년(中大通元年)	서기 529년	기유년(己酉年)
		대동원년(大同元年)	서기 535년	을묘년(乙卯年)
		중대동원년(中大同元年)	서기 546년	병인년(丙寅年)

조대	황제	연호	연도	간지(干支)
남조·양 (南朝·梁)		태청원년(太淸元年)	서기 547년	정묘년(丁卯年)
	양간문제(梁簡文帝) 소강(蕭綱)	대보원년(大寶元年)	서기 550년	경오년(庚午年)
	양예장왕(梁豫章王) 소동(蕭棟)	천정원년(天正元年)	서기 551년	신미년(辛未年)
	양원제(梁元帝) 소역(蕭繹)	승성원년(承聖元年)	서기 552년	임신년(壬申年)
	양정양후(梁貞陽侯) 소연명(蕭淵明)	천성원년(天成元年)	서기 555년	을해년(乙亥年)
	양경제(梁敬帝) 소방지(蕭方智)	소태원년(紹泰元年)	서기 555년	을해년(乙亥年)
		태평원년(太平元年)	서기 556년	병자년(丙子年)
남조·진 (南朝·陳)	진무제(陳武帝) 진패선(陳霸先)	영정원년(永定元年)	서기 557년	정축년(丁丑年)
	진문제(陳文帝) 진천(陳蒨)	천가원년(天嘉元年)	서기 560년	경진년(庚辰年)
		천강원년(天康元年)	서기 566년	병술년(丙戌年)
	진폐제(陳廢帝) 진백종(陳伯宗)	광대원년(光大元年)	서기 567년	정해년(丁亥年)
	진선제(陳宣帝) 진욱(陳頊)	태건원년(太建元年)	서기 569년	기축년(己丑年)
	진후주(陳後主) 진숙보(陳叔寶)	지덕원년(至德元年)	서기 583년	계묘년(癸卯年)
		정명원년(禎明元年)	서기 587년	정미년(丁未年)
북조·북위 (北朝·北魏)	도무제(道武帝) 탁발규(拓跋珪)	등국원년(登國元年)	서기 386년	병술년(丙戌年)
		황시원년(皇始元年)	서기 396년	병신년(丙申年)
		천흥원년(天興元年)	서기 398년	무술년(戊戌年)
		천사원년(天賜元年)	서기 404년	갑진년(甲辰年)
	명원제(明元帝) 탁발사(拓跋嗣)	영흥원년(永興元年)	서기 409년	기유년(己酉年)
		신서원년(神瑞元年)	서기 414년	갑인년(甲寅年)
		태상원년(泰常元年)	서기 416년	병진년(丙辰年)
	태무제(太武帝) 탁발도(拓跋燾)	시광원년(始光元年)	서기 424년	갑자년(甲子年)
		신가원년(神麚元年)	서기 428년	무진년(戊辰年)
		연화원년(延和元年)	서기 432년	임신년(壬申年)
		태연원년(太延元年)	서기 435년	을해년(乙亥年)
		태평진군원년(太平眞君元年)	서기 440년	경진년(庚辰年)
		정평원년(正平元年)	서기 451년	신묘년(辛卯年)
	남안왕(南安王) 탁발여(拓跋餘)	승평원년(承平元年)	서기 452년	임진년(壬辰年)
	문성제(文成帝) 탁발준(拓跋濬)	흥안원년(興安元年)	서기 452년	임진년(壬辰年)
		흥광원년(興光元年)	서기 454년	갑오년(甲午年)
		태안원년(太安元年)	서기 455년	을미년(乙未年)
		화평원년(和平元年)	서기 460년	경자년(庚子年)
	헌문제(獻文帝) 탁발홍(拓跋弘)	천안원년(天安元年)	서기 466년	병오년(丙午年)
		황흥원년(皇興元年)	서기 467년	정미년(丁未年)
	효문제(孝文帝) 원홍(元宏)	연흥원년(延興元年)	서기 471년	신해년(辛亥年)
		승명원년(承明元年)	서기 476년	병진년(丙辰年)

조대	황제	연호	연도	간지(干支)
북조·북위 (北朝·北魏)		태화원년(太和元年)	서기 477년	정사년(丁巳年)
	선무제(宣武帝) 원각(元恪)	경명원년(景明元年)	서기 500년	경진년(庚辰年)
		정시원년(正始元年)	서기 504년	갑신년(甲申年)
		영평원년(永平元年)	서기 508년	무자년(戊子年)
		연창원년(延昌元年)	서기 512년	임진년(壬辰年)
	효명제(孝明帝) 원후(元詡)	희평원년(熙平元年)	서기 516년	병신년(丙申年)
		신구원년(神龜元年)	서기 518년	무술년(戊戌年)
		정광원년(正光元年)	서기 520년	경자년(庚子年)
		효창원년(孝昌元年)	서기 525년	을사년(乙巳年)
		무태원년(武泰元年)	서기 528년	무신년(戊申年)
	효장제(孝莊帝) 원자유(元子攸)	건의원년(建義元年)	서기 528년	무신년(戊申年)
		영안원년(永安元年)	서기 528년	무신년(戊申年)
	장광왕(長廣王) 원엽(元曄)	건명원년(建明元年)	서기 530년	경술년(庚戌年)
	절민제(節閔帝) 원공(元恭)	보태원년(普泰元年)	서기 531년	신해년(辛亥年)
	안정왕(安定王) 원랑(元朗)	중흥원년(中興元年)	서기 531년	신해년(辛亥年)
	효무제(孝武帝) 원수(元修)	태창원년(太昌元年)	서기 532년	임자년(壬子年)
		영흥원년(永興元年)	서기 532년	임자년(壬子年)
		영희원년(永熙元年)	서기 532년	임자년(壬子年)
북조·동위 (北朝·東魏)	효정제(孝靜帝) 원선견(元善見)	태평원년(太平元年)	서기 534년	갑인년(甲寅年)
		원상원년(元象元年)	서기 538년	무오년(戊午年)
		흥화원년(興和元年)	서기 539년	기미년(己未年)
		무정원년(武定元年)	서기 543년	계해년(癸亥年)
북조·서위 (北朝·西魏)	문제(文帝) 원보거(元寶炬)	대통원년(大統元年)	서기 535년	을묘년(乙卯年)
	폐제(廢帝) 원흠(元欽)		서기 552년	임신년(壬申年)
	공제(恭帝) 탁발곽(拓跋廓)		서기 554년	갑술년(甲戌年)
북조·북제 (北朝·北齊)	문선제(文宣帝) 고양(高洋)	천보원년(天保元年)	서기 550년	경오년(庚午年)
	폐제(廢帝) 고은(高殷)	건명원년(乾明元年)	서기 560년	경진년(庚辰年)
	효소제(孝昭帝) 고연(高演)	황건원년(皇建元年)	서기 560년	경진년(庚辰年)
	무성제(武成帝) 고담(高湛)	태녕원년(太寧元年)	서기 561년	신사년(辛巳年)
		하청원년(河清元年)	서기 562년	임오년(壬午年)
	후주(後主) 고위(高緯)	천통원년(天統元年)	서기 565년	을유년(乙酉年)
		무평원년(武平元年)	서기 570년	경인년(庚寅年)
		융화원년(隆化元年)	서기 576년	병신년(丙申年)
	유주(幼主) 고항(高恒)	승광원년(承光元年)	서기 577년	정유년(丁酉年)
북조·북주 (北朝·北周)	효민제(孝閔帝) 우문각(宇文覺)		서기 557년	정축년(丁丑年)
	명제(明帝) 우문육(宇文毓)	무성원년(武成元年)	서기 559년	기묘년(己卯年)

조대	황제	연호	연도	간지(干支)
북조·북주 (北朝·北周)	무제(武帝) 우문옹(宇文邕)	보정원년(保定元年)	서기 561년	신사년(辛巳年)
		천화원년(天和元年)	서기 566년	병술년(丙戌年)
		건덕원년(建德元年)	서기 572년	임진년(壬辰年)
		선정원년(宣政元年)	서기 578년	무술년(戊戌年)
	선제(宣帝) 우문윤(宇文贇)	대성원년(大成元年)	서기 579년	기해년(己亥年)
	정제(靜帝) 우문천(宇文闡)	대상원년(大象元年)	서기 579년	기해년(己亥年)
		대정원년(大定元年)	서기 581년	신축년(辛丑年)
수(隋)	수문제(隋文帝) 양견(楊堅)	개황원년(開皇元年)	서기 581년	신축년(辛丑年)
		인수원년(仁壽元年)	서기 601년	신유년(辛酉年)
	수양제(隋煬帝) 양광(楊廣)	대업원년(大業元年)	서기 605년	을축년(乙丑年)
	수공제(隋恭帝) 양유(楊侑)	의녕원년(義寧元年)	서기 617년	정축년(丁丑年)
당(唐)	당고조(唐高祖) 이연(李淵)	무덕원년(武德元年)	서기 618년	무인년(戊寅年)
	당태종(唐太宗) 이세민(李世民)	정관원년(貞觀元年)	서기 627년	정해년(丁亥年)
	당고종(唐高宗) 이치(李治)	영휘원년(永徽元年)	서기 650년	경술년(庚戌年)
		현경원년(顯慶元年)	서기 656년	병진년(丙辰年)
		용삭원년(龍朔元年)	서기 661년	신유년(辛酉年)
		인덕원년(麟德元年)	서기 664년	갑자년(甲子年)
		건봉원년(乾封元年)	서기 666년	병인년(丙寅年)
		총장원년(總章元年)	서기 668년	무진년(戊辰年)
		함형원년(咸亨元年)	서기 670년	경오년(庚午年)
		상원원년(上元元年)	서기 674년	갑술년(甲戌年)
		의봉원년(儀鳳元年)	서기 676년	병자년(丙子年)
		조로원년(調露元年)	서기 679년	기묘년(己卯年)
		영륭원년(永隆元年)	서기 680년	경진년(庚辰年)
		개요원년(開耀元年)	서기 681년	신사년(辛巳年)
		영순원년(永淳元年)	서기 682년	임오년(壬午年)
		홍도원년(弘道元年)	서기 683년	계미년(癸未年)
	당중종(唐中宗) 이현(李顯)	사성원년(嗣聖元年)	서기 684년	갑신년(甲申年)
	당예종(唐睿宗) 이단(李旦)	문명원년(文明元年)	서기 684년	갑신년(甲申年)
	무측천(武則天)	광택원년(光宅元年)	서기 684년	갑신년(甲申年)
		수공원년(垂拱元年)	서기 685년	을유년(乙酉年)
		영창원년(永昌元年)	서기 689년	기축년(己丑年)
		재초원년(載初元年)	서기 689년	기축년(己丑年)
		천수원년(天授元年)	서기 690년	경인년(庚寅年)
		여의원년(如意元年)	서기 692년	임진년(壬辰年)
		장수원년(長壽元年)	서기 692년	임진년(壬辰年)

조대	황제	연호	연도	간지(干支)
당(唐)		연재원년(延載元年)	서기 694년	갑오년(甲午年)
		증성원년(證聖元年)	서기 695년	을미년(乙未年)
		천책만세원년(天册萬歲元年)	서기 695년	을미년(乙未年)
		만세등봉원년(萬歲登封元年)	서기 696년	병신년(丙申年)
		만세통천원년(萬歲通天元年)	서기 696년	병신년(丙申年)
		신공원년(神功元年)	서기 697년	정유년(丁酉年)
		성력원년(聖歷元年)	서기 698년	무술년(戊戌年)
		구시원년(久視元年)	서기 700년	경자년(庚子年)
		대족원년(大足元年)	서기 701년	신축년(辛丑年)
		장안원년(長安元年)	서기 701년	신축년(辛丑年)
	당중종(唐中宗) 이현(李顯)	신룡원년(神龍元年)	서기 705년	을사년(乙巳年)
		경룡원년(景龍元年)	서기 707년	정미년(丁未年)
	당상제(唐殤帝) 이중무(李重茂)	당륭원년(唐隆元年)	서기 710년	경술년(庚戌年)
	당예종(唐睿宗) 이단(李旦)	경운원년(景雲元年)	서기 710년	경술년(庚戌年)
		태극원년(太極元年)	서기 712년	임자년(壬子年)
		연화원년(延和元年)	서기 712년	임자년(壬子年)
	당현종(唐玄宗) 이융기(李隆基)	선천원년(先天元年)	서기 712년	임자년(壬子年)
		개원원년(開元元年)	서기 713년	계축년(癸丑年)
		천보원년(天寶元年)	서기 742년	임오년(壬午年)
	당숙종(唐肅宗) 이형(李亨)	지덕원년(至德元年)	서기 756년	병신년(丙申年)
		건원원년(乾元元年)	서기 758년	무술년(戊戌年)
		상원원년(上元元年)	서기 760년	경자년(庚子年)
	당대종(唐代宗) 이예(李豫)	보응원년(寶應元年)	서기 762년	임인년(壬寅年)
		광덕원년(廣德元年)	서기 763년	계묘년(癸卯年)
		영태원년(永泰元年)	서기 765년	을사년(乙巳年)
		대력원년(大歷元年)	서기 766년	병오년(丙午年)
	당덕종(唐德宗) 이적(李適)	건중원년(建中元年)	서기 780년	경신년(庚申年)
		흥원원년(興元元年)	서기 784년	갑자년(甲子年)
		정원원년(貞元元年)	서기 785년	을축년(乙丑年)
	당순종(唐順宗) 이송(李誦)	영정원년(永貞元年)	서기 805년	을유년(乙酉年)
	당헌종(唐憲宗) 이순(李純)	원화원년(元和元年)	서기 806년	병술년(丙戌年)
	당목종(唐穆宗) 이항(李恒)	장경원년(長慶元年)	서기 821년	신축년(辛丑年)
	당경종(唐敬宗) 이담(李湛)	보력원년(寶曆元年)	서기 825년	을사년(乙巳年)
	당문종(唐文宗) 이앙(李昂)	태화원년(太和元年)	서기 827년	정미년(丁未年)
	당무종(唐武宗) 이염(李炎)	회창원년(會昌元年)	서기 841년	신유년(辛酉年)
	당선종(唐宣宗) 이침(李忱)	대중원년(大中元年)	서기 847년	정묘년(丁卯年)

조대	황제	연호	연도	간지(干支)
당(唐)	당의종(唐懿宗) 이최(李漼)	함통원년(咸通元年)	서기 860년	경진년(庚辰年)
	당희종(唐僖宗) 이현(李儇)	건부원년(乾符元年)	서기 874년	갑오년(甲午年)
		광명원년(廣明元年)	서기 880년	경자년(庚子年)
		중화원년(中和元年)	서기 881년	신축년(辛丑年)
		광계원년(光啓元年)	서기 885년	을사년(乙巳年)
		문덕원년(文德元年)	서기 888년	무신년(戊申年)
	당소종(唐昭宗) 이엽(李曄)	용기원년(龍紀元年)	서기 889년	기유년(己酉年)
		대순원년(大順元年)	서기 890년	경술년(庚戌年)
		경복원년(景福元年)	서기 892년	임자년(壬子年)
		건녕원년(乾寧元年)	서기 894년	갑인년(甲寅年)
		광화원년(光化元年)	서기 898년	무오년(戊午年)
		천복원년(天復元年)	서기 901년	신유년(辛酉年)
	당애제(唐哀帝) 이축(李柷)	천우원년(天祐元年)	서기 904년	갑자년(甲子年)
오대·후량 (五代·後梁)	태조(太祖) 주온(朱溫)	개평원년(開平元年)	서기 907년	정묘년(丁卯年)
		건화원년(乾化元年)	서기 911년	신미년(辛未年)
	영왕(郢王) 주우규(朱友珪)	봉력원년(鳳曆元年)	서기 913년	계유년(癸酉年)
	말제(末帝) 주우정(朱友貞)	건화3년(乾化三年)	서기 913년	계유년(癸酉年)
		정명원년(貞明元年)	서기 915년	을해년(乙亥年)
		용덕원년(龍德元年)	서기 921년	신사년(辛巳年)
오대·후당 (五代·後唐)	장종(莊宗) 이존욱(李存勗)	동광원년(同光元年)	서기 923년	계미년(癸未年)
	명종(明宗) 이사원(李嗣源)	천성원년(天成元年)	서기 926년	병술년(丙戌年)
		장흥원년(長興元年)	서기 930년	경인년(庚寅年)
	민제(閔帝) 이종후(李從厚)	응순원년(應順元年)	서기 934년	갑오년(甲午年)
	말제(末帝) 이종가(李從珂)	청태원년(淸泰元年)	서기 934년	갑오년(甲午年)
오대·후진 (五代·後晉)	고조(高祖) 석경당(石敬瑭)	천복원년(天福元年)	서기 936년	병신년(丙申年)
	출제(出帝) 석중귀(石重貴)	개운원년(開運元年)	서기 944년	갑진년(甲辰年)
오대·후한 (五代·後漢)	고조(高祖) 유지원(劉知遠)	천복20년(天福二十年)	서기 947년	정미년(丁未年)
		건우원년(乾祐元年)	서기 948년	무신년(戊申年)
	은제(隱帝) 유승우(劉承祐)	건우원년(乾祐元年)	서기 948년	무신년(戊申年)
오대·후주 (五代·後周)	태조(太祖) 곽위(郭威)	광순원년(廣順元年)	서기 951년	신해년(辛亥年)
		현덕원년(顯德元年)	서기 954년	갑인년(甲寅年)
	세종(世宗) 시영(柴榮)	현덕원년(顯德元年)	서기 954년	갑인년(甲寅年)
	공제(恭帝) 시종훈(柴宗訓)	현덕6년(顯德六年)	서기 959년	기미년(己未年)
남당 (南唐)	열조(烈祖) 이변(李昪)	승원원년(升元元年)	서기 937년	정유년(丁酉年)
	원종(元宗) 이경(李璟)	보대원년(保大元年)	서기 943년	계묘년(癸卯年)
		중흥원년(中興元年)	서기 958년	무오년(戊午年)

조대	황제	연호	연도	간지(干支)
남당 (南唐)		교태원년(交泰元年)	서기 958년	무오년(戊午年)
		현덕5년: 북주(顯德五年: 北周)	서기 958년	무오년(戊午年)
		건륭원년: 북송(乾隆元年: 北宋)	서기 960년	경신년(庚申年)
	후주(後主) 이욱(李煜)	건륭2년: 북송(建隆二年: 北宋)	서기 961년	신유년(辛酉年)
		건륭원년: 북송(乾隆元年: 北宋)	서기 963년	계해년(癸亥年)
		개보원년: 북송(開寶元年: 北宋)	서기 968년	무진년(戊辰年)
북송 (北宋)	송태조(宋太祖) 조광윤(趙匡胤)	건륭원년(建隆元年)	서기 960년	경신년(庚申年)
		건덕원년(乾德元年)	서기 963년	계해년(癸亥年)
		개보원년(開寶元年)	서기 968년	무진년(戊辰年)
	송태종(宋太宗) 조광의(趙光義)	태평흥국원년(太平興國元年)	서기 976년	병자년(丙子年)
		옹희원년(雍熙元年)	서기 984년	갑신년(甲申年)
		단공원년(端拱元年)	서기 988년	무자년(戊子年)
		순화원년(淳化元年)	서기 990년	경인년(庚寅年)
		지도원년(至道元年)	서기 995년	을미년(乙未年)
	송신종(宋眞宗) 소항(趙恒)	함평원년(咸平元年)	서기 998년	무술년(戊戌年)
		경덕원년(景德元年)	서기 1004년	갑진년(甲辰年)
		대중상부원년(大中祥符元年)	서기 1008년	무신년(戊申年)
		천희원년(天禧元年)	서기 1017년	정사년(丁巳年)
		건흥원년(乾興元年)	서기 1022년	임술년(壬戌年)
	송인종(宋仁宗) 조정(趙禎)	천성원년(天聖元年)	서기 1023년	계해년(癸亥年)
		명도원년(明道元年)	서기 1032년	임신년(壬申年)
		경우원년(景祐元年)	서기 1034년	갑술년(甲戌年)
		보원원년(寶元元年)	서기 1038년	무인년(戊寅年)
		강정원년(康定元年)	서기 1040년	경진년(庚辰年)
		경력원년(慶曆元年)	서기 1041년	신사년(辛巳年)
		황우원년(皇祐元年)	서기 1049년	기축년(己丑年)
		지화원년(至和元年)	서기 1054년	갑오년(甲午年)
		가우원년(嘉祐元年)	서기 1056년	병신년(丙申年)
	송영종(宋英宗) 조서(趙曙)	치평원년(治平元年)	서기 1064년	갑진년(甲辰年)
	송신종(宋神宗) 조욱(趙頊)	희녕원년(熙寧元年)	서기 1068년	무신년(戊申年)
		원풍원년(元豊元年)	서기 1078년	무오년(戊午年)
	송철종(宋哲宗) 조후(趙煦)	원우원년(元祐元年)	서기 1086년	병인년(丙寅年)
		소성원년(紹聖元年)	서기 1094년	갑술년(甲戌年)
		원부원년(元符元年)	서기 1098년	무인년(戊寅年)
	송휘종(宋徽宗) 조길(趙佶)	건중정국원년(建中靖國元年)	서기 1101년	신사년(辛巳年)
		숭녕원년(崇寧元年)	서기 1102년	임오년(壬午年)

조대	황제	연호	연도	간지(干支)
남송 (南宋)		대관원년(大觀元年)	서기 1107년	정해년(丁亥年)
		정화원년(政和元年)	서기 1111년	신묘년(辛卯年)
		중화원년(重和元年)	서기 1118년	무술년(戊戌年)
		선화원년(宣和元年)	서기 1119년	기해년(己亥年)
	송흠종(宋欽宗) 조환(趙桓)	정강원년(靖康元年)	서기 1126년	병오년(丙午年)
	송고종(宋高宗) 조구(趙構)	건염원년(建炎元年)	서기 1127년	정미년(丁未年)
		소흥원년(紹興元年)	서기 1131년	신해년(辛亥年)
	송효종(宋孝宗) 조신(趙愼)	융흥원년(隆興元年)	서기 1163년	계미년(癸未年)
		건도원년(乾道元年)	서기 1165년	을유년(乙酉年)
		순희원년(淳熙元年)	서기 1174년	갑오년(甲午年)
	송광종(宋光宗) 조돈(趙惇)	소희원년(紹熙元年)	서기 1190년	경술년(庚戌年)
	송이종(宋寧宗) 조확(趙擴)	경원원년(慶元元年)	서기 1195년	을묘년(乙卯年)
		가태원년(嘉泰元年)	서기 1201년	신유년(辛酉年)
		개희원년(開禧元年)	서기 1205년	을축년(乙丑年)
		가정원년(嘉定元年)	서기 1208년	무진년(戊辰年)
	송이종(宋理宗) 조윤(趙昀)	보경원년(寶慶元年)	서기 1225년	을유년(乙酉年)
		소정원년(紹定元年)	서기 1228년	무자년(戊子年)
		단평원년(端平元年)	서기 1234년	갑오년(甲午年)
		가희원년(嘉熙元年)	서기 1237년	정유년(丁酉年)
		순우원년(淳祐元年)	서기 1241년	신축년(辛丑年)
		보우원년(寶祐元年)	서기 1253년	계축년(癸丑年)
		개경원년(開慶元年)	서기 1259년	기미년(己未年)
		경정원년(景定元年)	서기 1260년	경신년(庚申年)
	송도종(宋度宗) 조기(趙禥)	함순원년(咸淳元年)	서기 1265년	을축년(乙丑年)
	송공종(宋恭宗) 조현(趙顯)	덕우원년(德祐元年)	서기 1275년	을해년(乙亥年)
	송단종(宋端宗) 조시(趙昰)	경염원년(景炎元年)	서기 1276년	병자년(丙子年)
	송위왕(宋衛王) 조병(趙昺)	상흥원년(祥興元年)	서기 1278년	무인년(戊寅年)
요(遼)	요태조(遼太祖) 야율아보기(耶律阿保機)	신책원년(神册元年)	서기 916년	병자년(丙子年)
		천찬원년(天贊元年)	서기 922년	임오년(壬午年)
		천현원년(天顯元年)	서기 926년	병술년(丙戌年)
	요태종(遼太宗) 야율덕광(耶律德光)	천현2년(天顯二年)	서기 927년	정해년(丁亥年)
		회동원년(會同元年)	서기 938년	무술년(戊戌年)
		대동원년(大同元年)	서기 947년	정미년(丁未年)
	요세종(遼世宗) 야율완(耶律阮)	천록원년(天祿元年)	서기 947년	정미년(丁未年)
	요목종(遼穆宗) 야율경(耶律璟)	응력원년(應曆元年)	서기 951년	신해년(辛亥年)
	요경종(遼景宗) 야율현(耶律賢)	보녕원년(保寧元年)	서기 969년	기사년(己巳年)

조대	황제	연호	연도	간지(干支)
요(遼)		건형원년(乾亨元年)	서기 979년	기묘년(己卯年)
	요성종(遼聖宗) 야율융서(耶律隆緒)	통화원년(統和元年)	서기 983년	계미년(癸未年)
		개태원년(開泰元年)	서기 1012년	임자년(壬子年)
		태평원년(太平元年)	서기 1021년	신유년(辛酉年)
	요흥종(遼興宗) 야율종진(耶律宗眞)	경복원년(景福元年)	서기 1031년	신미년(辛未年)
		중희원년(重熙元年)	서기 1032년	임신년(壬申年)
	요도종(遼道宗) 야율홍기(耶律洪基)	청녕원년(清寧元年)	서기 1055년	을미년(乙未年)
		함옹원년(咸雍元年)	서기 1065년	을사년(乙巳年)
		대강원년(大康元年)	서기 1075년	을묘년(乙卯年)
		대안원년(大安元年)	서기 1085년	을축년(乙丑年)
		수창원년(壽昌元年)	서기 1095년	을해년(乙亥年)
	요천조제(遼天祚帝) 야율연희(耶律延禧)	건통원년(乾統元年)	서기 1101년	신사년(辛巳年)
		천경원년(天慶元年)	서기 1111년	신묘년(辛卯年)
		보대원년(保大元年)	서기 1121년	신축년(辛丑年)
금(金)	금태소(金太祖) 완안아골타(完顔阿骨打)	수국원년(收國元年)	서기 1115년	을미년(乙未年)
		천보원년(天輔元年)	서기 1117년	정유년(丁酉年)
	금태종(金太宗) 완안성(完顔晟)	천회원년(天會元年)	서기 1123년	계묘년(癸卯年)
	금희종(金熙宗) 완안단(完顔亶)	천회13년(天會十三年)	서기 1135년	을묘년(乙卯年)
		천권원년(天眷元年)	서기 1138년	무오년(戊午年)
		황통원년(皇統元年)	서기 1141년	신유년(辛酉年)
	해릉왕(海陵王) 완안량(完顔亮)	천덕원년(天德元年)	서기 1149년	기사년(己巳年)
		정원원년(貞元元年)	서기 1153년	계유년(癸酉年)
		정륭원년(正隆元年)	서기 1156년	병자년(丙子年)
	금세종(金世宗) 완안옹(完顔雍)	대정원년(大定元年)	서기 1161년	신사년(辛巳年)
	금장종(金章宗) 완안경(完顔璟)	명창원년(明昌元年)	서기 1190년	경술년(庚戌年)
		승안원년(承安元年)	서기 1196년	병진년(丙辰年)
		태화원년(泰和元年)	서기 1201년	신유년(辛酉年)
	위소왕(衛紹王) 완안영제(完顔永濟)	대안원년(大安元年)	서기 1209년	기사년(己巳年)
	금선종(金宣宗) 완안순(完顔珣)	정우원년(貞祐元年)	서기 1213년	계유년(癸酉年)
		흥정원년(興定元年)	서기 1217년	정축년(丁丑年)
		원광원년(元光元年)	서기 1222년	임오년(壬午年)
	금애종(金哀宗) 완안수서(完顔守緒元年)	정대원년(正大元年)	서기 1224년	갑신년(甲申年)
		천흥원년(天興元年)	서기 1232년	임진년(壬辰年)
	금말제(金末帝) 완안승린(完顔承麟)	천흥3년(天興三年)	서기 1234년	갑오년(甲午年)
원(元)	원태조(元太祖) 칭기즈칸(成吉思汗)		서기 1206년	병인년(丙寅年)
	원태종(元太宗) 오고타이(窩闊台)		서기 1229년	기축년(己丑年)

조대	황제	연호	연도	간지(干支)
원(元)	원헌종(元憲宗) 몽케(蒙哥)		서기 1251년	신해년(辛亥年)
	원세조(元世祖) 쿠빌라이(忽必烈)	중통원년(中統元年)	서기 1260년	경신년(庚申年)
		지원원년(至元元年)	서기 1264년	갑자년(甲子年)
	원성종(元成宗) 테무르(鐵穆耳)	원정원년(元貞元年)	서기 1295년	을미년(乙未年)
		대덕원년(大德元年)	서기 1297년	정유년(丁酉年)
	원무종(元武宗) 카이산(海山)	지대원년(至大元年)	서기 1308년	무신년(戊申年)
	원인종(元仁宗) 아유르바르와다(愛育黎拔力八達)	황축원년(皇祝元年)	서기 1312년	임자년(壬子年)
		연우원년(延祐元年)	서기 1314년	갑인년(甲寅年)
	원영종(元英宗) 시디발라(碩德八剌)	지치원년(至治元年)	서기 1321년	신유년(辛酉年)
	원태정(元泰定帝) 예순테무르(也孫鐵木兒)	태정원년(泰定元年)	서기 1324년	갑자년(甲子年)
		치화원년(致和元年)	서기 1328년	무진년(戊辰年)
	원순제(元順帝) 라기바흐(阿速吉八)	천순원년(天順元年)	서기 1328년	무진년(戊辰年)
	원문종(元文宗) 투그테무르(圖帖睦爾)	천력원년(天歷元年)	서기 1328년	무진년(戊辰年)
		지순원년(至順元年)	서기 1330년	경오년(庚午年)
	원혜종(元惠宗) 토곤테무르(妥歡帖睦爾)	원통원년(元統元年)	서기 1333년	계유년(癸酉年)
		지원원년(至元元年)	서기 1335년	을해년(乙亥年)
		지정원년(至正元年)	서기 1341년	신사년(辛巳年)
명(明)	명태조(明太祖) 주원장(朱元璋)	홍무원년(洪武元年)	서기 1368년	무신년(戊申年)
	명혜제(明惠帝) 주윤문(朱允炆)	건문원년(建文元年)	서기 1399년	기묘년(己卯年)
	명성조(明成祖) 주체(朱棣)	영락원년(永樂元年)	서기 1403년	계미년(癸未年)
	명인종(明仁宗) 주고치(朱高熾)	홍희원년(洪熙元年)	서기 1425년	을사년(乙巳年)
	명선종(明宣宗) 주첨기(朱瞻基)	선덕원년(宣德元年)	서기 1426년	병오년(丙午年)
	명영종(明英宗) 주기진(朱祁鎭)	정통원년(正統元年)	서기 1436년	병진년(丙辰年)
	명대종(明代宗) 주기옥(朱祁鈺)	경태원년(景泰元年)	서기 1450년	경오년(庚午年)
	명영종(明英宗) 주기진(朱祁鎭)	천순원년(天順元年)	서기 1457년	정축년(丁丑年)
	명헌종(明憲宗) 주견심(朱見深)	성화원년(成化元年)	서기 1465년	을유년(乙酉年)
	명효종(明孝宗) 주우탱(朱祐樘)	홍치원년(弘治元年)	서기 1488년	무신년(戊申年)
	명무종(明武宗) 주후조(朱厚照)	정덕원년(正德元年)	서기 1506년	병인년(丙寅年)
	명세종(明世宗) 주후총(朱厚熜)	가정원년(嘉靖元年)	서기 1522년	임오년(壬午年)
	명목종(明穆宗) 주재후(朱載垕)	융경원년(隆慶元年)	서기 1567년	정묘년(丁卯年)
	명신종(明神宗) 주익균(朱翊鈞)	만력원년(萬曆元年)	서기 1573년	계유년(癸酉年)
	명광종(明光宗) 주상락(朱常洛)	태창원년(泰昌元年)	서기 1620년	경신년(庚申年)
	명희종(明熹宗) 주유교(朱由校)	천계원년(天啓元年)	서기 1621년	신유년(辛酉年)
	명사종(明思宗) 주유검(朱由檢)	숭정원년(崇禎元年)	서기 1628년	무진년(戊辰年)
청(淸)	청태조(淸太祖) 누르하치(努爾哈赤)	천명원년(天命元年)	서기 1616년	병진년(丙辰年)
	청태종(淸太宗) 황태극(皇太極)	천총원년(天聰元年)	서기 1627년	정묘년(丁卯年)

조대	황제	연호	연도	간지(干支)
청(淸)		숭덕원년(崇德元年)	서기 1636년	병자년(丙子年)
	청세조(淸世祖) 복림(福臨)	순치원년(順治元年)	서기 1644년	갑신년(甲申年)
	청성조(淸聖祖) 현엽(玄燁)	강희원년(康熙元年)	서기 1662년	임인년(壬寅年)
	청세종(淸世宗) 윤진(胤禛)	옹정원년(雍正元年)	서기 1723년	계묘년(癸卯年)
	청고종(淸高宗) 홍력(弘曆)	건륭원년(乾隆元年)	서기 1736년	병진년(丙辰年)
	청인종(淸仁宗) 옹염(顒琰)	가경원년(嘉慶元年)	서기 1796년	병진년(丙辰年)
	청선종(淸宣宗) 민녕(旻寧)	도광원년(道光元年)	서기 1821년	신사년(辛巳年)
	청문종(淸文宗) 혁저(奕詝)	함풍원년(鹹豊元年)	서기 1851년	신해년(辛亥年)
	청목종(淸穆宗) 재순(載淳)	동치원년(同治元年)	서기 1862년	임술년(壬戌年)
	청덕종(淸德宗) 재첨(載湉)	광서원년(光緖元年)	서기 1875년	을해년(乙亥年)
	청(淸) 부의(溥儀)	선통원년(宣統)	서기 1909년	기유년(己酉年)

중국의 주요 황제

하(夏)나라 우(禹)

우(禹, 기원전 2277~2213년), 통상 '대우(大禹)'로 존칭하는 우임금은 요순(堯舜)과 더불어 전설적인 고대의 성왕이다. 『사기(史記)』에 따르면 그의 이름은 '문명(文命)'이고, 『제왕세기(帝王世紀)』에는 자가 '밀(密)'이라고 했다. 일반적으로 '하우(夏禹)'라고 칭하는데, 이는 선진시대에 나라의 이름을 씨(氏)로 삼는 관습 때문이다. 그는 중국 최초의 왕조인 하(夏)나라를 세웠으며, 노예제 사회의 창건자로 알려져 있다.

상(商)나라 탕왕(湯王)

'성탕(?~기원전 1646년)'이라고도 한다. 상나라를 세운 초대 군왕으로서 '대을(大乙)', '천을(天乙)', '당(唐)'이라 부르기도 한다. 성탕은 즉위 후 널리 덕정을 베풀고 부세를 경감하는 등 백성들을 관대하게 다스렸다. 그리하여 백성들이 군왕을 믿고 따르니 정령이 제대로 시행되었다. 『시경』「상송(商頌)」'은무(殷武)'에 나오는 "저 멀리 저와 강족에 이르기까지 감히 조공을 바치지 않음이 없었고, 감히 왕으로 섬기지 않음이 없었다(自彼氐羌자피저강, 莫敢不來享막감불래향, 莫敢不來王막감불래왕)"라는 구절은 성탕 시절의 상황을 간접적으로 반영하고 있다.

상나라 무정(武丁)

무정은 상나라의 제23대 국왕으로 반경(盤庚)의 조카이자 상왕 소을(小乙)의 아들이다. 기원전 1250년부터 1191년까지 59년간 재위하였다. 왕자 시절 부왕의 명을 받아 밖에서 평민들과 함께 일하여 백성들의 고통과 농사의 어려움을 잘 알게 되었다. 제위에 오른 후 정사에 전념하면서 죄수 출신의 부열(傅說)을 재상으로 삼고, 감반(甘盤), 조기(祖己) 등의 어질고 능력 있는 인재를 선발하였다. 이로써 상나라는 정치, 경제, 군사, 문화적으로 발전을 거듭할 수 있었다. 역사에서는 그의 재위 기간을 '무정중흥(武丁中興)'이라고 부른다.

상나라 주왕(紂王)

제신(帝辛, ?~기원전 1066년), 본명은 수덕(受德), 제호는 신왕(辛王), 사서에서는 그를 '상주왕(商紂王)'으로 칭한다. 상나라 왕조의 마지막 군주이다. 『사기』에 따르면, 주왕은 "자질과 언변이 뛰어나고 행동이 민첩했으며(資辯捷疾자변첩질), 재능과 힘이 보통 사람들보다 뛰어나 맨손으로 맹수를 잡았다(材力過人 재력과인, 手格猛獸수격맹수)"라고 한다. 주왕은 남정북벌(南征北伐)을 통해 특히 동남방의 여러 나라를 공략하여 상나라의 지배 영역을 크게 확장하였다. 그러나 이후 점차 가렴주구(苛斂誅求)하면서 사치와 낭비를 일삼으며 폭정을 거듭하여 결국 민심을 잃고 말았다. 마침내 목야전투(牧野戰鬪 : 주나라 무왕이 상나라를 멸망시킨 전투)에서 크게 패하여 녹대(鹿臺)에서 스스로 불길에 몸을 던져 죽고 말았다.

주(周)나라 무왕(武王)

희발(姬發, ?~기원전 1043년), 이름은 '발(發)'이다. 주나라 문왕 희창(姬昌)의 둘째 아들이기 때문에 '중발(仲發)'이라 부르기도 한다. 중국 서주(西周)의 초대 제왕이다. 문왕은 생전에 상나라를 멸망시키려고 하였으나 끝내 뜻을 이루지 못하고 세상을 떠났다. 무왕은 즉위한 후 부친의 유훈을 이어받아 부국강병을 통해 상나라 멸망을 도모하였다. 그는 이를 위해 강상(姜尙), 주공(周公), 소공(召公) 등을 중용하여 치국에 도움을 받았으며, 이로써 주나라는 날로 강성해져 마침내 기원전 11세기에 상나라를 멸망시키고 천하를 차지하여 서주 왕조를 세울 수 있었다. 주나라 왕조의 수도는 호경(鎬京 : 지금의 섬서성 서안시 서남쪽)이다. 무왕은 탁월한 군사, 정치적 능력을 갖춘 명군으로 알려져 있다.

주(周)나라 성왕(成王)

성왕 희송(姬誦, 기원전 1115~1079년)은 주나라 무왕의 아들이다. 무왕이 주나라 왕조를 세우고 2년 만에 병사하자 12세의 나이로 제위에 올랐으며, 주공(周公) 단(旦)이 섭정했다. 관숙(管叔)과 채숙(蔡叔)이 주공을 신임하지 않고, 상나라의 후손이 무경(武庚)과 합세하여 반란을 일으키자 주공이 성왕의 명을 받들어 그들을 토벌하여 평정했다. 성왕이 장성하여 친정에 돌입한 후 종법제에 따른 통치 권력을 강화하는 한편 소공(召公)에게 명하여 낙읍(洛邑 : 지금의 하남 낙양시 서쪽)을 건설토록 하였다. 그곳이 바로 동주(東周)의 도성이다. 또한 성왕은 주공에게 명하여 예악 제도를 포함한 여러 가지 제도를 만들어 서주 왕조의 토대를 닦았다.

주(周)나라 강왕(康王)

주나라의 제3대 황제이다. 재위 기간에 주나라 성왕의 정책을 계승하여 계속 추진하였으며, 동이(東夷)의 반란을 제압하고 서쪽으로 귀방(鬼方)을 정벌하는 등 원정을 반복했다. 성왕과 강왕 시기에 이르러 주나라는 안정적인 정국을 유지하였다. 그래서 사가들은 당시에는 정국이 안정되어 "40여 년간 형벌이 행해지지 않았다"라고 기술했다. 강왕이 죽은 후 그의 아들 하(瑕 : 소왕昭王)가 즉위하였으며, 이후로 주나라 왕조는 쇠퇴하기 시작한다.

주(周)나라 목왕(穆王)

목왕 희만(姬滿)은 소왕(昭王)의 아들로서 주나라의 제5대 왕이다. 중국 역사상 가장 신화적인 색채가 풍부한 군왕 가운데 한 명이다. 전설에 따르면 105세까지 장수했다고 한다. 급현(汲縣) 서쪽 전국시대 묘에서 출토된 『목천자전(穆天子傳)』의 기록에 따르면, 주나라 목왕은 유람을 좋아하여 목왕 13년부터 17

년까지 여덟 필의 준마가 끄는 수레를 타고 9만 리를 돌아다녔는데, 서쪽으로 비조(飛鳥)가 날개를 쉬는 곤륜(昆侖)의 언덕에 이르러 황제(黃帝)의 궁을 보았으며, 요지(瑤池)에서 연회를 베풀어 서왕모(西王母)와 어울렸다고 한다.

주(周)나라 여왕(厲王)

여왕(厲王, ?~기원전 828년)은 서주의 제10대 왕으로서 성은 '희(姬)', 이름은 '호(胡)'이다. 재위 기간에 간신 영이공(榮夷公)을 중용하고, 현신인 주공, 소공 등의 간언을 무시하면서 잔혹한 '전리(專利 : 임금이 이익을 독점함)' 정책을 시행하여 백성을 노예처럼 부렸으며, 감히 바른 말을 하지 못하도록 통제하였다. 이로 인해 서주는 조정이 부패하면서 점차 쇠망의 길로 접어들었으며, 백성들의 원망이 치솟아 여왕을 살해하려는 '국인폭동(國人暴動)'이 일어날 지경에 이르렀다.

주(周)나라 평왕(平王)

평왕(대략 기원전 781~720년)은 서주 유왕의 아들로서 성은 '희(姬)', 이름은 '의구(宜臼)'이다. 중국 동주(東周)의 첫 번째 군왕이다. 기원전 770년부터 720년까지 재위했다. 기원전 771년 주나라 유왕이 견융(犬戎)에 의해 피살되고, 도성인 호경(鎬京 : 지금의 섬서성 서안 서남쪽)이 침략으로 인해 폐허가 되었다. 당시 태자였던 의구는 신(申), 허(許), 노(魯) 등 여러 제후의 추대로 신(申 : 지금의 하남성 남양 북쪽)에서 즉위하였다. 평왕은 견융의 습격을 피하기 위해 도성을 호경에서 낙읍(洛邑 : 지금의 하남성 낙양)으로 옮겼다. 이로부터 동주(東周)가 시작되었다.

진(秦)나라 시황제(始皇帝)

진시황(秦始皇) 영정(嬴政, 기원전 259~210년)은 중국 최초로 통일제국을 완성시킨 진나라 왕조의 개국 황제로서 '천고일제(千古一帝)'라 칭해진다. 기원전 230년부터 221년까지 재위하면서 한(韓), 조(趙), 위(魏), 초(楚), 연(燕), 제(齊) 등 여섯 나라를 멸망시키고 전국 통일의 대업을 완수하였으며, 중국 역사상 첫 번째 다민족, 전제주의 중앙집권 국가인 진(秦)나라를 건국하였다. 도읍지는 함양(咸陽)이다. 재위 기간 동안 법가사상을 존중하여 법에 따른 치국을 중시했다. 전국 통일 이후 중앙집권을 강화하기 위해 각지의 봉건 세력을 약화시켰으며, 전국을 36개의 군현으로 나누었다. 이 외에도 만리장성 수축, 문자 및 도량형 통일 등을 시행하면서 강력한 통치 세력을 유지하였으나 오히려 지나친 법치 적용과 형벌의 시행으로 인해 단명 왕조로 끝나고 말았다.

한(漢)나라 고조(高祖)

서한 고조 유방(劉邦, 기원전 256~195년)은 패군(沛郡) 풍읍(豊邑 : 지금의 강소성 서주시에 속해 있는 풍현) 중양리(中陽里) 사람이다. 4형제 가운데 셋째로 태어났다. 원래는 지방의 무뢰배였으나 이후 사수(泗水)의 정장(亭長)이 되어 황릉 공사에 인부 호송을 책임지는 일을 맡았다. 진나라 말기 진승의 반란이 일어나면서 각지에서 군웅이 할거하자 패현의 무리들을 모아 봉기에 참가하였다. 이듬해 항량, 항우의 군사와 연합하여 진나라에 대항하였으며, 다른 이들보다 먼저 관중(關中)으로 들어가 약법삼장(約法三章)

을 발표함으로써 민심을 수습하였다. 이후 항우(項羽)와 4년 여에 걸쳐 치열한 결전을 벌였고, 마침내 해하(垓下)에서 항우를 대파하고 천하를 통일하였다. 국호는 한(漢), 도읍을 낙양으로 정했으며, 이후 장안으로 천도했다. 묘호는 태조(太祖), 시호는 고황제(高皇帝)이다.

여후(呂后)

여후(呂后, 기원전 241~180년)의 이름은 '치(雉)', 한나라 고조 유방의 정부인이다. 유방이 세상을 떠난 후 여후가 15년간 정무를 맡았다. 그녀는 소하, 조참, 왕릉, 진평, 주발 등 개국 공신들을 계속 중용하였는데, 그들은 무위지치(無爲之治)를 통해 백성들을 수고롭게 하지 않고 민생에 전념할 수 있도록 하였다. 여후가 통치하던 시절에는 정치, 법제, 경제, 사상, 문화 등 여러 방면에서 안정을 이루어 이후 '문경지치(文景之治)'의 발판을 마련했다는 평가를 받았다.

한(漢)나라 문제(文帝)

한나라 문제 유항(劉恒, 기원전 202~157년)은 한나라 고조 유방의 넷째 아들로서 전한(前漢)의 제3대 황제이다. 처음에는 대왕(代王 : 대나라 왕)으로서 진양(晉陽)을 다스렸으나 혜제가 죽은 후 정권을 차지한 여태후가 사망하자 주발(周勃), 진평(陳平) 등의 지지를 받아 여산(呂産), 여록(呂祿) 등 여씨 세력을 제거하고 황제의 자리에 올랐다. 기원전 180년부터 157년까지 재위하면서 백성들을 쉬게 하고 부세를 경감하는 정책을 실시하여 건국 이후 번성기로 돌입하는 과도기를 안정적으로 통치하였다. 묘호는 태종(太宗), 시호는 효문황제(孝文皇帝)이다.

한(漢)나라 경제(景帝)

한나라 경제 유계(劉啓, 기원전 188~141년)는 전한(前漢)의 제6대 황제(재위 : 기원전 157~141년)로서 시호는 효경황제(孝敬皇帝)이다. 재위 기간 동안 제후들의 봉지를 삭감하고 칠국의 난(七國之難 : 기원전 154년, 오吳, 초楚, 조趙, 교서膠西, 교동膠東, 치천菑川, 제남濟南의 제왕들이 일으킨 반란)을 평정하여 중앙집권 체제를 공고하게 만들었다. 부친인 한나라 문제의 사업을 계승 발전시키면서 치국에 전념하여 국가의 안정과 발전을 도모하였다. 그 결과 부친과 더불어 '문경지치(文景之治)'를 개창하여 아들 유철(劉徹)의 '한무성세(漢武盛世 : 한나라 무제의 성세)'의 토대를 닦았다.

한(漢)나라 무제(武帝)

한나라 무제 유철(劉徹, 기원전 156~87년)의 아명은 '체(彘)'이며, 자는 '통(通)'이다. 한나라 경제의 열 번째 아들로서 한나라 왕조의 제5대 황제이다. 7세에 태자에 책립되고, 16세에 제위에 올랐다. 54년간 통치하면서 양생식민(養生息民) 정책을 통해 민생을 안정시키는 한편, 제후들의 세력을 약화시키고 추은령(推恩令)을 반포하여 왕후장상의 봉토를 자식들에게 분봉할 수 있도록 허락함으로써 중앙집권을 강화하였다. 아울러 전국을 13주(州)로 나누고, 주마다 자사(刺史)를 두었으며, 군수를 파견하여 감독하도록 했다. 유학을 받아들여 오경박사를 설치하였으며, 권신과 외척을 배제하고 현명한 인재를 선발하였다. 또한 정복전쟁을 통해 당시까지 가장 넓은 영토를 확보하였다. 이리하여 서한 왕조에서 가장 찬란한 시대를 열었다. 중국사에서 진시황, 강희제와 더불어 가장 위대한 황제 가운데 한 명으로 손꼽힌다. 묘호는 세종(世宗), 시호는 효무황제(孝武皇帝)이다.

한(漢)나라 소제(昭帝)

한나라 소제 유불릉(劉弗陵, 기원전 95~74년)은 한나라 무제의 아들로서 서한의 제8대 황제이며, 기원전 86년부터 74년까지 재위했다. 시호는 효소황제(孝昭皇帝)이다. 소제의 모친 구과(鉤戈) 부인은 당시 뛰어난 미인으로 유명하여 '권부인(拳夫人)'으로 칭해졌다. 무제 사후 유불릉은 중신의 추대로 제위에 올랐다.

한(漢)나라 선제(宣帝)

한나라 선제 유순(劉詢, 기원전 91~49년)의 본명은 '유병이(劉病已)', 자는 '차경(次卿)'이다. 즉위 후 '순(詢)'으로 개명했다. 서한의 제10대 황제로서 기원전 73년부터 49년까지 재위했다. 선제는 중국 역사 상 즉위 전에 옥사의 고통을 겪었던 유일한 황제이다. 그는 어려서 민간을 떠돌며 백성들의 고충을 누구보다 잘 알고 있었기 때문에 즉위 후 절검을 몸소 실행하고 정사에 전념하였으며, 여러 차례에 걸쳐 조정의 지출을 절약하라는 조령을 내리기도 했다. 이로써 그의 시대를 통해 서한이 크게 부흥하여 '중흥(中興)'이라는 미명을 얻었다.

한(漢)나라 광무제(光武帝)

한나라 광무제 유수(劉秀, 기원전 6년~서기 57년)의 자는 '문숙(文叔)'이며, 묘호는 세조(世祖)이다. 한나라 고조 유방의 9세손으로서 동한 왕조의 개국 황제이다. 25년부터 57년까지 재위했다. 새롭게 건국된 동한 정권을 공고하게 만들기 위해 광무제는 지난 역사의 경험과 교훈을 받아들여 외척과 후궁을 정사에서 배제하는 일련의 조치를 통해 황권을 강화하였고, 계급 제도의 모순을 완화하는 정책을 시행하였다.

한(漢)나라 장제(章帝)

한나라 장제 유달(劉炟, 58~88년)은 동한(東漢 : 후한後漢)의 제3대 황제로서 묘호는 숙종(肅宗)이며, 정식 시호는 효장황제(孝章皇帝)이다. 한나라 명제(明帝) 유장(劉莊)의 다섯 번째 아들이다. 75년부터 88년까지 재위했다. 연호는 건초(建初), 원화(元和), 장화(章和)이다. 장제 재위 기간에 동한 왕조는 정국이 안정되고 크게 번성하였다. 장제는 두 차례에 걸쳐 반초(班超)를 서역으로 파견하여 서역을 한나라 왕조의 번(藩)으로 삼았다. 그래서 한나라 명제와 더불어 '명장성세(明章盛世)'라는 명칭을 얻었다. 그러나 지나치게 유교를 존중한 나머지 일부 관원들이 실질보다는 허세에 빠지게 만들었다. 또한 외척의 득세를 막지 못하여 동한 멸망의 단초를 제공하였다.

위(魏)나라 문제(文帝)

문제 조비(曹丕, 187~226년)는 중국 삼국시대의 위나라 군주로서 묘호는 세조, 시호는 문황제(文皇帝)

이다. 조조의 둘째 아들이다. 동한 건안(建安) 16년(211년)에 오관중랑장(五官中郎長), 부승상의 자리에 올랐고, 22년에 태자가 되었으며, 연강(延康) 원년(220년)에 조조가 죽자 승상 겸 위왕(魏王)에 올랐다. 그해 10월 한나라 헌제를 핍박하여 제위를 선양받고 칭제하였으며, 국호를 '위(魏)'로 정했다. 특히 문학에 심취하여 중국 최초의 문학비평서인 『전론(典論)』을 남겼으며, 부친인 조조와 동생 조식(曹植)과 더불어 '삼조(三曹)'로 칭해진다.

위(魏)나라 명제(明帝)

위나라 명제 조예(曹叡, 205~239년)의 자는 '원중(元仲)'이다. 위나라 세조인 문황제(文皇帝) 조비(曹丕)의 장남이며, 위나라의 제2대 황제이다. 어머니는 원희(袁熙)의 처였던 견희(甄姬)이다. 묘호는 열조(烈祖)이다. 중국의 역대 황제 중 나라를 세우지 않고 최초로 조(祖) 자의 묘호를 얻었다. 13년간(227~239년) 재위하다가 239년 향년 35세로 세상을 떠났다. 재위 기간에 법률을 중시하여 율박사(律博士)를 설치하였고, 기존의 한나라 법률을 개혁하여 새로운 법률을 제정하였다. 또한 사형에 해당하는 관계 법령을 줄여 사형수를 줄였고, 사형 대신 재물로 속죄할 수 있도록 하였으며, 장형(杖刑)을 줄여 형벌로 인한 고통을 면할 수 있도록 하였다. 시문에 능하고 음악에도 조예가 있어 숭문관(崇文館)에 문사들을 초빙하여 문학 창작을 독려하였다. 역시 시문에 능했던 조부 조조(曹操)와 부친 조비(曹丕)와 함께 삼조(三祖)로 칭해졌다.

오(吳)나라 대제(大帝)

오나라 태조 대황제(大皇帝) 손권(孫權: 182~252년)의 자는 '중모(仲謀)'이며, 양주(揚州) 오군(吳郡) 부춘현(富春縣) 사람으로 삼국시대 오나라의 창건자이다. 손견(孫堅)의 차남으로서 손책(孫策)의 동생이다. 14세의 어린 나이로 형 손책을 따라 전투에 참여하여 강동을 평정하였으며, 200년에 손책이 급사하자 오후(吳侯)의 자리에 올라 강동을 다스렸다. 명장 주유(周瑜)의 보좌를 받아 적벽대전에서 조조에게 대승을 거둠으로써 삼국정립(三國鼎立)을 이루었다. 수성(守成)의 명수로 평가되고 있다.

진(晉)나라 무제(武帝)

진나라 무제 사마염(司馬炎, 236~290년)은 서진(西晉)의 초대 황제로서 자는 '안세(安世)'이다. 그의 조부는 위(魏)나라 왕조의 대신으로서 촉한의 제갈량(諸葛亮)과 결전을 벌였고, 노년에 정권을 잡은 사마의(司馬懿)이며, 백부는 사마사(司馬師), 아버지는 사마소(司馬昭)이다.

진(晉)나라 혜제(惠帝)

진나라 혜제 사마충(司馬衷, 259~306년)은 역사적으로 유명한 백치(白痴) 황제로서 290년부터 306년까지 재위했으나 일종의 꼭두각시나 다름없었다. 처음에는 태부 양준(楊駿)이 보정(輔政)했고, 이후 가황후(賈皇后)가 양준을 살해한 후 직접 대권을 장악하였다. 가황후가 태자를 독살하는 바람에 제왕들이 거병하여 조왕(趙王) 사마륜(司馬倫)이 가황후를 살해하고 제위를 빼앗았다. 사마륜은 진나라 혜제를 태상황으로 삼아 금용성(金庸城)에 가두었다. 이후 제왕들이 혼전을 거듭하자 진나라 혜제는 그 와중에 온갖 모욕을 당했으며, 결국 동해왕 사마월(司馬越)을 따라 낙양으로 갔다가 독살되었다.

진(晉)나라 성제(成帝)

진나라 성제 사마연(司馬衍, 321~342년)은 진나라 명제(明帝)의 장자로서 제위에 올라 17년간 재위했다. 통치 기간 동안 외척 유량(庾亮)을 중용하여 왕도(王導)의 세력을 몰아내고 동진 왕실을 부흥시켰다. 그러나 유량이 대신들을 시기하여 제멋대로 중요 관원들을 살해하자 통치 세력 내부의 충돌이 불가피했다. 327년에 역양진(歷陽鎭)의 장수 소준(蘇峻), 수춘진(壽春鎭)의 장수 조약(祖約)이 유량을 주살한다는 명목으로 거병하여 건강(健康)으로 쳐들어왔다. 이에 도간(陶侃), 온교(溫嶠) 등이 군사를 이끌고 그들을 평정한 후 왕도가 재차 집정하였다. 이로써 동진 왕조는 다시 안정을 되찾았다. 사마연은 342년에 병사하였다. 묘호는 현종(顯宗), 시호는 성제이다.

남조(南朝) 송(宋)나라 무제(武帝)

송나라 무제 유유(劉裕, 363~422년)는 남조 유송(劉宋) 왕조의 창건자이나 재위 기간은 2년으로 짧았다. 전하는 바에 따르면, 한나라 고조 유방의 동생인 초왕 유교(劉交)의 후손이라고 한다. 칭제 이후 절검을 통해 동진 시대의 해이해진 국면을 정돈하기 위해 애썼다. 일부 둔전 지역을 폐지하고 형벌을 경감하여 백성들을 위로하였다. 그리하여 짧은 기간이었으나 강남의 농업 생산이 점차 증가하여 이후 원가(元嘉) 연간(424~453년 : 문제文帝 유의륭劉義隆의 연호)의 치세에 토대를 마련했다.

남조(南朝) 송(宋)나라 문제(文帝)

송나라 문제 유의륭(劉義隆, 407~453년)은 중국 남북조시대 송나라의 제3대 황제이며, 무제 유유(劉裕)의 셋째 아들이다. 424년에 즉위하여 30년간 재위하였다. 연호는 원가(元嘉), 시호는 문황제, 묘호는 태조이다. 문제는 부친인 무제 유유의 치국 방침을 계승하여 동진시대 의희(義熙) 연간의 토단(土斷 : 동진 및 남조 때에 시행하던 호적 정리법)을 토대로 호적을 정리하고, 조세로 인한 묵은 빚을 탕감토록 하였으며, 현인을 초빙하여 학문을 진작시키고 농업을 부흥시키는 등 여러 조치를 취했다. 이로써 문제 시절의 유송(劉宋)은 사회 각 분야의 생산성이 크게 높아져 경제, 문화적으로 번영을 구가함으로써 남북조시대에 가장 번성한 나라가 되었다. 역사에서는 이를 일러 '원가지치(元嘉之治)'라고 부른다.

양(梁)나라 무제(武帝)

양(梁, 502~557년)나라는 중국 남북조시대에 강남을 기반으로 건국된 남조의 세 번째 왕조이다. 양나라 무제 소연(蕭衍, 464~549년)은 양나라를 세운 초대 황제로서 502년부터 549년까지 재위하였다. 자는 '숙달(叔達)', 남난릉(南蘭陵 : 지금의 강소성 상주常州 서북쪽) 사람이다. 무제는 다재다능하고 학식이 풍부한 학자로서 학술 연구나 문학 창작에 탁월한 성취를 보여주고 있기도 하다. 사서에서는 그를 이렇게 평가하고 있다. "육예에 두루 능했으며, 바둑은 일품의 경지에 올랐고, 음양이나 참위(讖緯)에 대해서도 밝았고, 점복에도 능하니 이 모든 것이 뛰어났다. ……서법에도 능하고 기마나 활쏘기도 잘하여 기묘하지 않은 것이 없었다."

진(陳)나라 무제(武帝)

진나라 무제(503~559년) 진패선(陳覇先)은 남조의 진나라를 세웠으며, 자는 '홍국(興國)'이다. 태청(太淸) 3년(549년) 시흥(始興 : 지금의 광동 소관韶關 서남쪽)에서 거병한 후 왕승변(王僧辯)과 연합하여 후경(後景)을 토벌한 후 정로장군(征虜將軍)이 되었다. 서위(西魏)가 강릉을 격파하고 양(梁)나라 원제(元帝)가 피살되었다. 이후 555년 진패선은 북제(北齊)의 압력에 정양후(貞陽侯) 소연명(蕭淵明)을 맞이하여 옹립하자 이에 반대하여 군사를 일으켜 왕승변을 죽이고 정양후를 퇴위시켰다. 그 뒤 원제의 아들 진안왕(陳安王) 소방지(蕭方智 : 경제)를 옹립하고 연호를 소태(紹泰)로 바꾸었다. 그해 북제의 진격을 격퇴시키고 진왕(陳王)에 봉해졌으며, 얼마 후 스스로 진나라를 세웠다.

북위(北魏) 효문제(孝文帝)

효문제 탁발굉(拓跋宏, 467~499년. 이후 성을 '원元'으로 바꿈)은 북위의 제6대 군주이다. 중국 문화를 숭상하여 한화(漢化) 정책을 시행했으며, 호복(胡服)이나 호어(胡語)의 사용을 금지하고, 기존의 도량형을 바꾸었으며, 널리 교육을 확대하고 성씨를 바꾸었다. 이는 모두 선비족의 문화적 수준을 높이기 위함이었다. 이는 서북 각 민족이 중원으로 들어온 후 민족 융합의 큰 계기가 되었으며, 이후 중화민족의 대단결에 중요한 역할을 했다.

수(隋)나라 문제(文帝)

수나라 문제 양견(楊堅, 541~604년)은 수나라 왕조의 창건자로서 시호는 문제, 묘호는 고조(高祖)이며, 24년간 재위했다. 581년에 양견은 '수선(受禪 : 선양을 받음)'이라는 명목으로 북주(北周)의 정제(靜帝)를 폐하고 자립하여 연호를 '개황(開皇)'으로 바꾸고 수나라 왕조를 세웠다. 수나라는 589년에 전국을 통일하여 동한(東漢) 이래 근 4백여 년간의 분열 상태를 종식하고 다시 한 번 진한(秦漢)과 같은 통일제국을 완성하였다. 이로써 천하는 북방과 남방이 다시 합쳐지면서 민족의 대융합을 이루는 한편, 남북 경제가 공히 발전하게 되었다. 그는 삼성육부제 및 과거제를 비롯한 일련의 중요 제도를 시행하였으며, 대운하를 착공하였다. 이로써 수나라 왕조는 "국가의 계획이 수나라보다 풍부한 때가 없었다"라는 역사의 평가를 받고 있다. 문제는 이러한 공적을 통해 수나라에서 당나라로 이어지는 성세의 토대를 마련하였다.

수(隋)나라 양제(煬帝)

양제 양광(楊廣, 569~618년)은 수나라의 제2대 황제이며, 문제 양견(楊堅)의 차남이다. 모친은 문헌황후(文獻皇后) 독고씨(獨孤氏)이다. 본래 묘호는 세조(世祖)이며, 시호는 명황제(明皇帝)이나 당나라에서 올린 시호인 '양제'로 불린다. 친정에 돌입한 후 변방을 순시하고 서역을 개통하는 한편, 대규모 토목 공사를 벌여 만리장성을 새로 쌓도록 하였고, 대운하를 건설하였다. 이로 인해 일반 백성들이 노역에 동원되어 민생이 파탄나기 시작했다. 결국 농민봉기에 의해 정국이 혼란해진 틈을 타 휘하 우문화급(宇文化及, 583~619년 : 중국 수나라의 관리로서 고구려 원정군 사령관 좌위솔 우문술의 장남) 등이 병변을 일으켜 강도(江都 : 지금의 강소성 양주)에서 피살되었다. 중국의 여러 황제 가운데 가장 포악했던 군주로 유명하다.

당(唐)나라 태종(太宗)

태종 이세민(李世民, 599~649년)은 당나라의 제2대 황제이다. 조적(祖籍)은 농서(隴西) 성기(成紀 : 지금의 감숙성 정녕靜寧 성기향) 사람이다. 위대한 군사가이자 탁월한 정치가로서 '천고일제(千古一帝)'로 일컬어졌다. 즉위 후 전국을 통일함과 동시에 '이한일가(夷漢一家 : 한족과 오랑캐가 한 가족이라는 뜻)'의 정책을 시행하여 민족 단결과 융합에 크게 공헌했다. 재위 기간 내내 안정된 사회를 유지하여 국태민안(國泰民安)하고, 경제적으로 크게 번영하였으며, 군사력 또한 증강하여 이후 당나라의 번영과 발전에 초석을 마련하였다.

당(唐)나라 고종(高宗)

고종 이치(李治, 628~683년)의 자는 '위선(爲善)'이다. 당나라 태종 이세민의 아홉 번째 아들로서 정관(貞觀) 23년(650년)에 즉위했다. 고종은 특히 인사에 밝아 적지 않은 현신을 발탁하여 보좌토록 했다. 그가 재위하던 시절 당나라 왕조의 영토가 가장 방대했기 때문에 사서에서는 '영휘지치(永徽之治)'로 불린다.

무측천(武則天)

무측천(624~705년)은 중국 역사에서 유일한 여황제이자 가장 늦은 나이에 즉위한 황제이며(67세에 즉위), 가장 장수한 황제이기도 하다(향년 81세). 당나라 고종의 황후가 되었으며(655~683년), 당나라 중종 때는 황태후(683~690년)가 되었다. 이후 스스로 황제에 올라 무주황제(武周皇帝)가 되었다.

당(唐)나라 현종(玄宗)

현종 이융기(李隆基, 685~762년)는 당나라 예종(睿宗) 이단(李旦)의 셋째 아들로서 묘호는 현종, 시호는 지도대성대명효황제(至道大聖大明孝皇帝), 존호는 개원성문신무황제(開元聖文神武皇帝)이며, 능호는 태릉(泰陵)이다. '당명황(唐明皇)'으로 부르기도 한다. 당나라 태종 이세민 이후 최고의 번영기를 맞이하였으나 안녹산과 사사명의 난으로 인해 쇠퇴기의 시작이기도 했다.

당(唐)나라 덕종(德宗)

덕종 이괄(李适, 742~805년)은 당나라 대종(代宗) 이예(李豫)의 장자로서 당나라의 제9대 황제이다. 779년부터 805년까지 재위하였다. 광덕(廣德) 2년(764년)에 황태자로 책립되었으며, 대력(大曆) 4년(779년)에 즉위하였다. 덕종 재위 기간에는 정국이 비교적 안정되었으나 환관을 통수(統帥)로 임명하여 지방의 관원들에게 공물을 강요하고, 장안에 궁시(宮市)를 시행하여 간가(間架 : 가옥)나 다엽(茶葉 : 찻잎) 등에 부가하는 잡세를 징수하여 백성들의 생활이 궁핍해졌다. 그의 재위 기간을 '중흥지치(中興之治)'로 찬사를 보내는 이들도 있으나 특별히 탁월한 업적은 없었다. 805년에 64세의 나이로 죽음을 맞이하였으며, 묘호는 덕종, 시호는 신무효문황제(德宗 神武孝文皇帝), 능호는 숭릉(崇陵)이다.

송나라(北宋) 태조(太祖)

태조 조광윤(趙匡胤 : 927~976년)은 5대(五代)가 분열한 뒤를 이어 송나라를 세운 초대 황제로서 재위

기간은 960~976년이다. 오대십국(五代十國) 시대 후주(後周)의 장군으로서 후주의 세종을 도와 거란 및 10국 정벌에 출정하였다가 세종이 병사하고 어린 공제(恭帝)가 제위에 오른 후 진교(陳橋)에서 병변(兵變)을 일으킨 장병들의 추대로 황제에 올랐다. 사서에서는 이를 '진교병변(陳橋兵變)'이라 부른다. 이후 공제에게 선양을 받아 즉위하여 송나라 왕조를 열었다. 개봉(開封)을 도읍지로 삼고, 오대십국의 분열과 혼전을 정리하여 불완전하나마 천하의 통일을 이루었다. 휘하 장수들의 추대로 황제에 오른 송나라 태조는 961년에 금위군(禁衛軍) 장수 석수신(石守信) 등 휘하 장수들을 초대하여 말술을 먹이고 병권을 자발적으로 내놓게 하는 배주석병권(杯酒釋兵權)을 단행하여 금군 및 번진(藩鎭)의 병권을 박탈하여 중앙집권을 강화하였다. 아울러 과거 제도를 개선하여 무인보다 문인을 우대하는 문치주의를 확립하였다. 묘호는 태조이다.

송나라(北宋) 진종(眞宗)

진종 조환(趙桓, 968~1022년)은 송나라 태종의 아들로서 제위에 오르기 전 한왕(韓王), 양왕(襄王), 수왕(壽王) 등에 봉해졌으며, 997년에 태자 신분으로 제위에 올랐다. 진종은 25년간 재위하면서 정사에 전념하여 북송의 통치 기반을 견고하게 하는 한편, 국가의 통치를 더욱 체계화했다. 아울러 사회가 안정되고 번영하여 사서에서는 그의 재위 기간을 '함평지치(咸平之治)'라 부른다.

송나라(北宋) 신종(神宗)

신종 조욱(趙頊, 1048~1085년)은 북송의 제6대 황제로서 1067년부터 1085년까지 재위하였다. 즉위 후 왕안석(王安石)의 건의에 따라 신법을 시행하여 국가를 진흥시키고자 했으나 지나치게 급진적이고 관료주의적인 경직성 등으로 말미암아 큰 성공을 거두지 못했다. 신종은 큰 포부를 지니고 정사에 전심전력하면서 서강(西羌) 등 외적을 섬멸하고자 했으나 끝내 큰 뜻을 이루지 못한 채 원풍(元豐) 8년(향년 38세)에 죽고 말았다. 그의 뒤를 이은 철종은 어린 나이에 황제가 되어 보수 관료들의 보좌를 받다가 친정 체제로 돌입한 후 부친의 유업을 계승하여 개혁 정치를 시행하였다.

송나라(北宋) 철종(哲宗)

철종 조후(趙煦, 1076~1100년)는 북송의 제7대 황제로서 신종(神宗)의 여섯 번째 아들이다. 원풍 8년(1085년)에 신종이 죽은 후 재위에 올라 '원우(元祐)'로 개원하고 1100년까지 재위했다. 시호는 헌원계도현덕정공흠문예무제성소효황제(憲元繼道顯德定功欽文睿武齊聖昭孝皇帝)이며, 지금의 하남성 공현(鞏縣)의 영태릉(永泰陵)에 안장되었다. 철종은 북송에서 나름 업적을 남긴 황제였으나 신당과 구당 간의 당쟁을 끝내 해결하지 못하고 오히려 모순을 격화시켜 결국 북송 멸망의 단초를 제공하고 말았다.

송나라(南宋) 고종(高宗)

고종 조구(趙構, 1107~1187년)는 남송의 제1대 황제로서 1127년부터 1162년까지 재위했다. 연호는 '건염(建炎)'과 '소흥(紹興)'이다. 송나라 휘종(徽宗) 조길(趙佶)의 아홉 번째 아들이며, 송나라 흠종(欽宗) 조환(趙桓)의 동생이다. 송나라 휘종 선화(宣和) 3년(1121년)에 강왕(康王)에 봉해졌고, 정강(靖康) 2년(1127

년)에 금나라 군사들이 송나라 휘종과 흠종을 포로로 잡아간 후 남경 응천부(應天府 : 지금의 하남성 상구
商丘)에서 즉위했다. 주전파의 항쟁 요구를 거절하고 남쪽 임안(臨安 : 지금의 절강성 항주)으로 천도하여
남송 왕조를 세웠다.

원(元)나라 태조(太祖)

태조 칭기즈칸(成吉思汗, 1162~1227년)의 성은 보르기진(패아지근孛兒只斤), 이름은 '테무친'이다. 1206
년에 몽골제국을 창건하였다. 귀족의 이익을 보호하는 법전을 반포하였으며, 용맹무쌍한 몽골 대군을
조직하여 각지를 정벌하였다. 동쪽으로 금나라와 요나라를 멸망시켰으며, 서쪽으로 중앙아시아 화례즘
샤(이란 왕조)를 정벌하였다. 1227년에는 서하(西夏)를 멸망시키고 같은 해 병사했다. 원나라 건국 이후
'태조'로 추존되었다.

원(元)나라 태종(太宗)

태종 와활대(窩闊臺 : 오고타이칸, 1186~1241년)는 칭기즈칸의 셋째 아들로서 일찍부터 부친을 도와 부
족 전쟁에 참여하여 많은 전공을 세웠다. 1229년에 쿠릴타이(몽골어로 '집회集會'를 뜻함)를 통해 칭기즈
칸의 뒤를 이어 몽골제국의 황제가 되었다. 그는 부친의 유업을 이어받아 영토 확장에 나서 페르시아와
남러시아를 정복하고, 고려를 공략하여 다루가치를 설치하였으며, 중원으로 남하하여 금나라를 멸망시
켰다. 오고타이는 거처를 카라코룸에 정하고, 야율초재(耶律楚材, 1190~1244)를 통치의 조력자로 삼아
1229년부터 1241년까지 재위하면서 많은 업적을 남겼다. 묘호는 태종, 시호는 영문황제(英文皇帝)이다.

원(元)나라 헌종(憲宗)

헌종 몽케(蒙哥, 1209~1259년)는 몽골 제국의 제4대 칸(재위 : 1251~1259년)으로서 칭기즈칸의 손자이자
톨루이(拖雷)의 장자이다. 몽골 중부 카라코룸을 도읍지로 삼고 있던 몽골 제국의 쿠릴라이(국가 집회)에
서 추대된 마지막 칸이기도 하다. 원나라 태종 7년(1235년)에 몽케는 바투(拔都 : 칭기즈칸의 손자로 킵차
크 한국의 제1대 통치자), 구유크(貴由 : 칭기즈칸의 손자로 오코타이의 맏아들) 등과 함께 서쪽으로 원정하
여 부리아르(不里阿耳 : 볼가강 중류에 있는 나라)와 킵차크(欽察 : 서북 유라시아 대초원 지대), 오로스(斡羅
思 : 러시아) 등을 정복했다. 원나라 헌종 원년(1251년)에 발도 등의 옹립으로 대칸의 지위에 올랐다. 이후
오코타이(窩闊臺 : 몽골제국의 제2대 황제)의 후왕(後王)들을 진압하는 한편 제왕(諸王)들을 견제하는 일련
의 조치를 제정하였으며, 동생인 쿠빌라이(忽必烈)에게 막남(漠南) 한족 지역의 군사 정무를 맡겨 중원 정
벌의 토대를 마련하였다. 헌종 8년에 대규모 군사를 동원하여 남송을 공격하였으며, 친히 주력 부대를
인솔하여 사천으로 진입하였다. 그러나 이듬해 합주(合州)의 어성(魚城 : 지금의 중경 합천合川)을 공략하
다가 진중에서 사망했다. 1251년부터 1259년까지 9년간 재위했으며, 묘호는 헌종, 시호는 환숙황제(桓肅
皇帝)이다.

원(元)나라 세조(世祖)

세조 쿠빌라이(忽必烈, 1215~1294년)는 칭기즈칸의 손자로서 원나라를 건국한 초대 황제이다. 1260년

부터 1294년까지 재위했다. 청년 시절부터 천하를 위하겠다는 마음을 품고 평생 전쟁터를 오가며 마침
내 광활한 통일 민족국가인 원(元)나라를 건국하였다. 재위 기간에 행성제(行省制)를 만들어 중앙집권을
강화하였으며, 사회와 경제가 점차 발전하면서 안정을 이루었다. 1294년에 원나라 대도(大都)에서 병사
했다. 시호는 성덕신공문무황제(聖德神功文武皇帝)이며, 묘호는 세조이다.

원(元)나라 성종(成宗)

성종(成宗, 1265~1307년)은 원나라의 제2대 황제로서 1294년부터 1307년까지 재위하였다. 이름은 '보
르기긴 테무르(孛兒只斤 鐵穆耳)'이며, 시호는 흠명광효황제(欽明光孝皇帝)이다. 원나라 세조 쿠빌라이의
태자였던 친킴(眞金)의 아들이다. 부친이 사망하자 지원(至元) 10년(1293년)에 황태자의 자리에 올라 막
북(漠北) 수비를 총괄하고, 이듬해 제위에 올랐다. 즉위 후 대외 전쟁을 중지하고 국내 군정(軍政)을 정돈
하는 데 심혈을 기울였으며, 제왕(諸王)의 세력을 제한하는 한편 부분적으로 부세를 경감하고 새로운 율
령을 반포하였다. 이로써 일시적으로 사회 모순이 완화되었다. 이후 서북쪽의 오고타이, 차가타이 한국
(汗國)의 왕위 계승을 둘러싼 싸움에 휘말려 하이두, 두아, 차바르 등을 격퇴시키고, 장기간에 걸쳐 혼란
스럽던 서북 지역을 안정시켰다.

명(明)나라 태조(太祖)

태조 홍무제(洪武帝, 1328~1398년)의 본래 이름은 '주중팔(朱重八, 朱八八)'이었으나 후에 '주흥종(朱興
宗)'으로 개명했다. 호주(濠州) 종리(鍾離 : 지금의 안휘성 봉양鳳陽) 사람이다. 원나라 지정(至正) 28년(1368
년)에 각지의 농민 반란군 및 원나라 잔여 군사를 격파한 후 남경에서 칭제하여 국호를 '대명(大明)', 연
호를 '홍무(洪武)'로 삼아 새로운 통일 봉건 왕조를 세웠다. 재위 기간은 31년(1368~1398)이다. 재위 기간
동안 첨예하게 얽혀 있던 계급, 민족 모순 및 통치 계급 내부 각 세력 간의 모순을 해결하였고, 대외적으
로 외침을 방어하는 정치를 혁신하였고, 국가의 생산 발전을 도모하여 민생을 안정시키기 위한 일련의
정책을 시행하였다. 이로써 정치, 경제, 군사, 사상 등 다양한 방면에서 군주 전제를 강화하는 중앙집권
통치 체제를 확립하였다. 묘호(廟號)는 태조(太祖), 시호는 고황제(高皇帝)이다.

명(明)나라 성조(成祖)

성조 주체(朱棣, 1360~1424년)는 명나라의 제3대 황제이며, 연호는 '영락(永樂)'이다. 제위에 오른 후
"치도(治道)는 너그러움과 엄격함이 적절함에 있다(爲治之道在寬猛適中위치지도재관맹적중)"라는 원칙을
제시하였으며, 대내적으로 대운하를 개통시키고, 유가사상을 선양하는 한편 학자들을 모아 『영락대전
(永樂大典)』이라는 백과사전을 편찬토록 하였다. 또한 대외적으로 몽골의 잔여 세력, 즉 북원(北元)을 격
파하고, 초무(招撫 : 초청하여 위무함)를 중요 수단으로 동북방의 소수민족을 관할하였으며, 전후 7차례에
걸쳐 정화(鄭和)를 바다로 보내 중국과 동남아, 인도 주변의 여러 나라와 소통하였다. 묘호는 태종(太宗)
이었으나 이후 가정제(嘉靖帝) 때 성조(成祖)로 고쳤으며, 시호는 계천홍도고명조운성무신공순인지효문
황제(啓天弘道高明肇運聖武神功純仁至孝文皇帝)이다.

명(明)나라 사종(思宗)

사종 주유검(朱由檢, 1611~1644년)은 명나라의 마지막 황제로서 1627년부터 1644년까지 17년간 재위하였다. 연호는 '숭정(崇禎)'이다. 즉위 이후 정무에 전념하고 매사를 친히 살폈으나 황실 관료들이 전담을 독점하고 부세가 과중하여 각지에서 크고 작은 농민반란이 그치지 않았다. 결국 이자성(李自成)이 이끄는 농민군이 1644년에 북경으로 진격하자 제대로 방어조차 하지 못한 채 자금성 뒤쪽 경산(景山)에서 목을 매어 죽었다. 남명정권의 황제였던 홍광제(弘光帝)가 묘호를 사종(思宗)으로 추증하였으나 곧 의종(毅宗)으로 개호(改號)했고, 융무제(隆武帝) 때 '위종(威宗)'으로 올렸다. 이후 청나라는 묘호를 회종(懷宗), 시호를 장렬민황제(莊烈愍皇帝)로 붙였다.

청(淸)나라 태조(太祖)

태조 누루하치(努爾哈赤, 1559~1626년)는 후금(後金)의 초대 황제이자 청나라의 태조이며, 만족으로서 명나라 때는 '용호장군(龍虎將軍)'으로 불렸다. 11년간 재위하다가 전쟁 중에 적군의 화포에 맞아 사망했다(향년 68세, 일설에는 독창으로 죽었다고 함). '누루하치'라는 이름은 여진어로 '멧돼지 가죽'이라는 뜻이다. 묘호는 태조(太祖), 연호는 천명(天命)이며, 시호는 승천광운성덕신공조기입극인효예무단의흠안홍문정업고황제(承天廣運聖德神功肇紀立極仁孝睿武端毅欽安弘文定業高皇帝)이다. 심양의 복릉(福陵：요녕성 심양시 동북쪽 30리 밖 동릉東陵)에 안장되었다.

청(淸)나라 세조(世祖)

세조 순치제(順治帝, 1638~1661년)의 이름은 애신각라(愛新覺羅) 복림(福臨)이며, 청나라의 제3대 황제(재위 1643~1661년)이다. 묘호는 세조(世祖), 시호는 체천융운정통건극영예흠문현무대덕홍공지인순효장황제(體天隆運定統建極英睿欽文顯武大德弘功至仁純孝章皇帝), 연호는 순치(順治), 법명은 행치(行痴)이다. 애신각라 황태극(皇太極) 태종 문황제의 아홉 번째 아들이며, 모친은 영복궁(永福宮) 장비(莊妃)이다. 숭덕(崇德) 8년(1643년) 2월 16일에 부황의 뒤를 이어 제위에 올랐으나, 아직 6세의 어린 나이였기 때문에 숙부인 예친왕 다르곤(多爾袞)과 정친왕(鄭親王) 지르하란(濟爾哈朗)이 섭정하였다. 1644년에 순치(順治)로 개원하고, 그해 9월에 성경(盛京)에서 북경으로 천도하고, 10월 1일에 무영전(武英殿)에서 정식으로 황제의 자리에 올랐다. 순치제 복림은 청나라 왕조가 입관(入關)한 이래 첫 번째 황제이다.

청(淸)나라 세종(世宗)

청나라의 제5대 황제 애신각라 윤진(胤禛, 1678~1735년)의 묘호는 세종(世宗), 시호는 헌제(憲帝)이다. 재위 때 사용한 연호에 따라 '옹정제(雍正帝)'라 부른다. 젊고 혈기 왕성한 나이에 재위에 올라 뛰어난 학식과 풍부한 경험을 통해 과감한 정치력을 발휘하였다. 당시 최고 행정 기구였던 내각(內閣)을 없애고, 이전의 비공식 기구였던 군기처(軍機處)를 두었으며, 군기처 대신들과 함께 정사를 논하고 친히 검토하고 지시를 내렸다. 전대(前代) 강희제가 관대하고 인후했다면, 옹정제는 엄격하고 매서웠다고 할 수 있다. 13년이란 짧은 재위 기간에 중대한 개혁을 처리하여 이후 건륭제 치세의 토대를 마련했다.

청(淸)나라 고종(高宗)

고종 애신각라 홍력(弘曆 : 1711~1799년)은 청나라의 제6대 황제로서 재위 기간은 1735년부터 1796년까지이다. 옹정제의 네 번째 아들로서 옹정 원년(1723년)에 태자가 되었으며, 옹정 11년에 화석친왕(和碩親王)을 제수받고 보친왕(寶親王)으로 불렸다. 옹정 13년(1735년)에 옹정제가 사망하자 제위에 올라 연호를 '건륭(乾隆)'으로 바꿨다. 통치 기간 중에 준갈이부(准噶爾部)를 평정하고 서부 작목(卓木 : 장어藏語로 히말라야 산맥 남쪽. 지금의 네팔 지역)의 군소 세력을 평정하여 중앙의 서부 지역에 대한 통제와 관리를 강화하였다. 고종 강희제는 박학홍사과(博學鴻詞科)를 계속 개설하여 문인과 학자들을 받아들여『사고전서(四庫全書)』및『명사(明史)』,『속문헌통고(續文獻通考)』,『황조문헌통고(皇朝文獻通考)』등의 서적을 편찬하였다. 그러나 여러 차례 문자옥(文字獄)을 일으켜 사상 통제를 실시하였으며, 청나라 왕조를 비방하는 서적은 모두 금서로 만들었다. 집권 후반기에 들어서면서 시대착오적인 정책을 내놓고 여러 차례 걸친 순유(巡遊)로 인해 국고를 탕진하였으며, 화신(和珅)을 20여 년간 총애하여 매관매직과 부정부패의 기풍을 조장하였다. 건륭제 시절 청나라는 최후의 태평성세인 강건성세(康乾盛世)의 마지막을 장식하면서 쇠퇴기로 접어들게 되었다. 시호는 법천융운지성선각체원입극부문분무흠명효자신성순황제(法天隆運至誠先覺體元立極敷文奮武欽明孝慈神聖純皇帝), 짧은 시호는 순황제(純皇帝)이며, 연호는 건륭이다.

청(淸)나라 덕종(德宗)

덕종 광서(光緖, 1871~1908년)의 이름은 애신각라 재첨(載湉)이다. 도광제의 일곱 번째 아들인 순친왕(醇親王) 혁(奕)의 아들이자 자희태후의 외조카이다. 1875년에 동치제(同治帝)가 후사 없이 병사하자 당시 겨우 4세였던 재첨이 제위에 오르고, 자희태후가 수렴청정(垂簾聽政)했다. 34년간 재위하다 38세에 병사했다(일설에는 자희태후 혹은 원세개에 의해 독살되었다고 한다). 숭릉(崇陵 : 지금의 하북성 역현易縣 서쪽 50리)에 안장되었다.

자희태후(慈禧太后)

청나라 말기의 권력자이자 청나라 제9대 황제 함풍제(咸豐帝)의 세 번째 황후이며, 동치제의 생모로서 일명 자희태후(慈禧太后), 노불야(老佛爺)로 불리며, 성은 예흐나라(葉赫那拉엽혁나랍), 이름은 '행정(杏貞)' 혹은 '행아(杏兒)'로 전해진다. 1852년 함풍제 시절에 입궁하여 난귀인(蘭貴人)에 봉해졌으며, 1857년에 귀비가 되었다. 목종(穆宗)이 즉위한 후 성모황태후(聖母皇太后)로 존봉되었으며, '자희'라는 존호가 붙었다. 사후 시호는 효흠자희단우강이소예장성수공흠헌숭희배천흥성현황후(孝欽慈禧端佑康頤昭豫莊誠壽恭欽獻崇熙配天興聖顯皇后)이며, 줄여서 '효흠현황후(孝欽顯皇后)'라고 부른다.

지금 우리가 볼 수 있는 고대 세계의 역사가 제왕의 것이라고 말할 수 없다. 그렇지만 지금 우리가 볼 수 있는 중국 역사의 대부분은 중국 역대 제왕(帝王)들과 관련이 있다는 말은 적절한 표현이다. 이른바 '경사자집(經史子集)'으로 분류되는 수많은 문자 기록은 저자와 편자가 각각 따로 있지만, 이를 집대성한 것은 제왕의 의지이자 권세였다.

곳곳에 산재한 고대 유적들은 이름을 알 수 없는 누군가의 설계와 노역에 의해 이루어진 것이지만, 이것들 역시 당시 제왕의 관심이나 지원과 무관하지가 않다. 농경이나 수렵, 화식(火食)이나 문자는 모두 인류의 오랜 경험을 통해 누군가에 의해 창조되고 발전된 문명의 흔적이다. 그러나 그 어느 순간부터 이것들은 삼황오제(三皇五帝)의 업적이 되고 말았다. 어찌 이뿐이랴. 예의와 도덕, 법률과 형벌, 음악과 미술에 이르기까지 제왕은 모든 것들을 포괄적으로 간여했다. 어쩌면 중국의 역사는 이른바 '문화'라고 하는 모든 인류 자산의 총체가 바로 '제왕'이라는 이름 아래에서 진행되었다고 할 수 있지 않을까?

물론 제왕 자신은 전혀 의지나 관심이 없었을 수도 있다. 하지만 그 시대마다 이루어진 모든 것은 제왕 자신의 호오(好惡)나 지지 여부와 관계없이 모두 그의 업적으로 기록되었으며, 반대로 모든 것이 그의 책임과 의무가 되었다.

"두루 넓은 하늘 아래 왕의 땅이 아닌 곳이 없고, 모든 땅의 끝까지 왕의 신하가 아닌 이가 없다(普天之下, 莫非王土. 率土之濱 莫非王臣)" 했으니, 어찌 아니 그러하겠는가?

게다가 고대 중국은 나라와 가족이 동일한 구조로 이루어진 독특한 가국(家國)의 성격을 띠었으며 또한 국가(國家)인 동시에 하늘의 아들인 천자(天子)가 지배하는 천하(天下) 그 자체로 여겨져 왔다. 따라서 제왕은 하늘을 대변하는 천자이자 나라의 수장인 군주(君主)였으며, '국가'라는 거대한 집안의 가장(家長)이었다. 이렇듯 제왕은 천지간의 권력과 주재의 상징이었던 것이다.

'구오지존(九五之尊)', 예로부터 제왕의 존엄한 자리를 이렇게 불렀다. '구오'는 본시 『주역』 64괘 가운데 첫 번째 괘인 건괘(乾卦)의 다섯 번째 효(爻) 이름인데, 건괘에서 가장 좋은 효이자 64괘 384효 중에서 으뜸인 효다. 그러니 어찌 제왕의 자리에 비견되지 않겠는가? 이후 『삼국연의(三國演義)』나 『봉신연의(封神演義)』 등에서 이를 제왕의 자리로 비유한 것은 다 이유가 있음이다. 구오는 양효(陽爻)로 양위(陽位)에 자리하고 있으며, 또한 중위(中位)에 거하여 중정(中正)이라고 할 수 있다. 그렇다면 어떻게 해야 '구오지존'의 자리에 올라 영원한 권세를 유지할 수 있을 것인가?

이는 모든 사내대장부와 야심가들의 바람이자, 제왕을 구오지존의 자리에 올린 모든 백성들의 바람이기도 했다. 전자로 인해 제왕을 둘러싼 피비린내 나는 싸움이 그치지 않았으며, 후자로 인해 요순우탕(堯舜禹湯)은 성인의 반열에 올랐다. 그러나 제왕은 하늘의 아들이지만, 하늘은 백성의 마음(民意)을 반영하니 백성들의 뜻을 따를 수밖에 없으며, 모든 신하의 수장이기 때문에 오히려 신하들에 의해 견제와 간섭을 감내해야만 했다. 자칫 잘못할 경우 신권(臣權)에 밀려 왕권이 흔들릴 수도 있었고, 심할 경우 민의에 의해 권력을 빼앗기거나 죽임을 당하는 일도 적지 않았다. 그렇기 때문에 '제왕다움'은 제왕이 끊임없이 노력해야 할 목표이자 신료와 백성이 추구하는 이상이기도 했다.

그렇다면 이러한 제왕들은 자신의 '제왕다움'을 위해 무엇을 어떻게 생각하고, 실천하고자 했던가? 바로 이러한 질문에 대한 답이 이 책에 담겨 있다.

이 책은 치국(治國), 목민(牧民)을 비롯해 형법(刑法), 군사(軍事)에 이르기까지 전체 열다섯 개의 단원으로 구성되어 있고, 각 단원에는 제왕들의 어록이 수록되어 있다. 그 안에서 우리는 황제로서 그들이 제시하는 치국의 이상, 천자로서의 권위와 자부심을 살필 수가 있다. 또한 한 인간으로서 천하를 다스리는 일의 어려움에 대한 고백과 안타까움 역시 엿볼 수가 있다.

중국의 역사는 어떤 시대를 기억하는 것이 아니라 어떤 왕조를 기억한다. 다시 말해 한 시대의 총체적인 삶을 기억하는 것이 아니라 한 인간에 의해 이루어진 총체가 한 시대로 귀결한다는 뜻이다. 그렇기 때문에 중국의 역사는 제왕의 역사였고, 중국의 문화는 제왕의 문화였다. 따라서 그 어느 것도 제왕과 무관할 수가 없다. 바로 이런 점에서 이 책은 고대 중국을 이해하는 첫 번째 발걸음이 될 것이다.

이 책을 처음 접했을 때 제일 먼저 떠오른 것은 일본인들이 영어 ‘프레지던트(president)’의 번역어로 사용하기 시작한 ‘대통령(大統領)’이라는 단어였다. 대통령은 천자가 아니다. 물론 제왕도 아니다. 그는 국민의 뜻에 의해 선출된 한 나라의 최고 수반일 따름이다. 하지만 그가 지닌 막강한 권력만큼은 제왕의 그것과 다를 바가 없다. 다만 임기의 제한이 있을 따름이다. 하늘이 내려주신 천자에서 민의가 반영된 황제의 시대로 바뀌었다가 이제는 민의로 뽑는 대통령의 시대가 된 것이다. 그럼에도 불구하고 ‘우리는 여전히 천자의 시대, 제왕의 시대에 살고 있는 건 아닐까?’ 이런 생각이 들었기 때문이다.

제왕의 소리는 근엄하고 권위가 있었다. 모두가 그런 것은 아니었지만, 그들이 말한 내용 또한 옳고 믿을 수가 있었다.

“백성은 국가의 근본이니, 근본이 공고해야 나라가 평안하다(民爲邦本, 本固邦寧).”

이 어찌 옳은 말이 아니겠는가? 게다가 천자의 말이니 그 어찌 그대로 실행되지 않았겠는가? 그런데 역사는 우리에게 그들의 어록이 그저 어록으로 끝났을지도 모른다는 의심을 자아내게 한다. 허나 이 어찌 그 책임을 제왕에게만 돌릴 수 있겠는가?

가장 좋기로는 그 옛날 「격양가(擊壤歌)」를 부르던 시대처럼 나라의 왕이 누군지 몰라도 되는 것이다. 어찌 그럴 수 있을까 싶겠지만, 화창한 봄날 그런 꿈을 꾸어보는 것 또한 나쁘지는 않을 듯하다.

이번에도 도서출판 일빛과 함께 일했다. 좋은 책을 선택하고 잘 만들어준 것에 대해 감사한다.

동백꽃 뚝뚝 떨어지는 화창한 봄날 월두 마을에서……

제나라 무제 343, 440
제나라 선왕 80
제나라 환공 422
제영(緹縈) 468
제을(帝乙) 461
조경(趙炅) 112, 484, 516
조고(趙高) 130
조광윤(趙匡胤) 90, 156, 234 262, 352, 398, 399,
　　　483
조구(趙構) 210, 269, 449, 519
조기(趙琦) 233
조길(趙佶) 268, 316, 433, 447, 486
조대수(祖大壽) 378
조비(曹丕) 139, 184, 294, 424, 474
조예(曹睿) 253, 425, 475
조욱(趙項) 113, 315, 446
조윤(趙昀) 114, 211, 237, 270, 317, 451
조이(祖伊) 126
조정지(趙挺之) 449
조정(趙禎) 235, 263, 432, 444, 518
조조(曹操) 184, 293, 387, 421, 422, 424, 503,
　　　504, 505, 506, 507, 509
조참(曹參) 385
조항(趙恒) 158, 209, 314, 354, 443, 485, 517
조후(趙煦) 92, 114, 209, 236, 267
주(紂) 128, 200, 201, 245
주공 단(旦) 24, 246
주공(周公) 177, 220, 221, 223, 360, 500
주나라 강왕 129, 224, 225, 226
주나라 목왕 28, 178, 249, 462, 465
주나라 무왕 23, 24, 128, 183, 245, 359, 498, 499
주나라 문왕 126, 225
주나라 성왕 26, 27, 177, 221, 222, 223, 246, 248,
　　　335, 360, 459, 461, 500
주나라 여왕 60

주나라 평왕 179
주도(朱滔) 396
주돈이(周惇頤) 318, 319
주발(周勃) 385
주왕(紂王) 23, 24, 126, 177, 244, 498, 499
주우탱(朱祐樘) 44, 274, 491
주운(朱雲) 199
주원장(朱元璋) 43, 94, 161, 162, 273, 323, 376,
　　　403, 434, 490, 523
주유검(朱由檢) 163, 275
주윤문(朱允炆) 403, 405
주융무(朱隆武) 328
주정유(周廷儒) 328
주체(朱炊) 118, 162, 325, 454
주표(朱標) 405
주희(朱熹) 317
준불위(雋不疑) 508
중화(重華) 193
지임(遲任) 243
직(稷) 58, 189
진(陳)나라 무제 301
진(晉)나라 무제 187, 188, 255, 256, 257, 296,
　　　340, 478, 509
진(晉)나라 성제 146
진(晉)나라 원제 32, 108, 143, 144, 145, 426, 510
진나라 명제 146, 189, 230
진나라 문후 179
진나라 민제 142
진나라 혜제 140
진선기(陳仙奇) 396
진시황 130, 226, 283, 466
진우량(陳友諒) 405, 490
진융지(陳隆之) 451
진의중(陳宜中) 214
진패선(陳覇先) 300

진평(陳平) 385, 422, 423

진확(陳確) 328

ㅊ

채경(蔡京) 449

채숙(蔡叔) 26, 177, 221, 360, 500

채중(蔡仲) 221, 222

철목이(鐵木耳) 40, 160, 239, 272, 321, 401, 522

청나라 고종 99, 120, 215, 327, 528

청나라 덕종 49, 54, 170, 435, 455

청나라 문종 168

청나라 성조 119, 279, 326, 527

청나라 세조 276, 278

청나라 세조 45, 409, 492

청나라 세종 97, 167

청나라 태조 214, 377, 378, 408, 525, 526

초나라 도왕(悼王) 107

촉한(蜀漢) 소열제 362

치우(蚩尤) 125

칭기즈칸(成吉思汗) 355, 356, 400, 453, 520

ㅌ

타환첩목이(妥歡帖睦爾) 322, 402, 489

탈철목(脫鐵木) 239

탕왕(湯王) 124, 219, 333, 496

태공망(太公望) 246

태전(太顚) 246

테무친(鐵木眞) 158, 159, 160

ㅍ

파양(鄱陽)전투 406

패륵(貝勒) 377

편작(扁鵲) 362

포숙아(鮑叔牙) 423

포여태(布呂泰) 377

풍겁(馮劫) 132

필공(畢公) 224, 225, 226, 246

ㅎ

하걸(夏桀) 461

하영조(何榮祖) 401

하우(夏禹) 124, 125, 151, 183

하화리(何和裏) 214

하후징(夏侯澄) 155

한나라 경제 138, 250, 470

한나라 고조 144, 335, 336, 361, 362, 413, 501

한나라 광무제 30, 251, 287, 471, 472, 502

한나라 명제 72, 290

한나라 무제 29, 103, 285, 416

한나라 문제 63, 64, 65, 136, 138, 139, 180, 181,
    227, 466, 468

한나라 선제 67, 84, 183, 228, 439, 470

한나라 소제 104, 105, 337, 417

한나라 원제 69, 70, 419

한나라 장제 106, 292, 420, 472

한나라 헌제 364, 505, 506

한림아(韓林兒) 376

한복(韓福) 337

한비(韓非) 131

한신(韓信) 413

한중(韓衆) 129

항우(項羽) 384, 501

허유(許由) 371

헌원(軒轅) 184

혁소(奕訢) 168

현엽(玄燁) 96, 119, 165, 279, 326, 526

혜제(惠帝) 135

호원염(胡元琰) 451

홀필렬(忽必烈) 38, 39, 42, 161, 212, 213, 238,
    271, 375, 402, 487, 521